ABENTEUER IN DER ELFENWELT

ElfQuest®

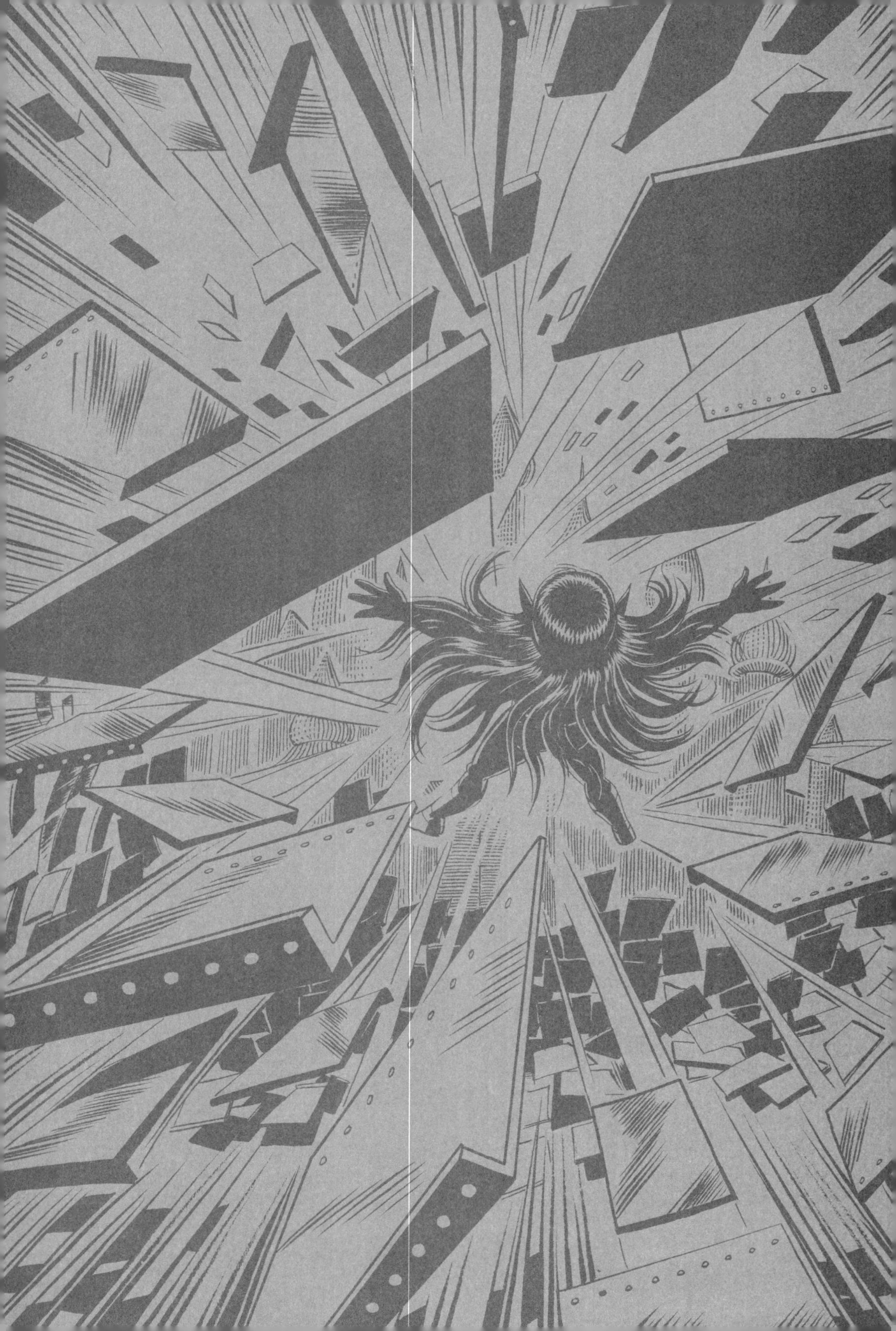

ABENTEUER IN DER ELFENWELT

ElfQuest®

VIERTER BAND

VON WENDY UND RICHARD PINI

TUSCHE: JOE STATON

POPCOM

POPCOM

in der TOKYOPOP GmbH
Hamburg

TOKYOPOP
1. Auflage, 2015
Deutsche Ausgabe/German Edition
© POPCOM in der TOKYOPOP GmbH, Hamburg 2015
Aus dem Englischen von Andreas C. Knigge
Rechtschreibung gemäß DUDEN, 25. Auflage

ElfQuest® © 1987-1988, 1990-1992, 2015 Warp Graphics, Inc. ElfQuest, its logos, characters, situations, all related indicia, and their distinctive likenesses are trademarks of Warp Graphics, Inc. All rights reserved. Dark Horse Books® and the Dark Horse logo are trademarks of Dark Horse Comics, Inc., registered in various categories and countries. All rights reserved.

Originally published in ElfQuest®: The Complete ElfQuest Volume 2, published by Dark Horse Comics, Inc.

Geschäftsführer Dark Horse und Herausgeber
der englischen Ausgabe: Mike Richardson
Redakteur des englischen Sammelbandes: Sierra Hahn
Redaktion: Beatrice Beckmann
Lettering: Vibrraant Publishing Studio
Handlettering: Hartmut Klotzbücher
Herstellung: Sonnenfisch Production – Laura Bartels
Druck und buchbinderische Verarbeitung:
CPI – Clausen & Bosse GmbH, Leck
Printed in Germany

Alle deutschen Rechte vorbehalten. Nachdruck, auch auszugsweise, verboten. Kein Teil dieses Werkes darf ohne schriftliche Genehmigung des Verlages in irgendeiner Form reproduziert oder unter Verwendung elektronischer Systeme verarbeitet, vervielfältigt oder verbreitet werden.

ISBN 978-3-8420-1183-0

www.popcom.de

Für die Welt, wie sie ist, und dafür,
dass sie uns mit ihrer Kühnheit erlaubt,
von einer Welt zu träumen,
wie sie sein könnte.

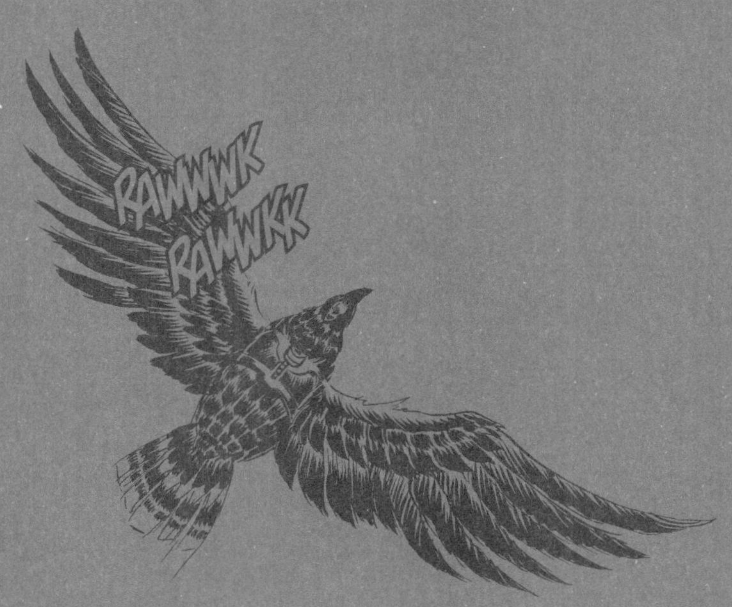

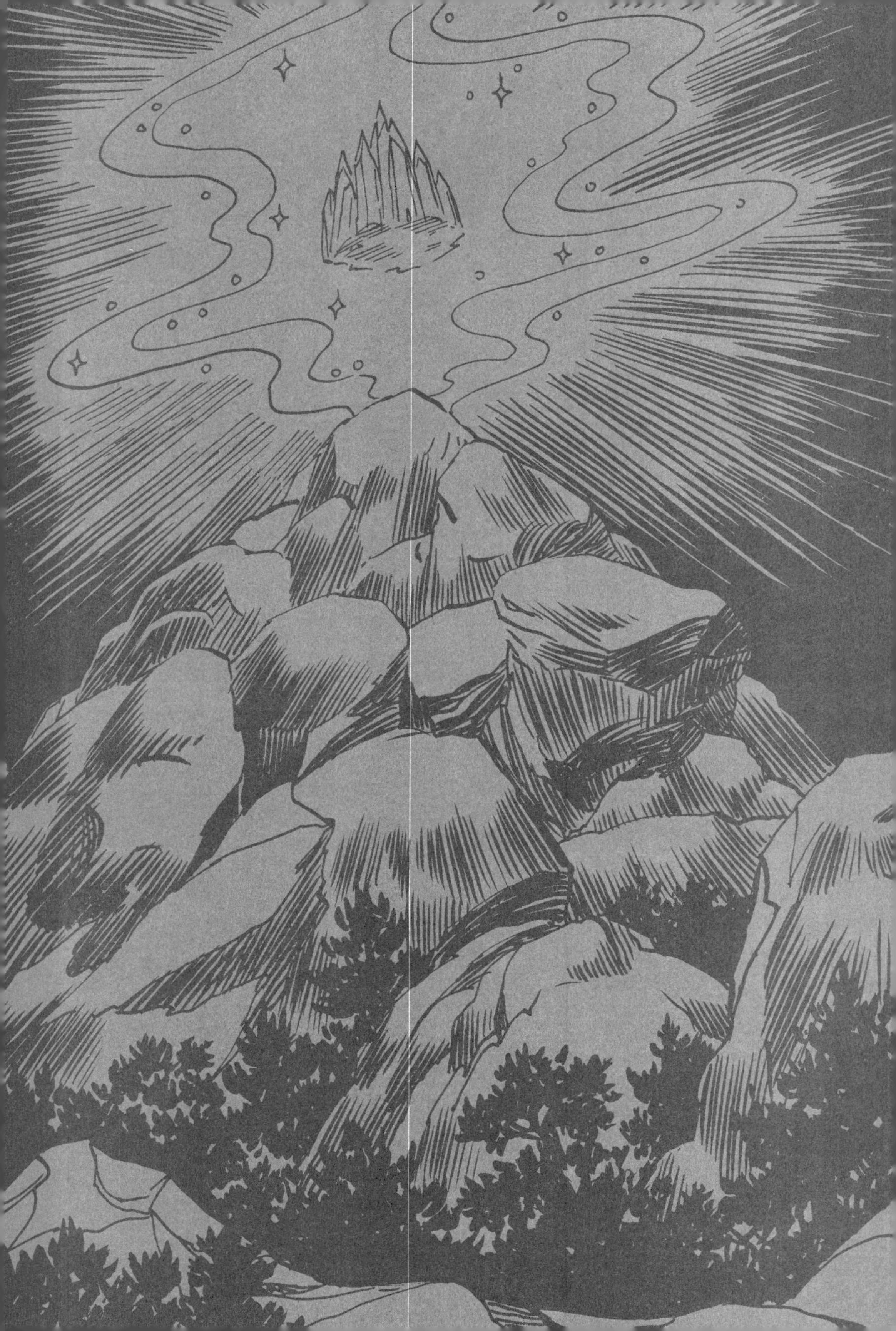

INHALT

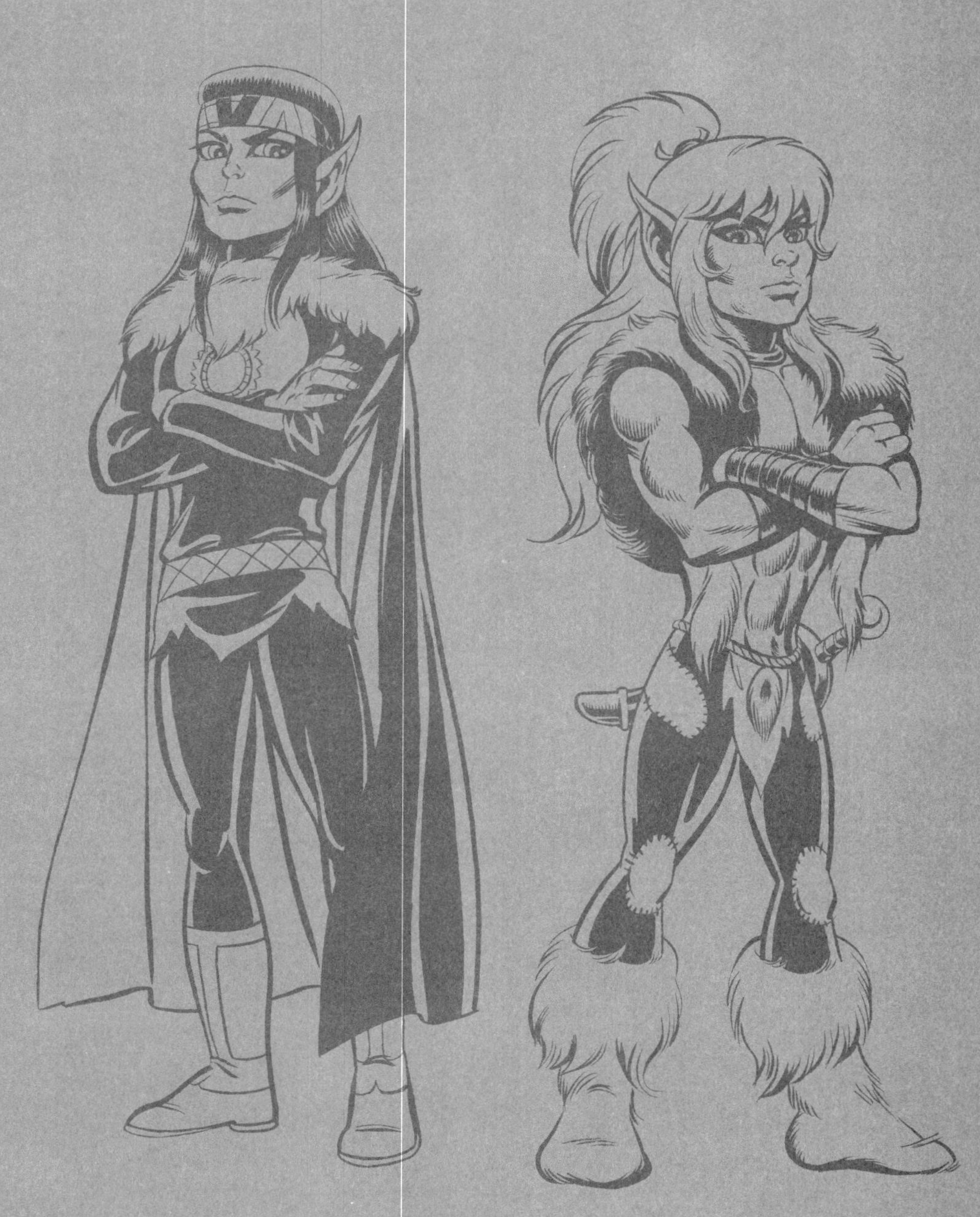

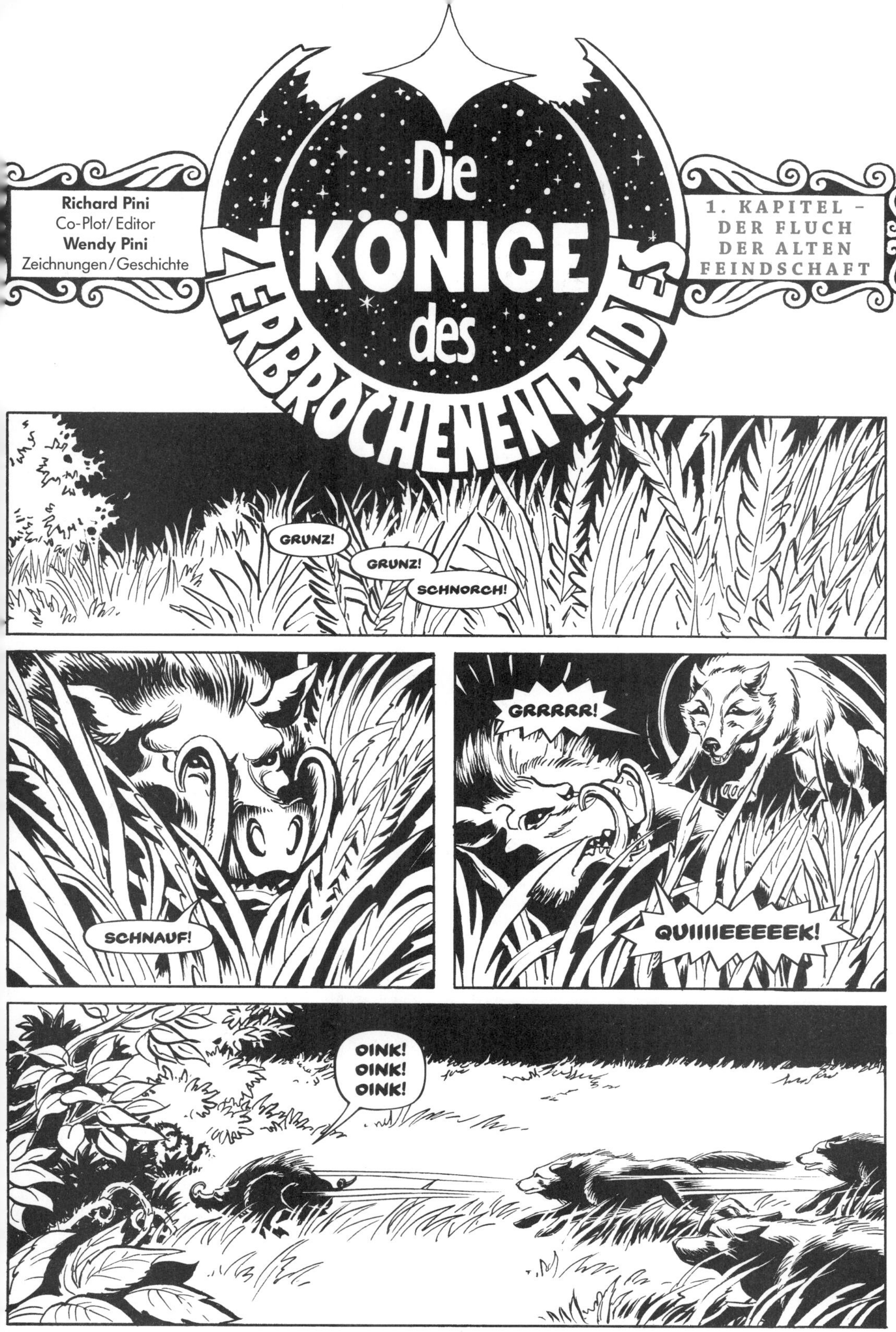

Die KÖNIGE des ZERBROCHENEN RADES

Richard Pini
Co-Plot/Editor
Wendy Pini
Zeichnungen/Geschichte

1. KAPITEL – DER FLUCH DER ALTEN FEINDSCHAFT

GRUNZ!
GRUNZ!
SCHNORCH!

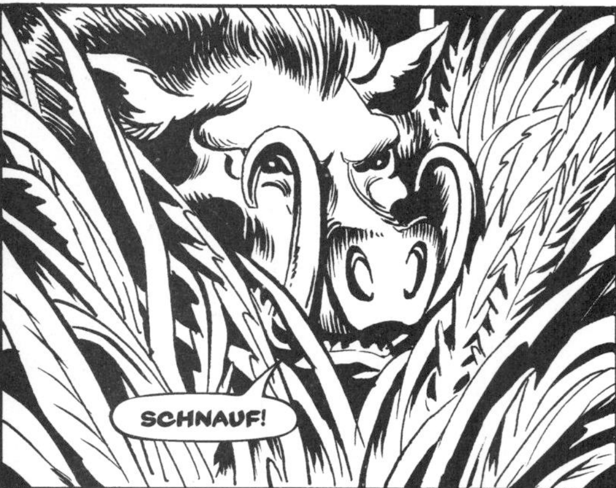

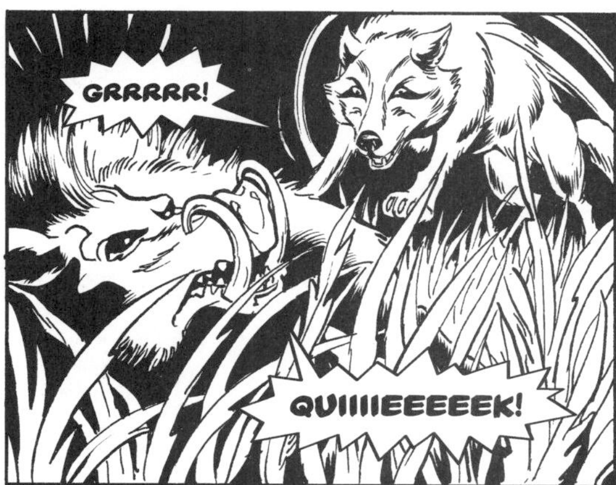

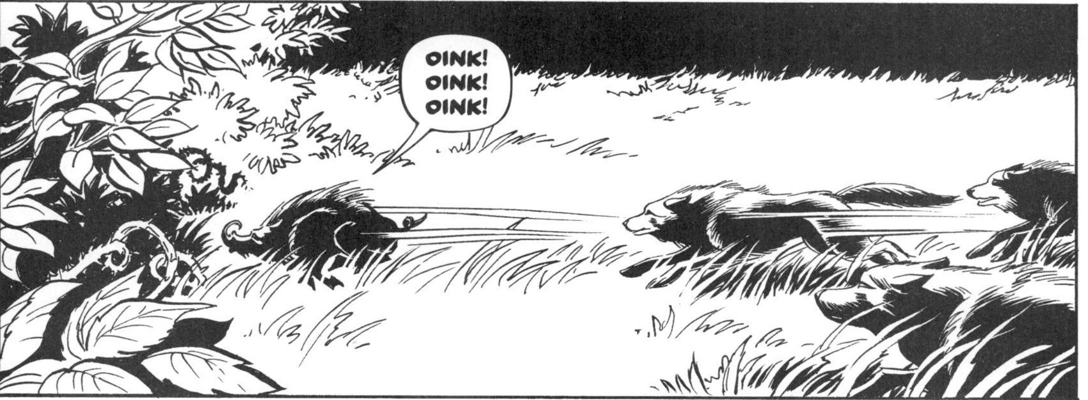

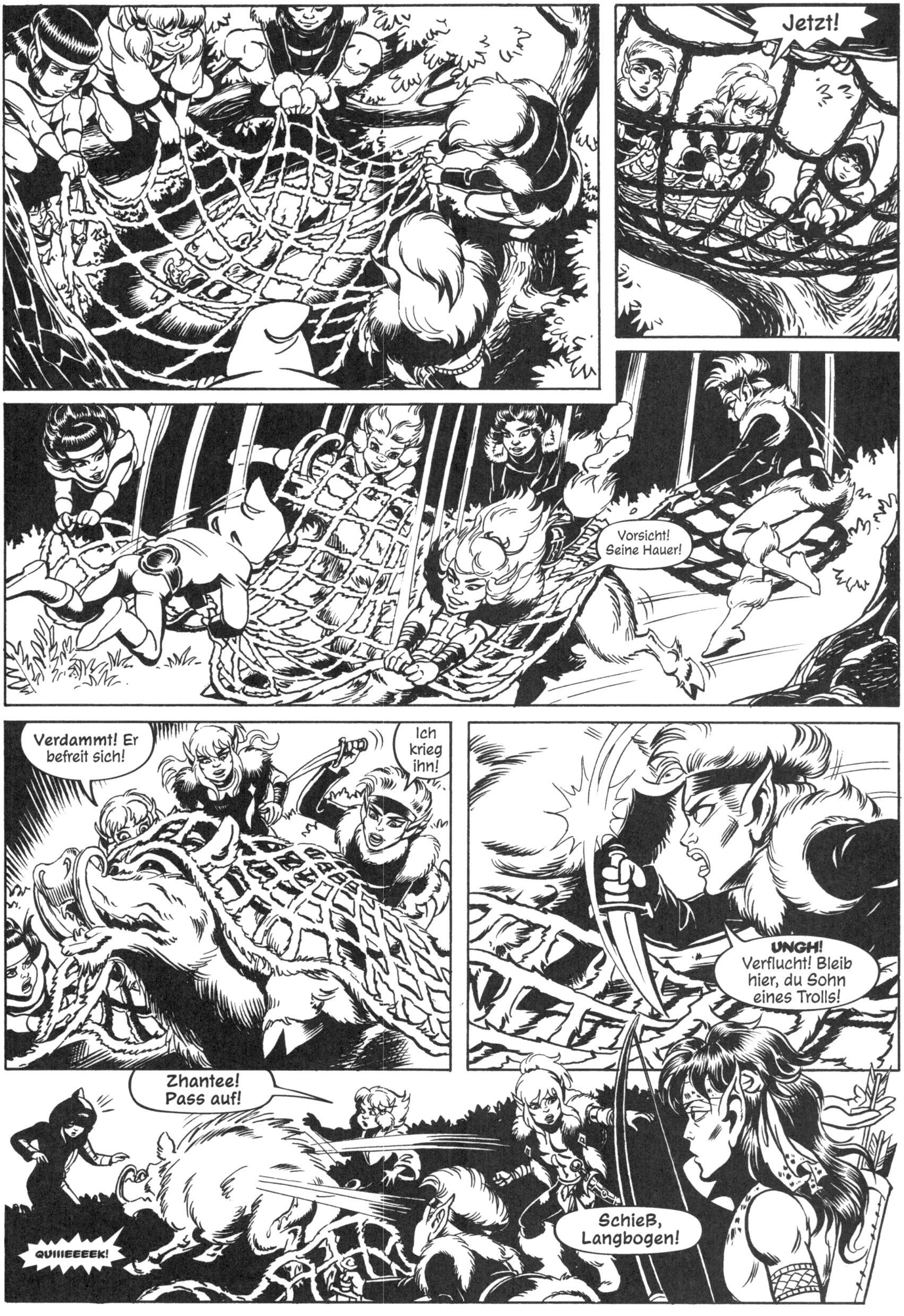

Jetzt!

Vorsicht! Seine Hauer!

Verdammt! Er befreit sich!

Ich krieg ihn!

UNGH! Verflucht! Bleib hier, du Sohn eines Trolls!

Zhantee! Pass auf!

QUIIIEEEEK!

Schieß, Langbogen!

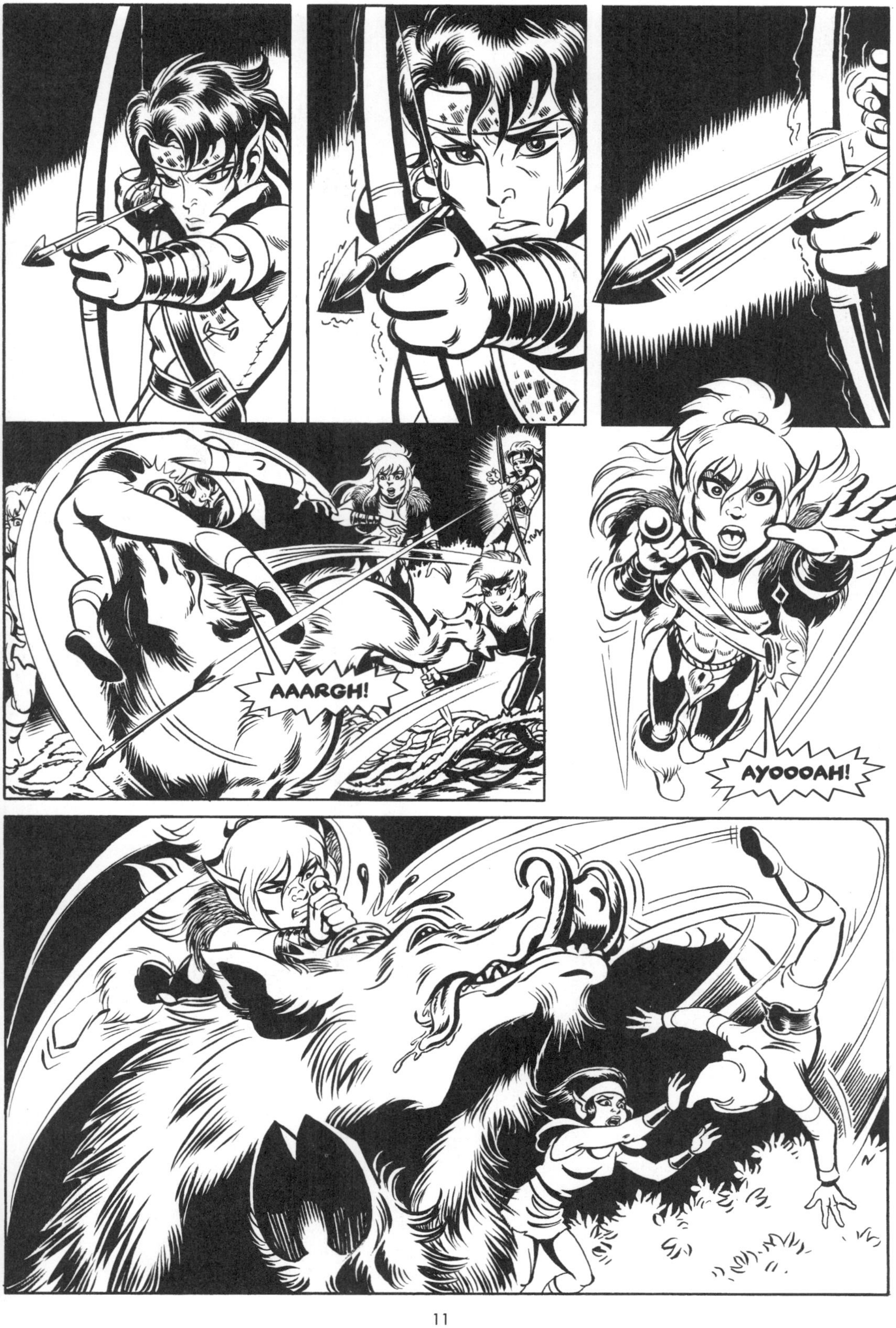

AAARGH!

AYOOOAH!

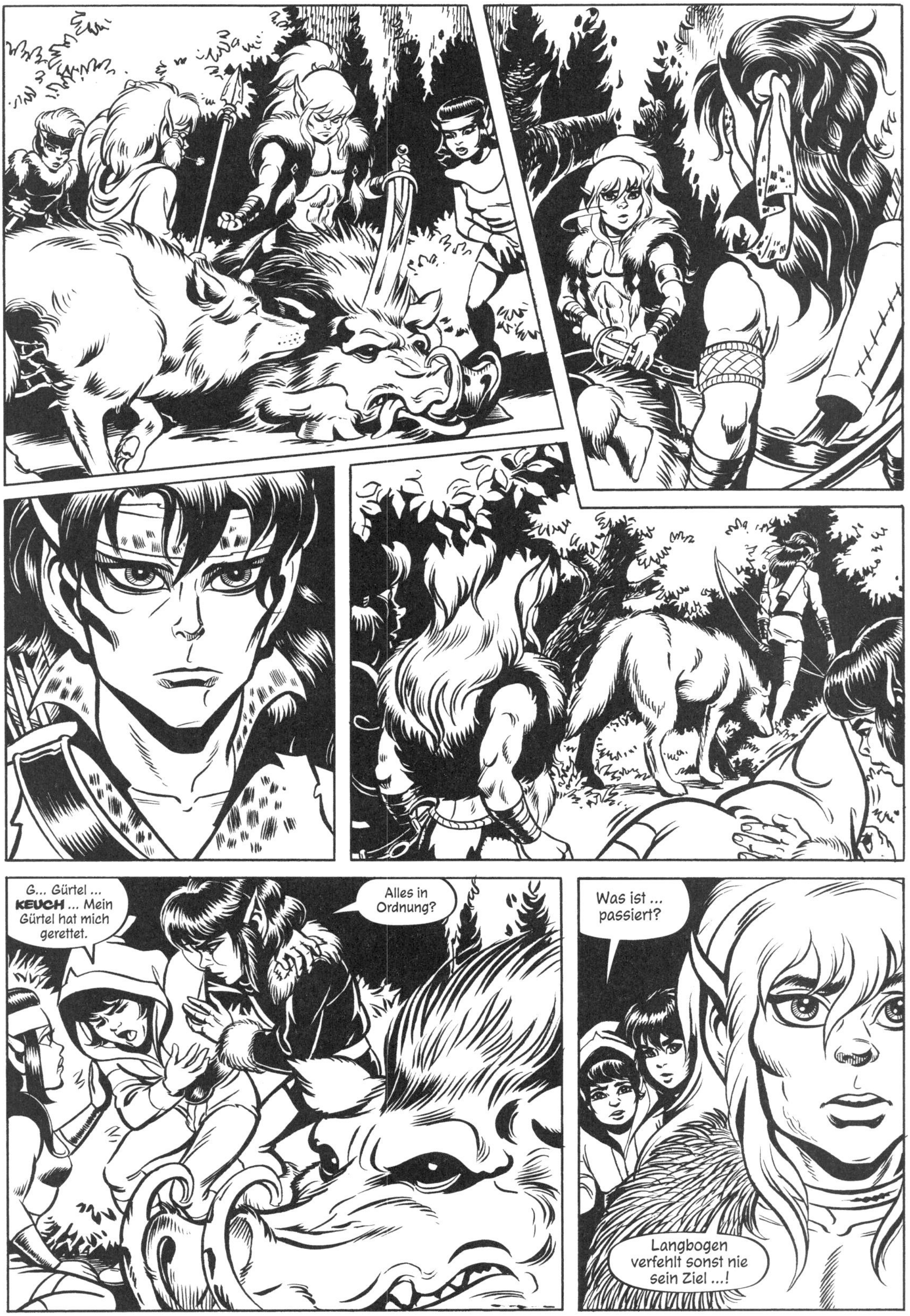

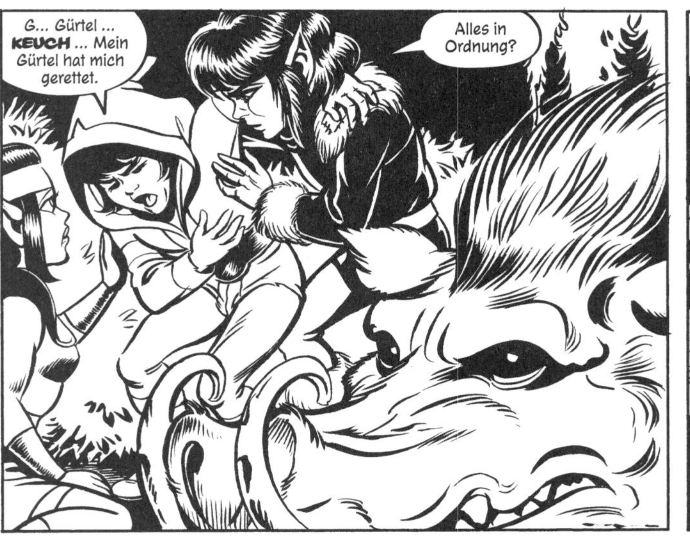
G... Gürtel ...
KEUCH ... Mein
Gürtel hat mich
gerettet.
Alles in
Ordnung?

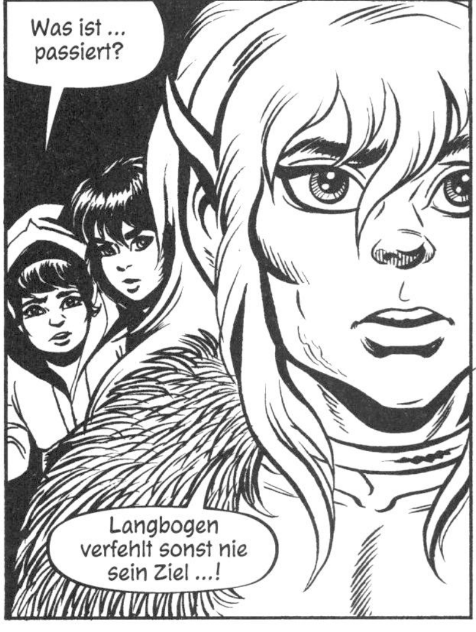
Was ist ...
passiert?
Langbogen
verfehlt sonst nie
sein Ziel ...!

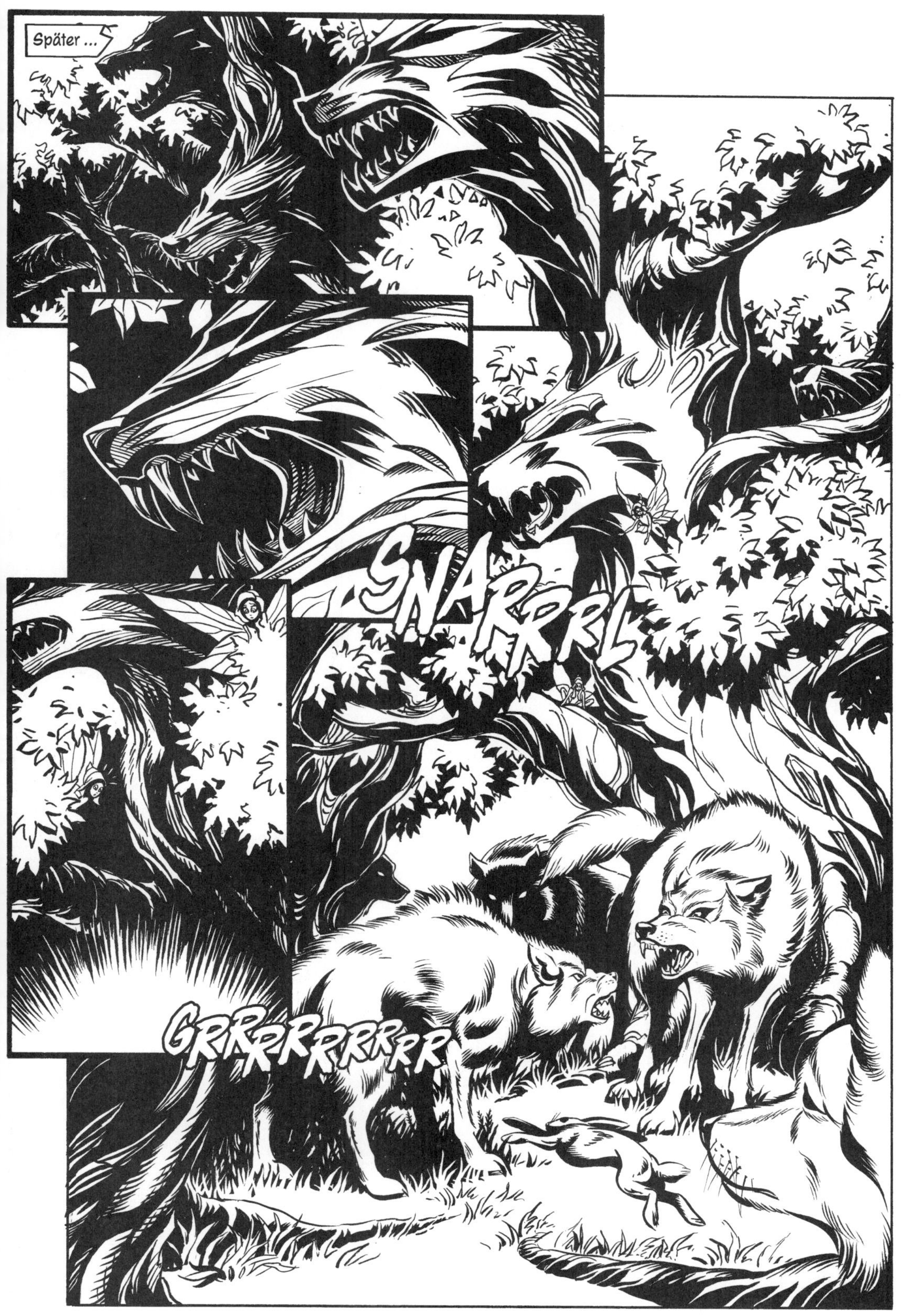
Später ...
SNARRRL
GRRRRRRRRRR

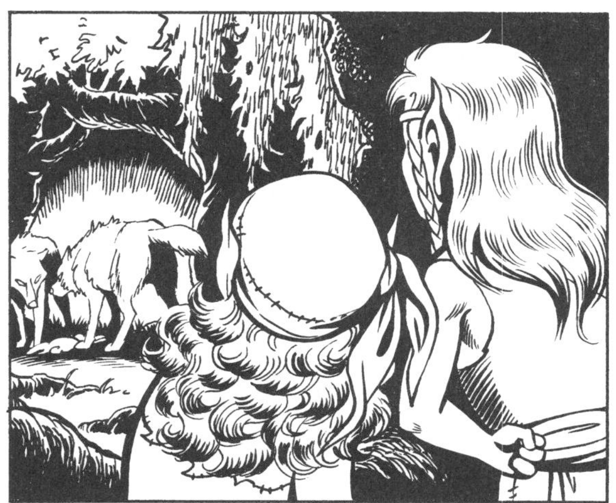

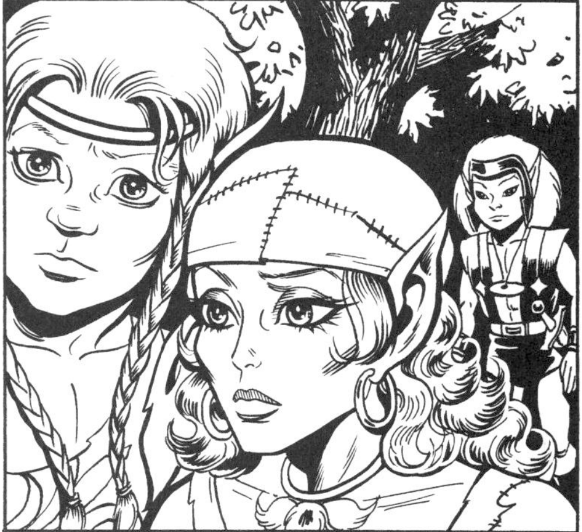

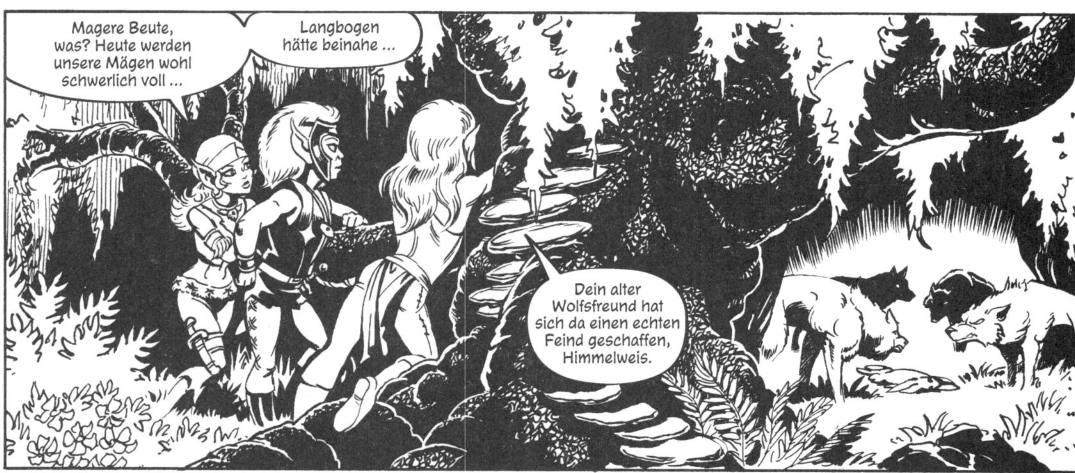
Magere Beute, was? Heute werden unsere Mägen wohl schwerlich voll ...
Langbogen hätte beinahe ...
Dein alter Wolfsfreund hat sich da einen echten Feind geschaffen, Himmelweis.

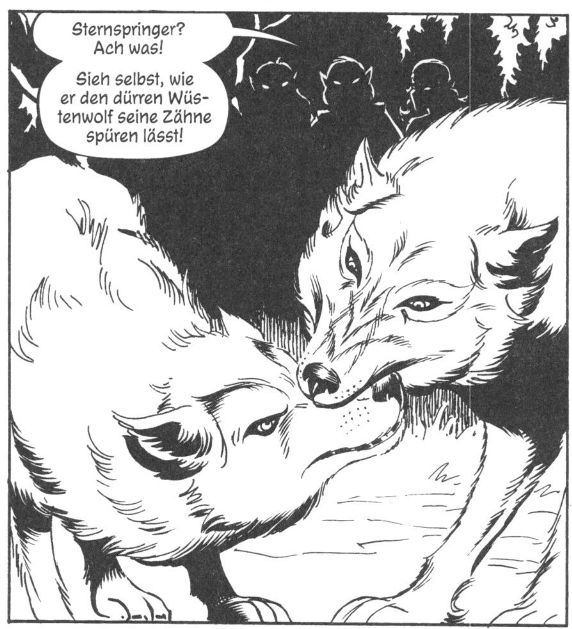
Sternspringer? Ach was!
Sieh selbst, wie er den dürren Wüstenwolf seine Zähne spüren lässt!

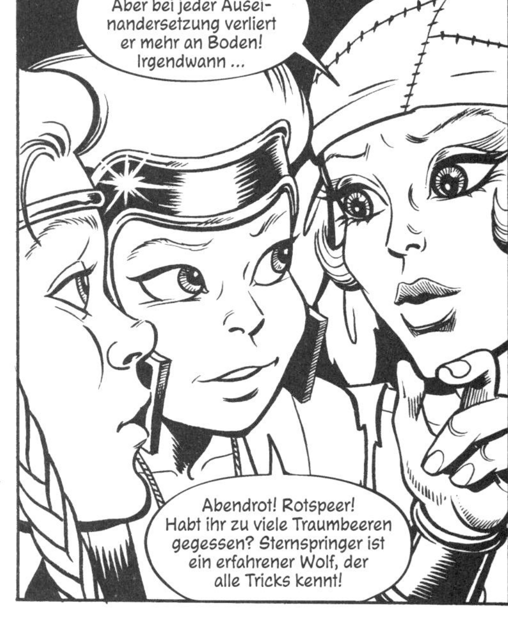
Aber bei jeder Auseinandersetzung verliert er mehr an Boden! Irgendwann ...
Abendrot! Rotspeer! Habt ihr zu viele Traumbeeren gegessen? Sternspringer ist ein erfahrener Wolf, der alle Tricks kennt!

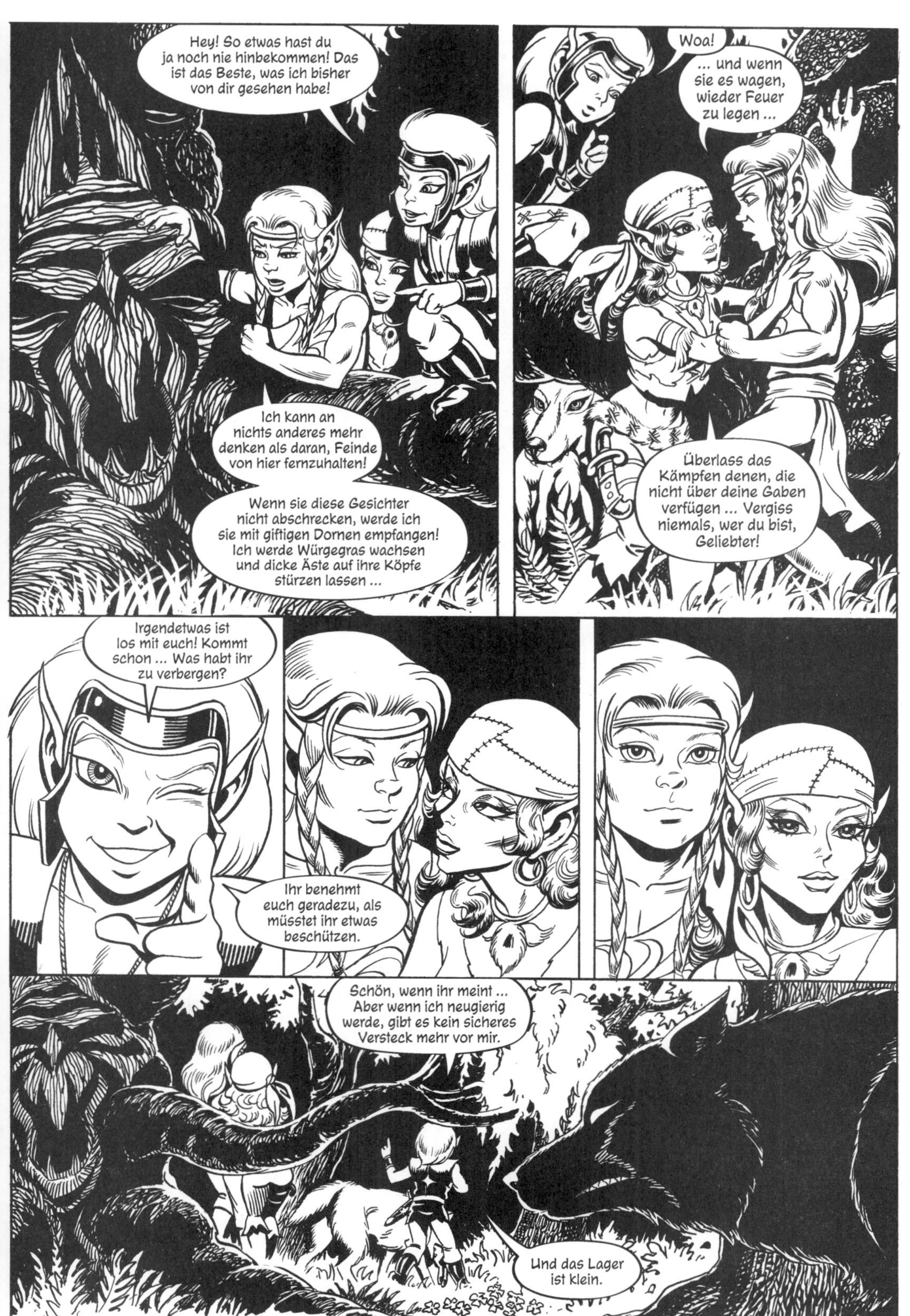
Hey! So etwas hast du ja noch nie hinbekommen! Das ist das Beste, was ich bisher von dir gesehen habe!
Ich kann an nichts anderes mehr denken als daran, Feinde von hier fernzuhalten!
Wenn sie diese Gesichter nicht abschrecken, werde ich sie mit giftigen Dornen empfangen! Ich werde Würgegras wachsen und dicke Äste auf ihre Köpfe stürzen lassen ...
Woa!
... und wenn sie es wagen, wieder Feuer zu legen ...
Überlass das Kämpfen denen, die nicht über deine Gaben verfügen ... Vergiss niemals, wer du bist, Geliebter!
Irgendetwas ist los mit euch! Kommt schon ... Was habt ihr zu verbergen?
Ihr benehmt euch geradezu, als müsstet ihr etwas beschützen.
Schön, wenn ihr meint ... Aber wenn ich neugierig werde, gibt es kein sicheres Versteck mehr vor mir.
Und das Lager ist klein.

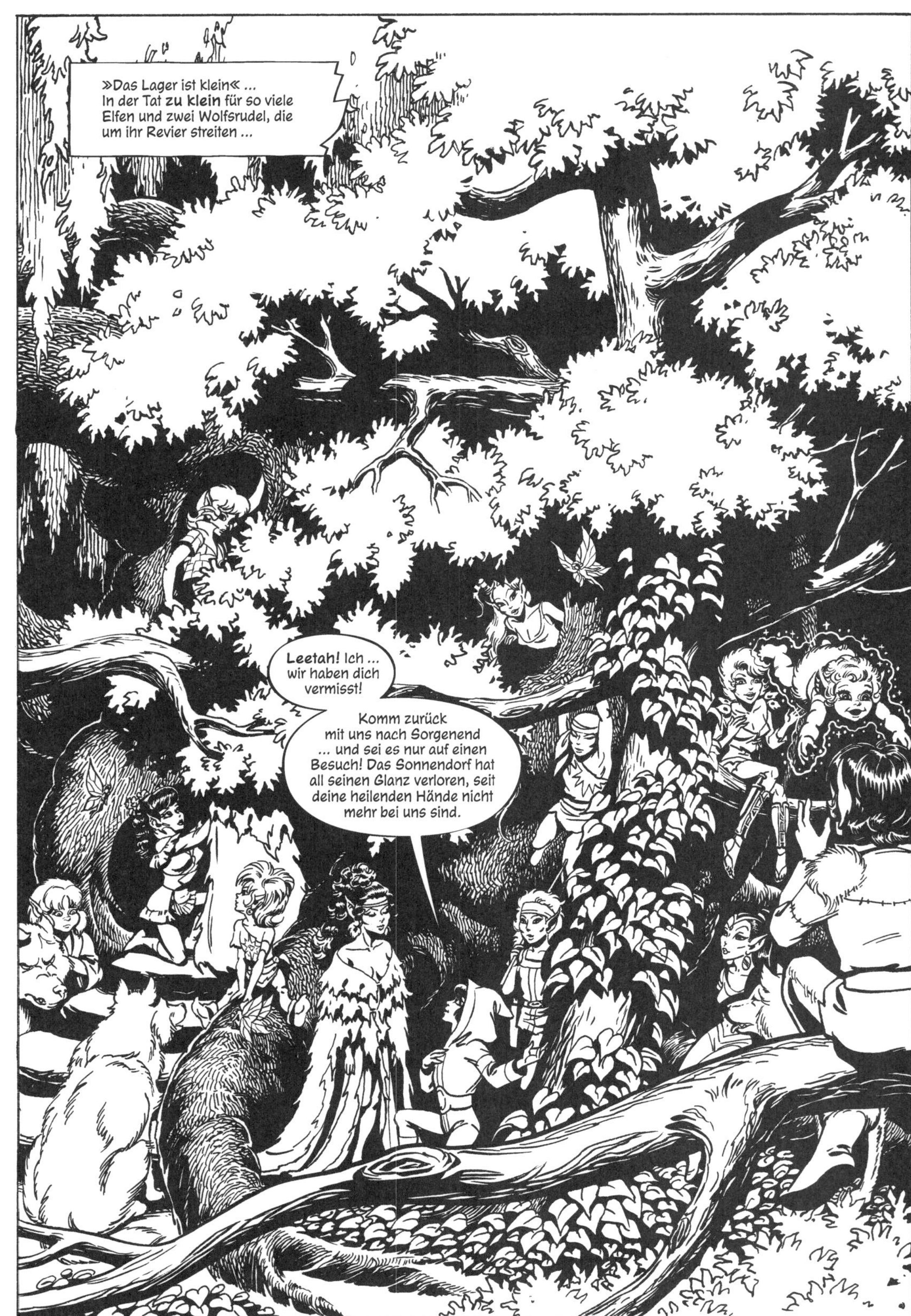
»Das Lager ist klein« ...
In der Tat **zu klein** für so viele Elfen und zwei Wolfsrudel, die um ihr Revier streiten ...
Leetah! Ich ... wir haben dich vermisst!
Komm zurück mit uns nach Sorgenend ... und sei es nur auf einen Besuch! Das Sonnendorf hat all seinen Glanz verloren, seit deine heilenden Hände nicht mehr bei uns sind.

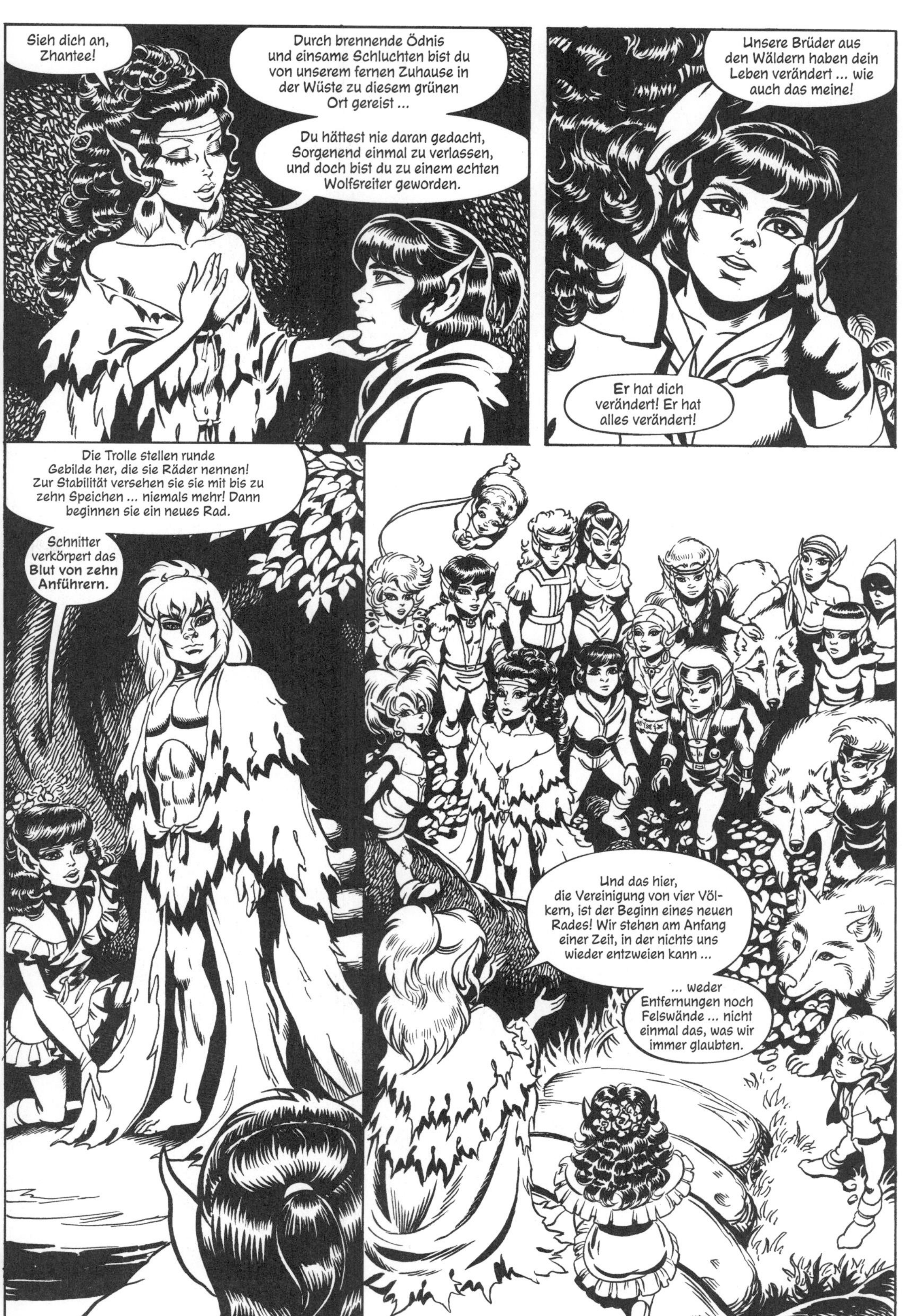
Sieh dich an, Zhantee!
Durch brennende Ödnis und einsame Schluchten bist du von unserem fernen Zuhause in der Wüste zu diesem grünen Ort gereist ...
Du hättest nie daran gedacht, Sorgenend einmal zu verlassen, und doch bist du zu einem echten Wolfsreiter geworden.
Unsere Brüder aus den Wäldern haben dein Leben verändert ... wie auch das meine!
Er hat dich verändert! Er hat alles verändert!
Die Trolle stellen runde Gebilde her, die sie Räder nennen! Zur Stabilität versehen sie sie mit bis zu zehn Speichen ... niemals mehr! Dann beginnen sie ein neues Rad.
Schnitter verkörpert das **Blut von zehn Anführern.**
Und das hier, die Vereinigung von vier Völkern, ist der Beginn eines neuen Rades! Wir stehen am Anfang einer Zeit, in der nichts uns wieder entzweien kann ...
... weder Entfernungen noch Felswände ... nicht einmal das, was wir immer glaubten.

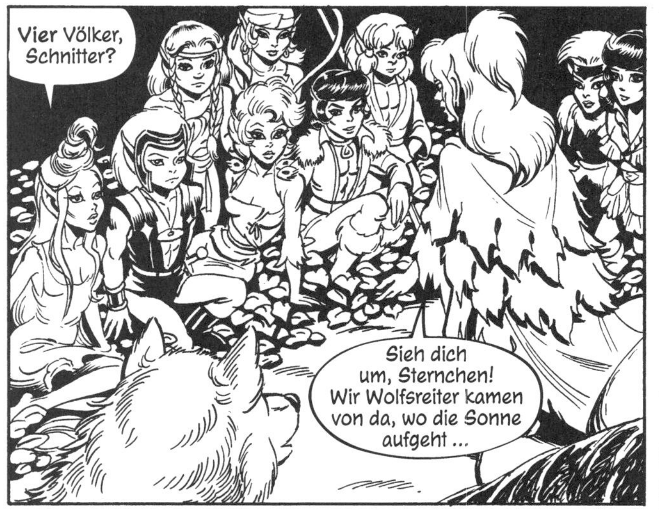
Vier Völker, Schnitter?
Sieh dich um, Sternchen! Wir Wolfsreiter kamen von da, wo die Sonne aufgeht ...

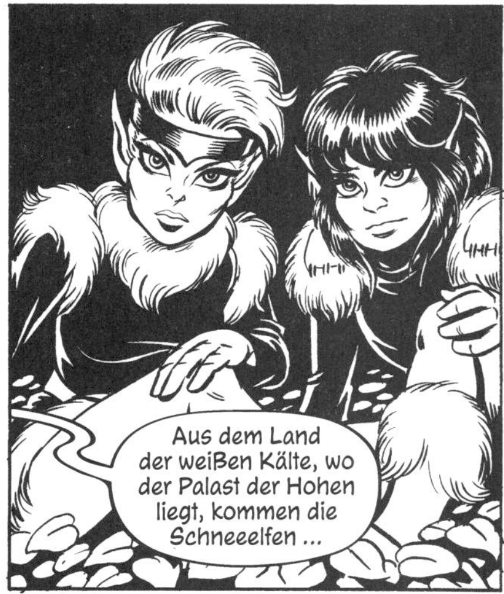
Aus dem Land der weißen Kälte, wo der Palast der Hohen liegt, kommen die Schneeelfen ...

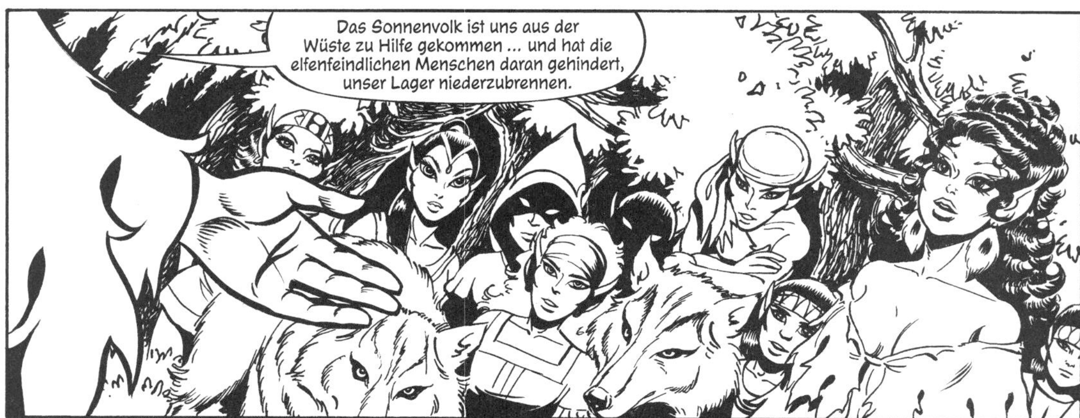
Das Sonnenvolk ist uns aus der Wüste zu Hilfe gekommen ... und hat die elfenfeindlichen Menschen daran gehindert, unser Lager niederzubrennen.

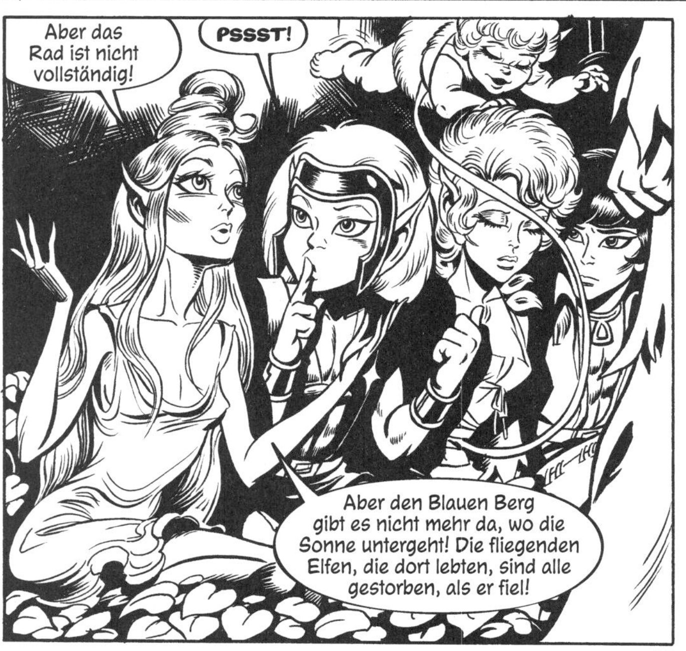
Aber das Rad ist nicht vollständig!
PSSST!
Aber den Blauen Berg gibt es nicht mehr da, wo die Sonne untergeht! Die fliegenden Elfen, die dort lebten, sind alle gestorben, als er fiel!

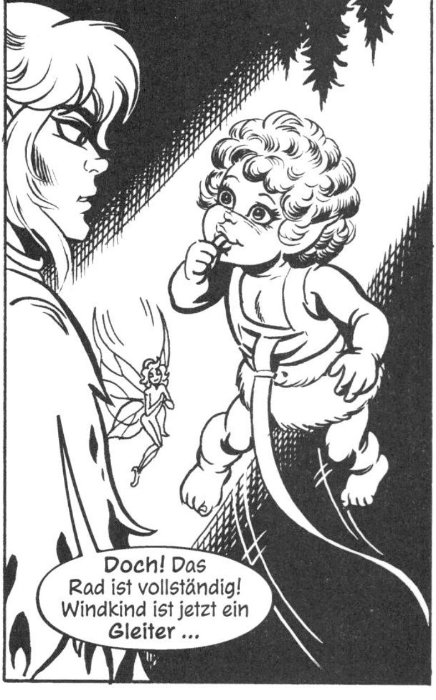
Doch! Das Rad ist vollständig! Windkind ist jetzt ein Gleiter ...

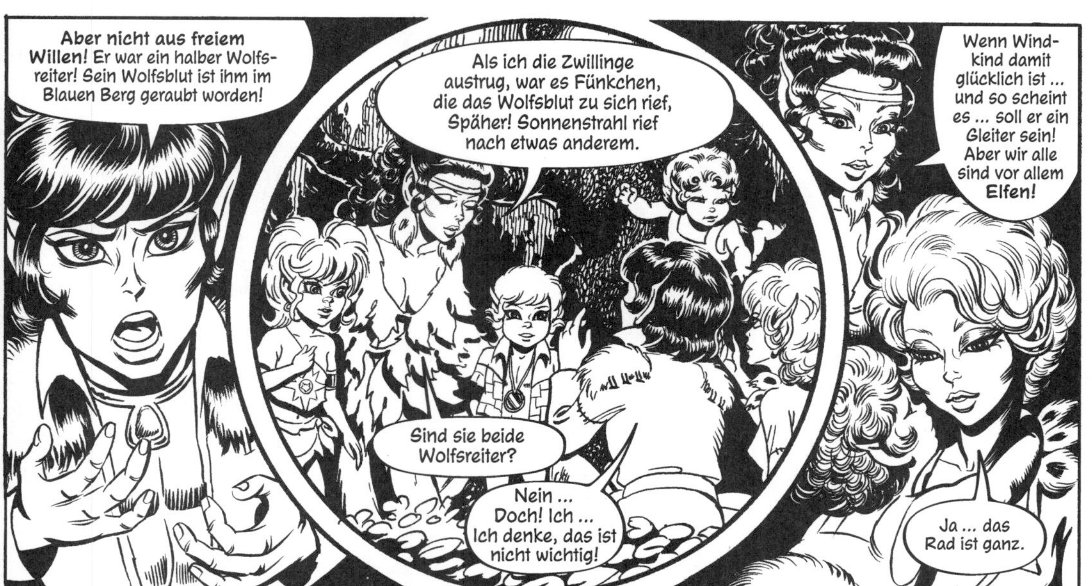

Aber nicht aus freiem Willen! Er war ein halber Wolfsreiter! Sein Wolfsblut ist ihm im Blauen Berg geraubt worden!
Als ich die Zwillinge austrug, war es Fünkchen, die das Wolfsblut zu sich rief, Späher! Sonnenstrahl rief nach etwas anderem.
Sind sie beide Wolfsreiter?
Nein ... Doch! Ich ... Ich denke, das ist nicht wichtig!
Wenn Windkind damit glücklich ist ... und so scheint es ... soll er ein Gleiter sein! Aber wir alle sind vor allem Elfen!
Ja ... das Rad ist ganz.

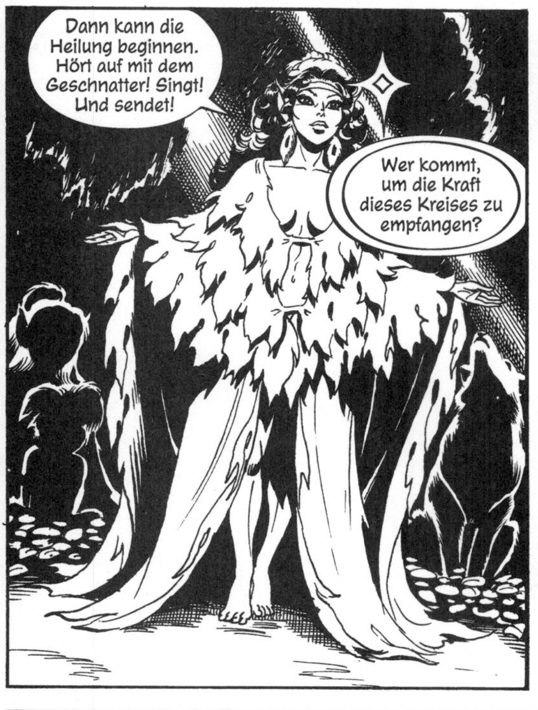

Dann kann die Heilung beginnen. Hört auf mit dem Geschnatter! Singt! Und sendet!
Wer kommt, um die Kraft dieses Kreises zu empfangen?

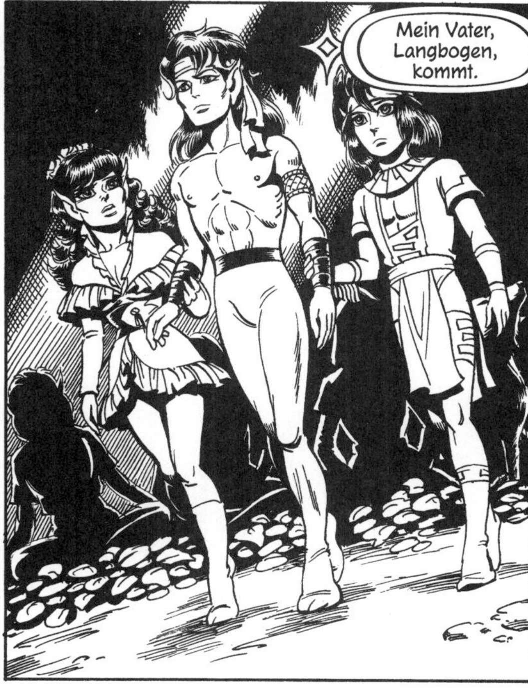

Mein Vater, Langbogen, kommt.

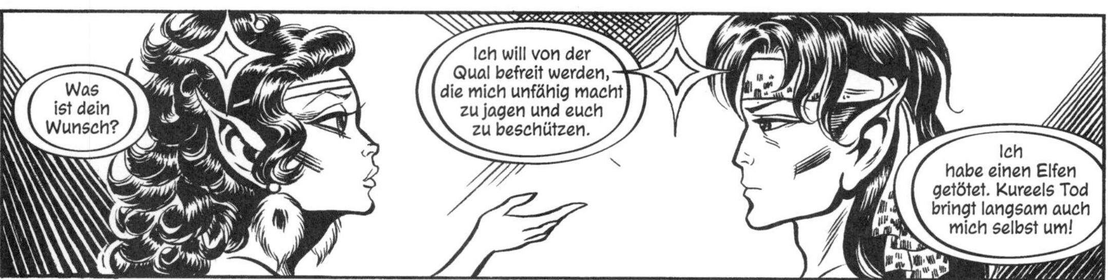

Was ist dein Wunsch?
Ich will von der Qual befreit werden, die mich unfähig macht zu jagen und euch zu beschützen.
Ich habe einen Elfen getötet. Kureels Tod bringt langsam auch mich selbst um!

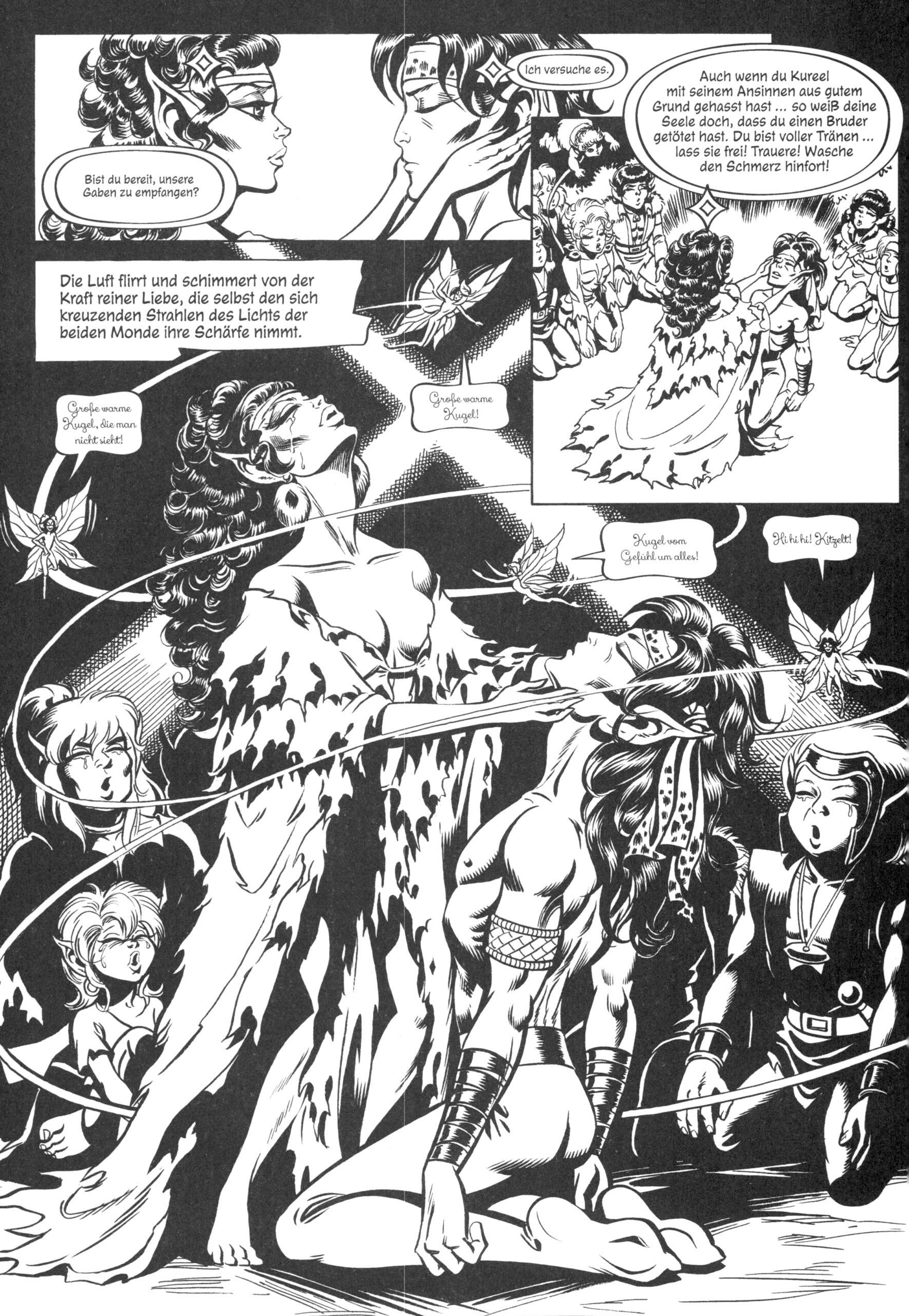
Bist du bereit, unsere Gaben zu empfangen?
Ich versuche es.
Auch wenn du Kureel mit seinem Ansinnen aus gutem Grund gehasst hast ... so weiß deine Seele doch, dass du einen Bruder getötet hast. Du bist voller Tränen ... lass sie frei! Trauere! Wasche den Schmerz hinfort!
Die Luft flirrt und schimmert von der Kraft reiner Liebe, die selbst den sich kreuzenden Strahlen des Lichts der beiden Monde ihre Schärfe nimmt.
Große warme Kugel, die man nicht sieht!
Große warme Kugel!
Kugel vom Gefühl um alles!
Hi hi hi! Kitzelt!

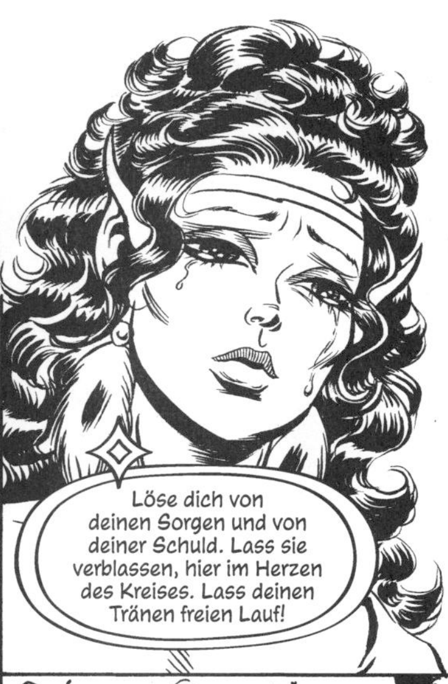
Löse dich von
deinen Sorgen und von
deiner Schuld. Lass sie
verblassen, hier im Herzen
des Kreises. Lass deinen
Tränen freien Lauf!

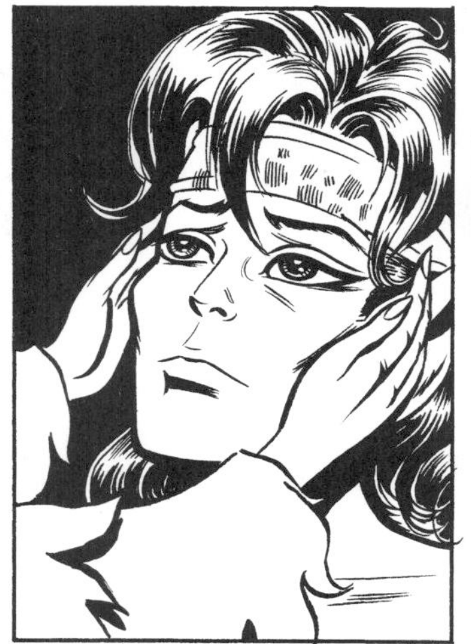

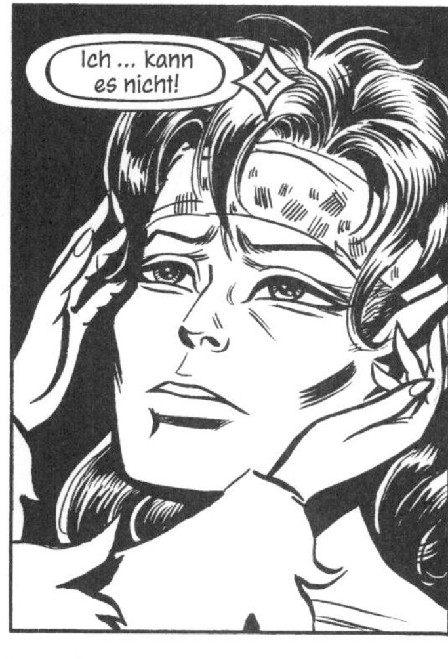
Ich ... kann
es nicht!

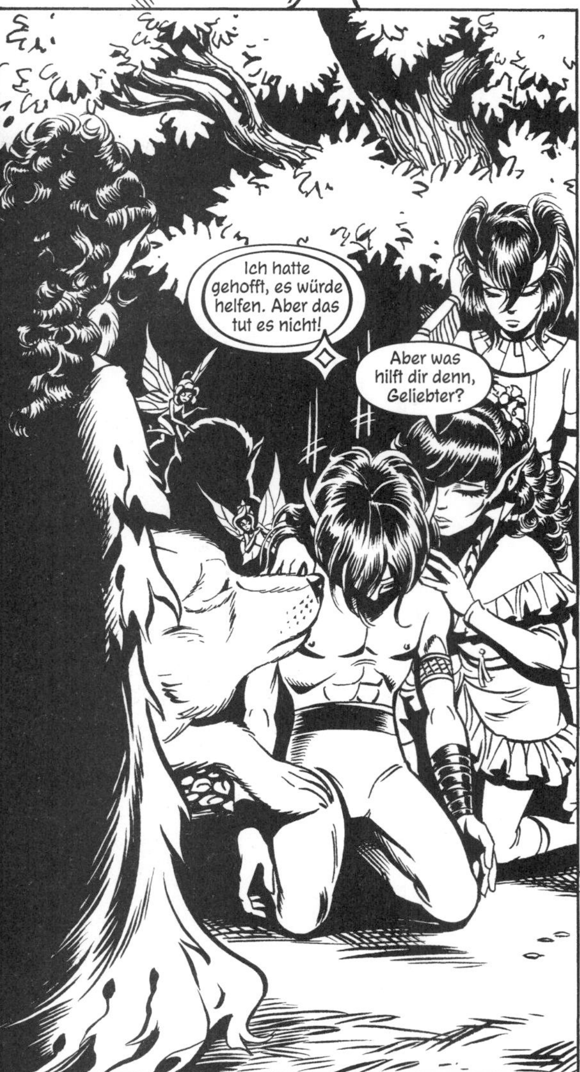
Ich hatte
gehofft, es würde
helfen. Aber das
tut es nicht!
Aber was
hilft dir denn,
Geliebter?

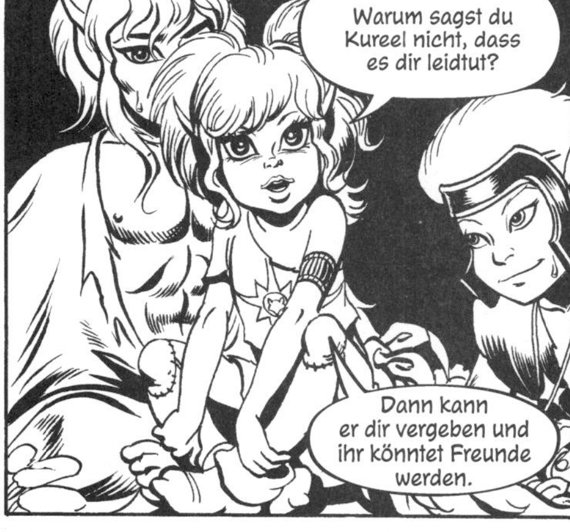
Warum sagst du
Kureel nicht, dass
es dir leidtut?
Dann kann
er dir vergeben und
ihr könntet Freunde
werden.

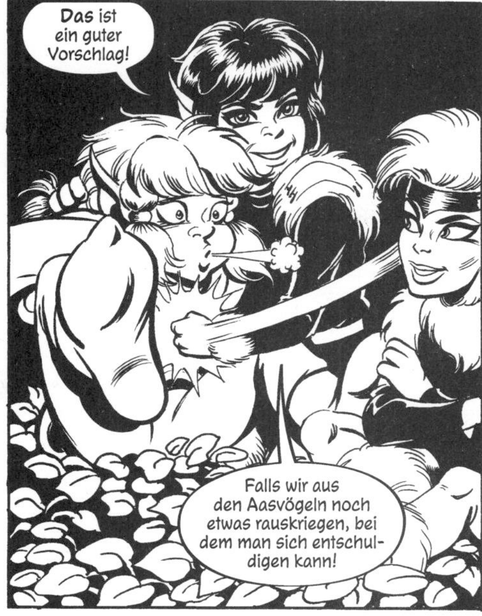
Das ist
ein guter
Vorschlag!
Falls wir aus
den Aasvögeln noch
etwas rauskriegen, bei
dem man sich entschul-
digen kann!

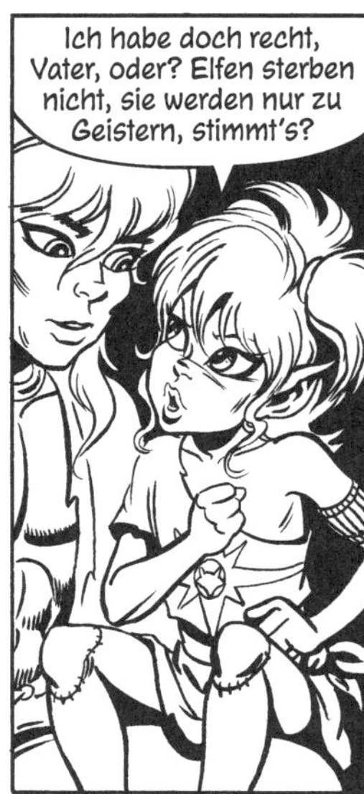
Ich habe doch recht, Vater, oder? Elfen sterben nicht, sie werden nur zu Geistern, stimmt's?
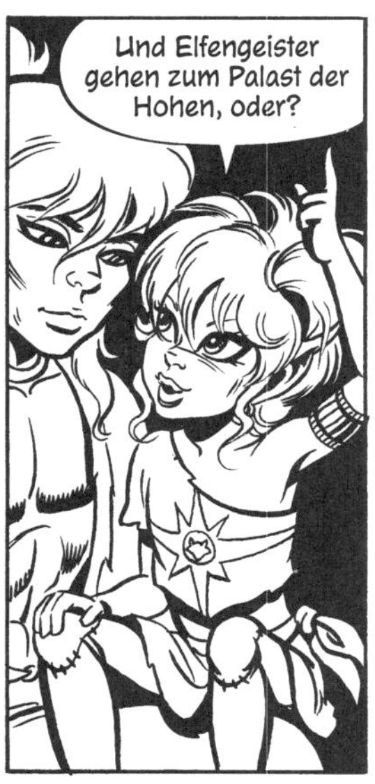
Und Elfengeister gehen zum Palast der Hohen, oder?
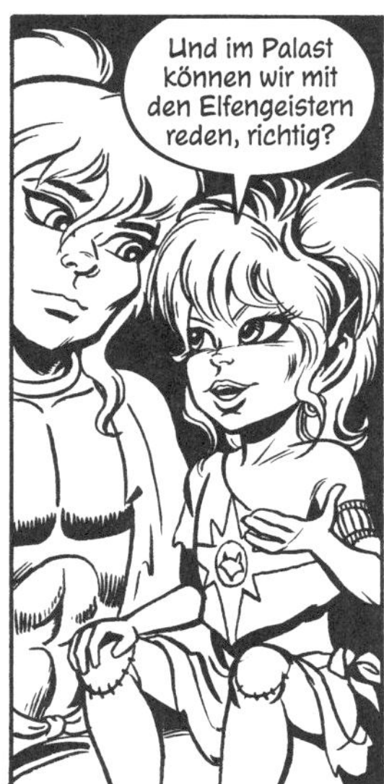
Und im Palast können wir mit den Elfengeistern reden, richtig?
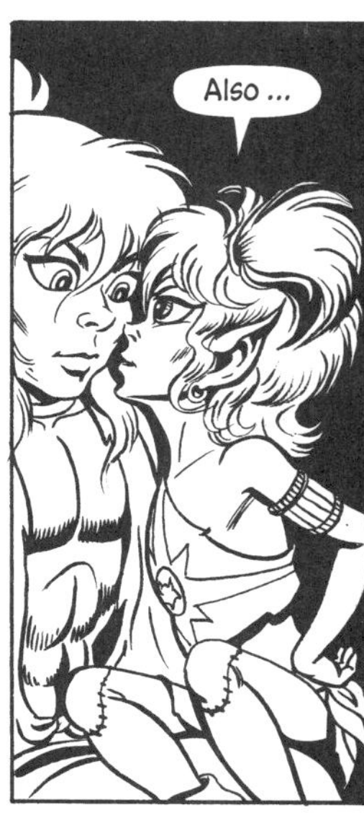
Also ...
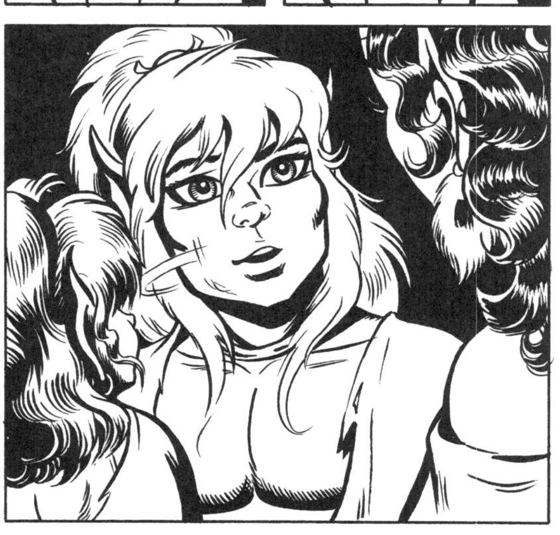
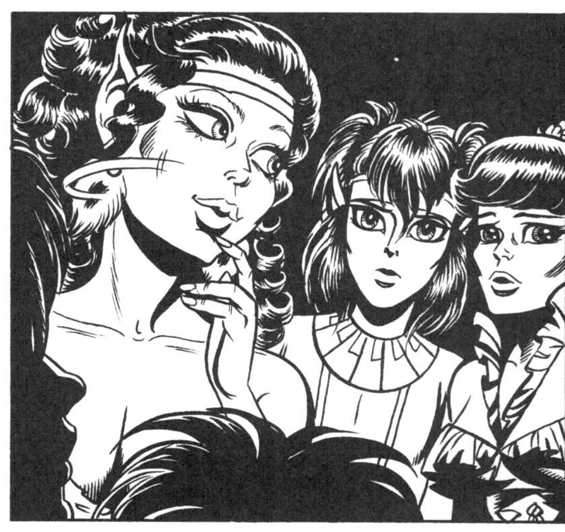
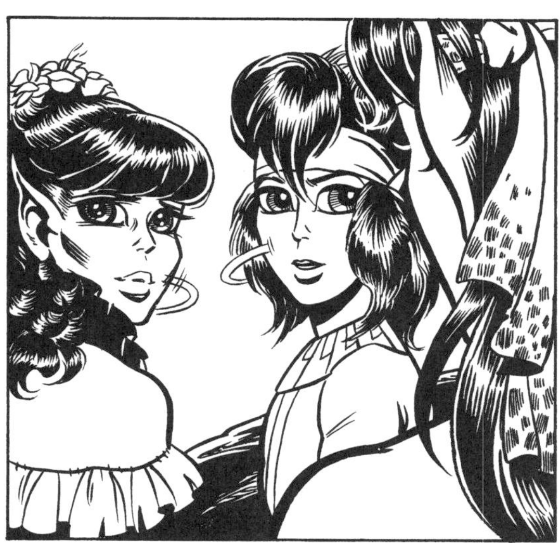
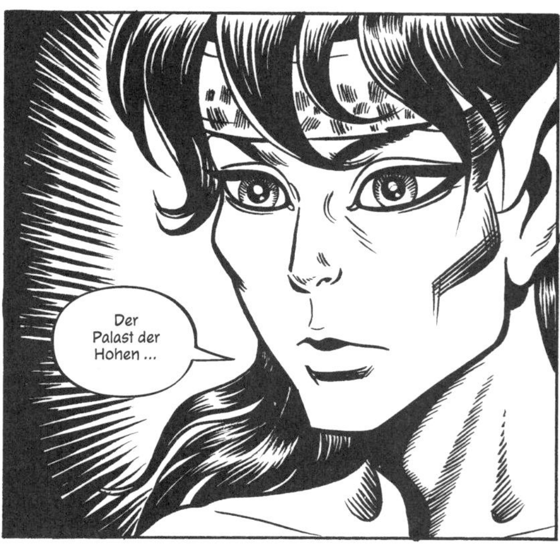
Der Palast der Hohen ...

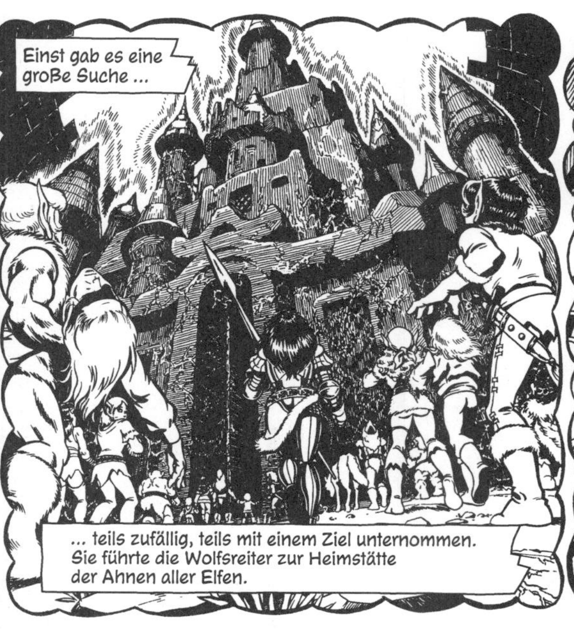
Einst gab es eine große Suche ...
... teils zufällig, teils mit einem Ziel unternommen. Sie führte die Wolfsreiter zur Heimstätte der Ahnen aller Elfen.

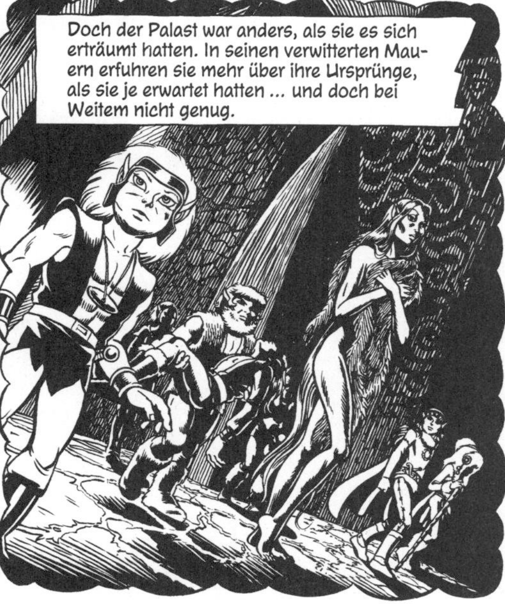
Doch der Palast war anders, als sie es sich erträumt hatten. In seinen verwitterten Mauern erfuhren sie mehr über ihre Ursprünge, als sie je erwartet hatten ... und doch bei Weitem nicht genug.

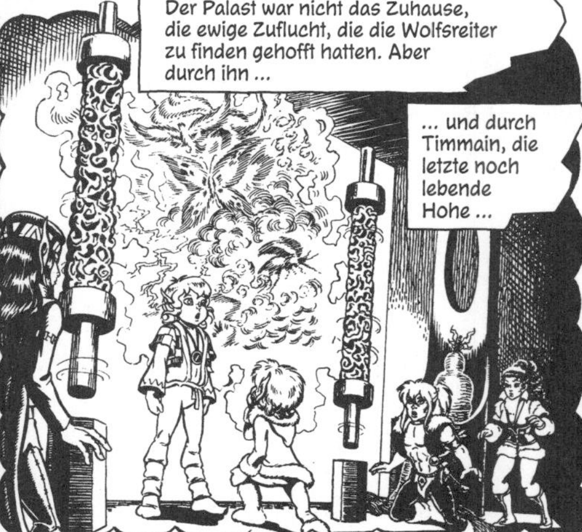
Der Palast war nicht das Zuhause, die ewige Zuflucht, die die Wolfsreiter zu finden gehofft hatten. Aber durch ihn ...
... und durch Timmain, die letzte noch lebende Hohe ...

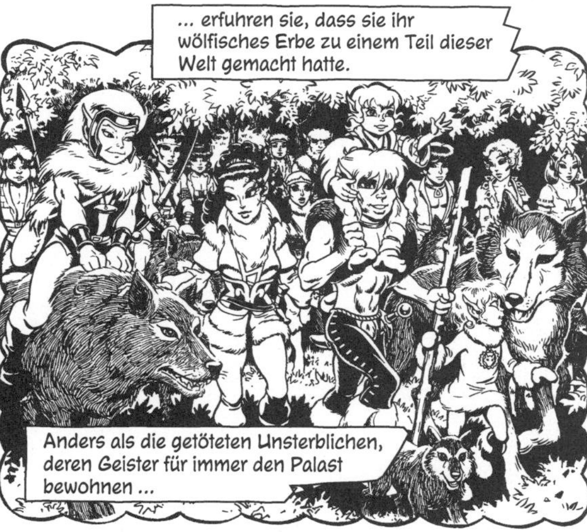
... erfuhren sie, dass sie ihr wölfisches Erbe zu einem Teil dieser Welt gemacht hatte.
Anders als die getöteten Unsterblichen, deren Geister für immer den Palast bewohnen ...

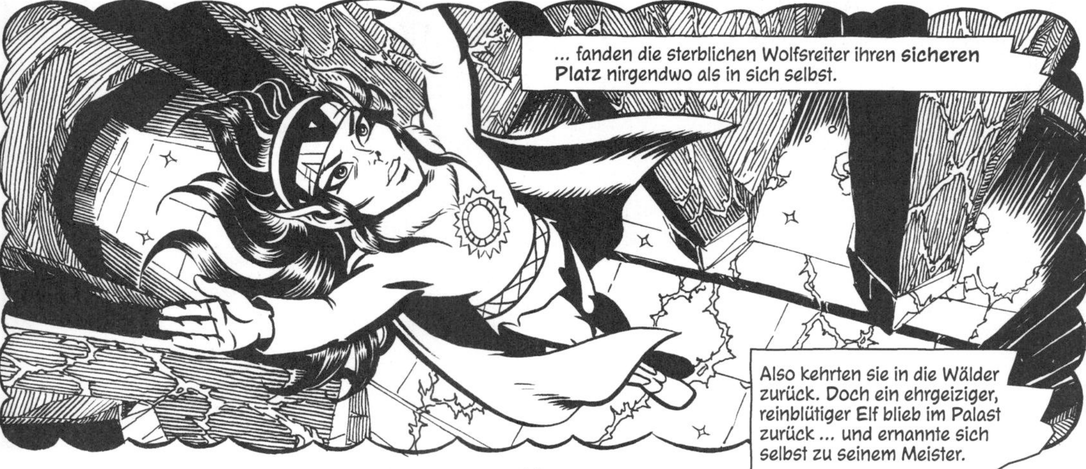
... fanden die sterblichen Wolfsreiter ihren sicheren Platz nirgendwo als in sich selbst.
Also kehrten sie in die Wälder zurück. Doch ein ehrgeiziger, reinblütiger Elf blieb im Palast zurück ... und ernannte sich selbst zu seinem Meister.

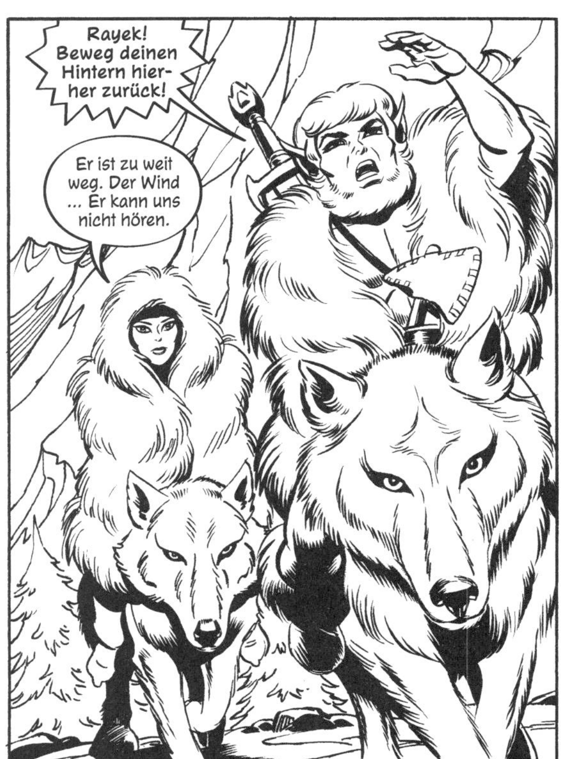
Rayek! Beweg deinen Hintern hier-her zurück!
Er ist zu weit weg. Der Wind ... Er kann uns nicht hören.

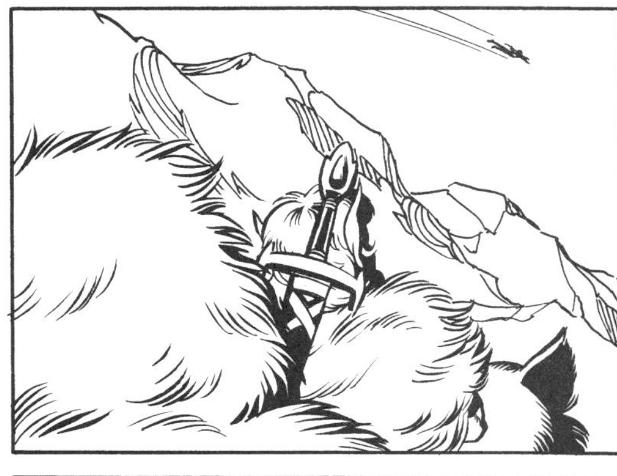

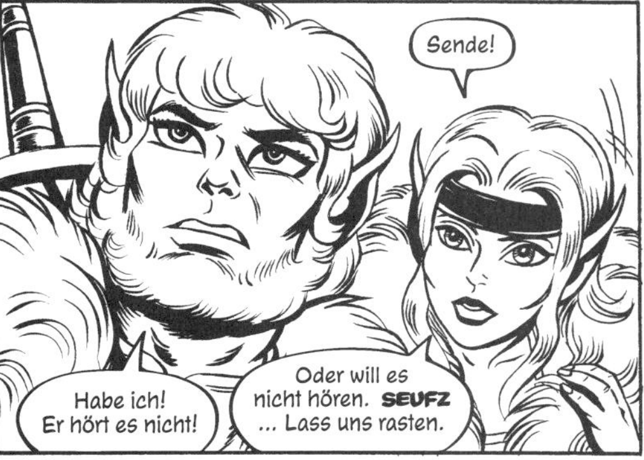
Sende!
Habe ich! Er hört es nicht!
Oder will es nicht hören. SEUFZ ... Lass uns rasten.

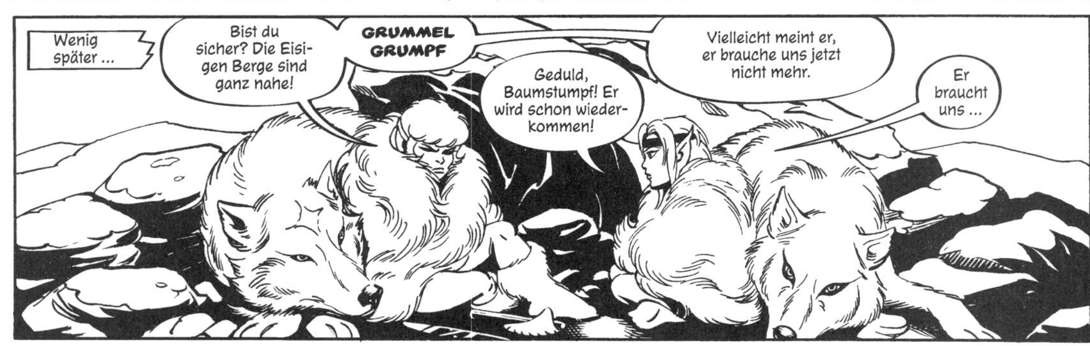
Wenig später ...
Bist du sicher? Die Eisi-gen Berge sind ganz nahe!
GRUMMEL GRUMPF
Geduld, Baumstumpf! Er wird schon wieder-kommen!
Vielleicht meint er, er brauche uns jetzt nicht mehr.
Er braucht uns ...

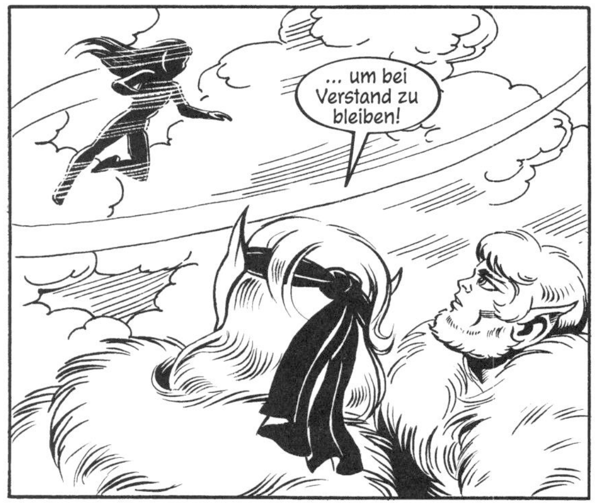
... um bei Verstand zu bleiben!

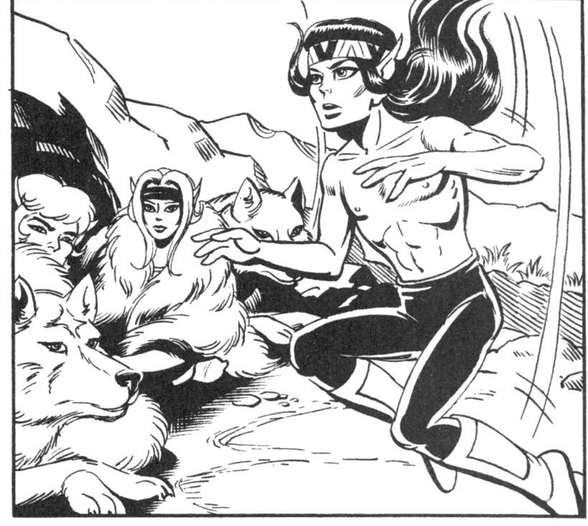

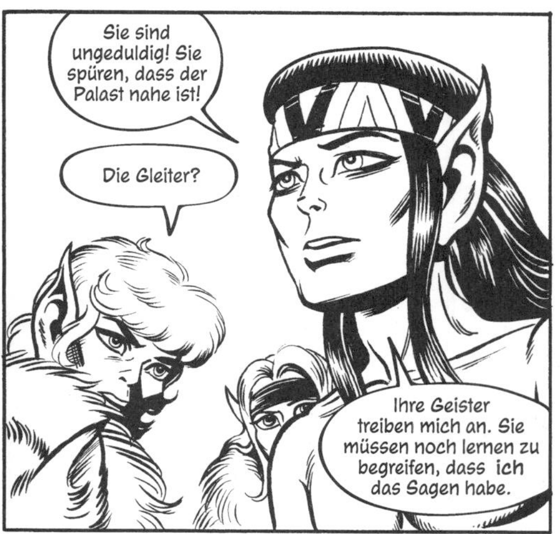
Sie sind ungeduldig! Sie spüren, dass der Palast nahe ist!
Die Gleiter?
Ihre Geister treiben mich an. Sie müssen noch lernen zu begreifen, dass ich das Sagen habe.

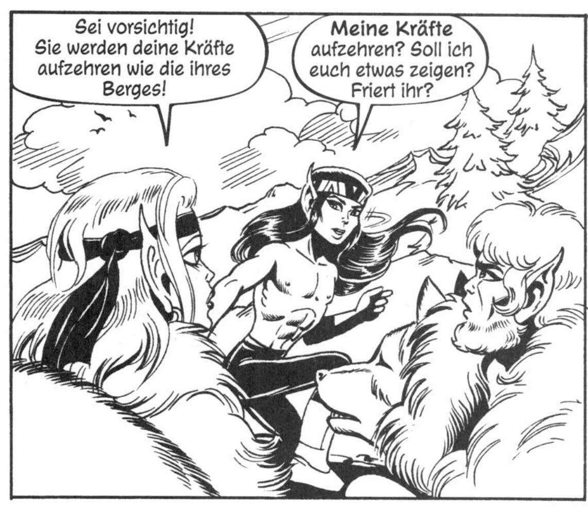
Sei vorsichtig! Sie werden deine Kräfte aufzehren wie die ihres Berges!
Meine Kräfte aufzehren? Soll ich euch etwas zeigen? Friert ihr?

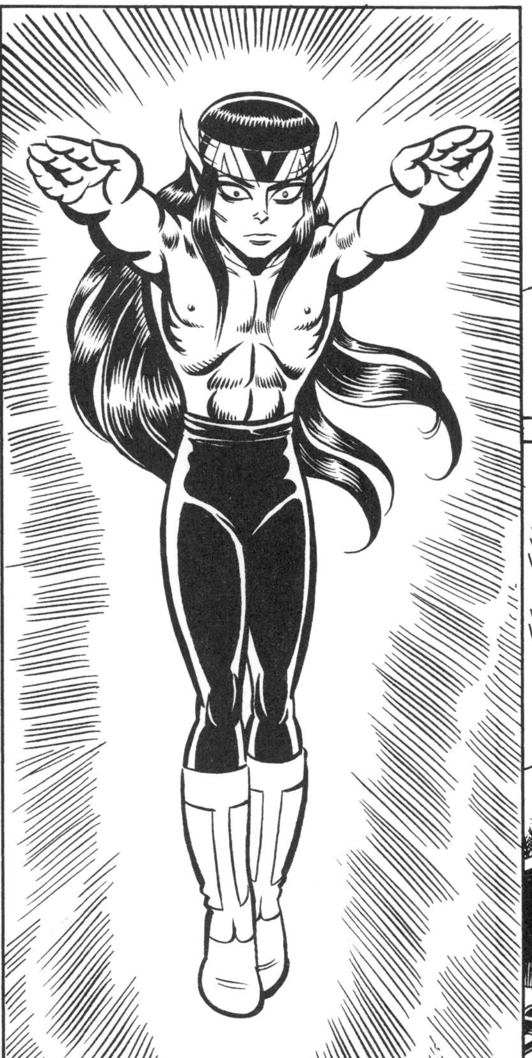

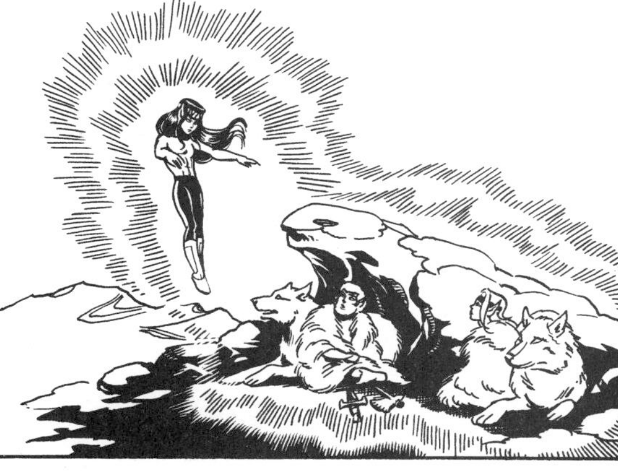

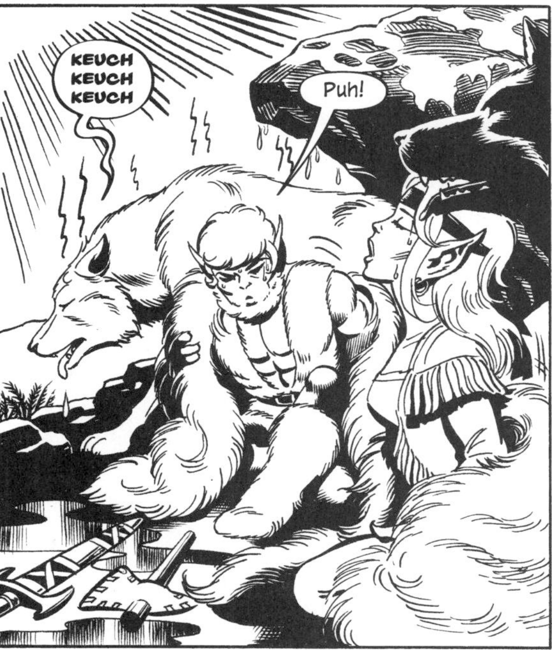
KEUCH KEUCH KEUCH
Puh!

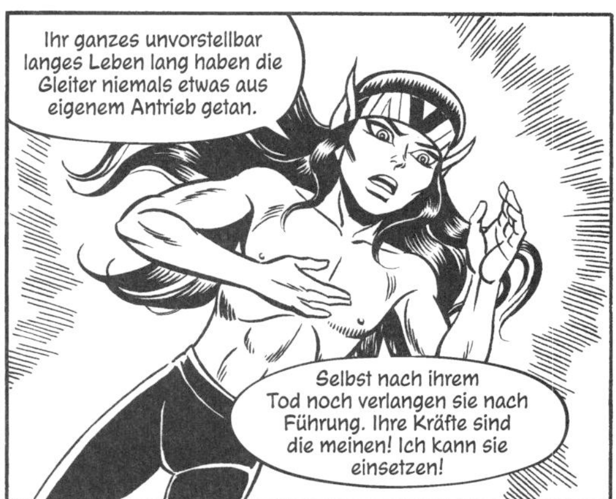
Ihr ganzes unvorstellbar langes Leben lang haben die Gleiter niemals etwas aus eigenem Antrieb getan.
Selbst nach ihrem Tod noch verlangen sie nach Führung. Ihre Kräfte sind die meinen! Ich kann sie einsetzen!

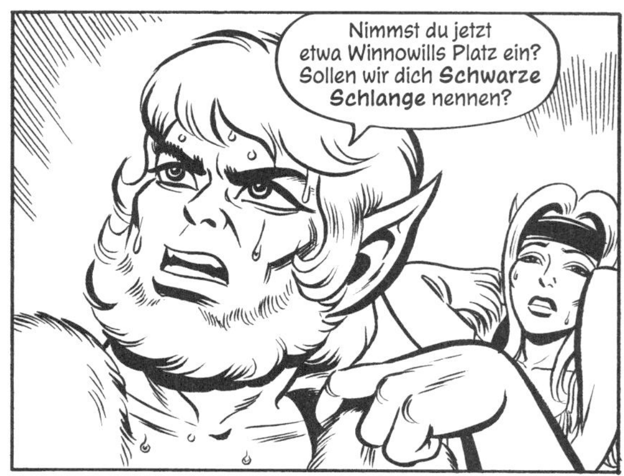
Nimmst du jetzt etwa Winnowills Platz ein? Sollen wir dich **Schwarze Schlange** nennen?

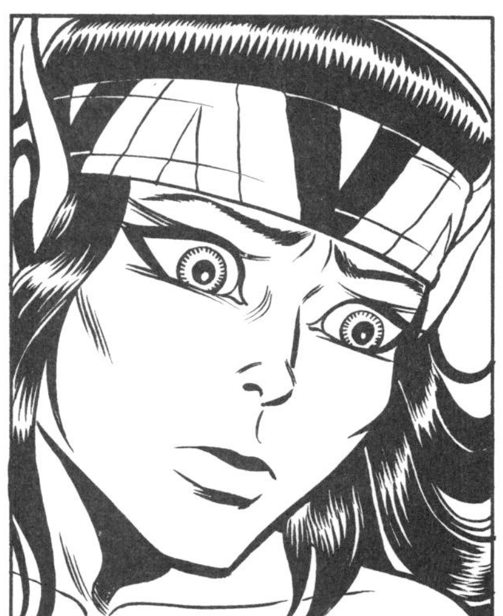

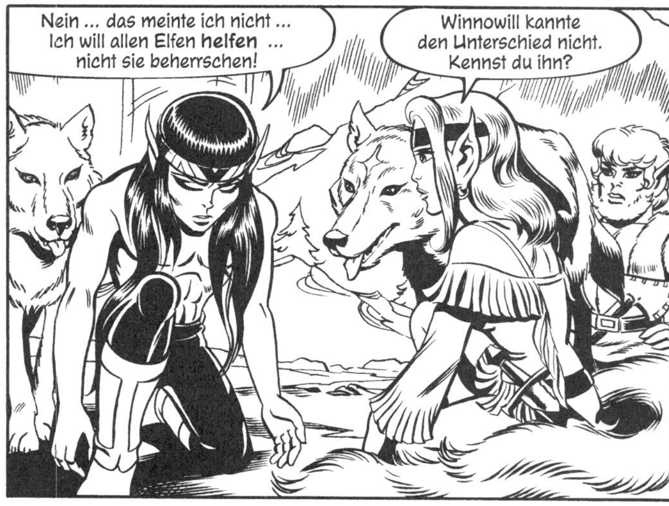
Nein ... das meinte ich nicht ... Ich will allen Elfen **helfen** ... nicht sie beherrschen!
Winnowill kannte den Unterschied nicht. Kennst du ihn?

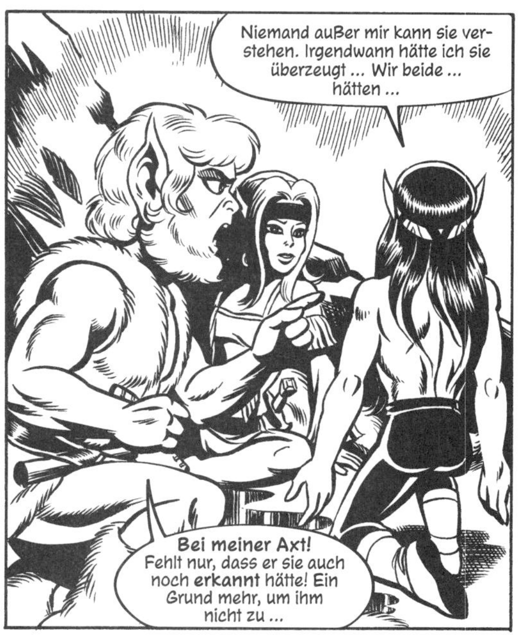
Niemand außer mir kann sie verstehen. Irgendwann hätte ich sie überzeugt ... Wir beide ... hätten ...
Bei meiner Axt! Fehlt nur, dass er sie auch noch **erkannt** hätte! Ein Grund mehr, um ihm nicht zu ...

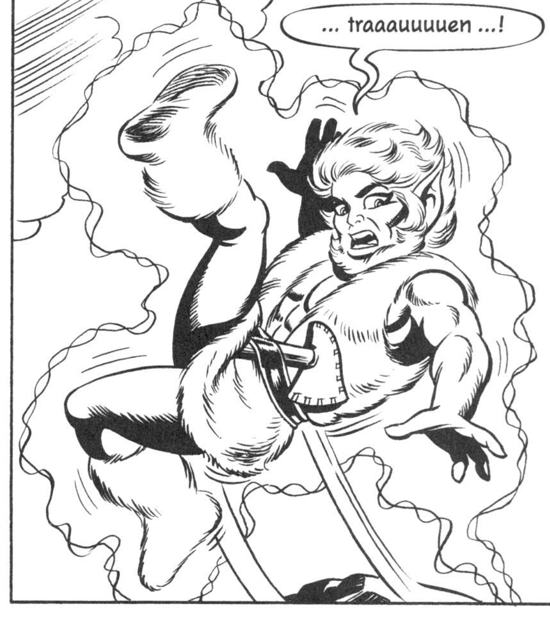
... traaauuuuen ...!

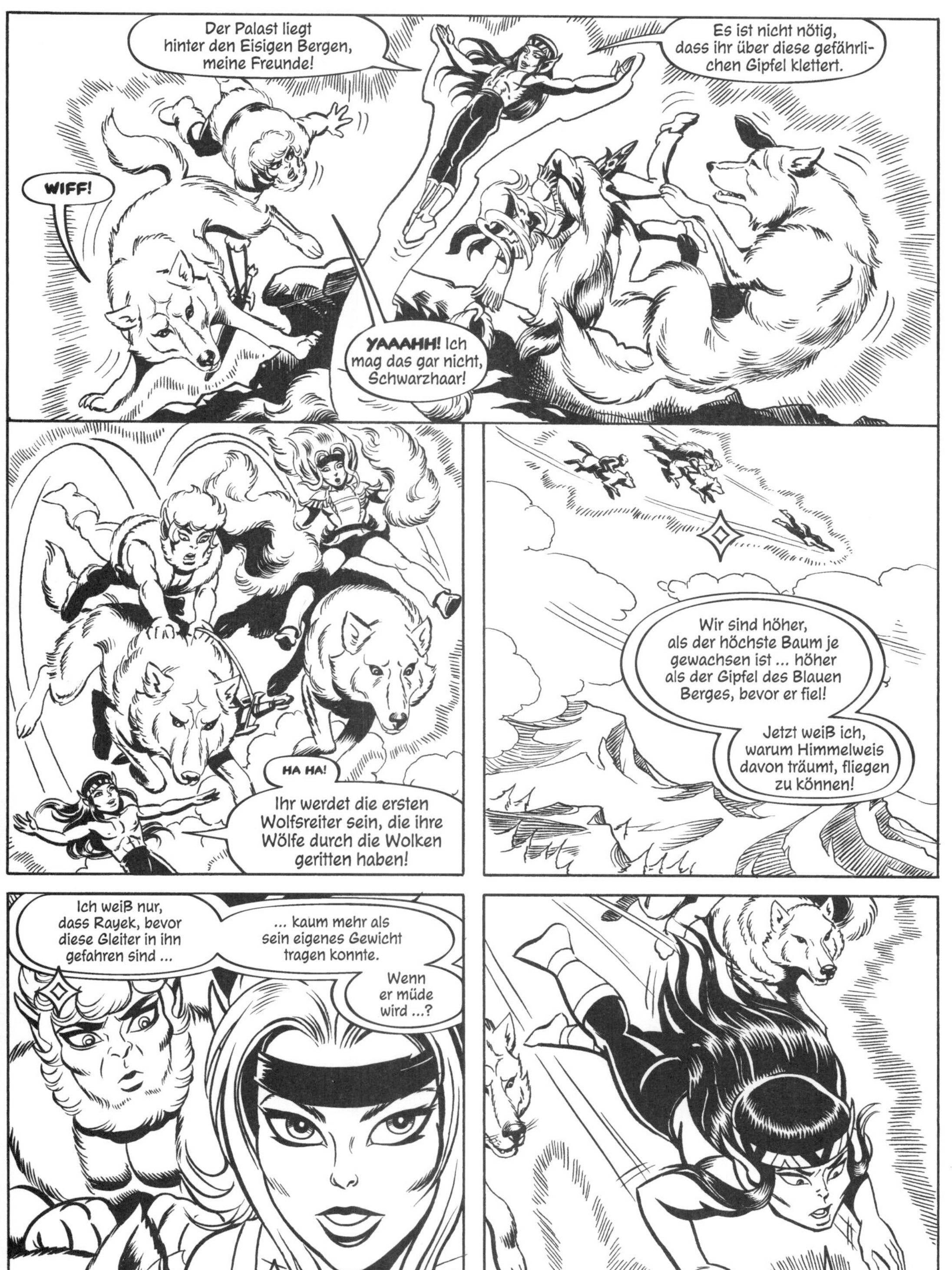
Der Palast liegt hinter den Eisigen Bergen, meine Freunde!
Es ist nicht nötig, dass ihr über diese gefährlichen Gipfel klettert.
WIFF!
YAAAHH! Ich mag das gar nicht, Schwarzhaar!
HA HA!
Ihr werdet die ersten Wolfsreiter sein, die ihre Wölfe durch die Wolken geritten haben!
Wir sind höher, als der höchste Baum je gewachsen ist … höher als der Gipfel des Blauen Berges, bevor er fiel!
Jetzt weiß ich, warum Himmelweis davon träumt, fliegen zu können!
Ich weiß nur, dass Rayek, bevor diese Gleiter in ihn gefahren sind …
… kaum mehr als sein eigenes Gewicht tragen konnte.
Wenn er müde wird …?
Ich glaube nicht, dass er überhaupt noch müde werden kann …
Wie?! Was soll denn das?

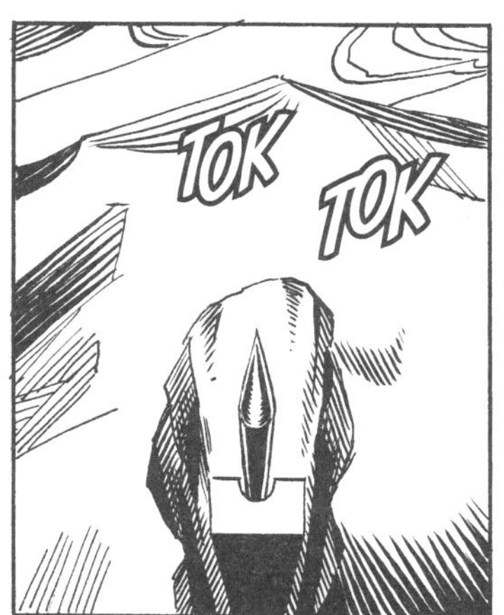
TOK
TOK

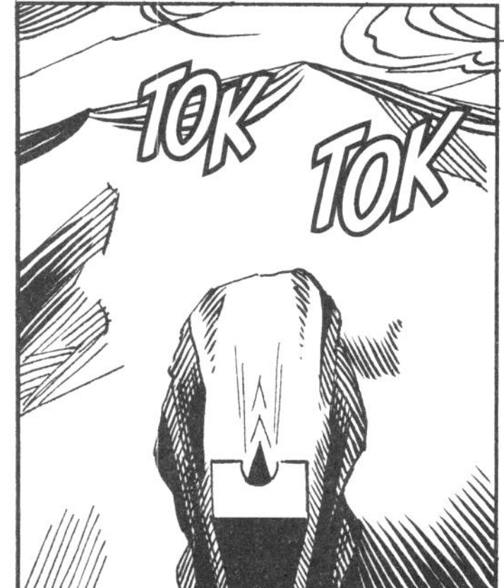
TOK
TOK

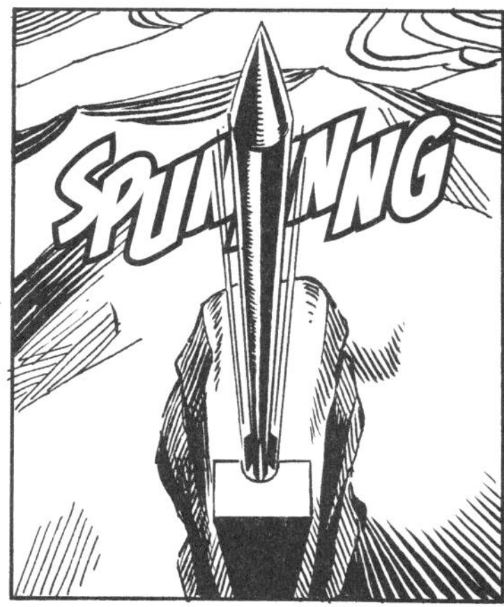

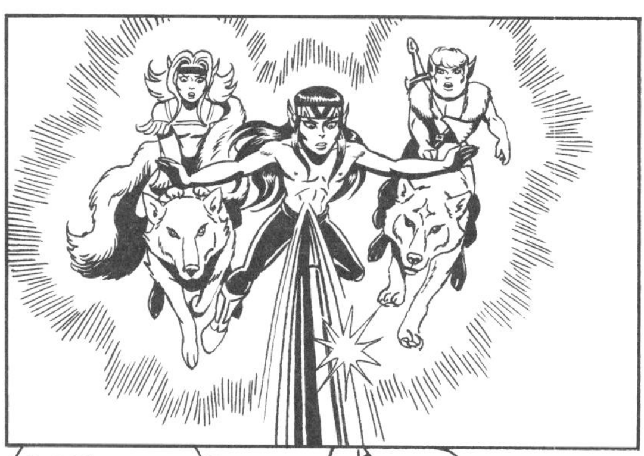

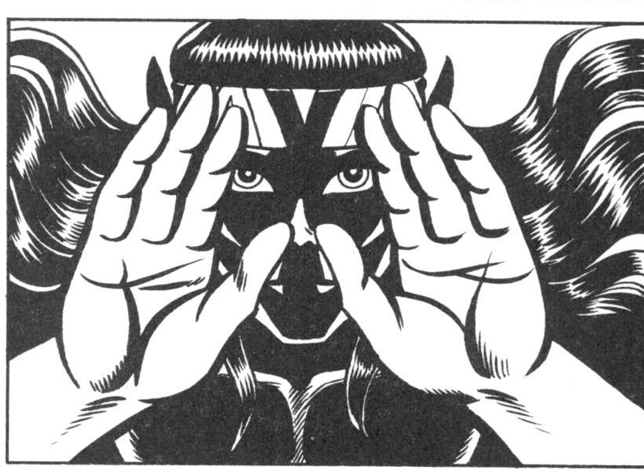

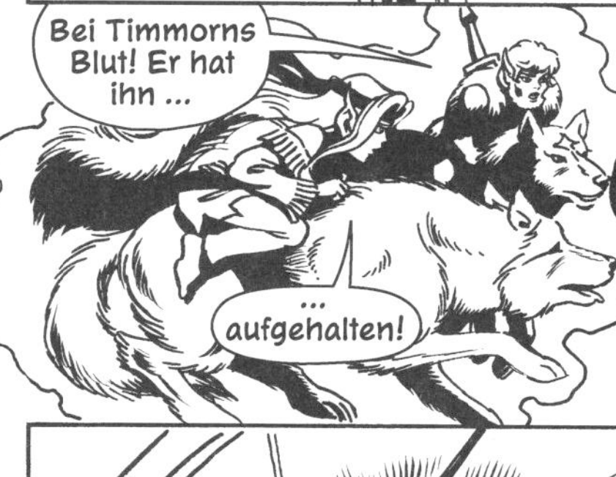
Bei Timmorns Blut! Er hat ihn ...
... aufgehalten!

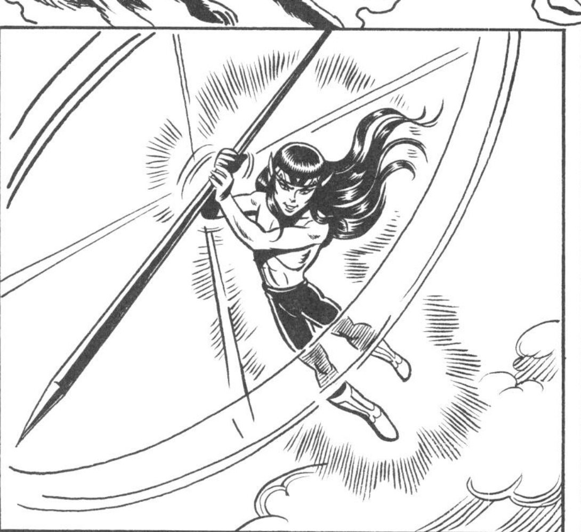

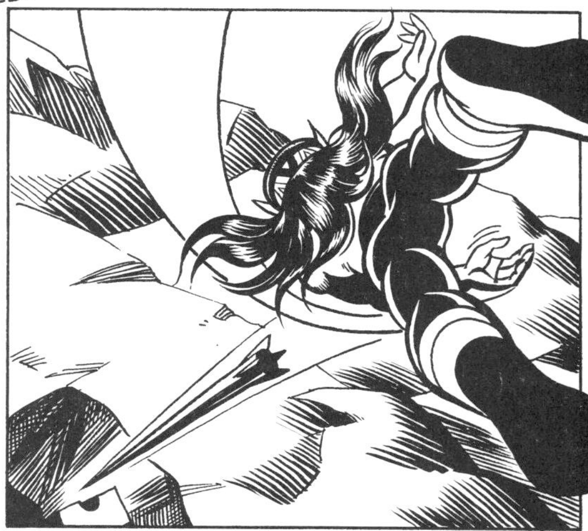

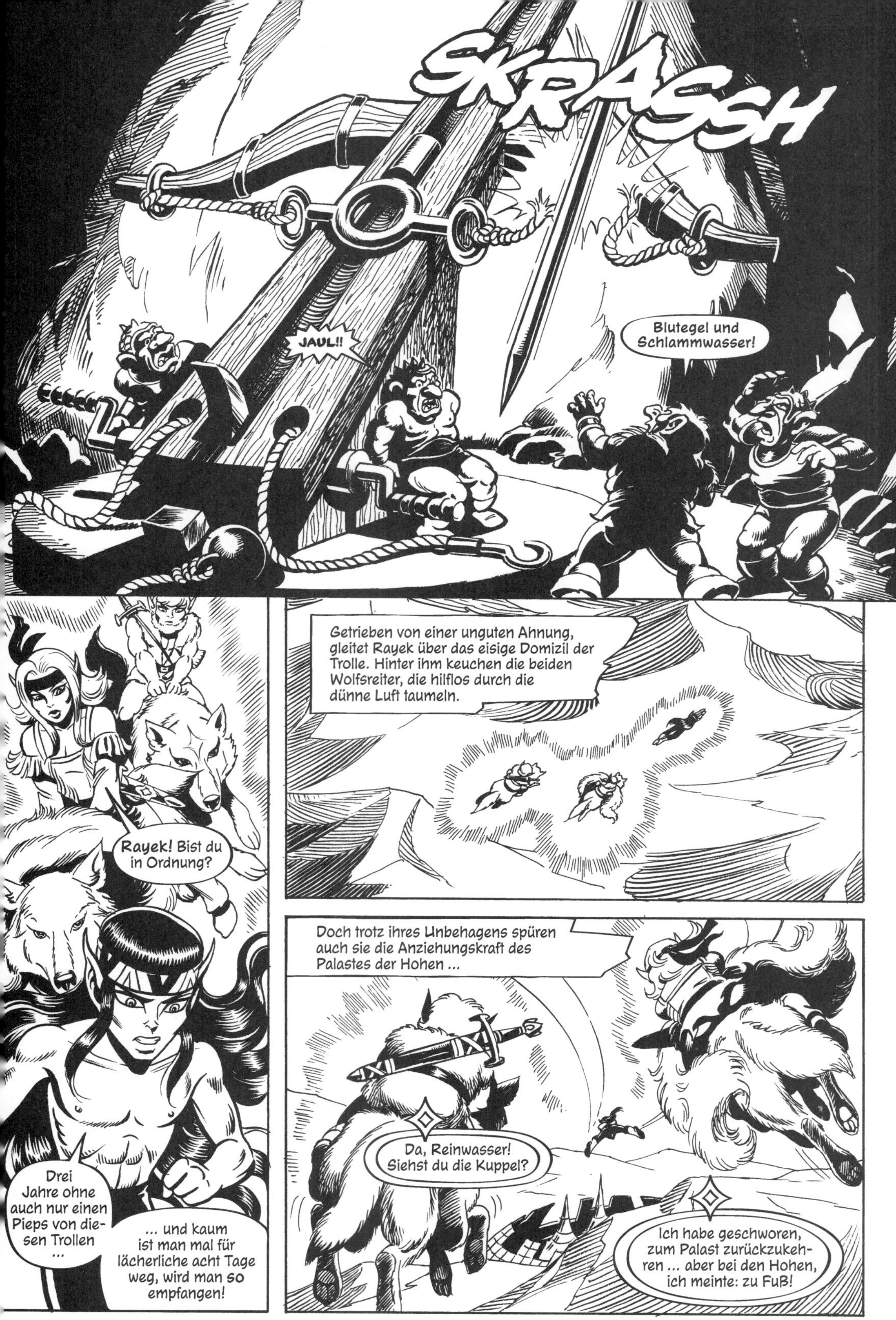
SKRASSH
JAUL!!
Blutegel und Schlammwasser!
Rayek! Bist du in Ordnung?
Drei Jahre ohne auch nur einen Pieps von diesen Trollen ...
... und kaum ist man mal für lächerliche acht Tage weg, wird man so empfangen!
Getrieben von einer unguten Ahnung, gleitet Rayek über das eisige Domizil der Trolle. Hinter ihm keuchen die beiden Wolfsreiter, die hilflos durch die dünne Luft taumeln.
Doch trotz ihres Unbehagens spüren auch sie die Anziehungskraft des Palastes der Hohen ...
Da, Reinwasser! Siehst du die Kuppel?
Ich habe geschworen, zum Palast zurückzukehren ... aber bei den Hohen, ich meinte: zu Fuß!

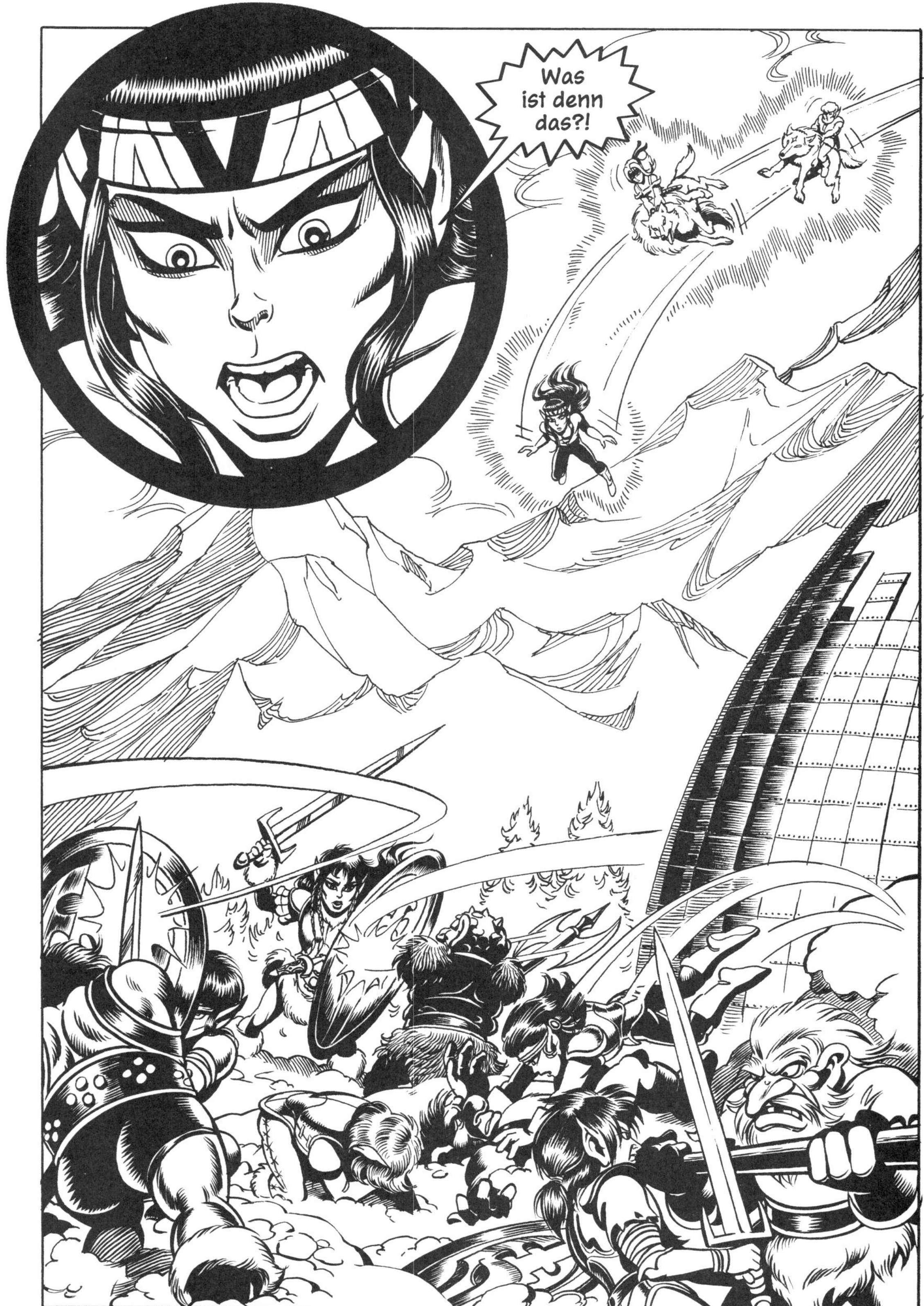
Was ist denn das?!

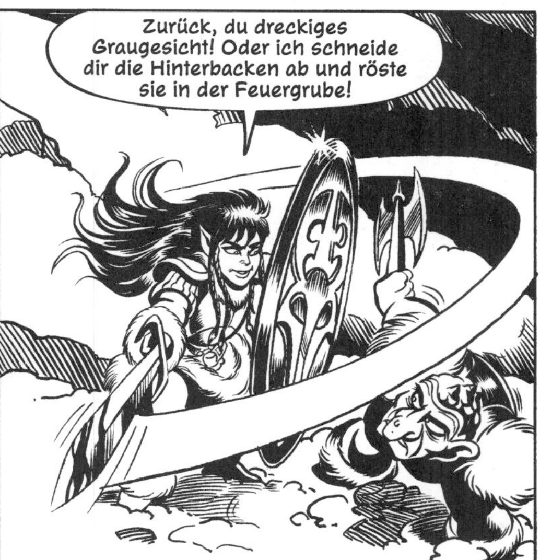
Zurück, du dreckiges Graugesicht! Oder ich schneide dir die Hinterbacken ab und röste sie in der Feuergrube!

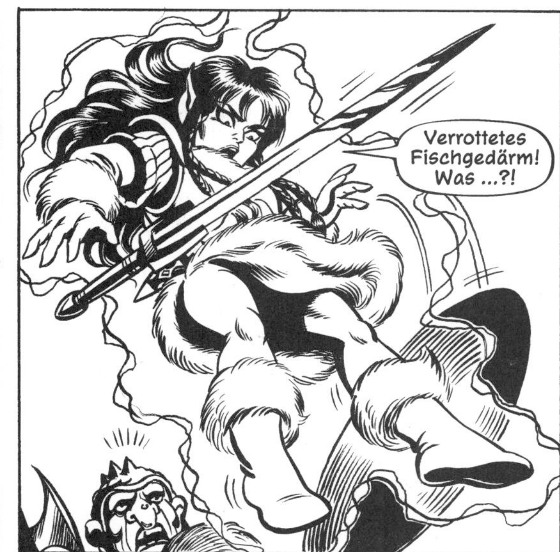
Verrottetes Fischgedärm! Was ...?!

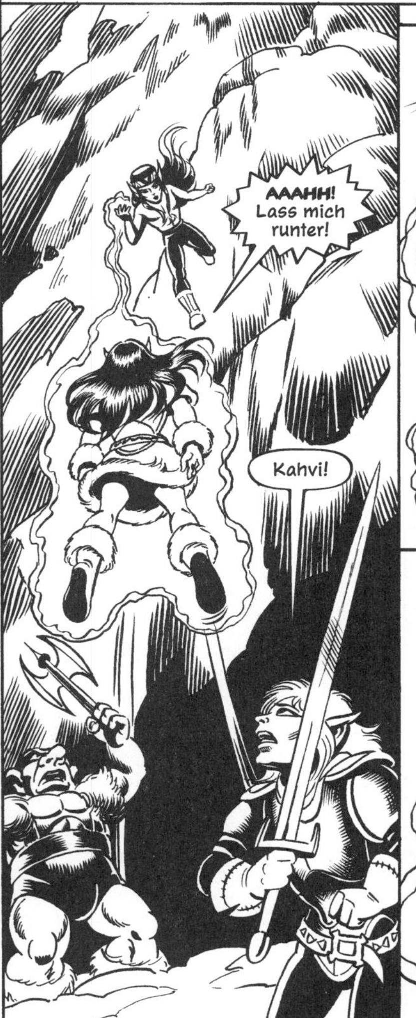
AAAHH! Lass mich runter!
Kahvi!

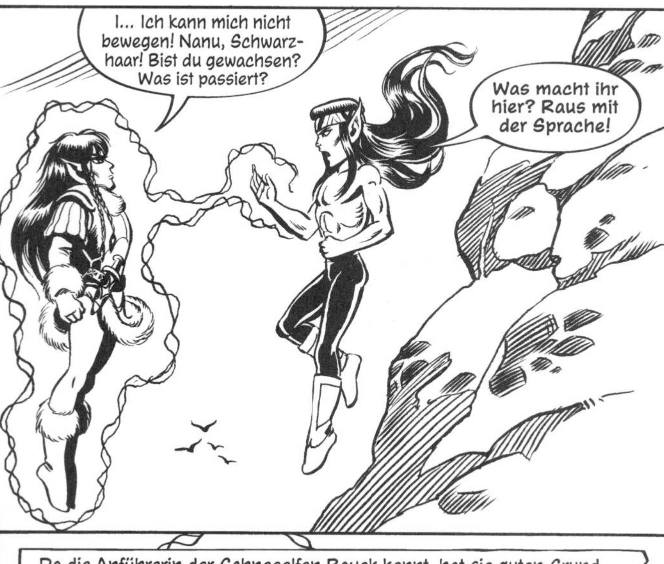
I... Ich kann mich nicht bewegen! Nanu, Schwarzhaar! Bist du gewachsen? Was ist passiert?
Was macht ihr hier? Raus mit der Sprache!

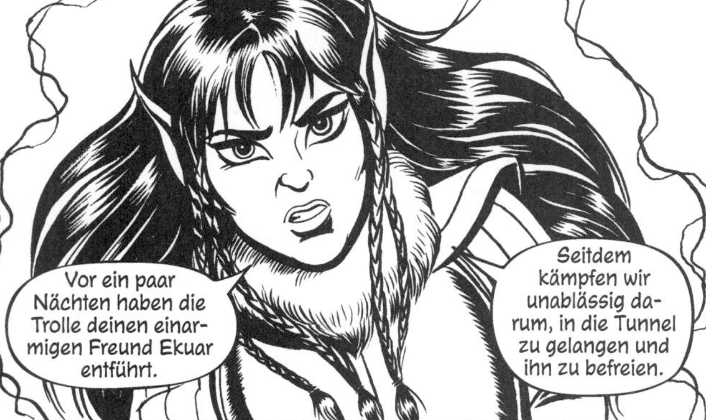
Da die Anführerin der Schneeelfen Rayek kennt, hat sie guten Grund zu zögern. Doch ihr Mut ist größer als ihre Furcht, und so antwortet sie ...
Vor ein paar Nächten haben die Trolle deinen einarmigen Freund Ekuar entführt.
Seitdem kämpfen wir unablässig darum, in die Tunnel zu gelangen und ihn zu befreien.

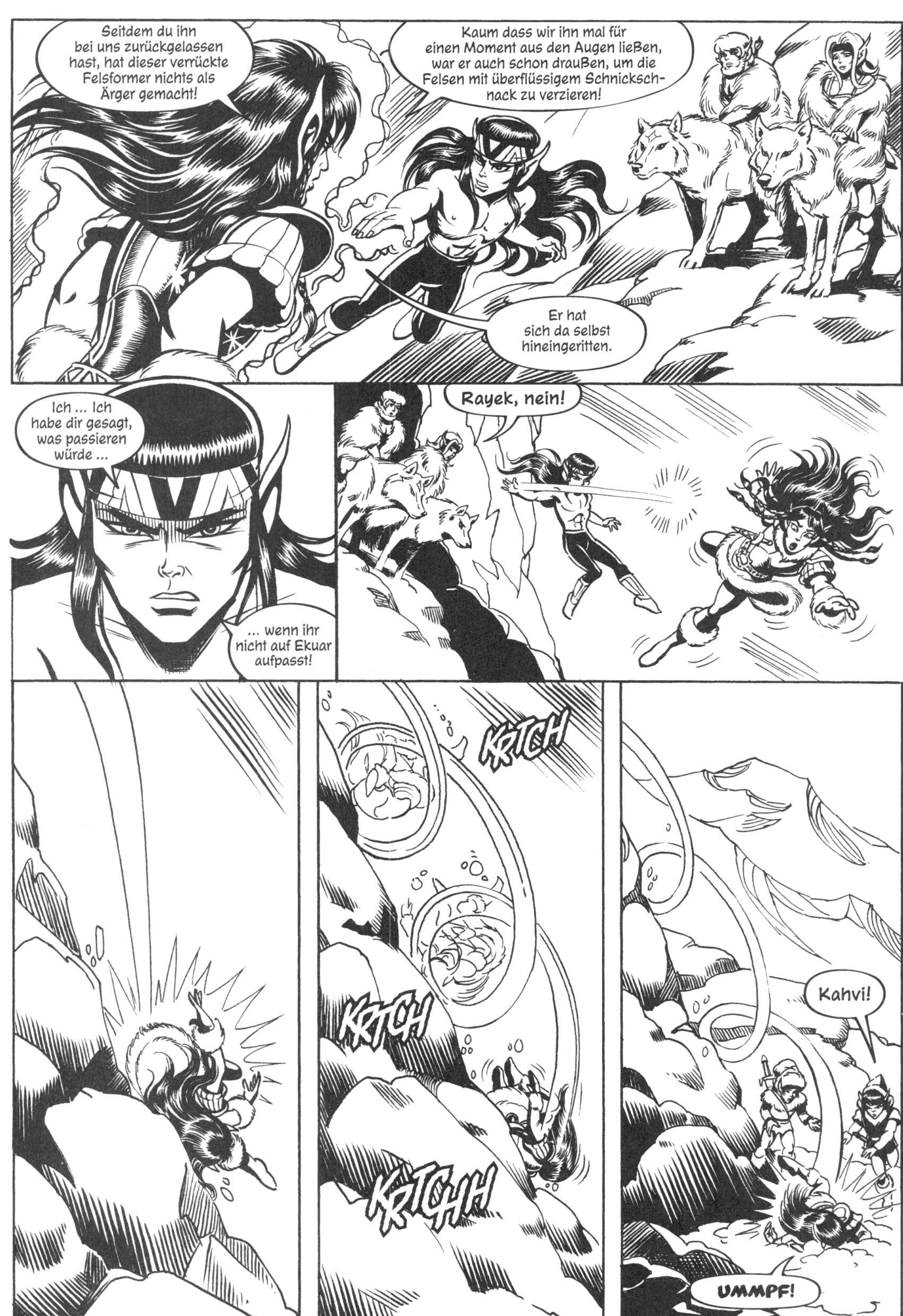
Seitdem du ihn bei uns zurückgelassen hast, hat dieser verrückte Felsformer nichts als Ärger gemacht!
Kaum dass wir ihn mal für einen Moment aus den Augen ließen, war er auch schon draußen, um die Felsen mit überflüssigem Schnickschnack zu verzieren!
Er hat sich da selbst hineingeritten.
Ich ... Ich habe dir gesagt, was passieren würde ...
... wenn ihr nicht auf Ekuar aufpasst!
Rayek, nein!
KRTCH
KRTCH
KRTCHH
Kahvi!
UMMPF!

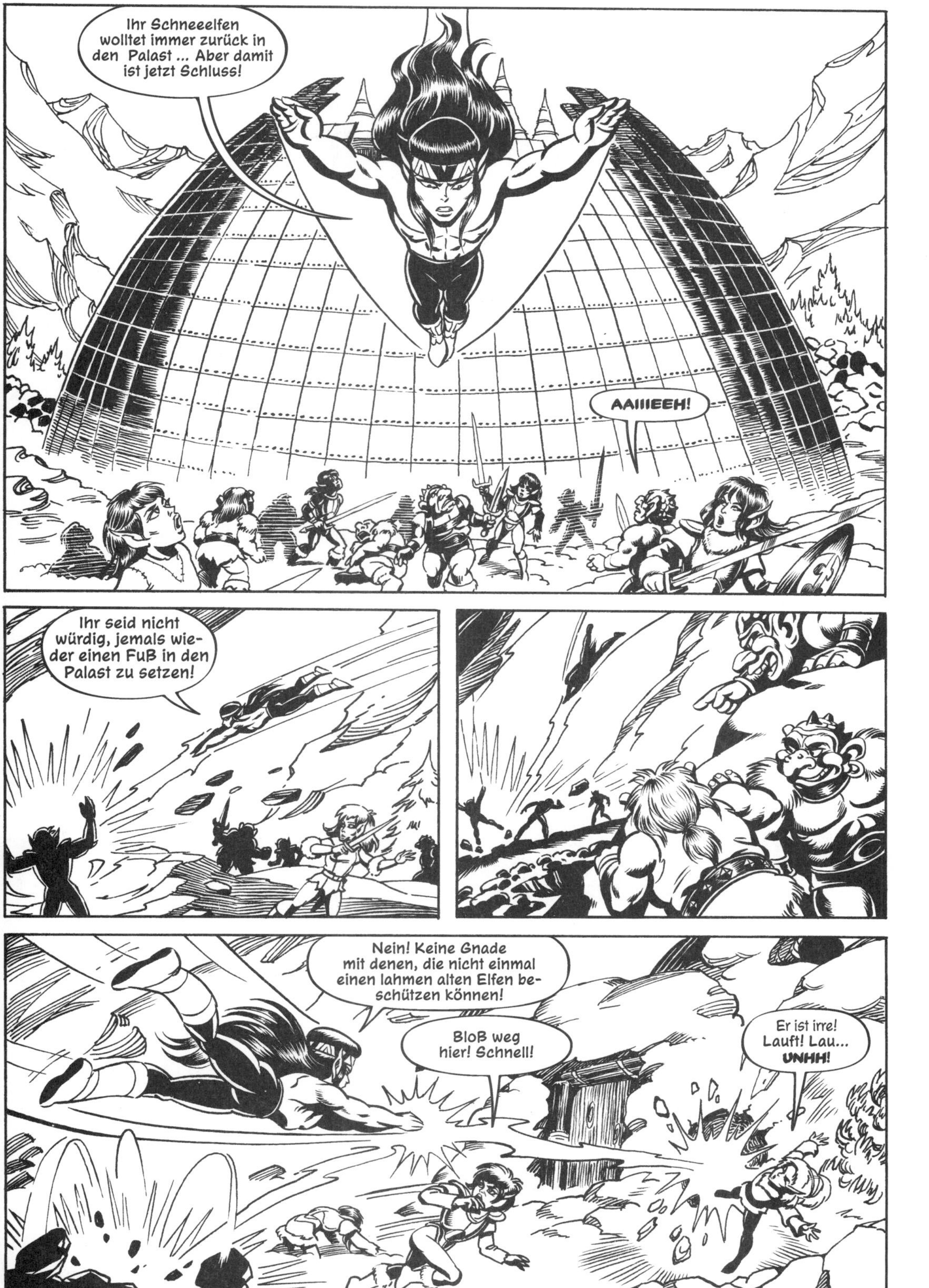

Ihr Schneeelfen wolltet immer zurück in den Palast ... Aber damit ist jetzt Schluss!

AAIIIEEH!

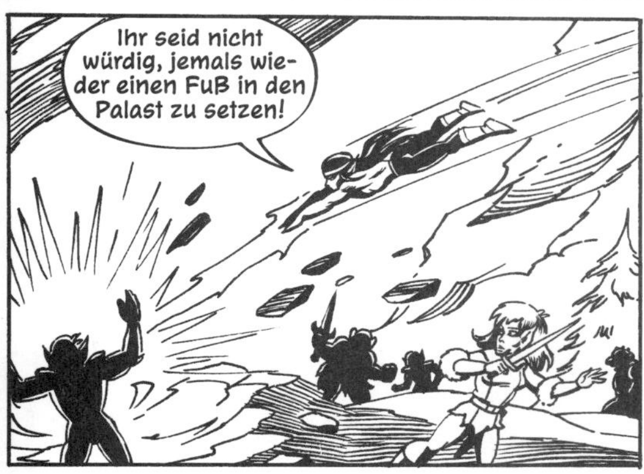

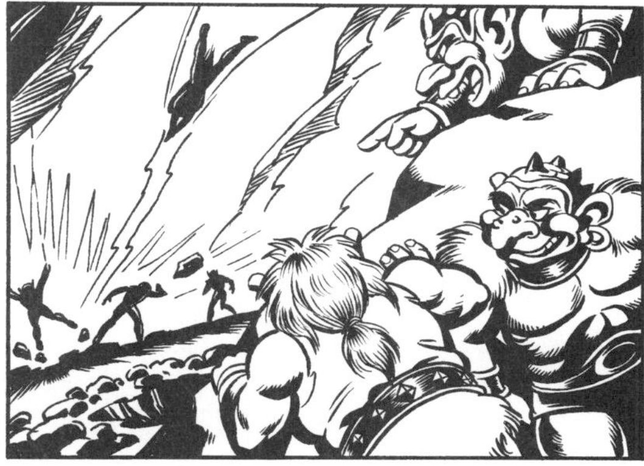

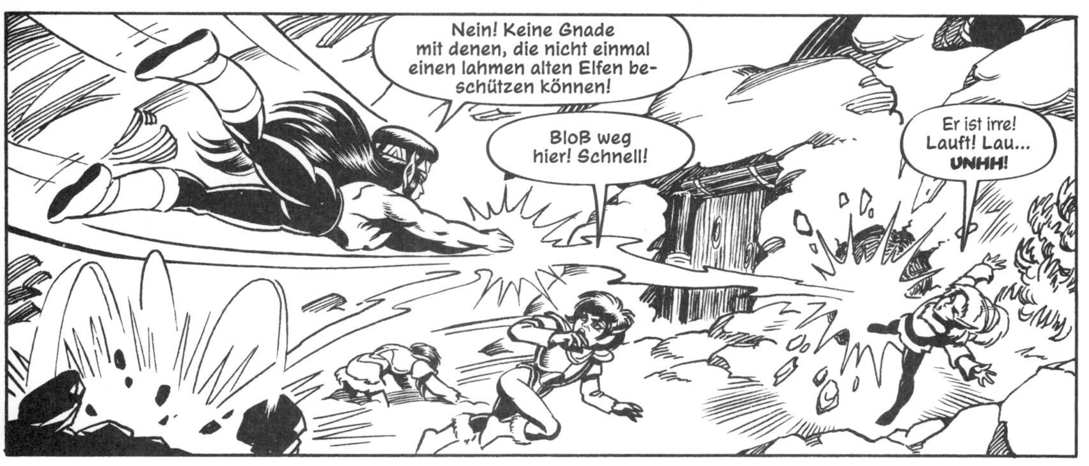

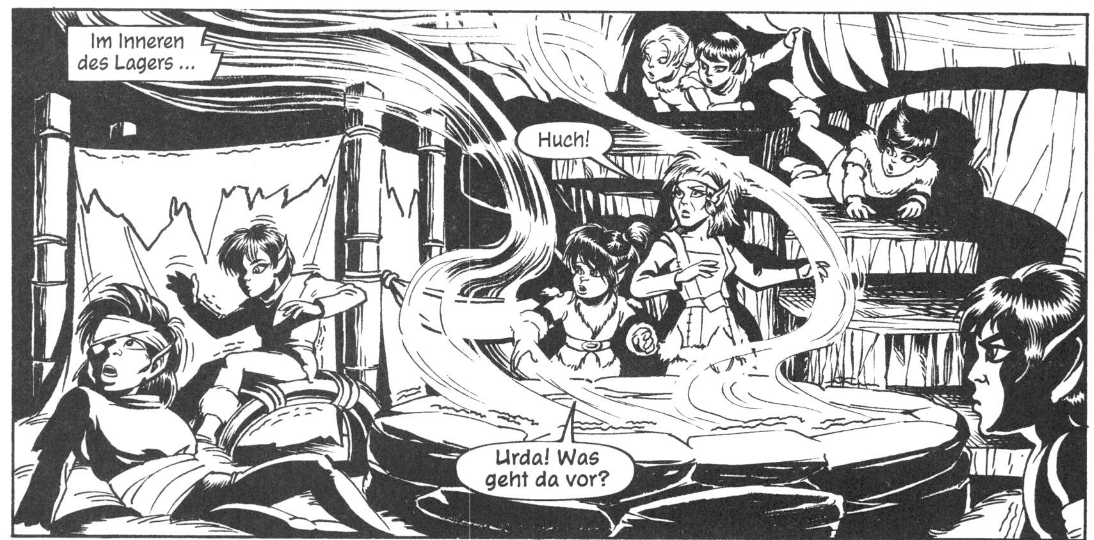
Im Inneren
des Lagers ...
Huch!
Urda! Was
geht da vor?

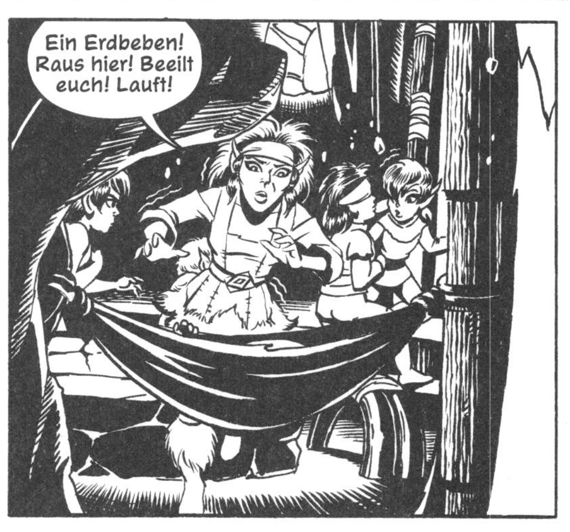
Ein Erdbeben!
Raus hier! Beeilt
euch! Lauft!

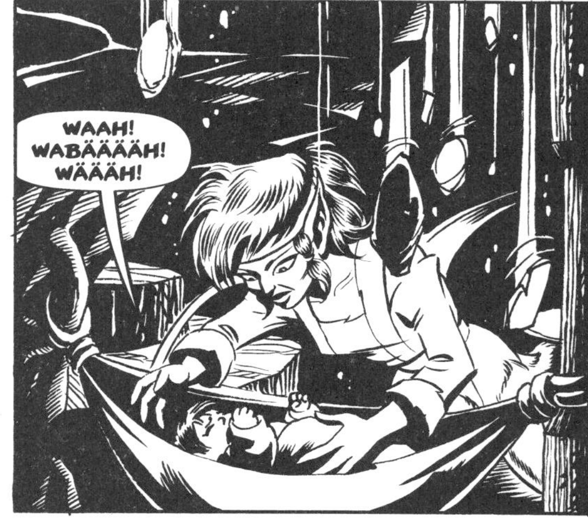
WAAH!
WABÄÄÄÄH!
WÄÄÄH!

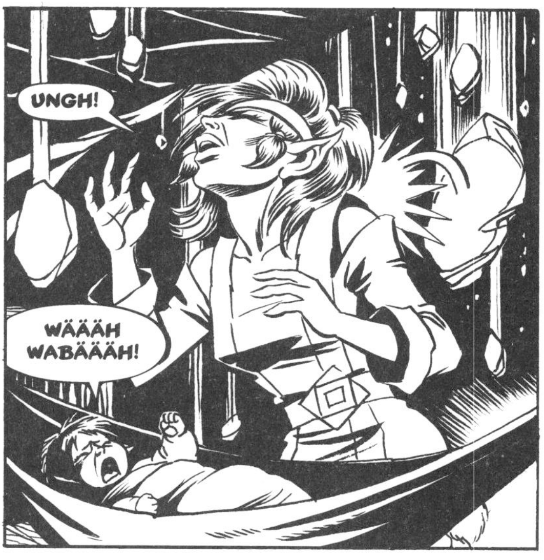
UNGH!
WÄÄÄH
WABÄÄÄH!

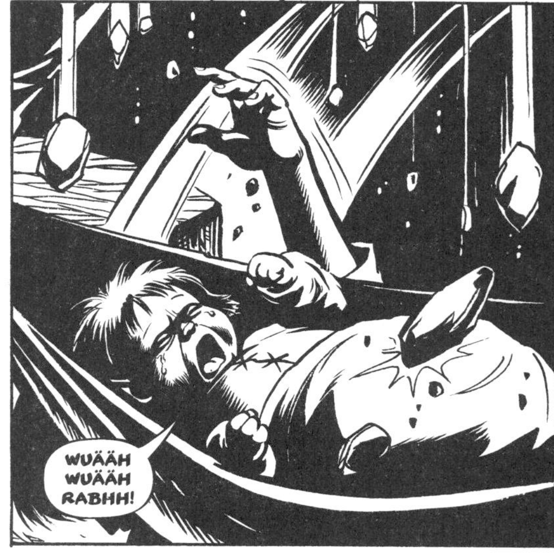
WUÄÄH
WUÄÄH
RABHH!

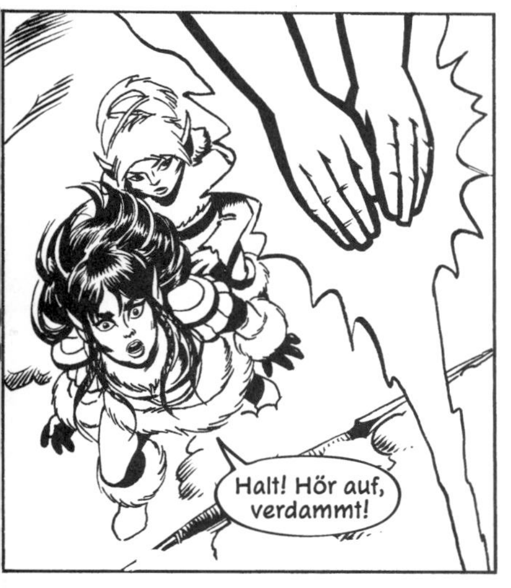
Halt! Hör auf, verdammt!

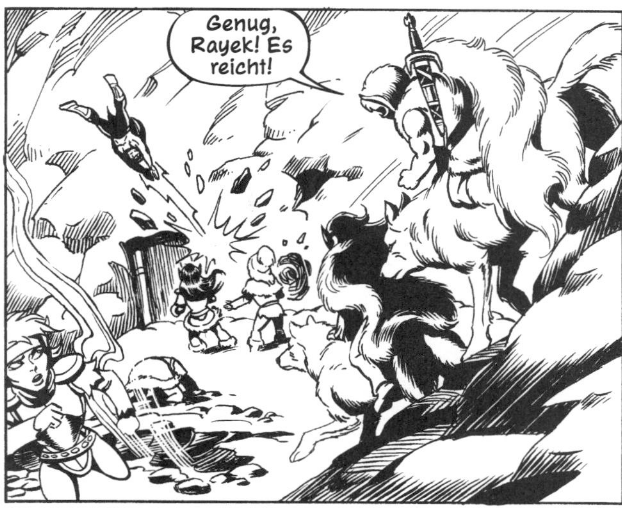
Genug, Rayek! Es reicht!

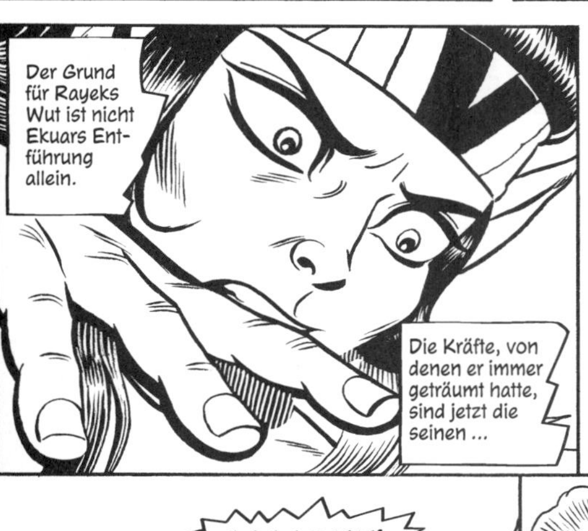
Der Grund für Rayeks Wut ist nicht Ekuars Entführung allein.
Die Kräfte, von denen er immer geträumt hatte, sind jetzt die seinen ...

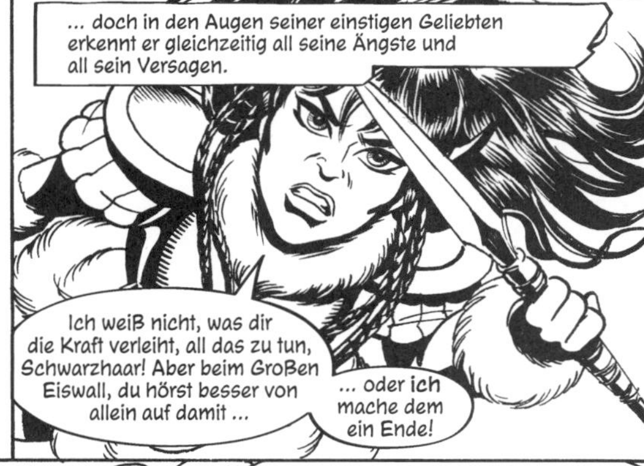
... doch in den Augen seiner einstigen Geliebten erkennt er gleichzeitig all seine Ängste und all sein Versagen.
Ich weiß nicht, was dir die Kraft verleiht, all das zu tun, Schwarzhaar! Aber beim Großen Eiswall, du hörst besser von allein auf damit ...
... oder ich mache dem ein Ende!

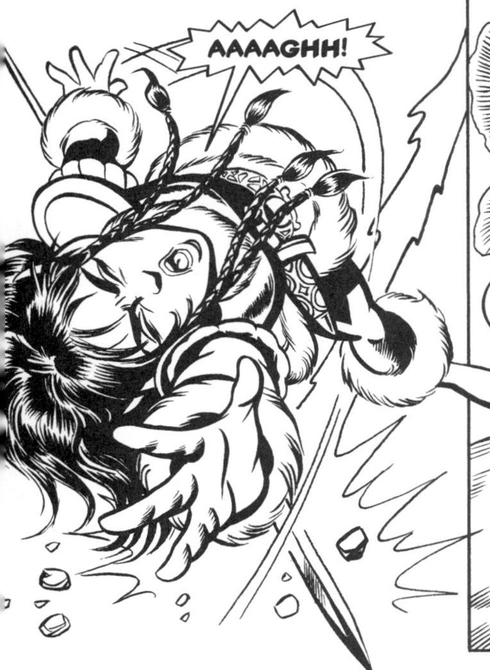
AAAAGHH!

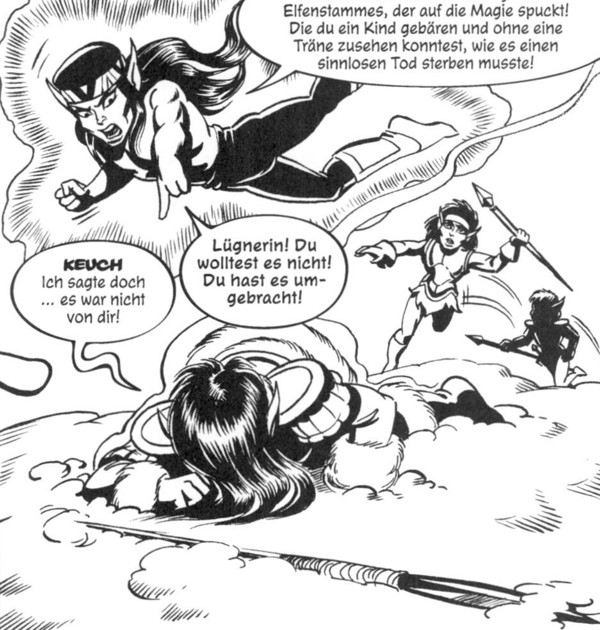
Du! Anführerin des einzigen Elfenstammes, der auf die Magie spuckt! Die du ein Kind gebären und ohne eine Träne zusehen konntest, wie es einen sinnlosen Tod sterben musste!
KEUCH Ich sagte doch ... es war nicht von dir!
Lügnerin! Du wolltest es nicht! Du hast es umgebracht!

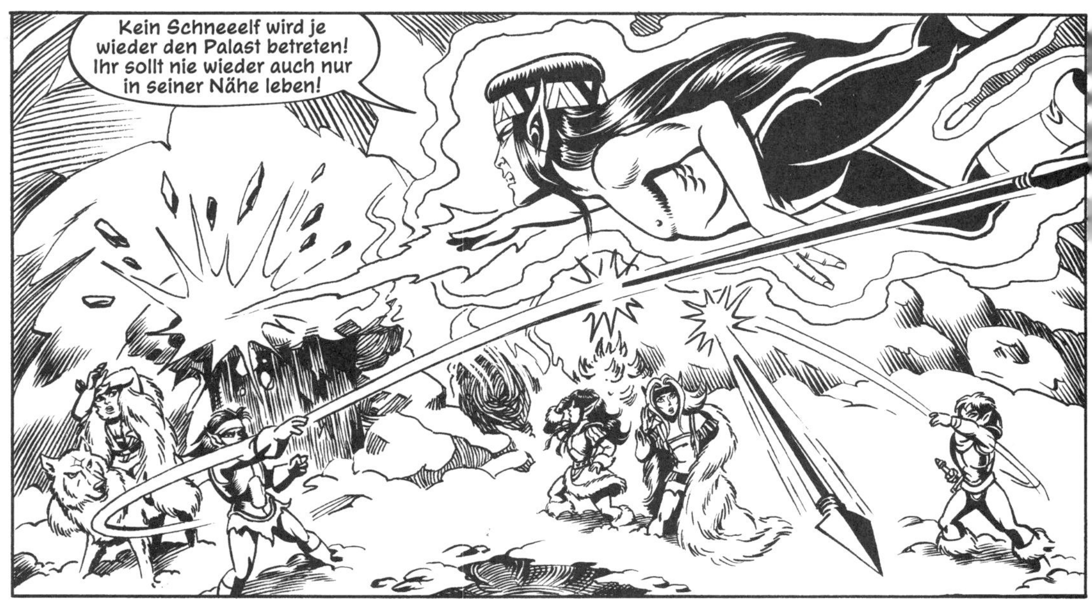
Kein Schneeelf wird je wieder den Palast betreten! Ihr sollt nie wieder auch nur in seiner Nähe leben!

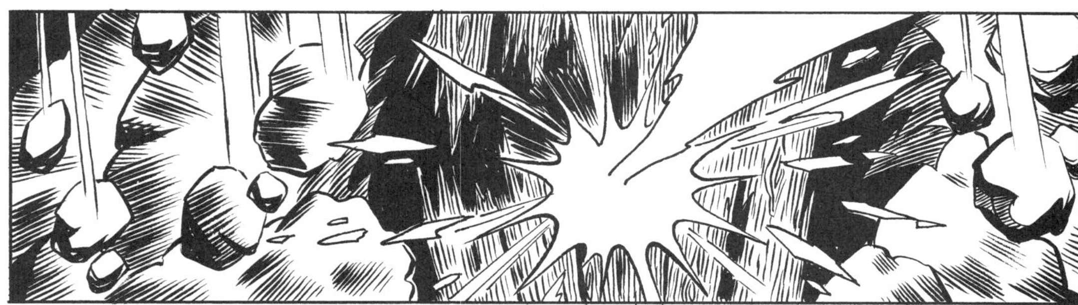

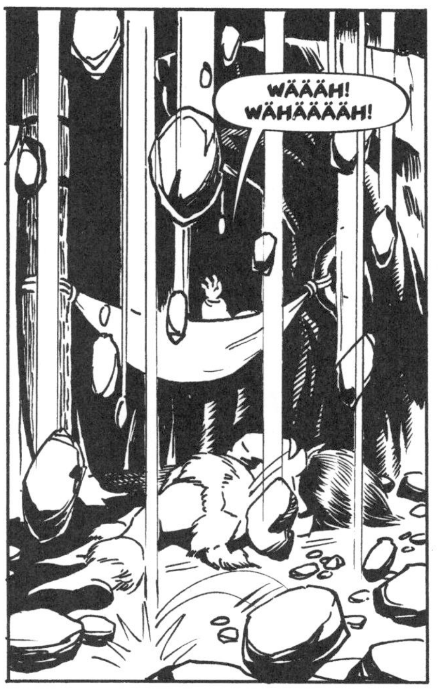
WÄÄÄH! WÄHÄÄÄÄH!

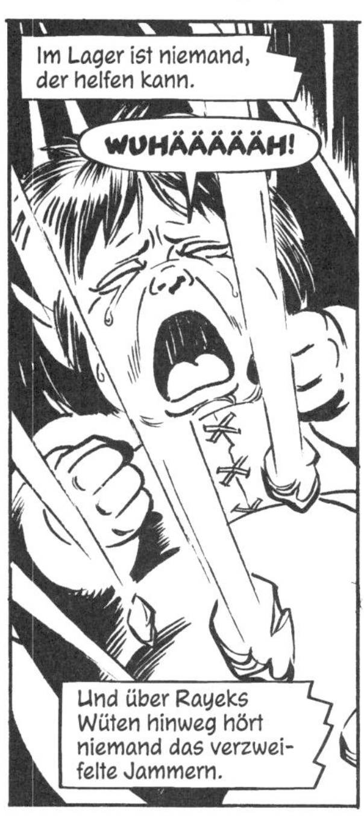
Im Lager ist niemand, der helfen kann.
WUHÄÄÄÄÄH!
Und über Rayeks Wüten hinweg hört niemand das verzweifelte Jammern.

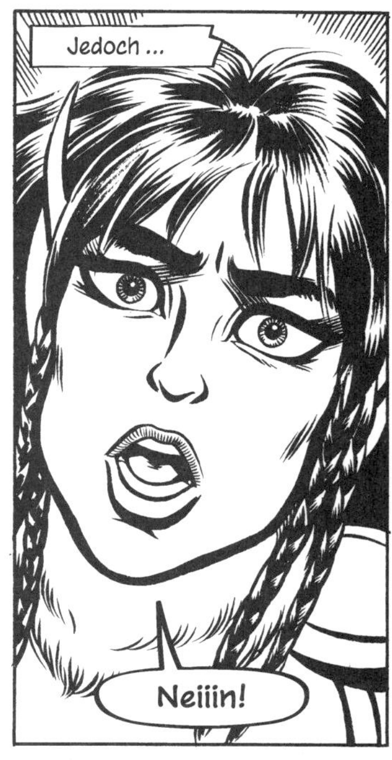
Jedoch ...
Neiiin!

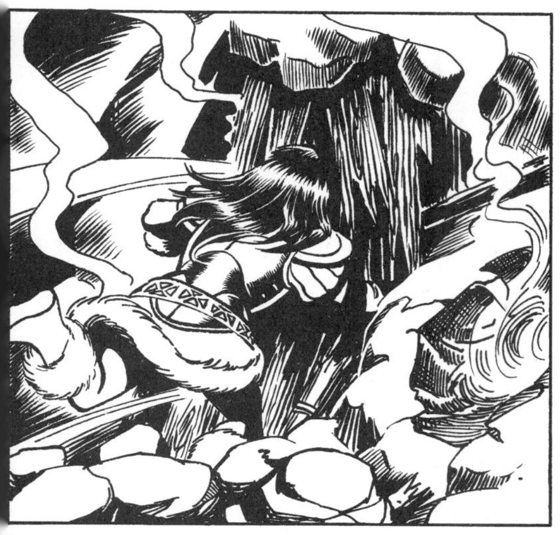

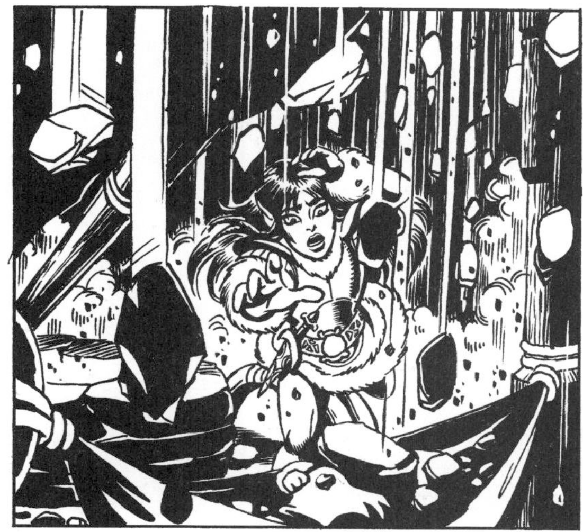

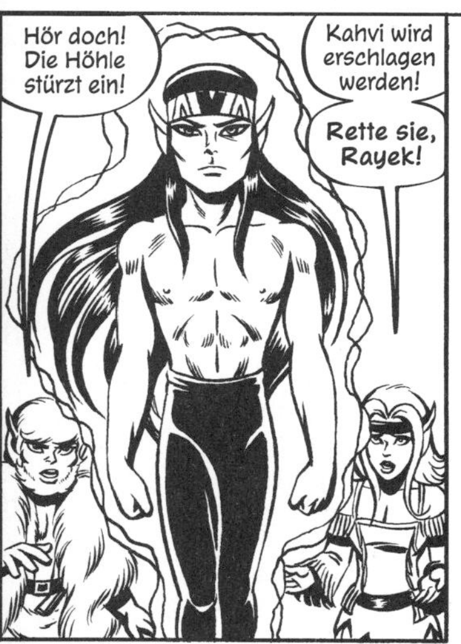
Hör doch! Die Höhle stürzt ein!
Kahvi wird erschlagen werden!
Rette sie, Rayek!

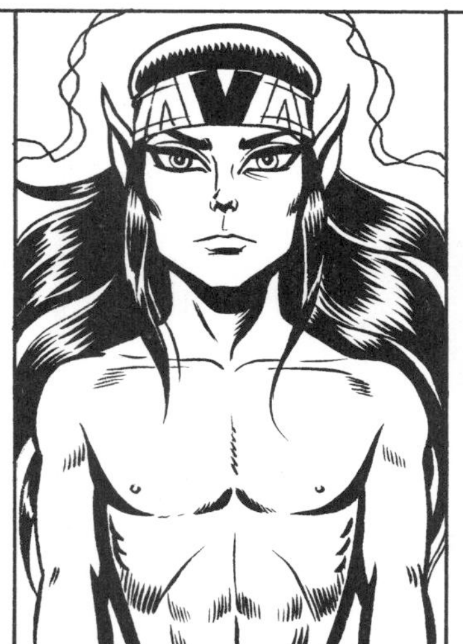

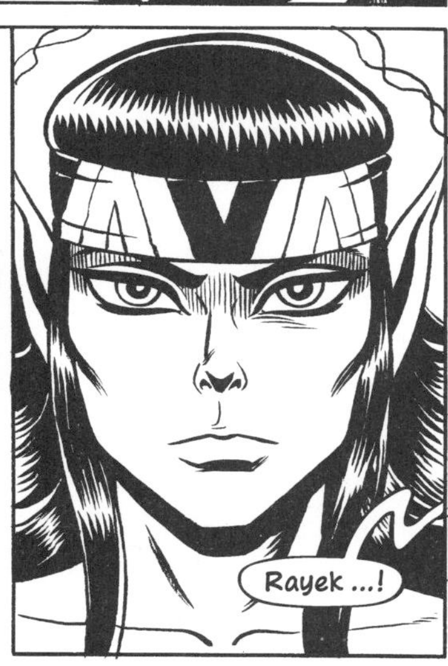
Rayek ...!

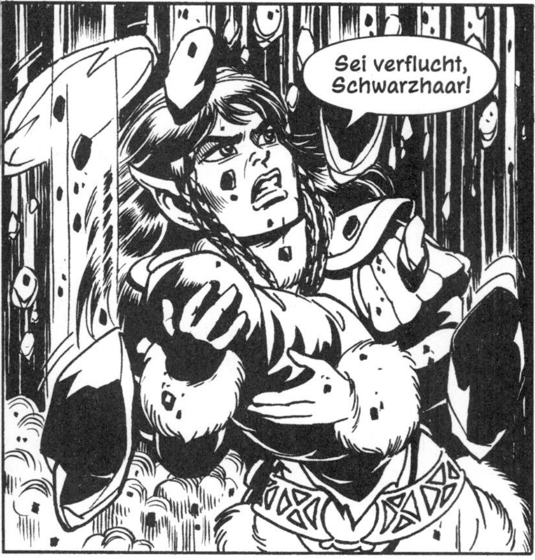
Sei verflucht, Schwarzhaar!

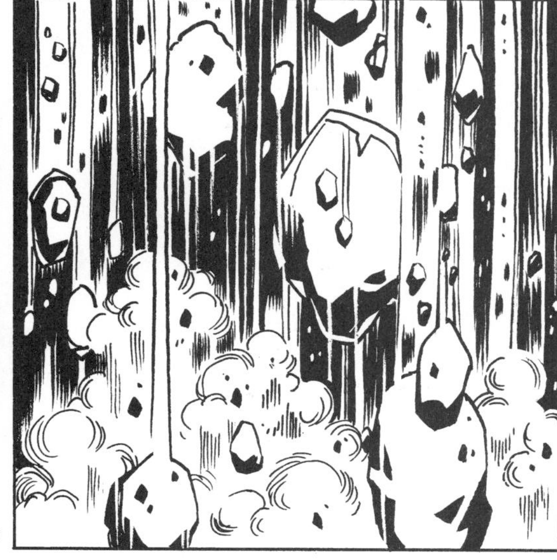

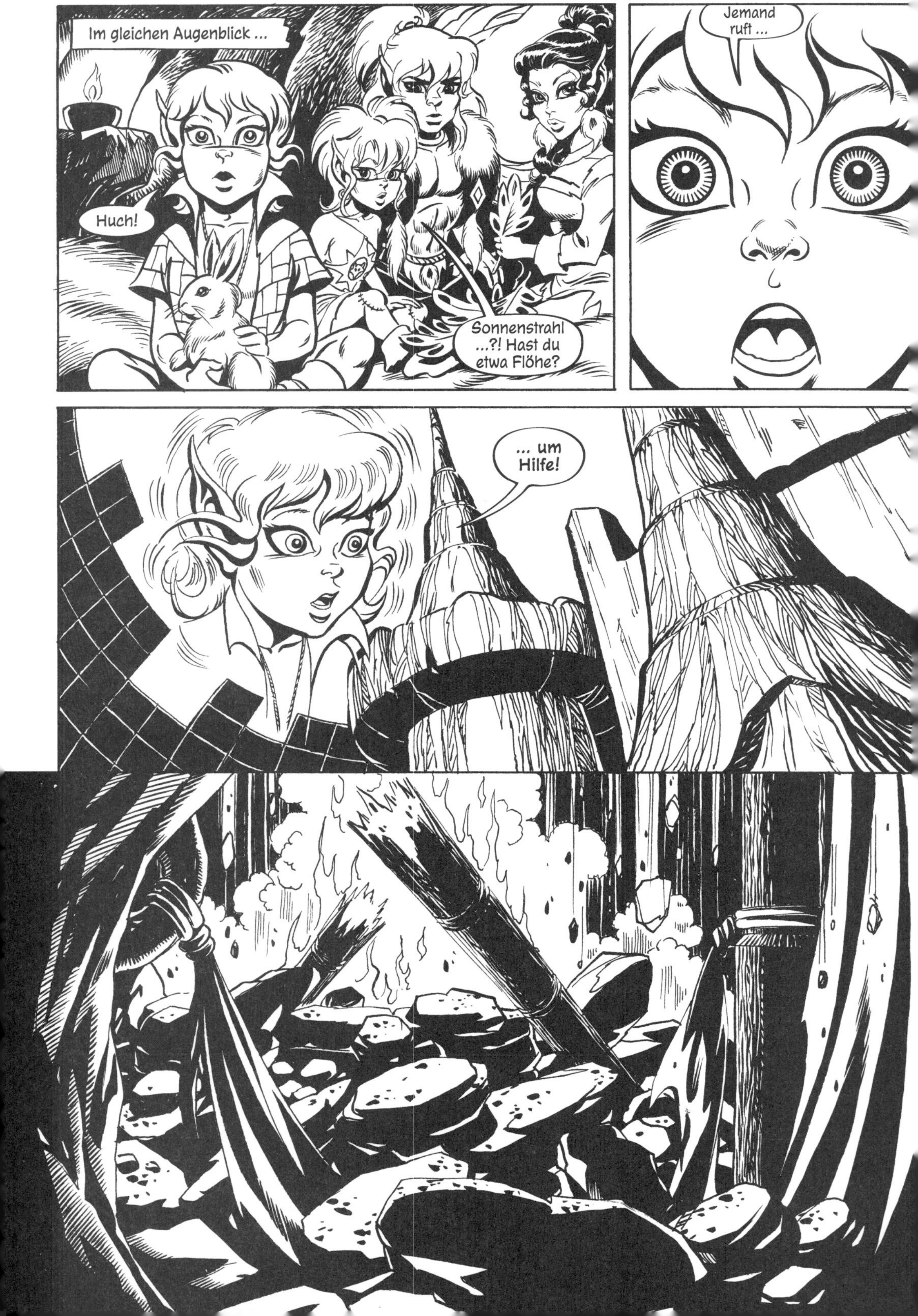

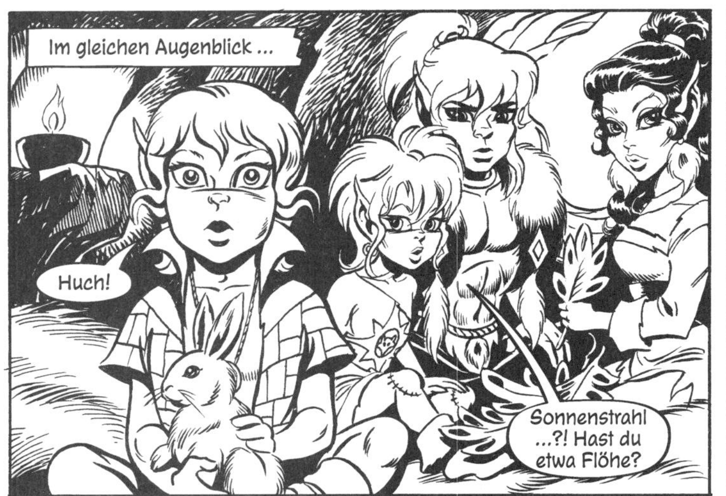
Im gleichen Augenblick ...
Huch!
Sonnenstrahl ...?! Hast du etwa Flöhe?

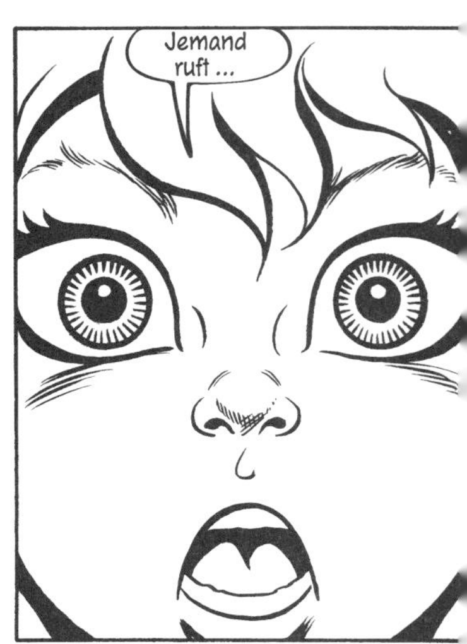
Jemand ruft ...

... um Hilfe!

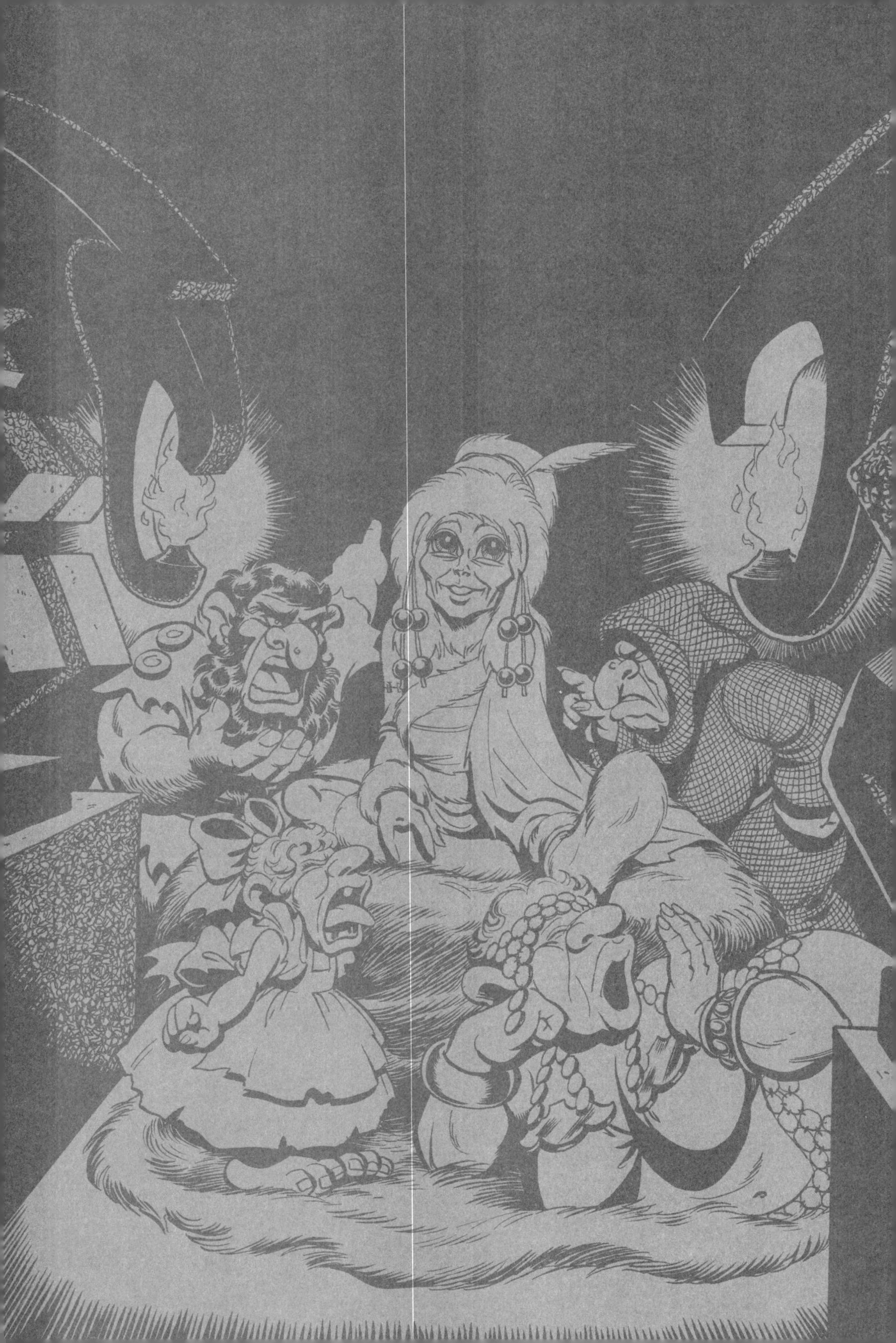

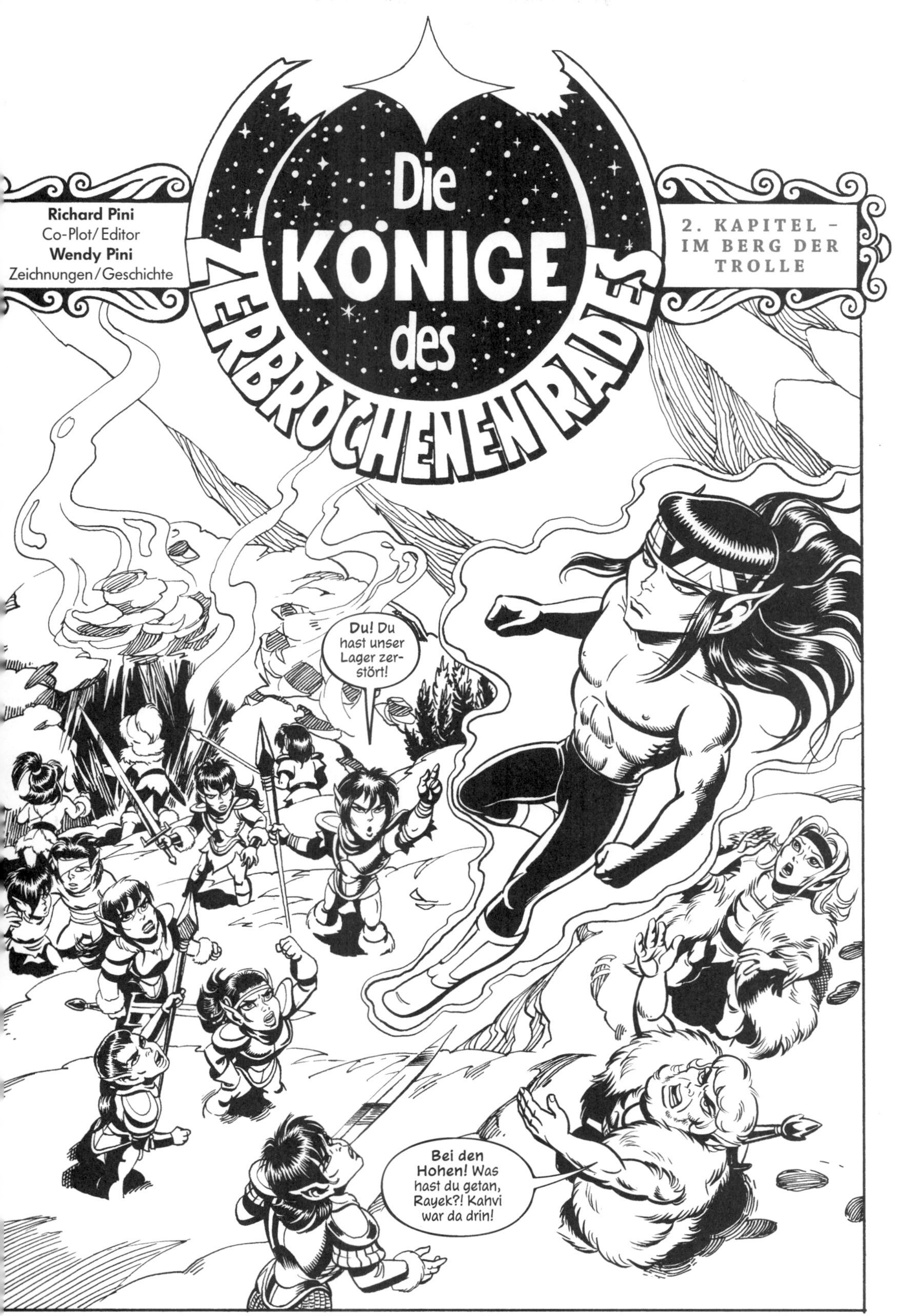
Die KÖNIGE des ZERBROCHENEN RADES
Richard Pini
Co-Plot/Editor
Wendy Pini
Zeichnungen/Geschichte
2. KAPITEL – IM BERG DER TROLLE
Du! Du hast unser Lager zerstört!
Bei den Hohen! Was hast du getan, Rayek?! Kahvi war da drin!

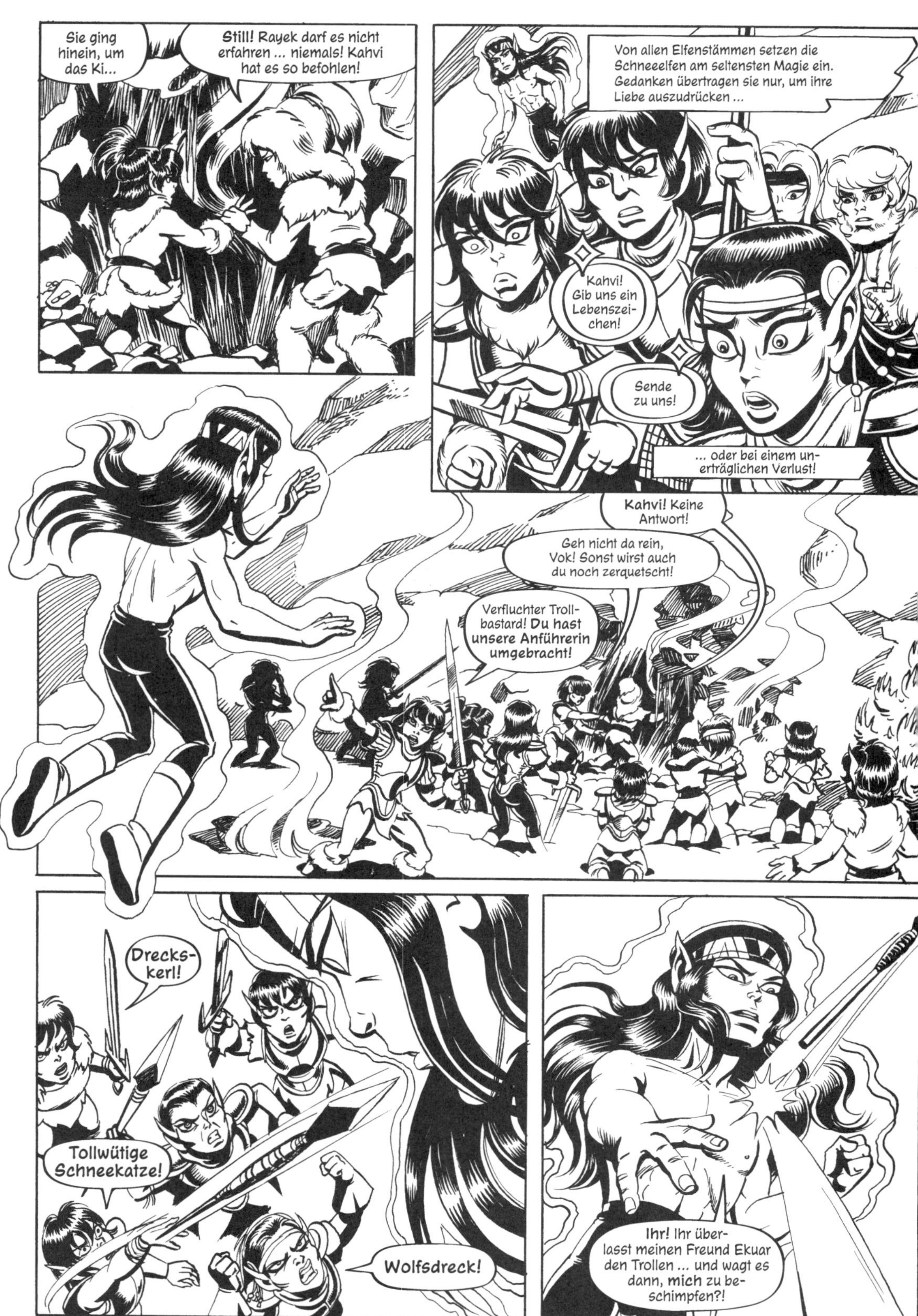
Sie ging hinein, um das Ki...
Still! Rayek darf es nicht erfahren ... niemals! Kahvi hat es so befohlen!
Von allen Elfenstämmen setzen die Schneeelfen am seltensten Magie ein. Gedanken übertragen sie nur, um ihre Liebe auszudrücken ...
Kahvi! Gib uns ein Lebenszeichen!
Sende zu uns!
... oder bei einem unerträglichen Verlust!
Kahvi! Keine Antwort!
Geh nicht da rein, Vok! Sonst wirst auch du noch zerquetscht!
Verfluchter Trollbastard! Du hast unsere Anführerin umgebracht!
Drecks-kerl!
Tollwütige Schneekatze!
Wolfsdreck!
Ihr! Ihr überlasst meinen Freund Ekuar den Trollen ... und wagt es dann, mich zu beschimpfen?!

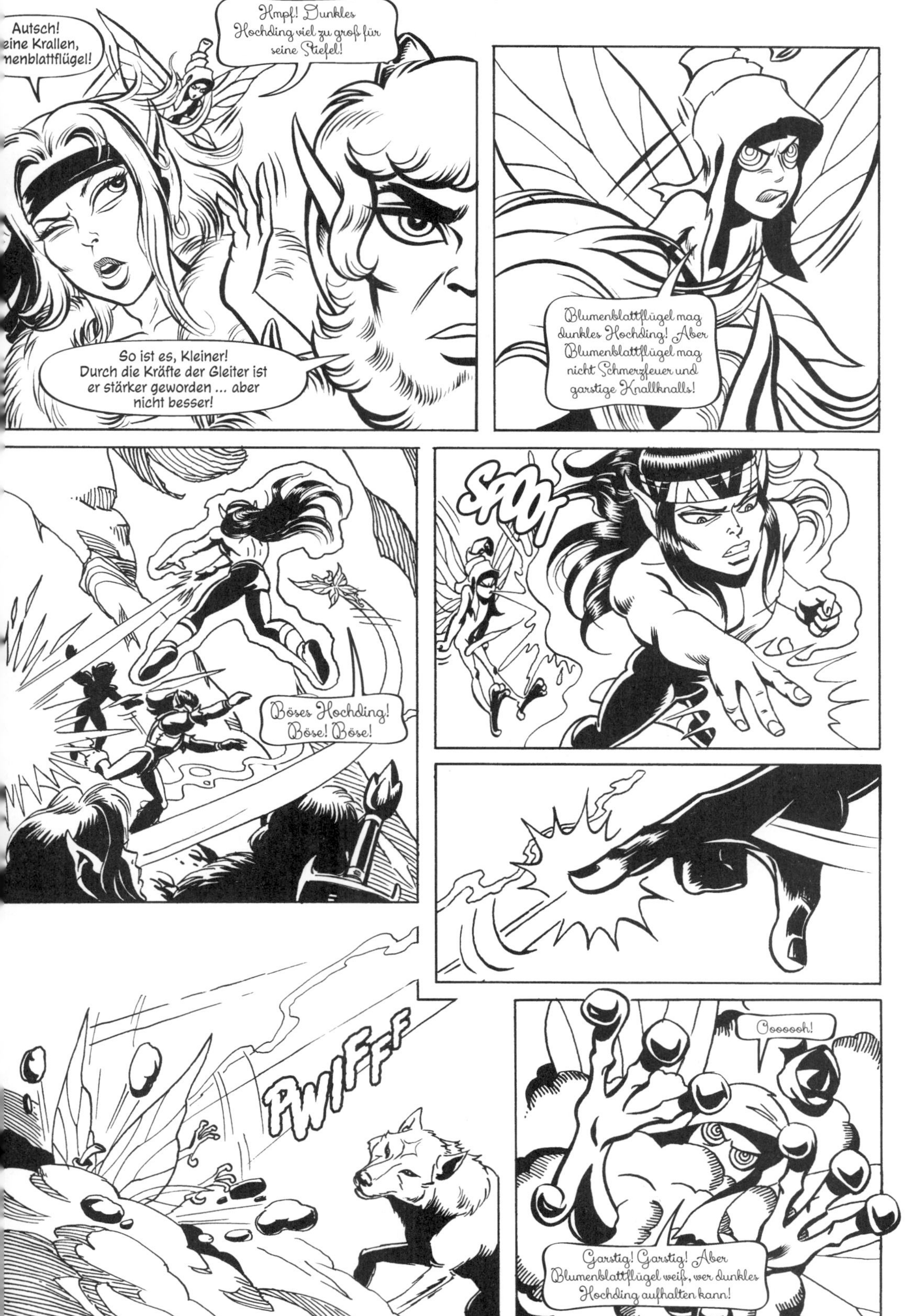

Autsch!
eine Krallen,
nenblattflügel!
Hmpf! Dunkles Hochding viel zu groß für seine Stiefel!
So ist es, Kleiner! Durch die Kräfte der Gleiter ist er stärker geworden … aber nicht besser!
Blumenblattflügel mag dunkles Hochding! Aber Blumenblattflügel mag nicht Schmerzfeuer und garstige Knallknalls!
Böses Hochding! Böse! Böse!
PWIFFF
Oooooh!
Garstig! Garstig! Aber Blumenblattflügel weiß, wer dunkles Hochding aufhalten kann!

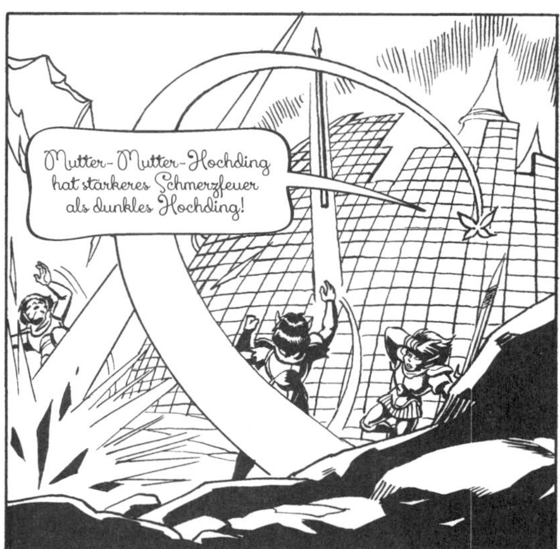
Mutter-Mutter-Hochding
hat stärkeres Schmerzfeuer
als dunkles Hochding!

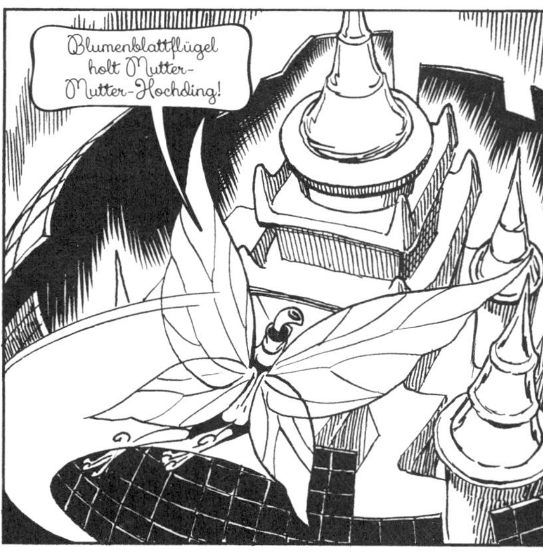
Blumenblattflügel
holt Mutter-
Mutter-Hochding!

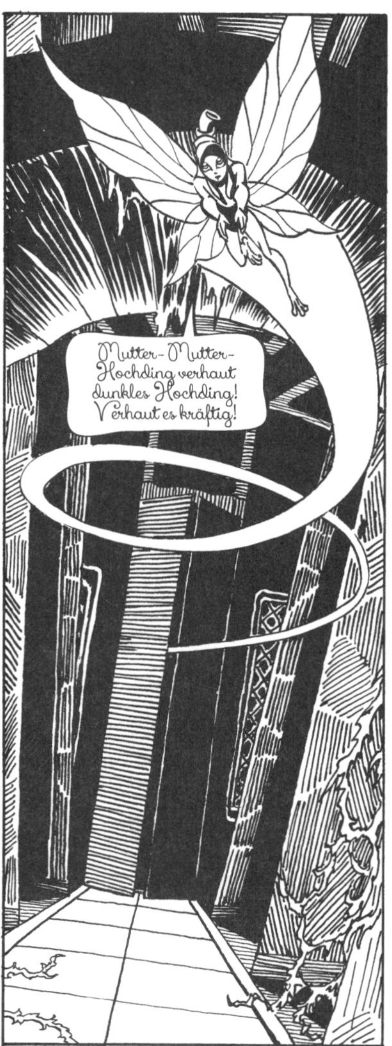
Mutter-Mutter-
Hochding verhaut
dunkles Hochding!
Verhaut es kräftig!

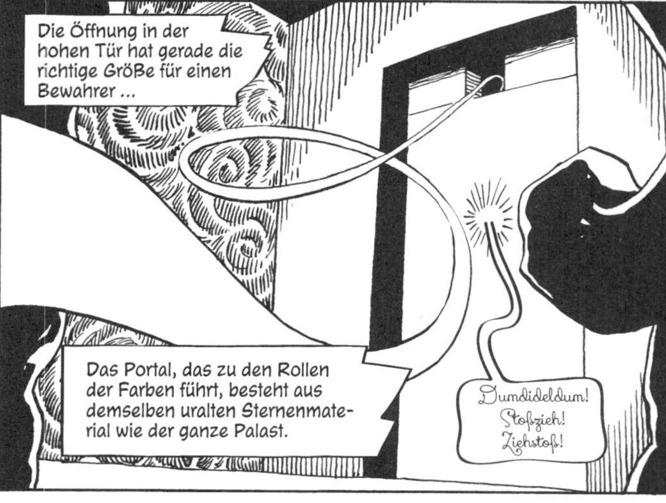
Die Öffnung in der
hohen Tür hat gerade die
richtige Größe für einen
Bewahrer ...
Das Portal, das zu den Rollen
der Farben führt, besteht aus
demselben uralten Sternenmate-
rial wie der ganze Palast.
Dumdideldum!
Stoßzieh!
Ziehstoß!

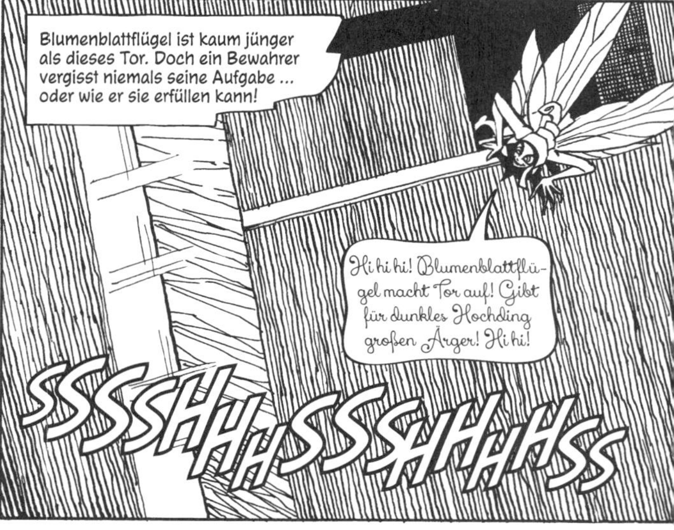
Blumenblattflügel ist kaum jünger
als dieses Tor. Doch ein Bewahrer
vergisst niemals seine Aufgabe ...
oder wie er sie erfüllen kann!
Hi hi hi! Blumenblattflü-
gel macht Tor auf! Gibt
für dunkles Hochding
großen Ärger! Hi hi!
SSSSHHHSSSSHHHSS

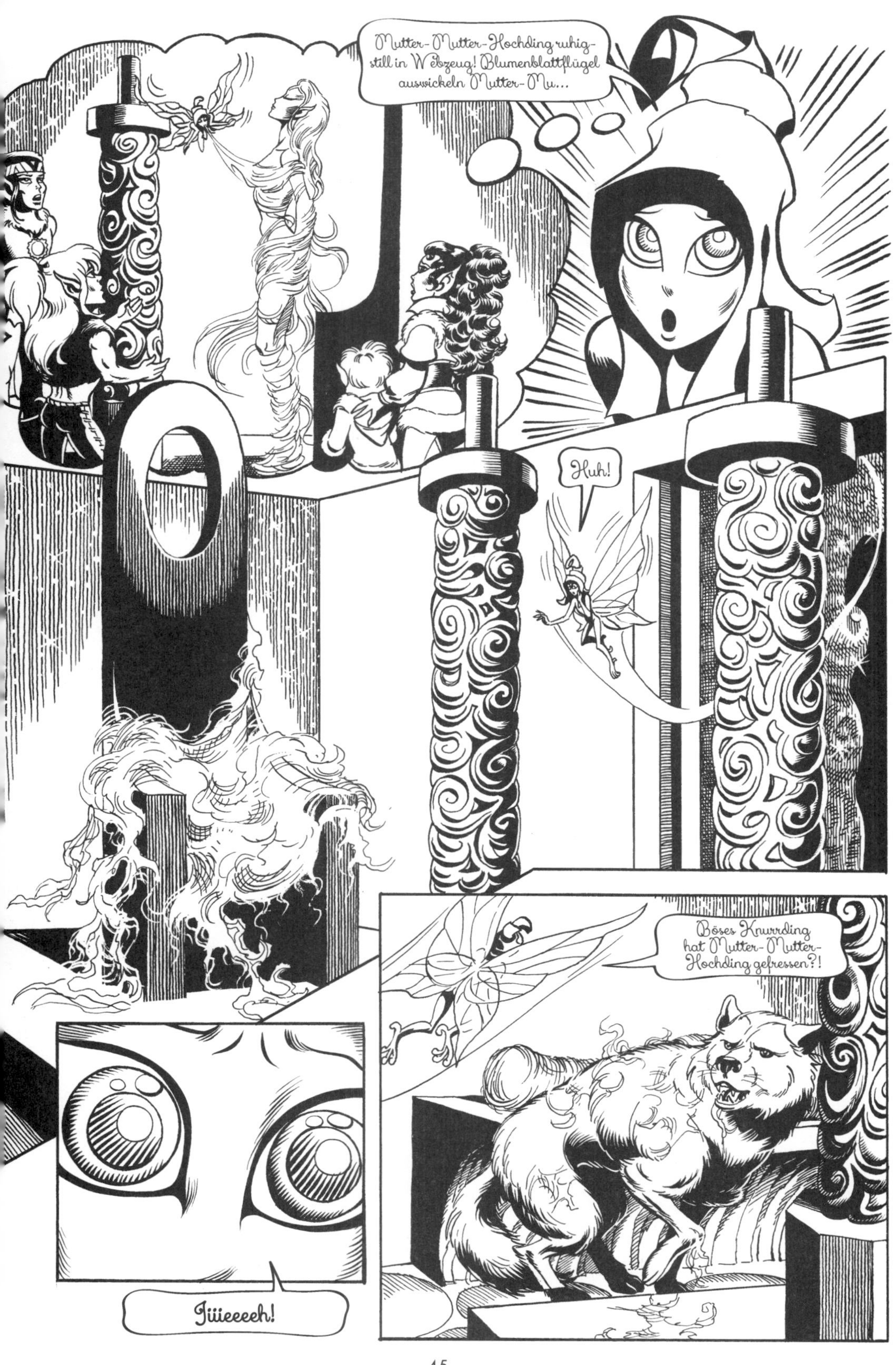

Mutter-Mutter-Hochding ruhig-still in Webzeug! Blumenblattflügel auswickeln Mutter-Mu...
Huh!
Jiiieeeeh!
Böses Knurrding hat Mutter-Mutter-Hochding gefressen?!

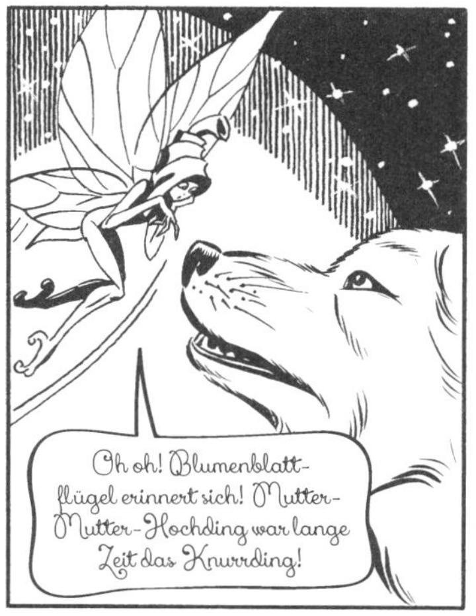
Oh oh! Blumenblattflügel erinnert sich! Mutter-Mutter-Hochding war lange Zeit das Knurrding!

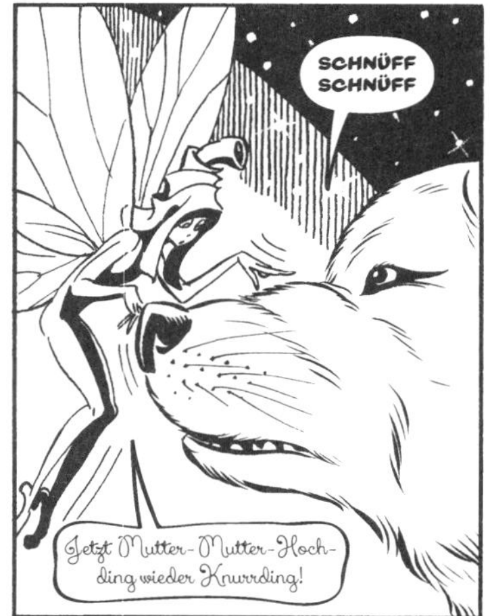
SCHNÜFF SCHNÜFF
Jetzt Mutter-Mutter-Hochding wieder Knurrding!

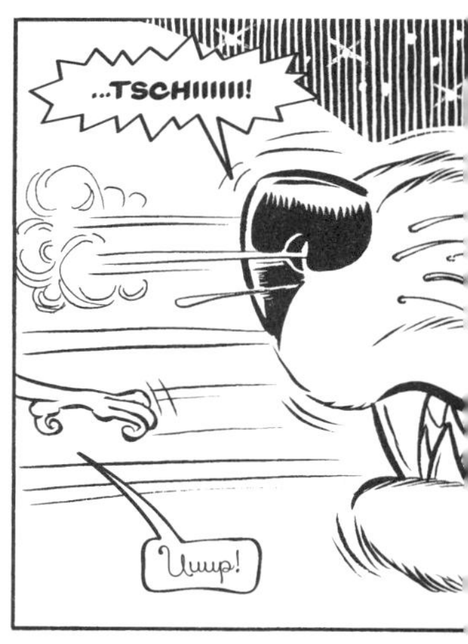
...TSCHIIIIII!
Uuup!

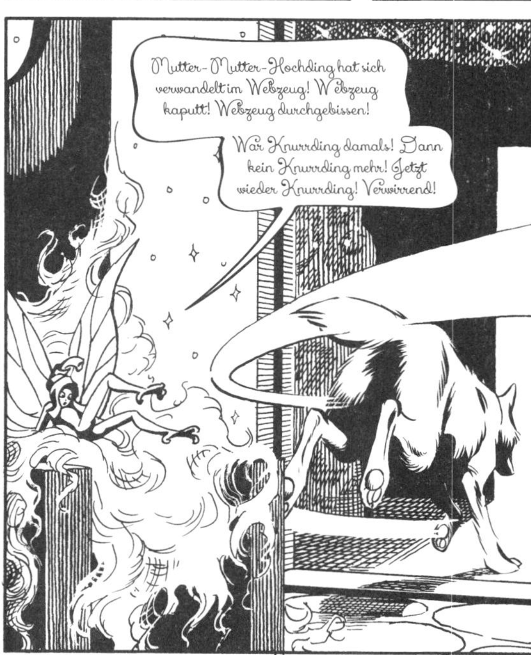
Mutter-Mutter-Hochding hat sich verwandelt im Webzeug! Webzeug kaputt! Webzeug durchgebissen!
War Knurrding damals! Dann kein Knurrding mehr! Jetzt wieder Knurrding! Verwirrend!

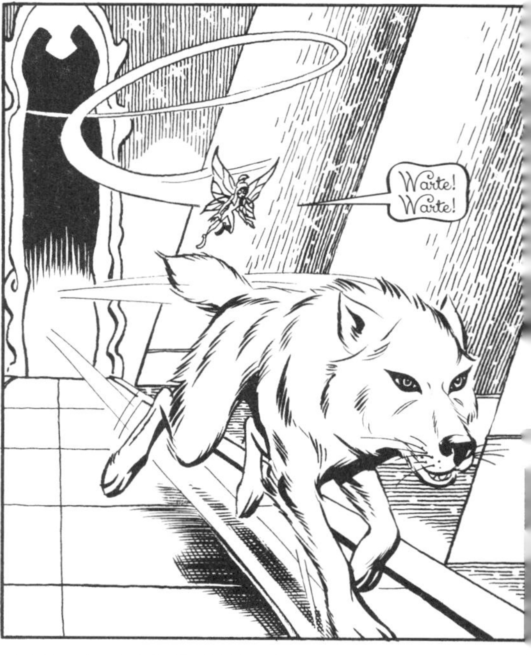
Warte! Warte!

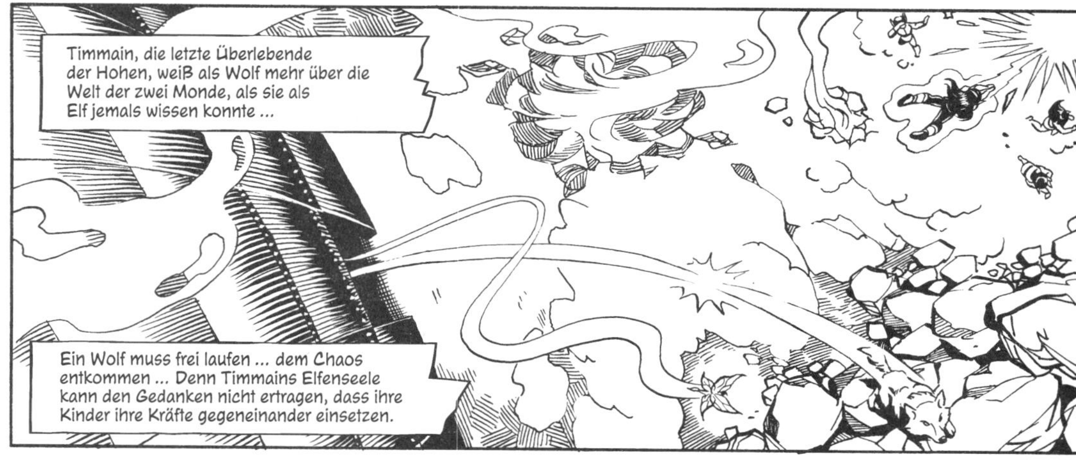
Timmain, die letzte Überlebende der Hohen, weiß als Wolf mehr über die Welt der zwei Monde, als sie als Elf jemals wissen konnte ...
Ein Wolf muss frei laufen ... dem Chaos entkommen ... Denn Timmains Elfenseele kann den Gedanken nicht ertragen, dass ihre Kinder ihre Kräfte gegeneinander einsetzen.

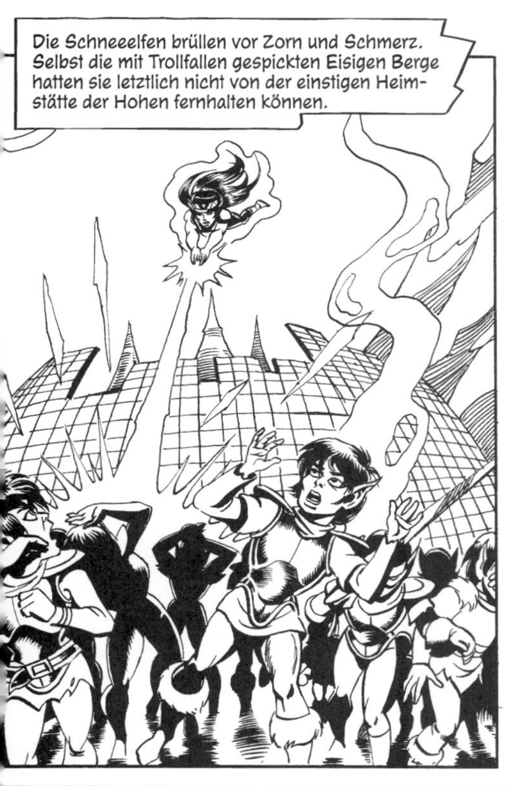
Die Schneeelfen brüllen vor Zorn und Schmerz. Selbst die mit Trollfallen gespickten Eisigen Berge hatten sie letztlich nicht von der einstigen Heimstätte der Hohen fernhalten können.

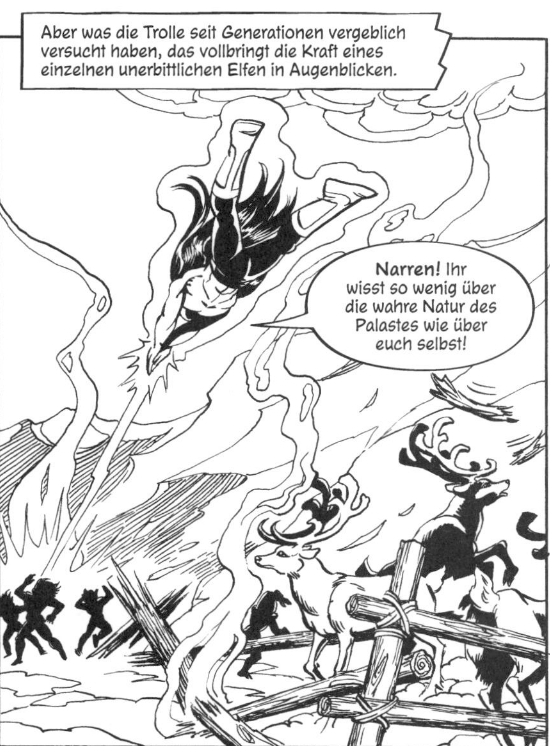
Aber was die Trolle seit Generationen vergeblich versucht haben, das vollbringt die Kraft eines einzelnen unerbittlichen Elfen in Augenblicken.
Narren! Ihr wisst so wenig über die wahre Natur des Palastes wie über euch selbst!

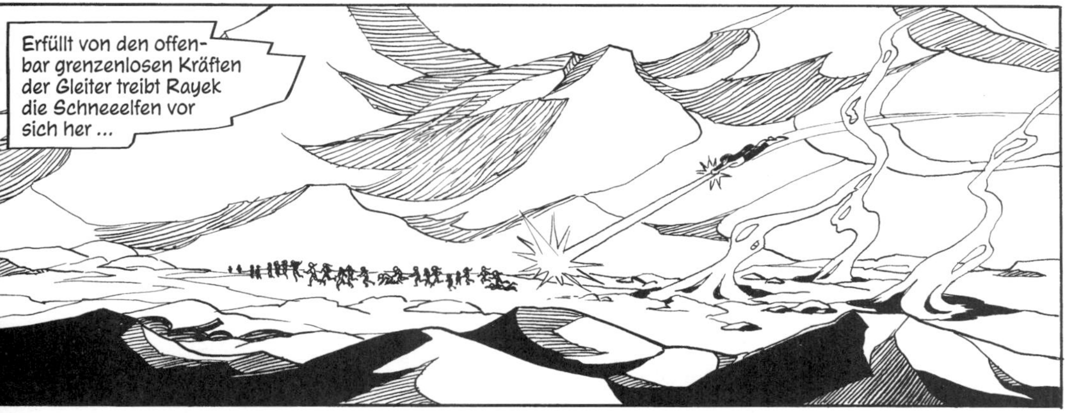
Erfüllt von den offenbar grenzenlosen Kräften der Gleiter treibt Rayek die Schneeelfen vor sich her …

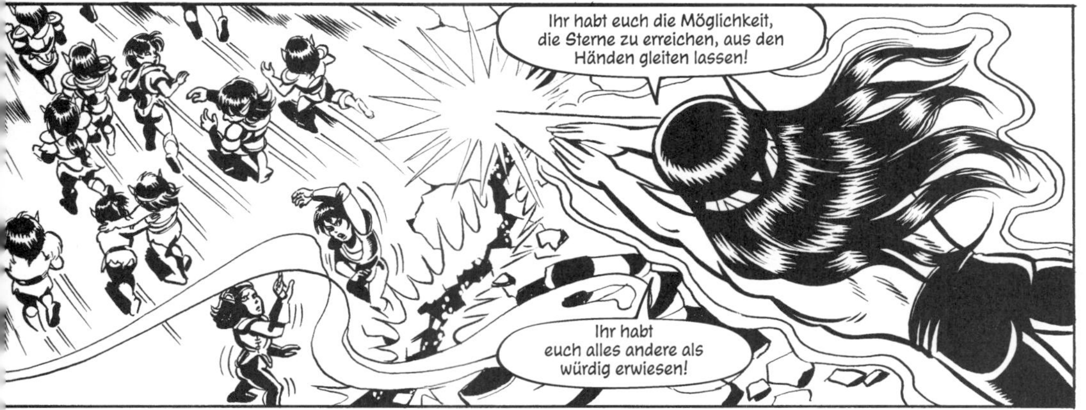
Ihr habt euch die Möglichkeit, die Sterne zu erreichen, aus den Händen gleiten lassen!
Ihr habt euch alles andere als würdig erwiesen!

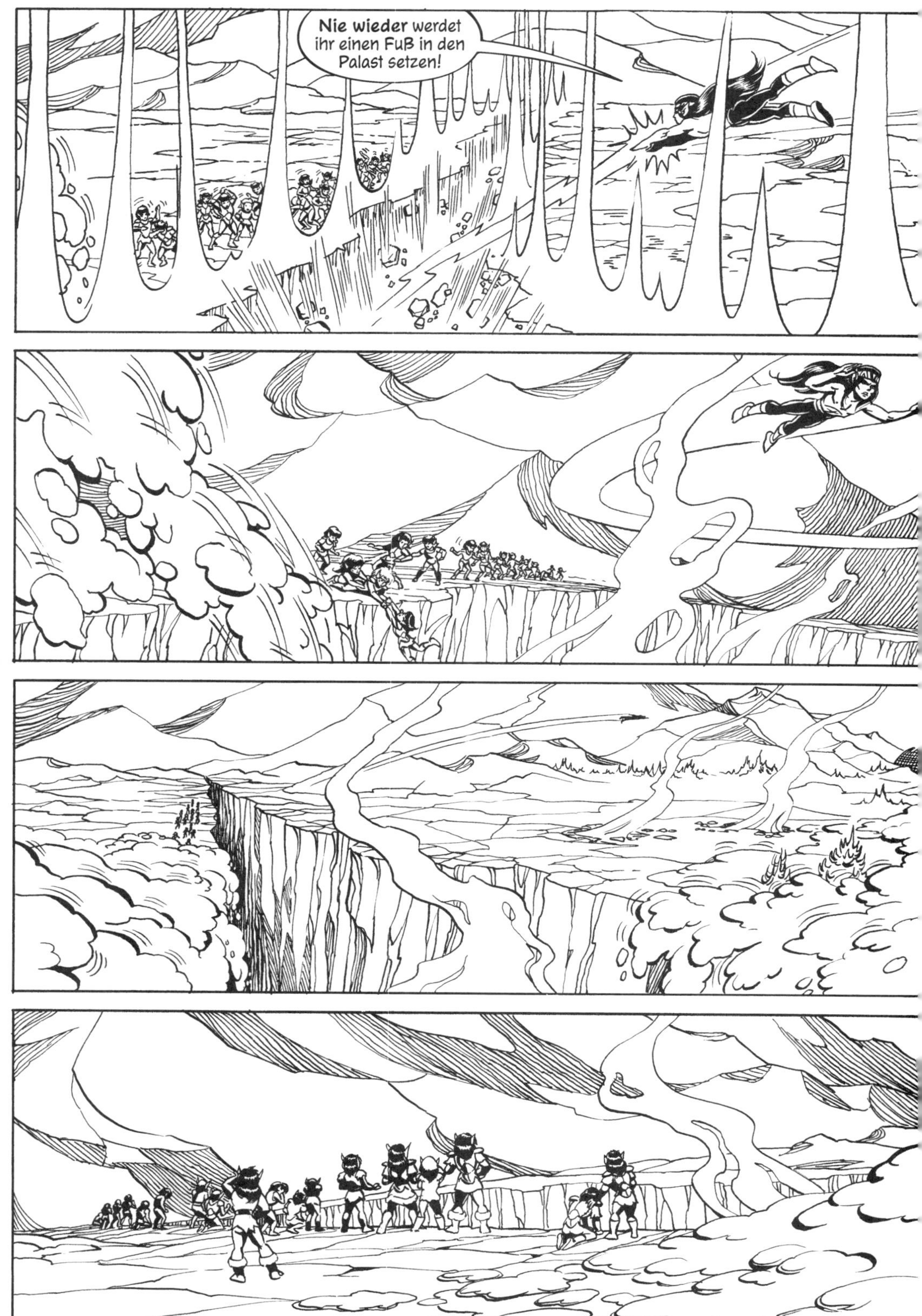
Nie wieder werdet ihr einen Fuß in den Palast setzen!

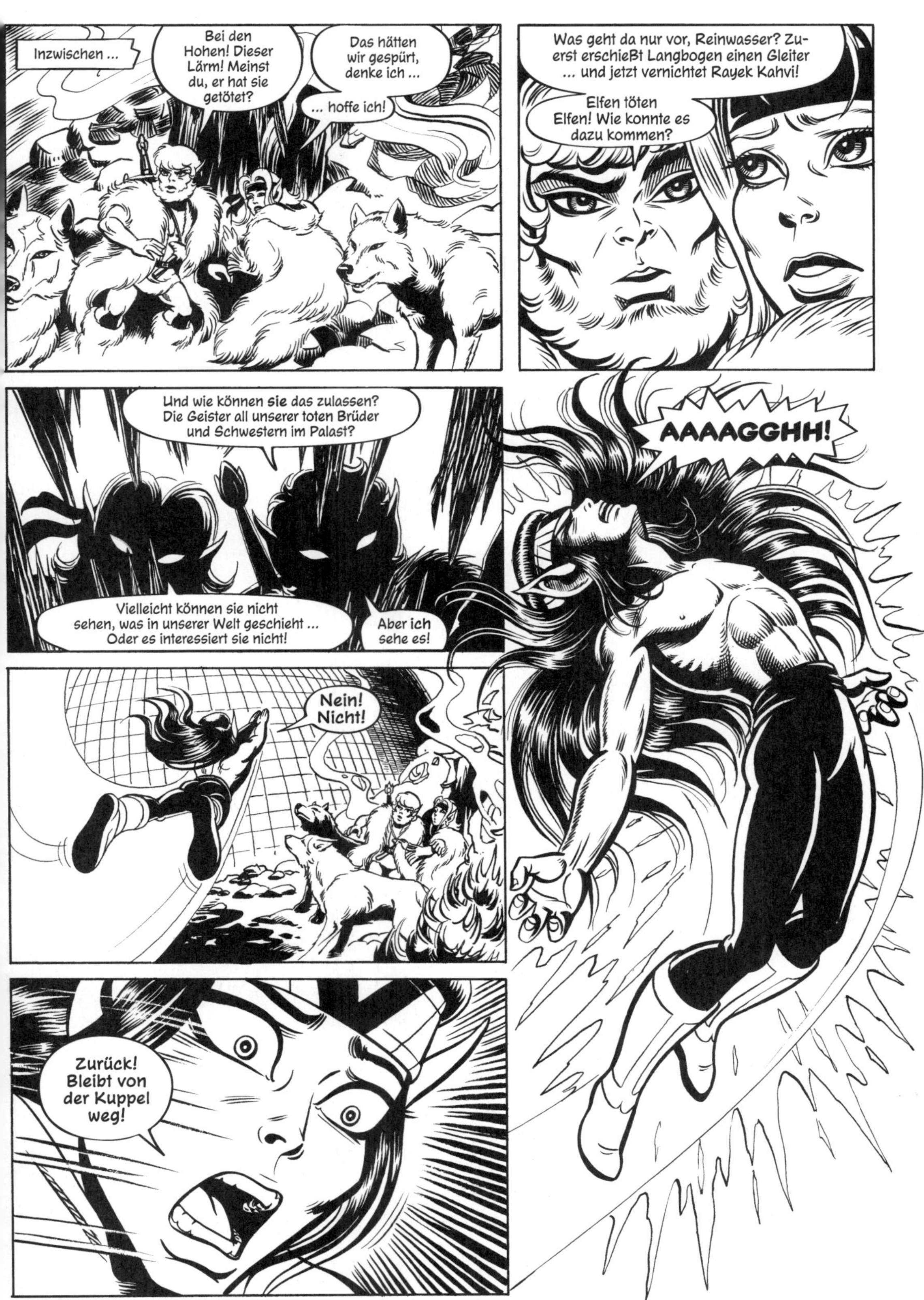

Inzwischen ...
Bei den Hohen! Dieser Lärm! Meinst du, er hat sie getötet?
Das hätten wir gespürt, denke ich ...
... hoffe ich!
Was geht da nur vor, Reinwasser? Zuerst erschießt Langbogen einen Gleiter ... und jetzt vernichtet Rayek Kahvi!
Elfen töten Elfen! Wie konnte es dazu kommen?
Und wie können **sie** das zulassen? Die Geister all unserer toten Brüder und Schwestern im Palast?
Vielleicht können sie nicht sehen, was in unserer Welt geschieht ... Oder es interessiert sie nicht!
Aber **ich** sehe es!
AAAAGGHH!
Nein! Nicht!
Zurück! Bleibt von der Kuppel weg!

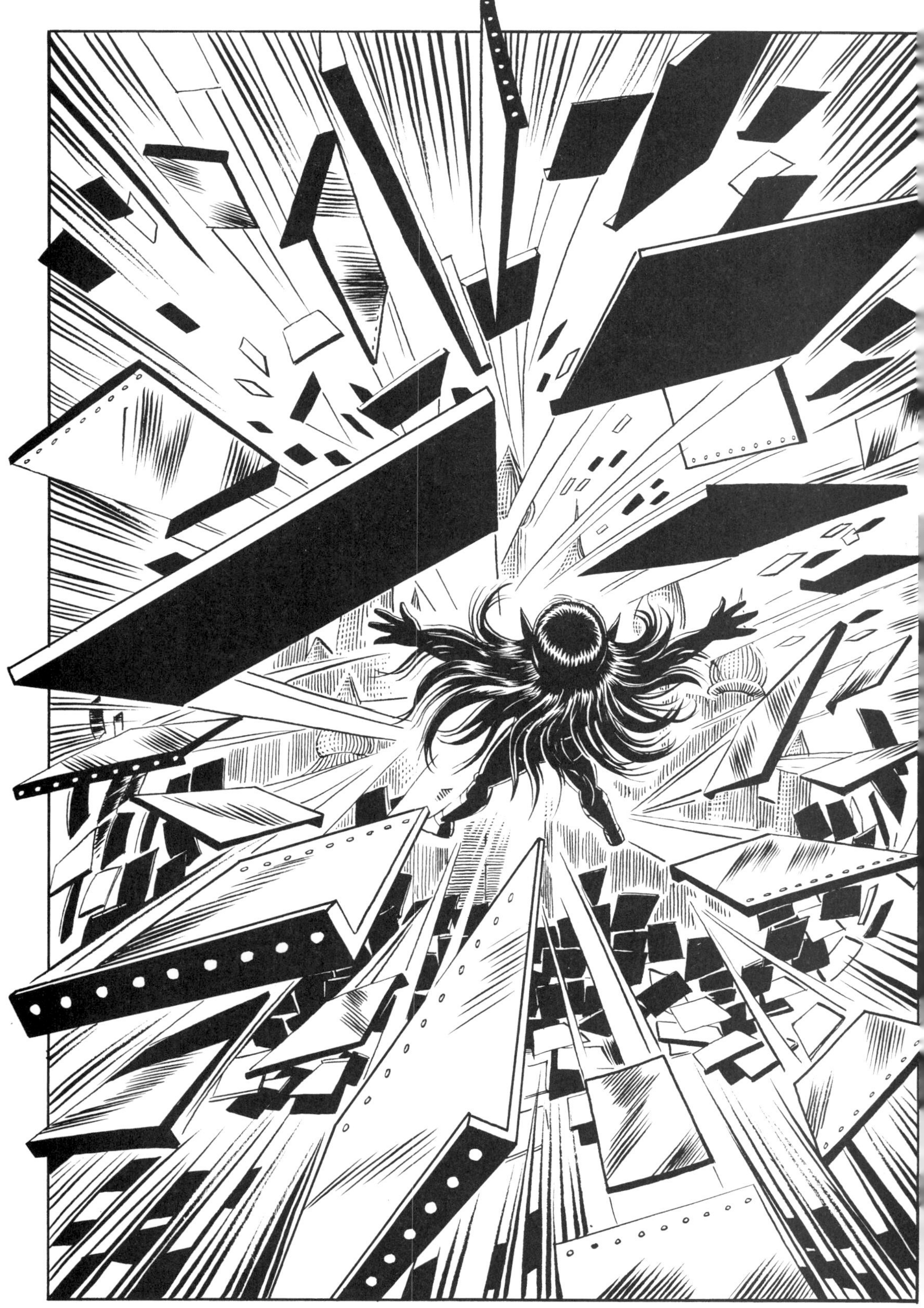

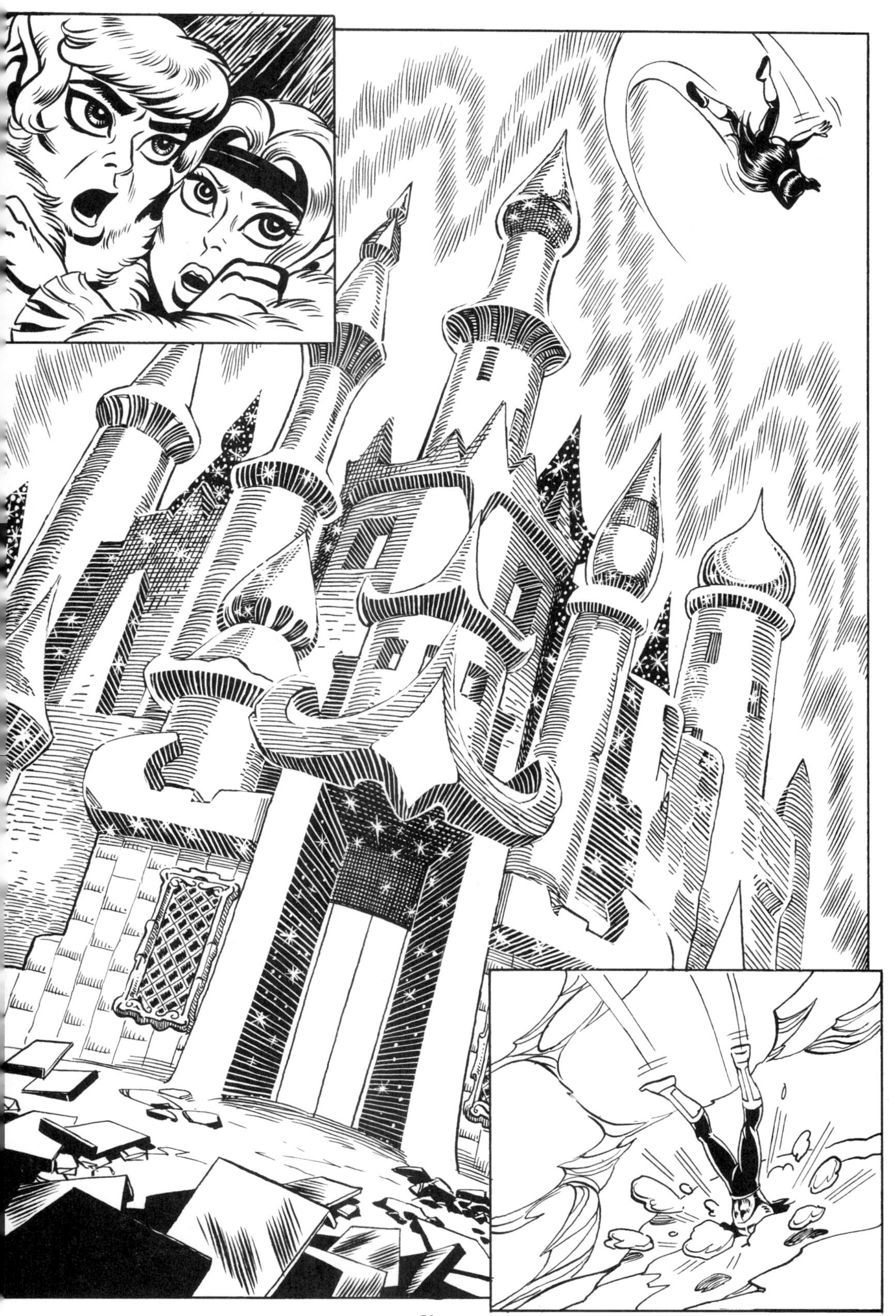

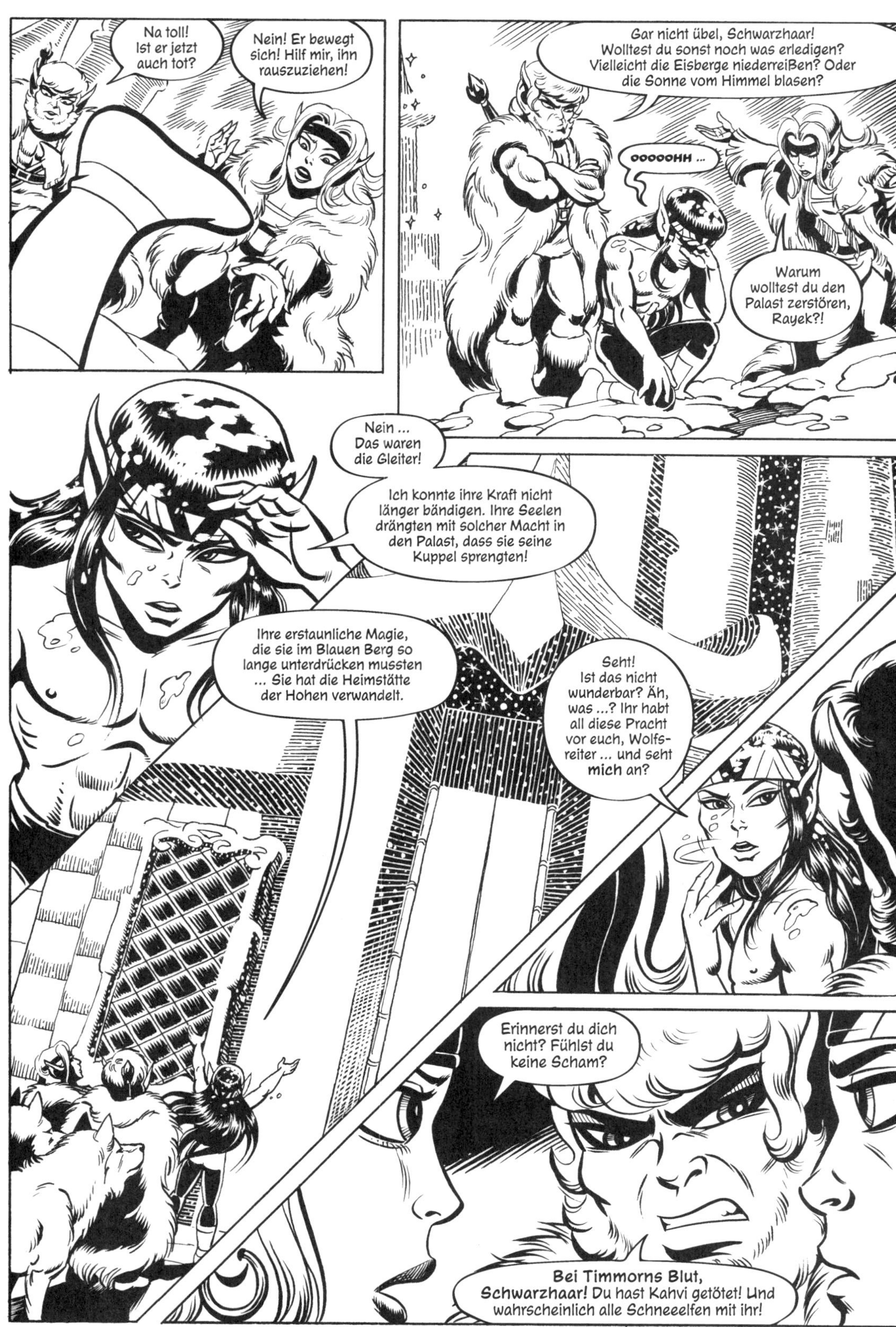
Na toll!
Ist er jetzt
auch tot?
Nein! Er bewegt
sich! Hilf mir, ihn
rauszuziehen!
Gar nicht übel, Schwarzhaar!
Wolltest du sonst noch was erledigen?
Vielleicht die Eisberge niederreißen? Oder
die Sonne vom Himmel blasen?
OOOOOHH ...
Warum
wolltest du den
Palast zerstören,
Rayek?!
Nein ...
Das waren
die Gleiter!
Ich konnte ihre Kraft nicht
länger bändigen. Ihre Seelen
drängten mit solcher Macht in
den Palast, dass sie seine
Kuppel sprengten!
Ihre erstaunliche Magie,
die sie im Blauen Berg so
lange unterdrücken mussten
... Sie hat die Heimstätte
der Hohen verwandelt.
Seht!
Ist das nicht
wunderbar? Äh,
was ...? Ihr habt
all diese Pracht
vor euch, Wolfs-
reiter ... und seht
mich an?
Erinnerst du dich
nicht? Fühlst du
keine Scham?
Bei Timmorns Blut,
Schwarzhaar! Du hast Kahvi getötet! Und
wahrscheinlich alle Schneeelfen mit ihr!

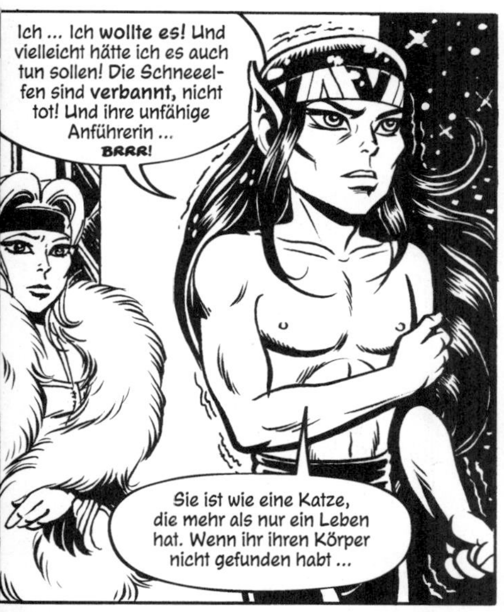
Ich ... Ich **wollte es!** Und vielleicht hätte ich es auch tun sollen! Die Schneeelfen sind **verbannt,** nicht tot! Und ihre unfähige Anführerin ...
BRRR!
Sie ist wie eine Katze, die mehr als nur ein Leben hat. Wenn ihr ihren Körper nicht gefunden habt ...

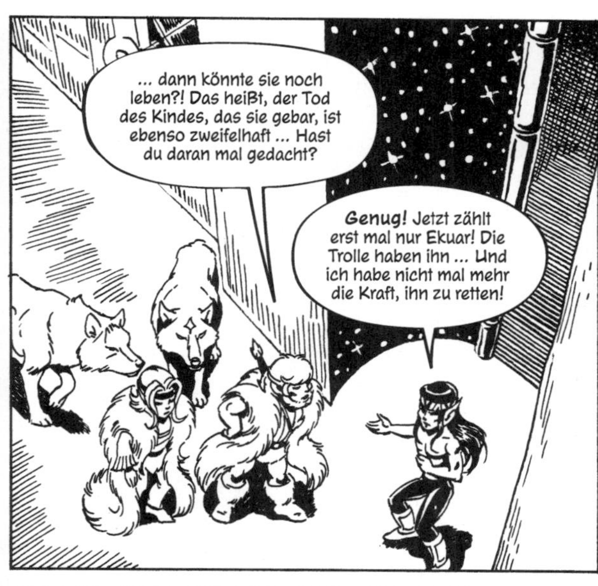
... dann könnte sie noch leben?! Das heißt, der Tod des Kindes, das sie gebar, ist ebenso zweifelhaft ... Hast du daran mal gedacht?
Genug! Jetzt zählt erst mal nur Ekuar! Die Trolle haben ihn ... Und ich habe nicht mal mehr die Kraft, ihn zu retten!

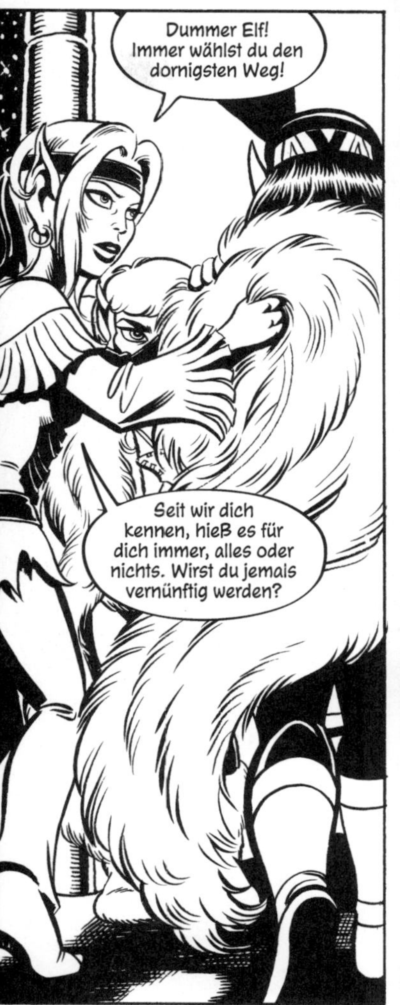
Dummer Elf! Immer wählst du den dornigsten Weg!
Seit wir dich kennen, hieß es für dich immer, alles oder nichts. Wirst du jemals vernünftig werden?

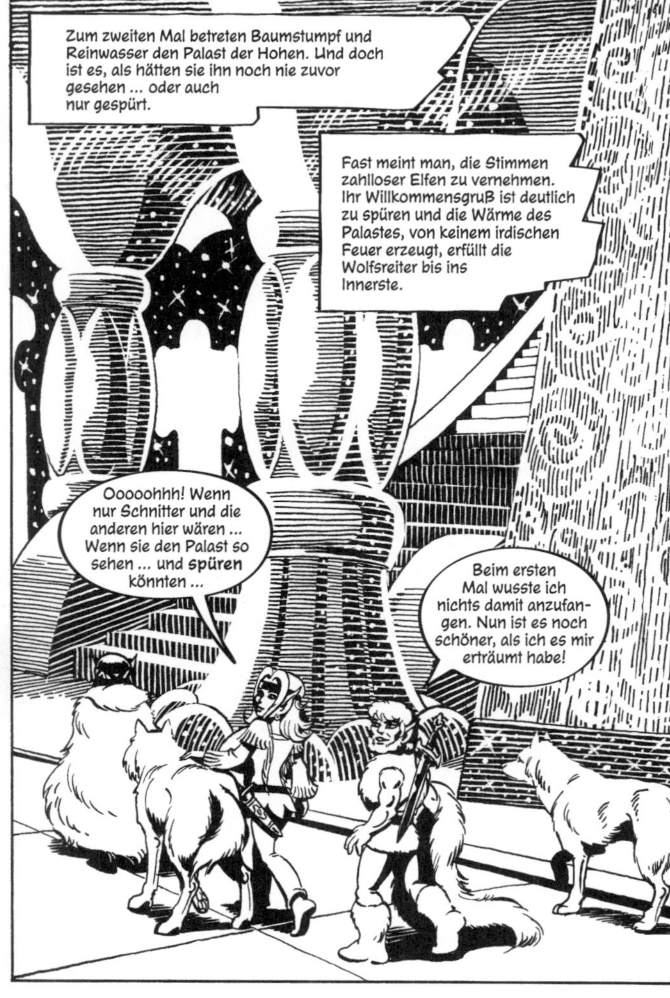
Zum zweiten Mal betreten Baumstumpf und Reinwasser den Palast der Hohen. Und doch ist es, als hätten sie ihn noch nie zuvor gesehen ... oder auch nur gespürt.
Fast meint man, die Stimmen zahlloser Elfen zu vernehmen. Ihr Willkommensgruß ist deutlich zu spüren und die Wärme des Palastes, von keinem irdischen Feuer erzeugt, erfüllt die Wolfsreiter bis ins Innerste.
Ooooohhh! Wenn nur Schnitter und die anderen hier wären ... Wenn sie den Palast so sehen ... und **spüren** könnten ...
Beim ersten Mal wusste ich nichts damit anzufangen. Nun ist es noch schöner, als ich es mir erträumt habe!

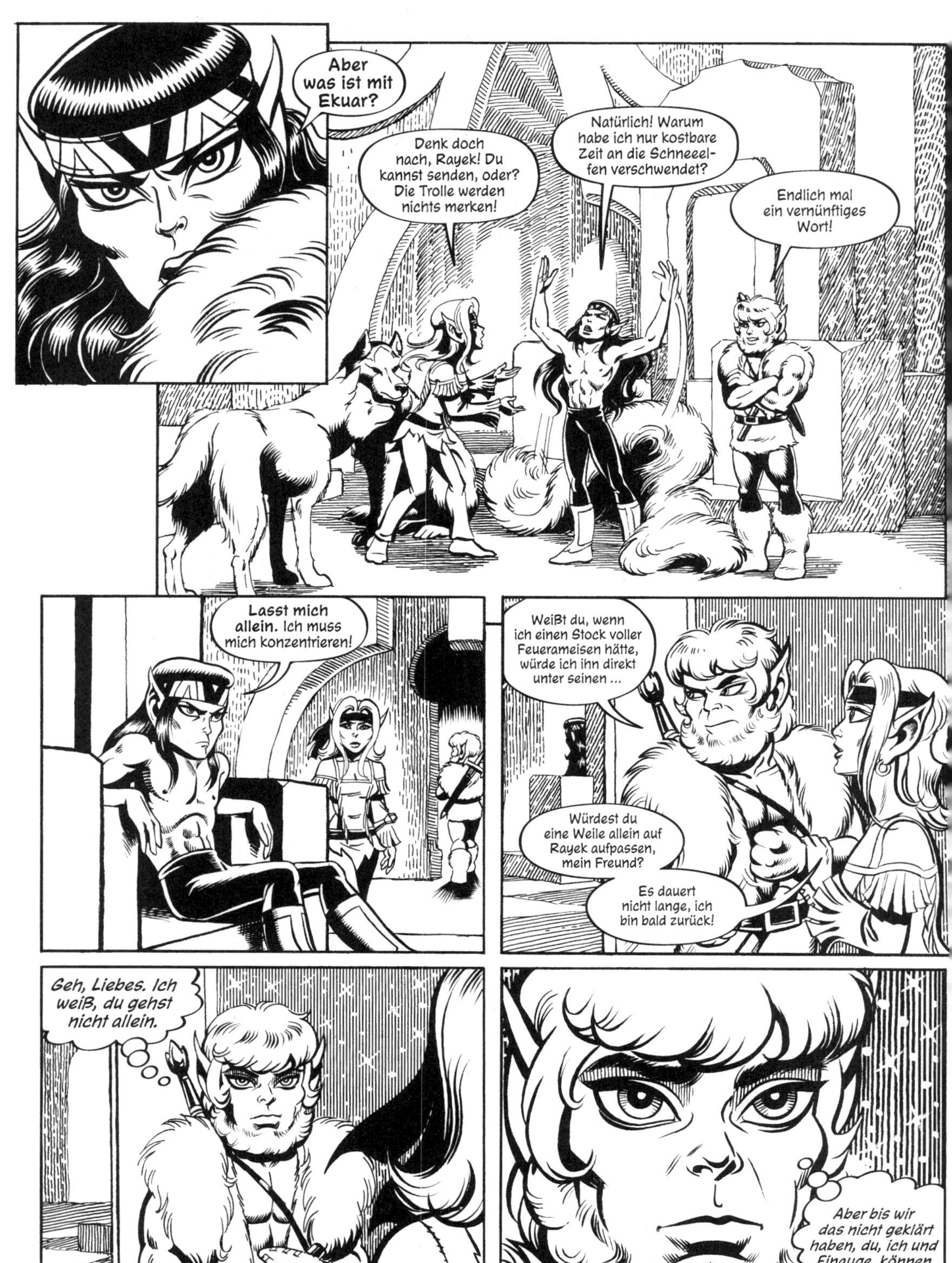
Aber was ist mit Ekuar?
Denk doch nach, Rayek! Du kannst senden, oder? Die Trolle werden nichts merken!
Natürlich! Warum habe ich nur kostbare Zeit an die Schneeelfen verschwendet?
Endlich mal ein vernünftiges Wort!
Lasst mich allein. Ich muss mich konzentrieren!
Weißt du, wenn ich einen Stock voller Feuerameisen hätte, würde ich ihn direkt unter seinen ...
Würdest du eine Weile allein auf Rayek aufpassen, mein Freund?
Es dauert nicht lange, ich bin bald zurück!
Geh, Liebes. Ich weiß, du gehst nicht allein.
Aber bis wir das nicht geklärt haben, du, ich und Einauge, können wir nicht mehr sein als Freunde.

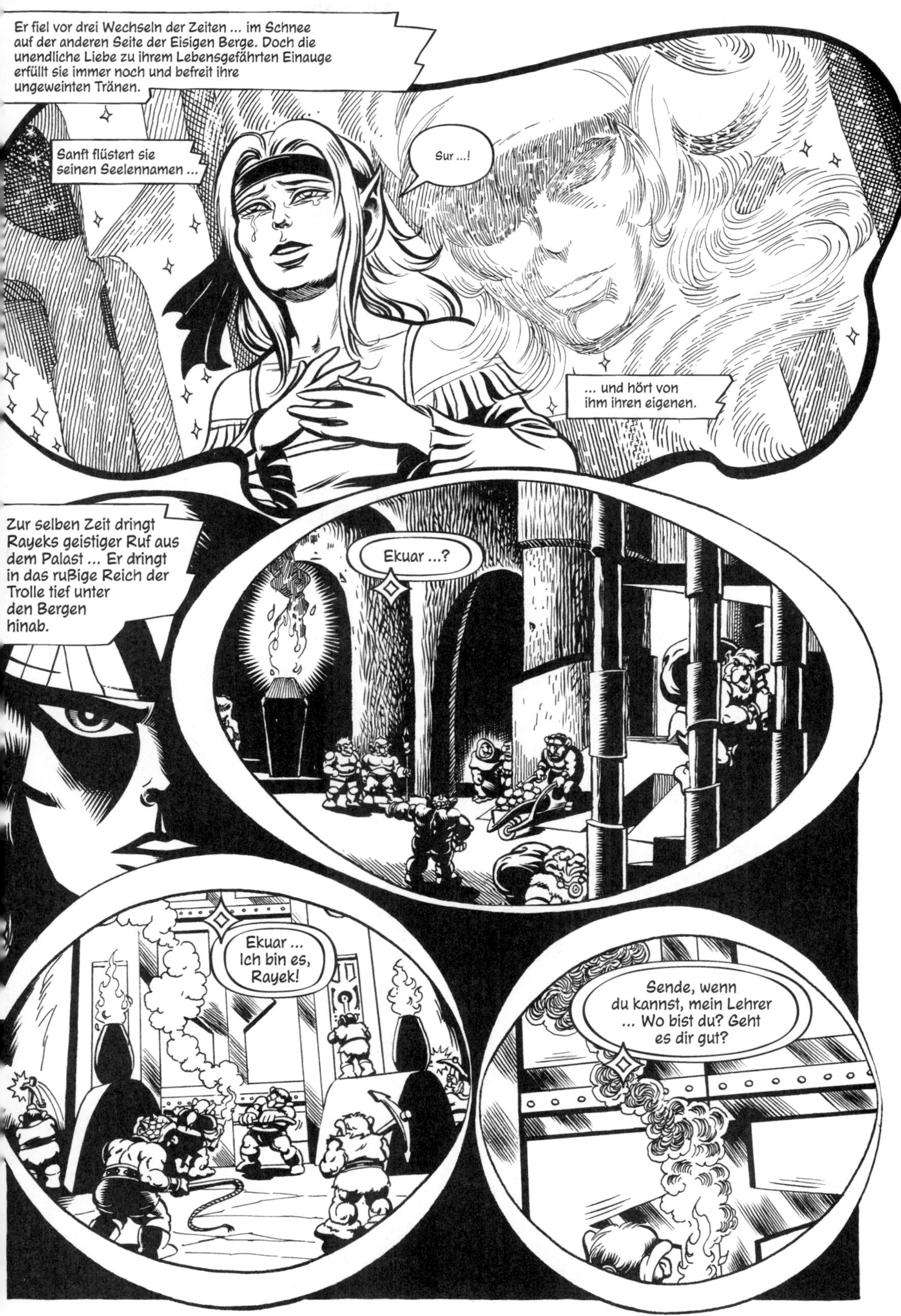
Er fiel vor drei Wechseln der Zeiten ... im Schnee auf der anderen Seite der Eisigen Berge. Doch die unendliche Liebe zu ihrem Lebensgefährten Einauge erfüllt sie immer noch und befreit ihre ungeweinten Tränen.
Sanft flüstert sie seinen Seelennamen ...
Sur ...!
... und hört von ihm ihren eigenen.
Zur selben Zeit dringt Rayeks geistiger Ruf aus dem Palast ... Er dringt in das rußige Reich der Trolle tief unter den Bergen hinab.
Ekuar ...?
Ekuar ... Ich bin es, Rayek!
Sende, wenn du kannst, mein Lehrer ... Wo bist du? Geht es dir gut?

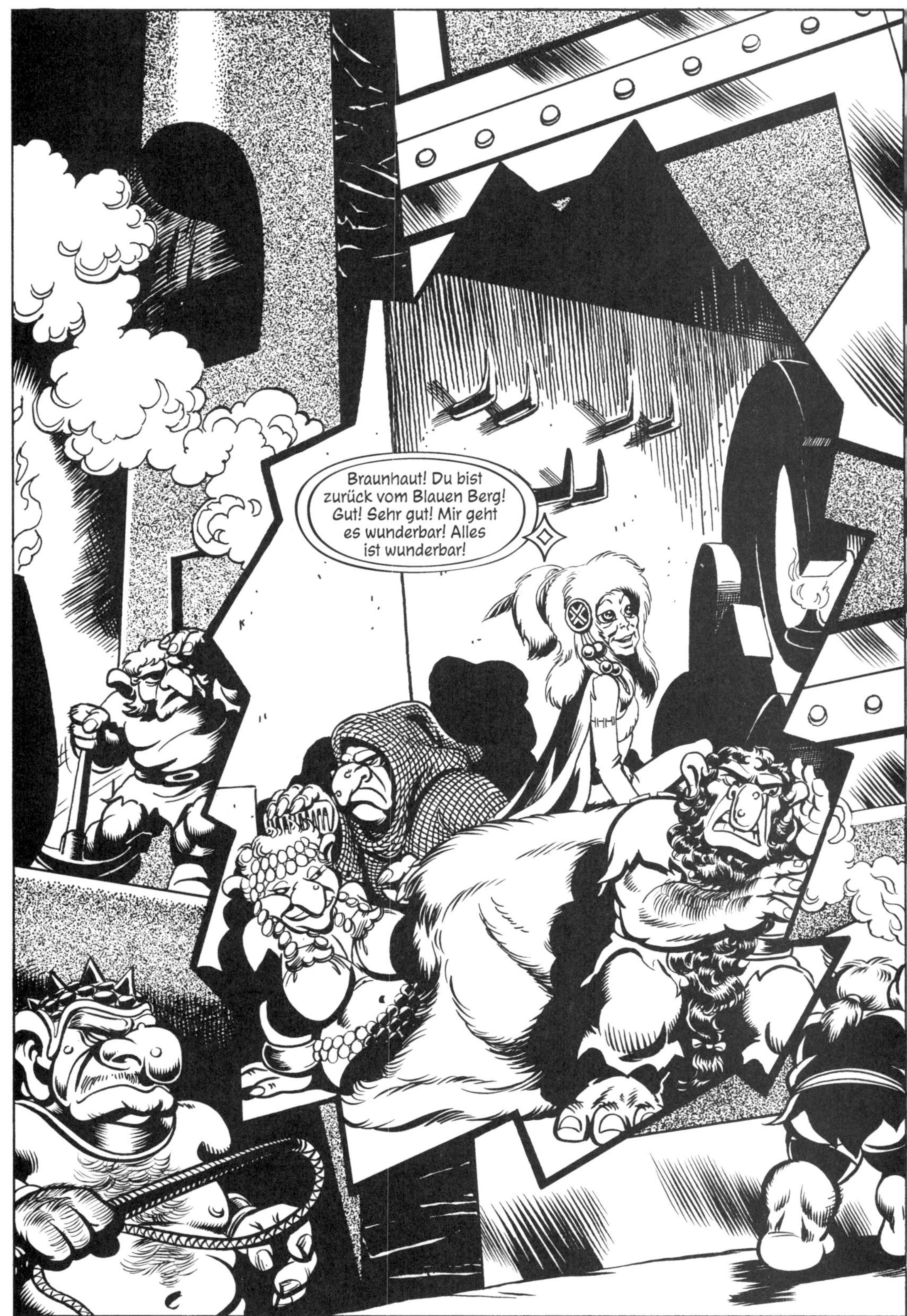
Braunhaut! Du bist zurück vom Blauen Berg! Gut! Sehr gut! Mir geht es wunderbar! Alles ist wunderbar!

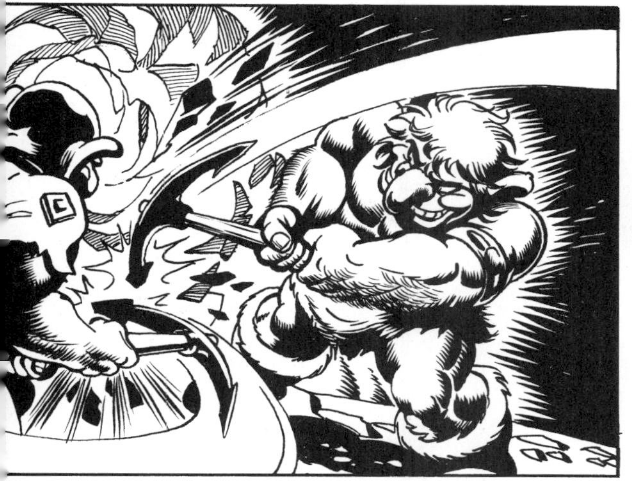
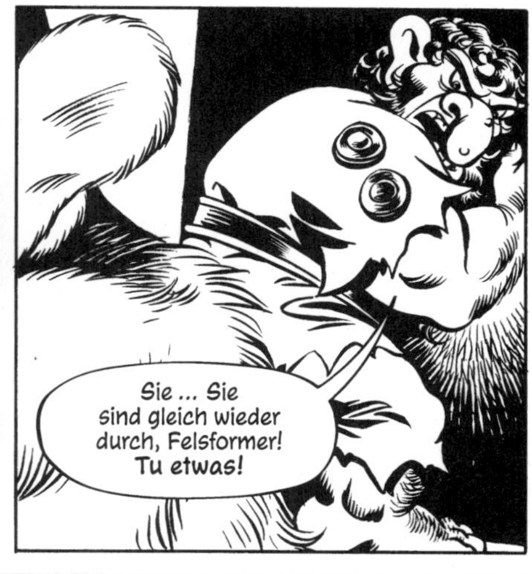
Sie ... Sie
sind gleich wieder
durch, Felsformer!
Tu etwas!
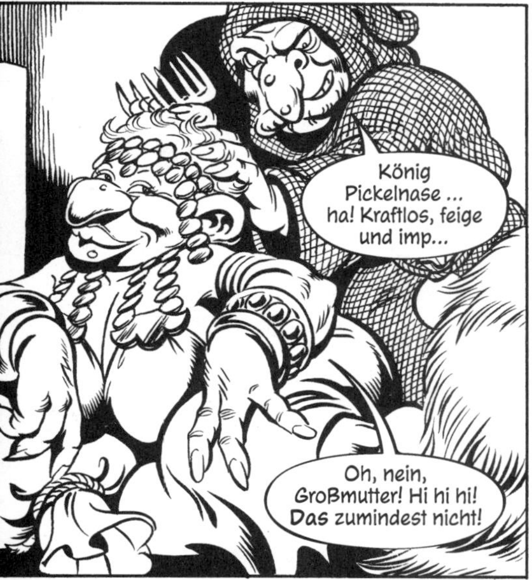
König
Pickelnase ...
ha! Kraftlos, feige
und imp...
Oh, nein,
Großmutter! Hi hi hi!
Das zumindest nicht!
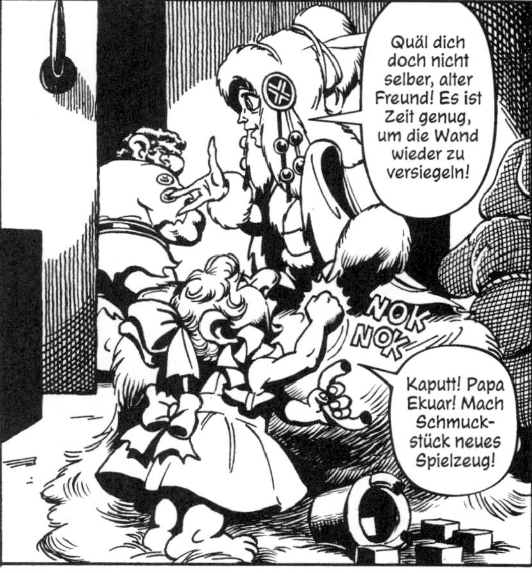
Quäl dich
doch nicht
selber, alter
Freund! Es ist
Zeit genug,
um die Wand
wieder zu
versiegeln!
NOK
NOK
Kaputt! Papa
Ekuar! Mach
Schmuck-
stück neues
Spielzeug!
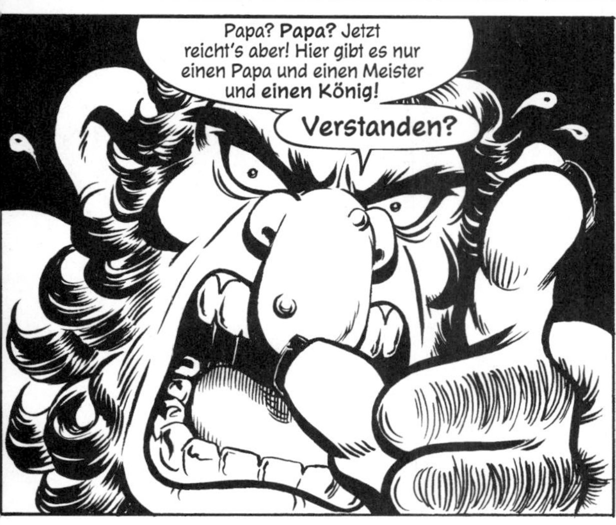
Papa? Papa? Jetzt
reicht's aber! Hier gibt es nur
einen Papa und einen Meister
und einen König!
Verstanden?
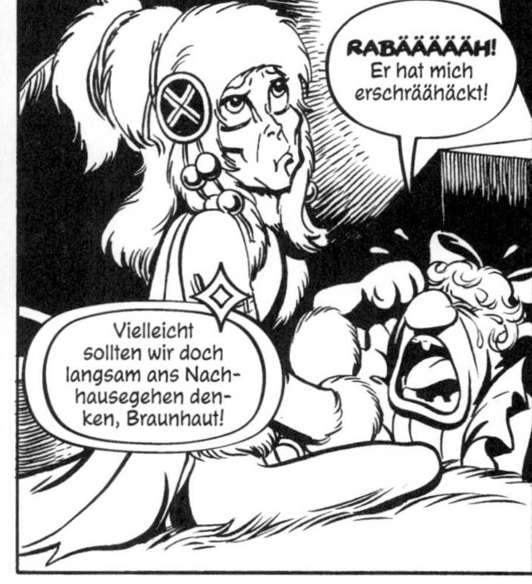
RABÄÄÄÄÄH!
Er hat mich
erschräähäckt!
Vielleicht
sollten wir doch
langsam ans Nach-
hausegehen den-
ken, Braunhaut!

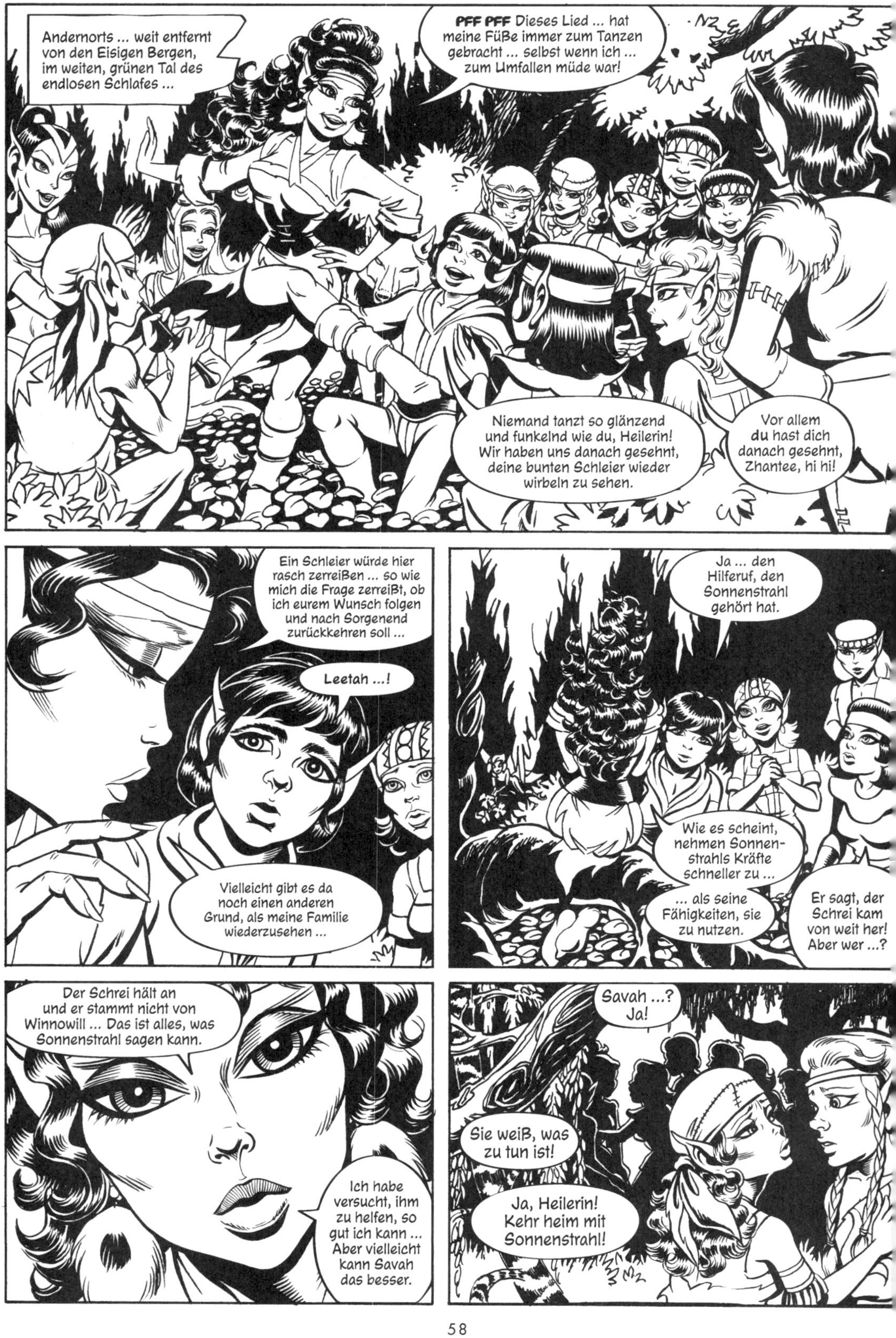

Andernorts ... weit entfernt von den Eisigen Bergen, im weiten, grünen Tal des endlosen Schlafes ...
PFF PFF Dieses Lied ... hat meine Füße immer zum Tanzen gebracht ... selbst wenn ich ... zum Umfallen müde war!
Niemand tanzt so glänzend und funkelnd wie du, Heilerin! Wir haben uns danach gesehnt, deine bunten Schleier wieder wirbeln zu sehen.
Vor allem **du** hast dich danach gesehnt, Zhantee, hi hi!

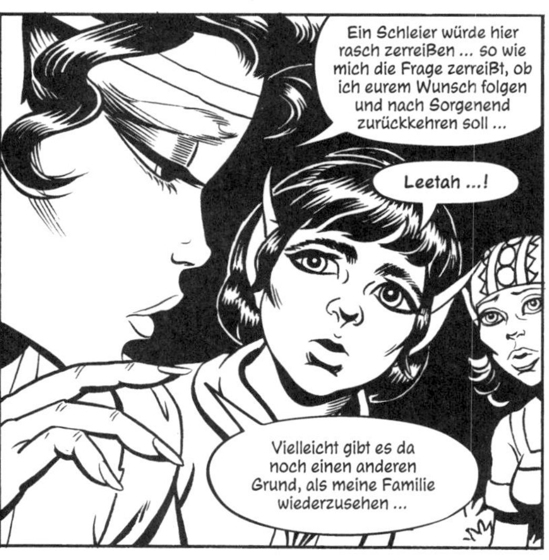

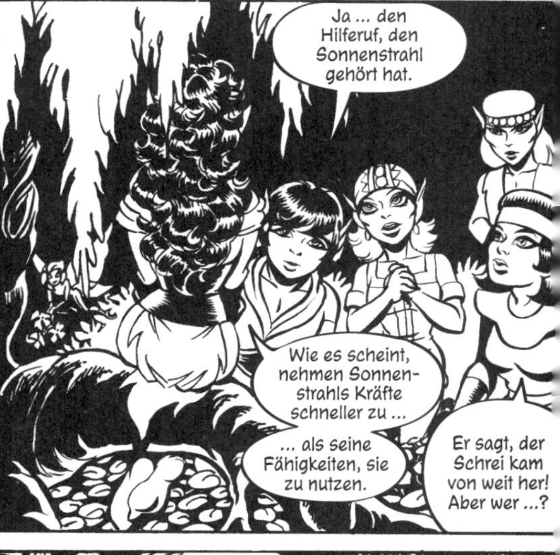

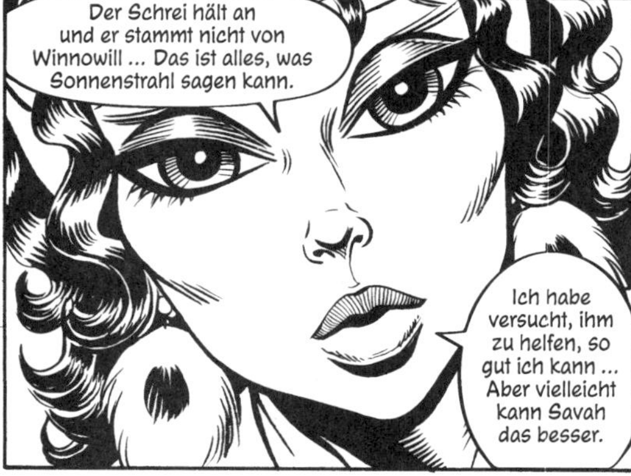

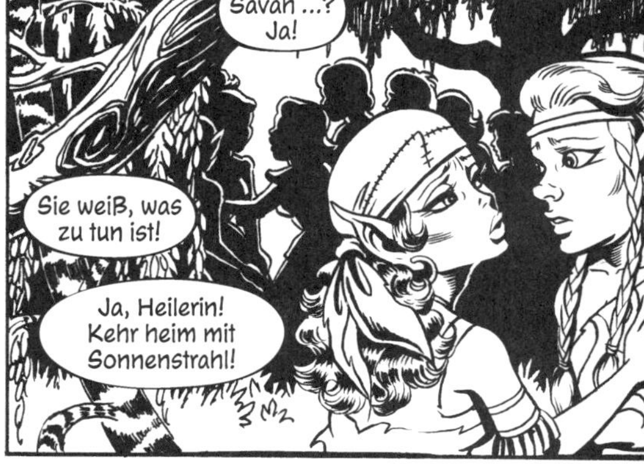

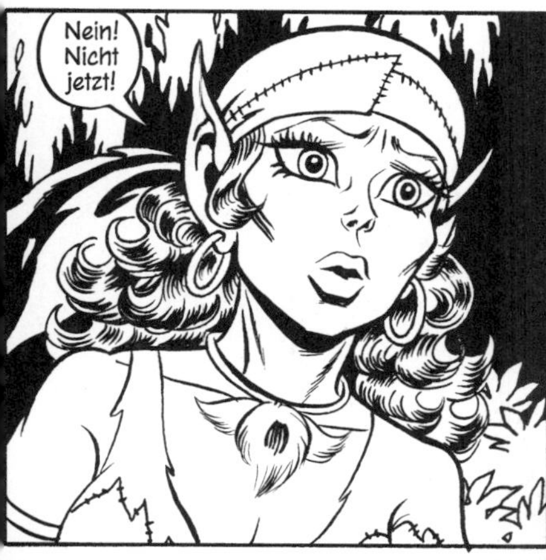
Nein! Nicht jetzt!

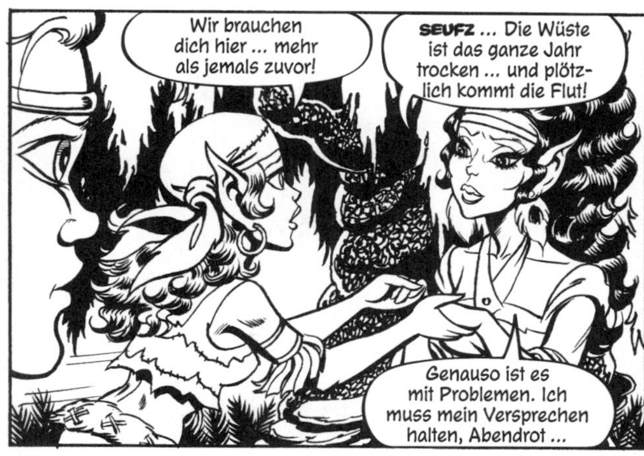
Wir brauchen dich hier ... mehr als jemals zuvor!
SEUFZ ... Die Wüste ist das ganze Jahr trocken ... und plötzlich kommt die Flut!
Genauso ist es mit Problemen. Ich muss mein Versprechen halten, Abendrot ...

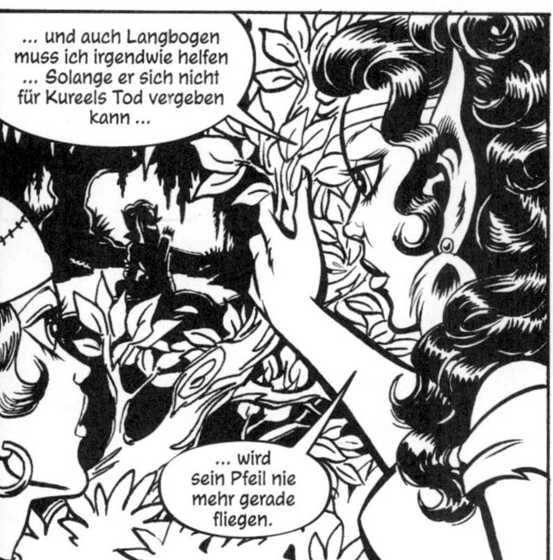
... und auch Langbogen muss ich irgendwie helfen ... Solange er sich nicht für Kureels Tod vergeben kann ...
... wird sein Pfeil nie mehr gerade fliegen.

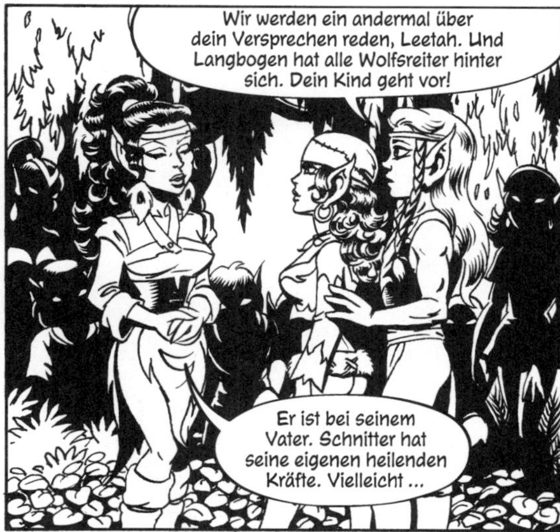
Wir werden ein andermal über dein Versprechen reden, Leetah. Und Langbogen hat alle Wolfsreiter hinter sich. Dein Kind geht vor!
Er ist bei seinem Vater. Schnitter hat seine eigenen heilenden Kräfte. Vielleicht ...

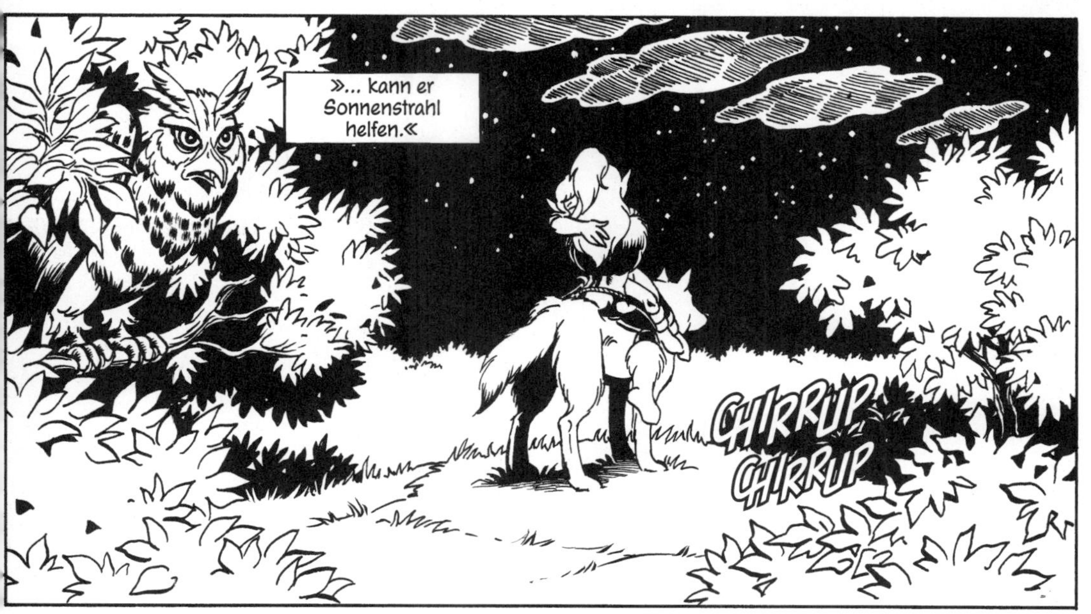
»... kann er Sonnenstrahl helfen.«
CHIRRUP
CHIRRUP

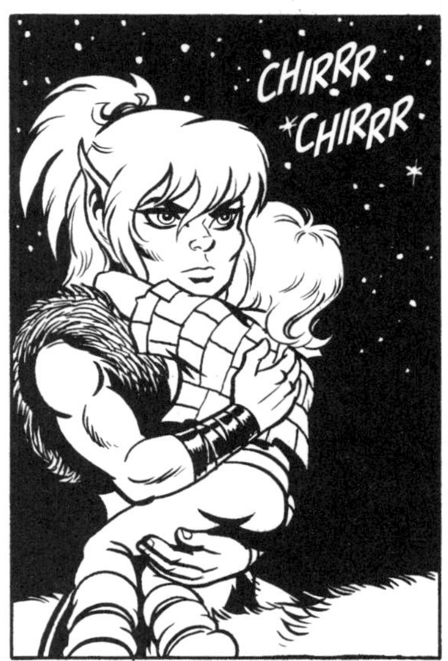
CHIRRR
CHIRRR

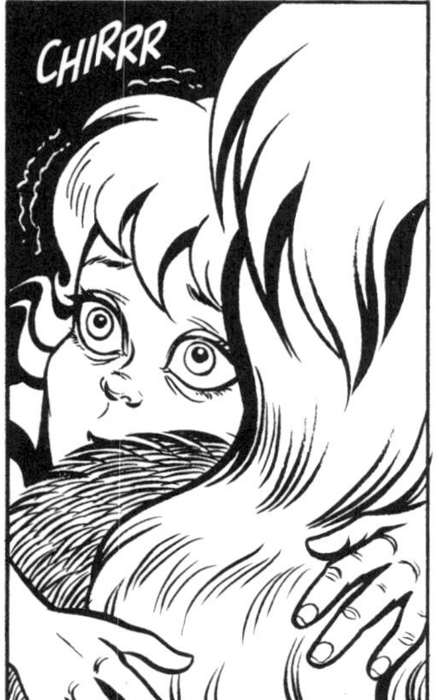
CHIRRR

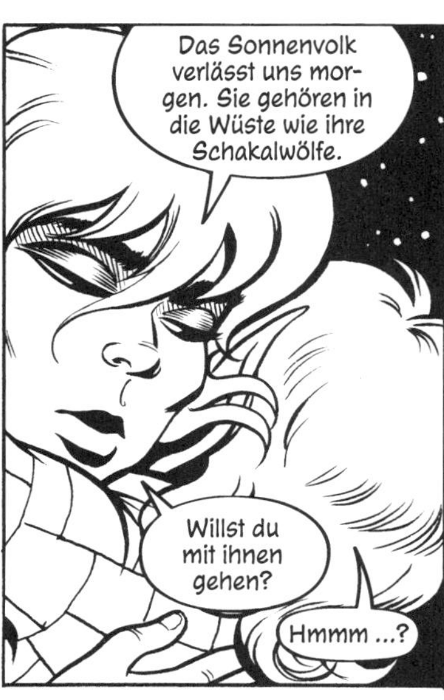
Das Sonnenvolk verlässt uns morgen. Sie gehören in die Wüste wie ihre Schakalwölfe.
Willst du mit ihnen gehen?
Hmmm ...?

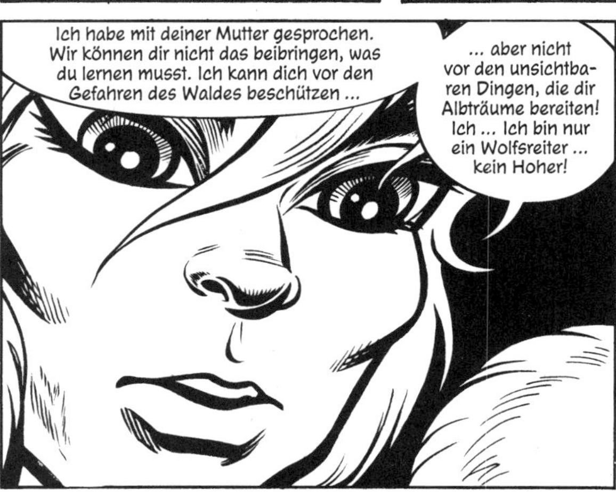
Ich habe mit deiner Mutter gesprochen. Wir können dir nicht das beibringen, was du lernen musst. Ich kann dich vor den Gefahren des Waldes beschützen ...
... aber nicht vor den unsichtbaren Dingen, die dir Albträume bereiten! Ich ... Ich bin nur ein Wolfsreiter ... kein Hoher!

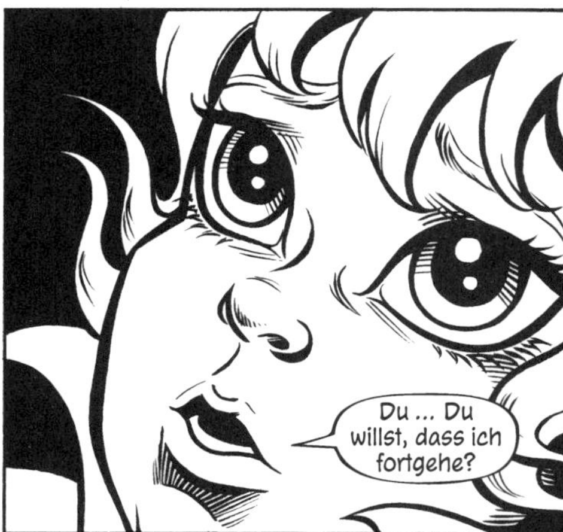
Du ... Du willst, dass ich fortgehe?

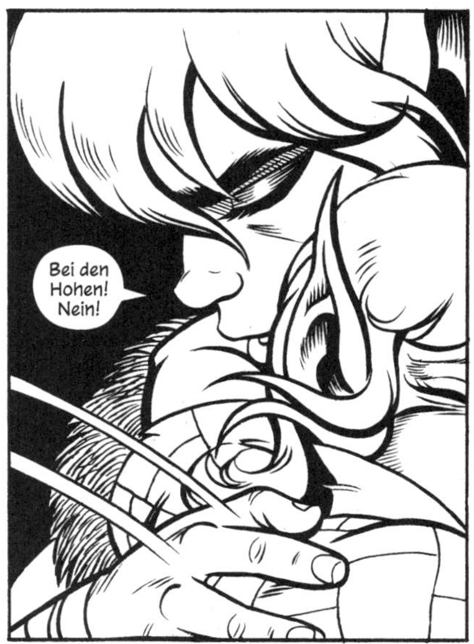
Bei den Hohen! Nein!

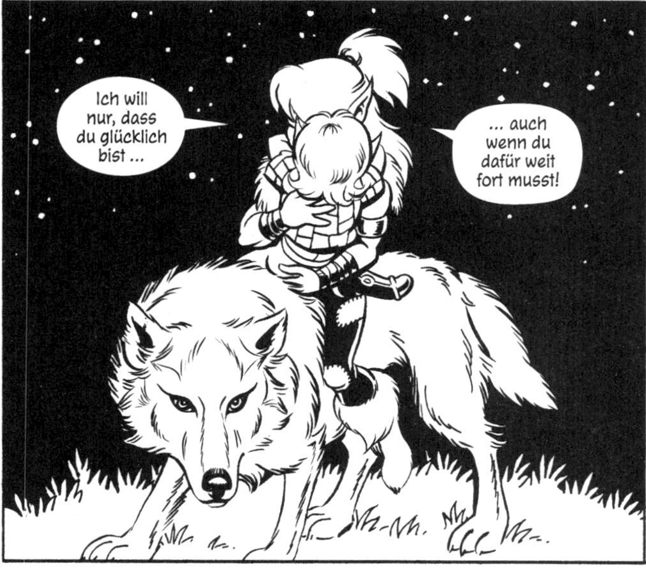
Ich will nur, dass du glücklich bist ...
... auch wenn du dafür weit fort musst!

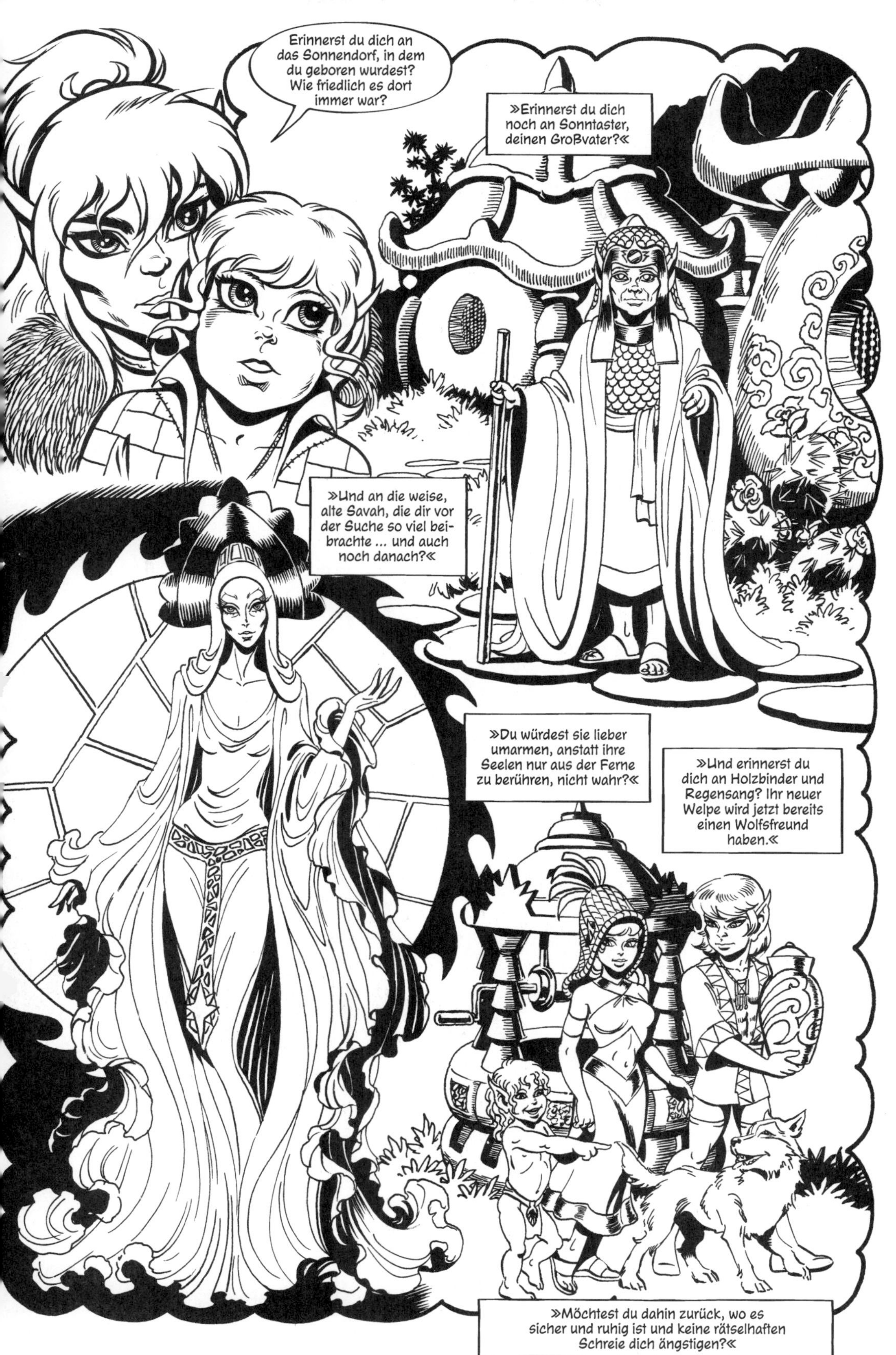
Erinnerst du dich an das Sonnendorf, in dem du geboren wurdest? Wie friedlich es dort immer war?
»Erinnerst du dich noch an Sonntaster, deinen Großvater?«
»Und an die weise, alte Savah, die dir vor der Suche so viel beibrachte ... und auch noch danach?«
»Du würdest sie lieber umarmen, anstatt ihre Seelen nur aus der Ferne zu berühren, nicht wahr?«
»Und erinnerst du dich an Holzbinder und Regensang? Ihr neuer Welpe wird jetzt bereits einen Wolfsfreund haben.«
»Möchtest du dahin zurück, wo es sicher und ruhig ist und keine rätselhaften Schreie dich ängstigen?«

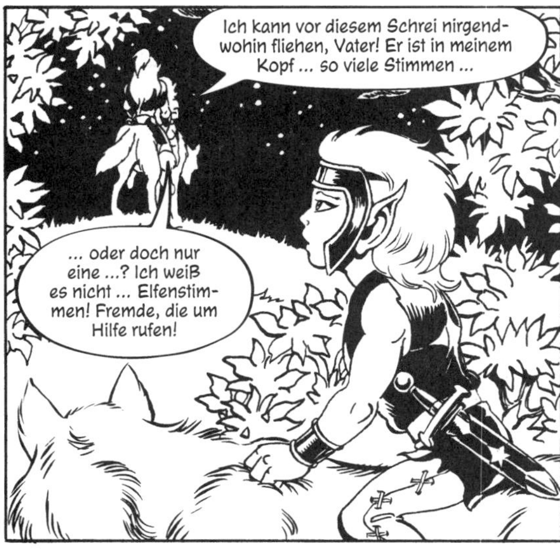
Ich kann vor diesem Schrei nirgendwohin fliehen, Vater! Er ist in meinem Kopf ... so viele Stimmen ...
... oder doch nur eine ...? Ich weiß es nicht ... Elfenstimmen! Fremde, die um Hilfe rufen!

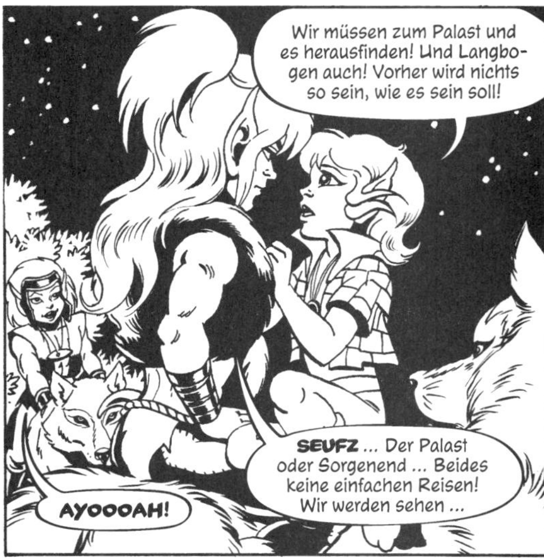
Wir müssen zum Palast und es herausfinden! Und Langbogen auch! Vorher wird nichts so sein, wie es sein soll!
SEUFZ ... Der Palast oder Sorgenend ... Beides keine einfachen Reisen! Wir werden sehen ...
AYOOOAH!

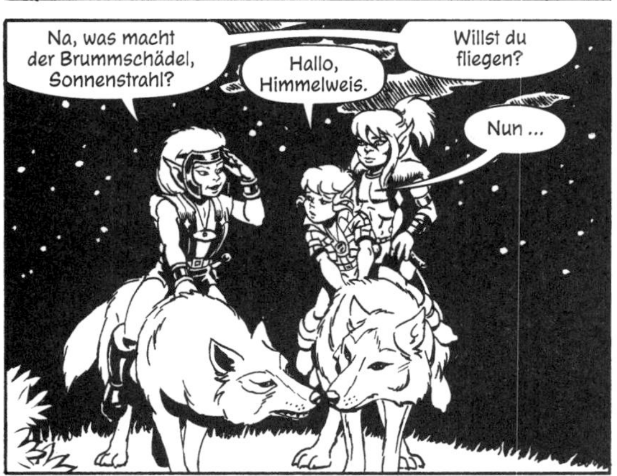
Na, was macht der Brummschädel, Sonnenstrahl?
Hallo, Himmelweis.
Willst du fliegen?
Nun ...

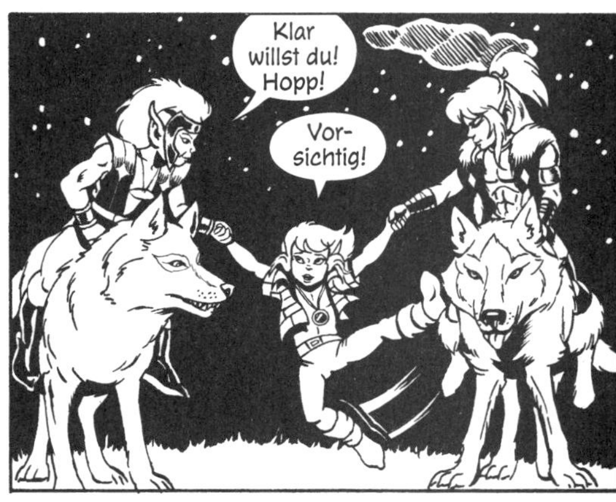
Klar willst du! Hopp!
Vorsichtig!

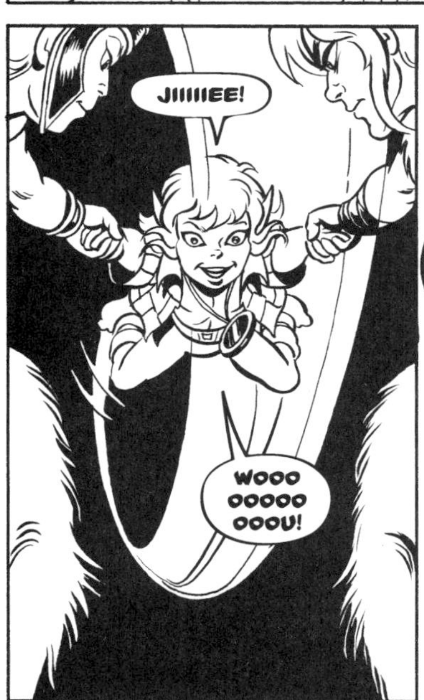
JIIIIIEE!
WOOO OOOOO OOOU!

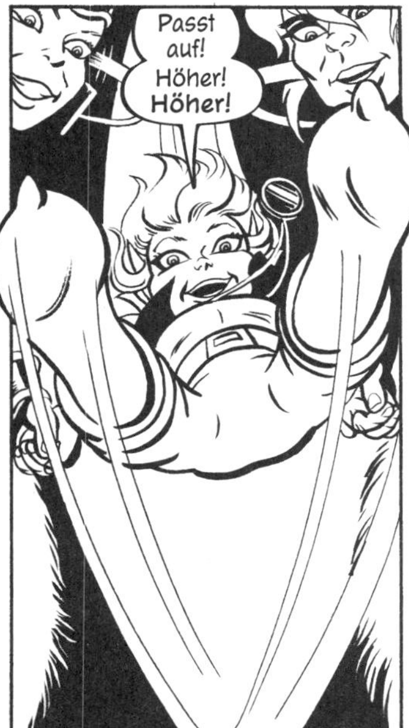
Passt auf! Höher! Höher!

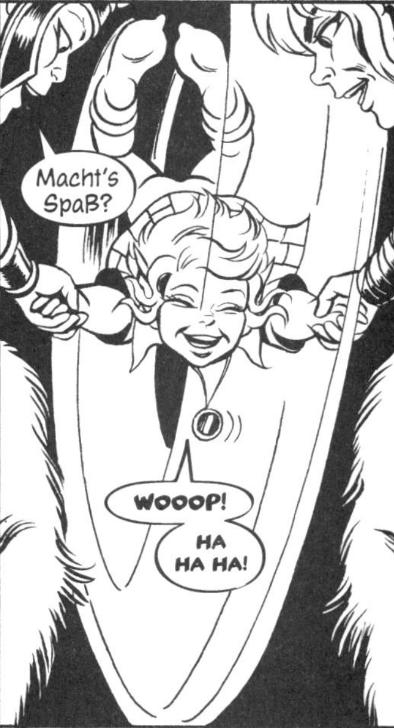
Macht's Spaß?
WOOOP!
HA HA HA!

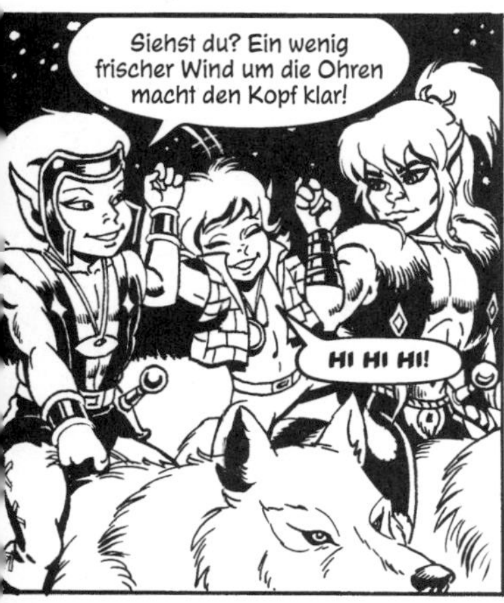
Siehst du? Ein wenig frischer Wind um die Ohren macht den Kopf klar!
HI HI HI!

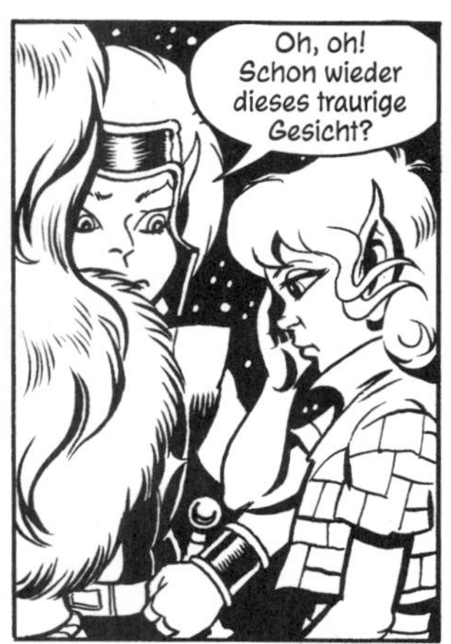
Oh, oh! Schon wieder dieses traurige Gesicht?

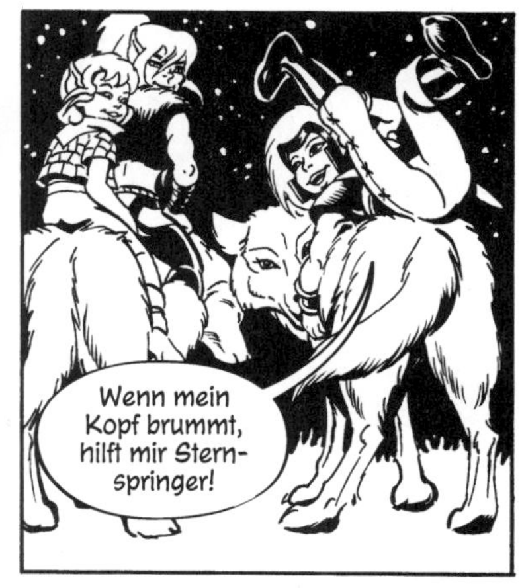
Wenn mein Kopf brummt, hilft mir Stern-springer!

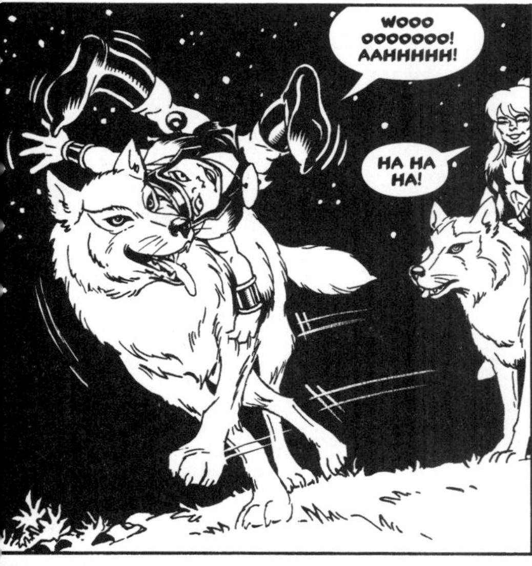
WOOO OOOOOOO! AAHHHHH!
HA HA HA!

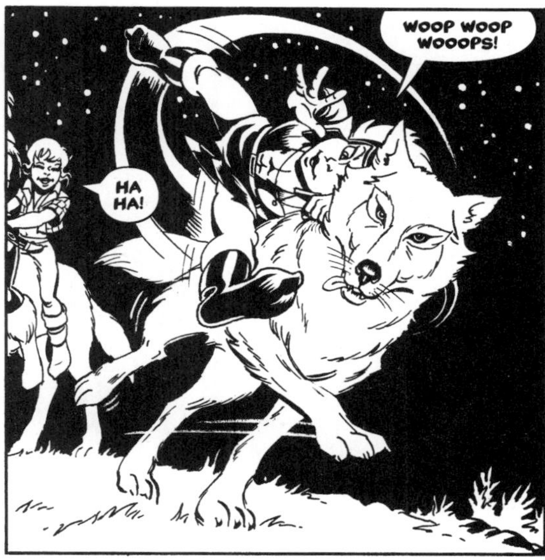
WOOP WOOP WOOOPS!
HA HA!

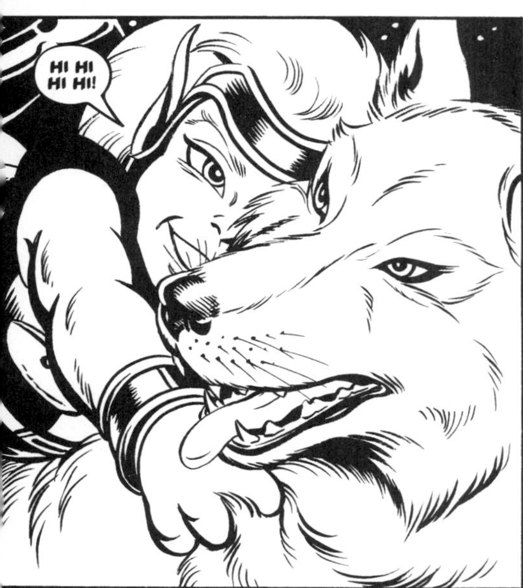
HI HI HI HI!

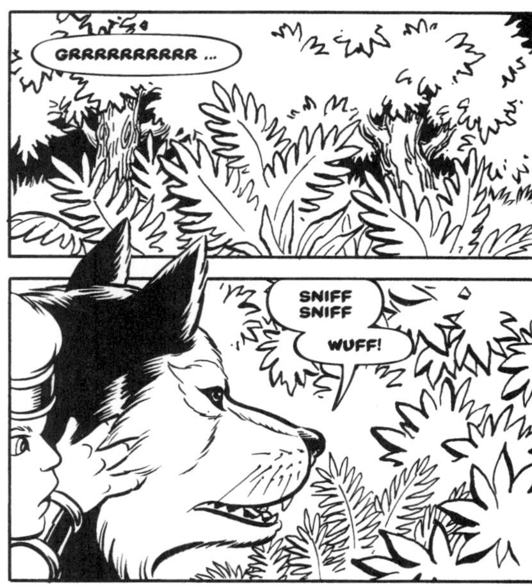
GRRRRRRRRRR ...
SNIFF SNIFF
WUFF!

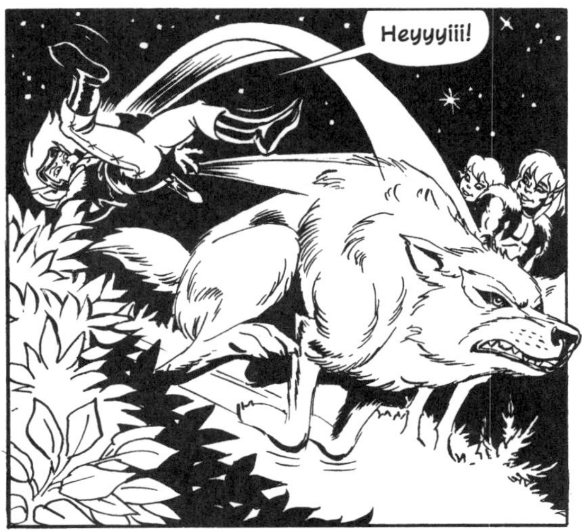
Heyyyiii!

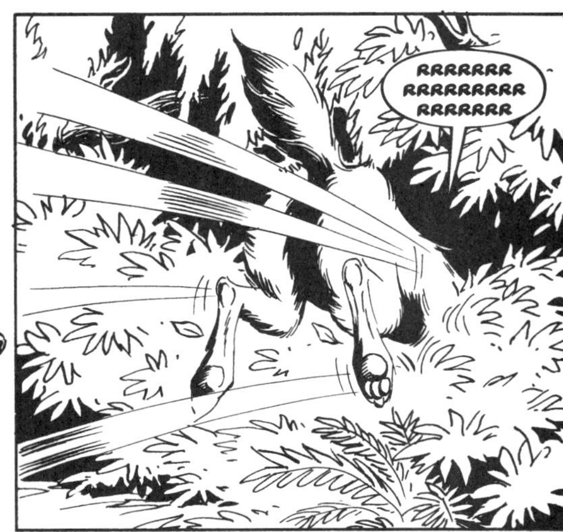
RRRRRRR
RRRRRRRRR
RRRRRRR

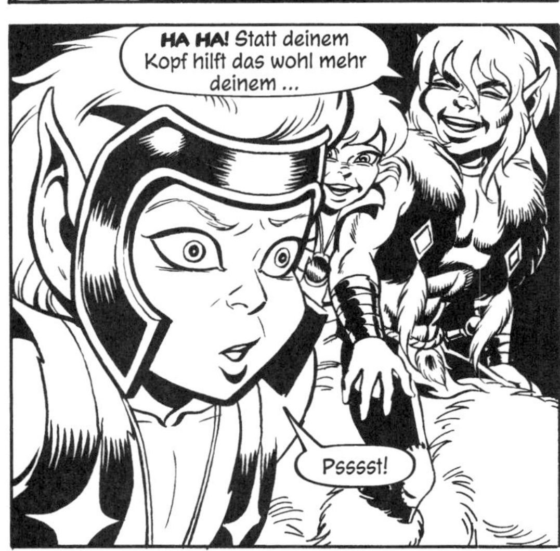
HA HA! Statt deinem Kopf hilft das wohl mehr deinem ...
Psssst!

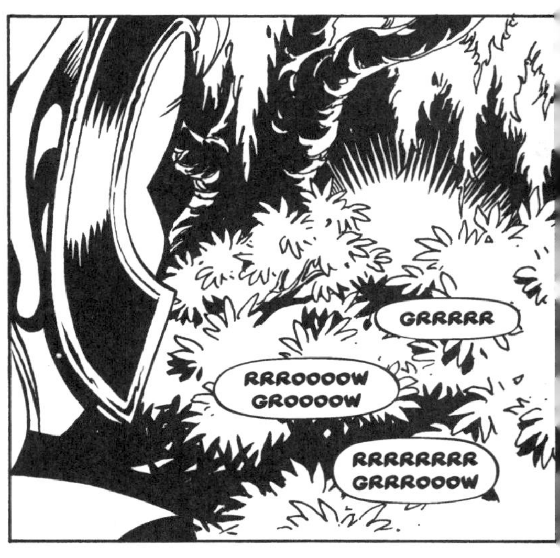
GRRRRR
RRROOOOW GROOOOW
RRRRRRRR GRRROOOW

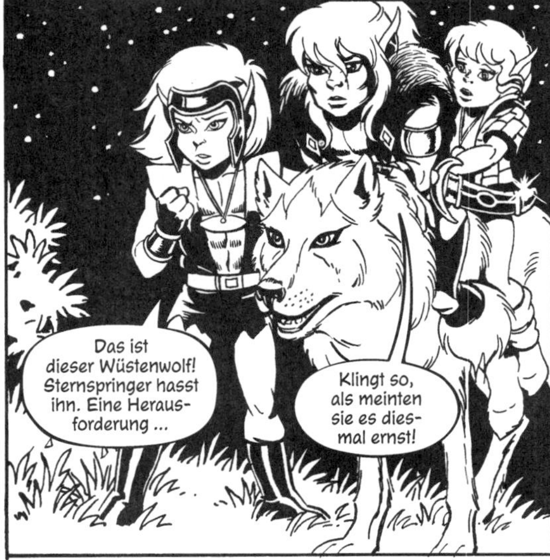
Das ist dieser Wüstenwolf! Sternspringer hasst ihn. Eine Heraus-forderung ...
Klingt so, als meinten sie es dies-mal ernst!

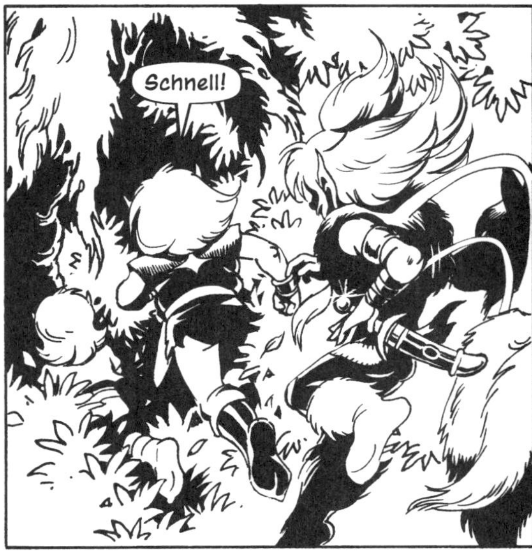
Schnell!

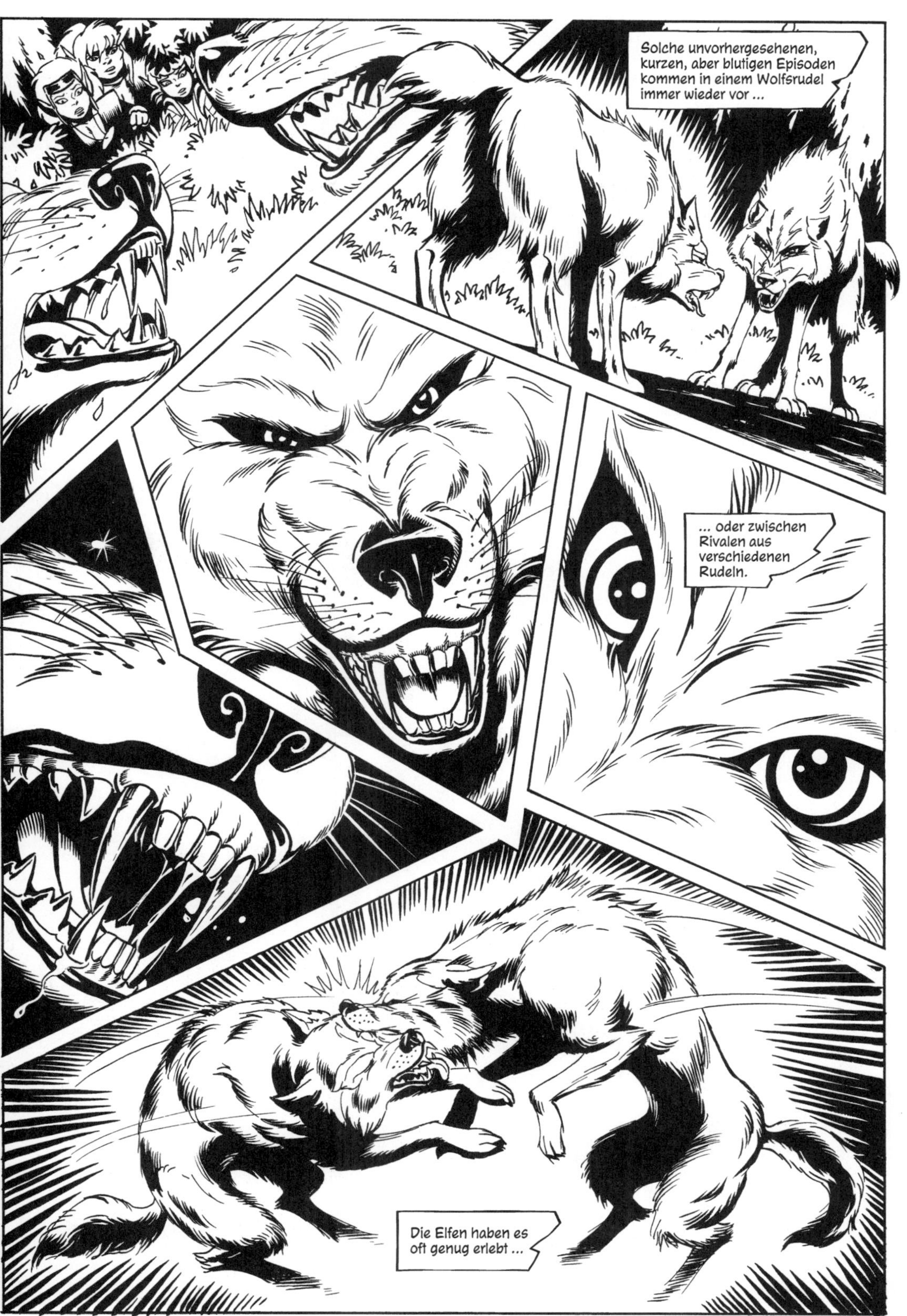
Solche unvorhergesehenen, kurzen, aber blutigen Episoden kommen in einem Wolfsrudel immer wieder vor ...
... oder zwischen Rivalen aus verschiedenen Rudeln.
Die Elfen haben es oft genug erlebt ...

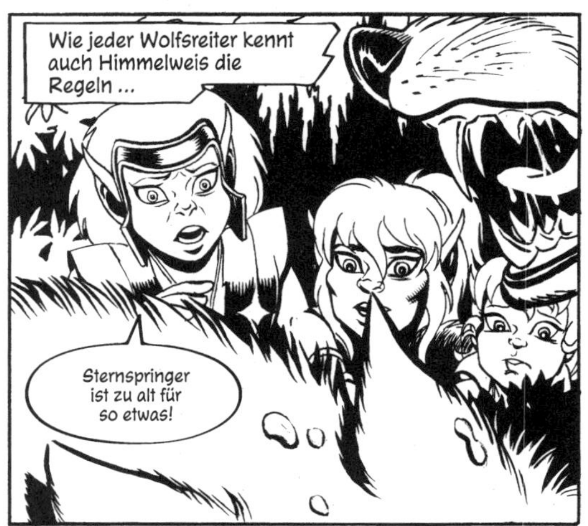
Wie jeder Wolfsreiter kennt auch Himmelweis die Regeln …
Sternspringer ist zu alt für so etwas!

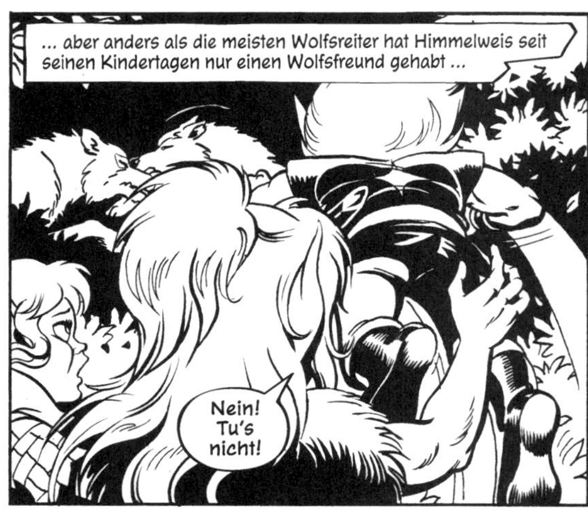
… aber anders als die meisten Wolfsreiter hat Himmelweis seit seinen Kindertagen nur einen Wolfsfreund gehabt …
Nein! Tu's nicht!

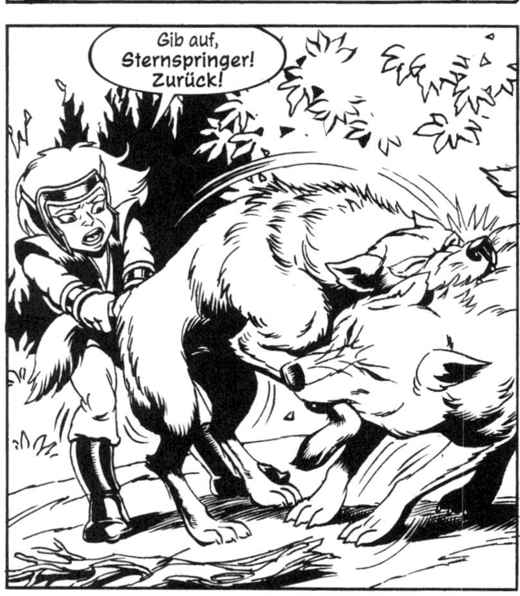
Gib auf, Sternspringer! Zurück!

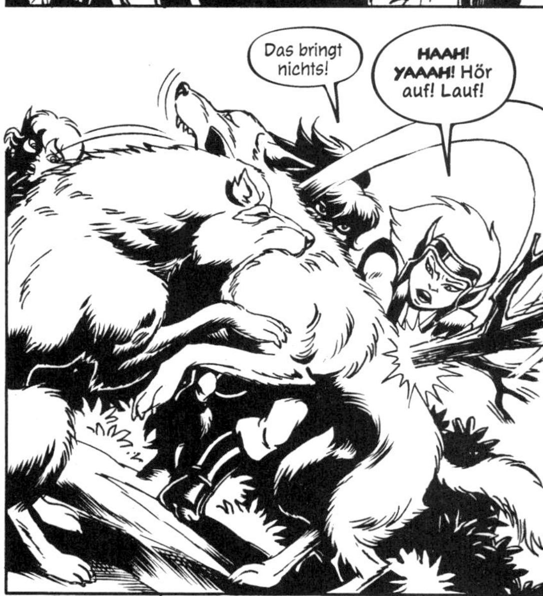
Das bringt nichts!
HAAH! YAAAH! Hör auf! Lauf!

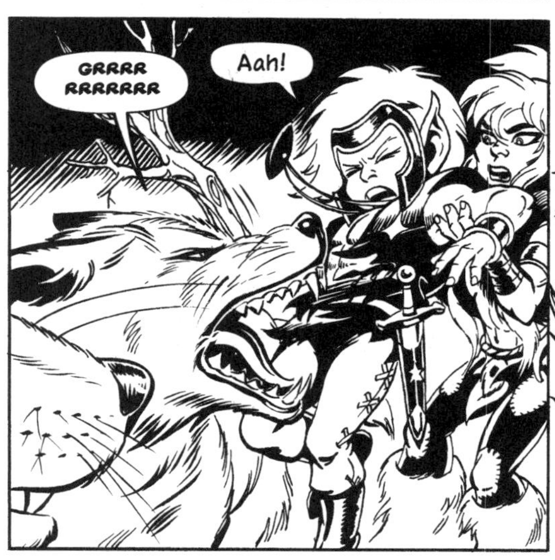
GRRRR RRRRRRR
Aah!

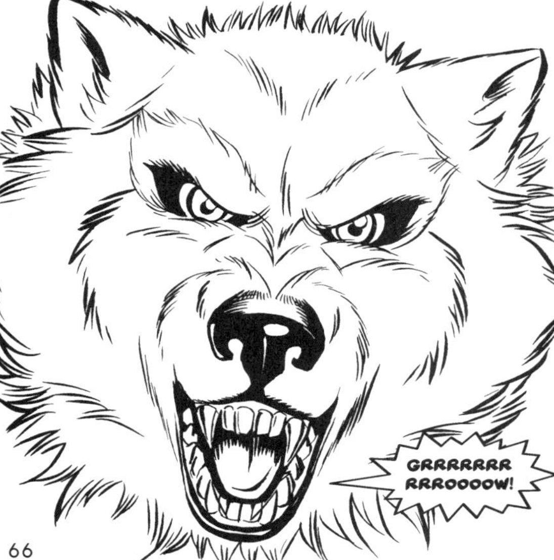
GRRRRRRR RRROOOOW!

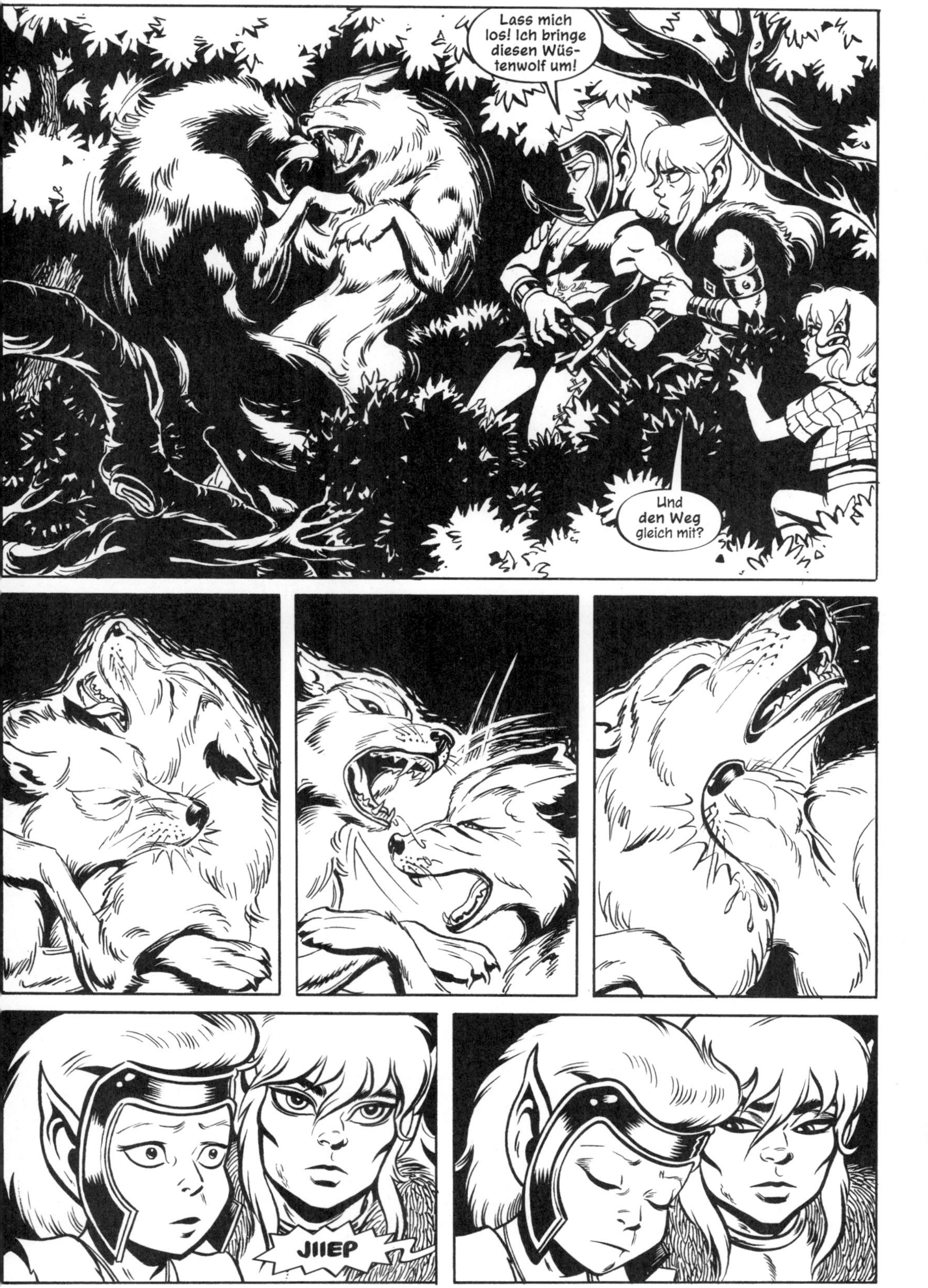

Lass mich los! Ich bringe diesen Wüstenwolf um!

Und den Weg gleich mit?

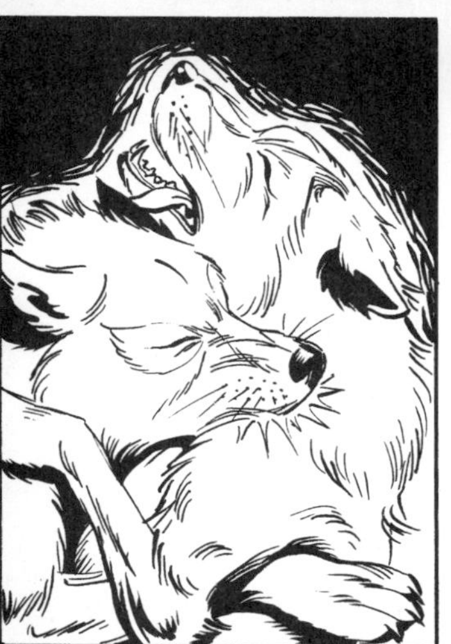

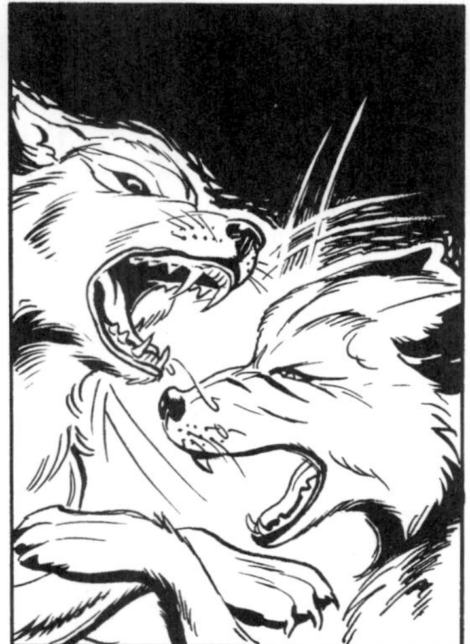

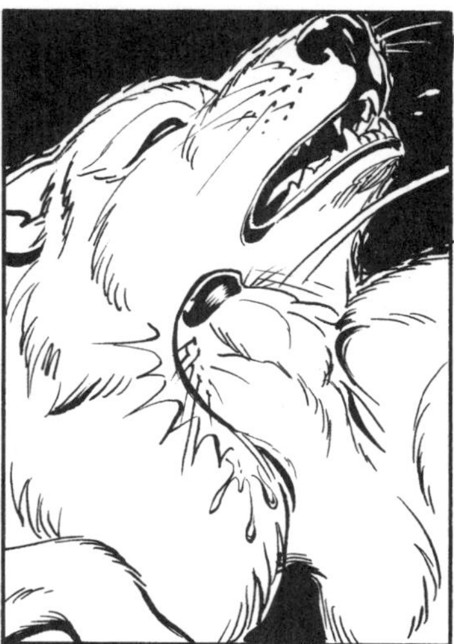

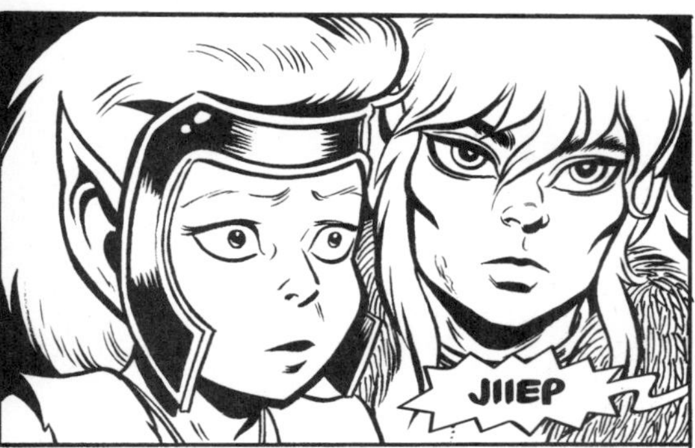

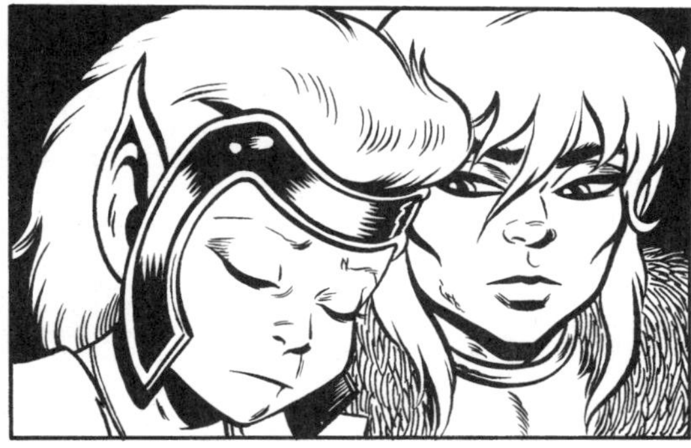

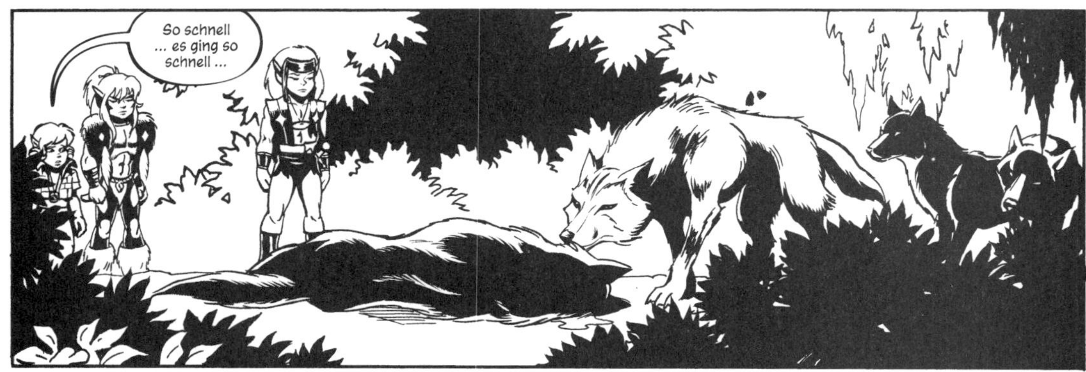
So schnell
... es ging so
schnell ...

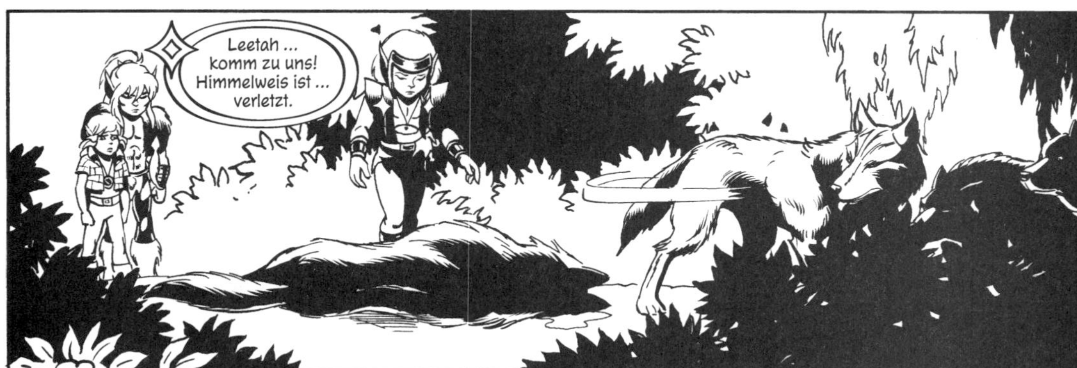
Leetah ...
komm zu uns!
Himmelweis ist ...
verletzt.

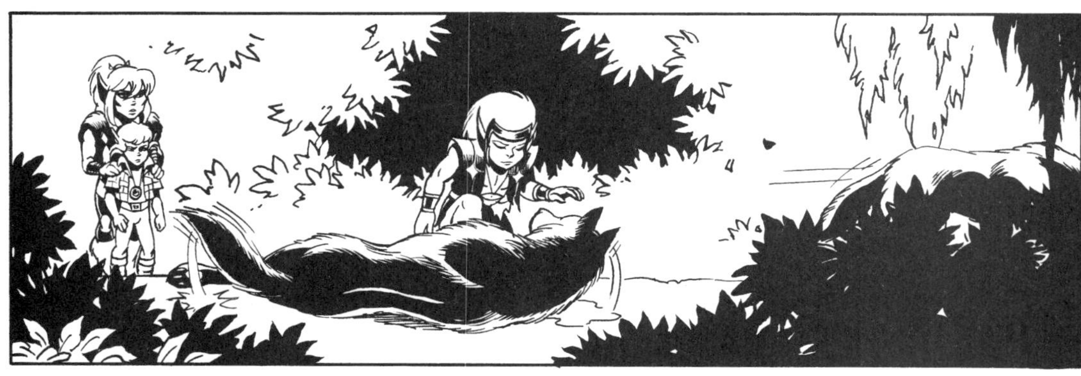

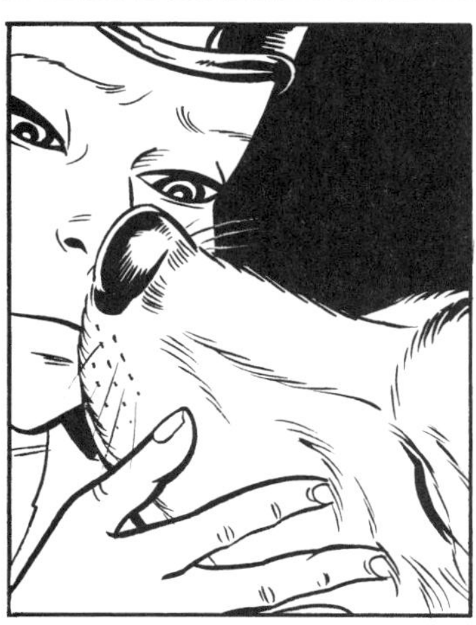

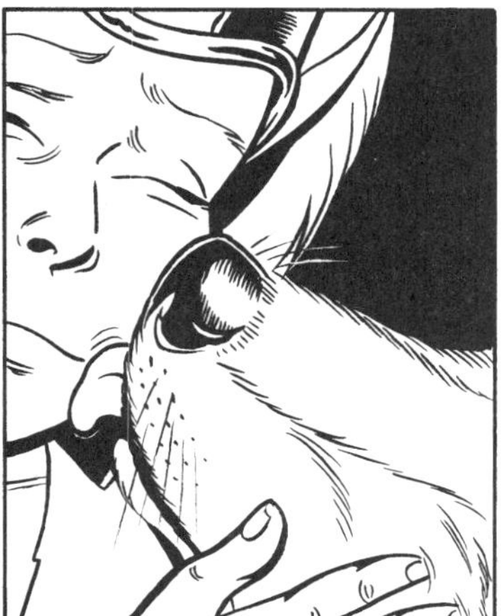

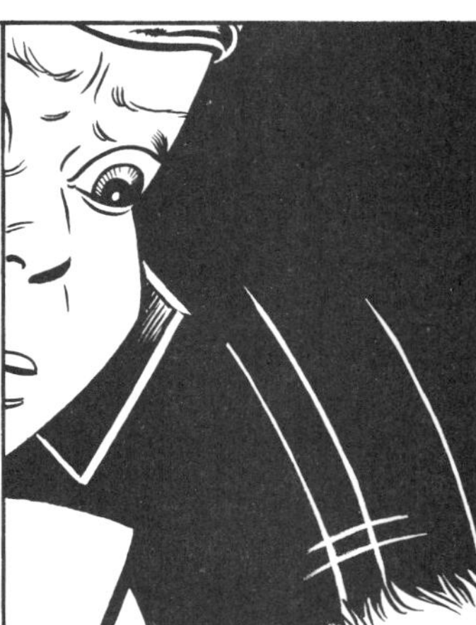

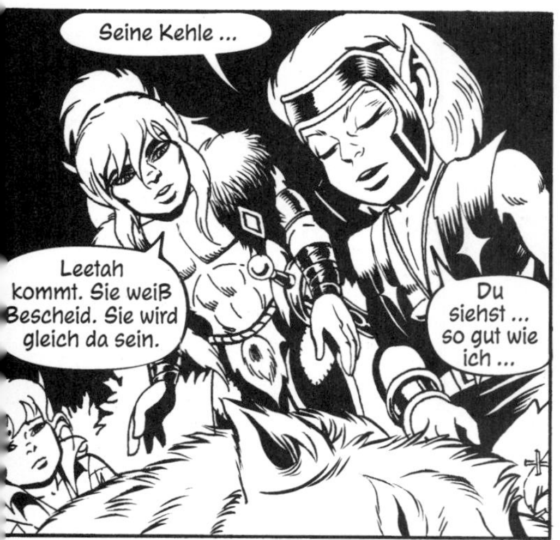
Seine Kehle ...
Leetah kommt. Sie weiß Bescheid. Sie wird gleich da sein.
Du siehst ... so gut wie ich ...

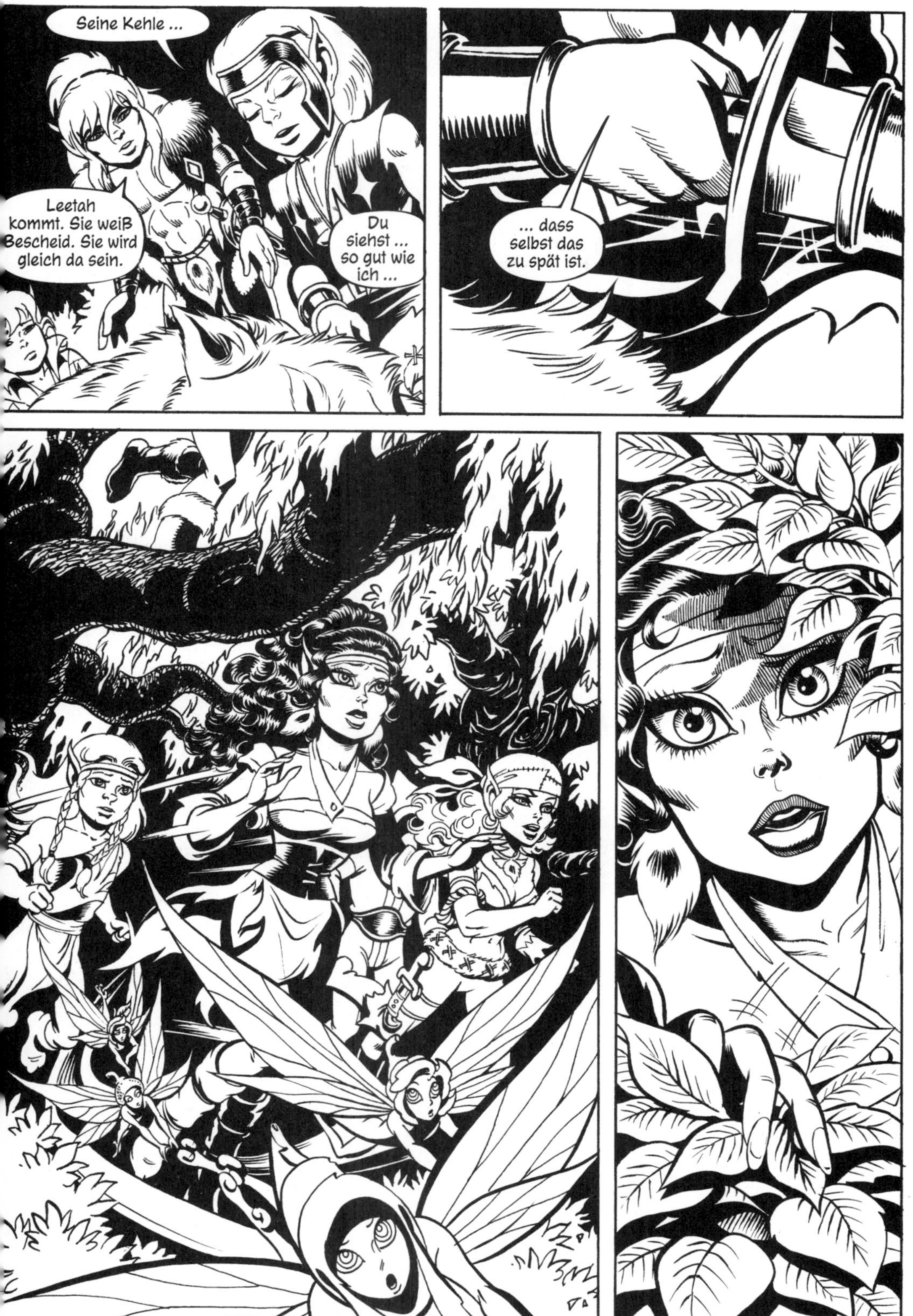

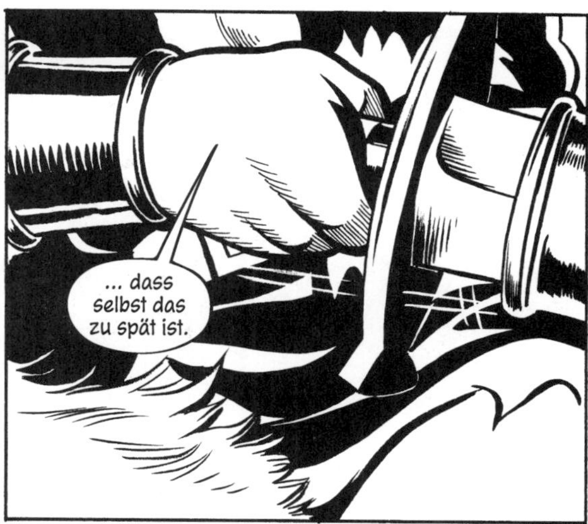
... dass selbst das zu spät ist.

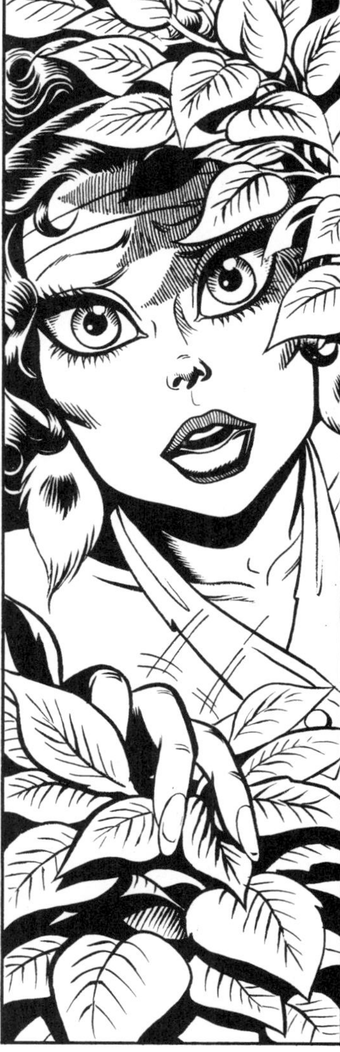

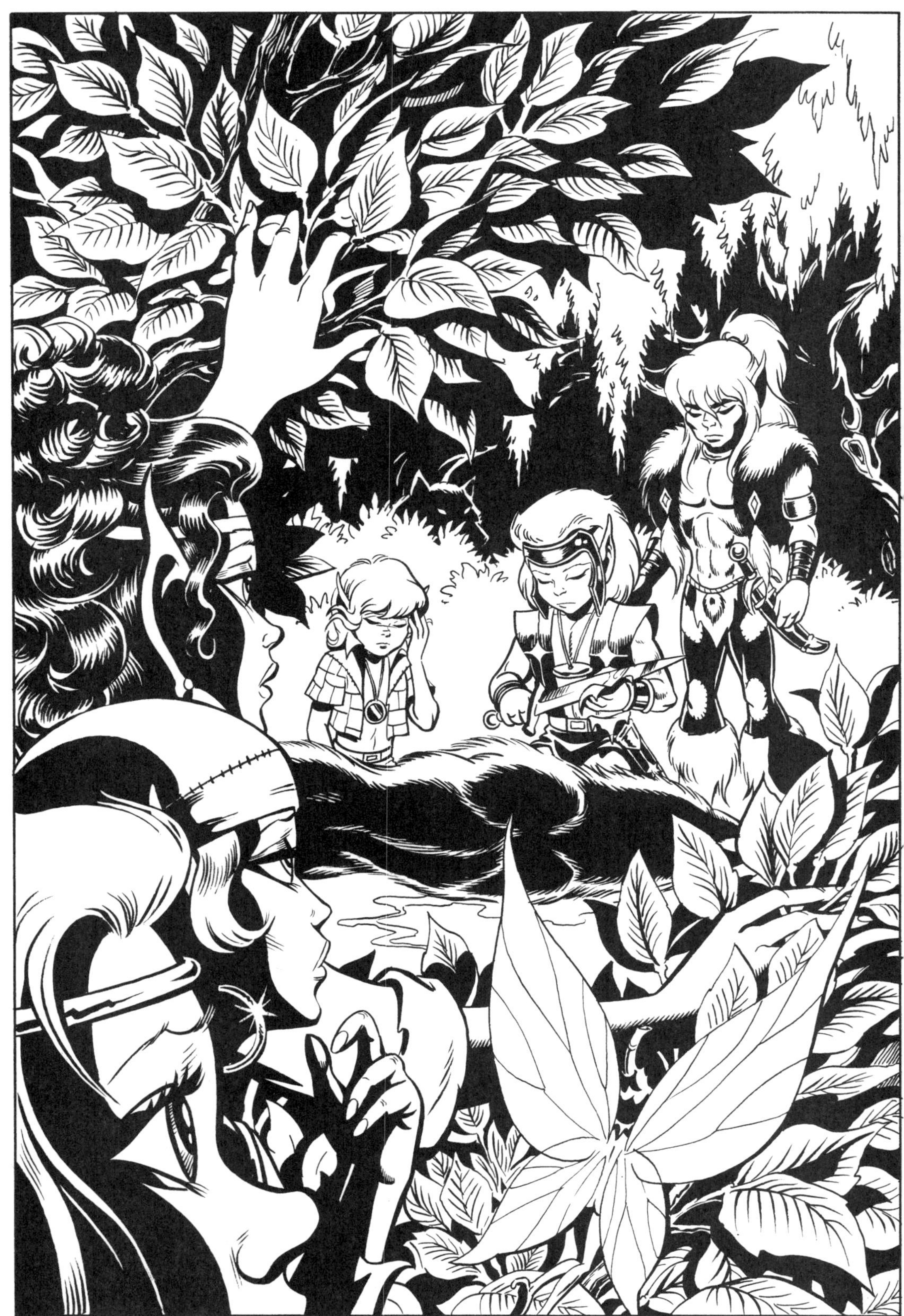

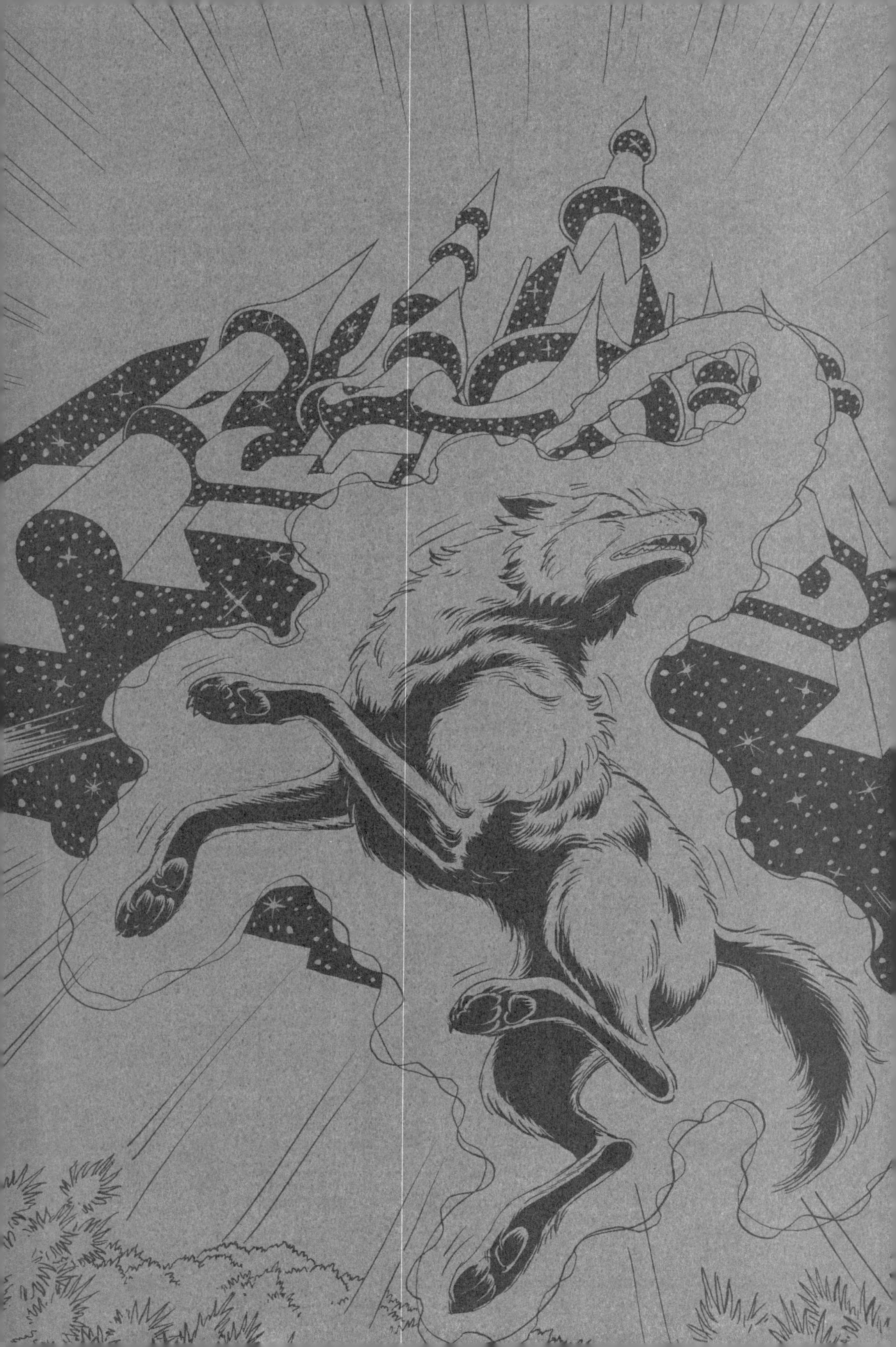

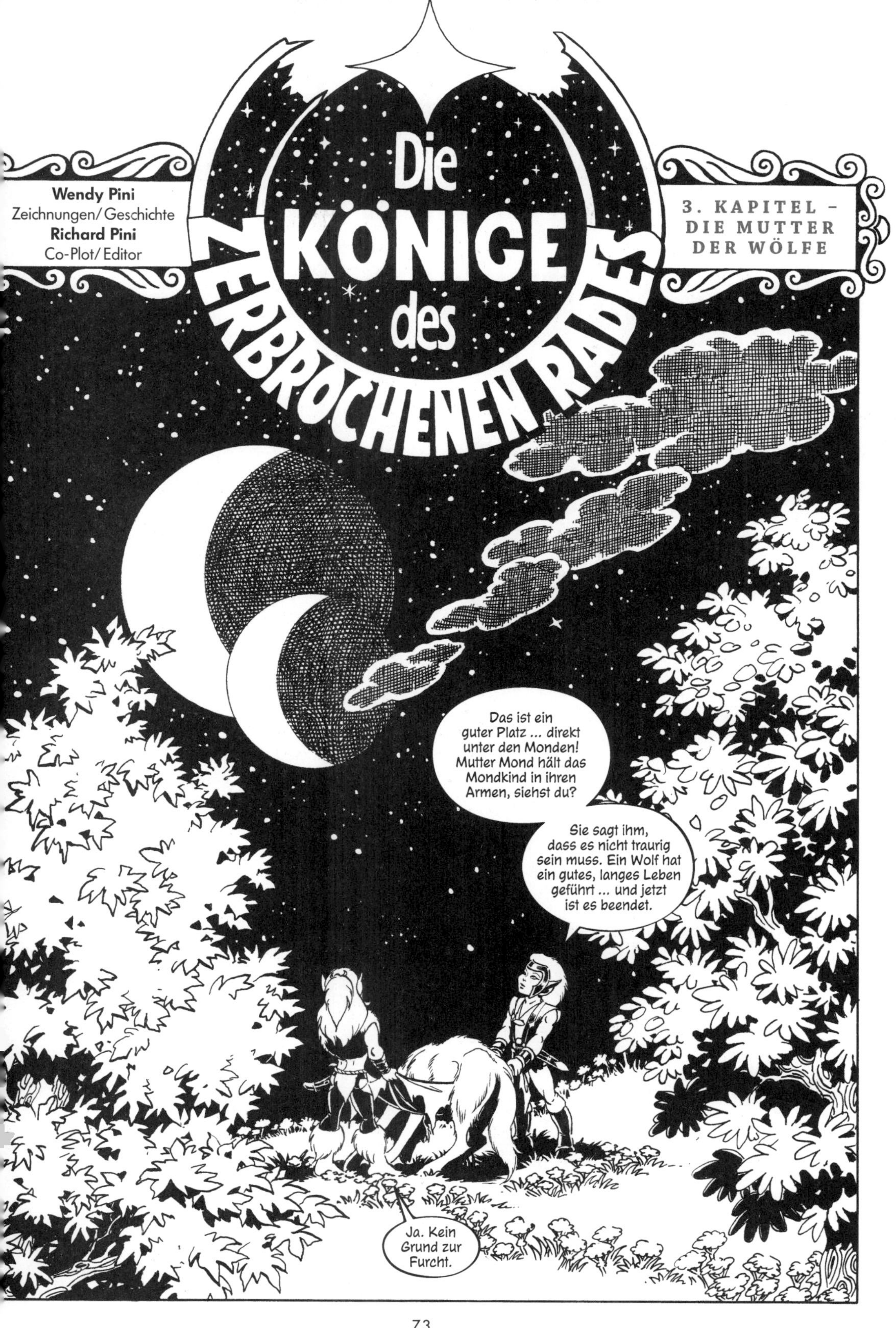
Die KÖNIGE des ZERBROCHENEN RADES
Wendy Pini
Zeichnungen/ Geschichte
Richard Pini
Co-Plot/ Editor
3. KAPITEL – DIE MUTTER DER WÖLFE
Das ist ein guter Platz ... direkt unter den Monden! Mutter Mond hält das Mondkind in ihren Armen, siehst du?
Sie sagt ihm, dass es nicht traurig sein muss. Ein Wolf hat ein gutes, langes Leben geführt ... und jetzt ist es beendet.
Ja. Kein Grund zur Furcht.

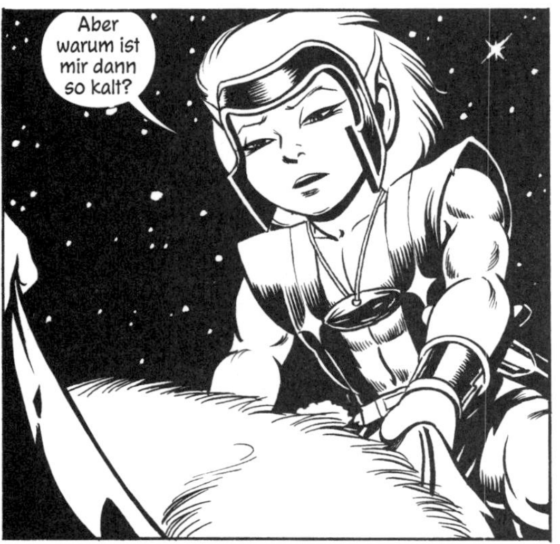
Aber warum ist mir dann so kalt?

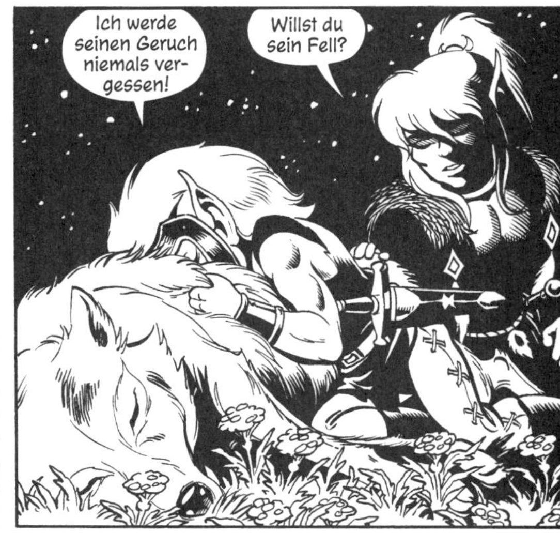
Ich werde seinen Geruch niemals vergessen!
Willst du sein Fell?

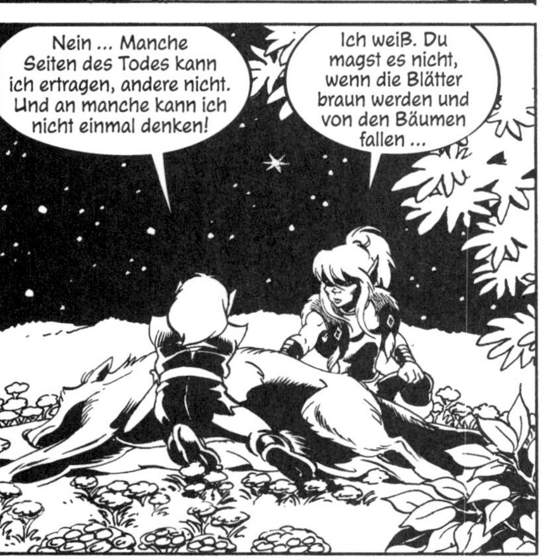
Nein ... Manche Seiten des Todes kann ich ertragen, andere nicht. Und an manche kann ich nicht einmal denken!
Ich weiß. Du magst es nicht, wenn die Blätter braun werden und von den Bäumen fallen ...

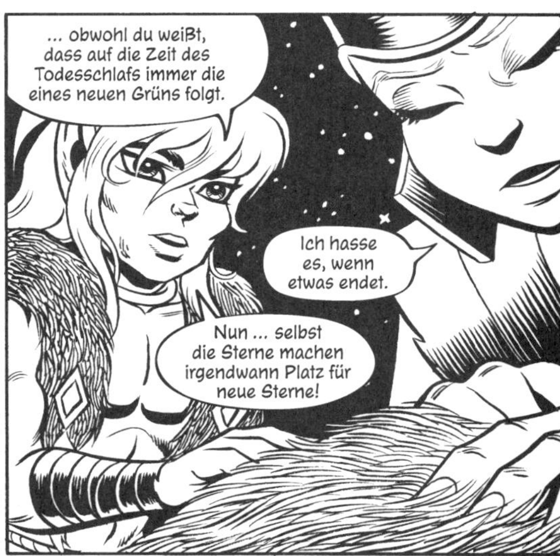
... obwohl du weißt, dass auf die Zeit des Todesschlafs immer die eines neuen Grüns folgt.
Ich hasse es, wenn etwas endet.
Nun ... selbst die Sterne machen irgendwann Platz für neue Sterne!

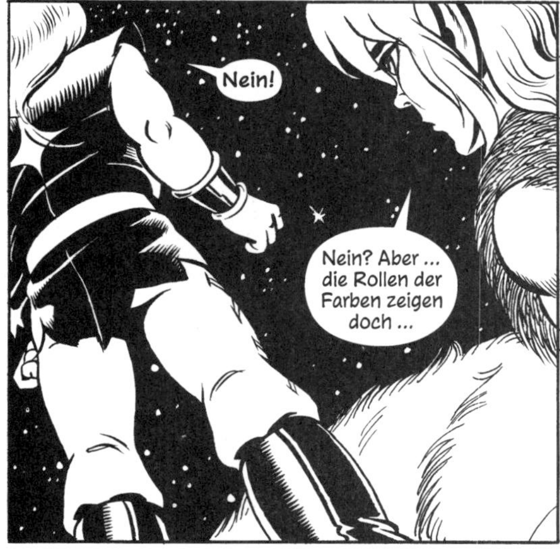
Nein!
Nein? Aber ... die Rollen der Farben zeigen doch ...

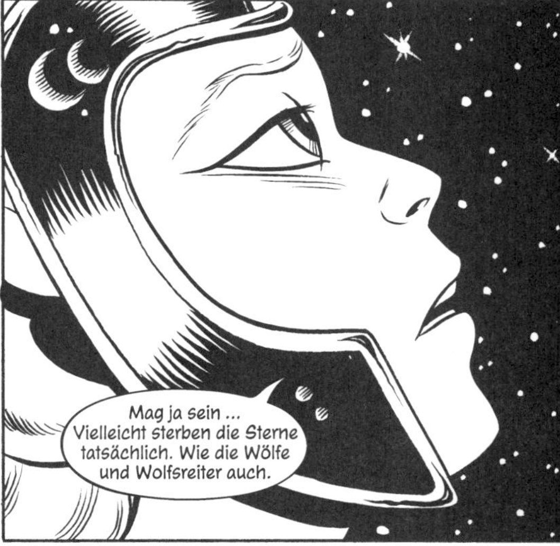
Mag ja sein ... Vielleicht sterben die Sterne tatsächlich. Wie die Wölfe und Wolfsreiter auch.

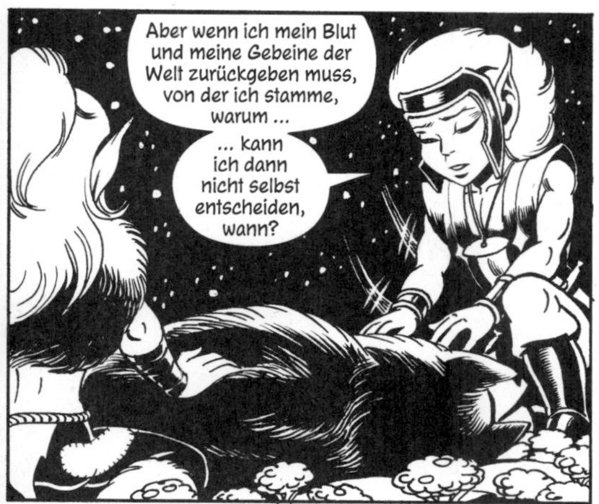

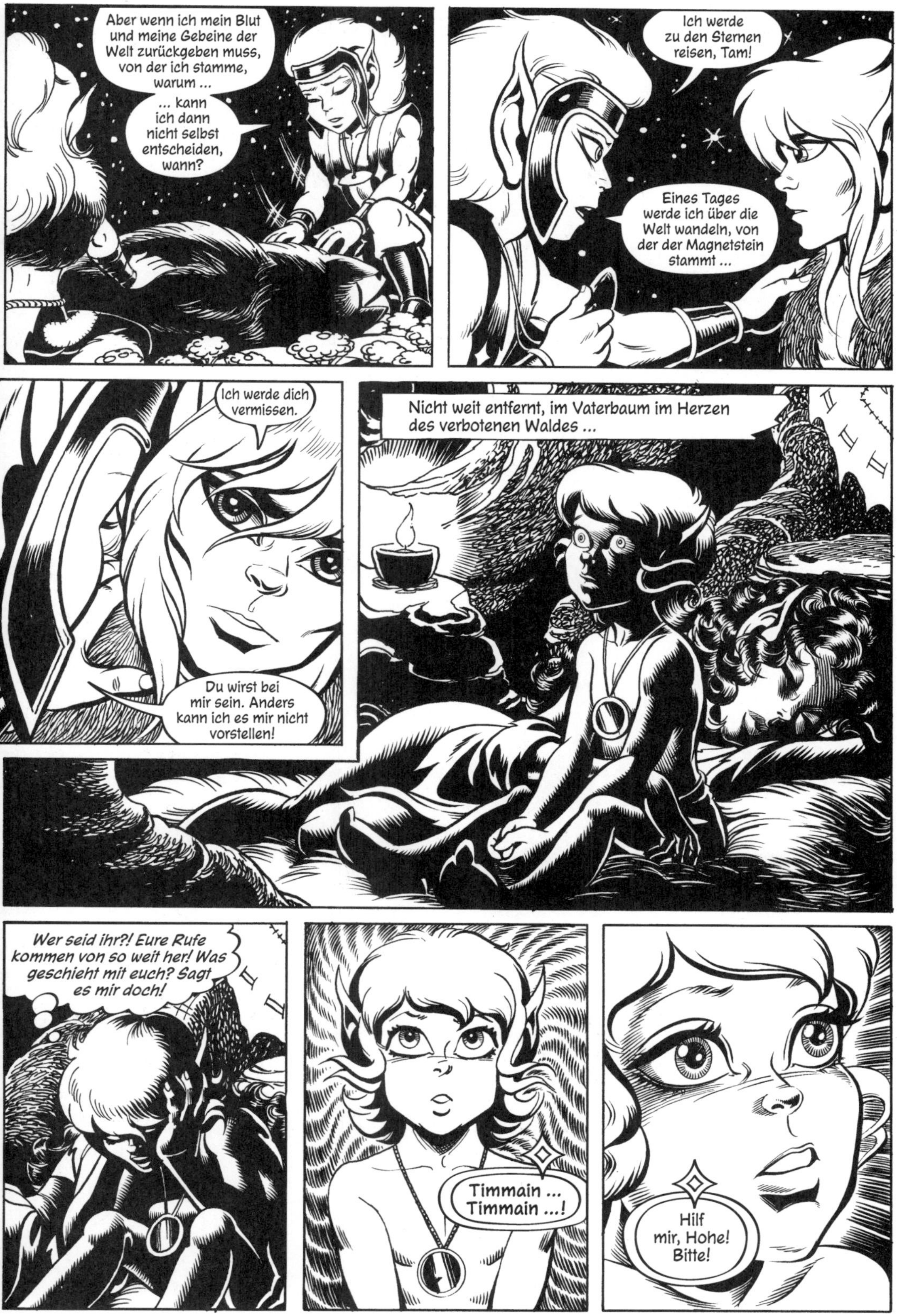

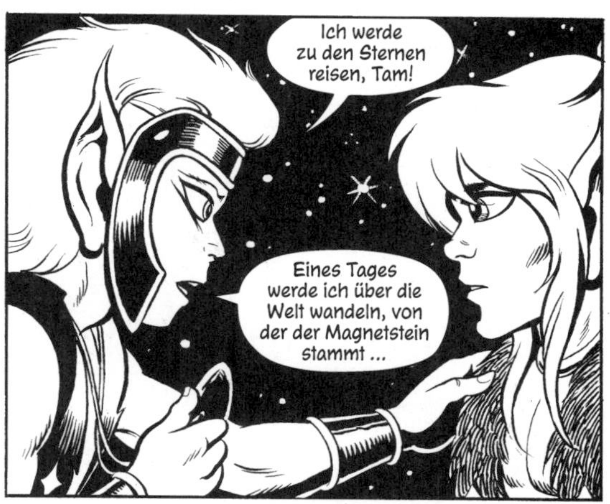

Ich werde dich vermissen.

Du wirst bei mir sein. Anders kann ich es mir nicht vorstellen!

Nicht weit entfernt, im Vaterbaum im Herzen des verbotenen Waldes ...

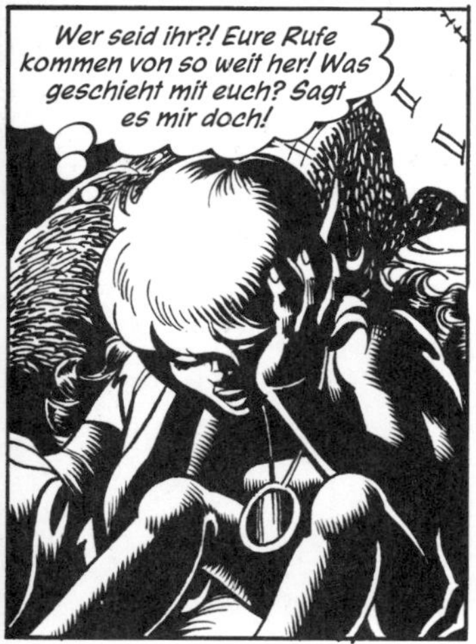

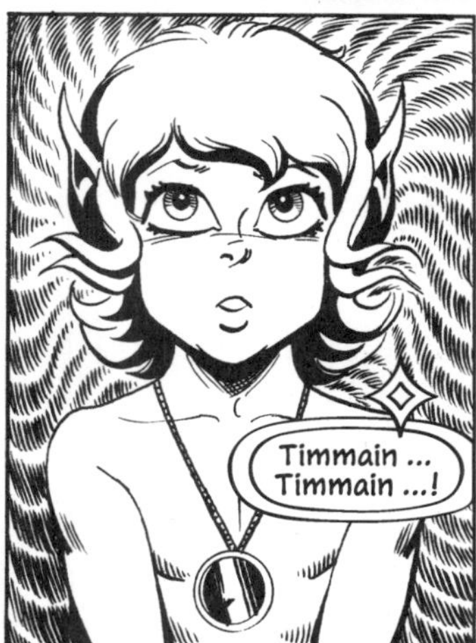

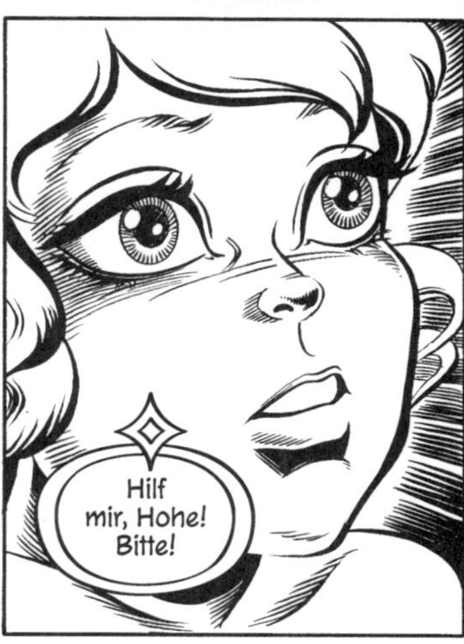

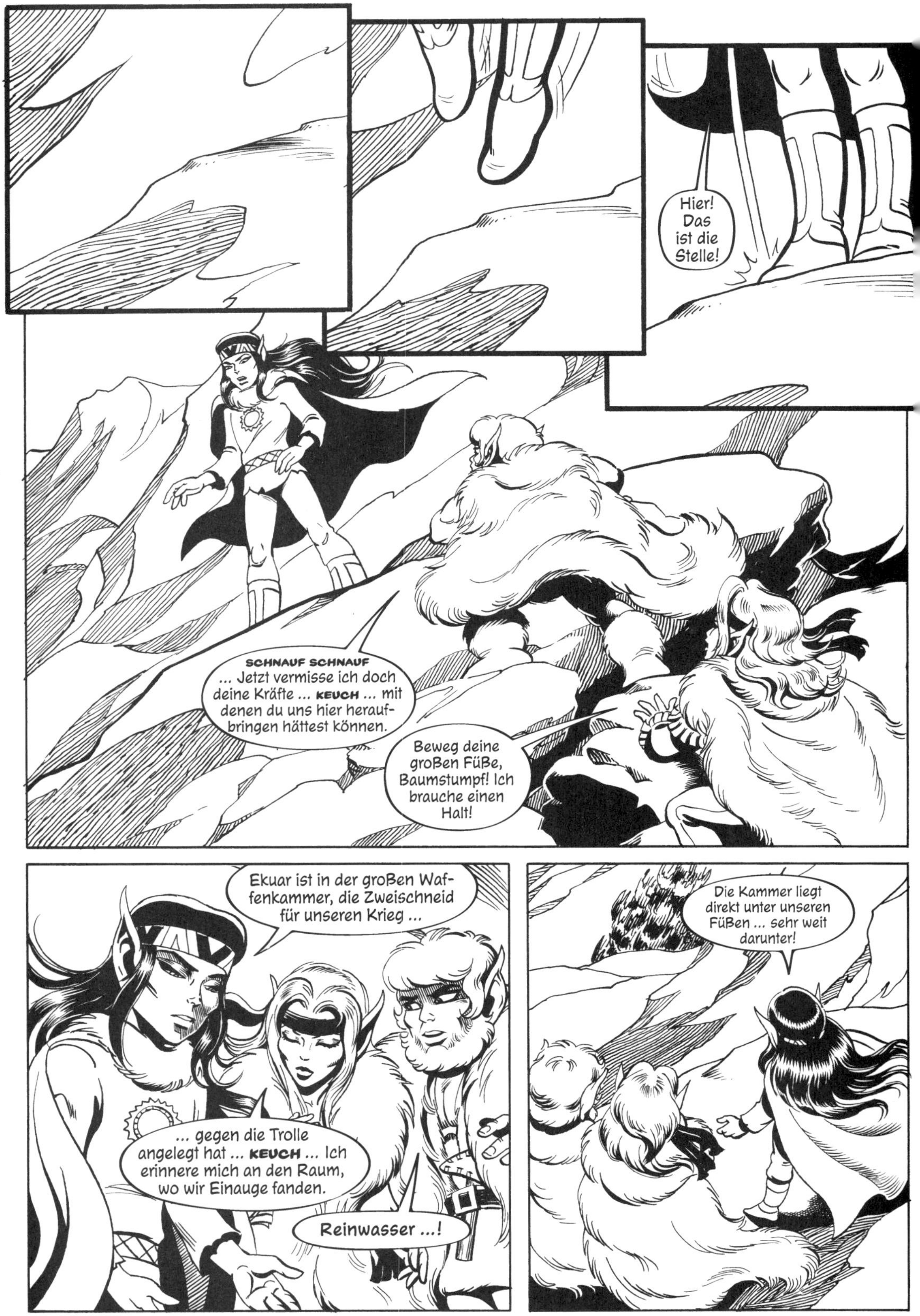

Hier! Das ist die Stelle!

SCHNAUF SCHNAUF ... Jetzt vermisse ich doch deine Kräfte ... KEUCH ... mit denen du uns hier heraufbringen hättest können.

Beweg deine groBen FüBe, Baumstumpf! Ich brauche einen Halt!

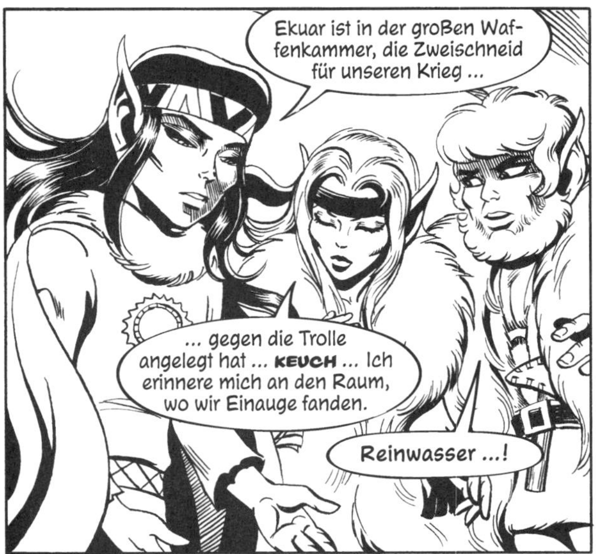

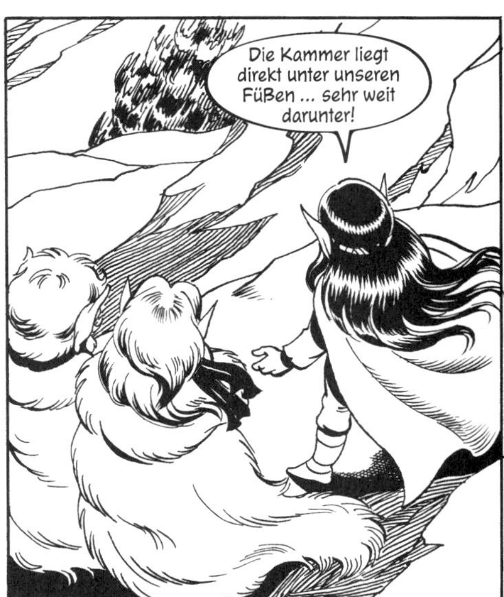

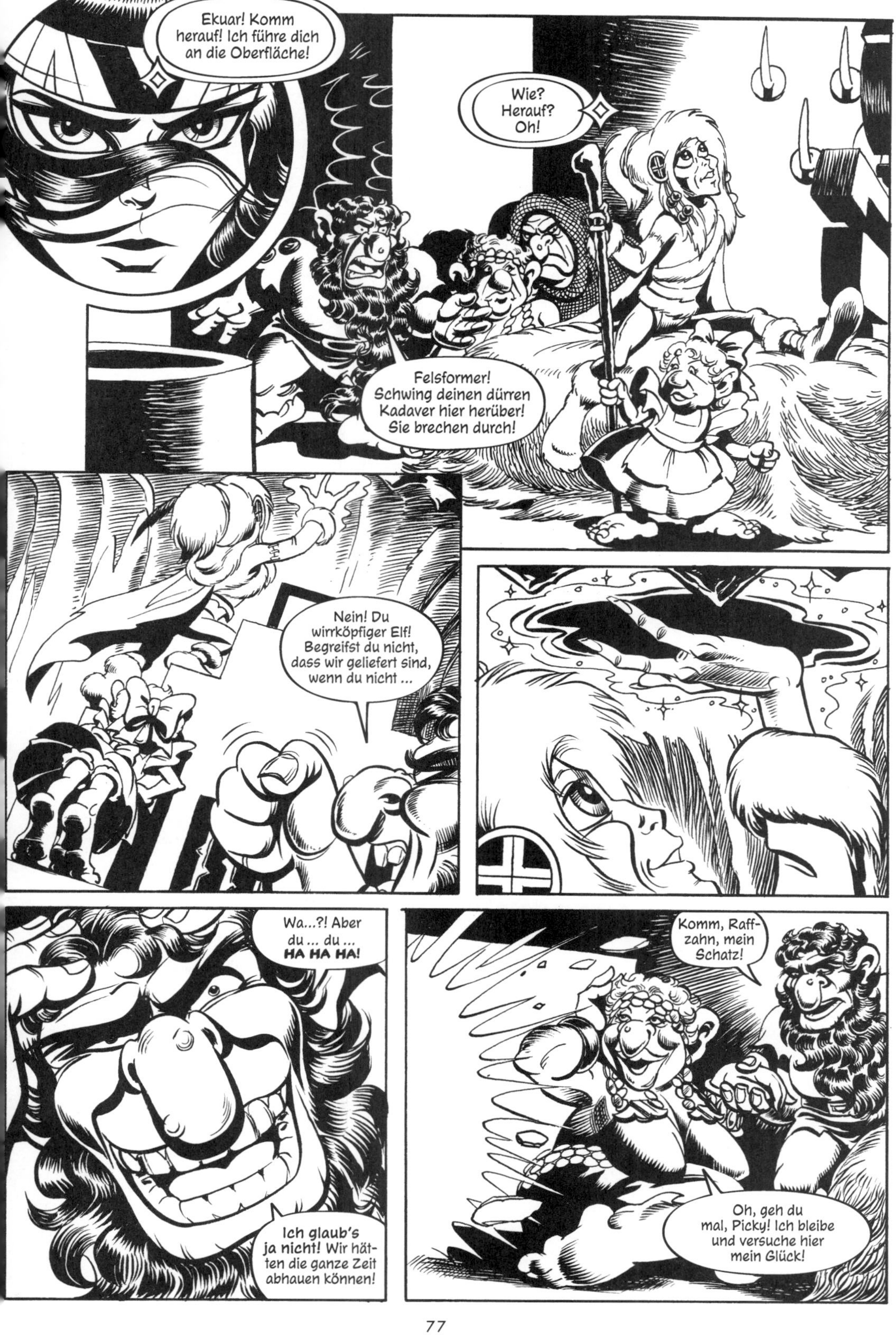

Ekuar! Komm herauf! Ich führe dich an die Oberfläche!

Wie? Herauf? Oh!

Felsformer! Schwing deinen dürren Kadaver hier herüber! Sie brechen durch!

Nein! Du wirrköpfiger Elf! Begreifst du nicht, dass wir geliefert sind, wenn du nicht ...

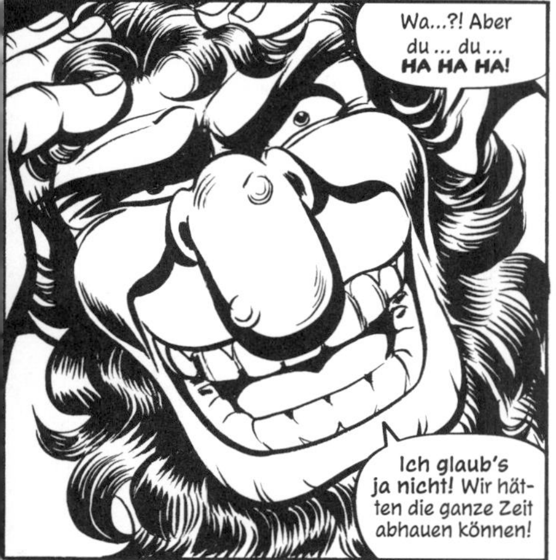

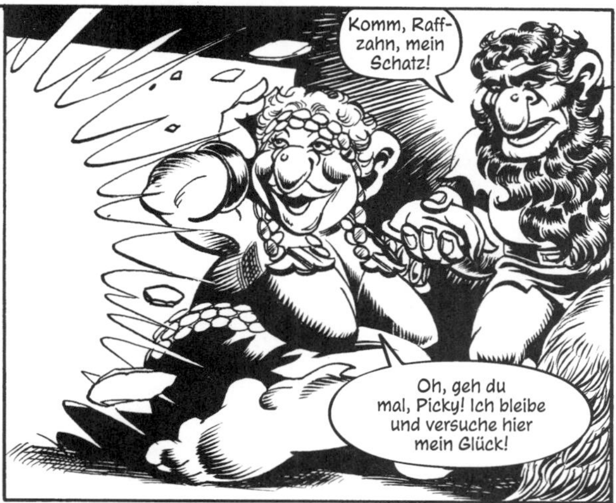

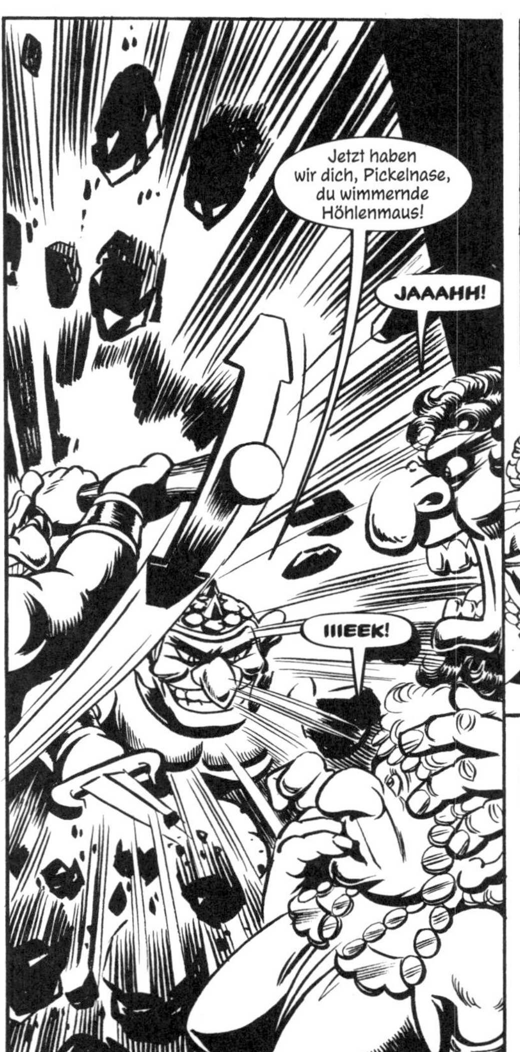
Jetzt haben wir dich, Pickelnase, du wimmernde Höhlenmaus!
JAAAHH!
IIIEEK!

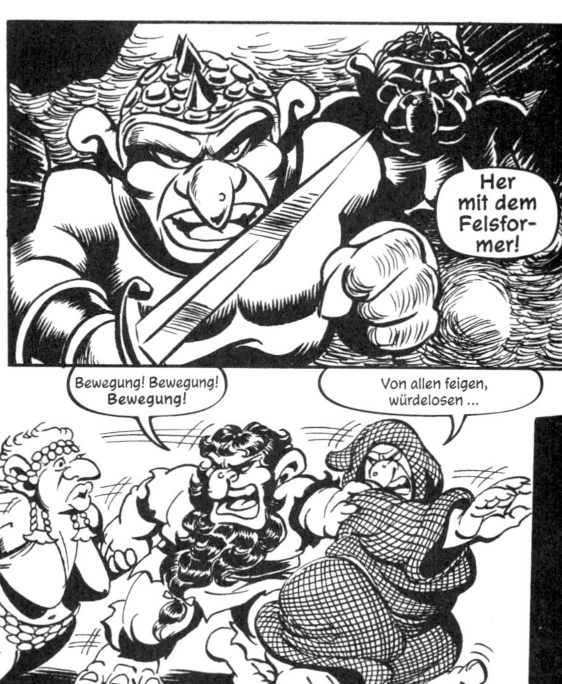
Her mit dem Felsfor-mer!
Bewegung! Bewegung! Bewegung!
Von allen feigen, würdelosen ...

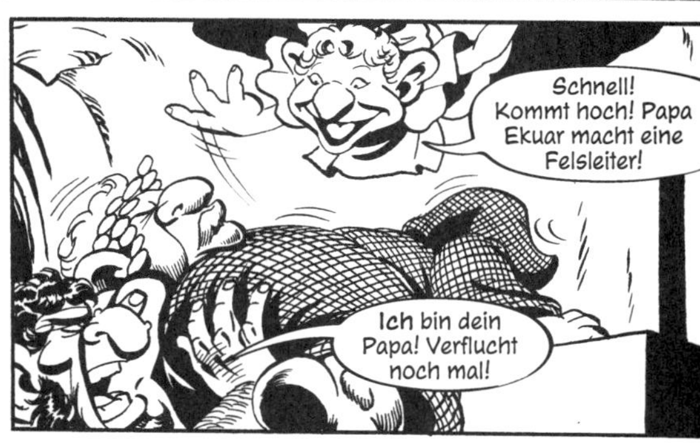
Schnell! Kommt hoch! Papa Ekuar macht eine Felsleiter!
Ich bin dein Papa! Verflucht noch mal!

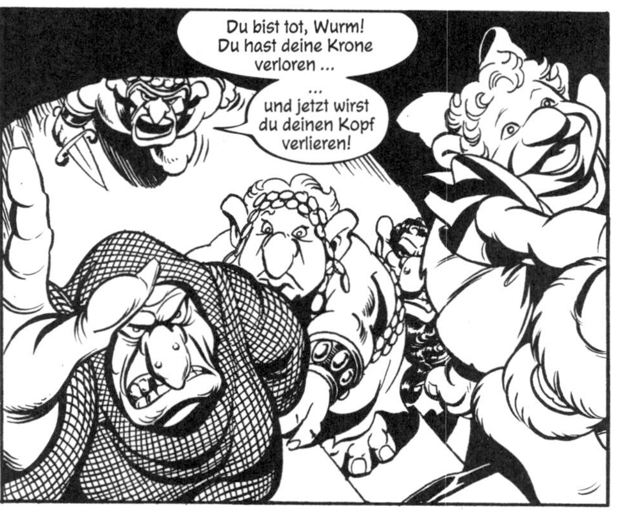
Du bist tot, Wurm! Du hast deine Krone verloren ...
... und jetzt wirst du deinen Kopf verlieren!

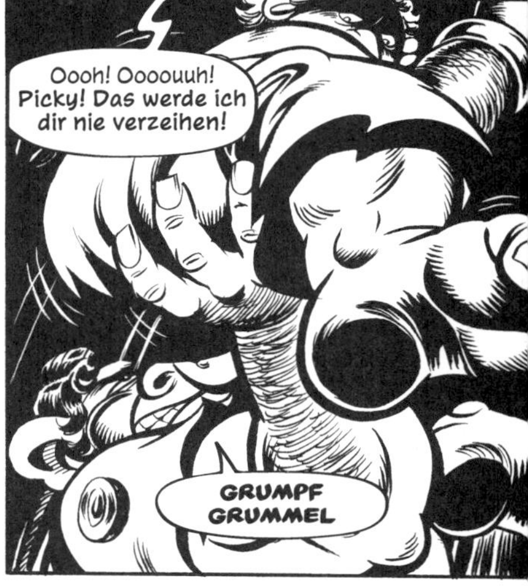
Oooh! Ooooouuh! Picky! Das werde ich dir nie verzeihen!
GRUMPF GRUMMEL

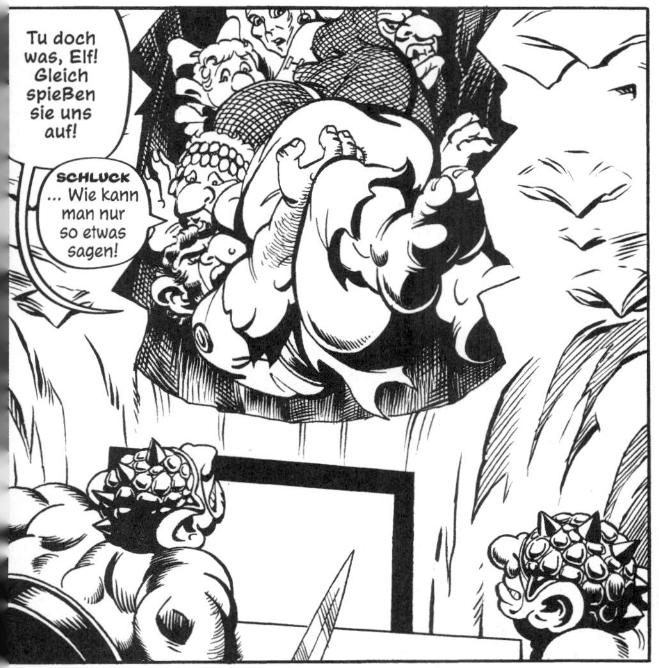
Tu doch was, Elf! Gleich spieBen sie uns auf!
SCHLUCK ... Wie kann man nur so etwas sagen!

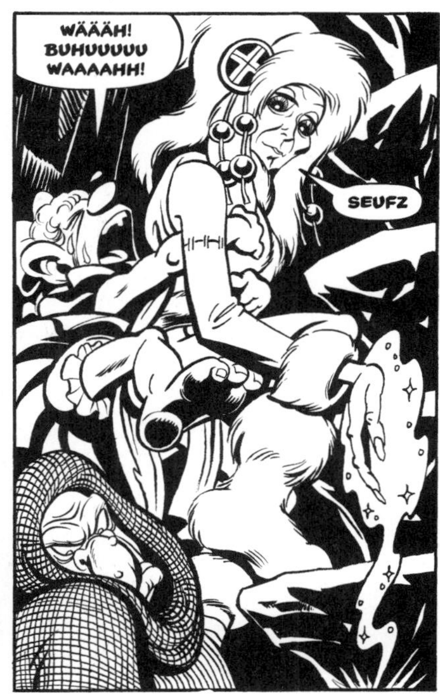
WÄÄÄH! BUHUUUUU WAAAAHH!
SEUFZ

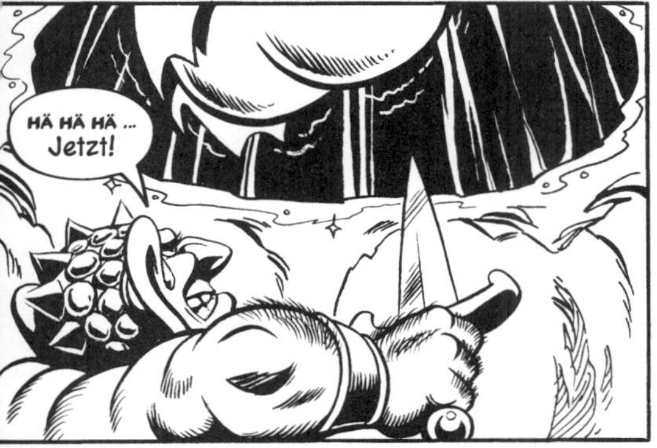
HÄ HÄ HÄ ... Jetzt!

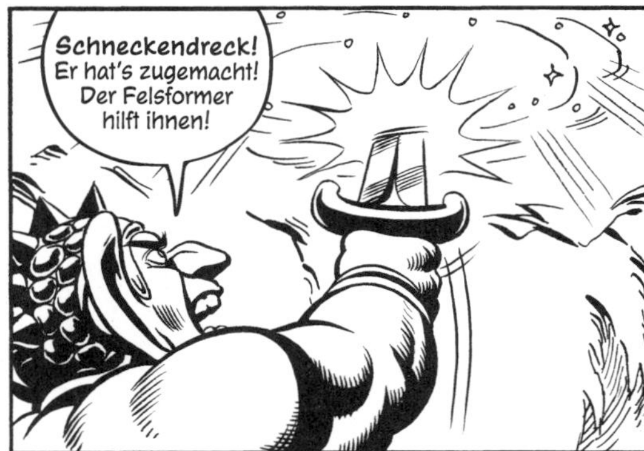
Schneckendreck! Er hat's zugemacht! Der Felsformer hilft ihnen!

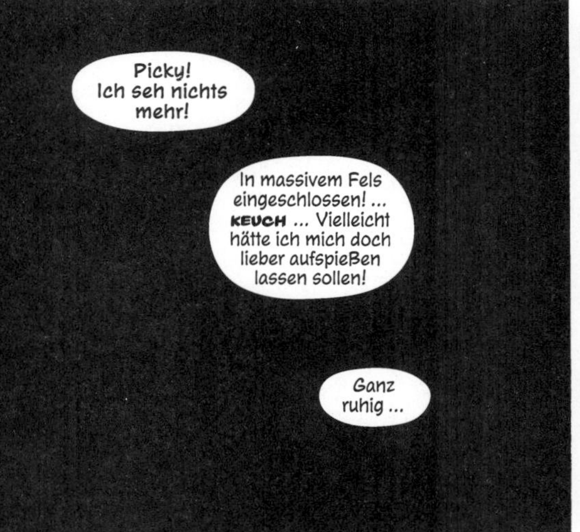
Picky! Ich seh nichts mehr!
In massivem Fels eingeschlossen! ... KEUCH ... Vielleicht hätte ich mich doch lieber aufspieBen lassen sollen!
Ganz ruhig ...

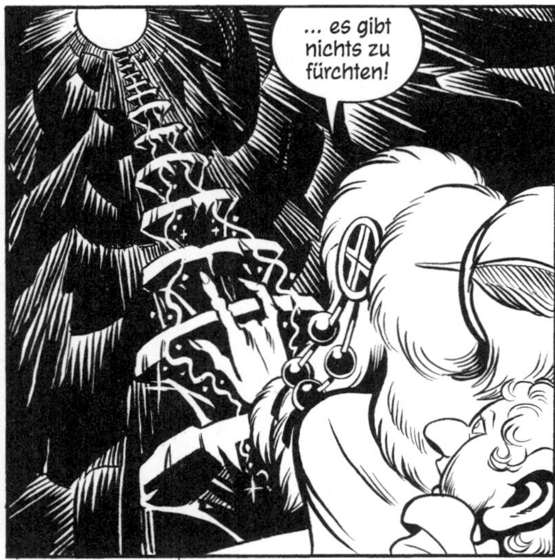
... es gibt nichts zu fürchten!

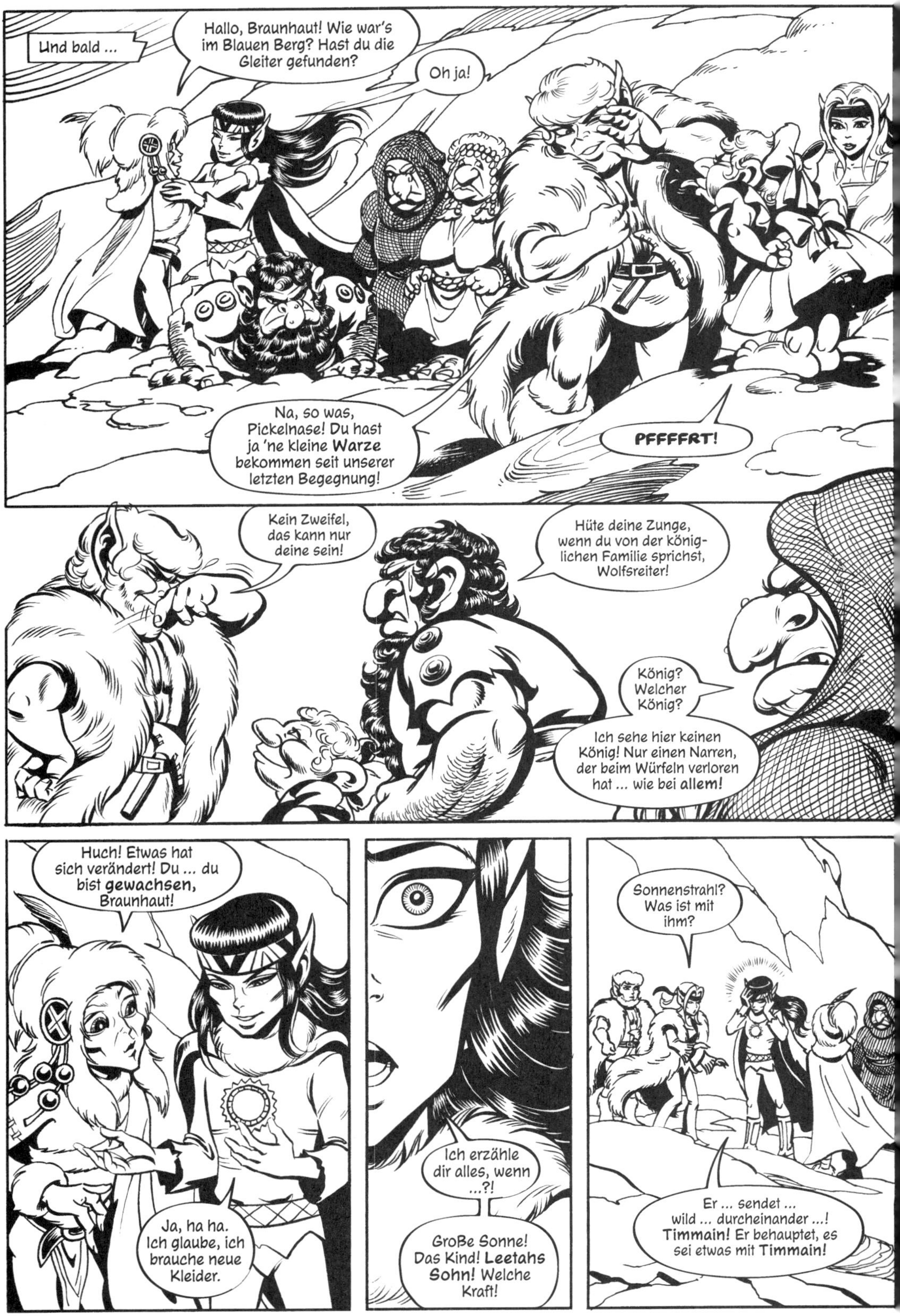

Und bald ...

Hallo, Braunhaut! Wie war's im Blauen Berg? Hast du die Gleiter gefunden?

Oh ja!

Na, so was, Pickelnase! Du hast ja 'ne kleine **Warze** bekommen seit unserer letzten Begegnung!

PFFFFRT!

Kein Zweifel, das kann nur deine sein!

Hüte deine Zunge, wenn du von der königlichen Familie sprichst, Wolfsreiter!

König? Welcher König?

Ich sehe hier keinen König! Nur einen Narren, der beim Würfeln verloren hat ... wie bei **allem!**

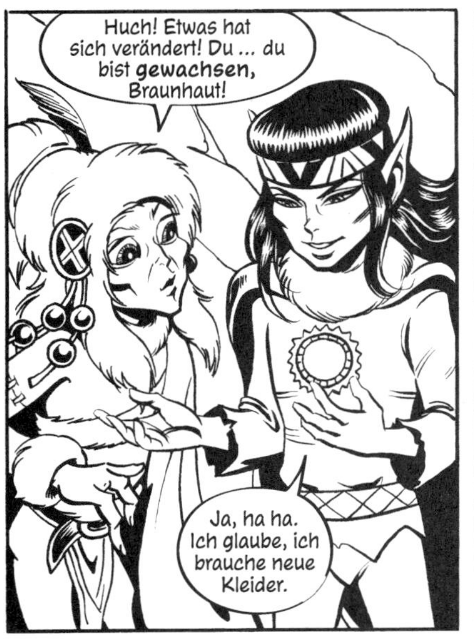

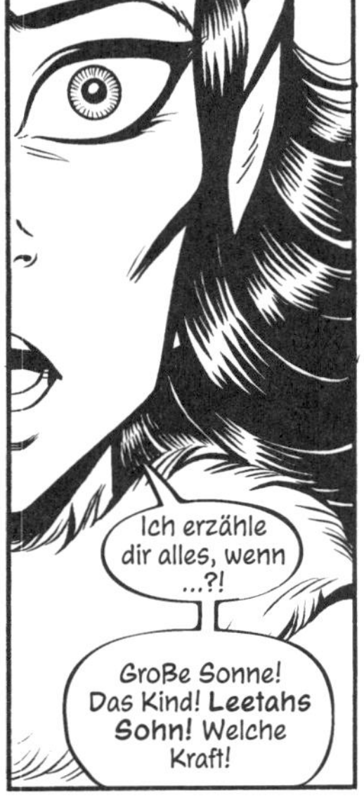

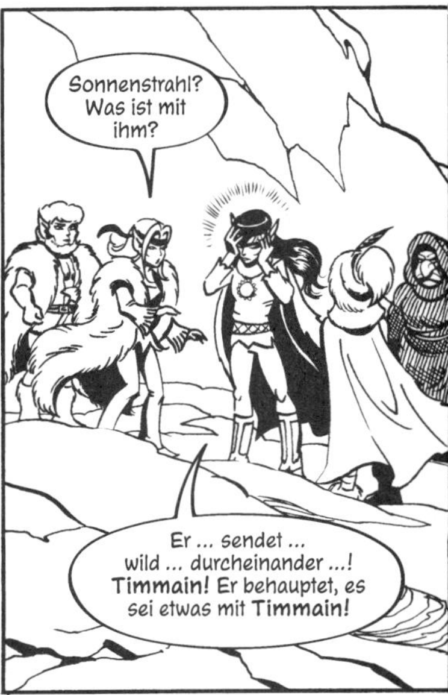

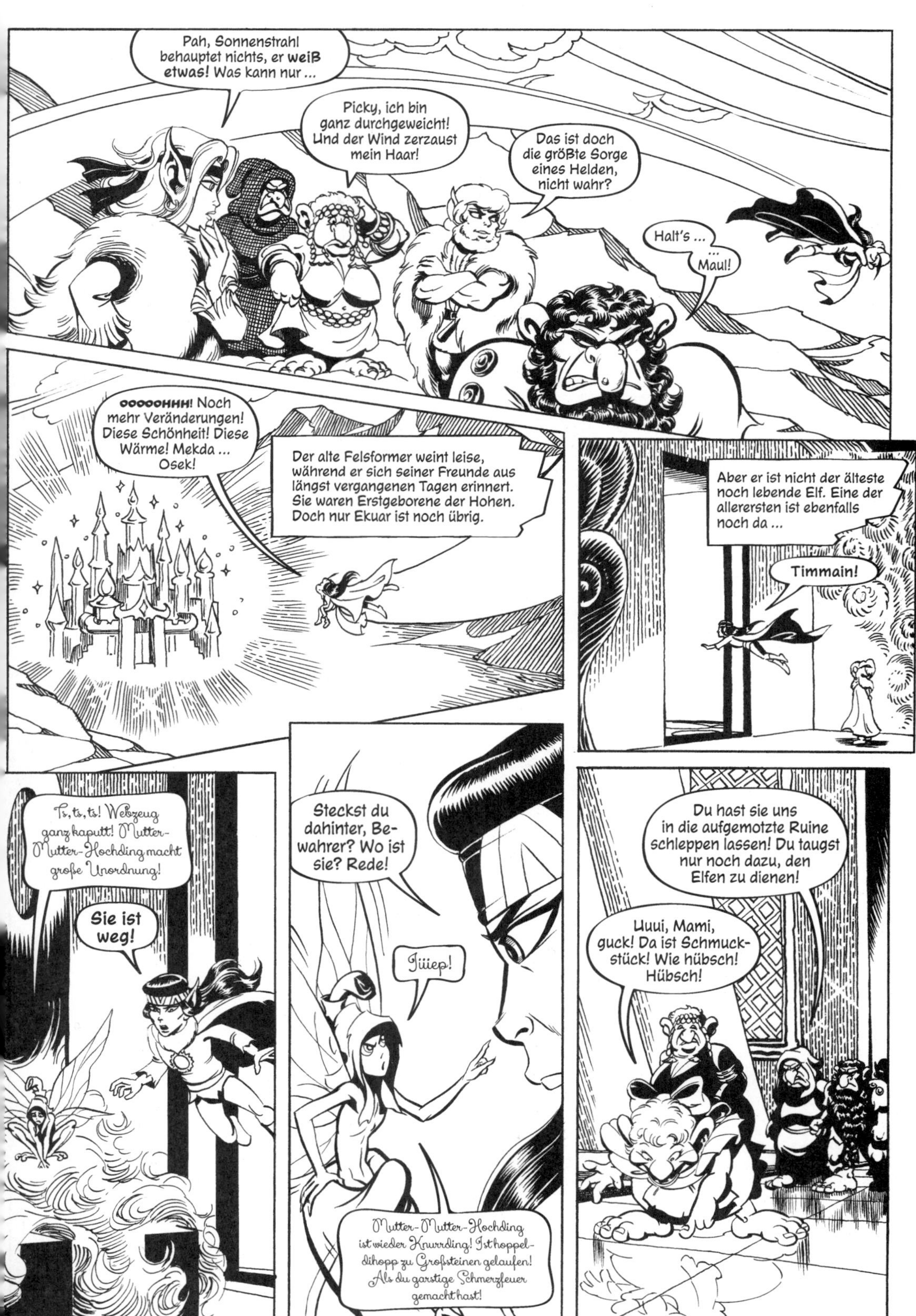
Pah, Sonnenstrahl behauptet nichts, er **weiß** etwas! Was kann nur ...
Picky, ich bin ganz durchgeweicht! Und der Wind zerzaust mein Haar!
Das ist doch die größte Sorge eines Helden, nicht wahr?
Halt's ... ... Maul!
OOOOOHHH! Noch mehr Veränderungen! Diese Schönheit! Diese Wärme! Mekda ... Osek!
Der alte Felsformer weint leise, während er sich seiner Freunde aus längst vergangenen Tagen erinnert. Sie waren Erstgeborene der Hohen. Doch nur Ekuar ist noch übrig.
Aber er ist nicht der älteste noch lebende Elf. Eine der allerersten ist ebenfalls noch da ...
Timmain!
Ts, ts, ts! Webzeug ganz kaputt! Mutter-Mutter-Hochding macht große Unordnung!
Sie ist weg!
Steckst du dahinter, Bewahrer? Wo ist sie? Rede!
Jiiiep!
Mutter-Mutter-Hochding ist wieder Knurrding! Ist hoppeldihopp zu Großsteinen gelaufen! Als du garstige Schmerzfeuer gemacht hast!
Du hast sie uns in die aufgemotzte Ruine schleppen lassen! Du taugst nur noch dazu, den Elfen zu dienen!
Uuui, Mami, guck! Da ist Schmuckstück! Wie hübsch! Hübsch!

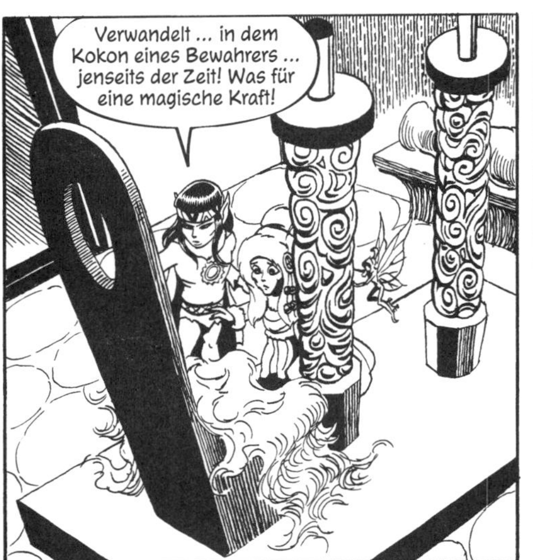
Verwandelt ... in dem Kokon eines Bewahrers ... jenseits der Zeit! Was für eine magische Kraft!

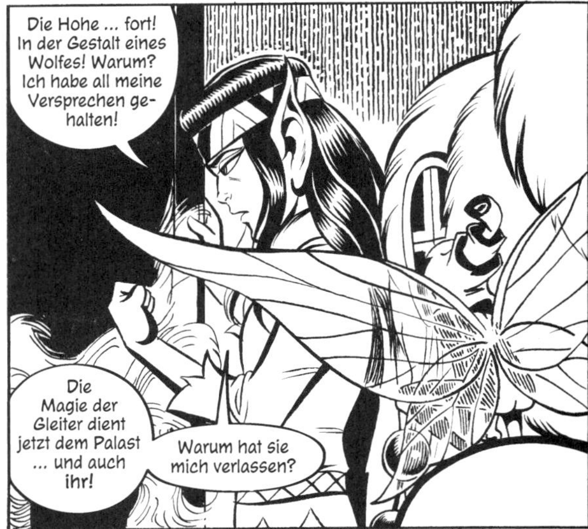
Die Hohe ... fort! In der Gestalt eines Wolfes! Warum? Ich habe all meine Versprechen gehalten!
Die Magie der Gleiter dient jetzt dem Palast ... und auch ihr!
Warum hat sie mich verlassen?

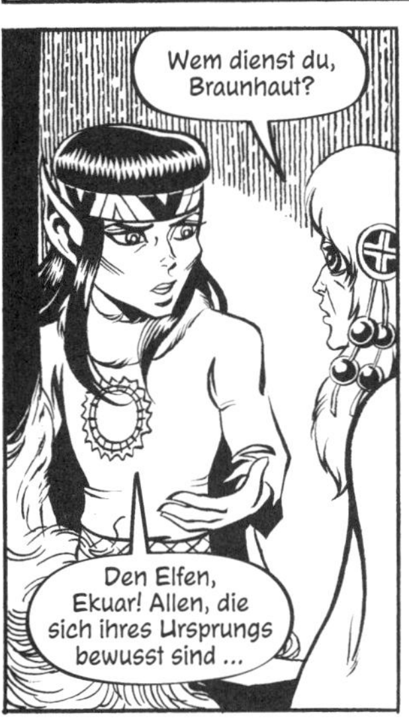
Wem dienst du, Braunhaut?
Den Elfen, Ekuar! Allen, die sich ihres Ursprungs bewusst sind ...

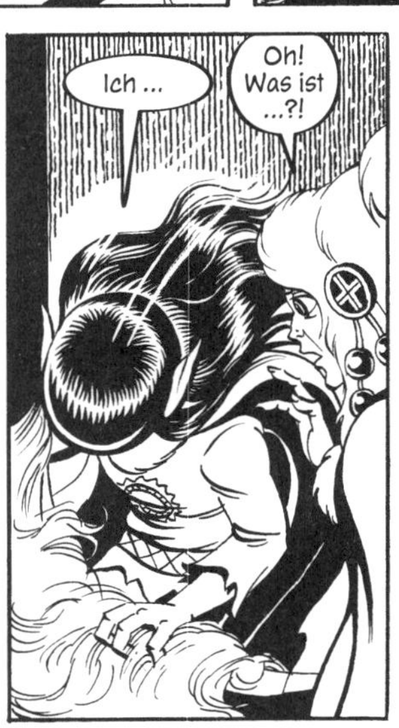
Ich ...
Oh! Was ist ...?!

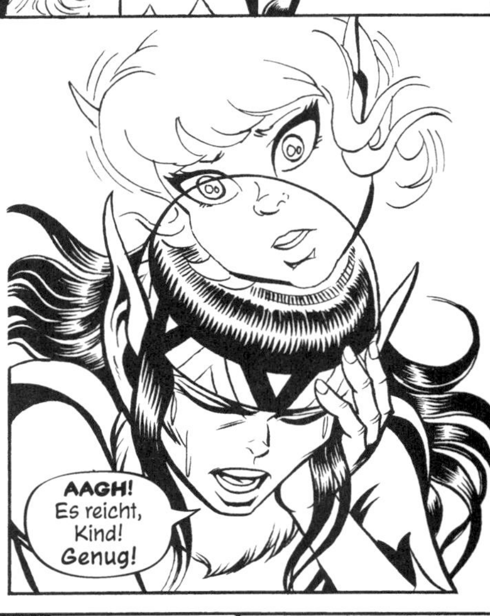
AAGH! Es reicht, Kind! Genug!

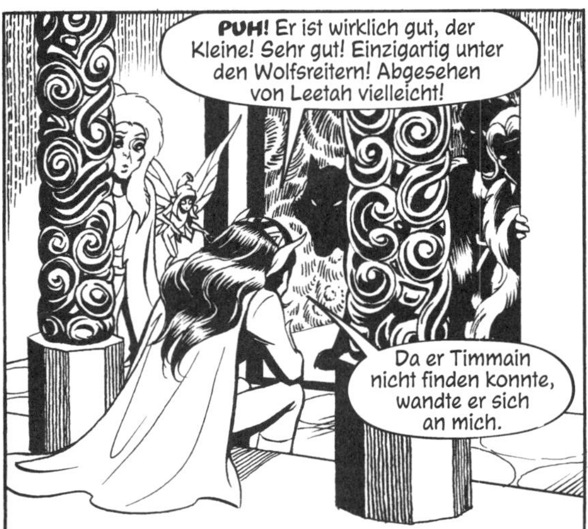
PUH! Er ist wirklich gut, der Kleine! Sehr gut! Einzigartig unter den Wolfsreitern! Abgesehen von Leetah vielleicht!
Da er Timmain nicht finden konnte, wandte er sich an mich.

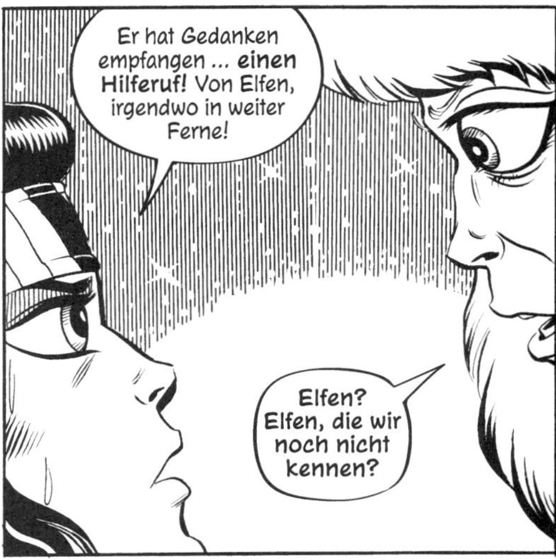
Er hat Gedanken empfangen ... einen Hilferuf! Von Elfen, irgendwo in weiter Ferne!
Elfen? Elfen, die wir noch nicht kennen?

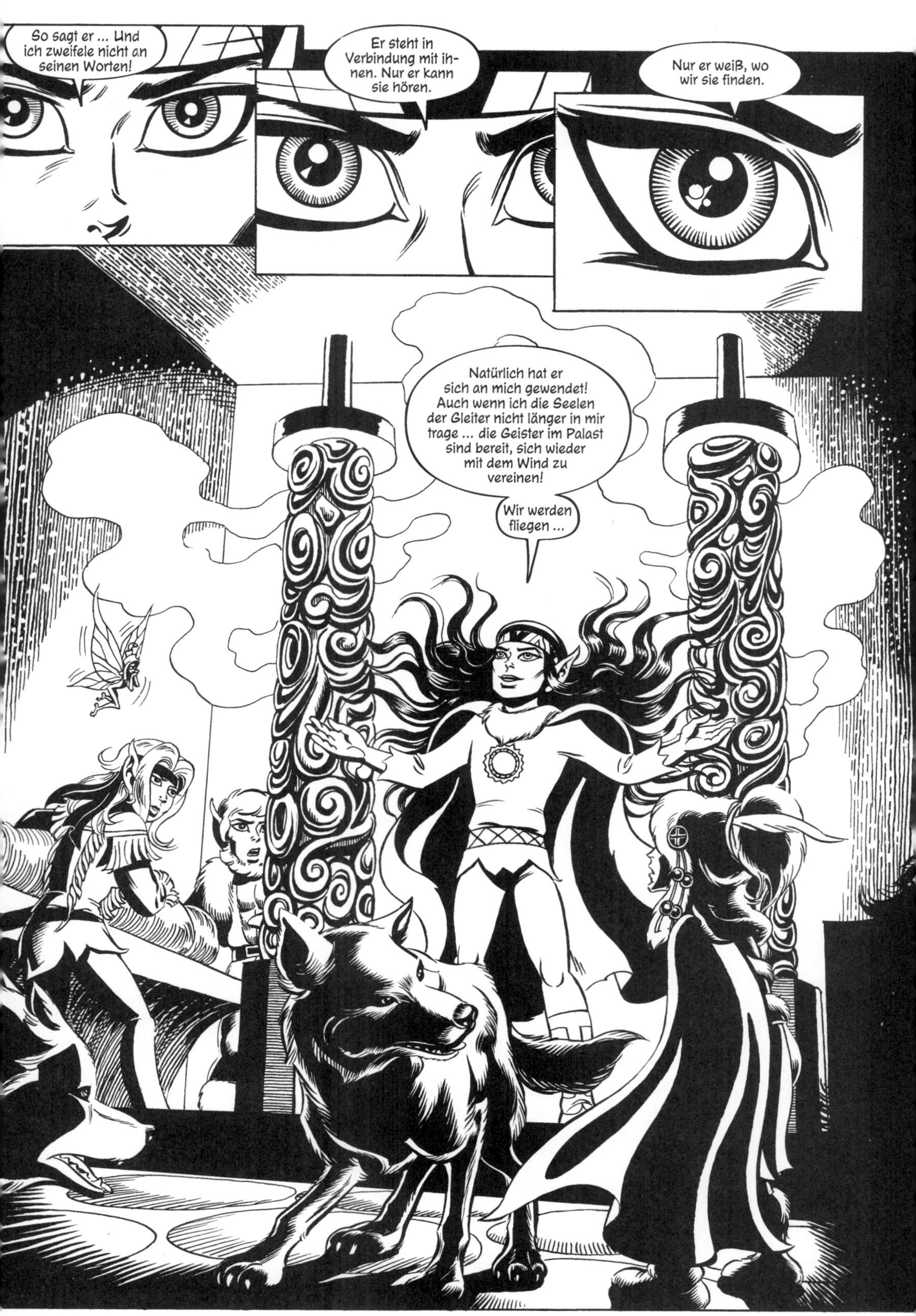
So sagt er ... Und ich zweifele nicht an seinen Worten!
Er steht in Verbindung mit ihnen. Nur er kann sie hören.
Nur er weiß, wo wir sie finden.
Natürlich hat er sich an mich gewendet! Auch wenn ich die Seelen der Gleiter nicht länger in mir trage ... die Geister im Palast sind bereit, sich wieder mit dem Wind zu vereinen!
Wir werden fliegen ...

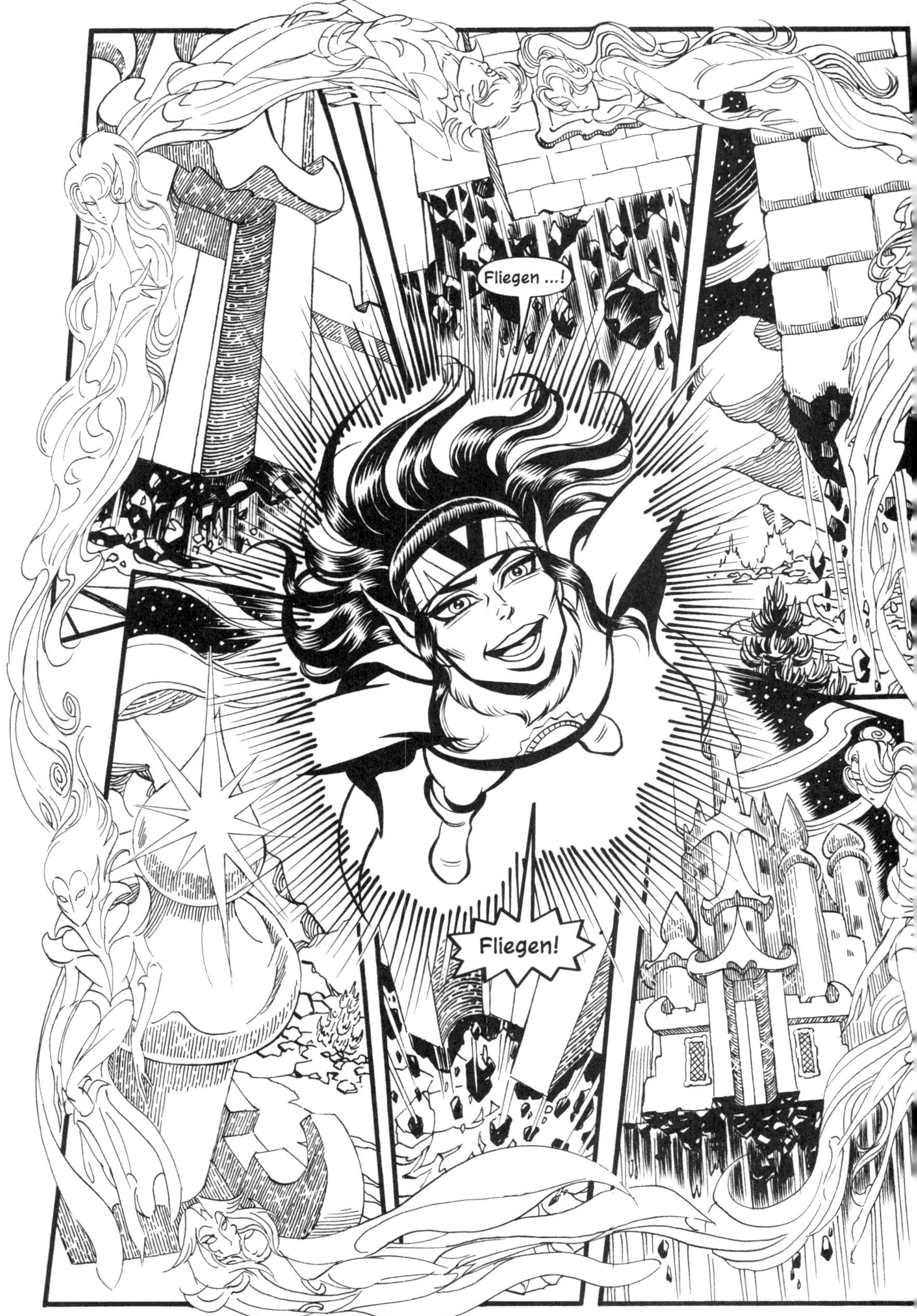
Fliegen ...!
Fliegen!

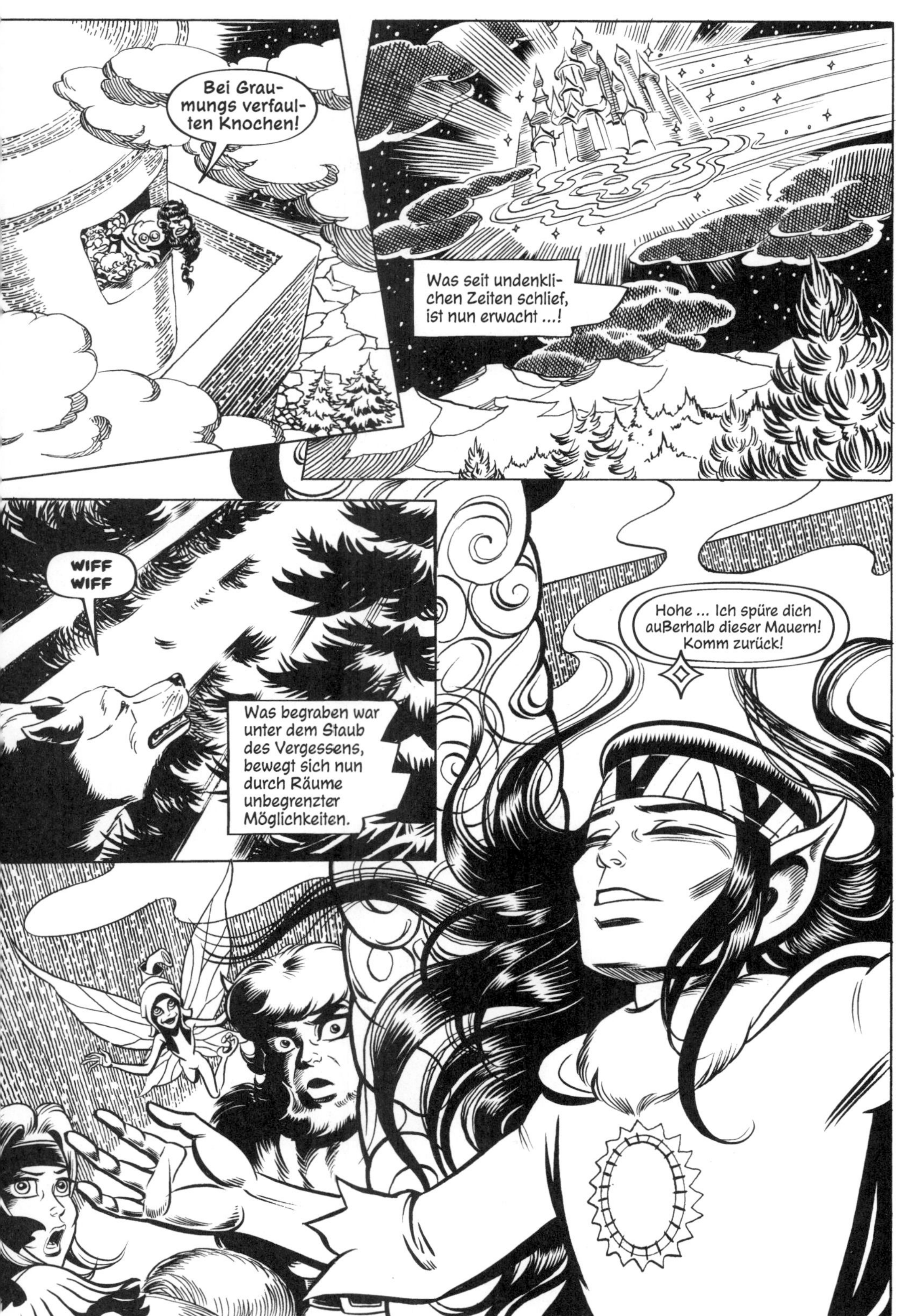
Bei Graumungs verfaulten Knochen!
Was seit undenklichen Zeiten schlief, ist nun erwacht ...!
WIFF WIFF
Was begraben war unter dem Staub des Vergessens, bewegt sich nun durch Räume unbegrenzter Möglichkeiten.
Hohe ... Ich spüre dich außerhalb dieser Mauern! Komm zurück!

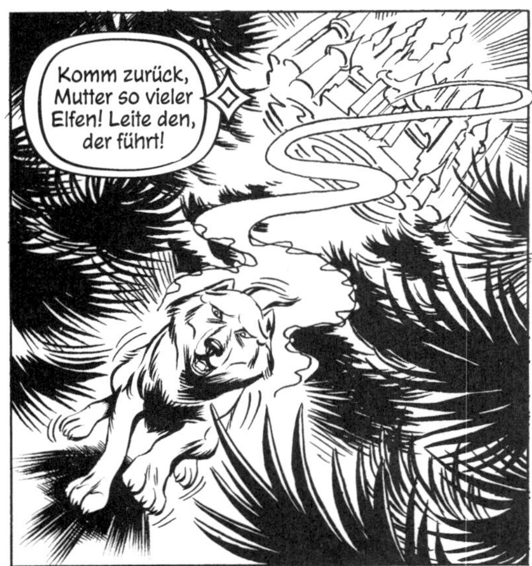
Komm zurück, Mutter so vieler Elfen! Leite den, der führt!

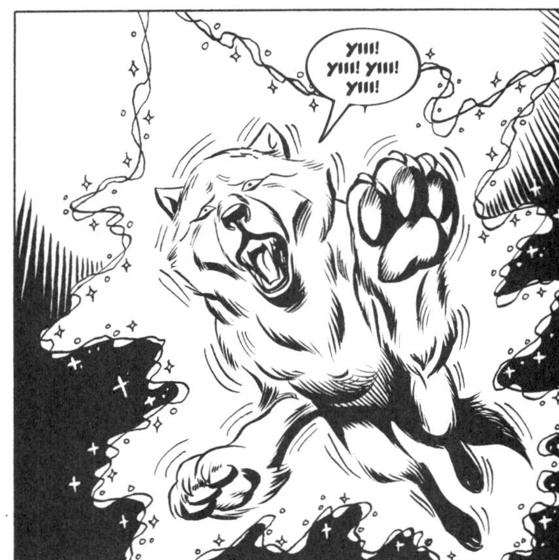
YIII! YIII! YIII! YIII!

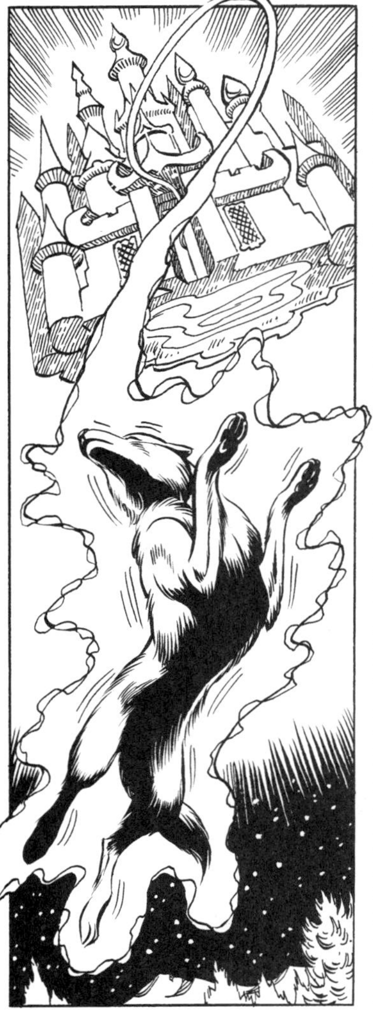

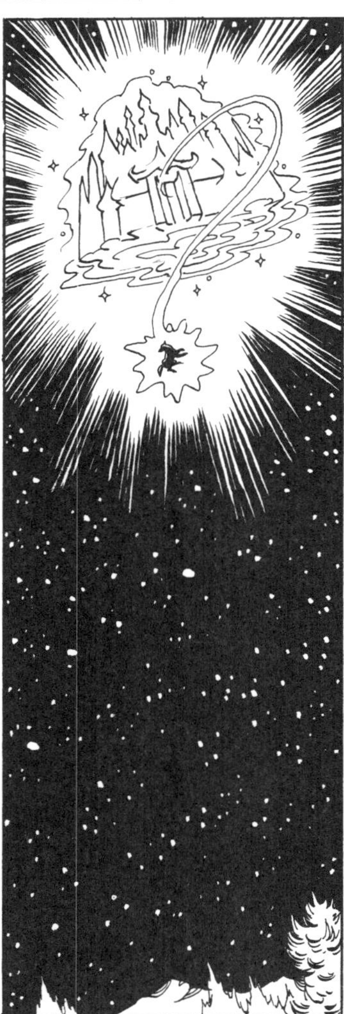

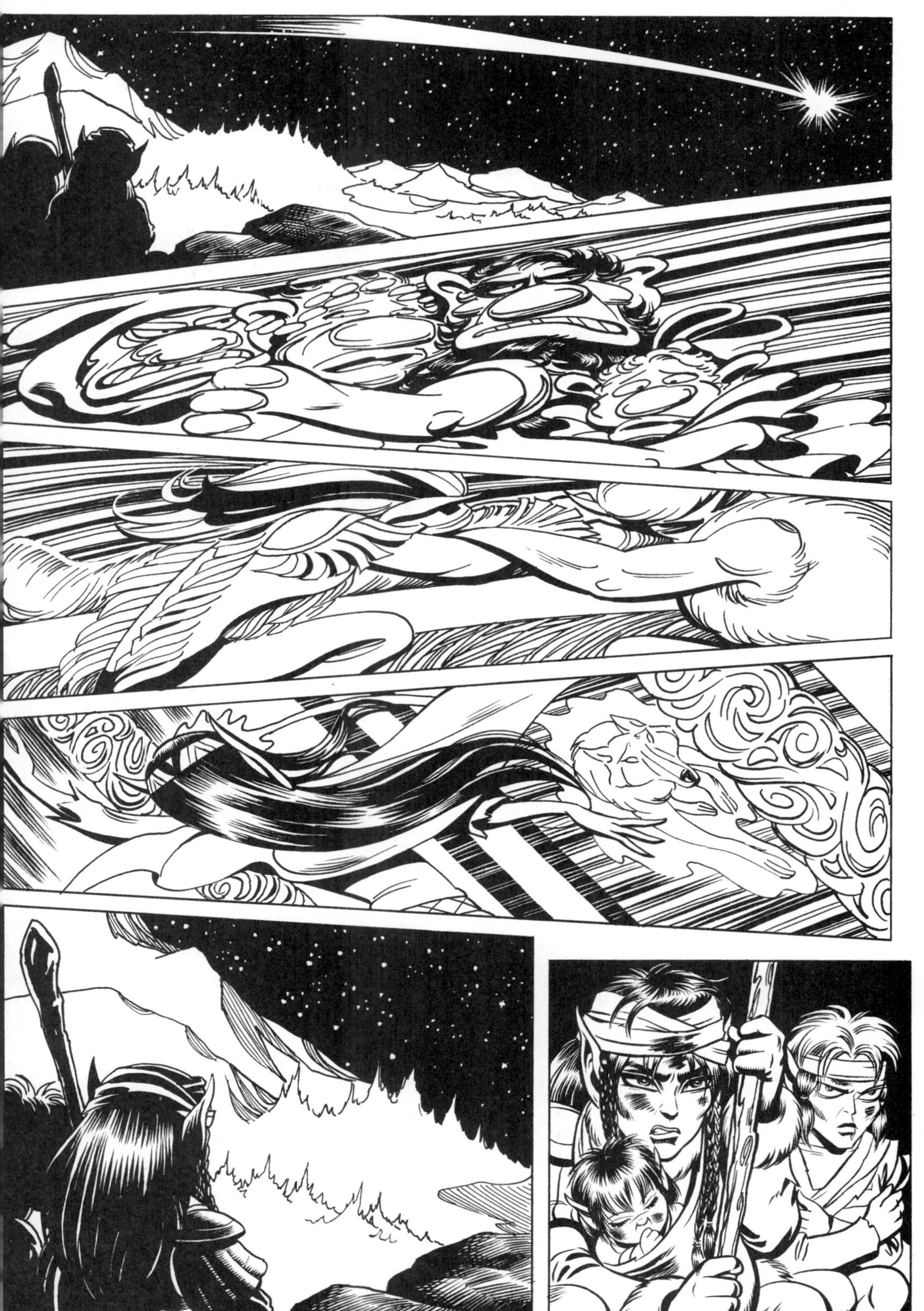

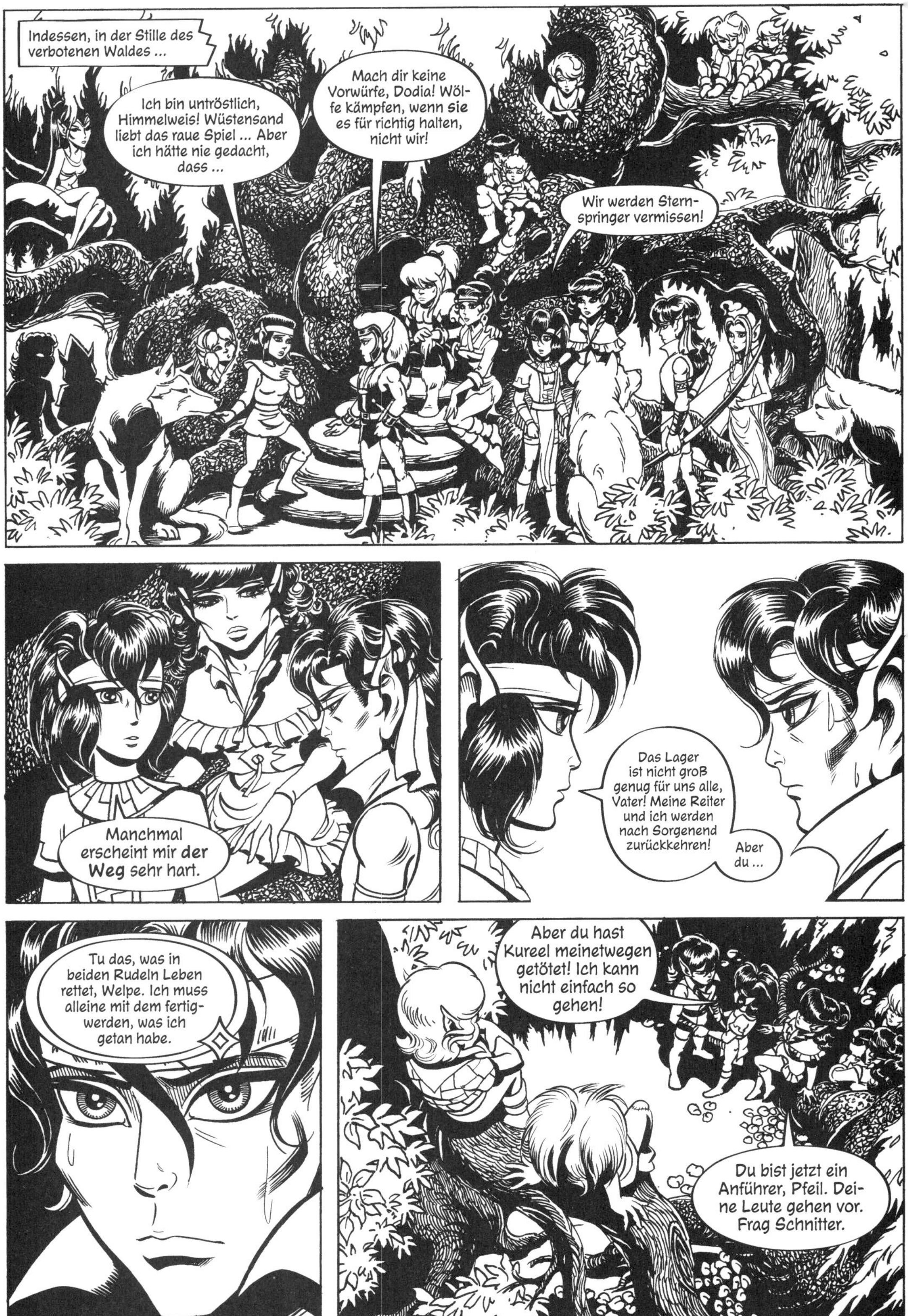

Indessen, in der Stille des verbotenen Waldes ...

Ich bin untröstlich, Himmelweis! Wüstensand liebt das raue Spiel ... Aber ich hätte nie gedacht, dass ...

Mach dir keine Vorwürfe, Dodia! Wölfe kämpfen, wenn **sie** es für richtig halten, nicht wir!

Wir werden Sternspringer vermissen!

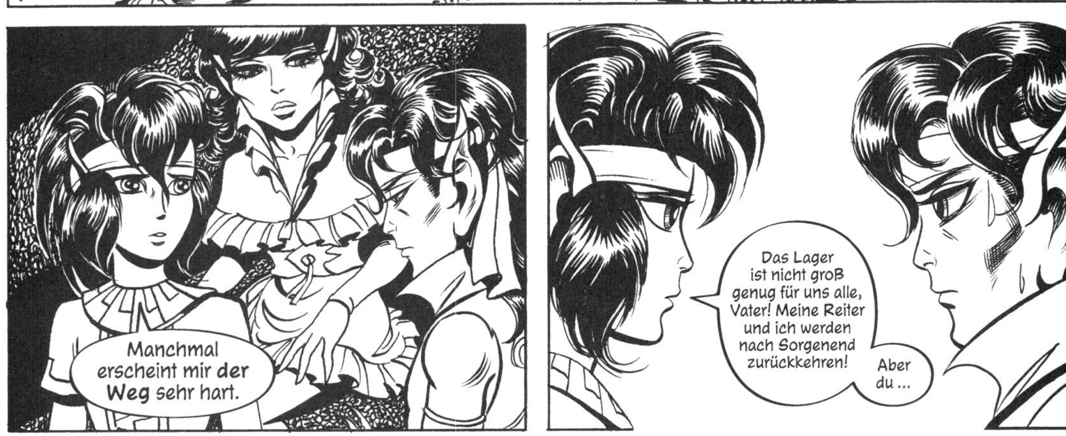

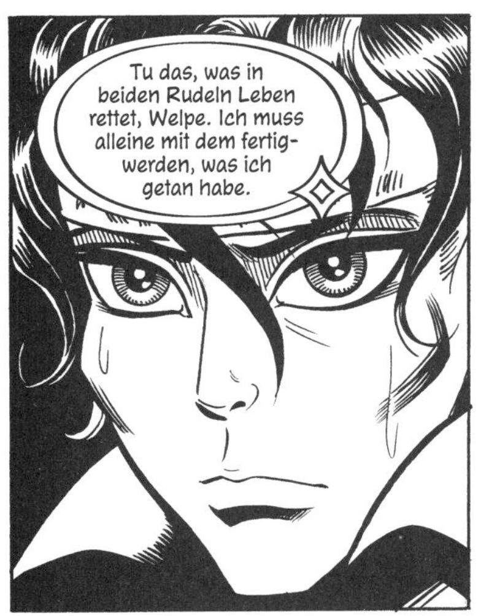

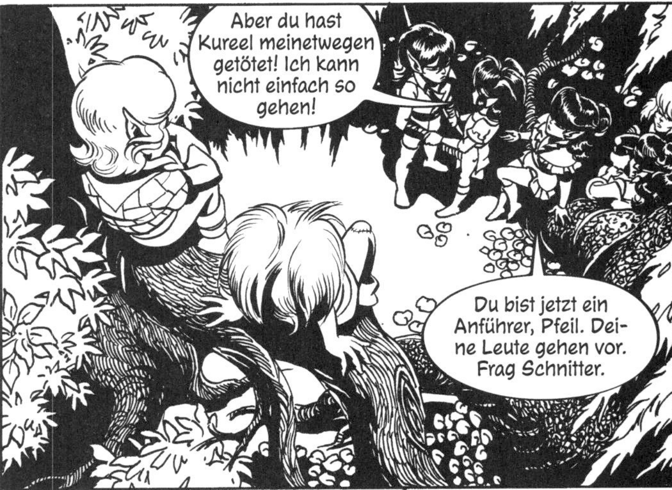

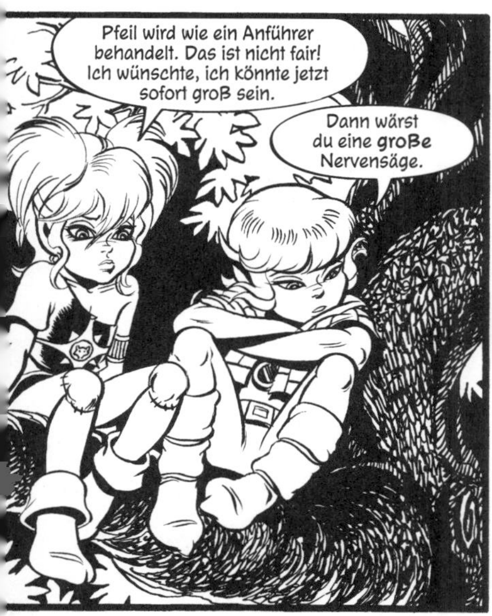
Pfeil wird wie ein Anführer behandelt. Das ist nicht fair! Ich wünschte, ich könnte jetzt sofort groß sein.
Dann wärst du eine **große** Nervensäge.

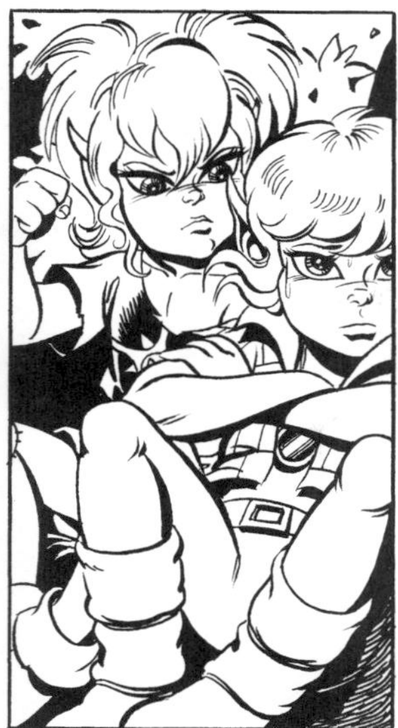

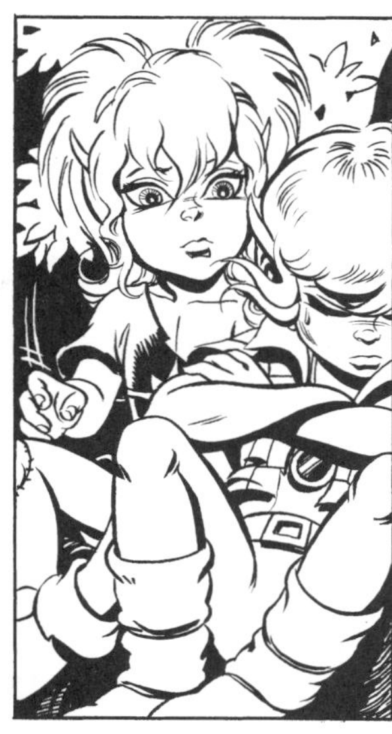

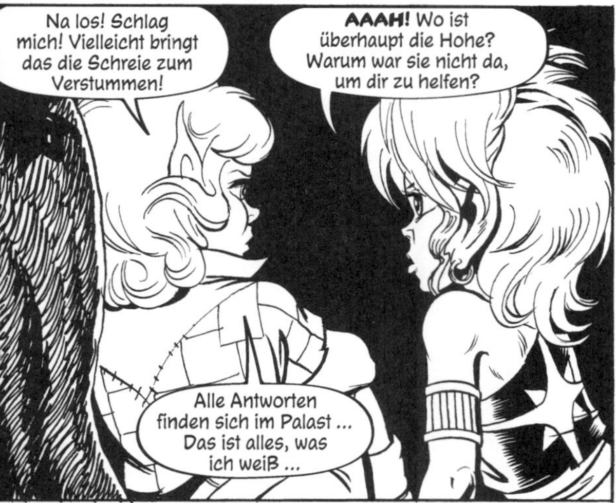
Na los! Schlag mich! Vielleicht bringt das die Schreie zum Verstummen!
AAAH! Wo ist überhaupt die Hohe? Warum war sie nicht da, um dir zu helfen?
Alle Antworten finden sich im Palast ... Das ist alles, was ich weiß ...

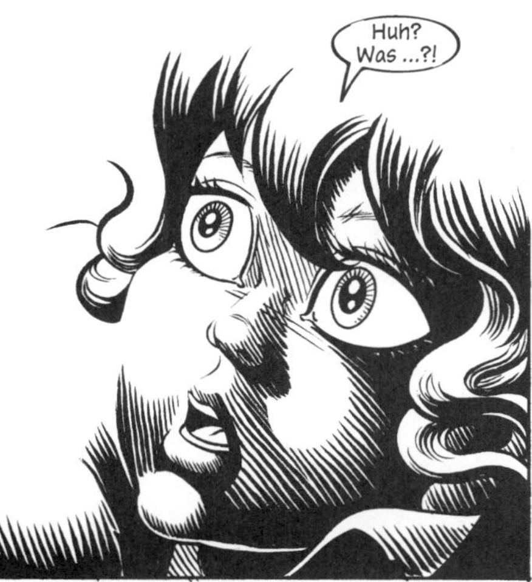
Huh? Was ...?!

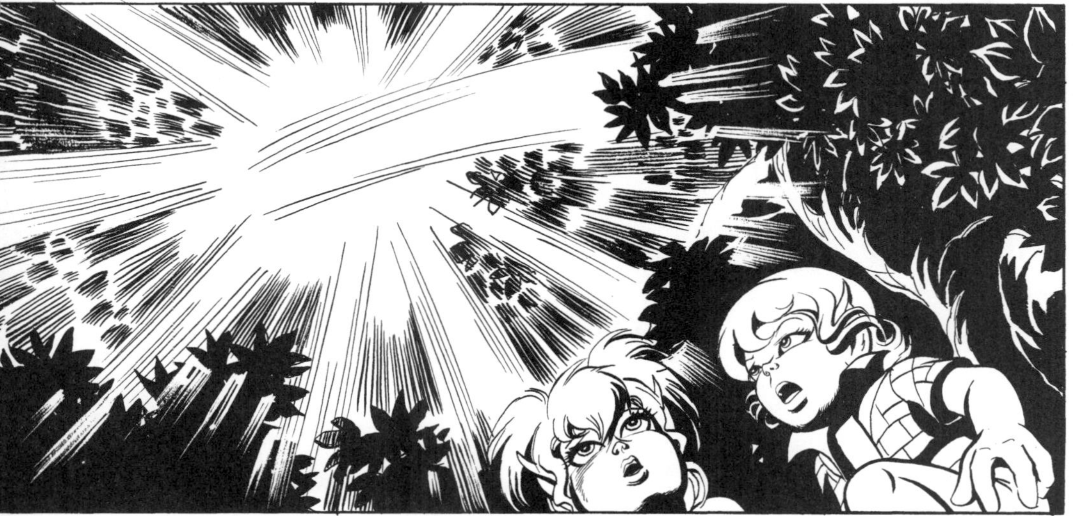

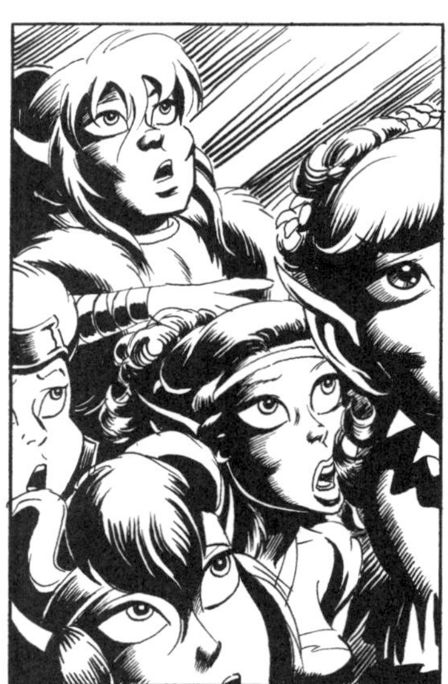
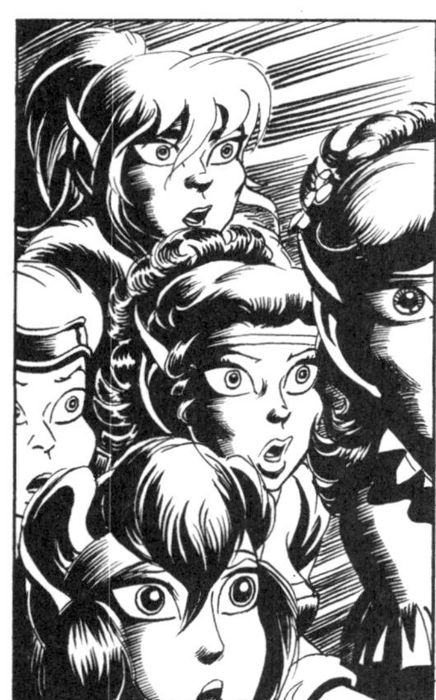
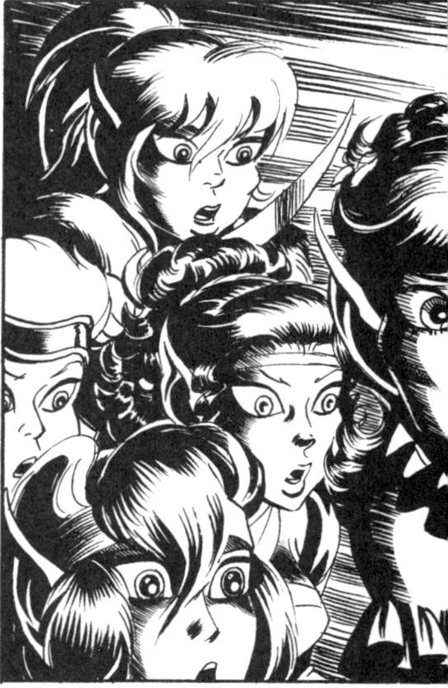
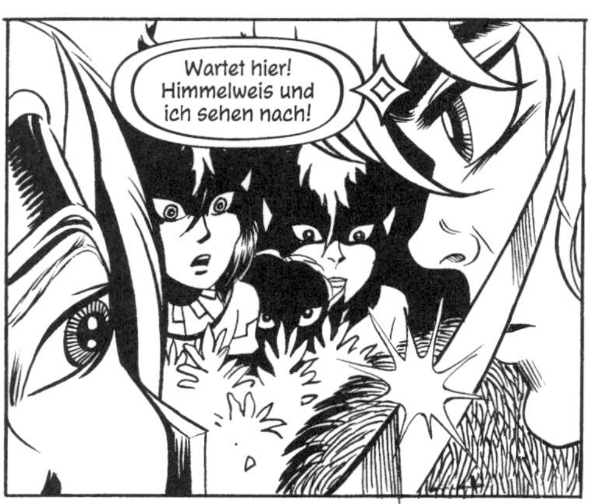
Wartet hier!
Himmelweis und
ich sehen nach!
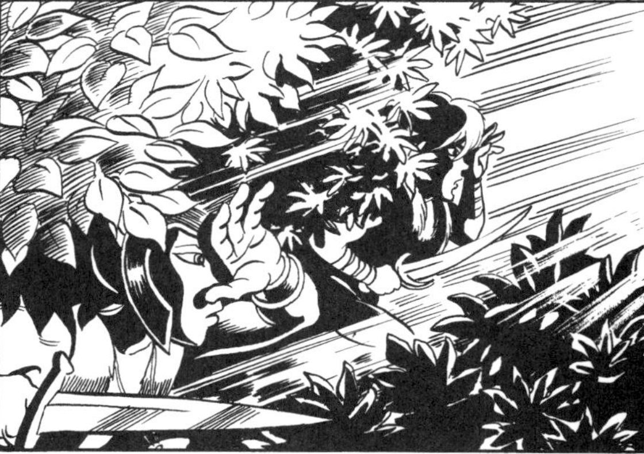
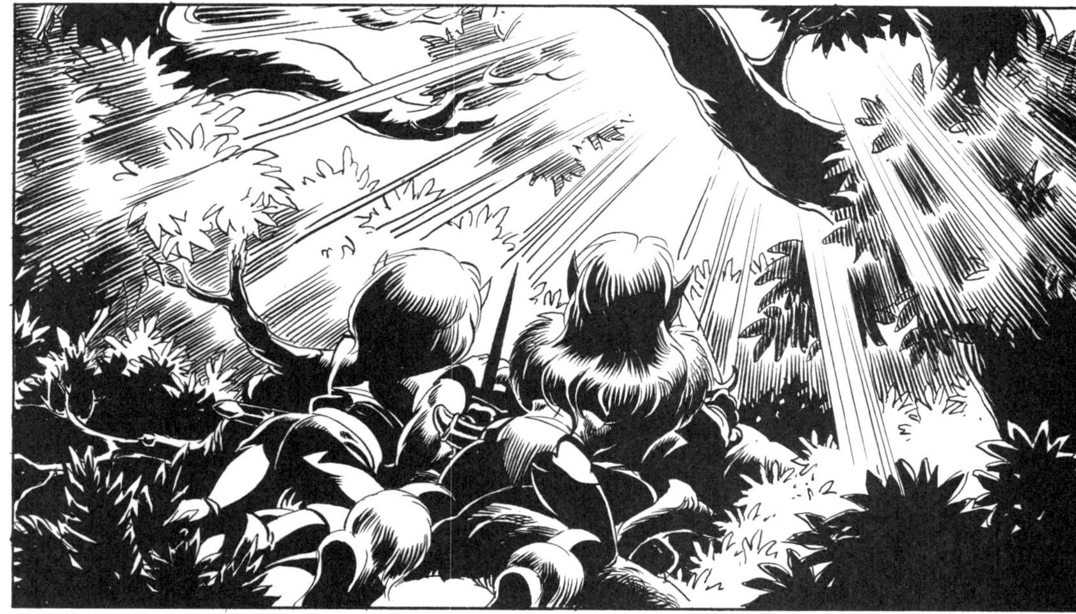

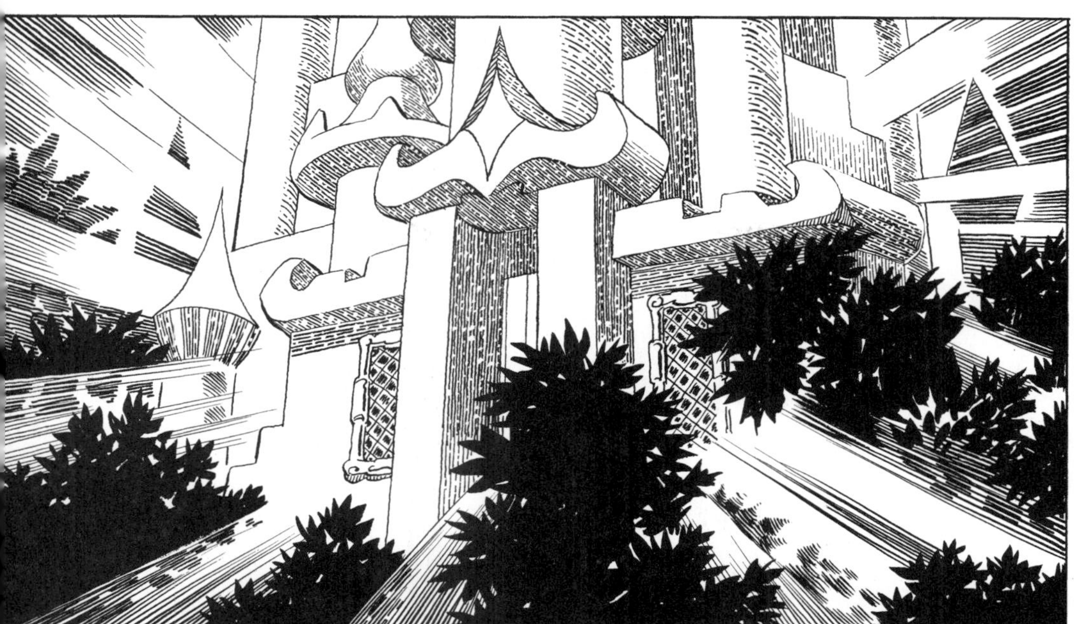

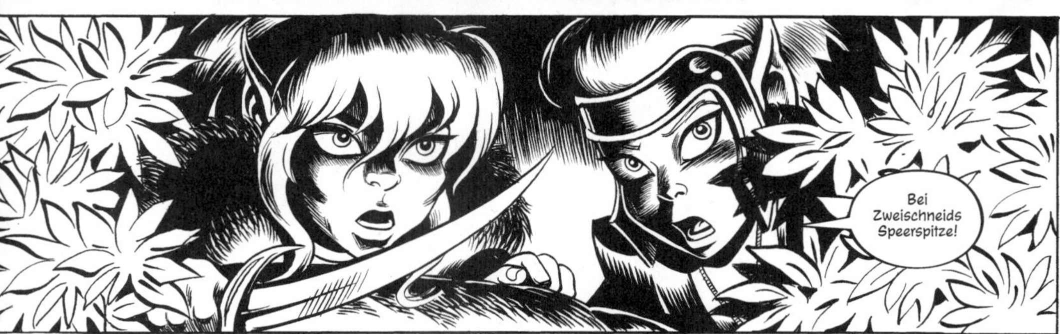
Bei Zweischneids Speerspitze!

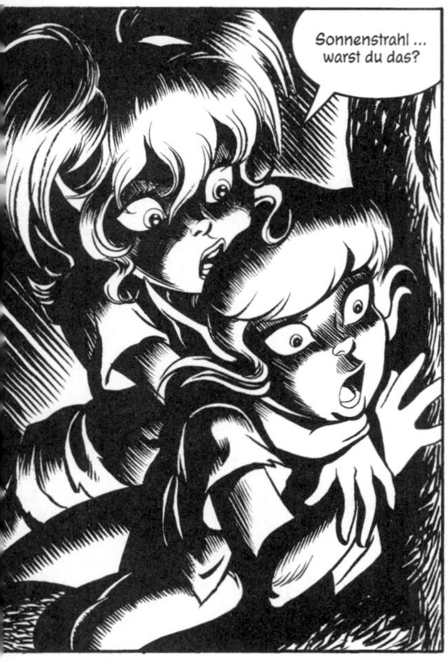
Sonnenstrahl ... warst du das?

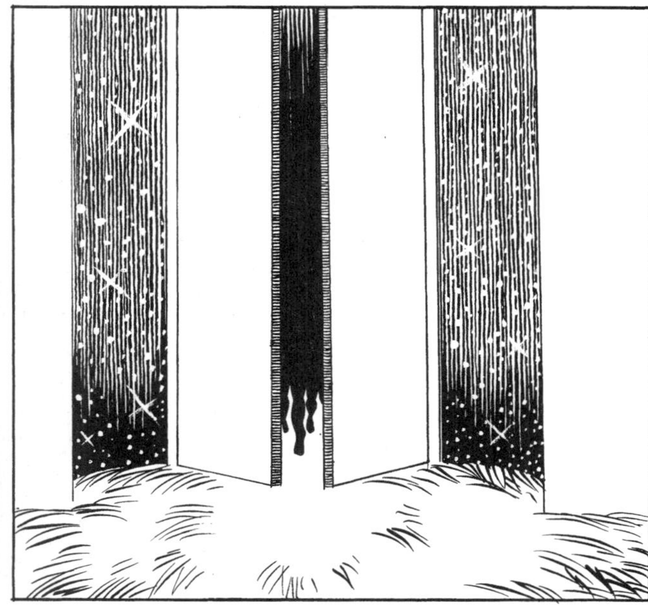

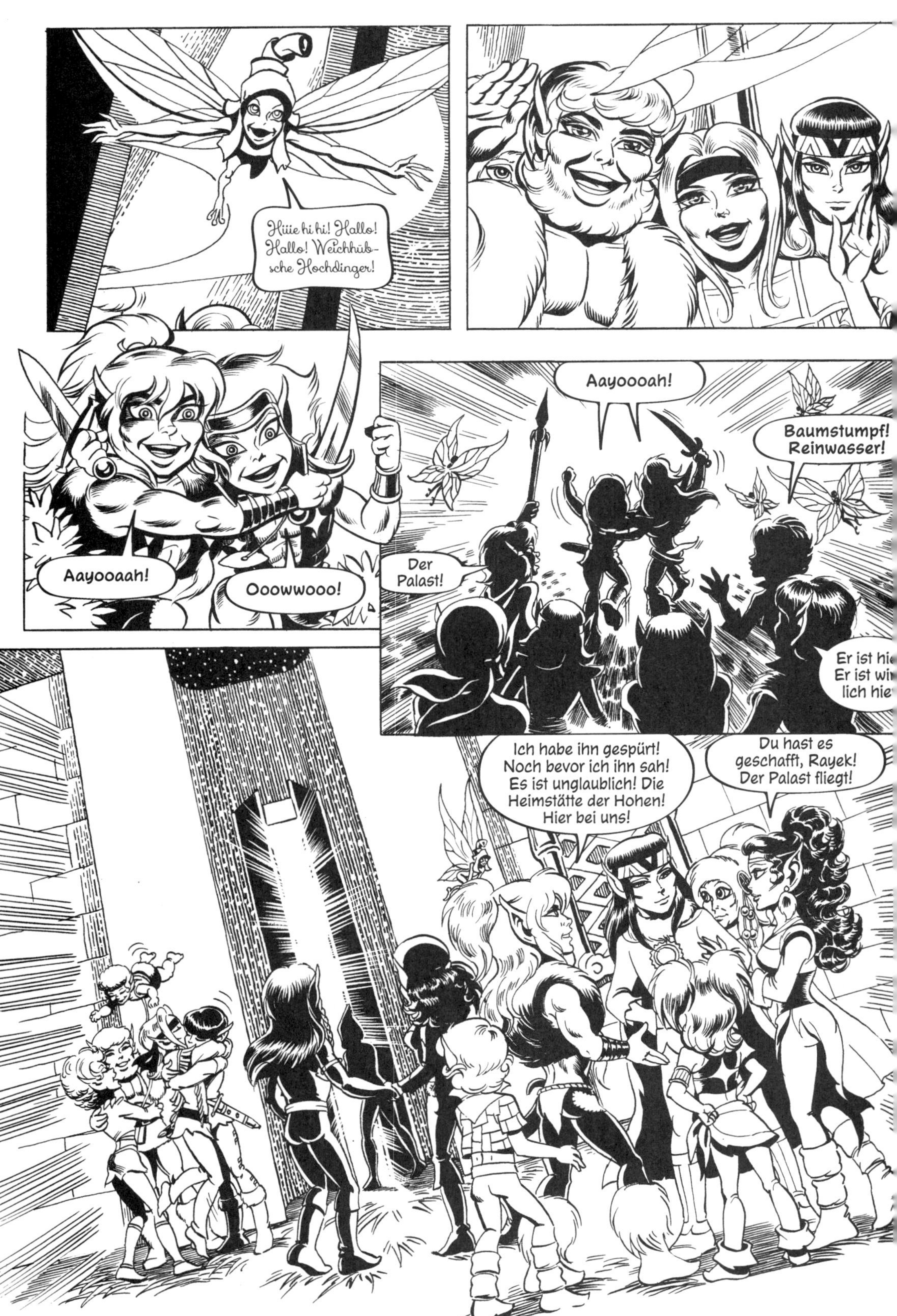
Hüie hi hi! Hallo! Hallo! Weichhüb-sche Hochdinger!
Aayooaah!
Ooowwooo!
Aayoooah!
Baumstumpf! Reinwasser!
Der Palast!
Ich habe ihn gespürt! Noch bevor ich ihn sah! Es ist unglaublich! Die Heimstätte der Hohen! Hier bei uns!
Du hast es geschafft, Rayek! Der Palast fliegt!

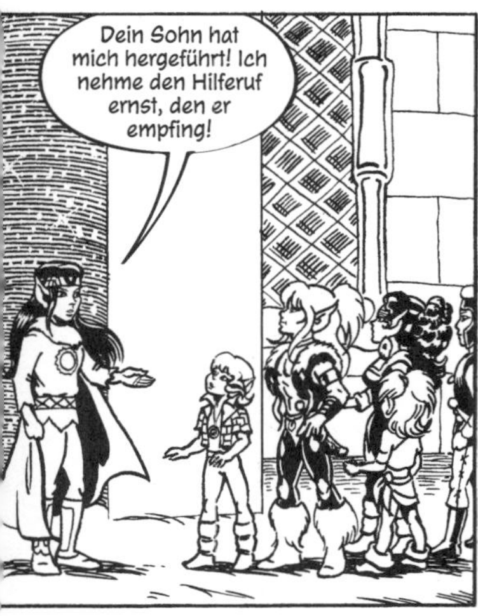
Dein Sohn hat mich hergeführt! Ich nehme den Hilferuf ernst, den er empfing!

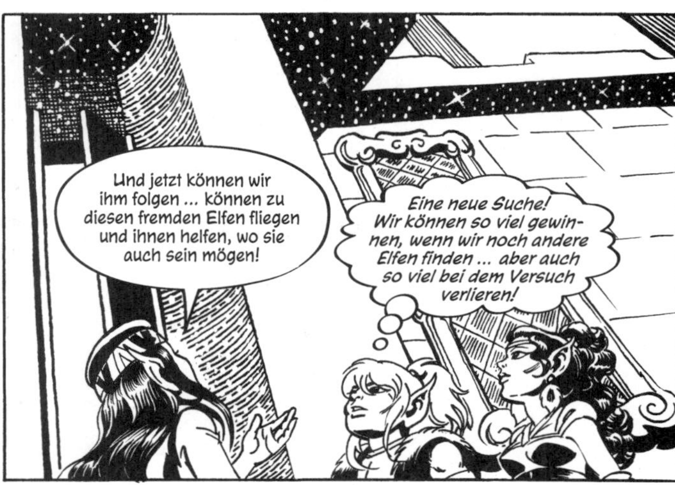
Und jetzt können wir ihm folgen ... können zu diesen fremden Elfen fliegen und ihnen helfen, wo sie auch sein mögen!
Eine neue Suche! Wir können so viel gewinnen, wenn wir noch andere Elfen finden ... aber auch so viel bei dem Versuch verlieren!

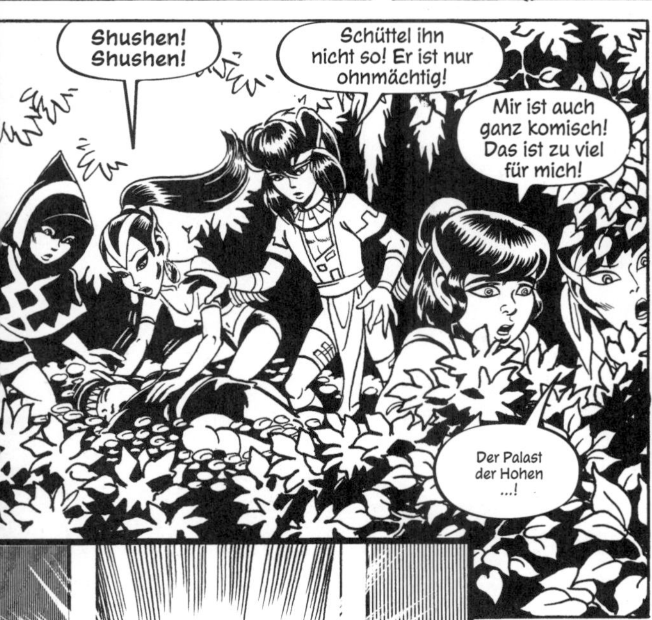
Shushen! Shushen!
Schüttel ihn nicht so! Er ist nur ohnmächtig!
Mir ist auch ganz komisch! Das ist zu viel für mich!
Der Palast der Hohen ...!

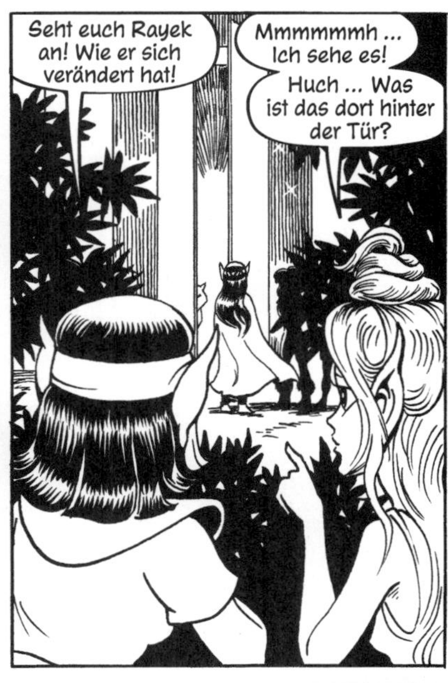
Seht euch Rayek an! Wie er sich verändert hat!
Mmmmmmh ... Ich sehe es!
Huch ... Was ist das dort hinter der Tür?

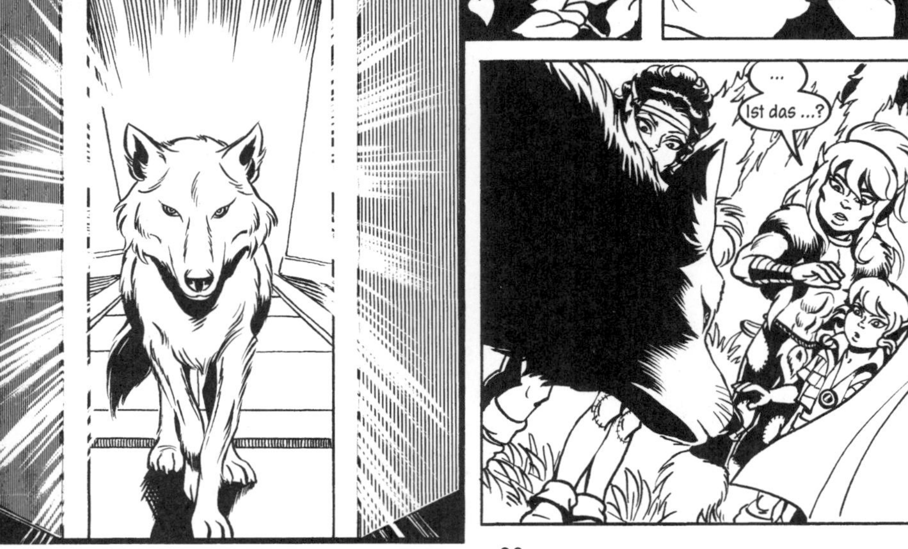
...
Ist das ...?
Ja.

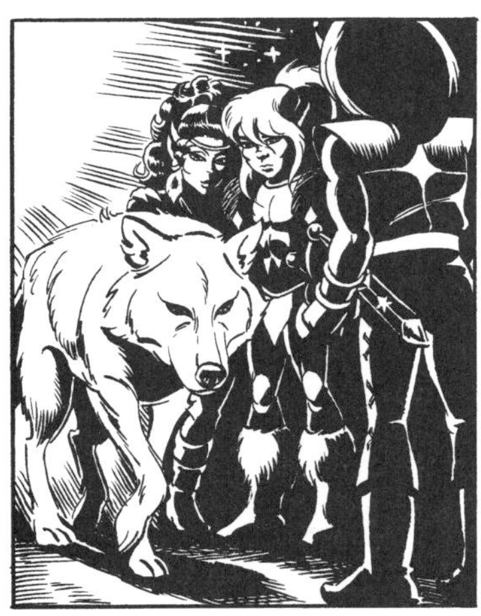

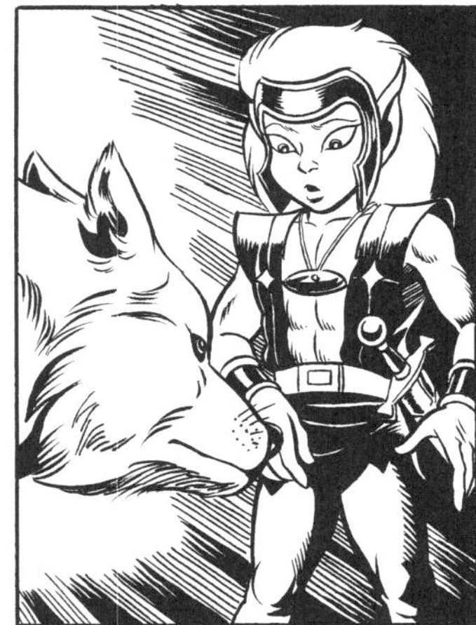

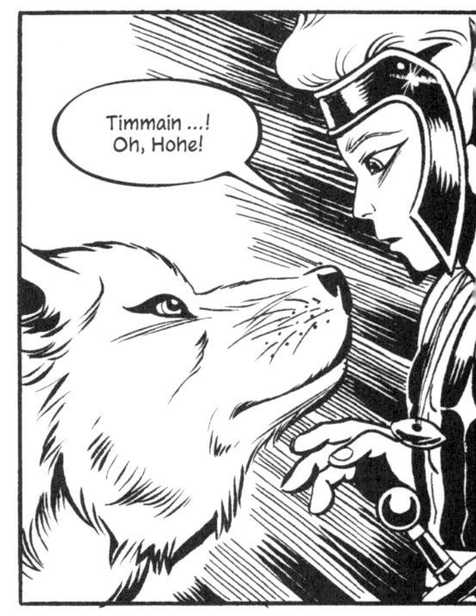
Timmain ...!
Oh, Hohe!

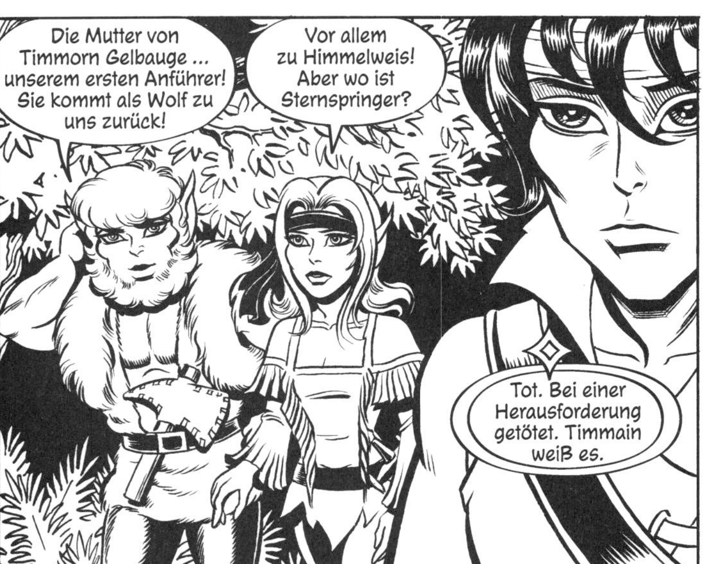
Die Mutter von Timmorn Gelbauge ... unserem ersten Anführer! Sie kommt als Wolf zu uns zurück!
Vor allem zu Himmelweis! Aber wo ist Sternspringer?
Tot. Bei einer Herausforderung getötet. Timmain weiß es.

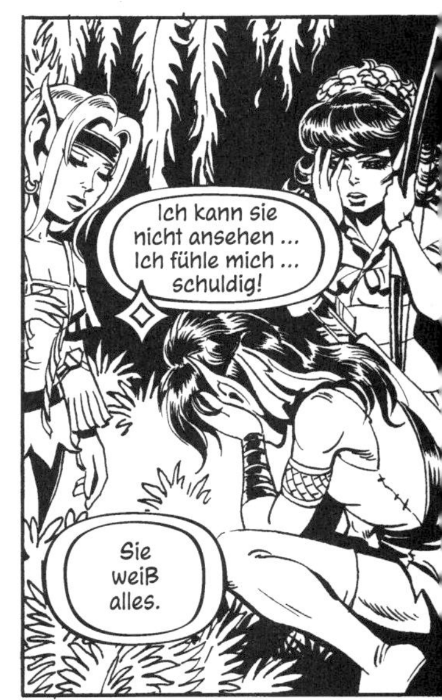
Ich kann sie nicht ansehen ... Ich fühle mich ... schuldig!
Sie weiß alles.

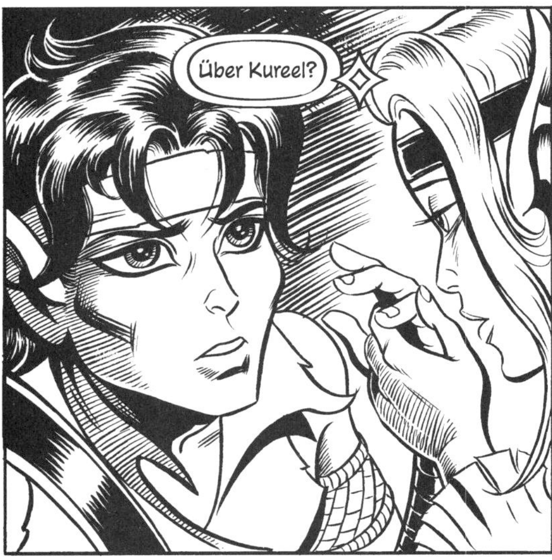
Über Kureel?

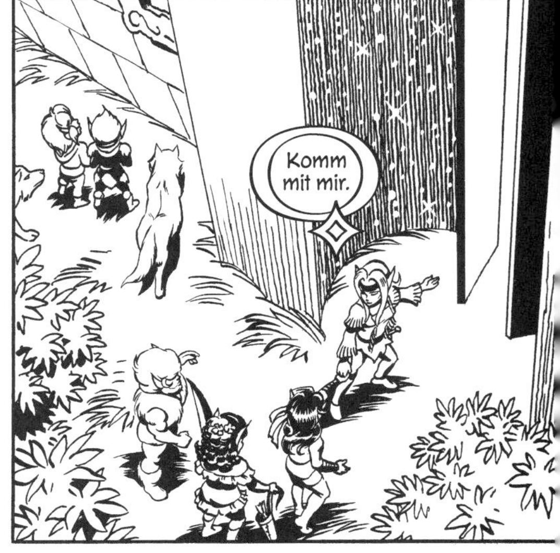
Komm mit mir.

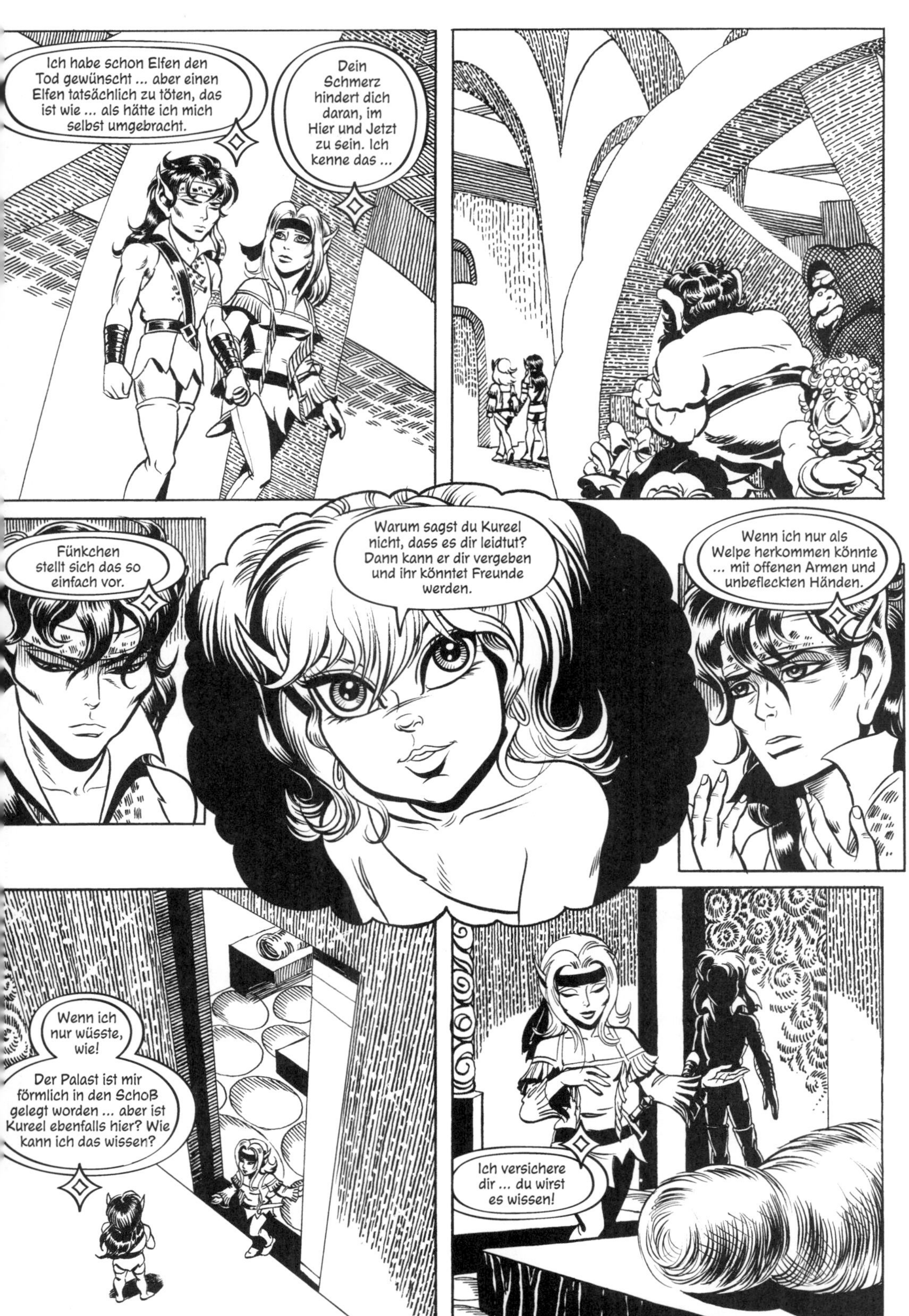
Ich habe schon Elfen den Tod gewünscht ... aber einen Elfen tatsächlich zu töten, das ist wie ... als hätte ich mich selbst umgebracht.
Dein Schmerz hindert dich daran, im Hier und Jetzt zu sein. Ich kenne das ...
Fünkchen stellt sich das so einfach vor.
Warum sagst du Kureel nicht, dass es dir leidtut? Dann kann er dir vergeben und ihr könntet Freunde werden.
Wenn ich nur als Welpe herkommen könnte ... mit offenen Armen und unbefleckten Händen.
Wenn ich nur wüsste, wie!
Der Palast ist mir förmlich in den Schoß gelegt worden ... aber ist Kureel ebenfalls hier? Wie kann ich das wissen?
Ich versichere dir ... du wirst es wissen!

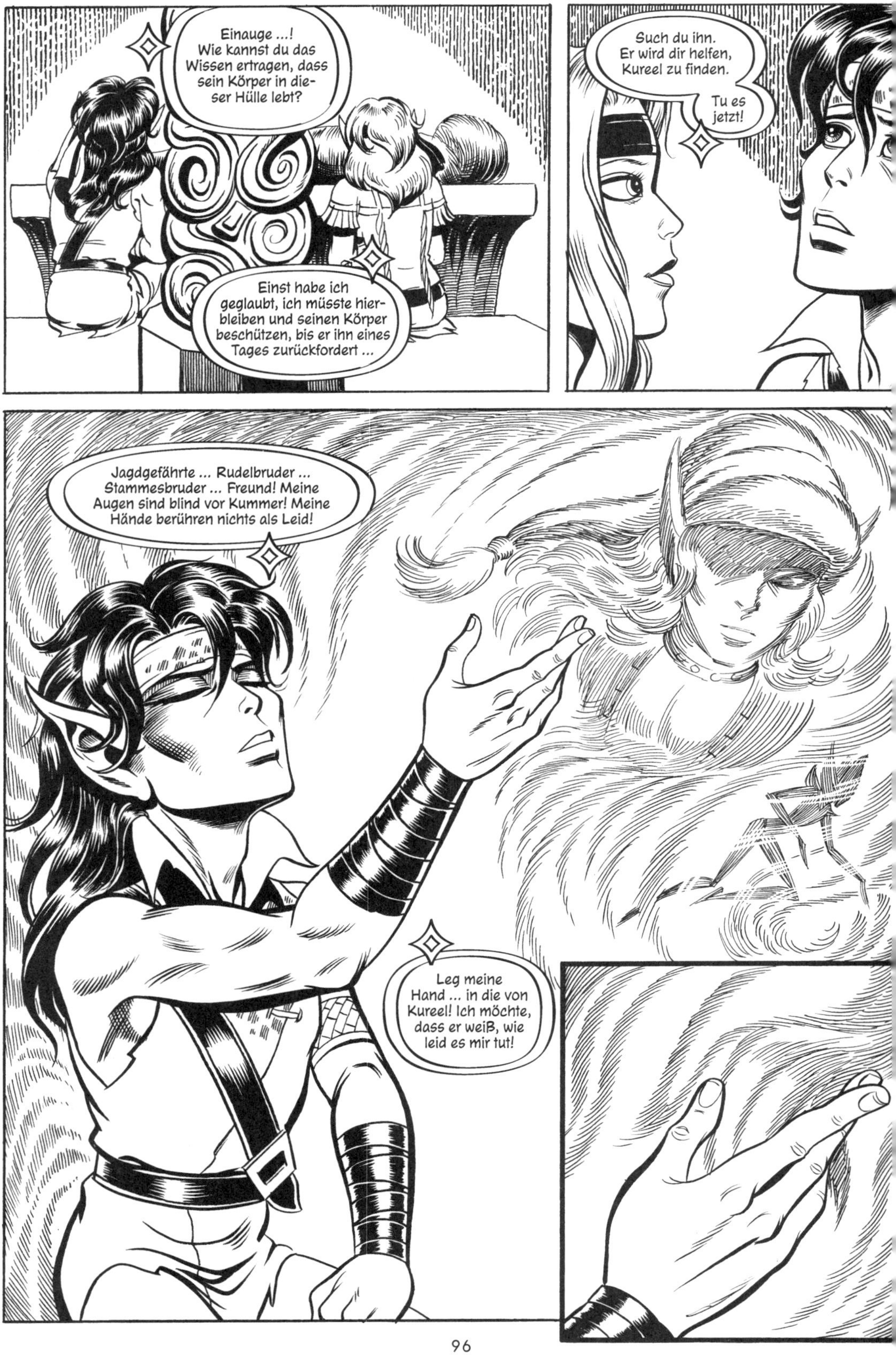

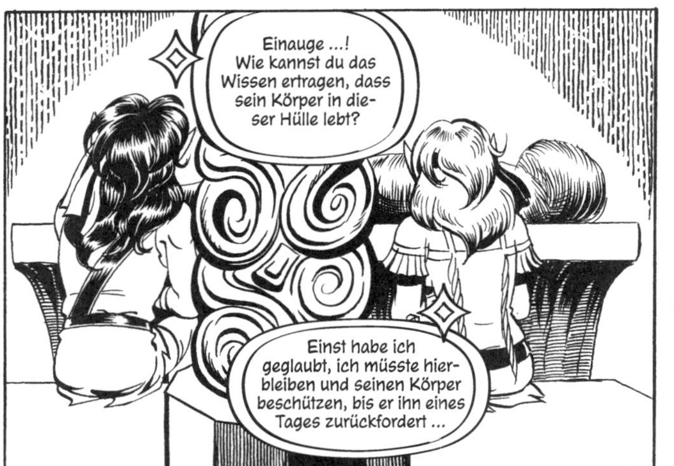

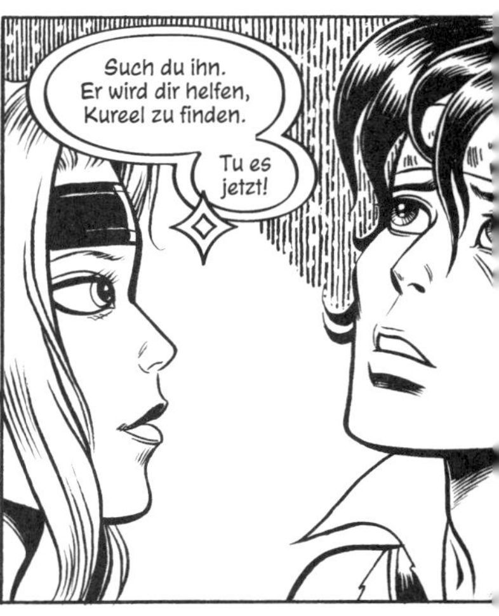

Jagdgefährte ... Rudelbruder ... Stammesbruder ... Freund! Meine Augen sind blind vor Kummer! Meine Hände berühren nichts als Leid!

Leg meine Hand ... in die von Kureel! Ich möchte, dass er weiß, wie leid es mir tut!

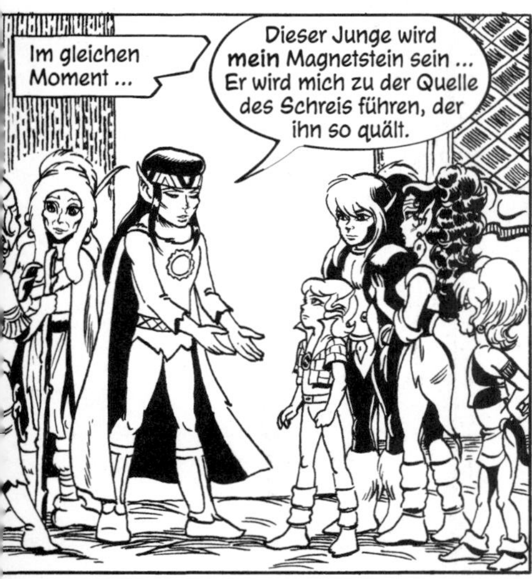
Im gleichen Moment ...
Dieser Junge wird **mein** Magnetstein sein ... Er wird mich zu der Quelle des Schreis führen, der ihn so quält.

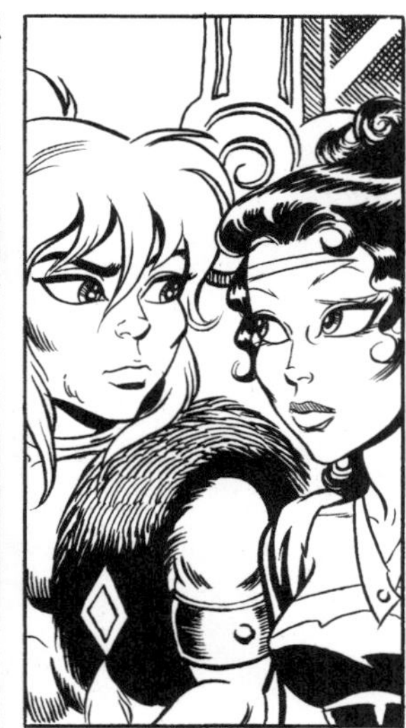

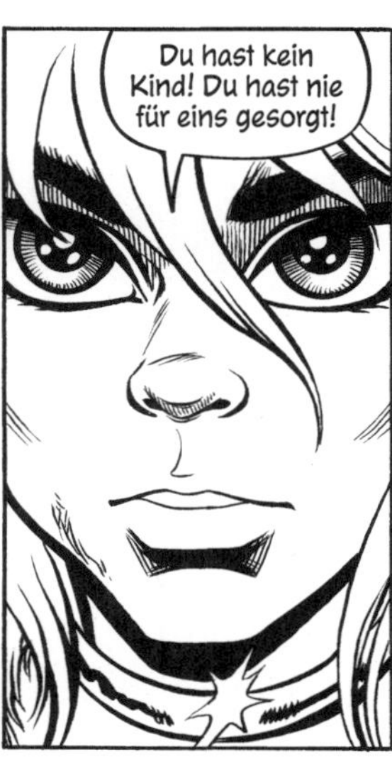
Du hast kein Kind! Du hast nie für eins gesorgt!

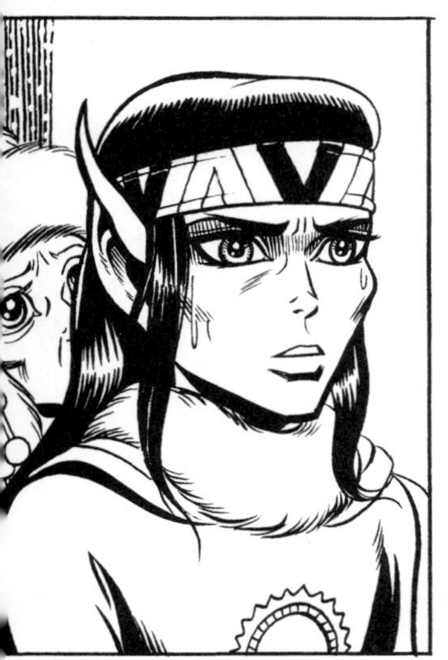

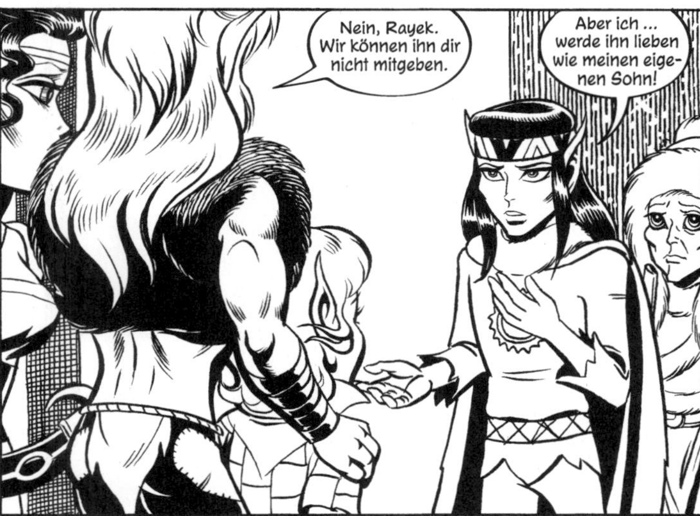
Nein, Rayek. Wir können ihn dir nicht mitgeben.
Aber ich ... werde ihn lieben wie meinen eigenen Sohn!

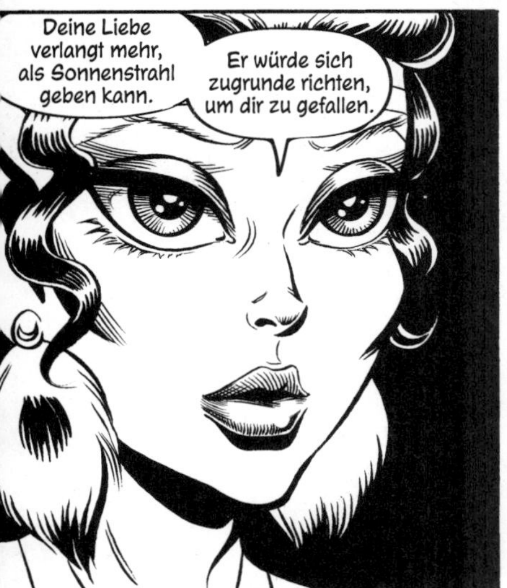
Deine Liebe verlangt mehr, als Sonnenstrahl geben kann.
Er würde sich zugrunde richten, um dir zu gefallen.

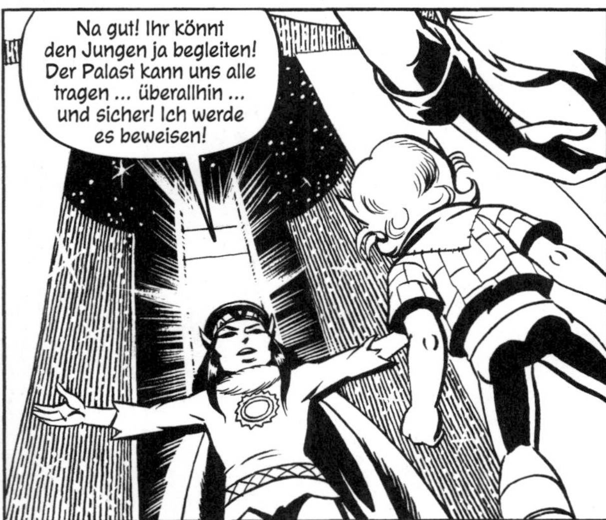
Na gut! Ihr könnt den Jungen ja begleiten! Der Palast kann uns alle tragen ... überallhin ... und sicher! Ich werde es beweisen!

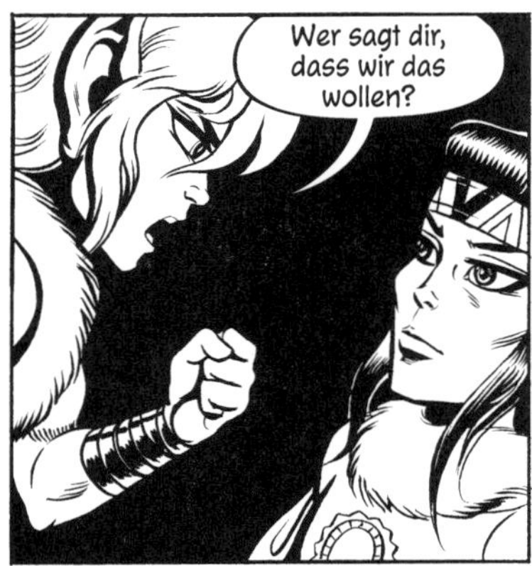
Wer sagt dir, dass wir das wollen?

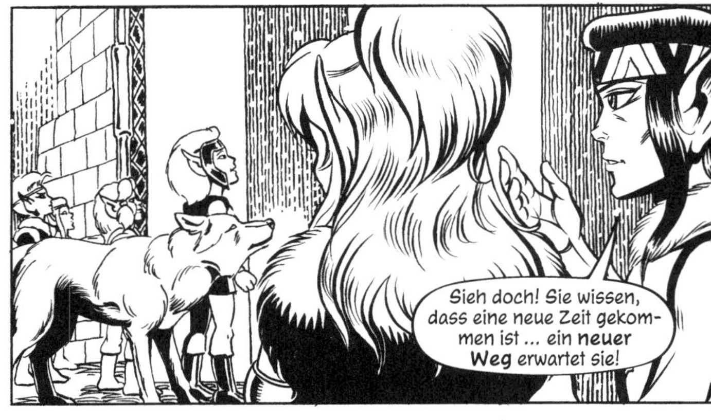
Sieh doch! Sie wissen, dass eine neue Zeit gekommen ist ... ein **neuer Weg** erwartet sie!

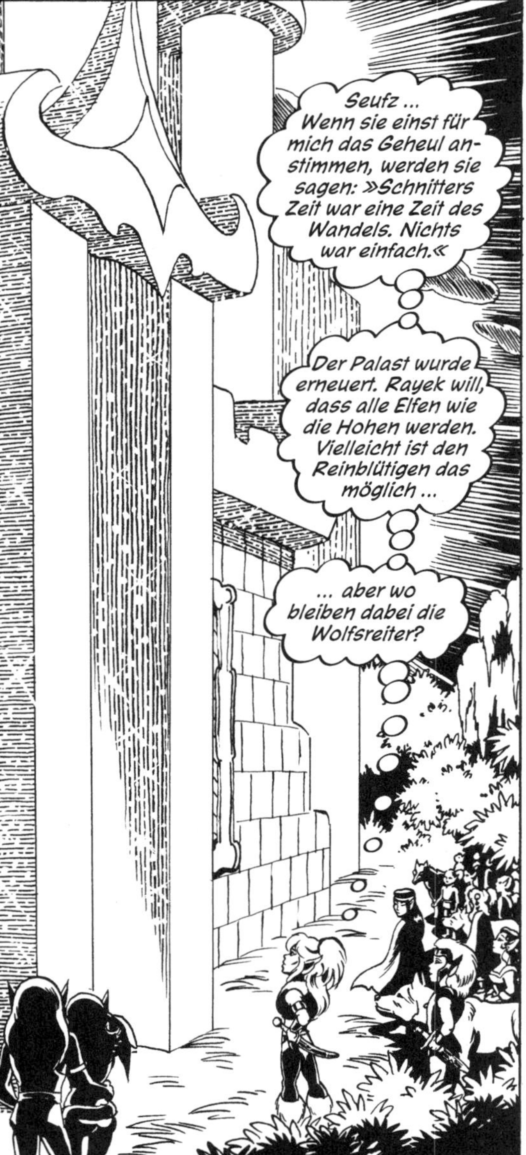
Seufz ... Wenn sie einst für mich das Geheul anstimmen, werden sie sagen: »Schnitters Zeit war eine Zeit des Wandels. Nichts war einfach.«
Der Palast wurde erneuert. Rayek will, dass alle Elfen wie die Hohen werden. Vielleicht ist den Reinblütigen das möglich ...
... aber wo bleiben dabei die Wolfsreiter?

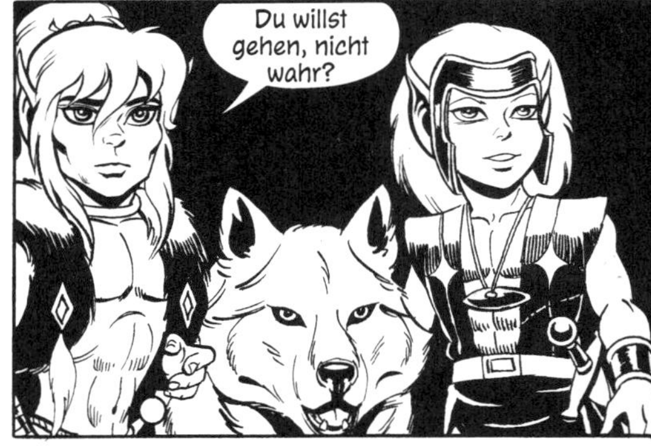
Du willst gehen, nicht wahr?

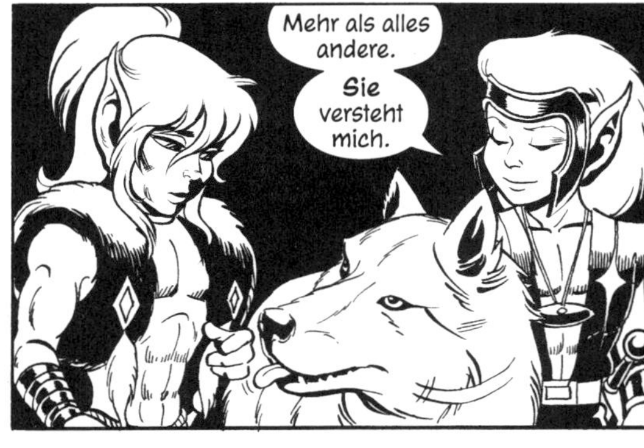
Mehr als alles andere.
Sie versteht mich.

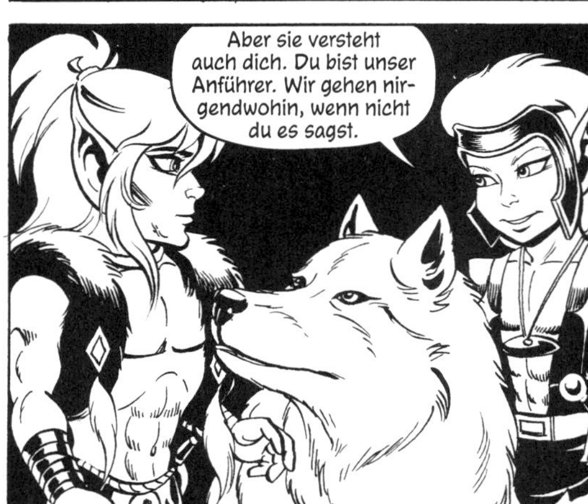
Aber sie versteht auch dich. Du bist unser Anführer. Wir gehen nirgendwohin, wenn nicht du es sagst.

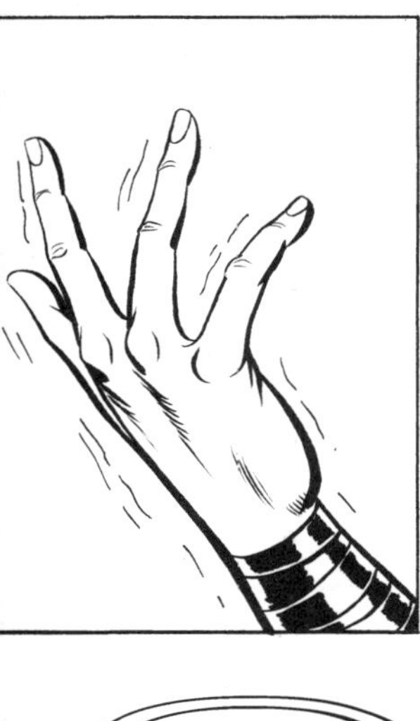
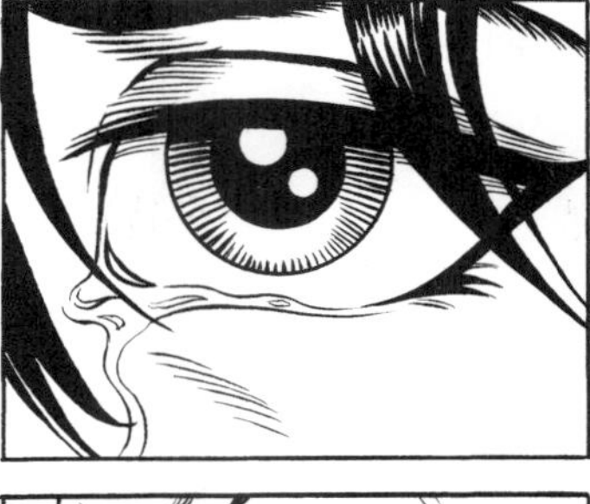
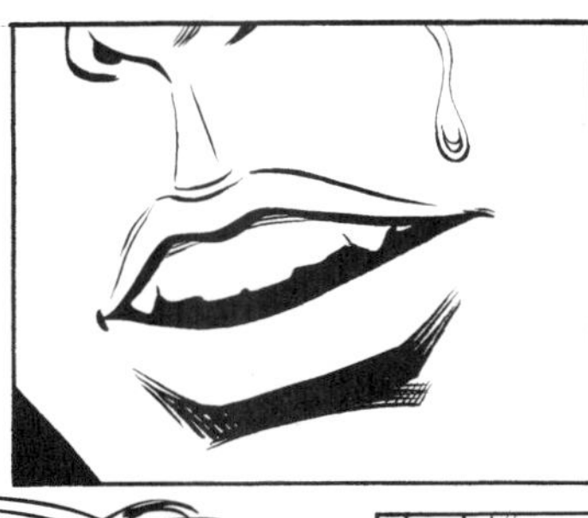
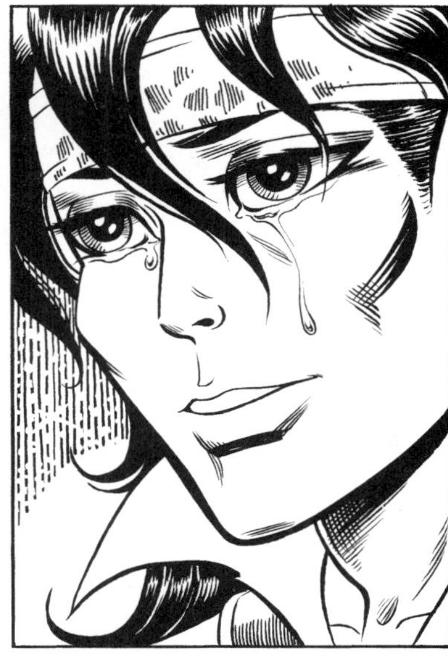
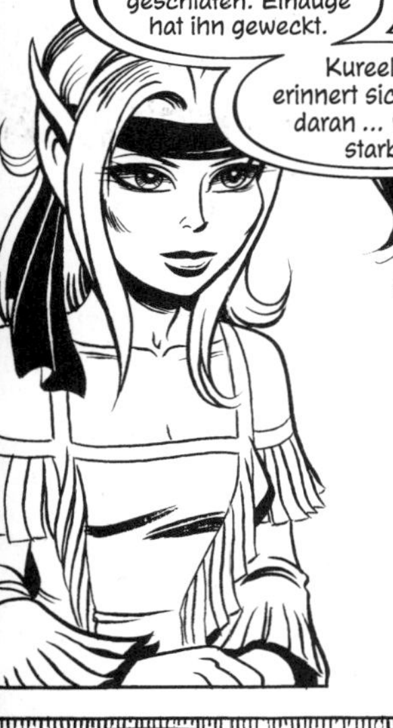
Kureels Geist ... hat geschlafen. Einauge hat ihn geweckt.
Kureel ... erinnert sich kaum daran ... wie er starb.
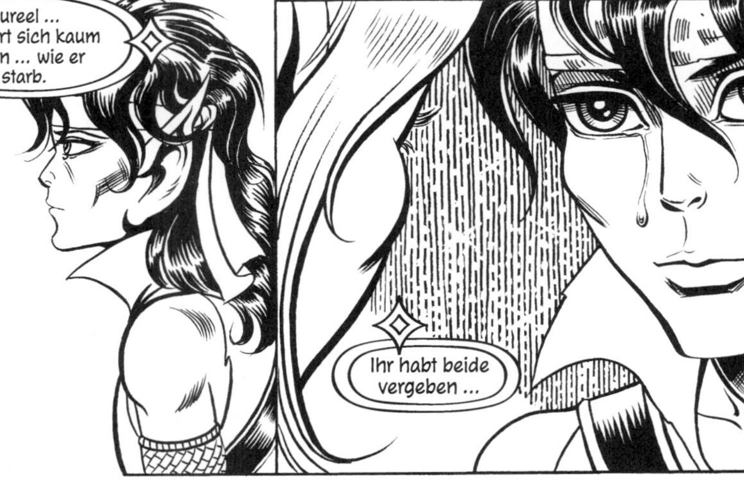
Ihr habt beide vergeben ...
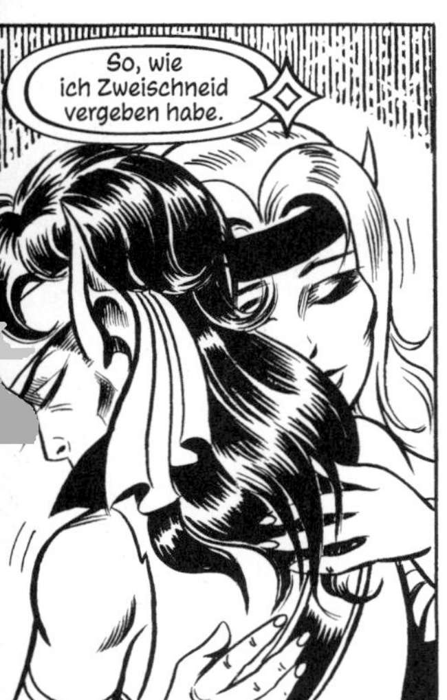
So, wie ich Zweischneid vergeben habe.
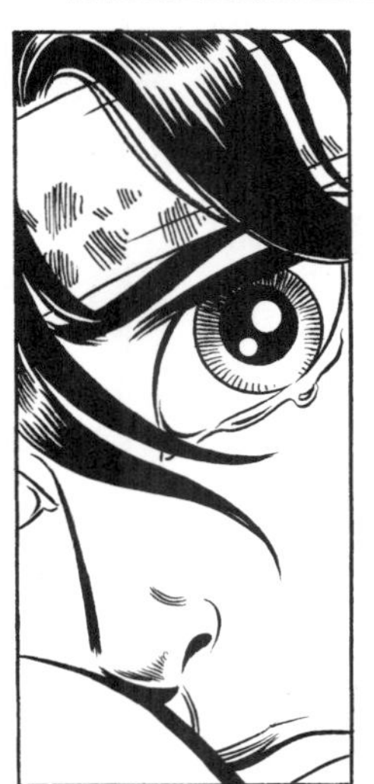
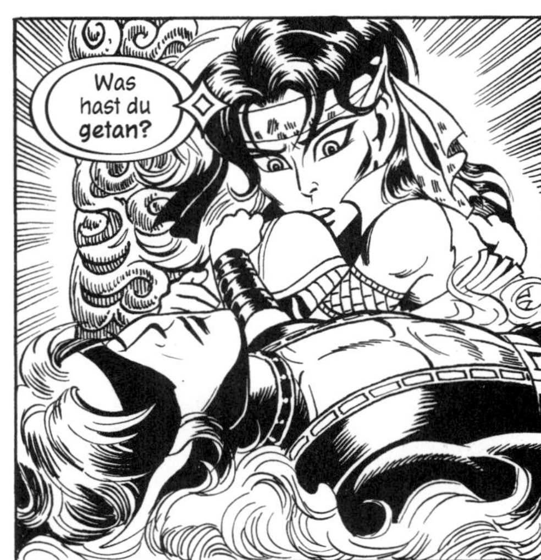
Was hast du **getan?**

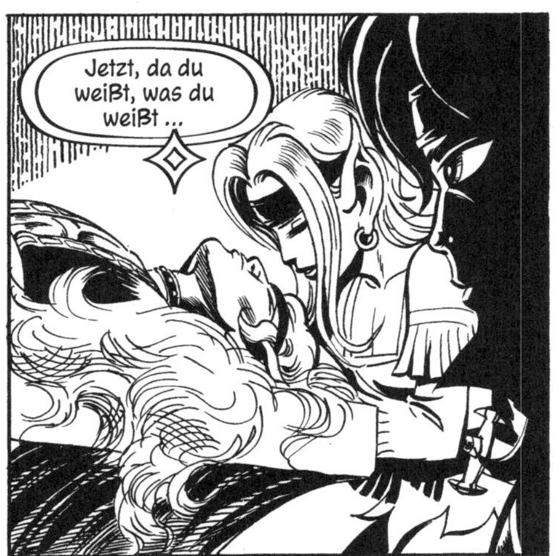
Jetzt, da du weißt, was du weißt ...

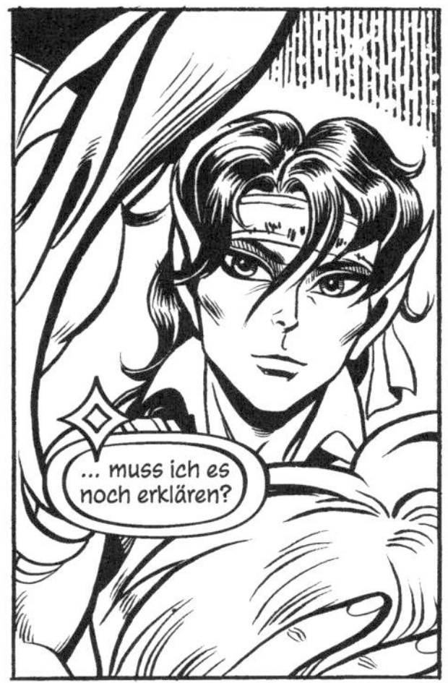
... muss ich es noch erklären?

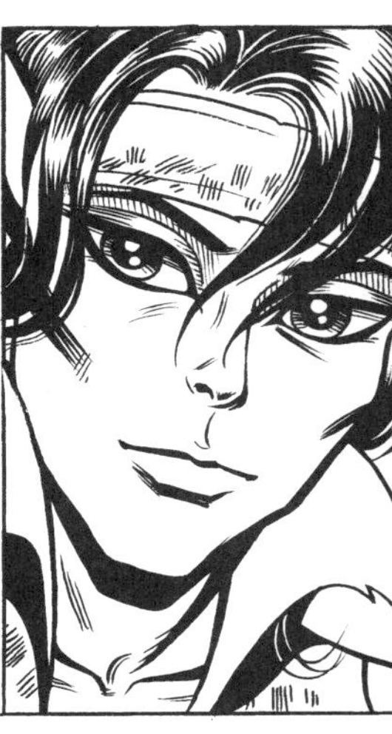

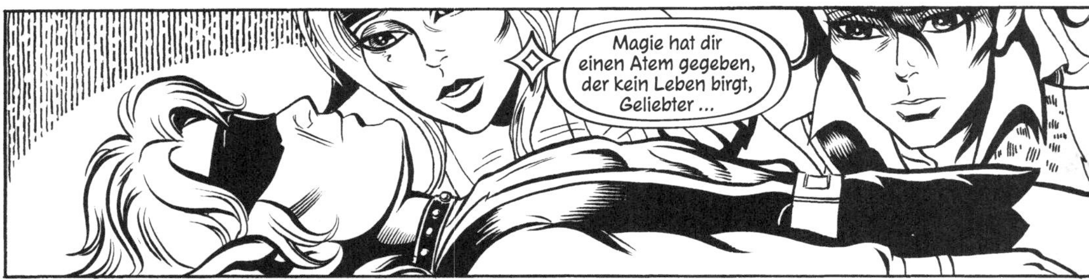
Magie hat dir einen Atem gegeben, der kein Leben birgt, Geliebter ...

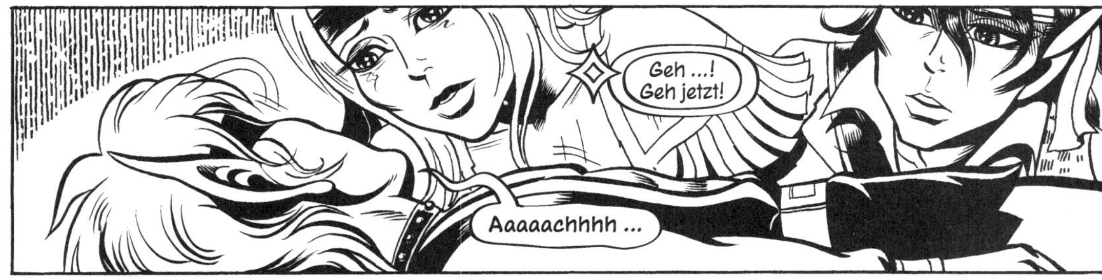
Geh ...! Geh jetzt!
Aaaaachhhh ...

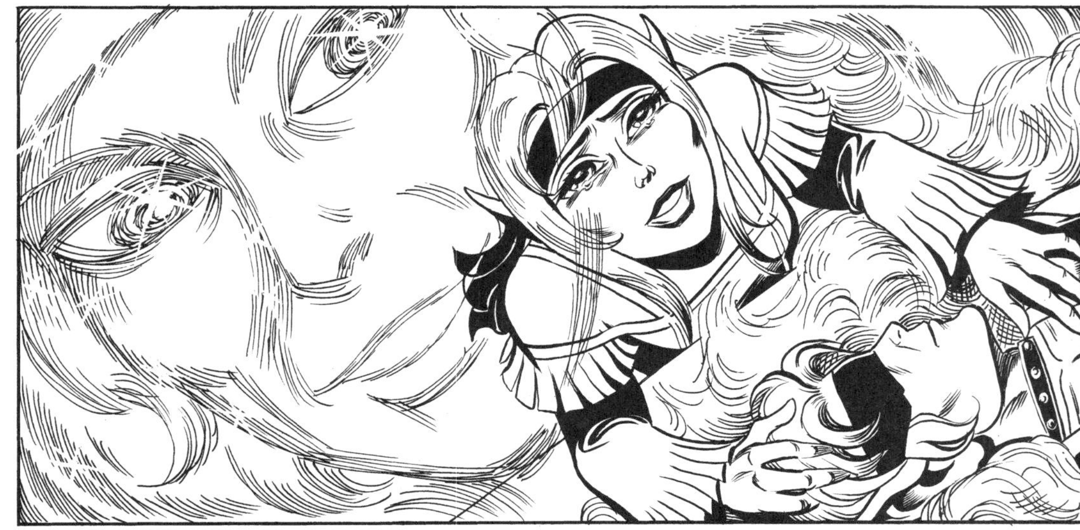

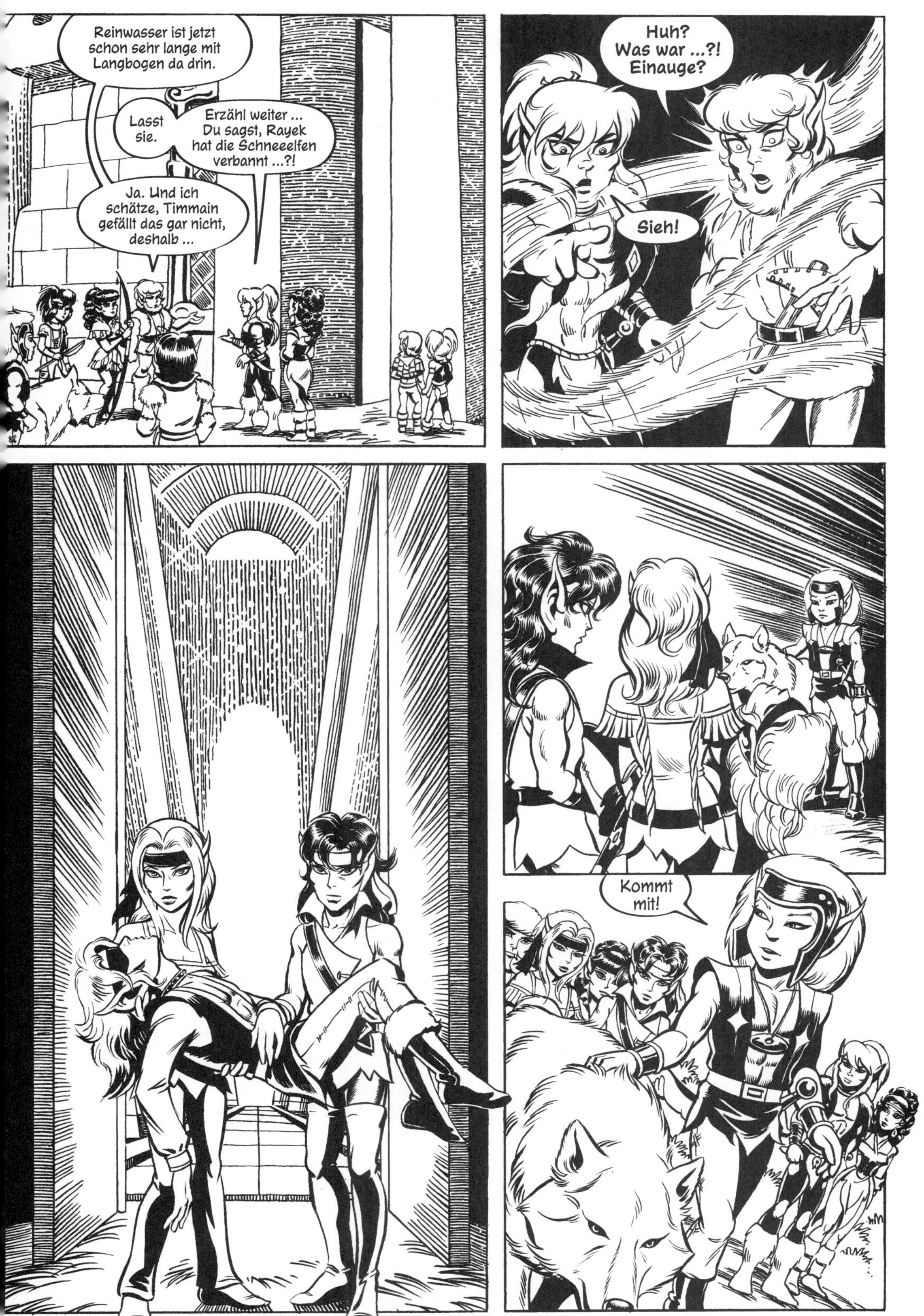
Reinwasser ist jetzt schon sehr lange mit Langbogen da drin.
Lasst sie.
Erzähl weiter ... Du sagst, Rayek hat die Schneeelfen verbannt ...?!
Ja. Und ich schätze, Timmain gefällt das gar nicht, deshalb ...
Huh? Was war ...?! Einauge?
Sieh!
Kommt mit!

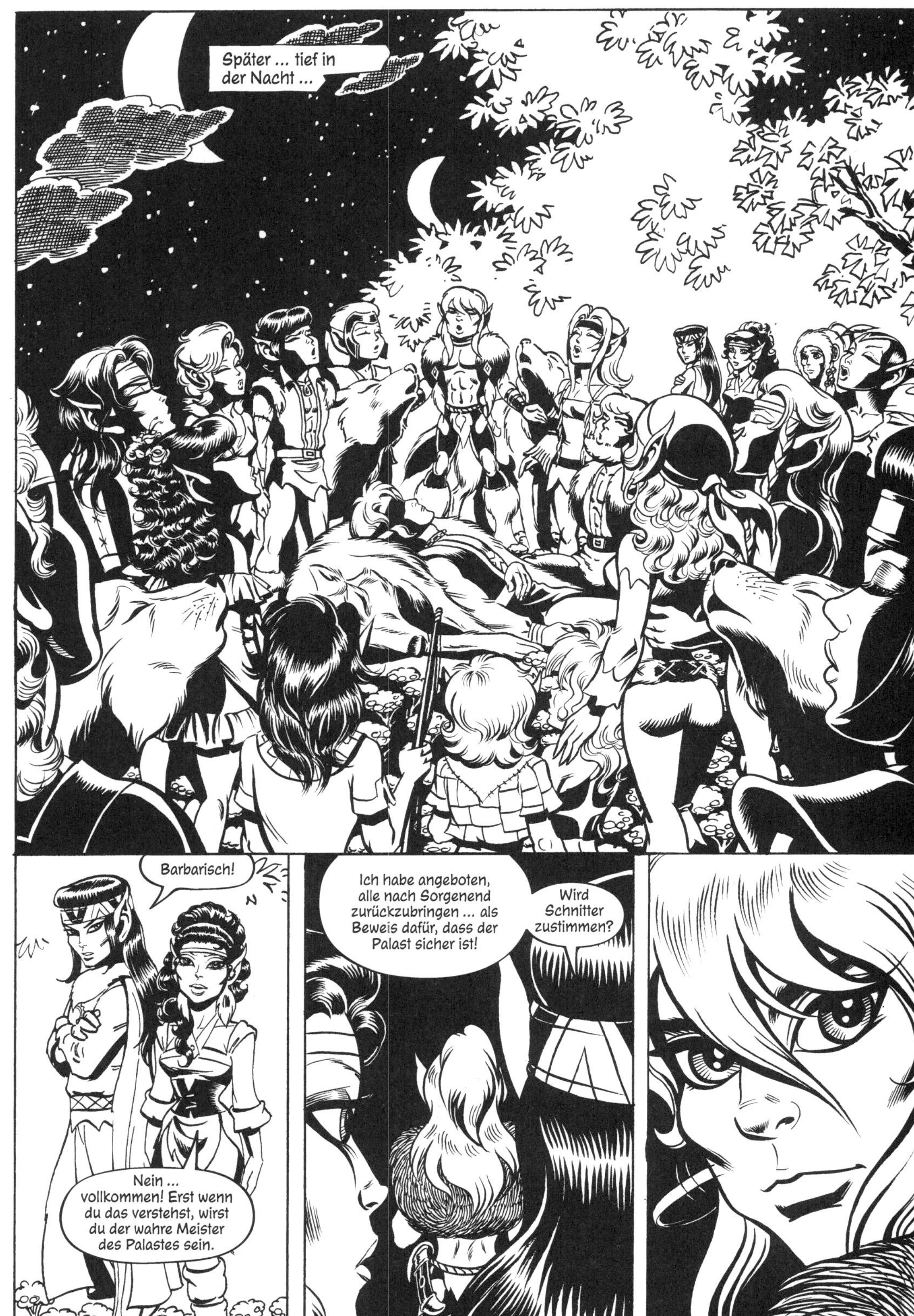
Später ... tief in der Nacht ...
Barbarisch!
Nein ... vollkommen! Erst wenn du das verstehst, wirst du der wahre Meister des Palastes sein.
Ich habe angeboten, alle nach Sorgenend zurückzubringen ... als Beweis dafür, dass der Palast sicher ist!
Wird Schnitter zustimmen?

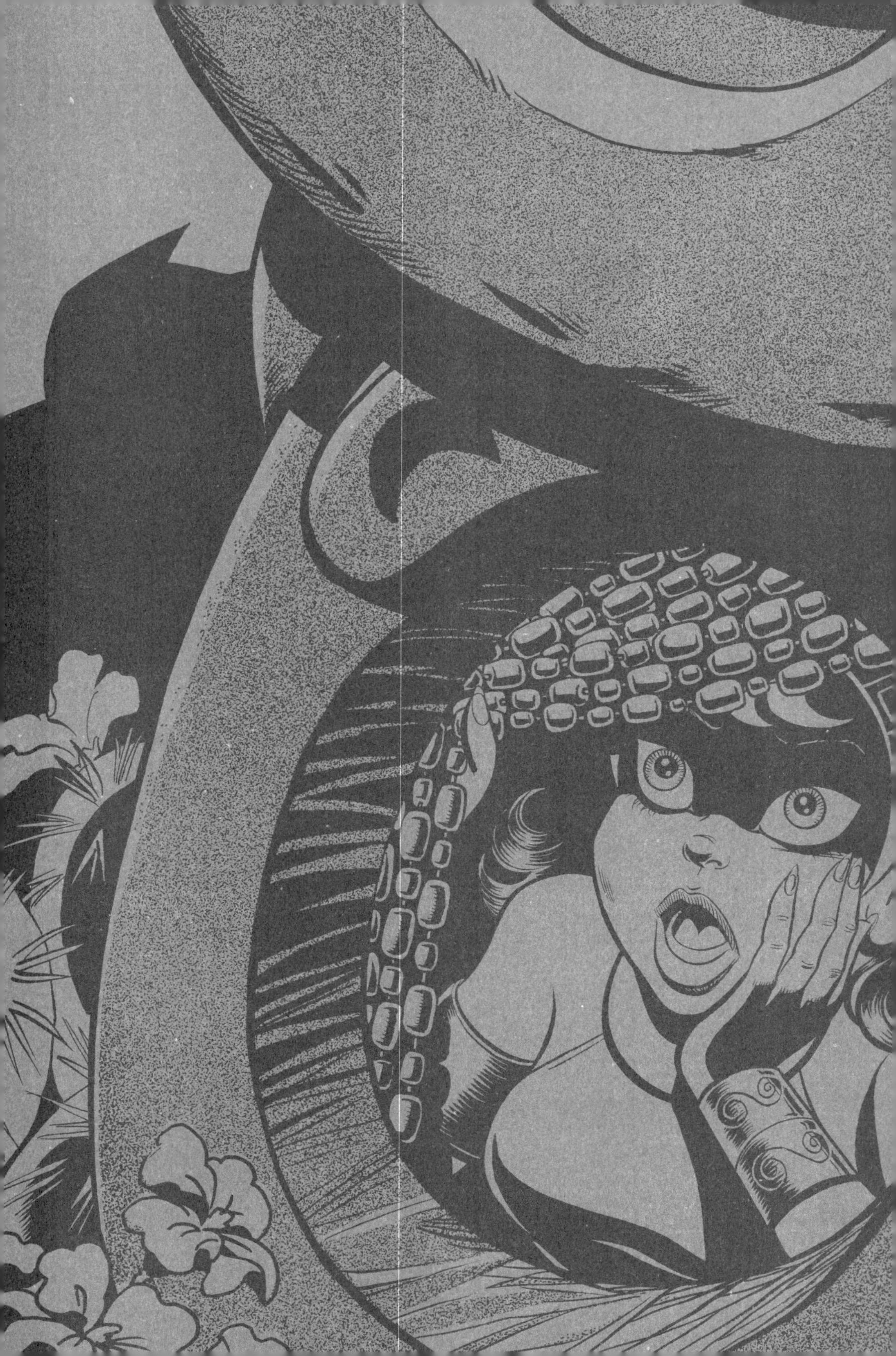

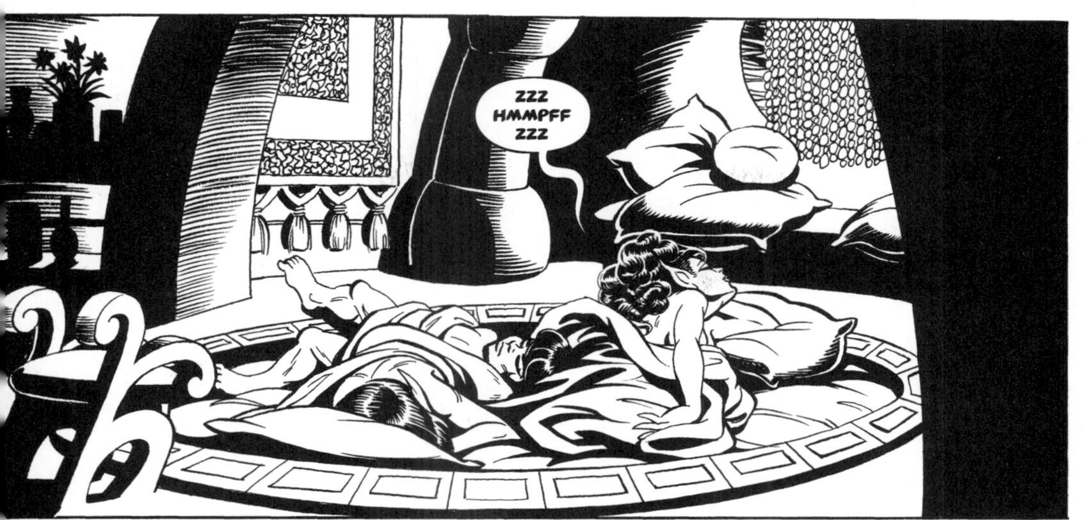
ZZZ
HMMPFF
ZZZ

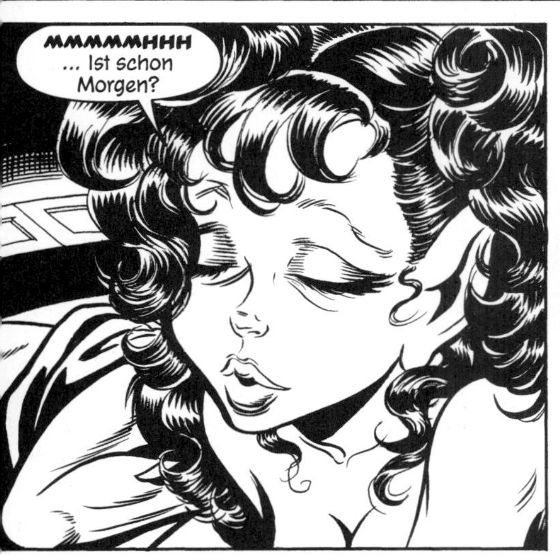
MMMMMHHH
... Ist schon
Morgen?

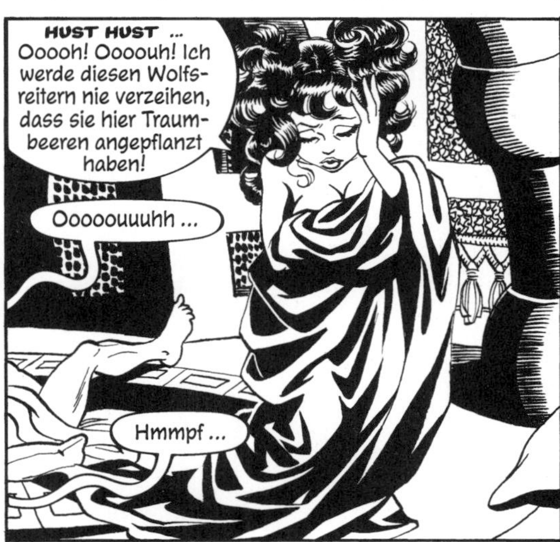
HUST HUST ...
Ooooh! Oooouh! Ich werde diesen Wolfsreitern nie verzeihen, dass sie hier Traumbeeren angepflanzt haben!
Oooouuuhh ...
Hmmpf ...

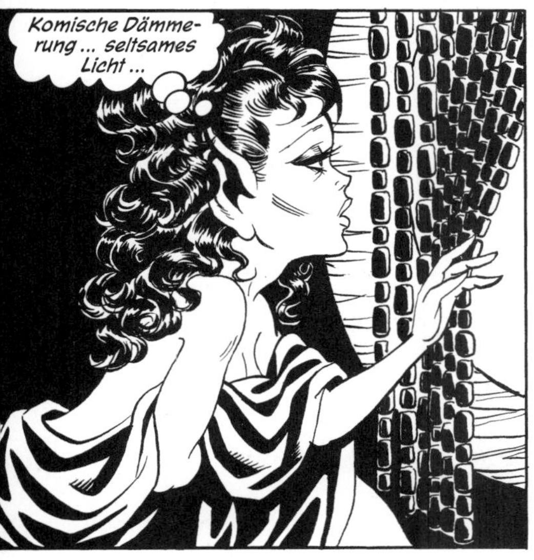
Komische Dämmerung ... seltsames Licht ...

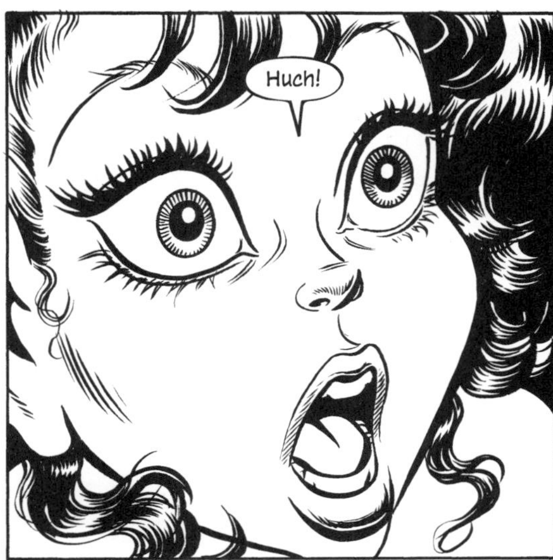
Huch!

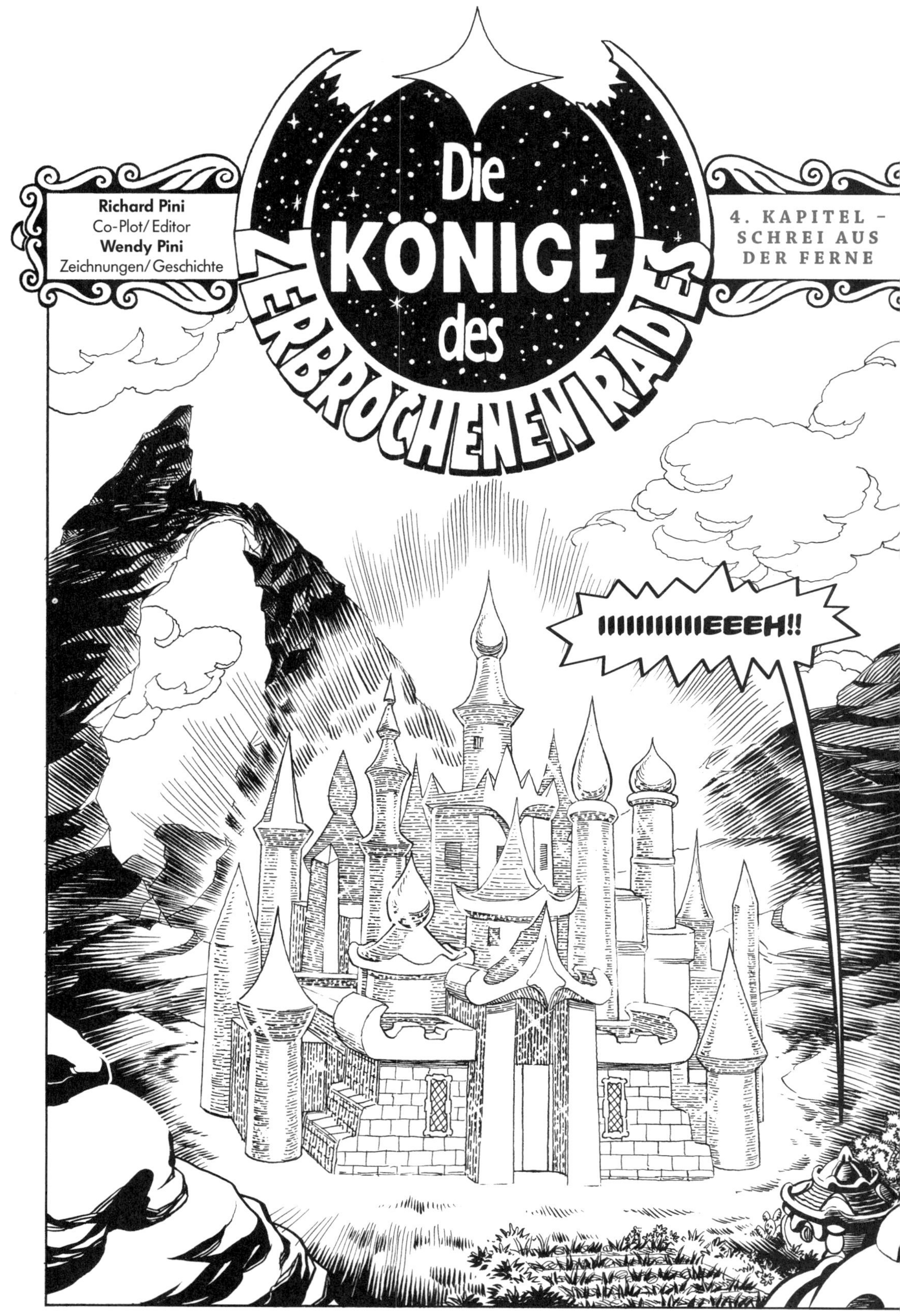
Die
KÖNIGE
des
ZERBROCHENEN RADES
Richard Pini
Co-Plot/ Editor
Wendy Pini
Zeichnungen/ Geschichte
4. KAPITEL –
SCHREI AUS
DER FERNE
IIIIIIIIIIIEEEH!!

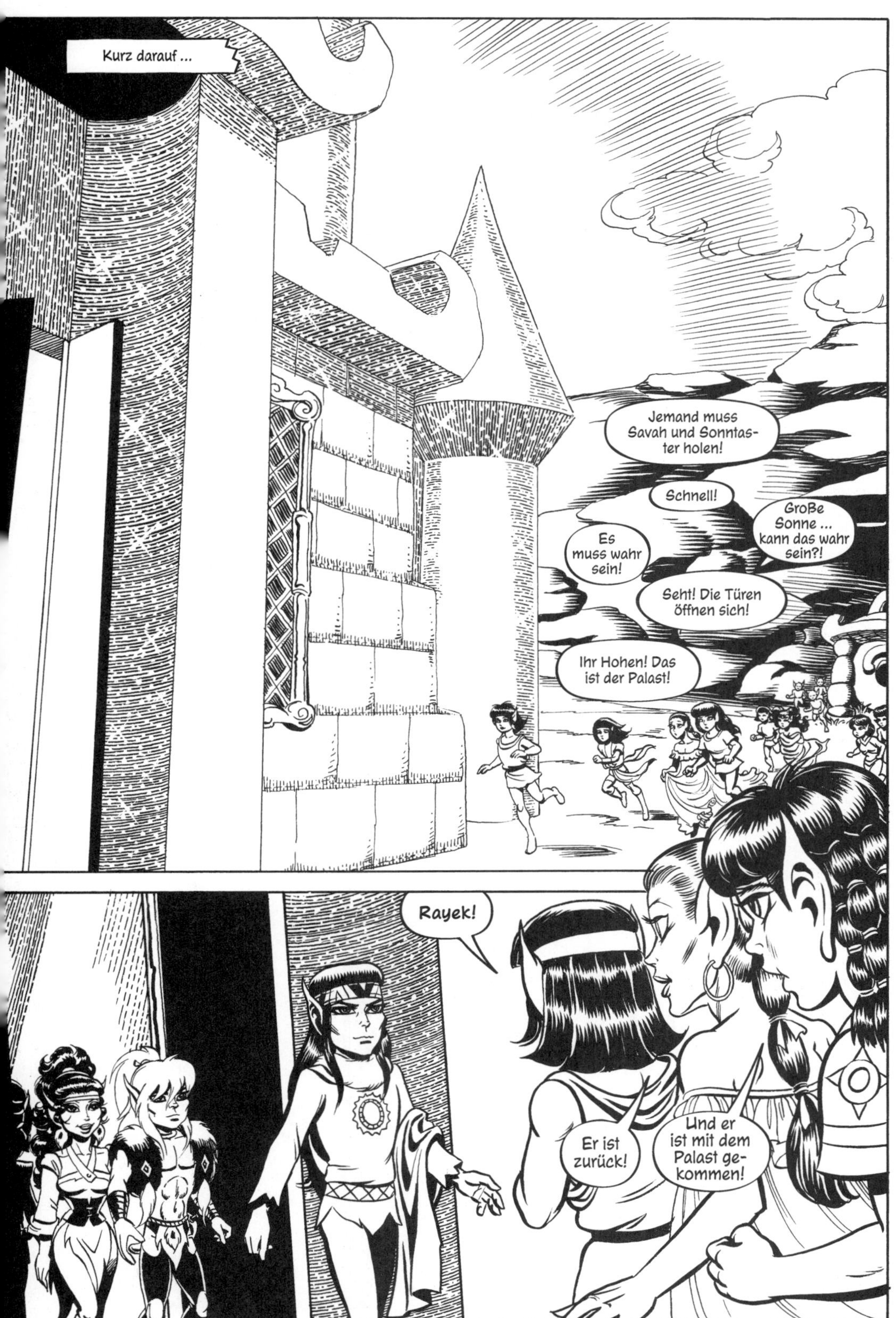
Kurz darauf ...
Jemand muss Savah und Sonntaster holen!
Schnell!
Große Sonne ... kann das wahr sein?!
Es muss wahr sein!
Seht! Die Türen öffnen sich!
Ihr Hohen! Das ist der Palast!
Rayek!
Er ist zurück!
Und er ist mit dem Palast gekommen!

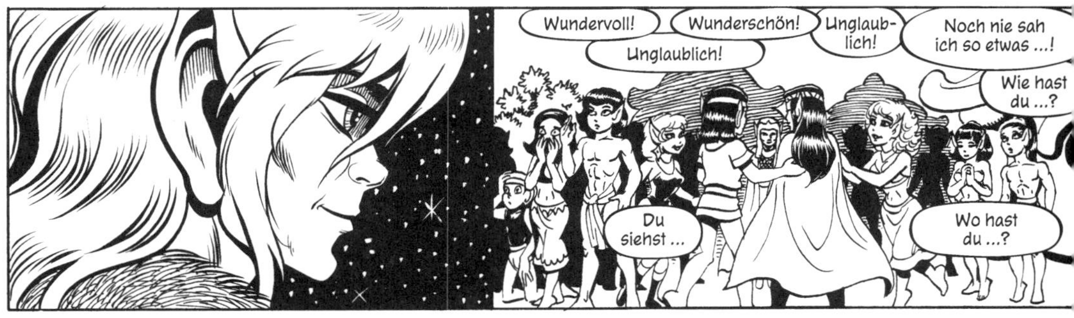
Wundervoll!
Unglaublich!
Wunderschön!
Unglaub-
lich!
Noch nie sah
ich so etwas ...!
Wie hast
du ...?
Du
siehst ...
Wo hast
du ...?

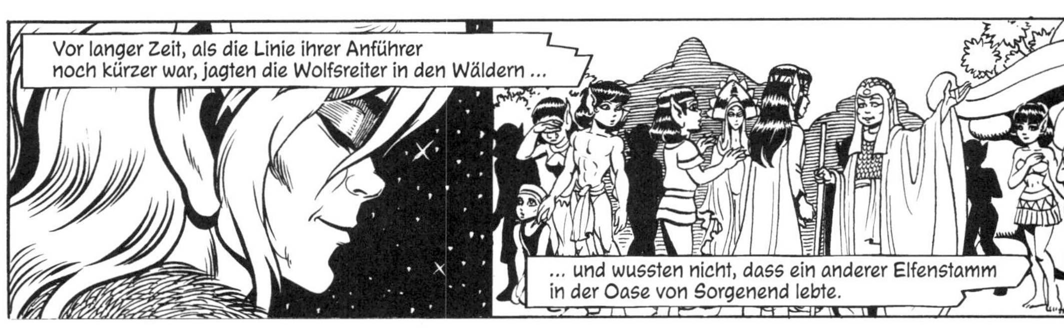
Vor langer Zeit, als die Linie ihrer Anführer
noch kürzer war, jagten die Wolfsreiter in den Wäldern ...
... und wussten nicht, dass ein anderer Elfenstamm
in der Oase von Sorgenend lebte.

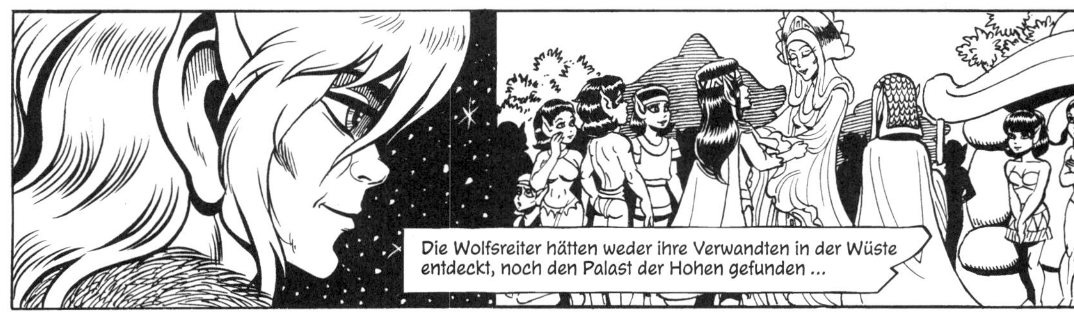
Die Wolfsreiter hätten weder ihre Verwandten in der Wüste
entdeckt, noch den Palast der Hohen gefunden ...

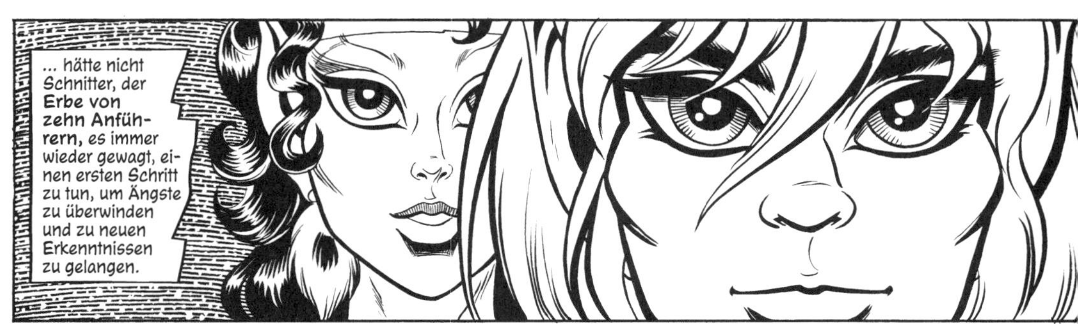
... hätte nicht
Schnitter, der
Erbe von
zehn Anfüh-
rern, es immer
wieder gewagt, ei-
nen ersten Schritt
zu tun, um Ängste
zu überwinden
und zu neuen
Erkenntnissen
zu gelangen.

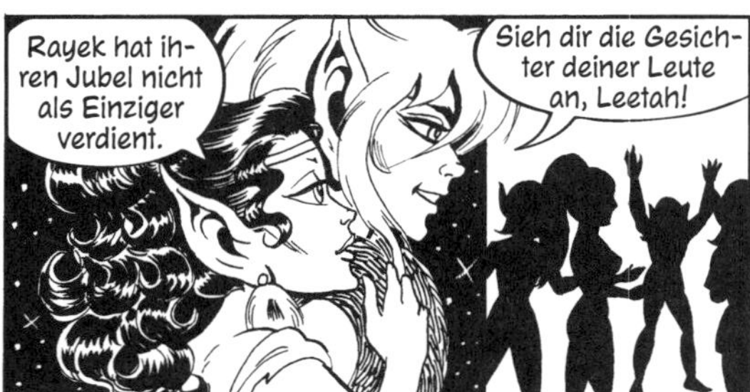
Rayek hat ih-
ren Jubel nicht
als Einziger
verdient.
Sieh dir die Gesich-
ter deiner Leute
an, Leetah!

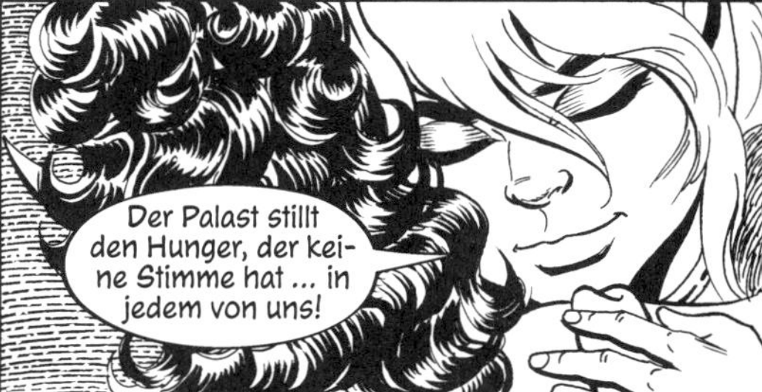
Der Palast stillt
den Hunger, der kei-
ne Stimme hat ... in
jedem von uns!

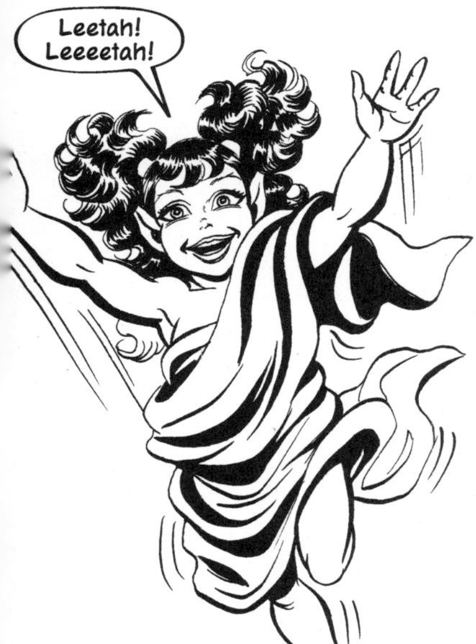
Leetah!
Leeeetah!

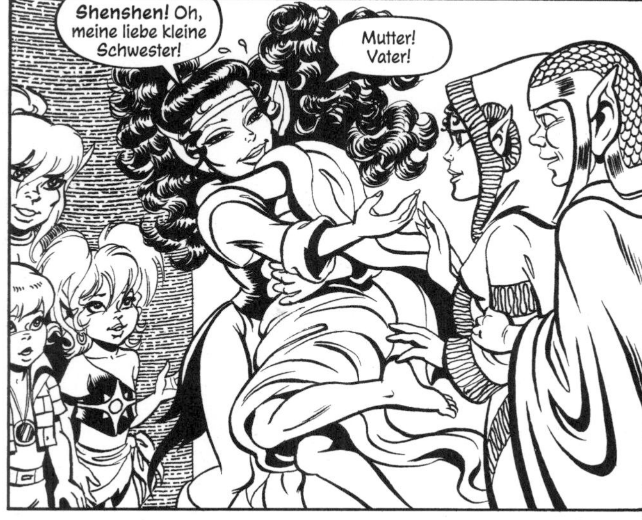
Shenshen! Oh, meine liebe kleine Schwester!
Mutter! Vater!

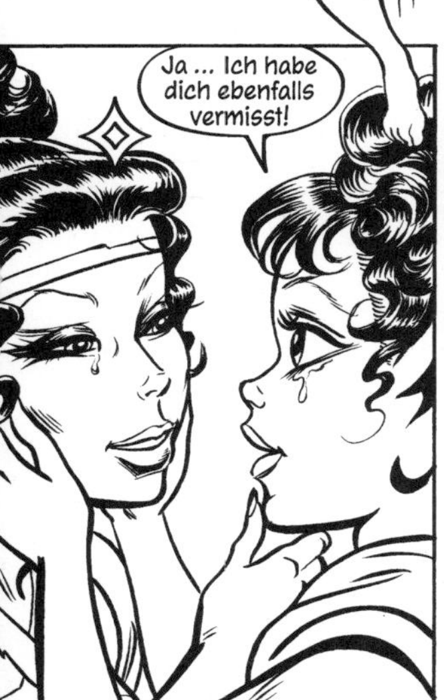
Ja ... Ich habe dich ebenfalls vermisst!

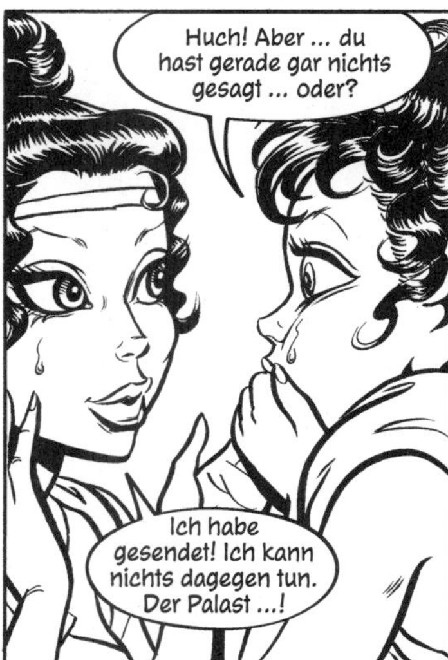
Huch! Aber ... du hast gerade gar nichts gesagt ... oder?
Ich habe gesendet! Ich kann nichts dagegen tun. Der Palast ...!

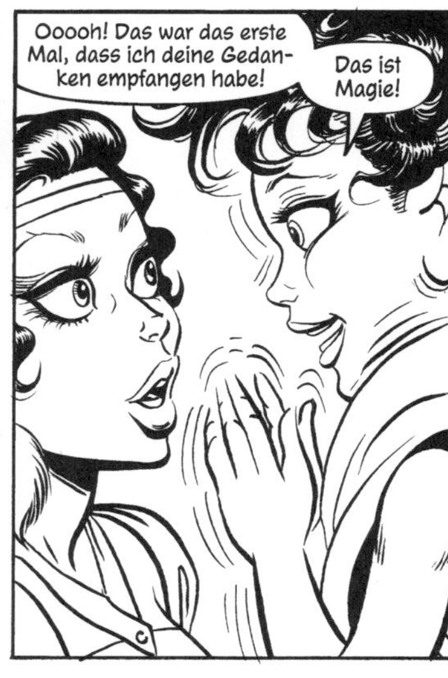
Ooooh! Das war das erste Mal, dass ich deine Gedanken empfangen habe!
Das ist Magie!

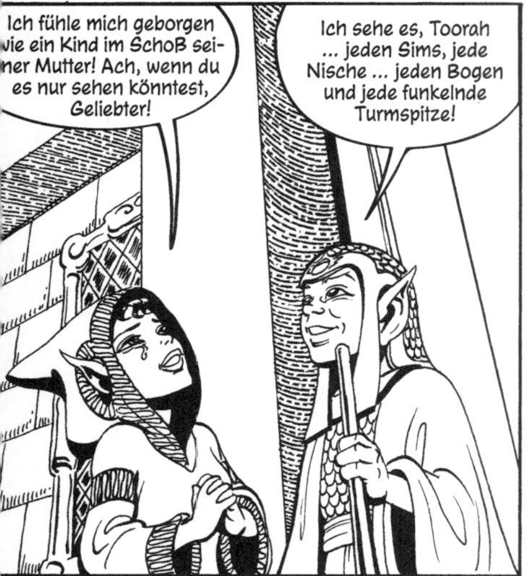
Ich fühle mich geborgen wie ein Kind im Schoß seiner Mutter! Ach, wenn du es nur sehen könntest, Geliebter!
Ich sehe es, Toorah ... jeden Sims, jede Nische ... jeden Bogen und jede funkelnde Turmspitze!

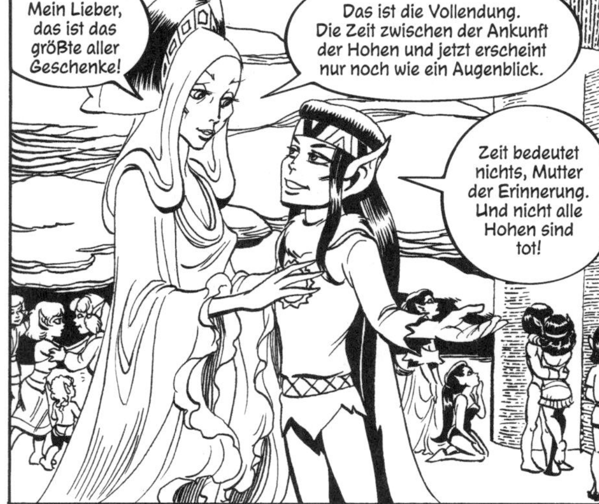
Mein Lieber, das ist das größte aller Geschenke!
Das ist die Vollendung. Die Zeit zwischen der Ankunft der Hohen und jetzt erscheint nur noch wie ein Augenblick.
Zeit bedeutet nichts, Mutter der Erinnerung. Und nicht alle Hohen sind tot!

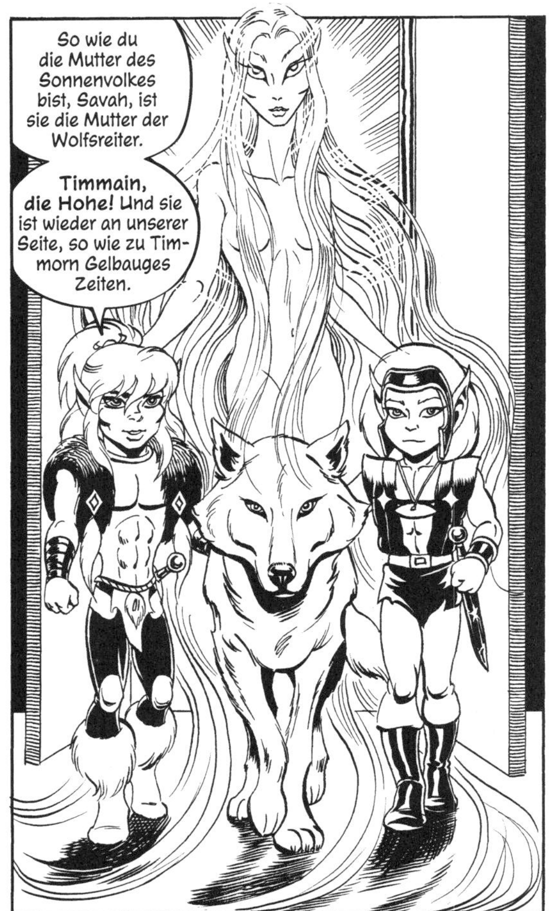
So wie du die Mutter des Sonnenvolkes bist, Savah, ist sie die Mutter der Wolfsreiter.
Timmain, die Hohe! Und sie ist wieder an unserer Seite, so wie zu Timmorn Gelbauges Zeiten.

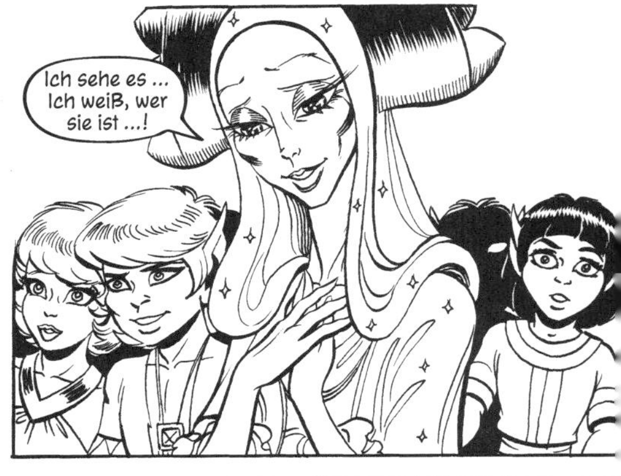
Ich sehe es ... Ich weiß, wer sie ist ...!

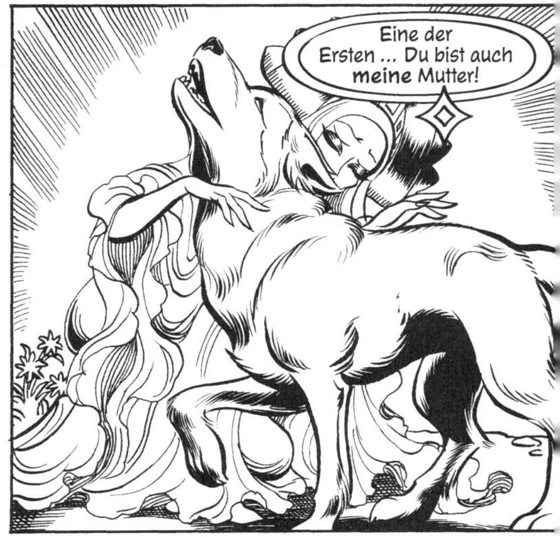
Eine der Ersten ... Du bist auch **meine** Mutter!

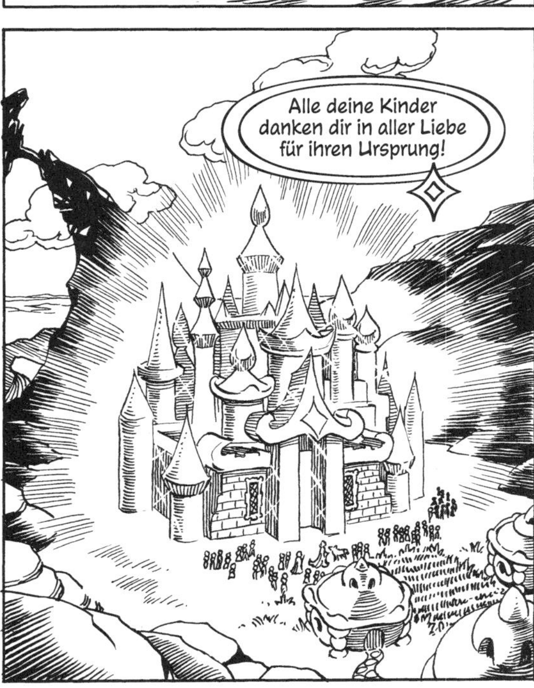
Alle deine Kinder danken dir in aller Liebe für ihren Ursprung!

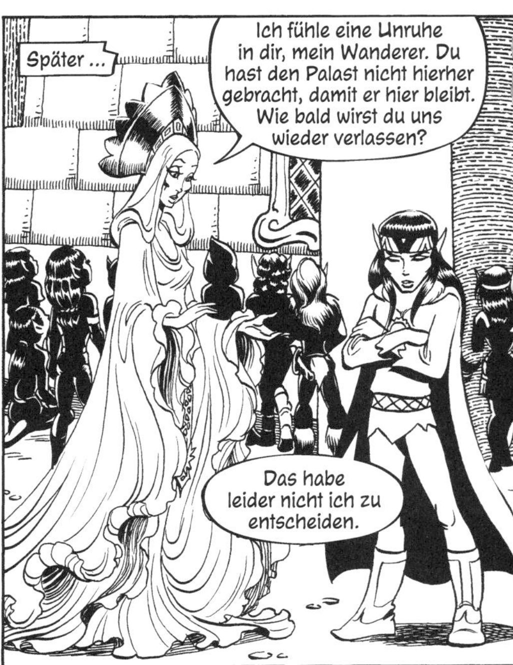
Später ...
Ich fühle eine Unruhe in dir, mein Wanderer. Du hast den Palast nicht hierher gebracht, damit er hier bleibt. Wie bald wirst du uns wieder verlassen?
Das habe leider nicht ich zu entscheiden.

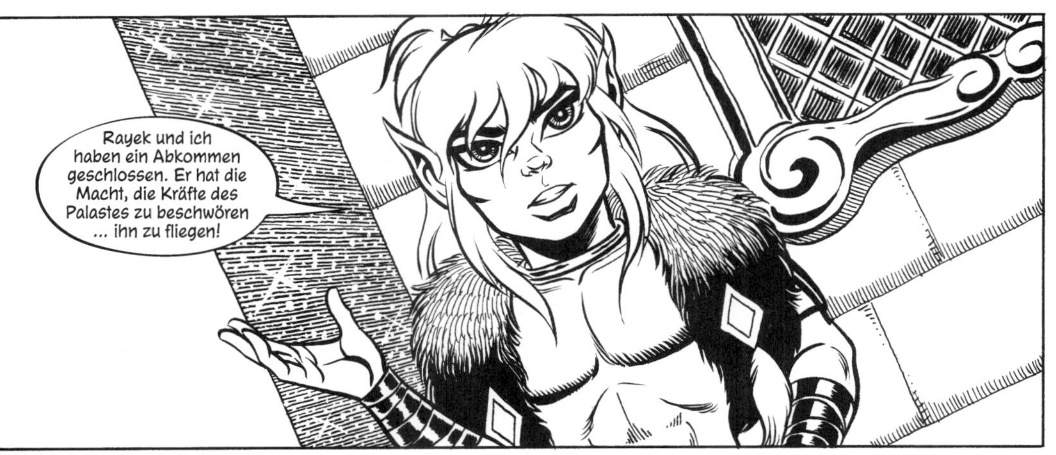
Rayek und ich haben ein Abkommen geschlossen. Er hat die Macht, die Kräfte des Palastes zu beschwören ... ihn zu fliegen!

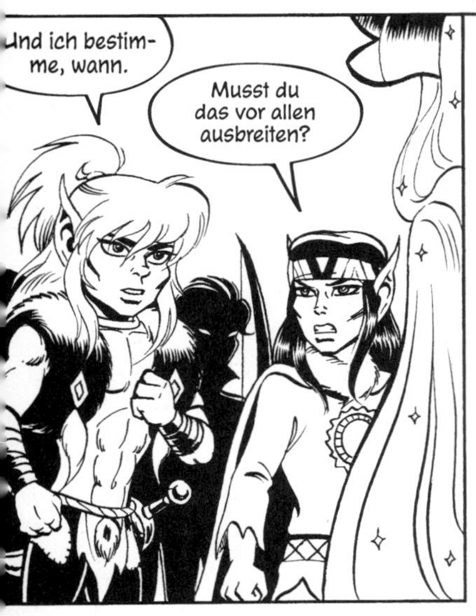
Und ich bestimme, wann.
Musst du das vor allen ausbreiten?

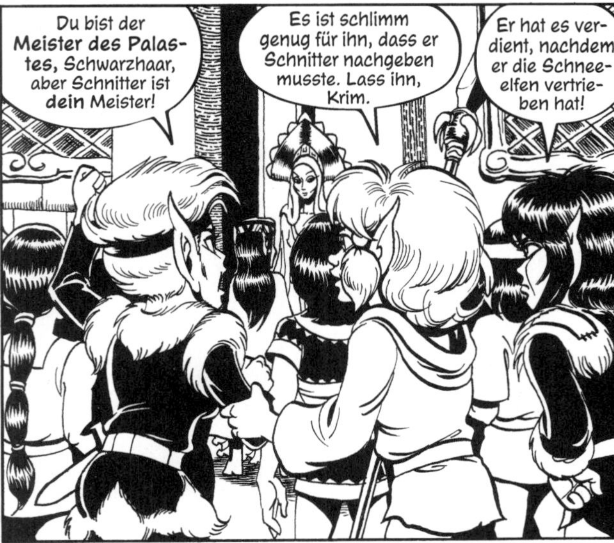
Du bist der **Meister des Palastes**, Schwarzhaar, aber Schnitter ist **dein** Meister!
Es ist schlimm genug für ihn, dass er Schnitter nachgeben musste. Lass ihn, Krim.
Er hat es verdient, nachdem er die Schneeelfen vertrieben hat!

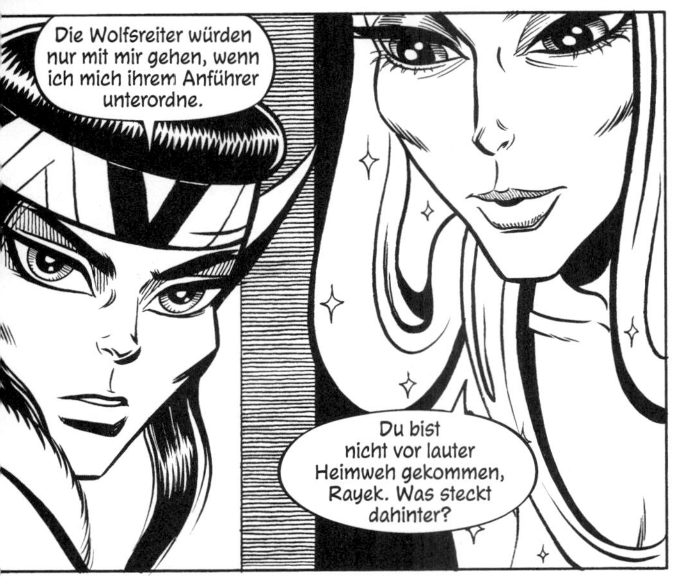
Die Wolfsreiter würden nur mit mir gehen, wenn ich mich ihrem Anführer unterordne.
Du bist nicht vor lauter Heimweh gekommen, Rayek. Was steckt dahinter?

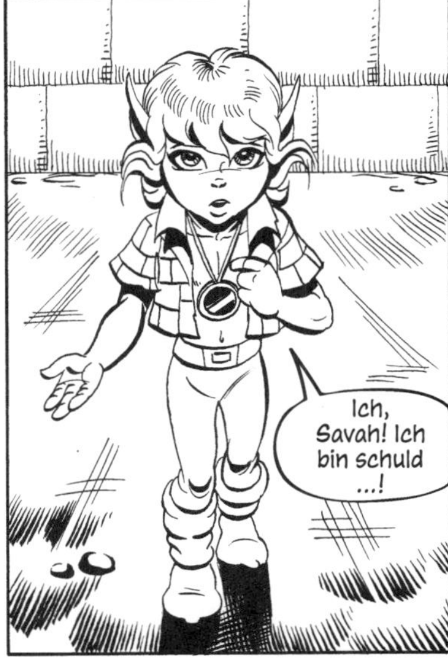
Ich, Savah! Ich bin schuld ...!

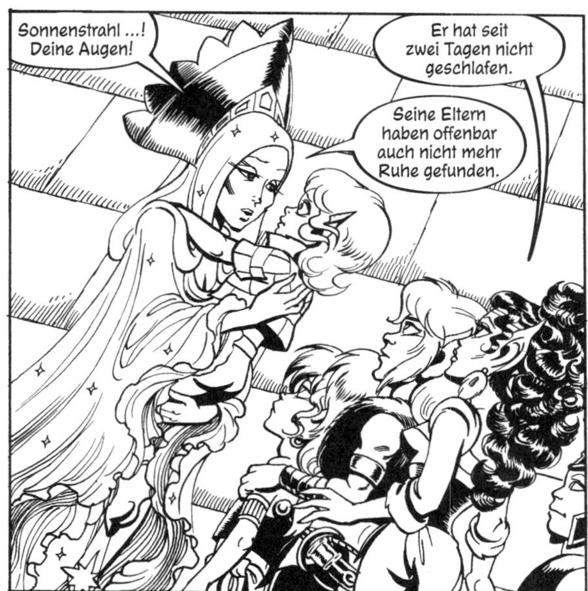
Sonnenstrahl ...!
Deine Augen!
Er hat seit
zwei Tagen nicht
geschlafen.
Seine Eltern
haben offenbar
auch nicht mehr
Ruhe gefunden.

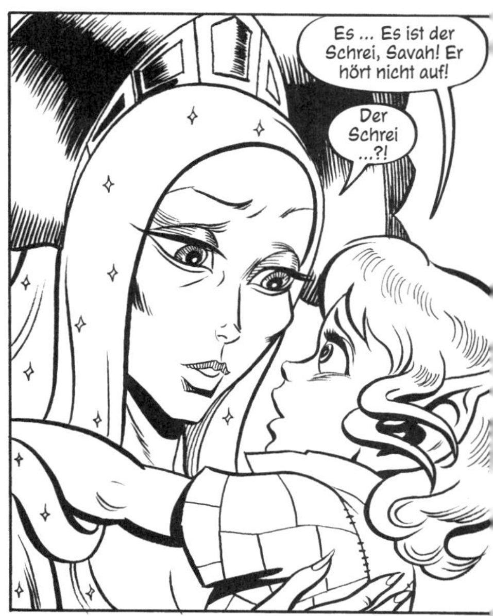
Es ... Es ist der
Schrei, Savah! Er
hört nicht auf!
Der
Schrei
...?!

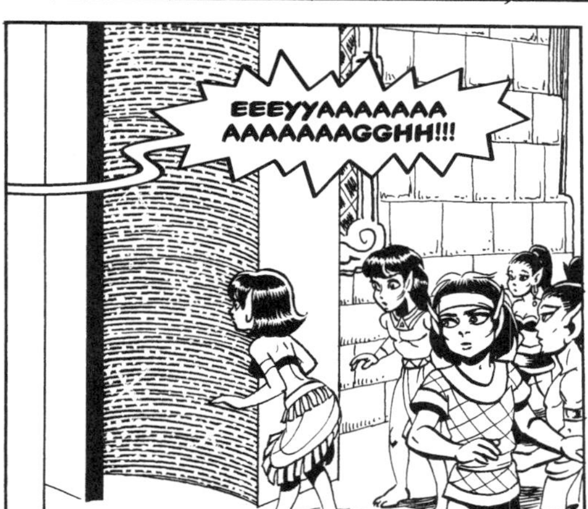
EEEYYAAAAAAA
AAAAAAAGGHH!!!

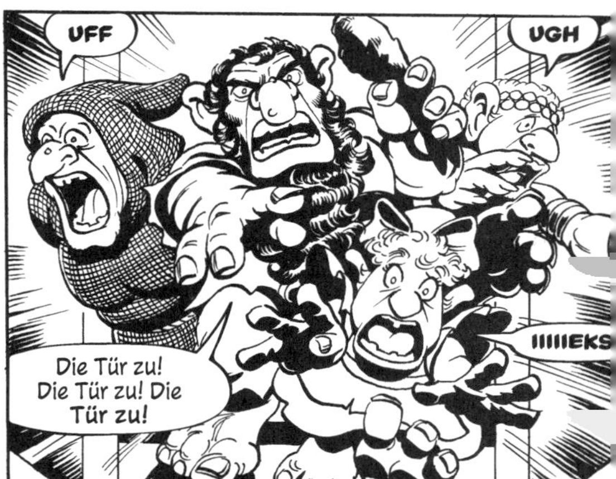
UFF
UGH
IIIIIEKS
Die Tür zu!
Die Tür zu! Die
Tür zu!

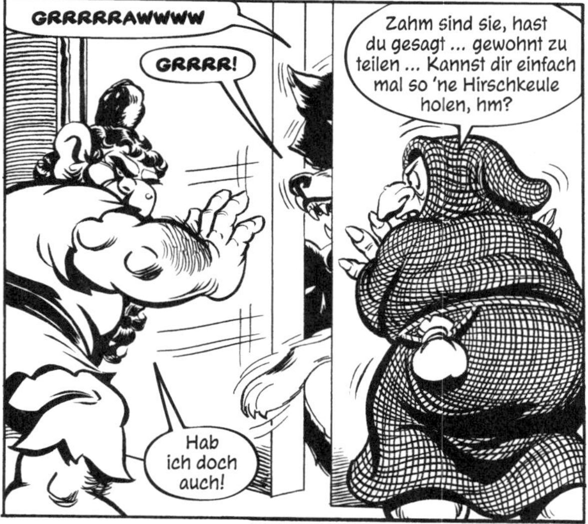
GRRRRRAWWWW
GRRRR!
Zahm sind sie, hast
du gesagt ... gewohnt zu
teilen ... Kannst dir einfach
mal so 'ne Hirschkeule
holen, hm?
Hab
ich doch
auch!

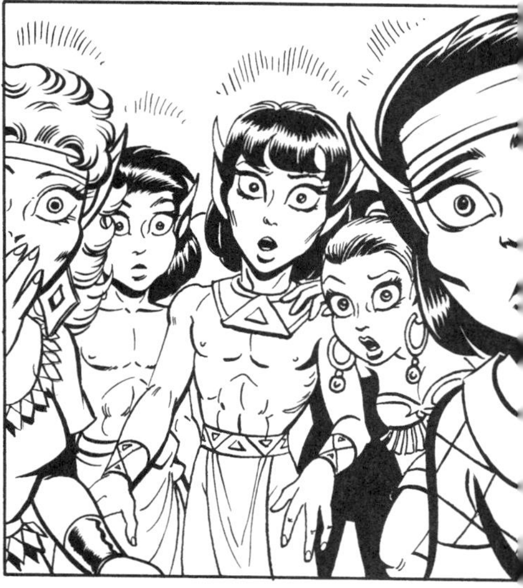

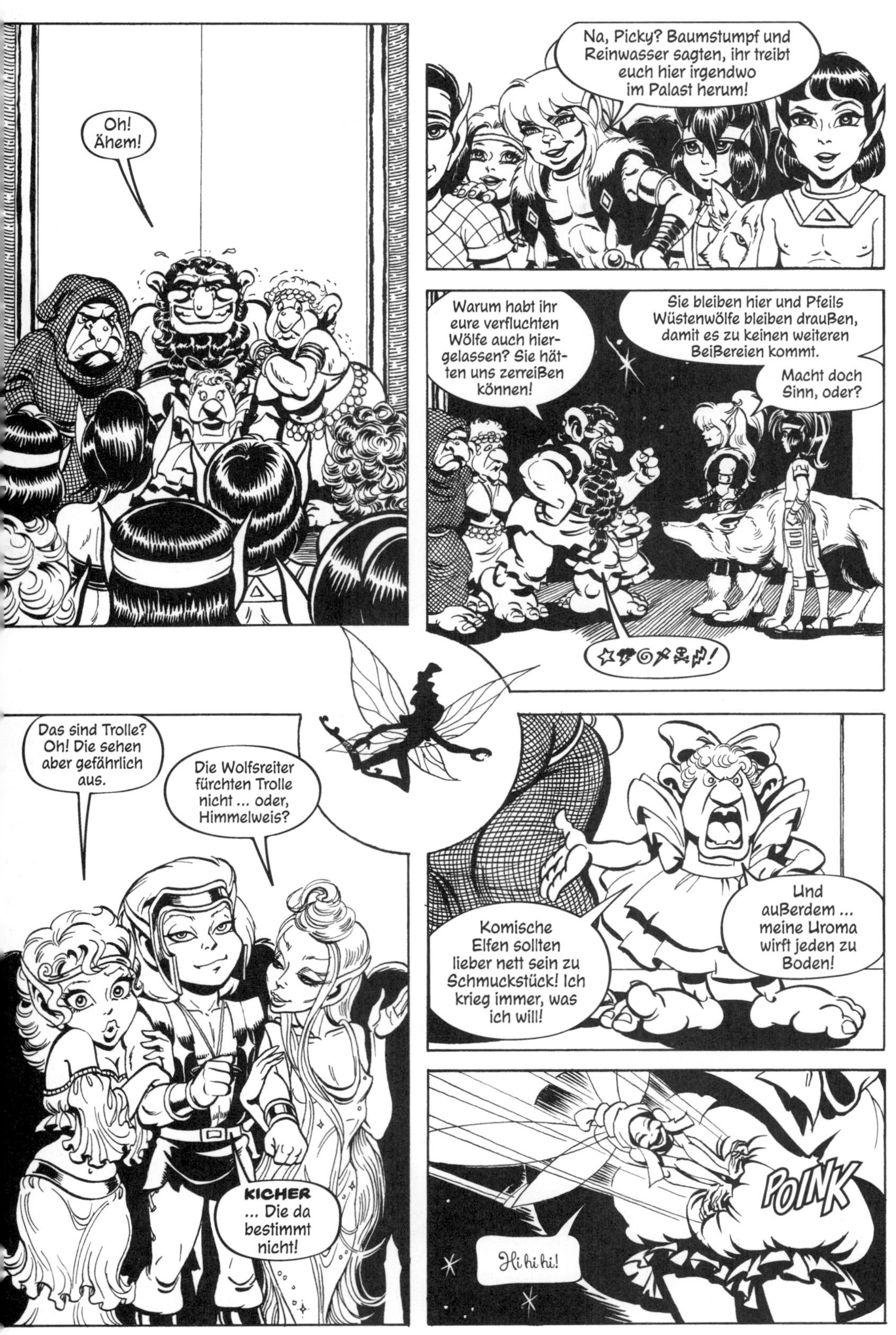

Oh! Ähem!
Na, Picky? Baumstumpf und Reinwasser sagten, ihr treibt euch hier irgendwo im Palast herum!
Warum habt ihr eure verfluchten Wölfe auch hiergelassen? Sie hätten uns zerreißen können!
Sie bleiben hier und Pfeils Wüstenwölfe bleiben draußen, damit es zu keinen weiteren Beißereien kommt.
Macht doch Sinn, oder?
Das sind Trolle? Oh! Die sehen aber gefährlich aus.
Die Wolfsreiter fürchten Trolle nicht ... oder, Himmelweis?
KICHER ... Die da bestimmt nicht!
Komische Elfen sollten lieber nett sein zu Schmuckstück! Ich krieg immer, was ich will!
Und außerdem ... meine Uroma wirft jeden zu Boden!
POINK
Hihihi!

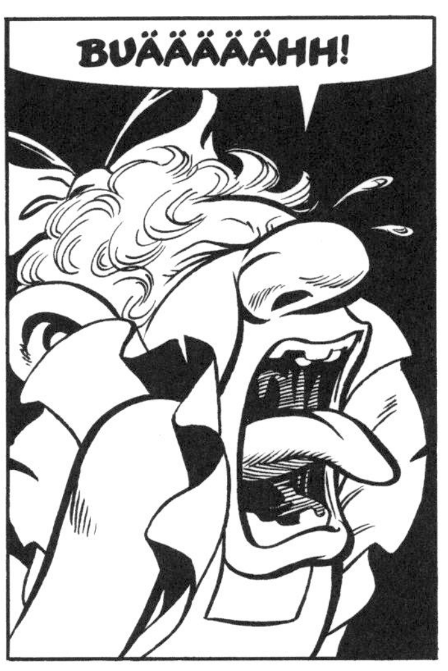
BUÄÄÄÄÄHH!

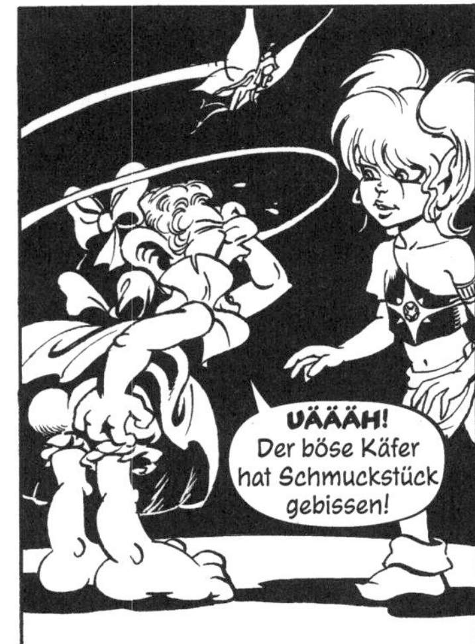
UÄÄÄH!
Der böse Käfer hat Schmuckstück gebissen!

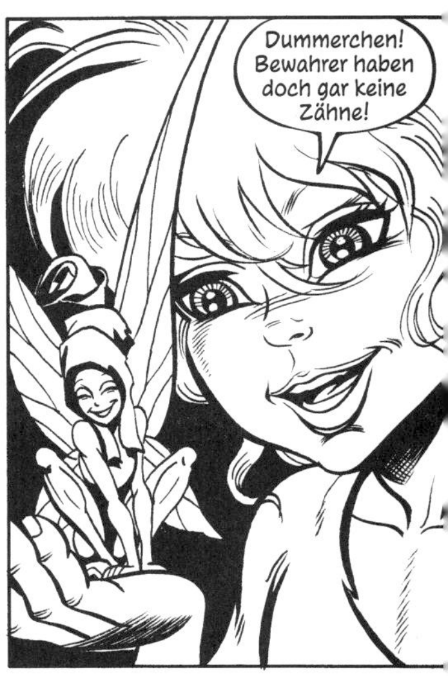
Dummerchen! Bewahrer haben doch gar keine Zähne!

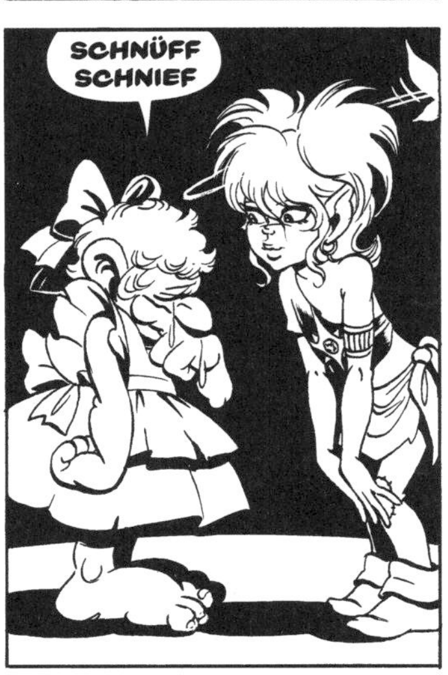
SCHNÜFF SCHNIEF

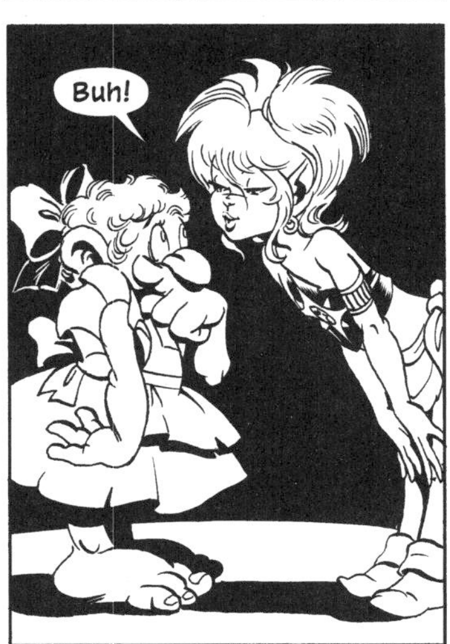
Buh!

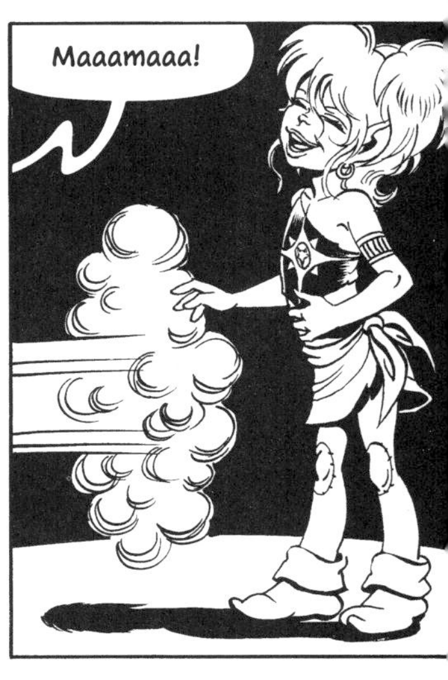
Maaamaaa!

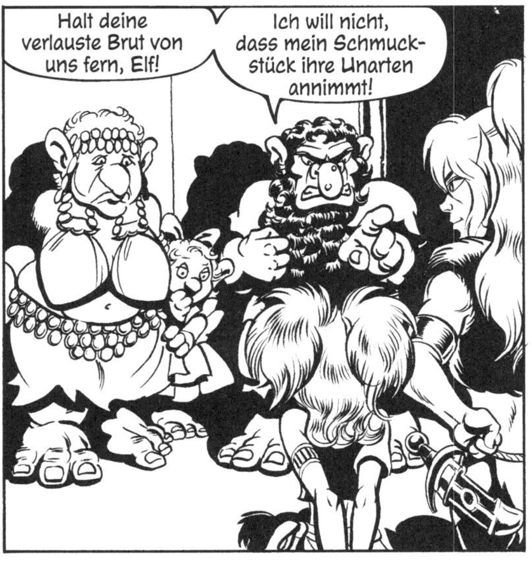
Halt deine verlauste Brut von uns fern, Elf!
Ich will nicht, dass mein Schmuckstück ihre Unarten annimmt!

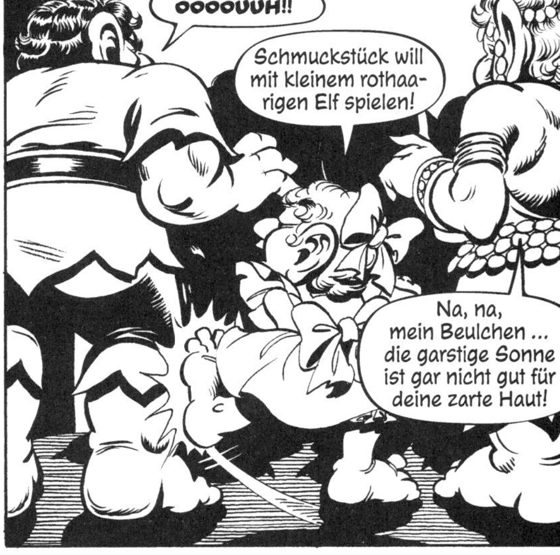
OOOOUUH!!
Schmuckstück will mit kleinem rothaarigen Elf spielen!
Na, na, mein Beulchen ... die garstige Sonne ist gar nicht gut für deine zarte Haut!

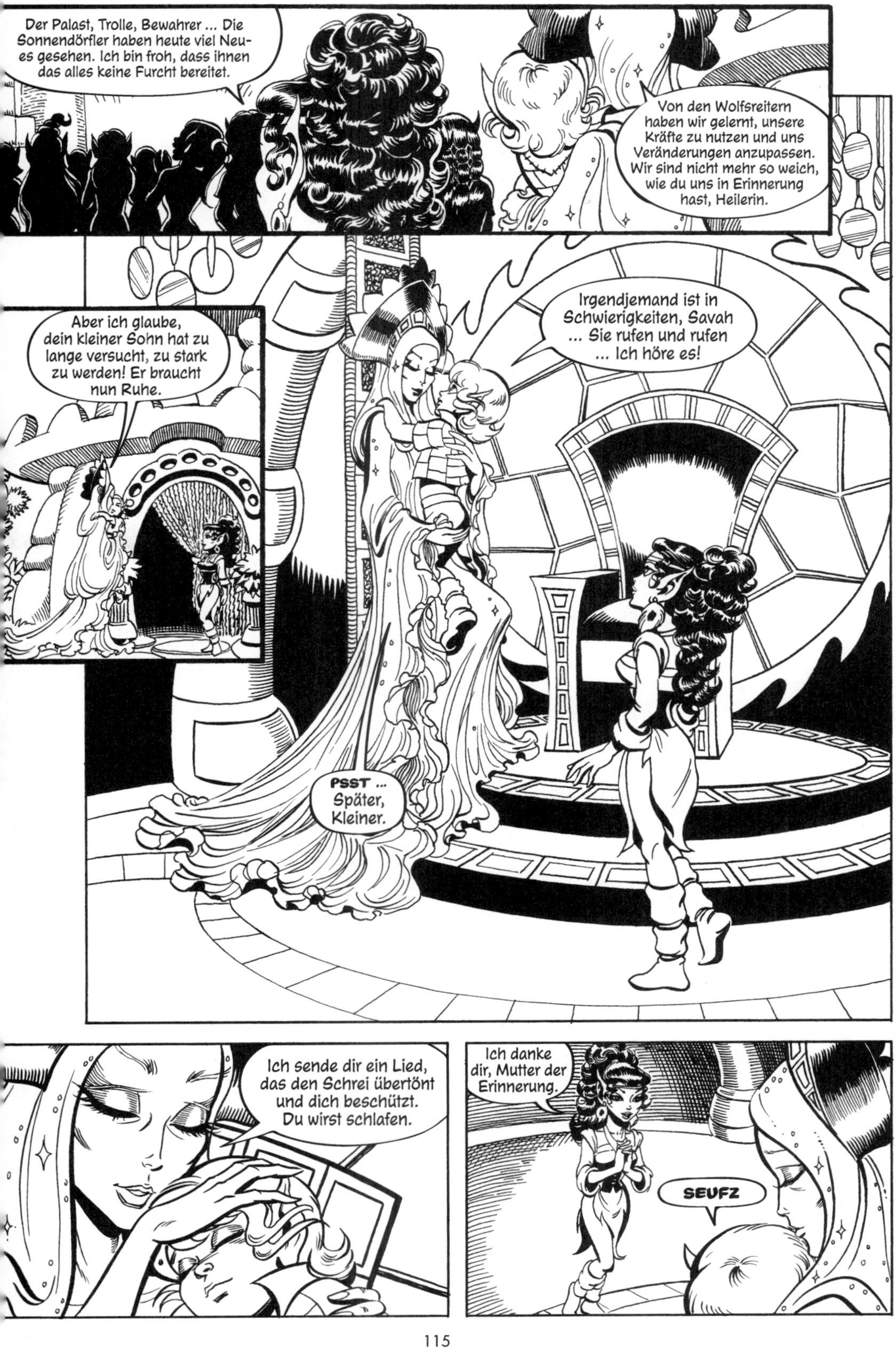

Der Palast, Trolle, Bewahrer ... Die Sonnendörfler haben heute viel Neues gesehen. Ich bin froh, dass ihnen das alles keine Furcht bereitet.

Von den Wolfsreitern haben wir gelernt, unsere Kräfte zu nutzen und uns Veränderungen anzupassen. Wir sind nicht mehr so weich, wie du uns in Erinnerung hast, Heilerin.

Aber ich glaube, dein kleiner Sohn hat zu lange versucht, zu stark zu werden! Er braucht nun Ruhe.

Irgendjemand ist in Schwierigkeiten, Savah ... Sie rufen und rufen ... Ich höre es!

PSST ... Später, Kleiner.

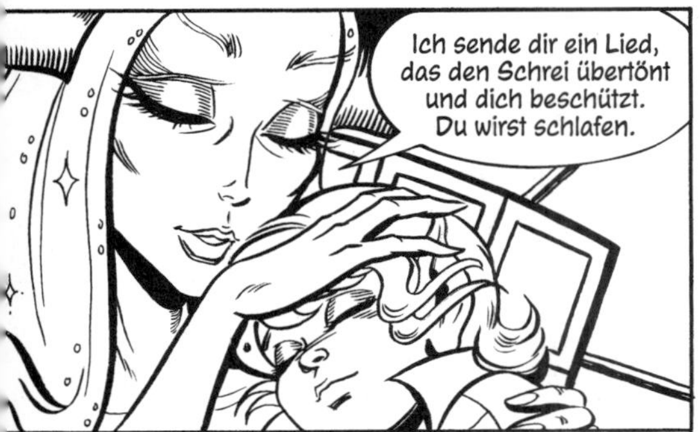

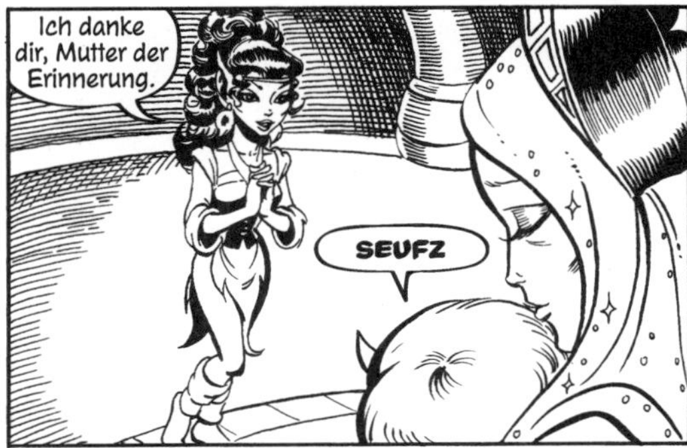

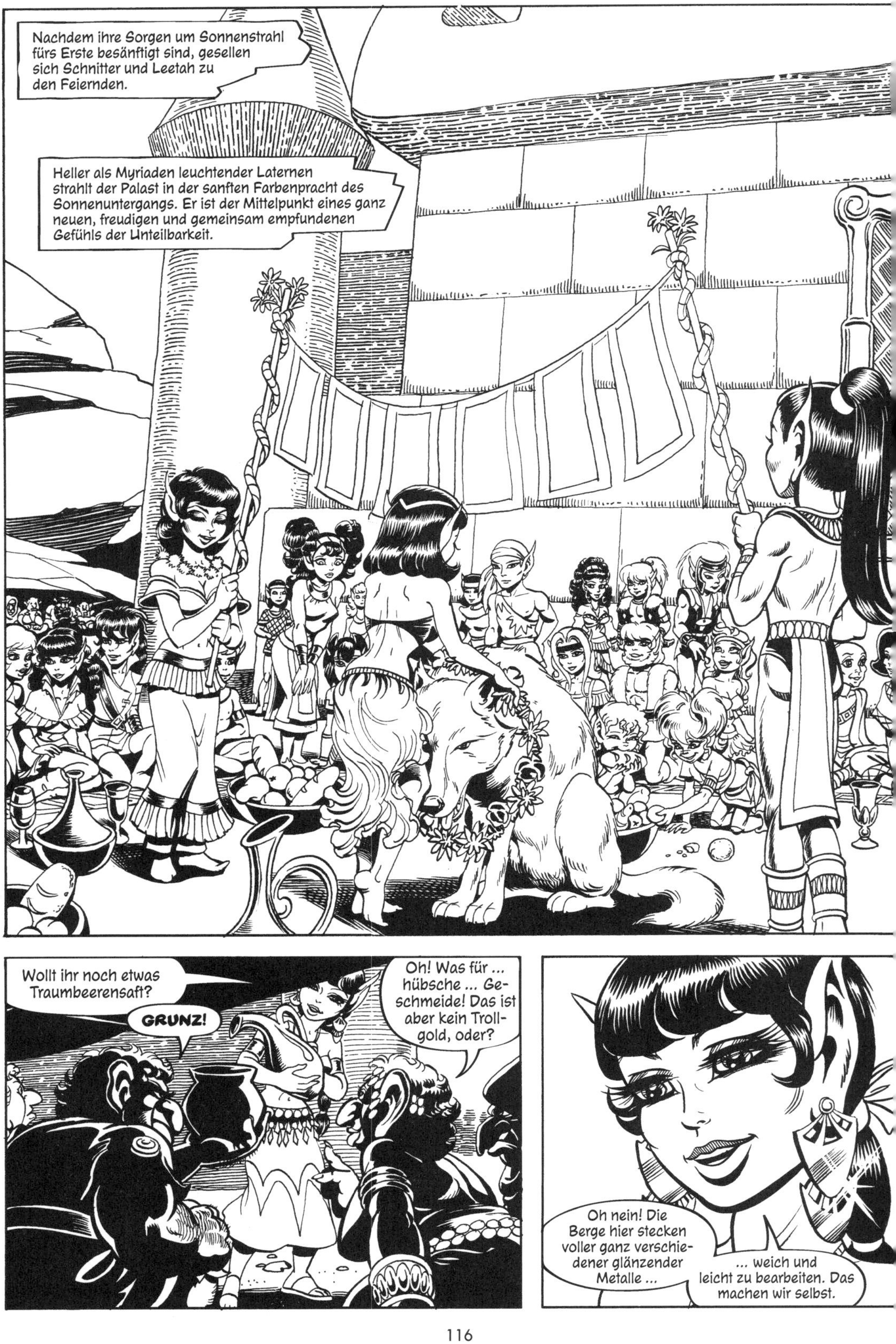

Nachdem ihre Sorgen um Sonnenstrahl fürs Erste besänftigt sind, gesellen sich Schnitter und Leetah zu den Feiernden.

Heller als Myriaden leuchtender Laternen strahlt der Palast in der sanften Farbenpracht des Sonnenuntergangs. Er ist der Mittelpunkt eines ganz neuen, freudigen und gemeinsam empfundenen Gefühls der Unteilbarkeit.

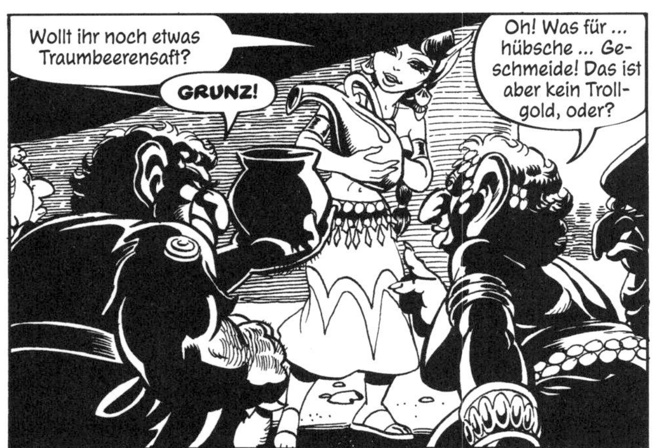

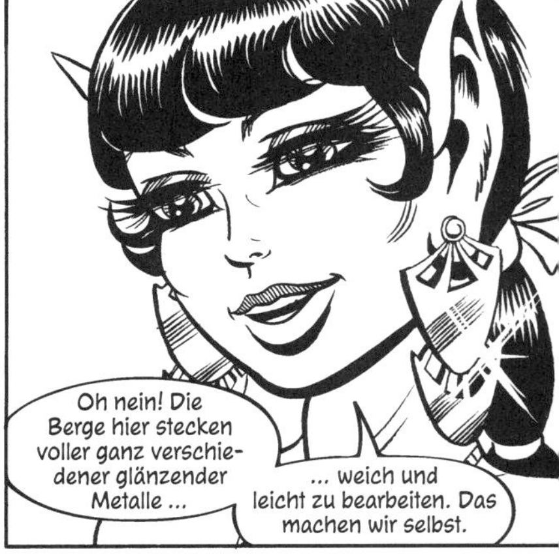

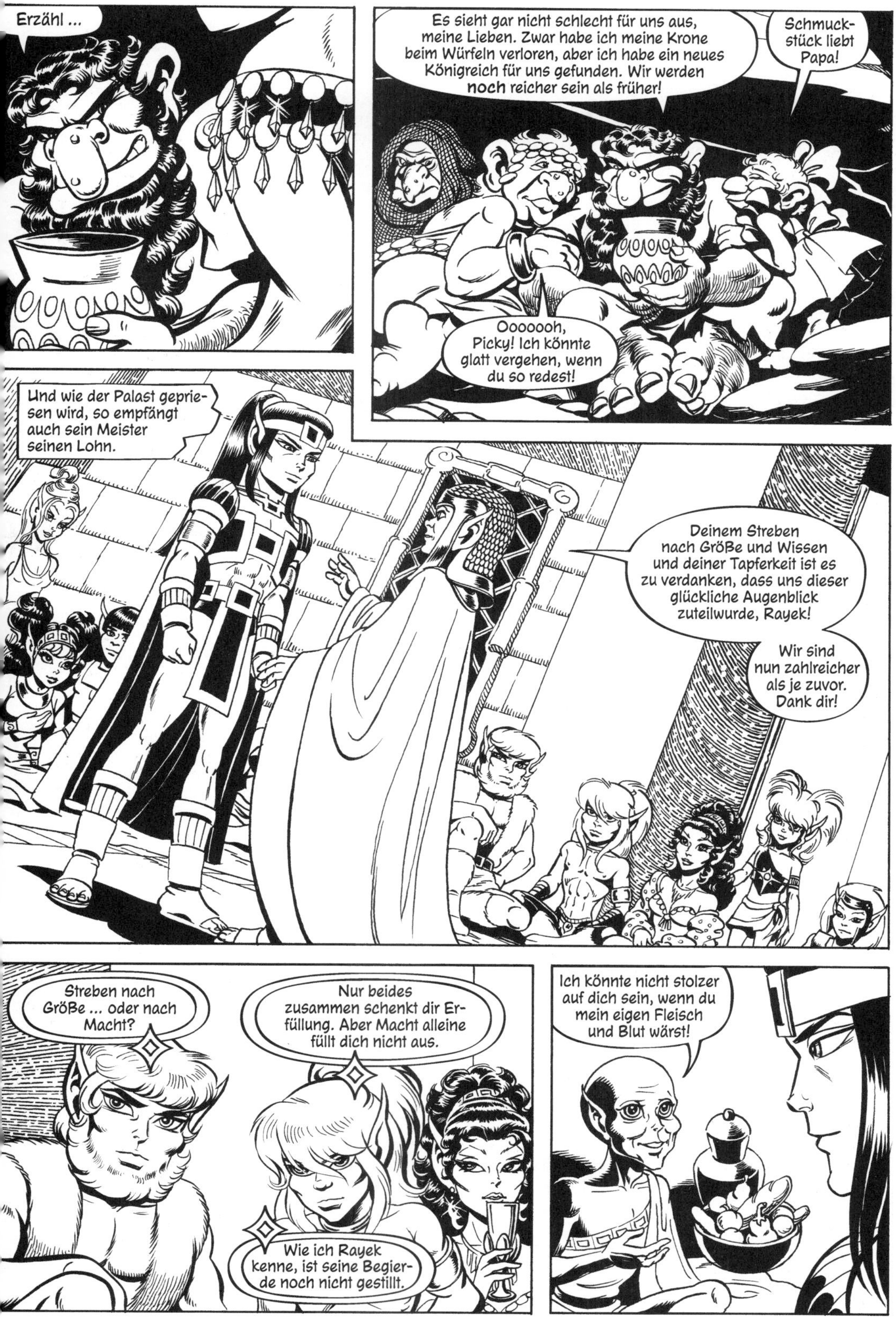

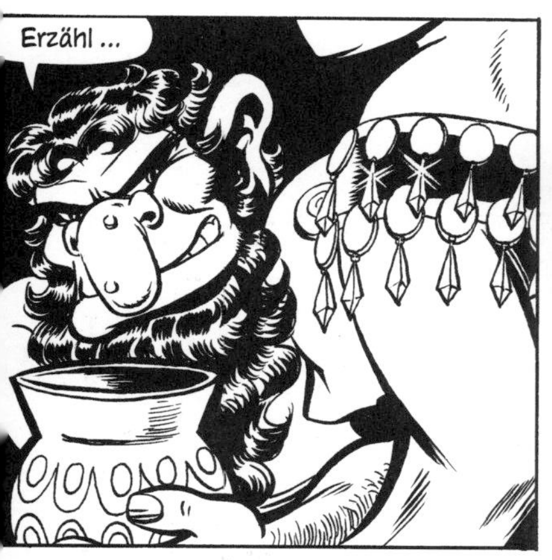

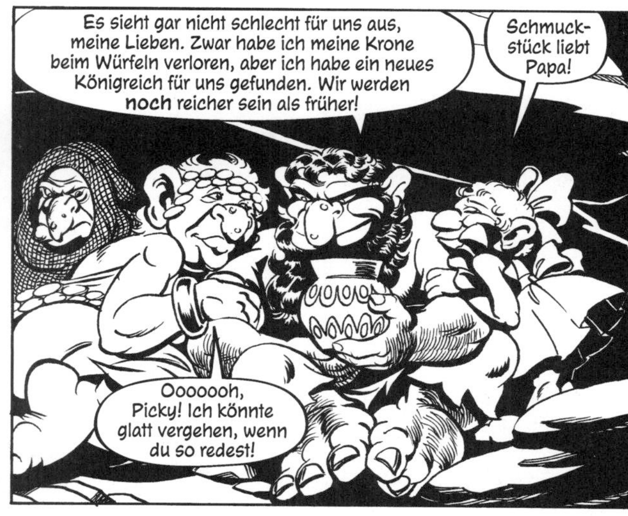

Und wie der Palast gepriesen wird, so empfängt auch sein Meister seinen Lohn.

Deinem Streben nach Größe und Wissen und deiner Tapferkeit ist es zu verdanken, dass uns dieser glückliche Augenblick zuteilwurde, Rayek!

Wir sind nun zahlreicher als je zuvor. Dank dir!

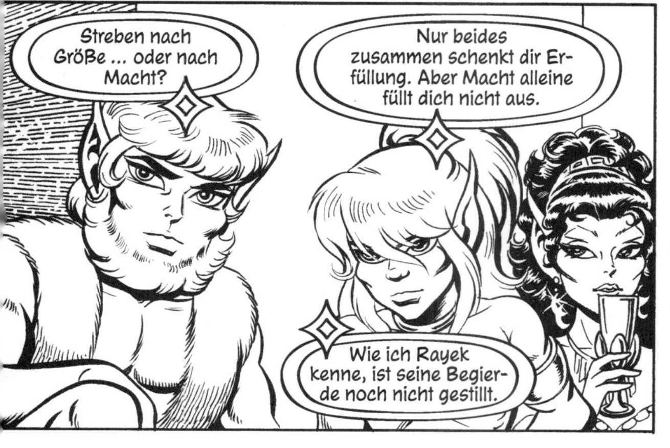

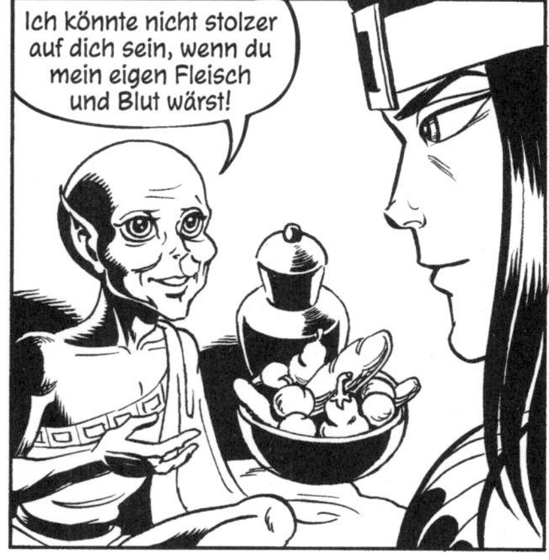

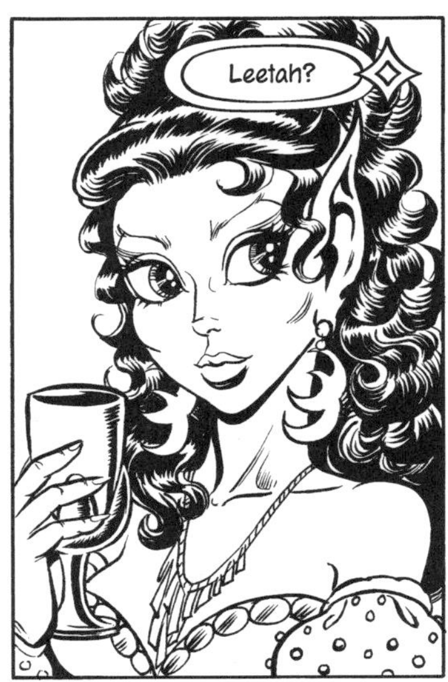
Leetah?

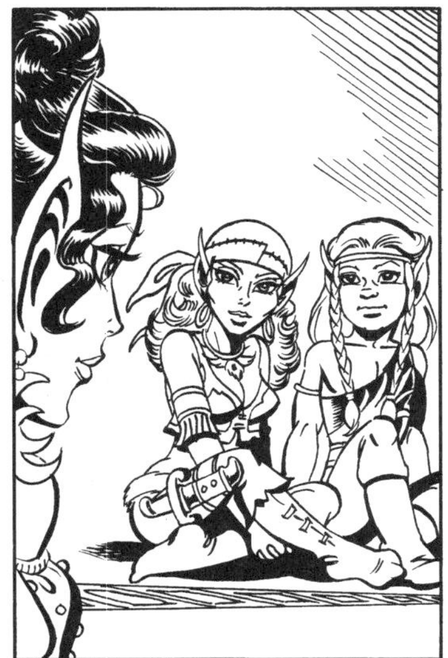

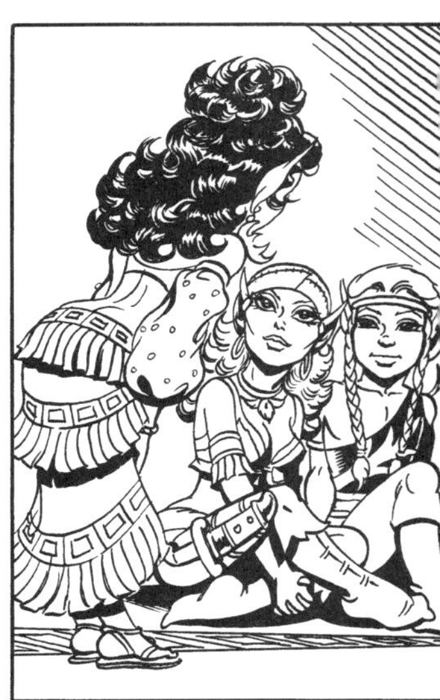

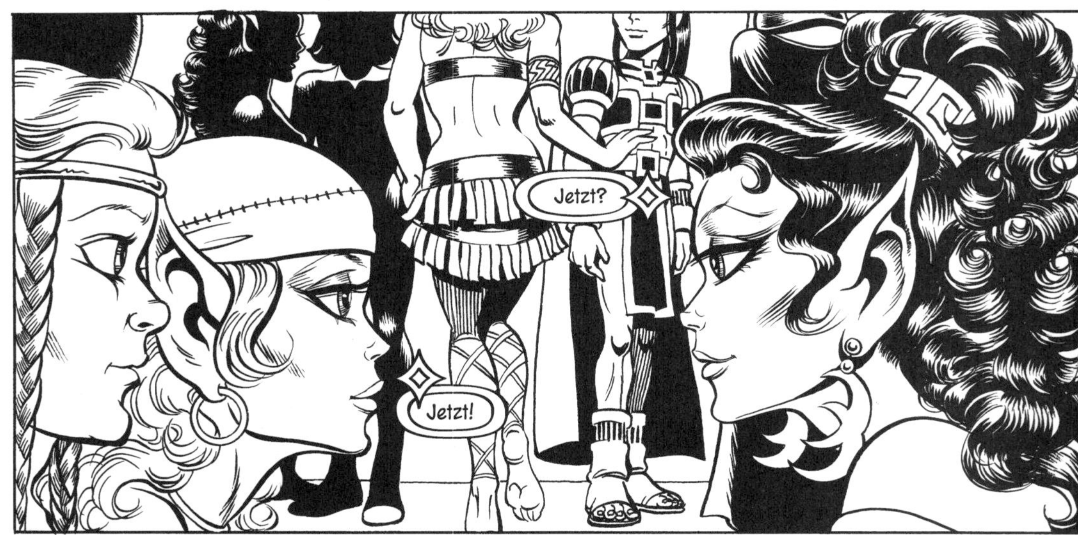
Jetzt?
Jetzt!

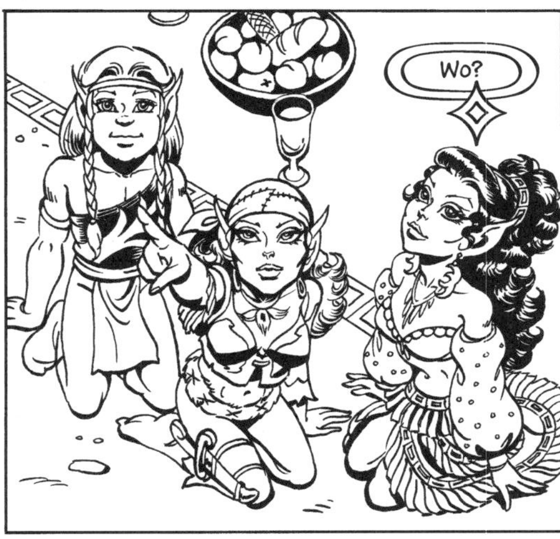
Wo?

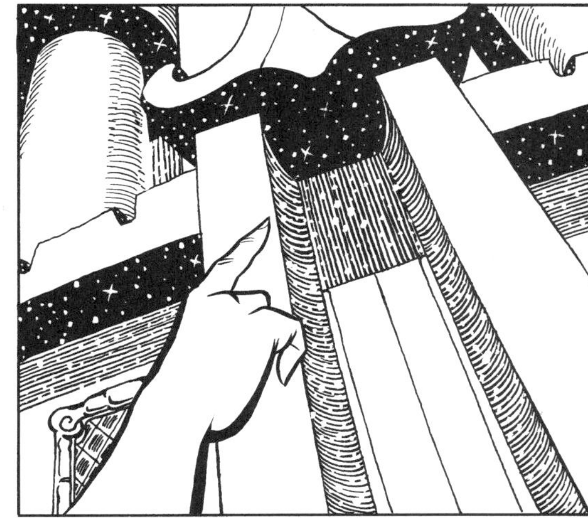

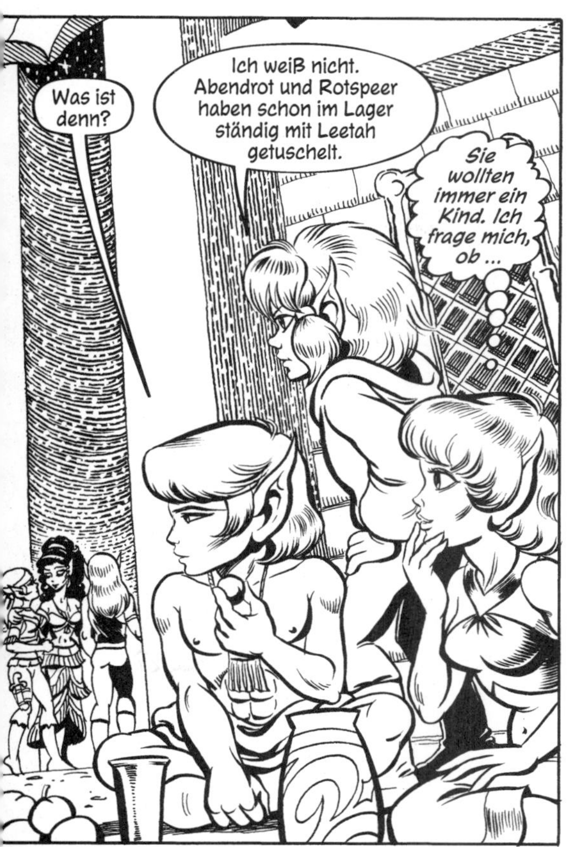
Was ist denn?
Ich weiß nicht. Abendrot und Rotspeer haben schon im Lager ständig mit Leetah getuschelt.
Sie wollten immer ein Kind. Ich frage mich, ob ...

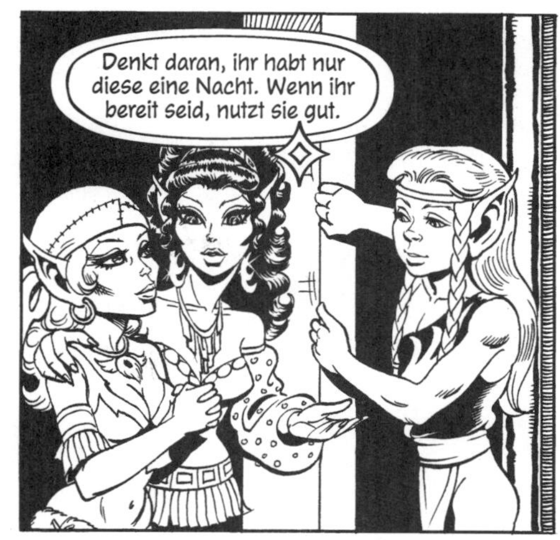
Denkt daran, ihr habt nur diese eine Nacht. Wenn ihr bereit seid, nutzt sie gut.

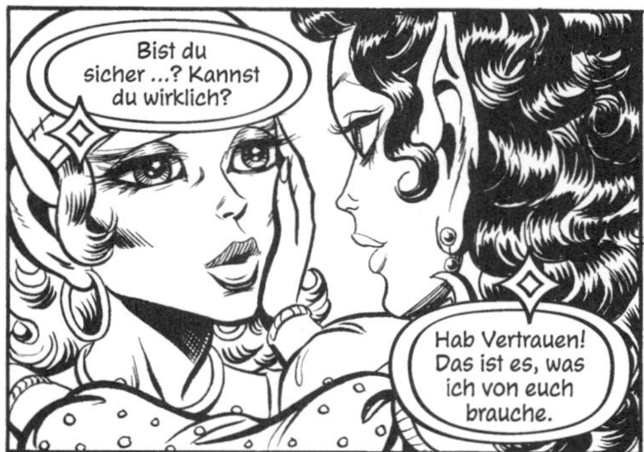
Bist du sicher ...? Kannst du wirklich?
Hab Vertrauen! Das ist es, was ich von euch brauche.

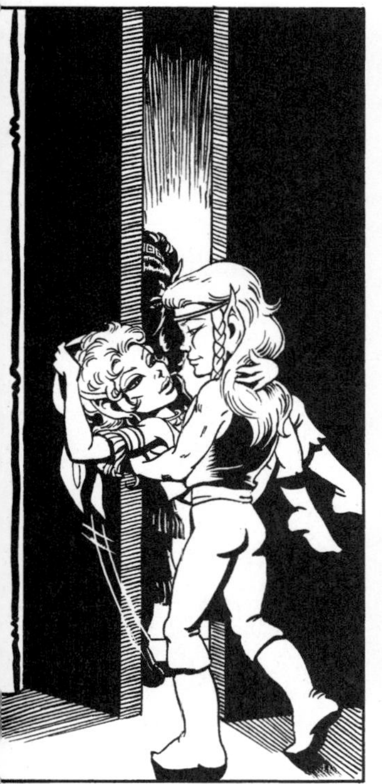

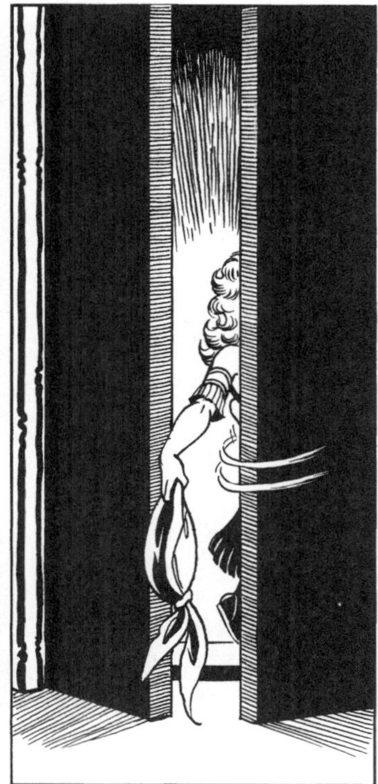

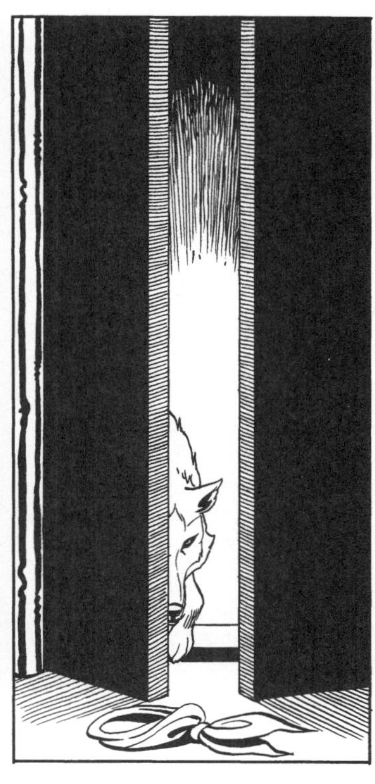

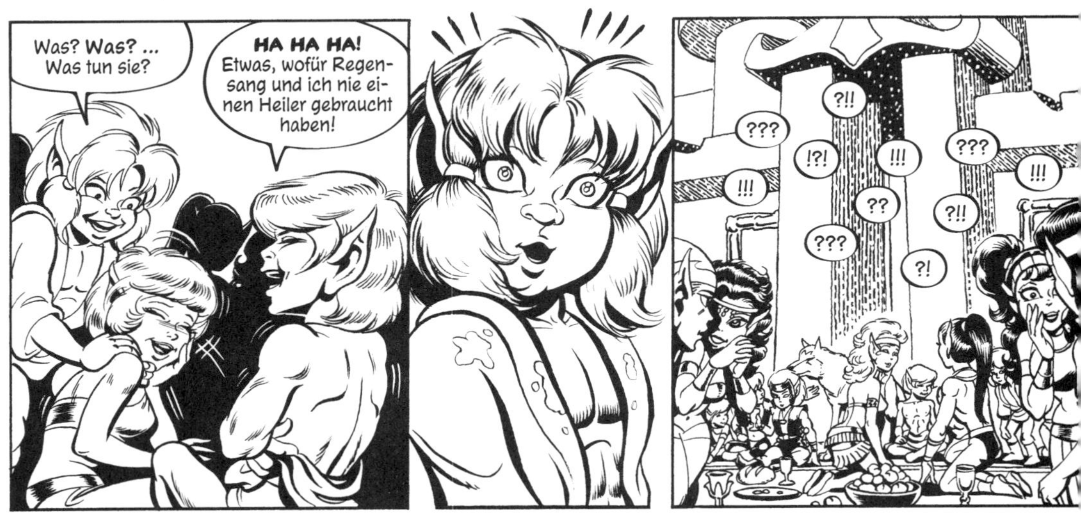
Was? Was? ...
Was tun sie?
HA HA HA!
Etwas, wofür Regensang und ich nie einen Heiler gebraucht haben!
?!!
???
!?!
!!!
???
!!!
!!!
??
?!!
???
?!

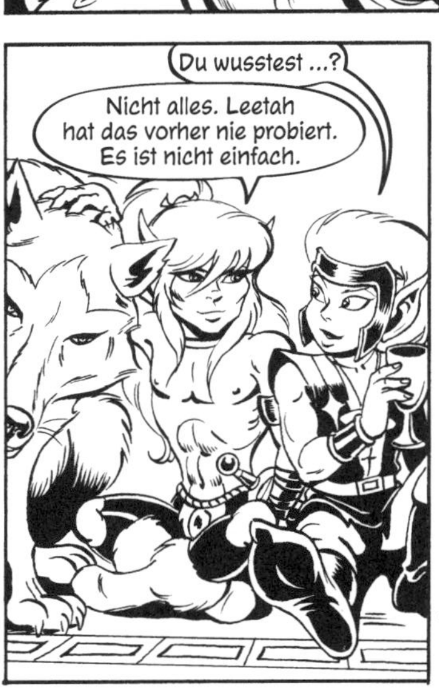
Du wusstest ...?
Nicht alles. Leetah hat das vorher nie probiert. Es ist nicht einfach.

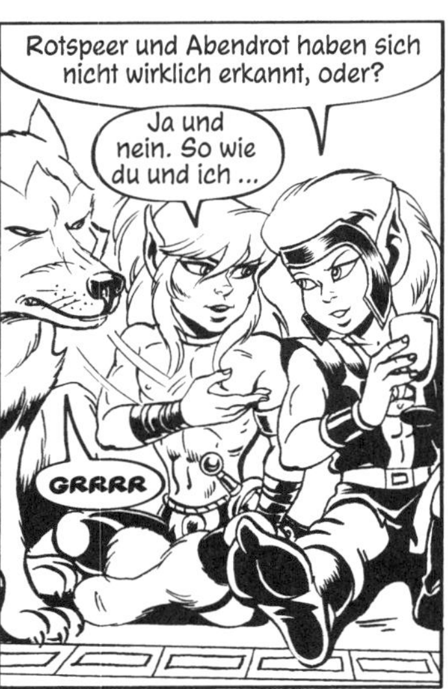
Rotspeer und Abendrot haben sich nicht wirklich erkannt, oder?
Ja und nein. So wie du und ich ...
GRRRR

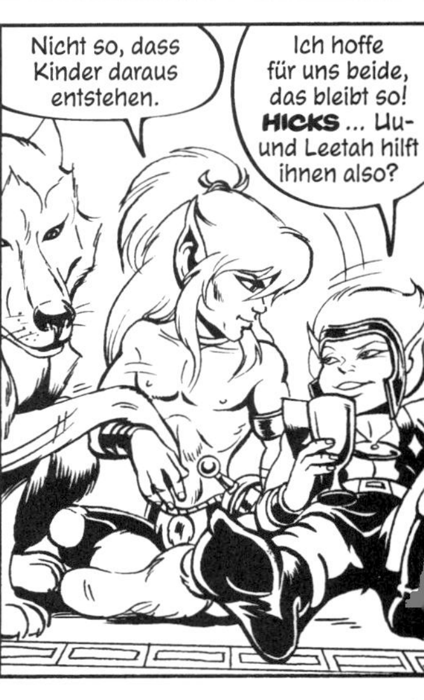
Nicht so, dass Kinder daraus entstehen.
Ich hoffe für uns beide, das bleibt so! HICKS ... Uu- und Leetah hilft ihnen also?

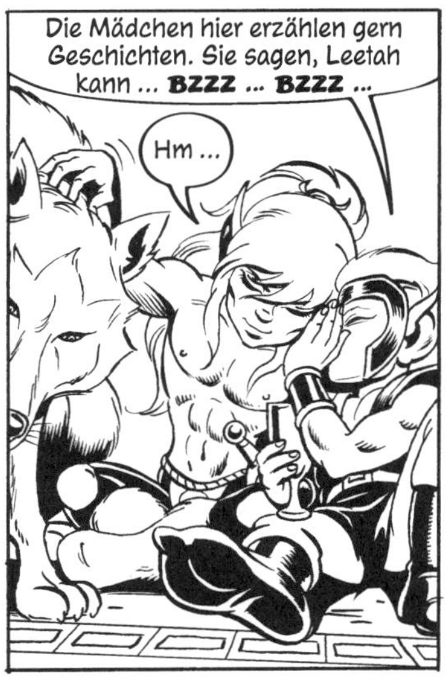
Die Mädchen hier erzählen gern Geschichten. Sie sagen, Leetah kann ... BZZZ ... BZZZ ...
Hm ...

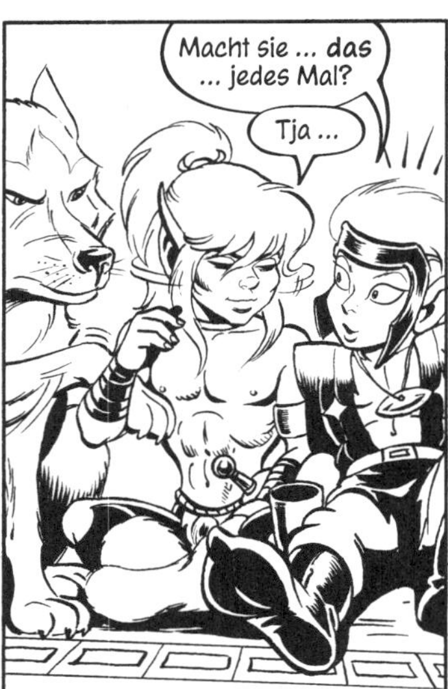
Macht sie ... das ... jedes Mal?
Tja ...

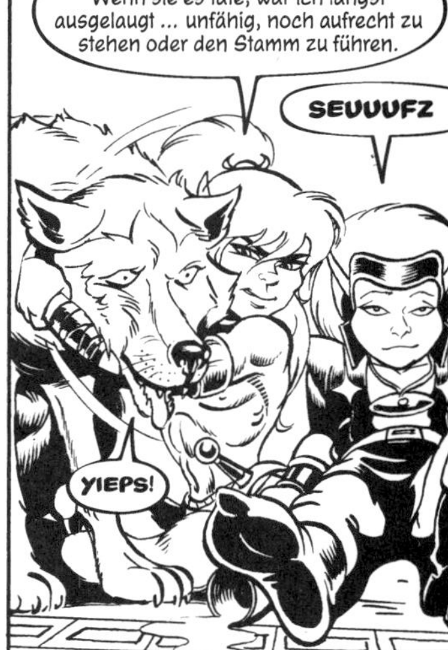
Wenn sie es täte, wär ich längst ausgelaugt ... unfähig, noch aufrecht zu stehen oder den Stamm zu führen.
SEUUUFZ
YIEPS!

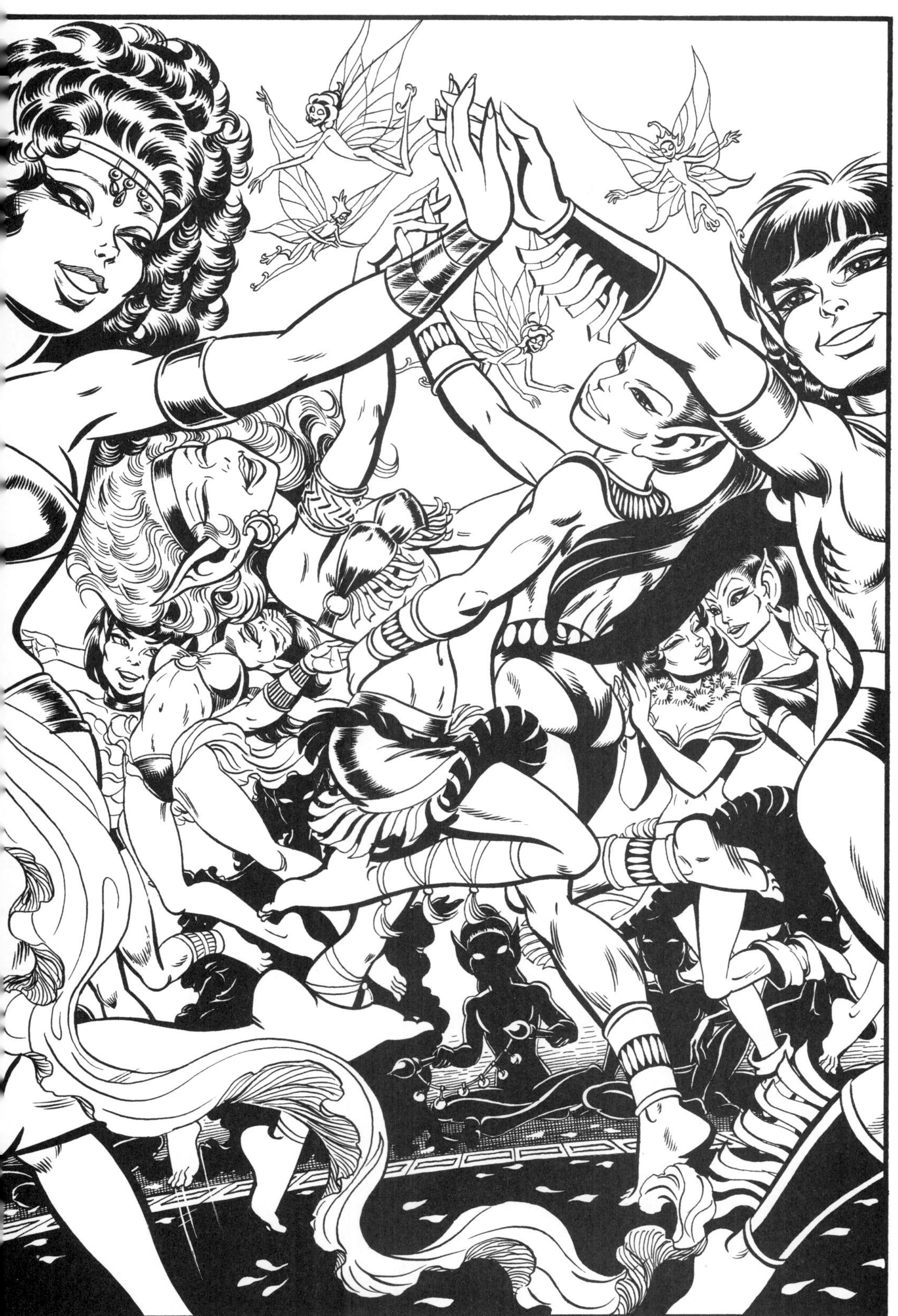

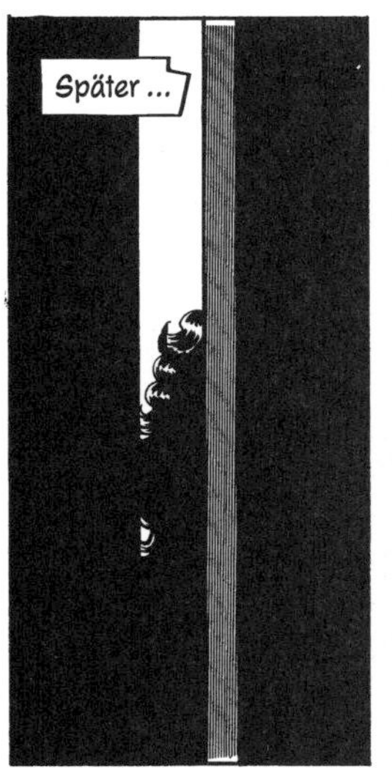
Später ...
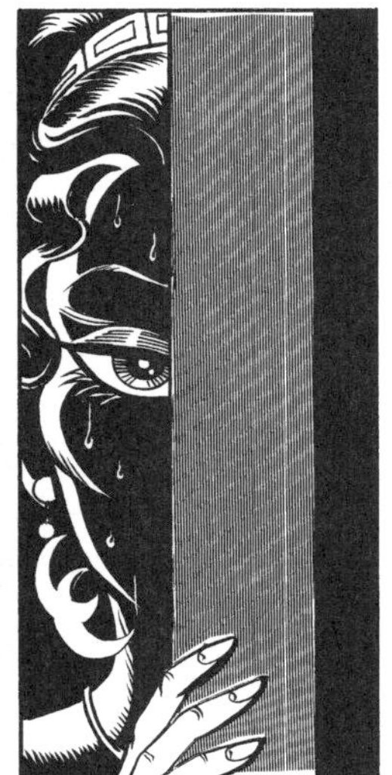
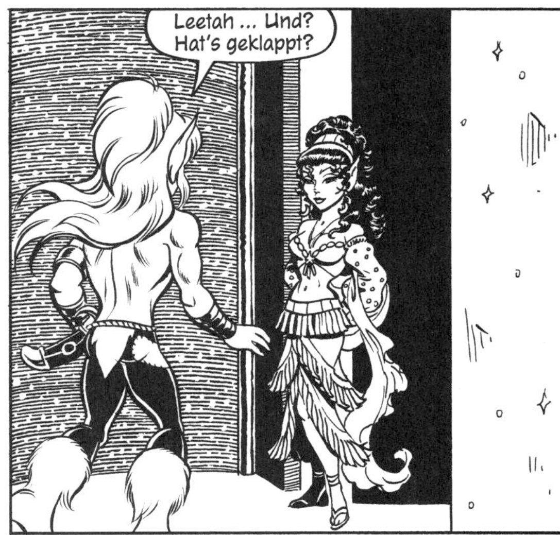
Leetah ... Und? Hat's geklappt?
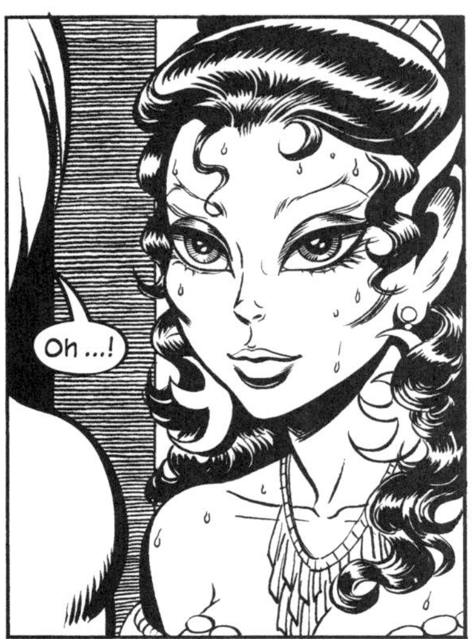
Oh ...!
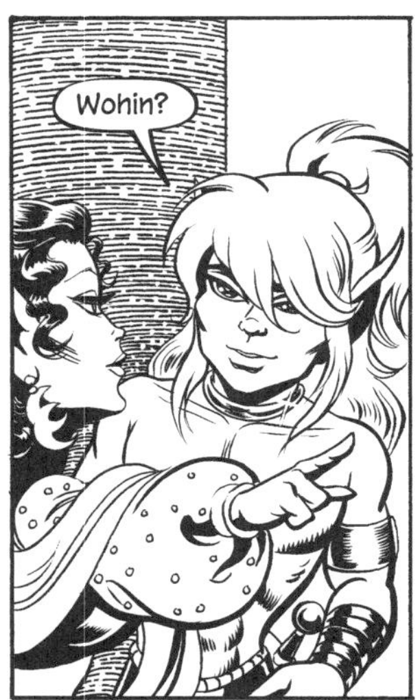
Wohin?
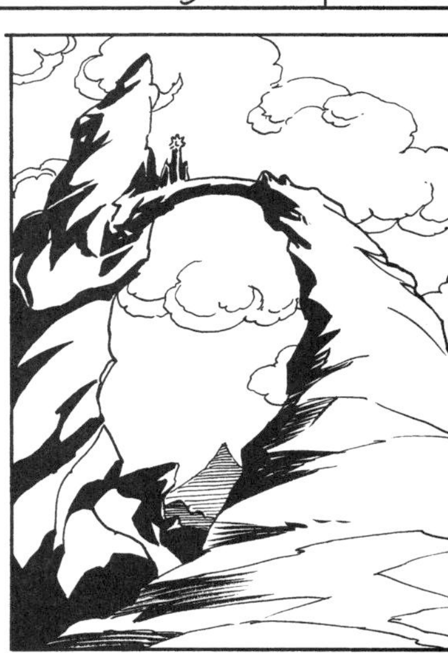
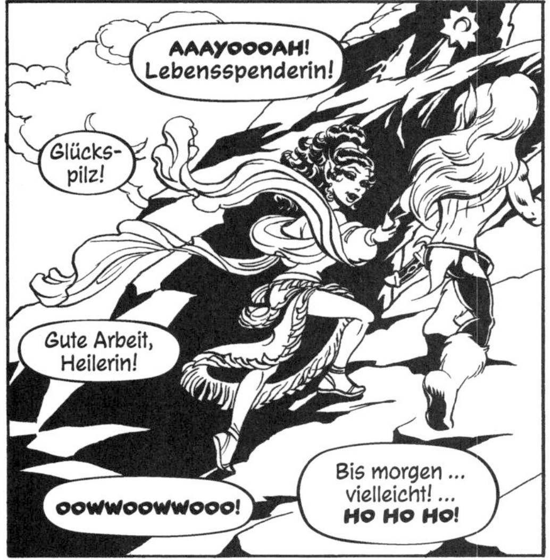
AAAYOOOAH! Lebensspenderin!
Glücks-pilz!
Gute Arbeit, Heilerin!
OOWWOOWWOOO!
Bis morgen ... vielleicht! ... HO HO HO!
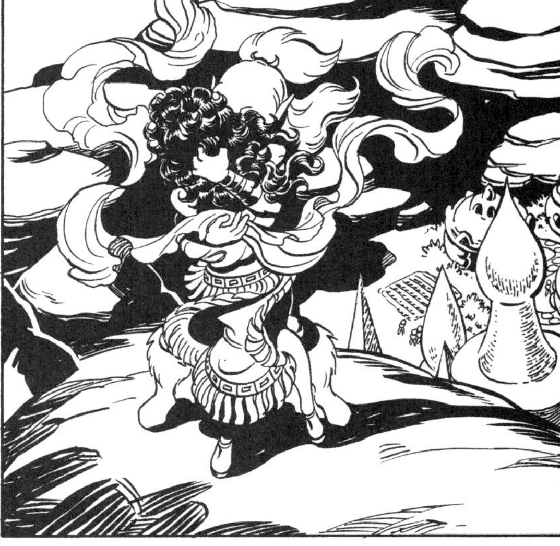

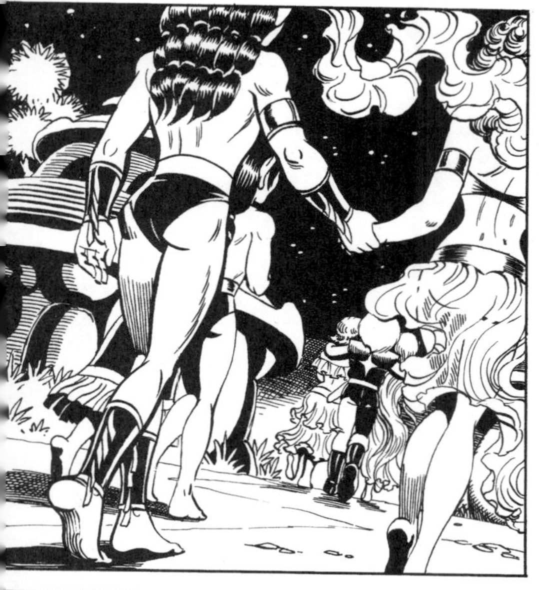

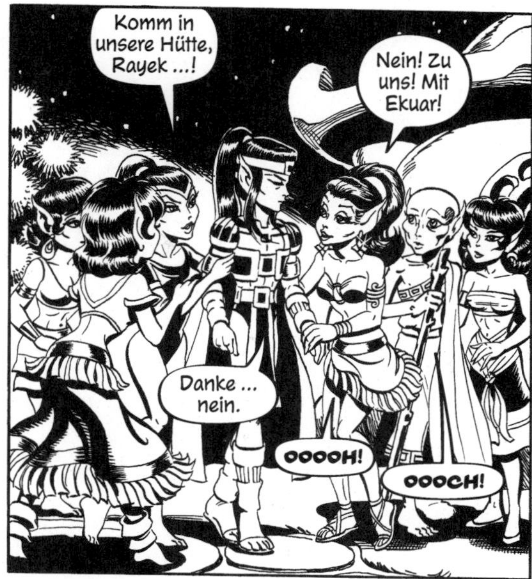
Komm in unsere Hütte, Rayek ...!
Nein! Zu uns! Mit Ekuar!
Danke ... nein.
OOOOH!
OOOCH!

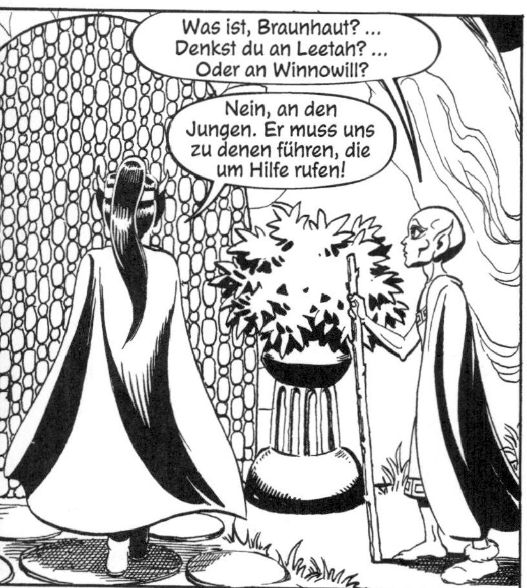
Was ist, Braunhaut? ... Denkst du an Leetah? ... Oder an Winnowill?
Nein, an den Jungen. Er muss uns zu denen führen, die um Hilfe rufen!

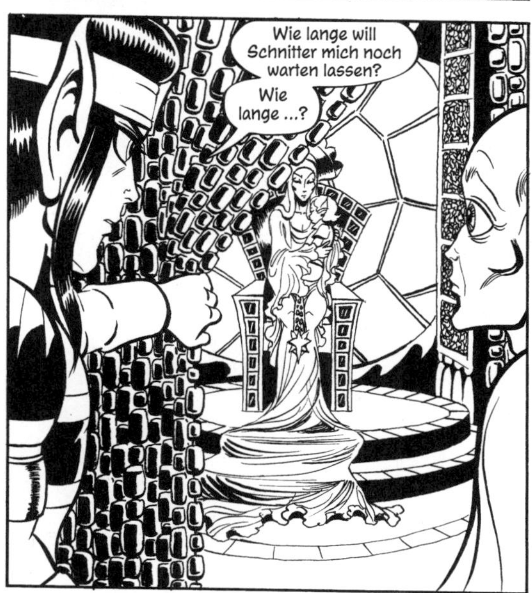
Wie lange will Schnitter mich noch warten lassen?
Wie lange ...?

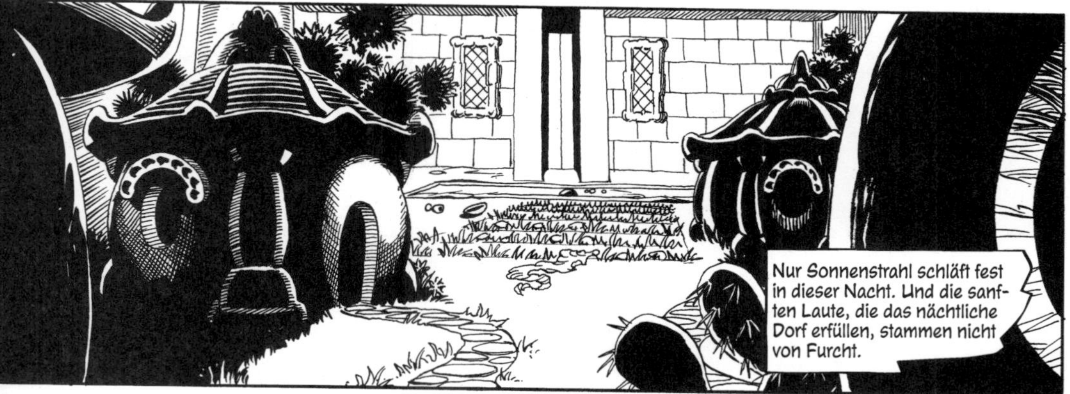
Nur Sonnenstrahl schläft fest in dieser Nacht. Und die sanften Laute, die das nächtliche Dorf erfüllen, stammen nicht von Furcht.

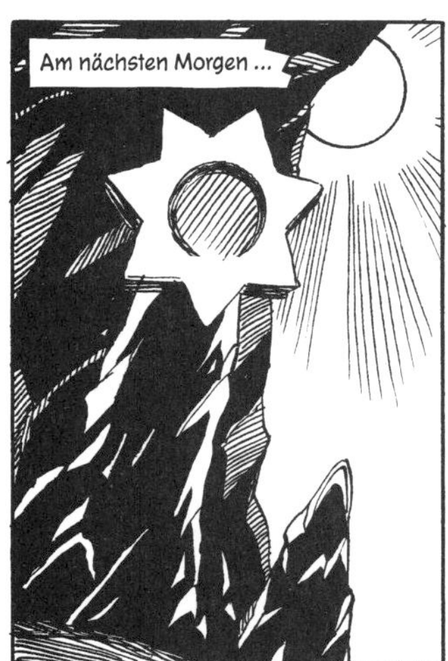
Am nächsten Morgen ...

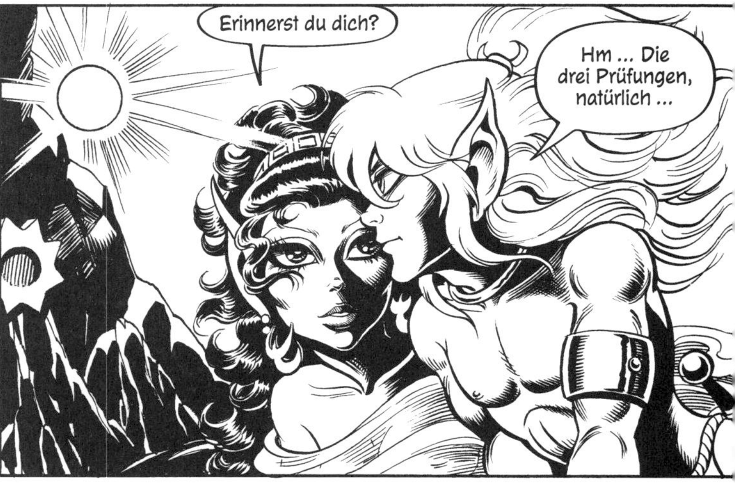
Erinnerst du dich?
Hm ... Die drei Prüfungen, natürlich ...

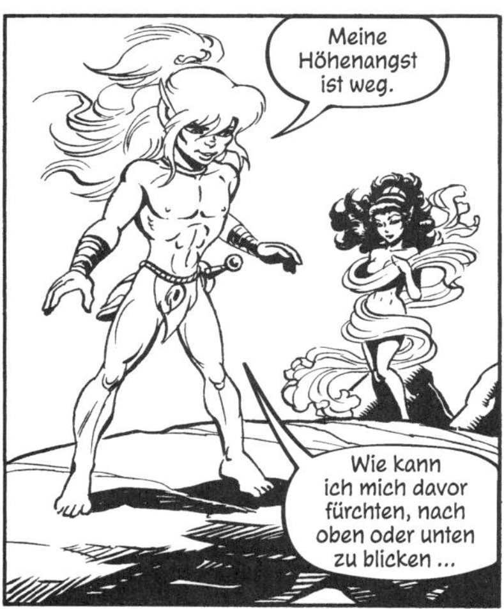
Meine Höhenangst ist weg.
Wie kann ich mich davor fürchten, nach oben oder unten zu blicken ...

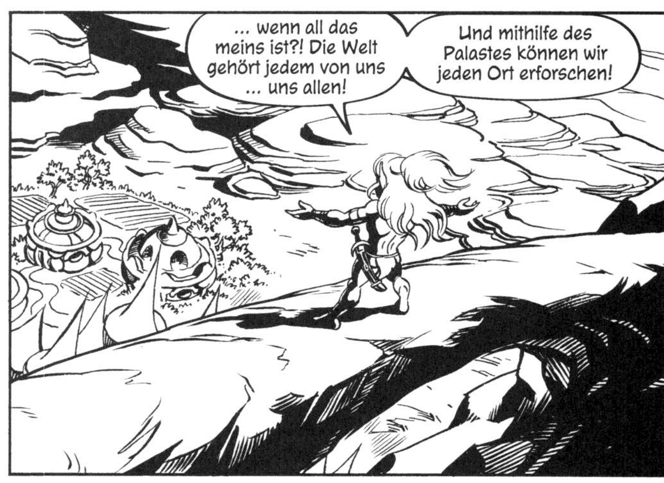
... wenn all das meins ist?! Die Welt gehört jedem von uns ... uns allen!
Und mithilfe des Palastes können wir jeden Ort erforschen!

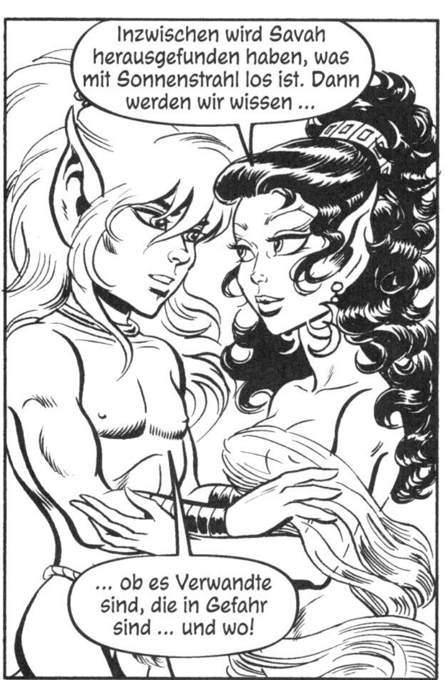
Inzwischen wird Savah herausgefunden haben, was mit Sonnenstrahl los ist. Dann werden wir wissen ...
... ob es Verwandte sind, die in Gefahr sind ... und wo!

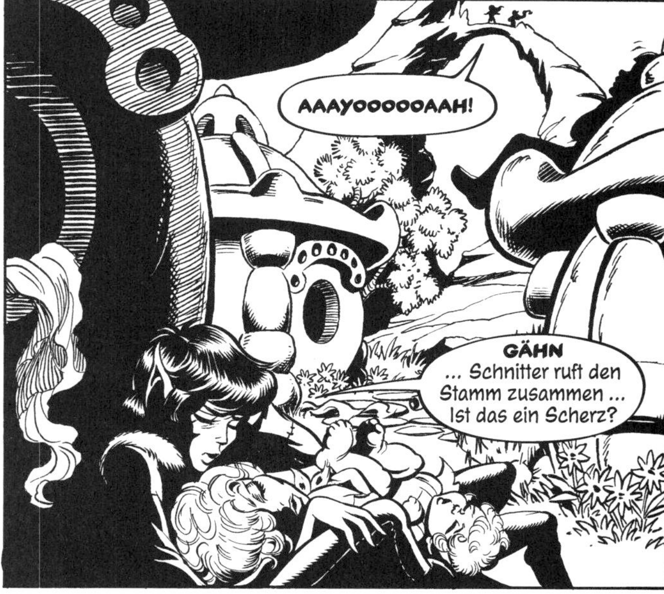
AAAYOOOOOAAH!
GÄHN
... Schnitter ruft den Stamm zusammen ... Ist das ein Scherz?

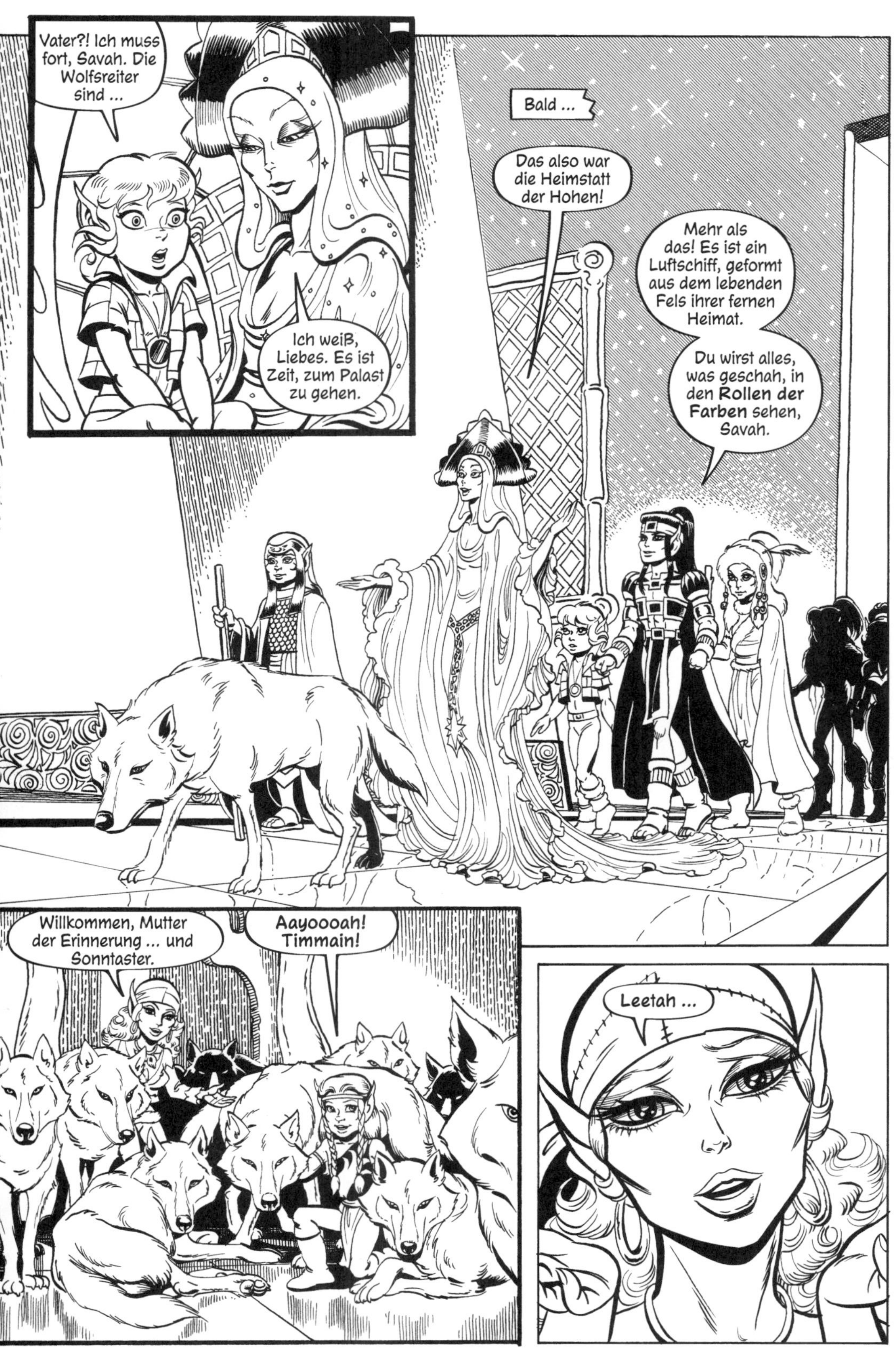
Vater?! Ich muss fort, Savah. Die Wolfsreiter sind ...
Ich weiß, Liebes. Es ist Zeit, zum Palast zu gehen.
Bald ...
Das also war die Heimstatt der Hohen!
Mehr als das! Es ist ein Luftschiff, geformt aus dem lebenden Fels ihrer fernen Heimat.
Du wirst alles, was geschah, in den **Rollen der Farben** sehen, Savah.
Willkommen, Mutter der Erinnerung ... und Sonntaster.
Aayoooah! Timmain!
Leetah ...

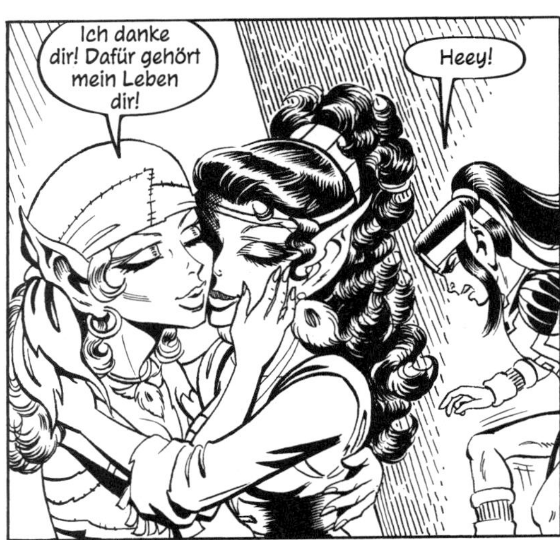
Ich danke dir! Dafür gehört mein Leben dir!
Heey!

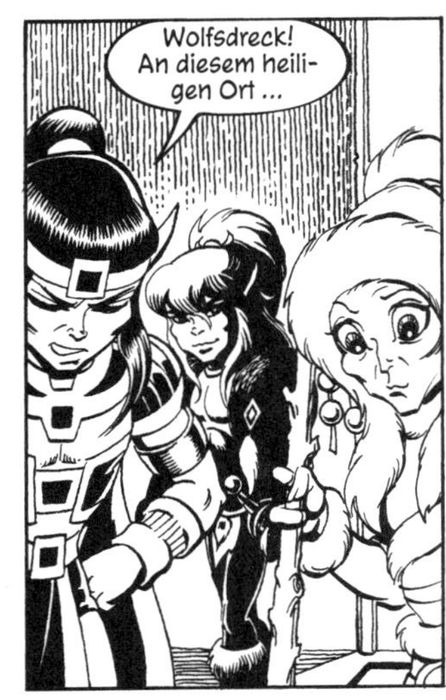
Wolfsdreck! An diesem heiligen Ort ...

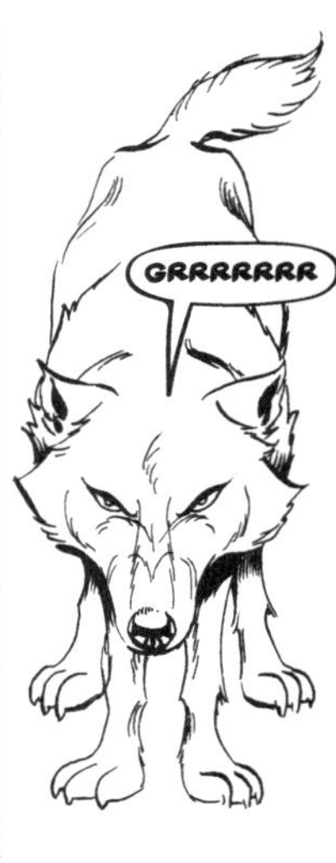
GRRRRRRR

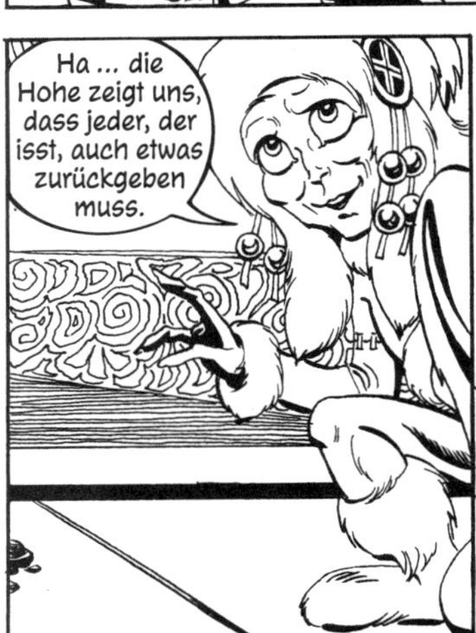
Ha ... die Hohe zeigt uns, dass jeder, der isst, auch etwas zurückgeben muss.

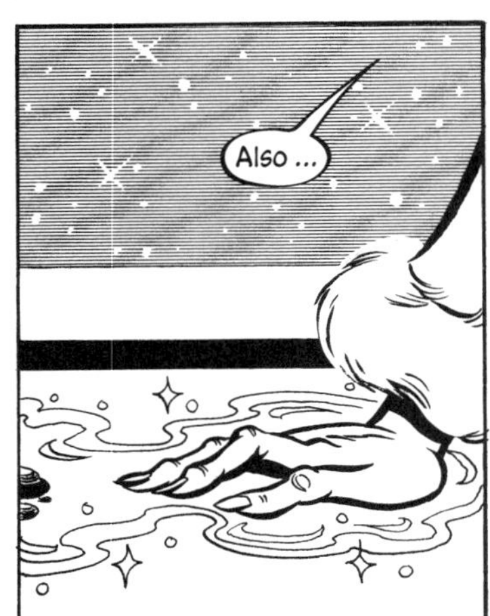
Also ...

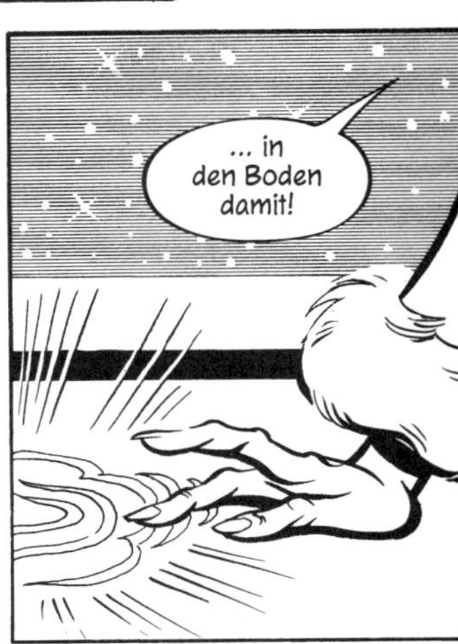
... in den Boden damit!

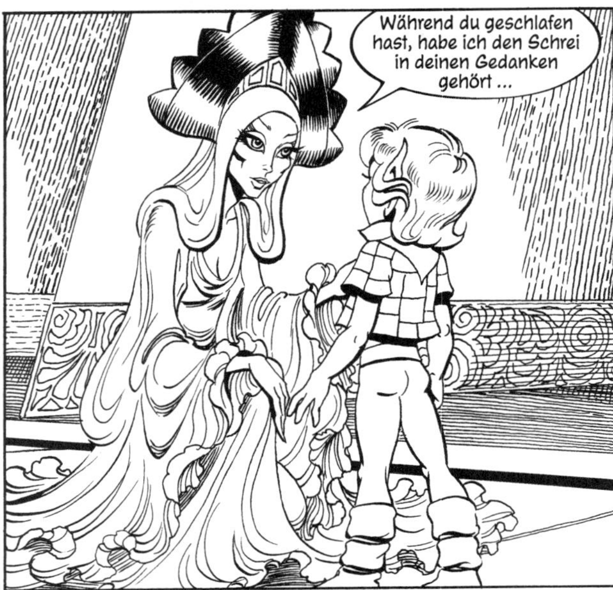
Während du geschlafen hast, habe ich den Schrei in deinen Gedanken gehört ...

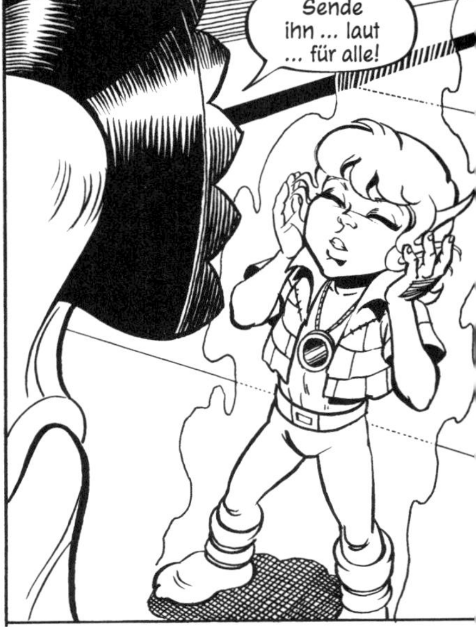
Sende ihn ... laut ... für alle!

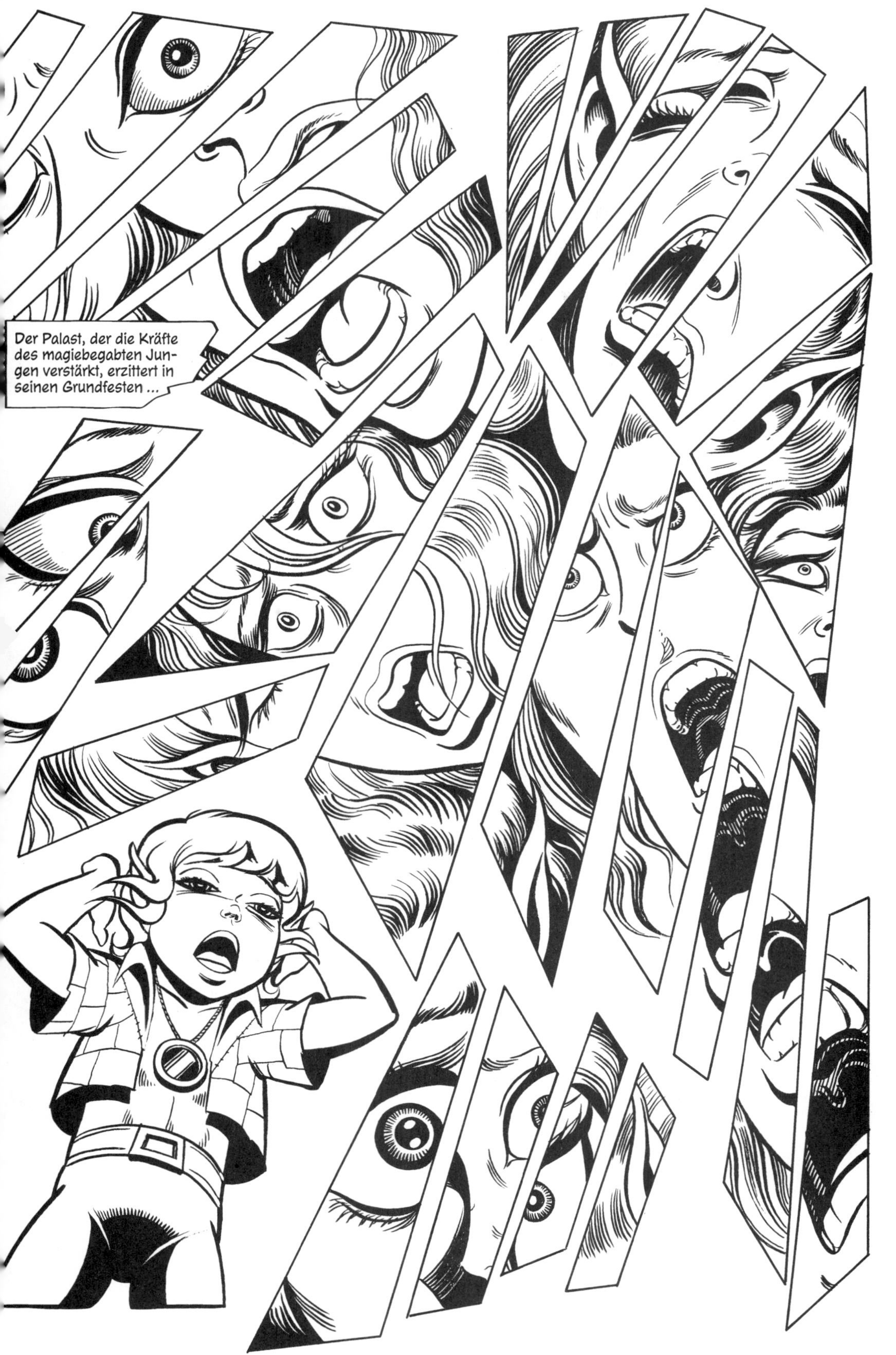
Der Palast, der die Kräfte des magiebegabten Jungen verstärkt, erzittert in seinen Grundfesten ...

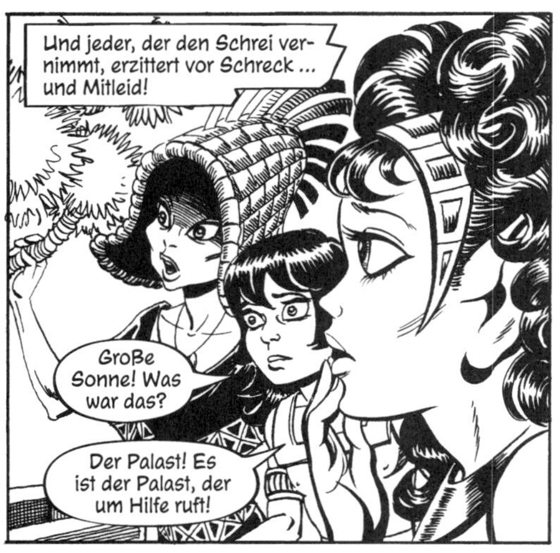
Und jeder, der den Schrei vernimmt, erzittert vor Schreck ... und Mitleid!
Große Sonne! Was war das?
Der Palast! Es ist der Palast, der um Hilfe ruft!

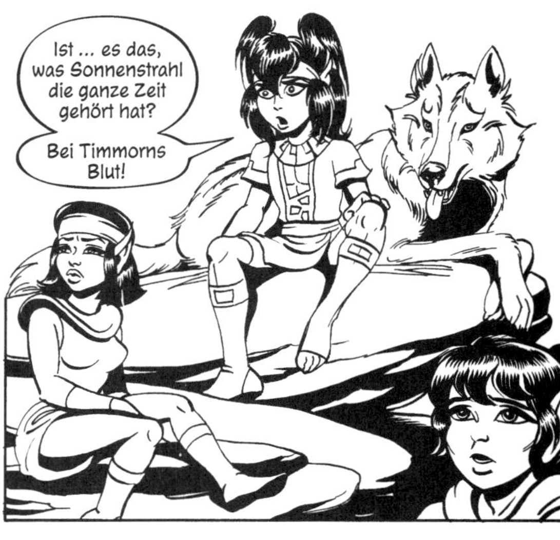
Ist ... es das, was Sonnenstrahl die ganze Zeit gehört hat?
Bei Timmorns Blut!

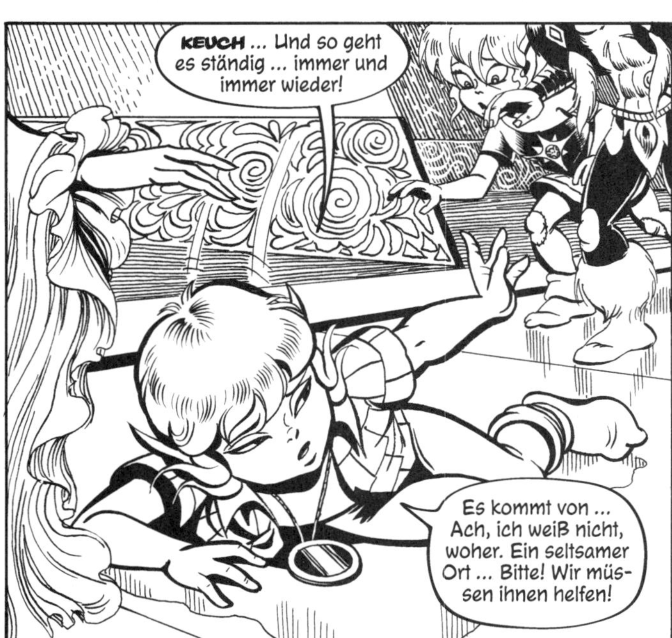
KEUCH ... Und so geht es ständig ... immer und immer wieder!
Es kommt von ... Ach, ich weiß nicht, woher. Ein seltsamer Ort ... Bitte! Wir müssen ihnen helfen!

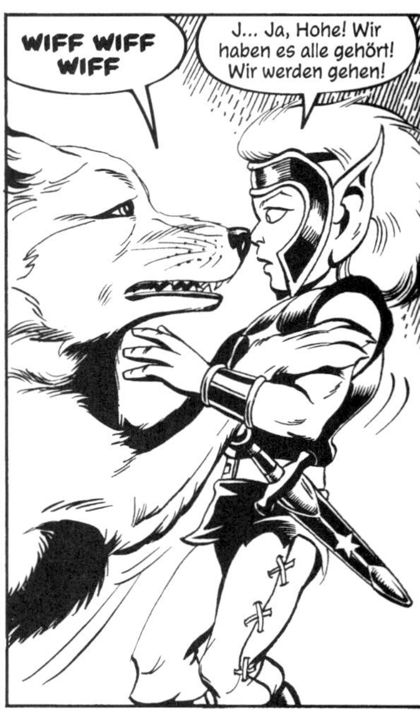
WIFF WIFF WIFF
J... Ja, Hohe! Wir haben es alle gehört! Wir werden gehen!

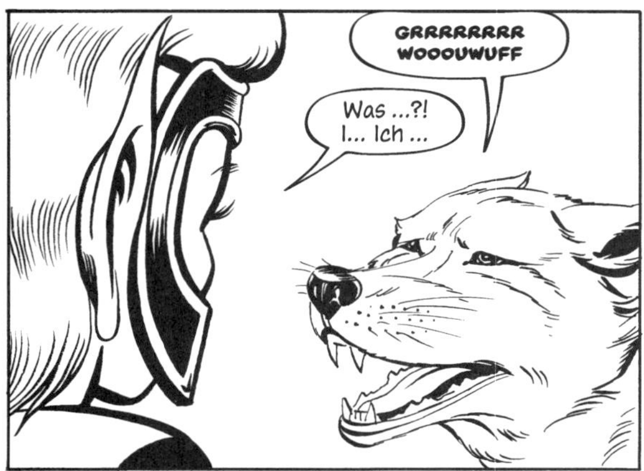
GRRRRRRRR WOOOUWUFF
Was ...?! I... Ich ...

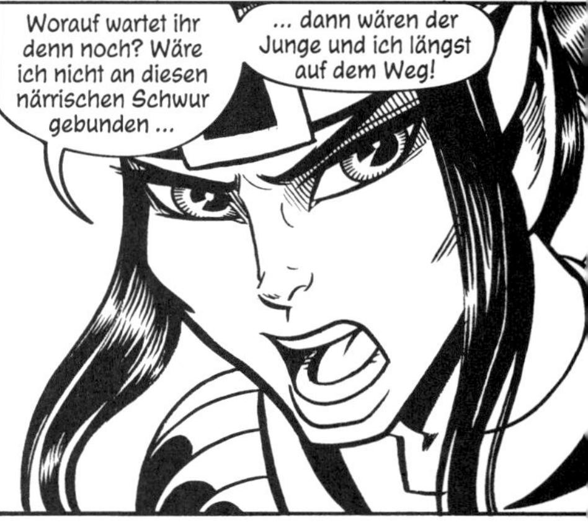
Worauf wartet ihr denn noch? Wäre ich nicht an diesen närrischen Schwur gebunden ...
... dann wären der Junge und ich längst auf dem Weg!

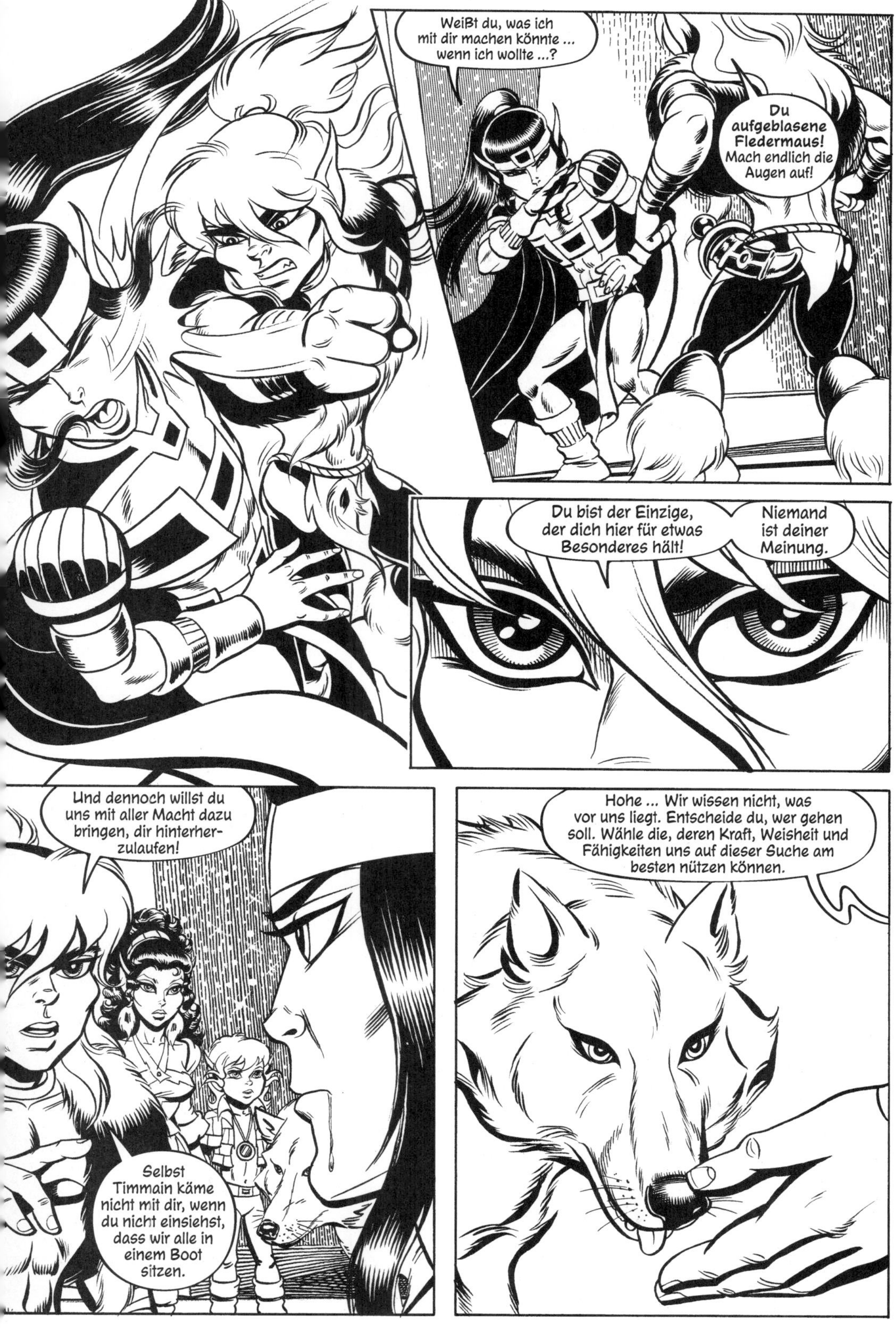

Weißt du, was ich mit dir machen könnte ... wenn ich wollte ...?
Du aufgeblasene Fledermaus! Mach endlich die Augen auf!
Du bist der Einzige, der dich hier für etwas Besonderes hält!
Niemand ist deiner Meinung.

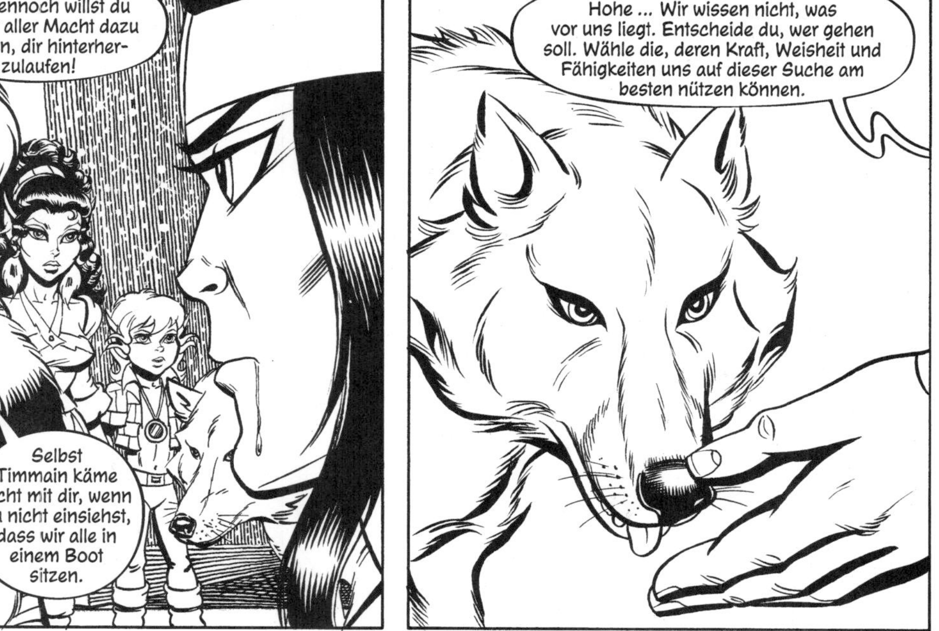

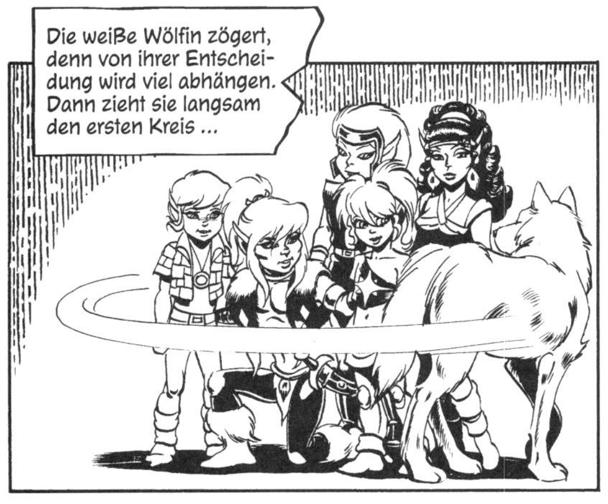
Die weiße Wölfin zögert, denn von ihrer Entscheidung wird viel abhängen. Dann zieht sie langsam den ersten Kreis ...

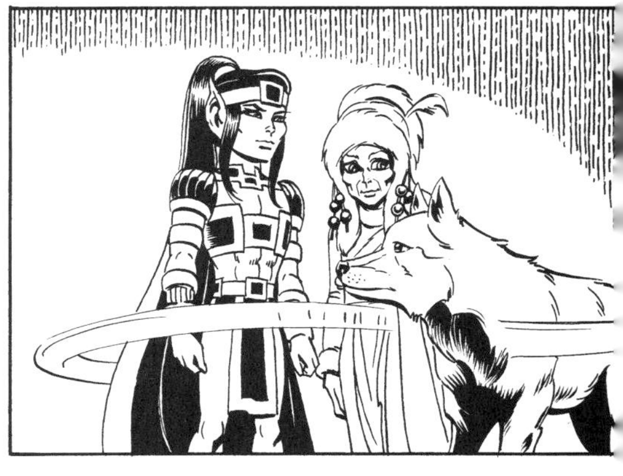

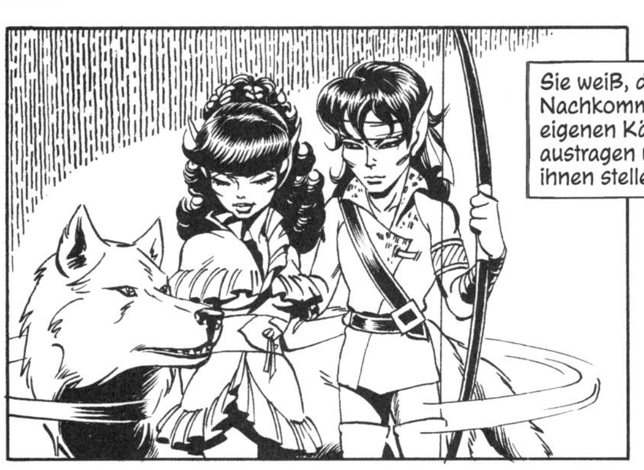

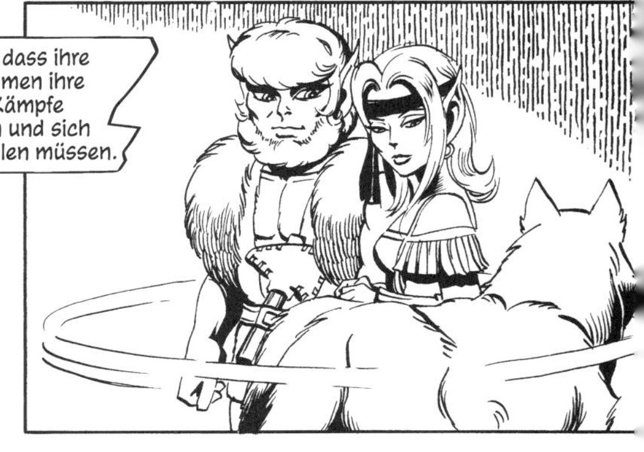
Sie weiß, dass ihre Nachkommen ihre eigenen Kämpfe austragen und sich ihnen stellen müssen.

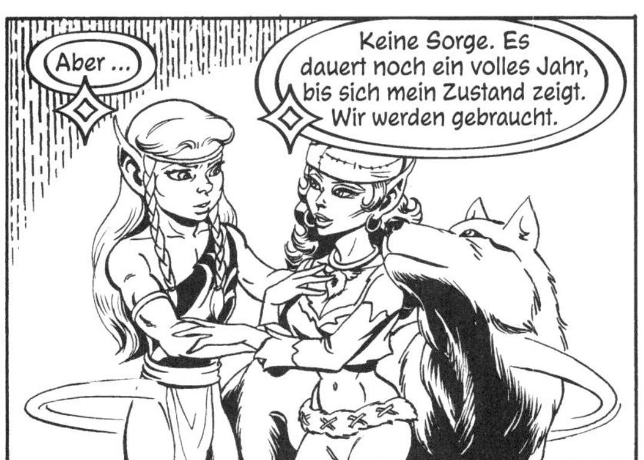
Aber ...
Keine Sorge. Es dauert noch ein volles Jahr, bis sich mein Zustand zeigt. Wir werden gebraucht.

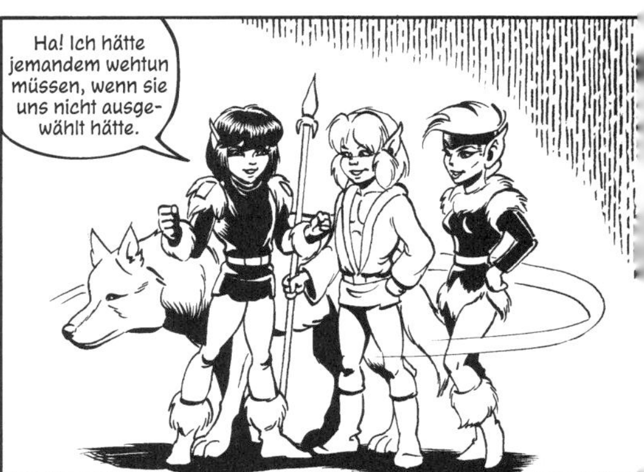
Ha! Ich hätte jemandem wehtun müssen, wenn sie uns nicht ausgewählt hätte.

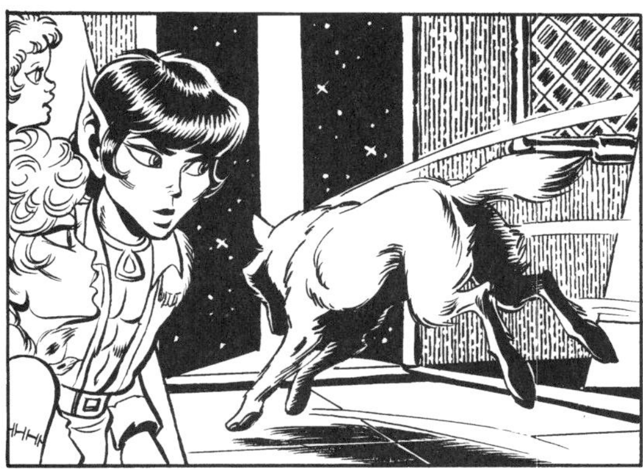

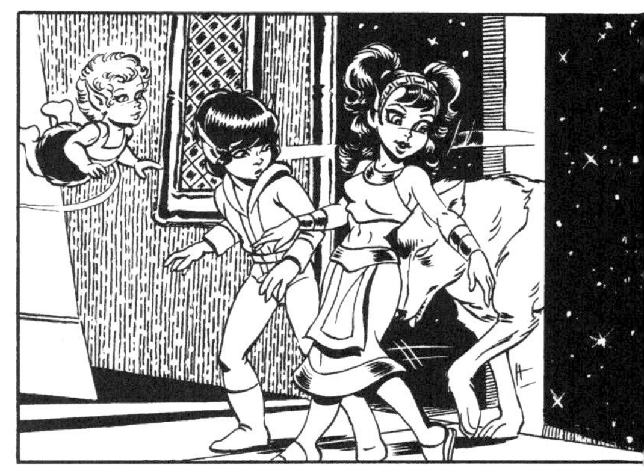

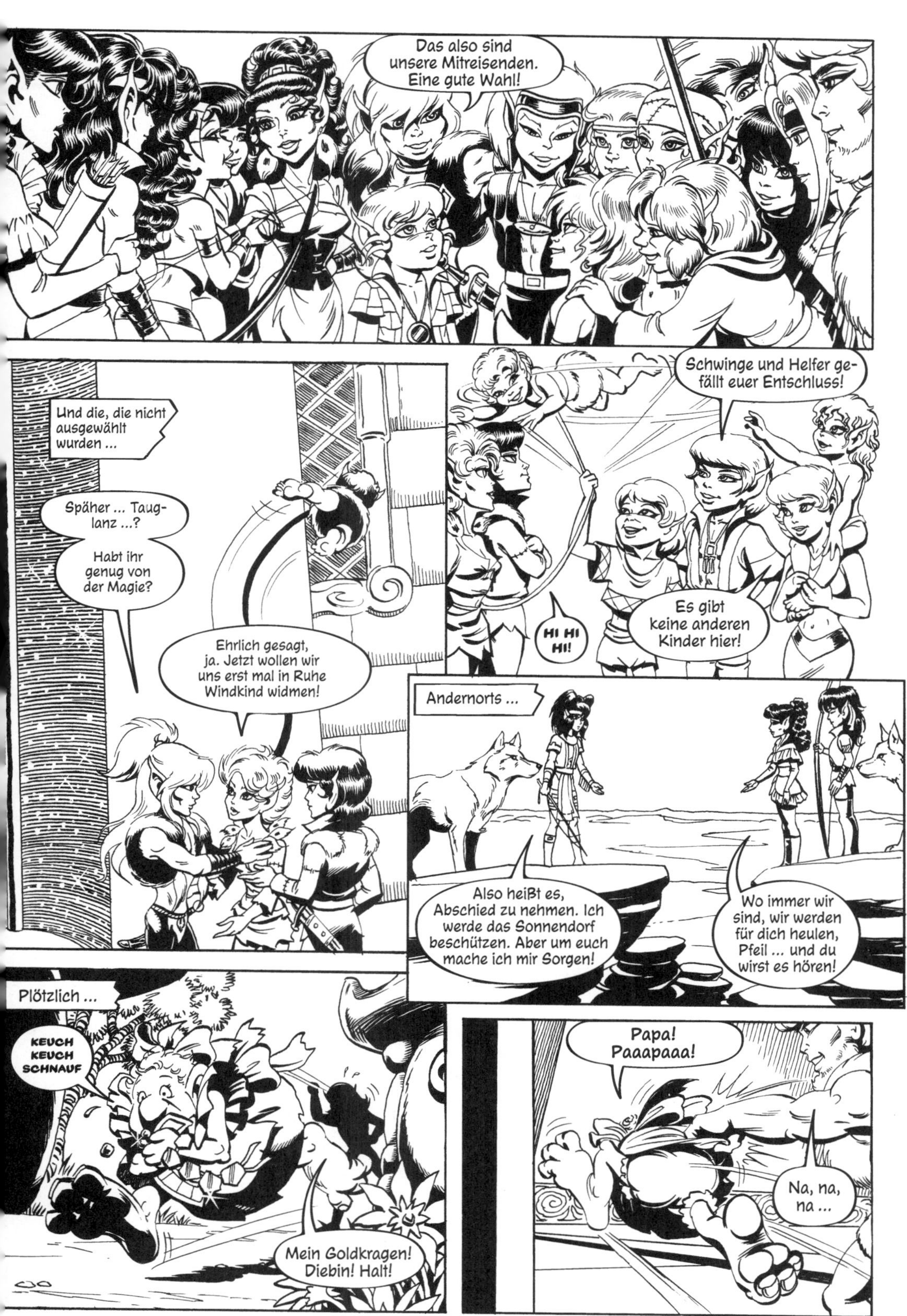
Das also sind unsere Mitreisenden. Eine gute Wahl!
Und die, die nicht ausgewählt wurden ...
Späher ... Tauglanz ...?
Habt ihr genug von der Magie?
Ehrlich gesagt, ja. Jetzt wollen wir uns erst mal in Ruhe Windkind widmen!
Schwinge und Helfer gefällt euer Entschluss!
HI HI HI!
Es gibt keine anderen Kinder hier!
Andernorts ...
Also heißt es, Abschied zu nehmen. Ich werde das Sonnendorf beschützen. Aber um euch mache ich mir Sorgen!
Wo immer wir sind, wir werden für dich heulen, Pfeil ... und du wirst es hören!
Plötzlich ...
KEUCH KEUCH SCHNAUF
Mein Goldkragen! Diebin! Halt!
Papa! Paaapaaa!
Na, na, na ...

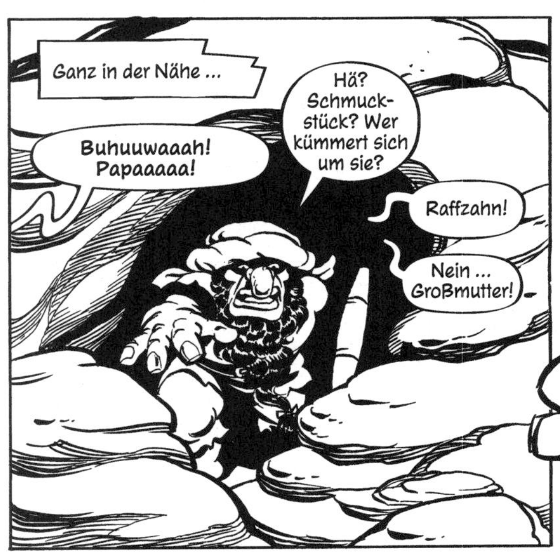
Ganz in der Nähe ...
Buhuuwaaah! Papaaaaa!
Hä? Schmuck-stück? Wer kümmert sich um sie?
Raffzahn!
Nein ... Großmutter!

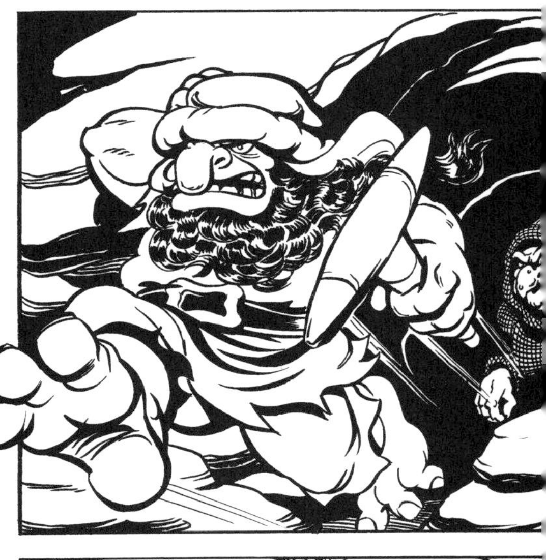

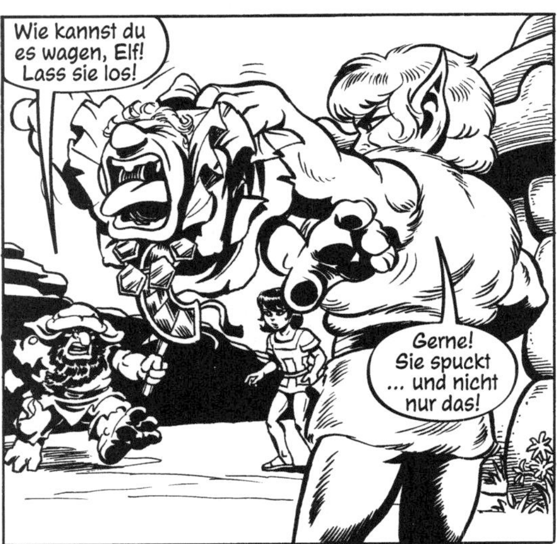
Wie kannst du es wagen, Elf! Lass sie los!
Gerne! Sie spuckt ... und nicht nur das!

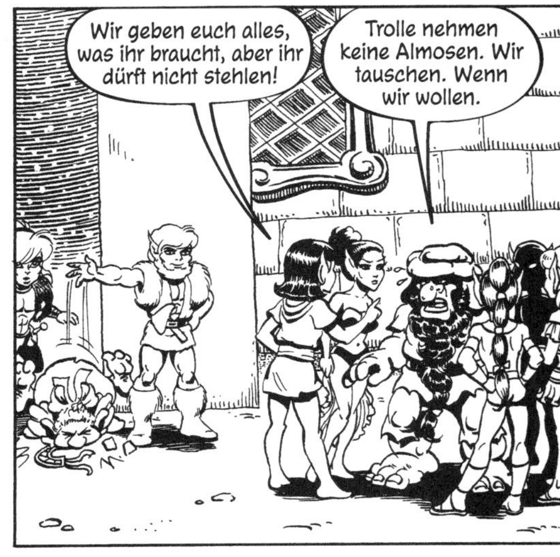
Wir geben euch alles, was ihr braucht, aber ihr dürft nicht stehlen!
Trolle nehmen keine Almosen. Wir tauschen. Wenn wir wollen.

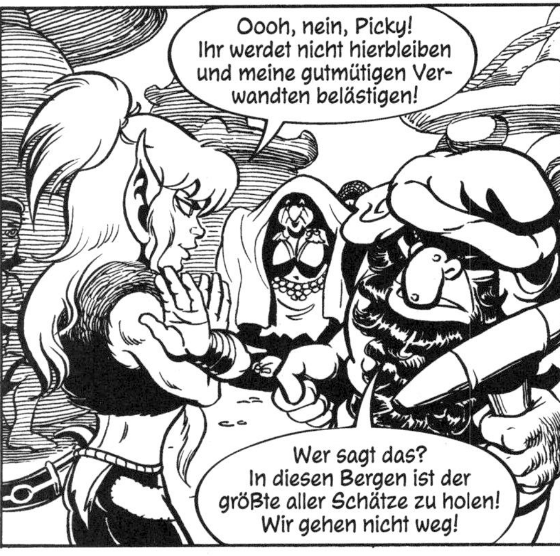
Oooh, nein, Picky! Ihr werdet nicht hierbleiben und meine gutmütigen Ver-wandten belästigen!
Wer sagt das? In diesen Bergen ist der größte aller Schätze zu holen! Wir gehen nicht weg!

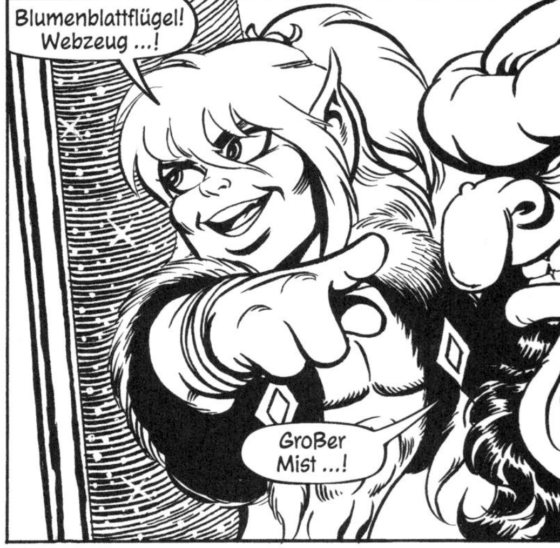
Blumenblattflügel! Webzeug ...!
Großer Mist ...!

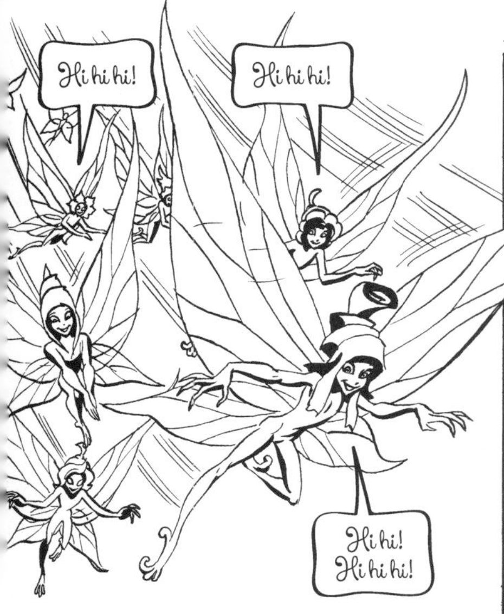
Hi hi hi!
Hi hi hi!
Hi hi!
Hi hi hi!

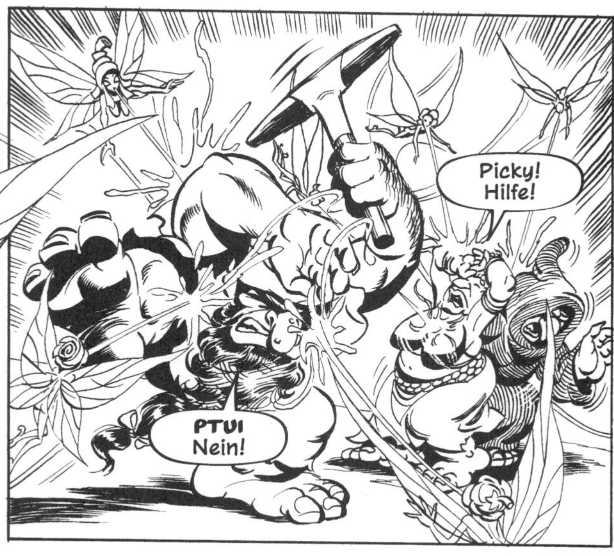
Picky!
Hilfe!
PTUI
Nein!

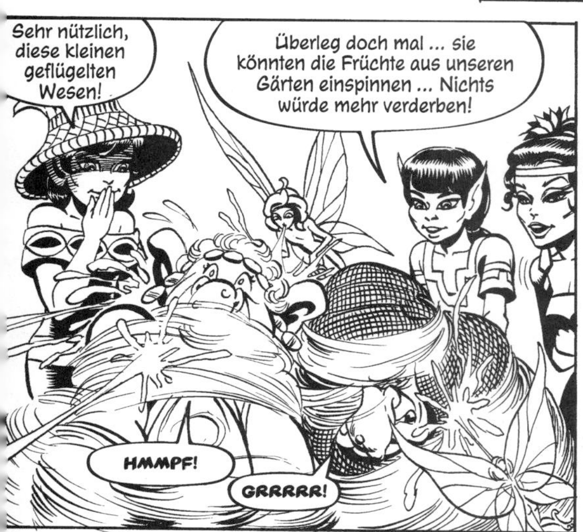
Sehr nützlich, diese kleinen geflügelten Wesen!
Überleg doch mal ... sie könnten die Früchte aus unseren Gärten einspinnen ... Nichts würde mehr verderben!
HMMPF!
GRRRRR!

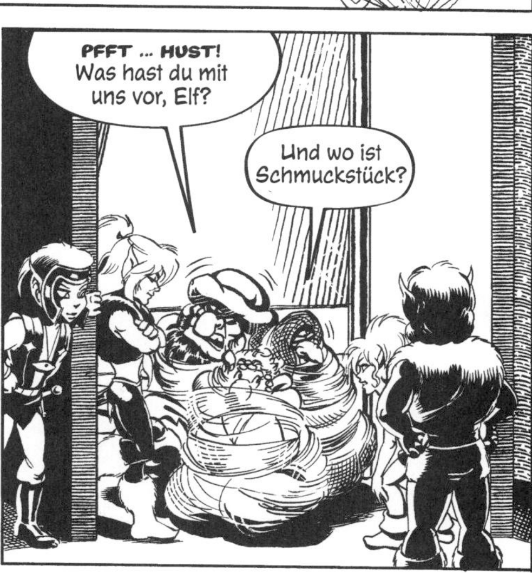
PFFT ... HUST! Was hast du mit uns vor, Elf?
Und wo ist Schmuckstück?

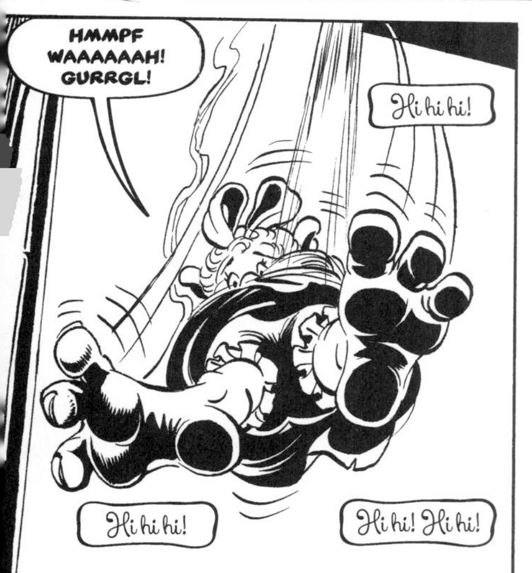
HMMPF WAAAAAAH! GURRGL!
Hi hi hi!
Hi hi hi!
Hi hi! Hi hi!

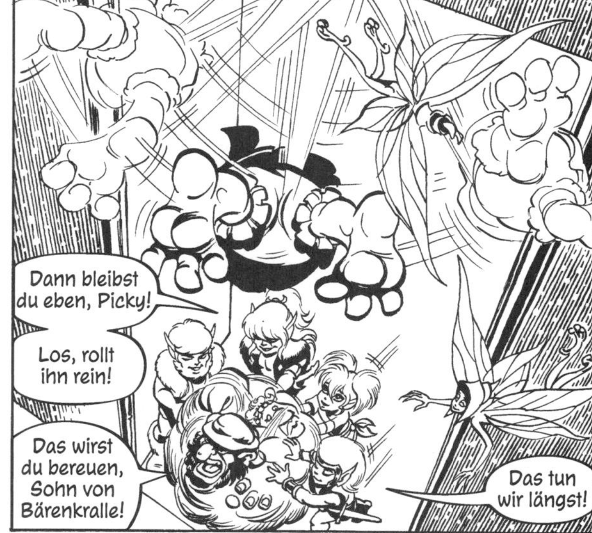
Dann bleibst du eben, Picky!
Los, rollt ihn rein!
Das wirst du bereuen, Sohn von Bärenkralle!
Das tun wir längst!

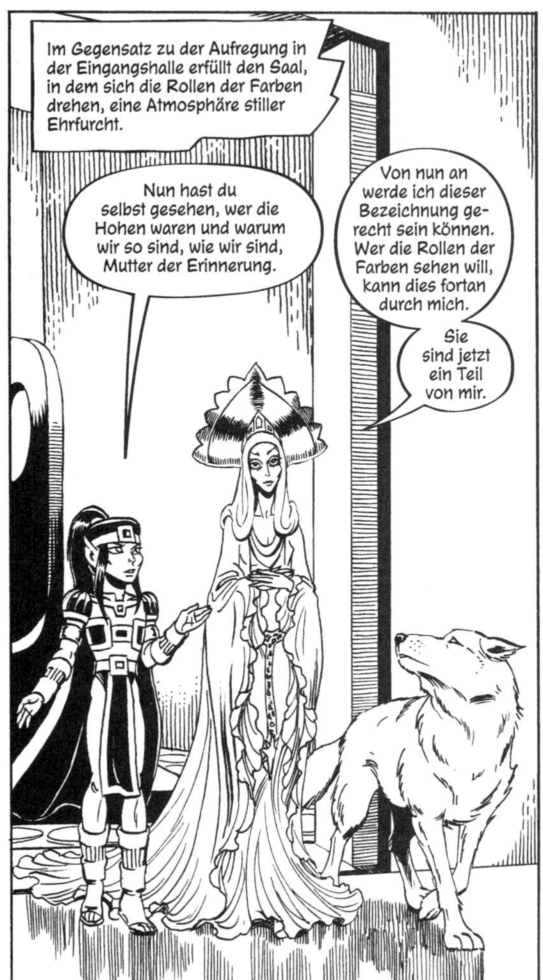
Im Gegensatz zu der Aufregung in der Eingangshalle erfüllt den Saal, in dem sich die Rollen der Farben drehen, eine Atmosphäre stiller Ehrfurcht.
Nun hast du selbst gesehen, wer die Hohen waren und warum wir so sind, wie wir sind, Mutter der Erinnerung.
Von nun an werde ich dieser Bezeichnung gerecht sein können. Wer die Rollen der Farben sehen will, kann dies fortan durch mich.
Sie sind jetzt ein Teil von mir.

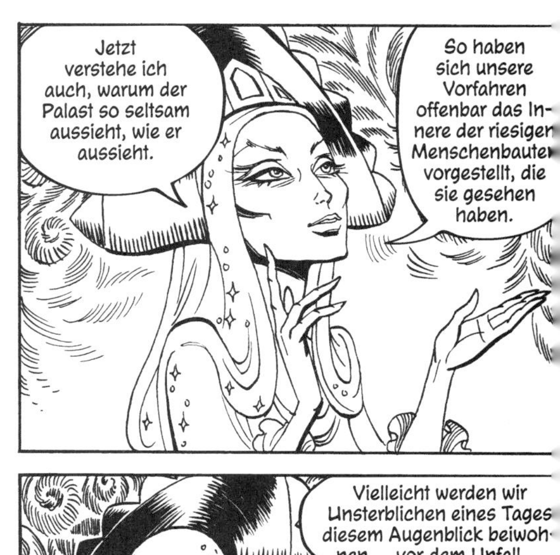
Jetzt verstehe ich auch, warum der Palast so seltsam aussieht, wie er aussieht.
So haben sich unsere Vorfahren offenbar das Innere der riesigen Menschenbauten vorgestellt, die sie gesehen haben.

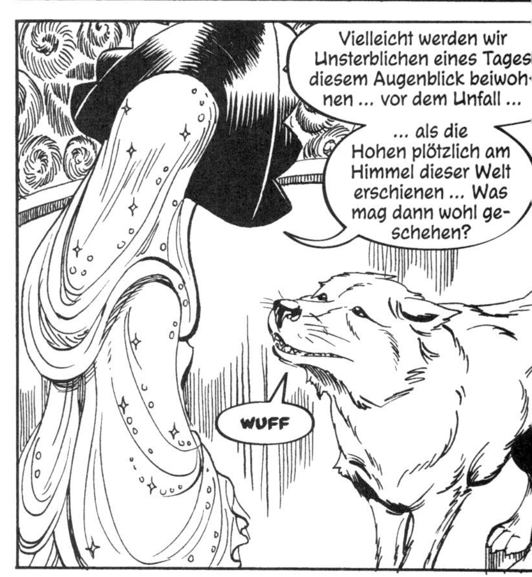
Vielleicht werden wir Unsterblichen eines Tages diesem Augenblick beiwohnen ... vor dem Unfall ...
... als die Hohen plötzlich am Himmel dieser Welt erschienen ... Was mag dann wohl geschehen?
WUFF

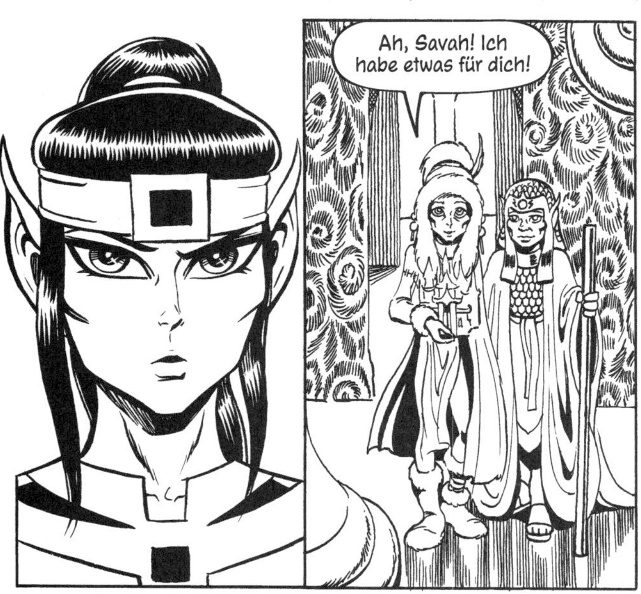
Ah, Savah! Ich habe etwas für dich!

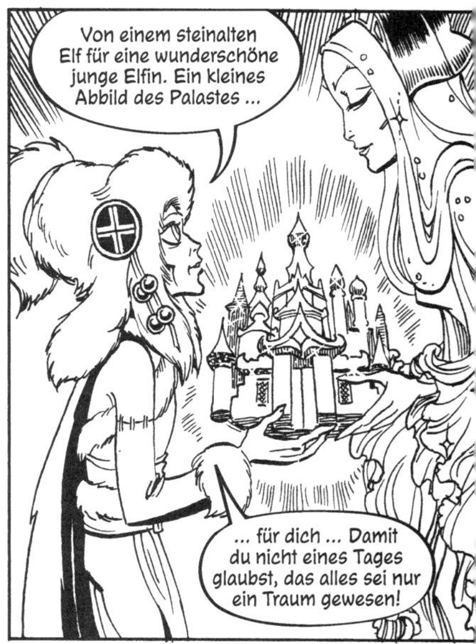
Von einem steinalten Elf für eine wunderschöne junge Elfin. Ein kleines Abbild des Palastes ...
... für dich ... Damit du nicht eines Tages glaubst, das alles sei nur ein Traum gewesen!

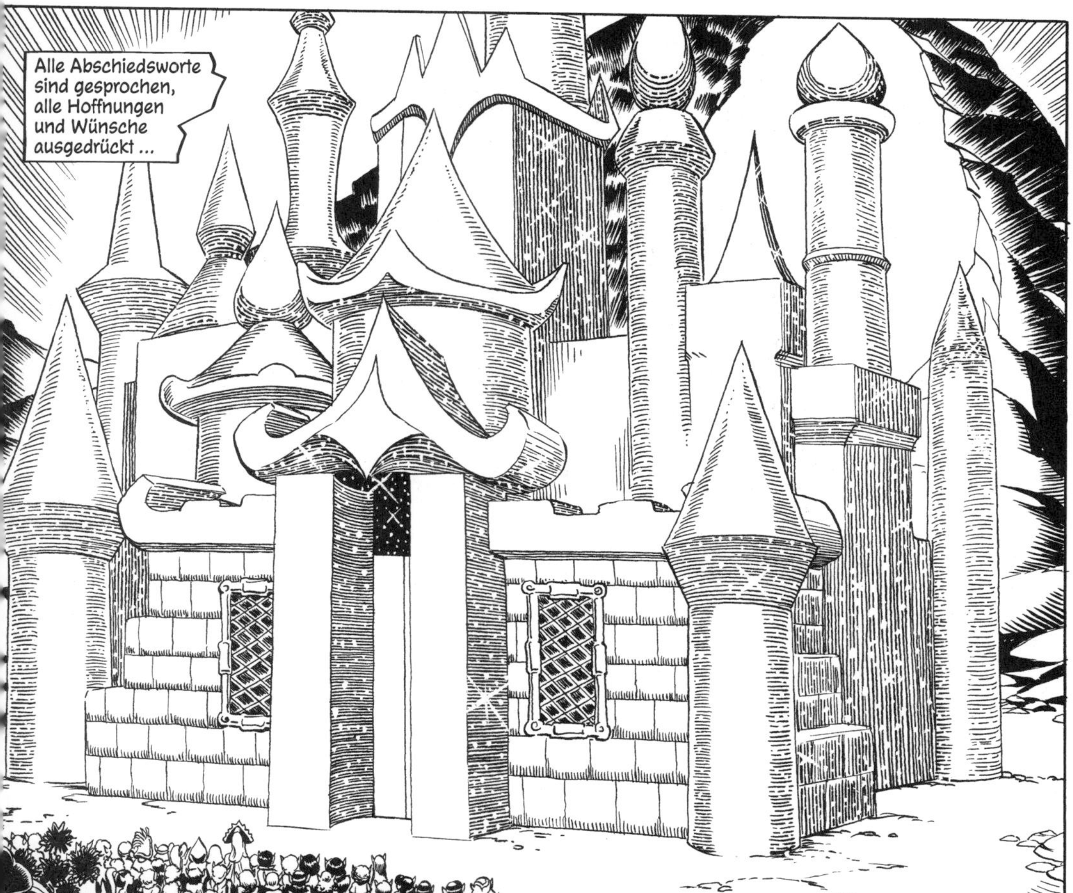

Alle Abschiedsworte
sind gesprochen,
alle Hoffnungen
und Wünsche
ausgedrückt ...

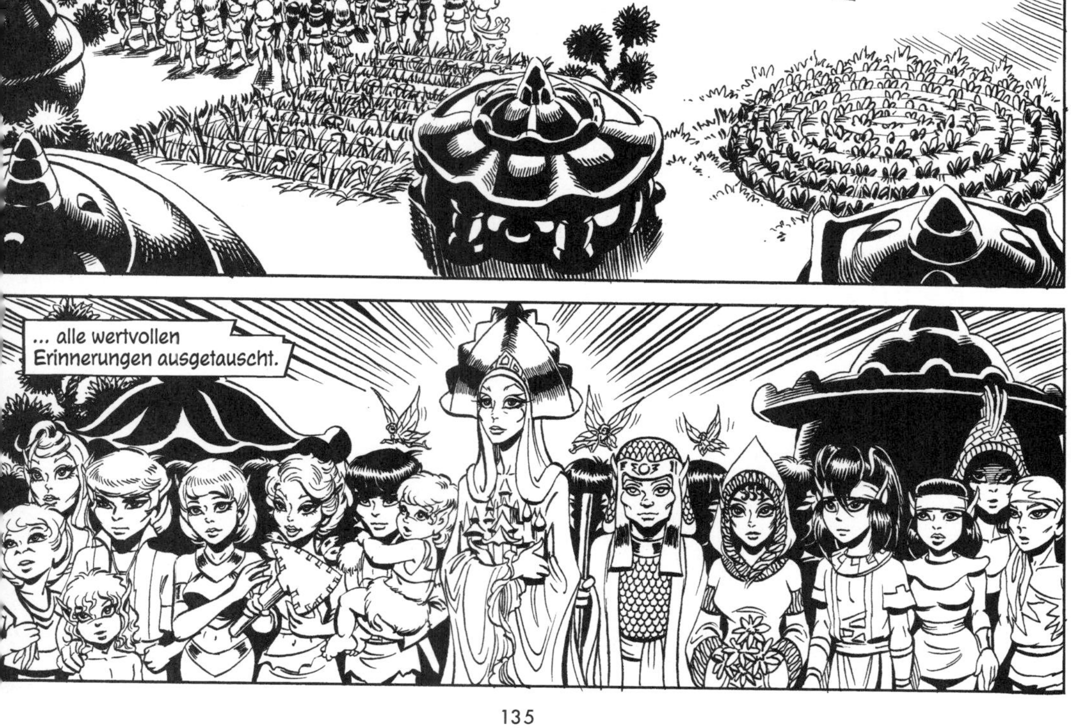

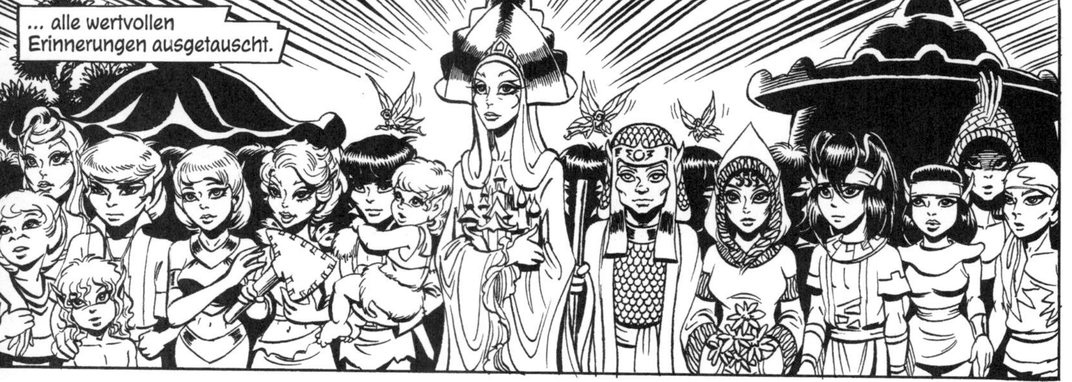

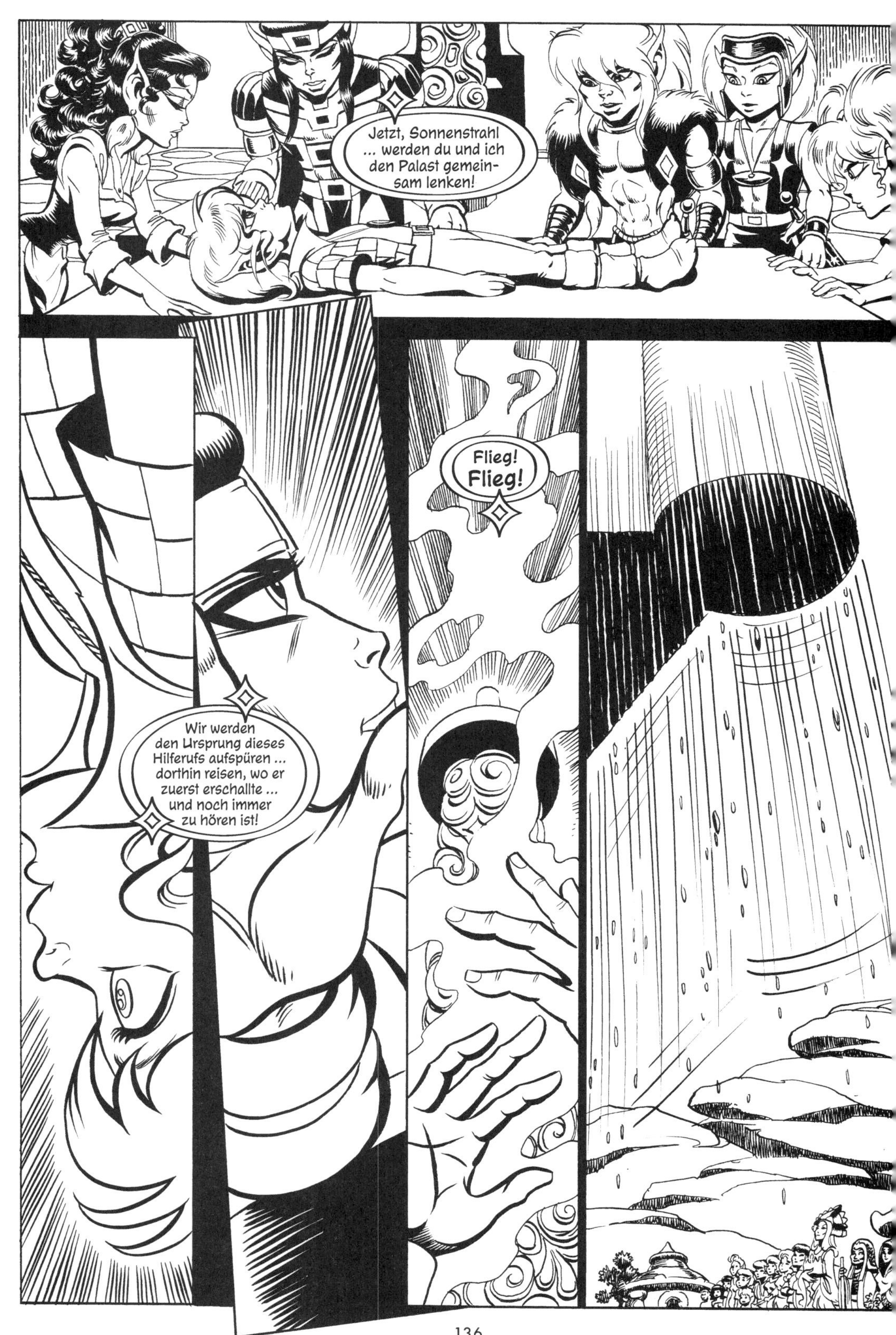
Jetzt, Sonnenstrahl
... werden du und ich
den Palast gemein-
sam lenken!
Wir werden
den Ursprung dieses
Hilferufs aufspüren ...
dorthin reisen, wo er
zuerst erschallte ...
und noch immer
zu hören ist!
Flieg!
Flieg!

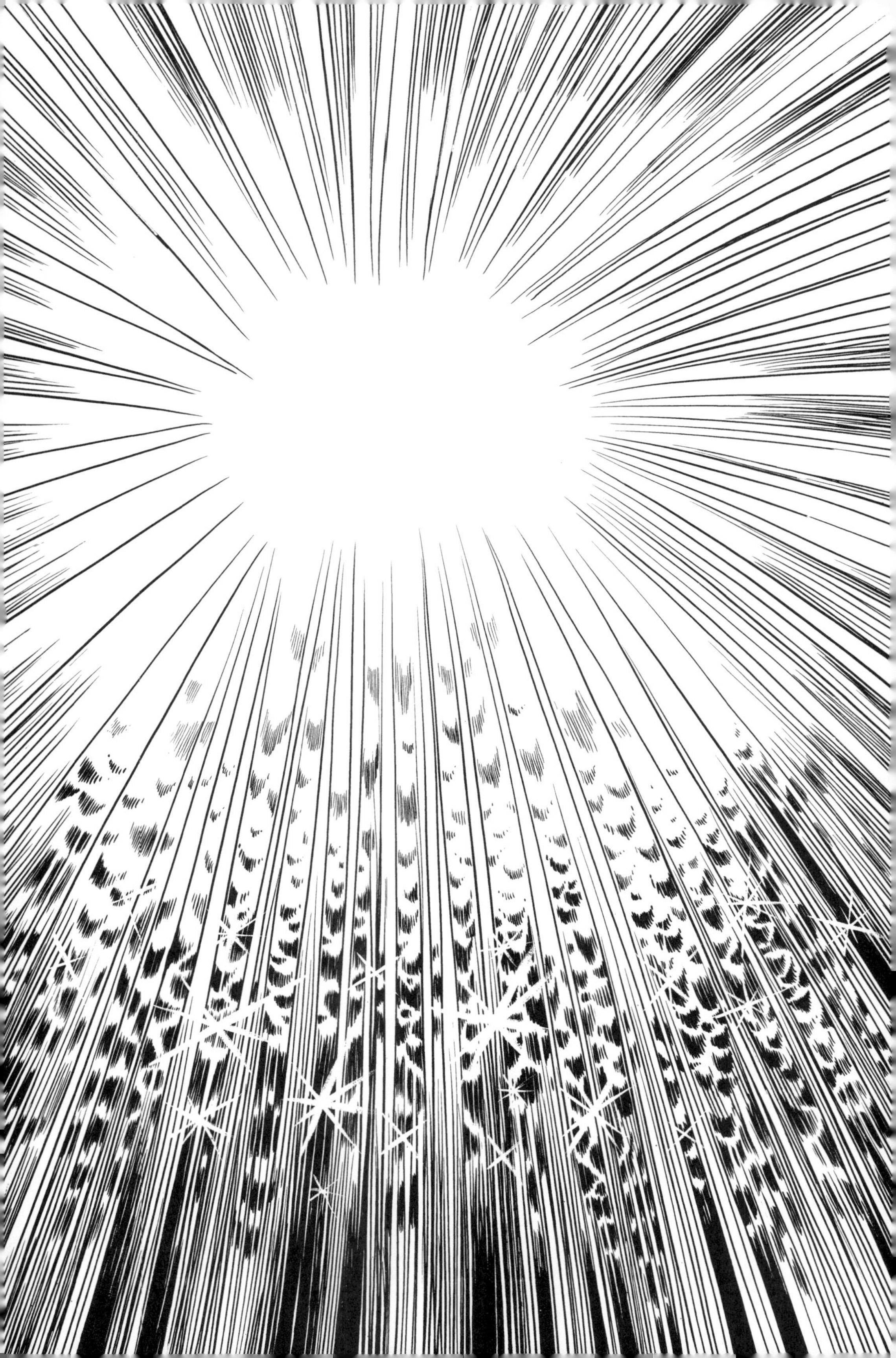

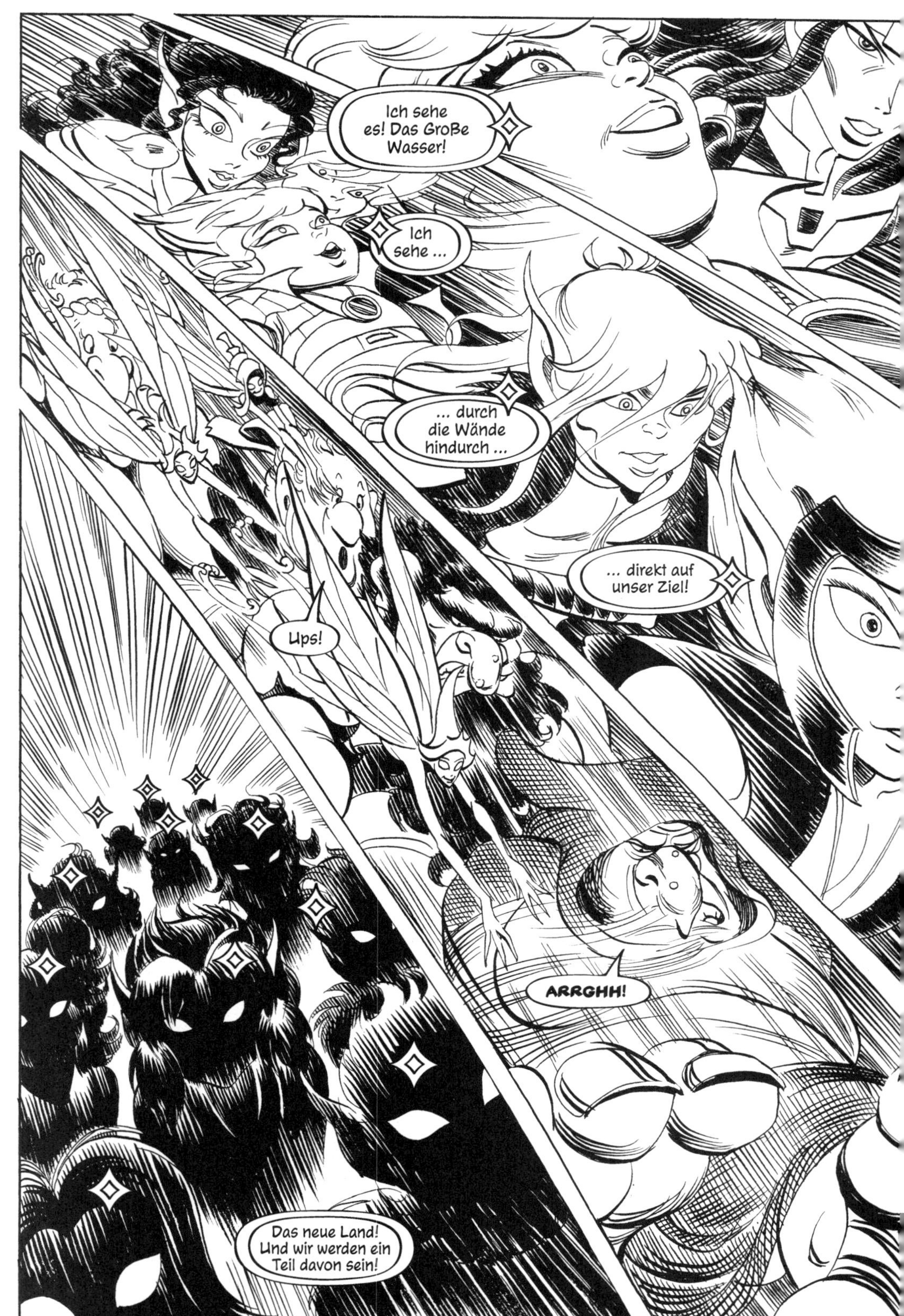
Ich sehe es! Das Große Wasser!
Ich sehe ...
... durch die Wände hindurch ...
... direkt auf unser Ziel!
Ups!
ARRGHH!
Das neue Land! Und wir werden ein Teil davon sein!

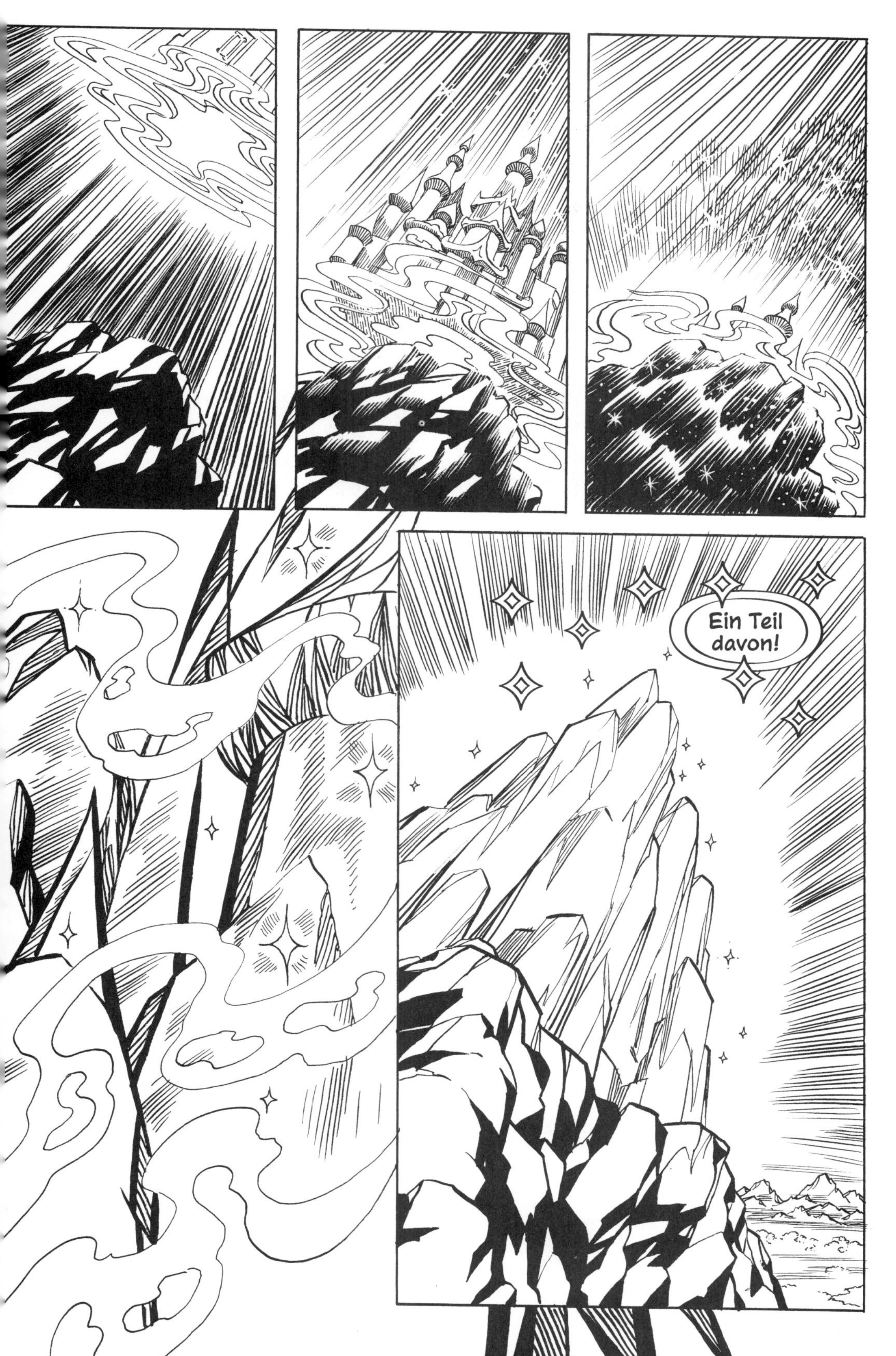
Ein Teil
davon!

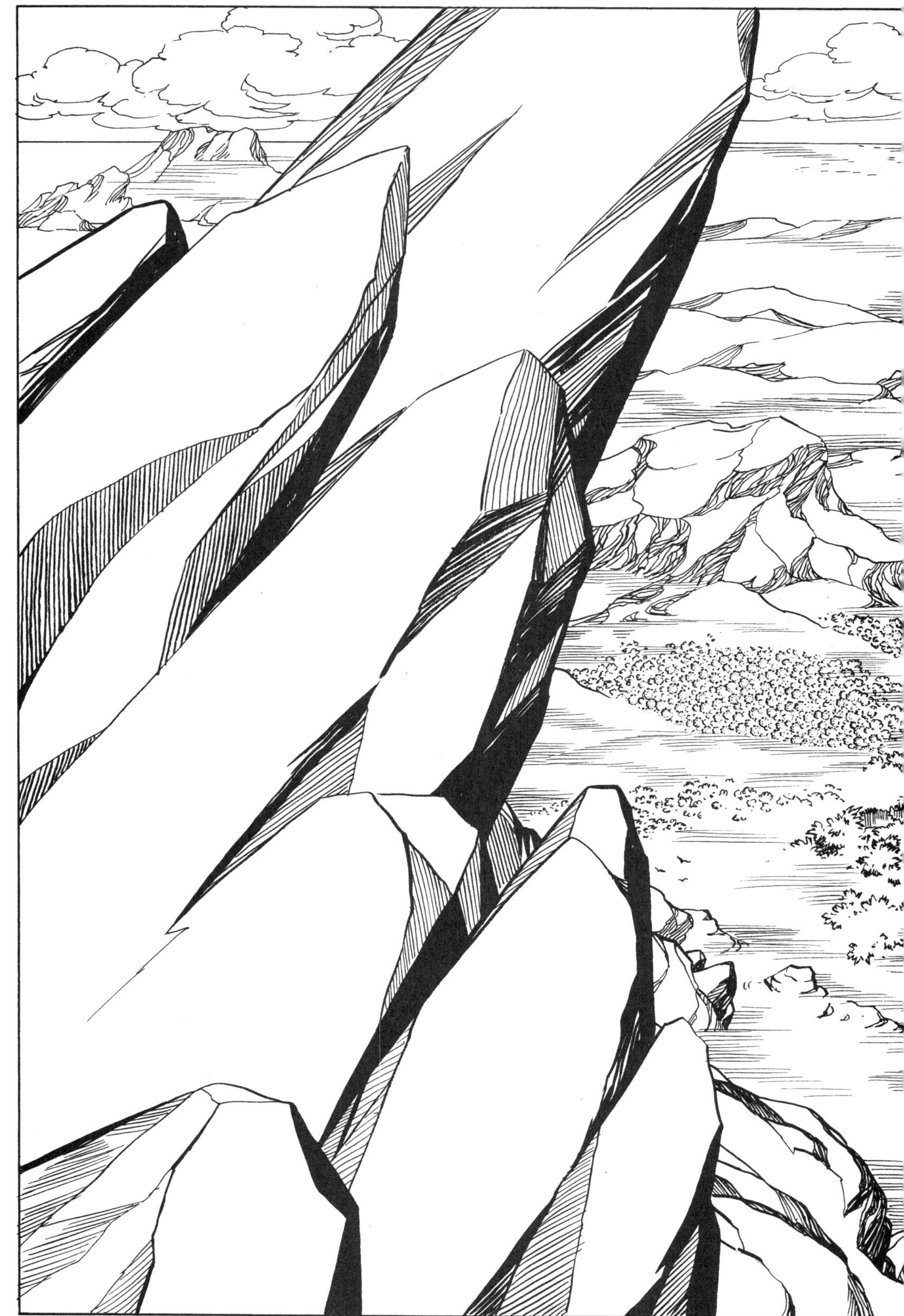

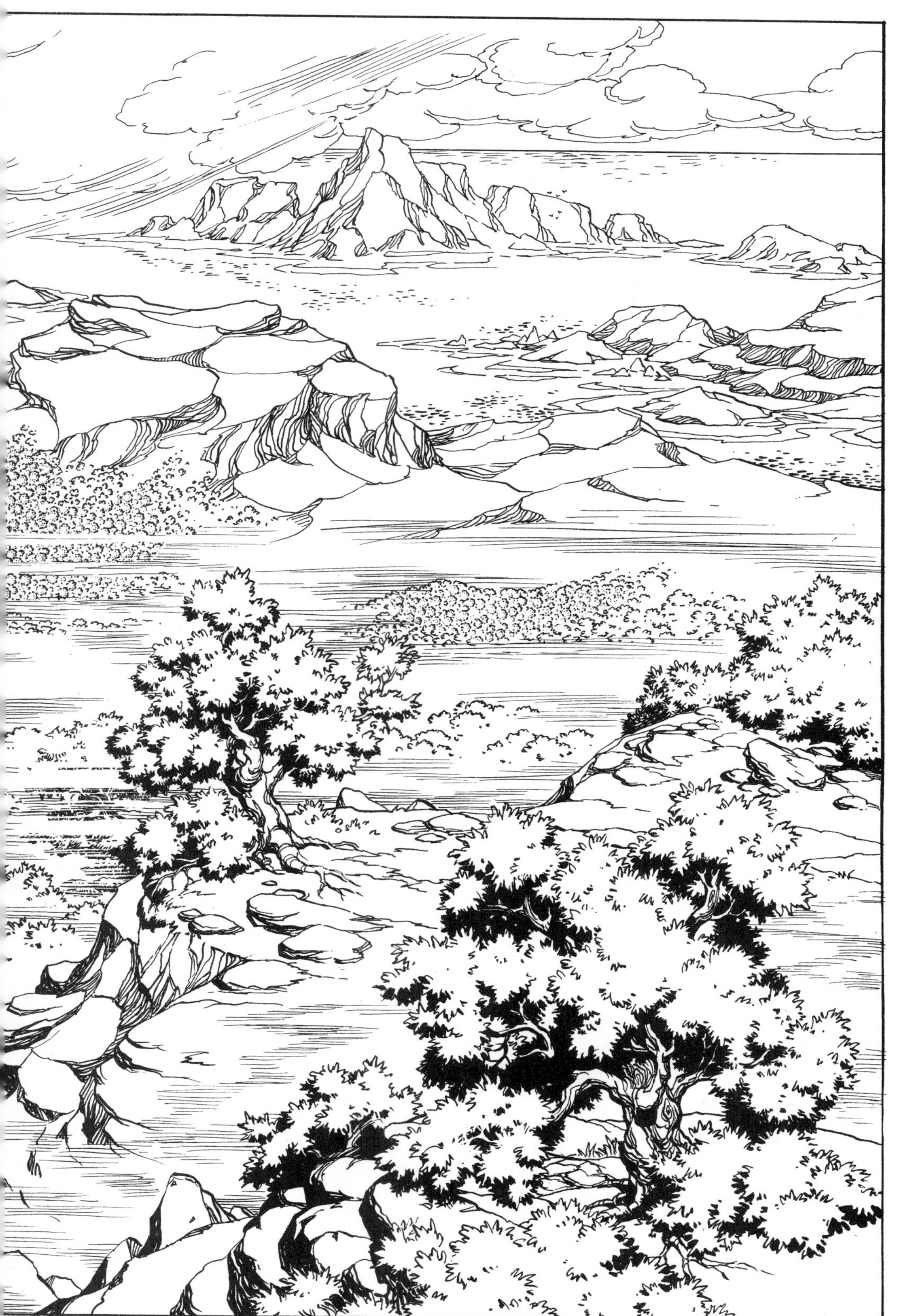

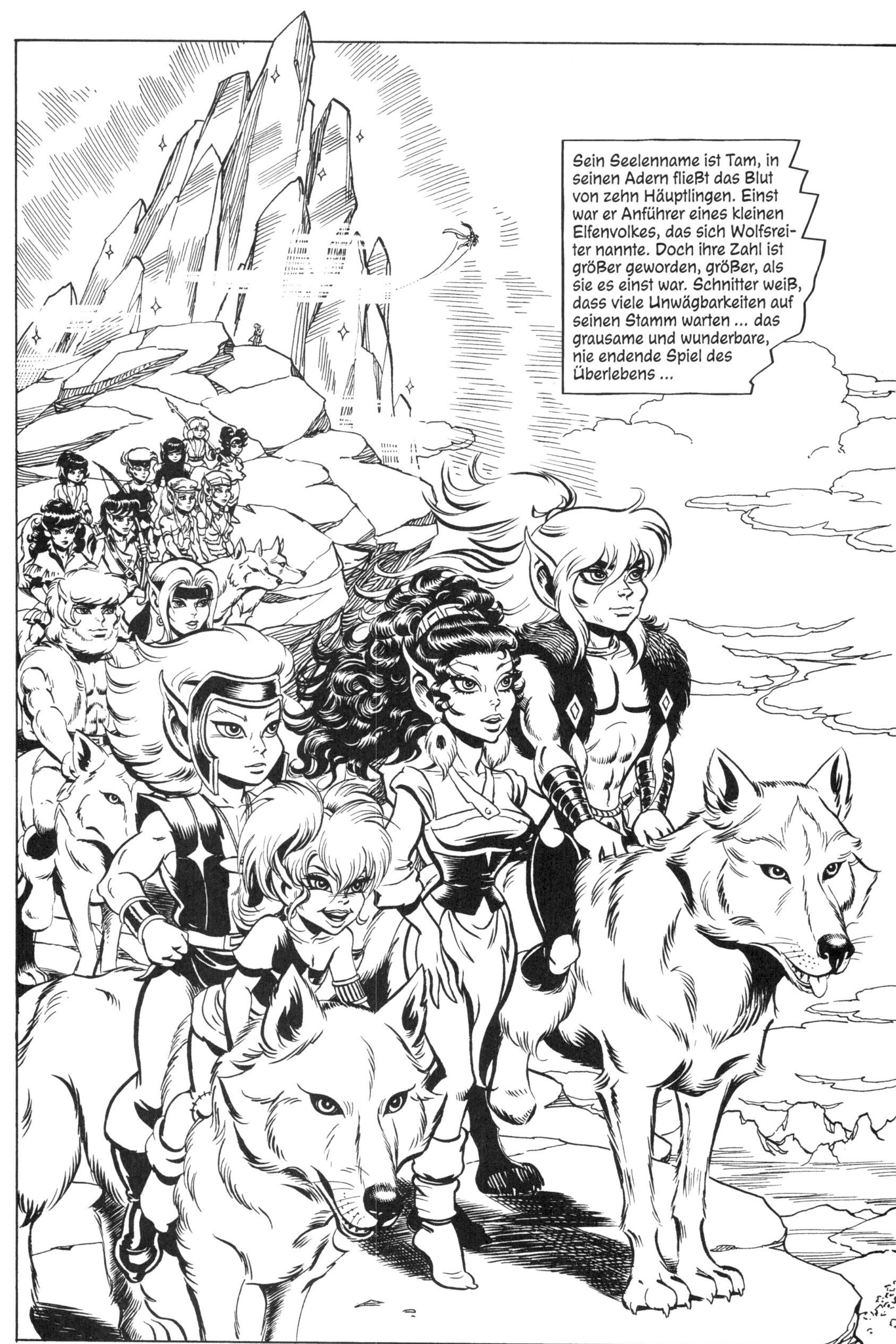
Sein Seelenname ist Tam, in seinen Adern fließt das Blut von zehn Häuptlingen. Einst war er Anführer eines kleinen Elfenvolkes, das sich Wolfsreiter nannte. Doch ihre Zahl ist größer geworden, größer, als sie es einst war. Schnitter weiß, dass viele Unwägbarkeiten auf seinen Stamm warten ... das grausame und wunderbare, nie endende Spiel des Überlebens ...

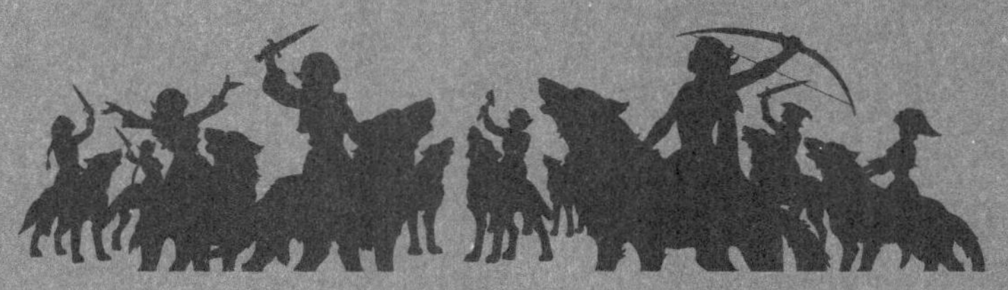

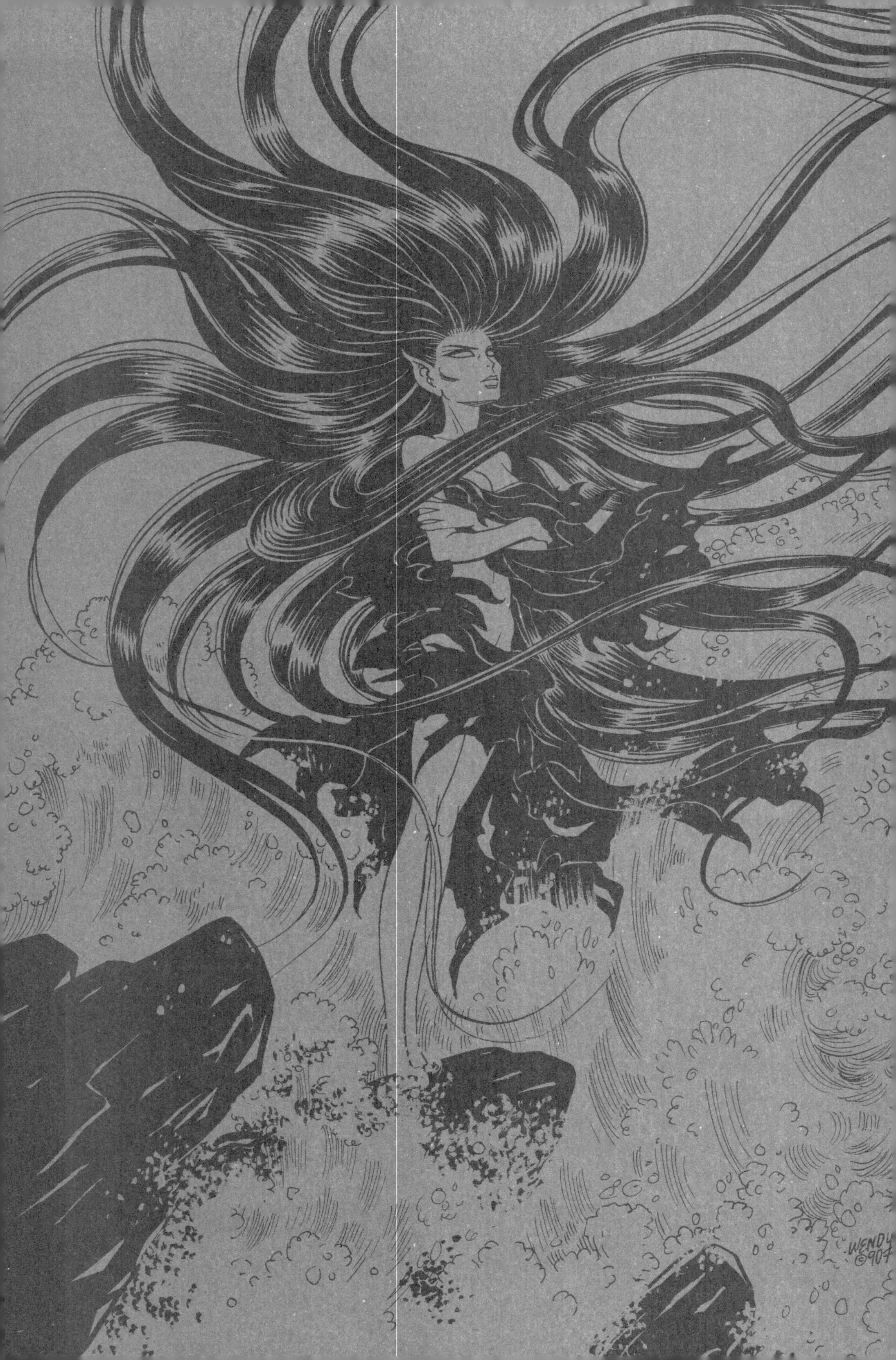
WENDY
©907

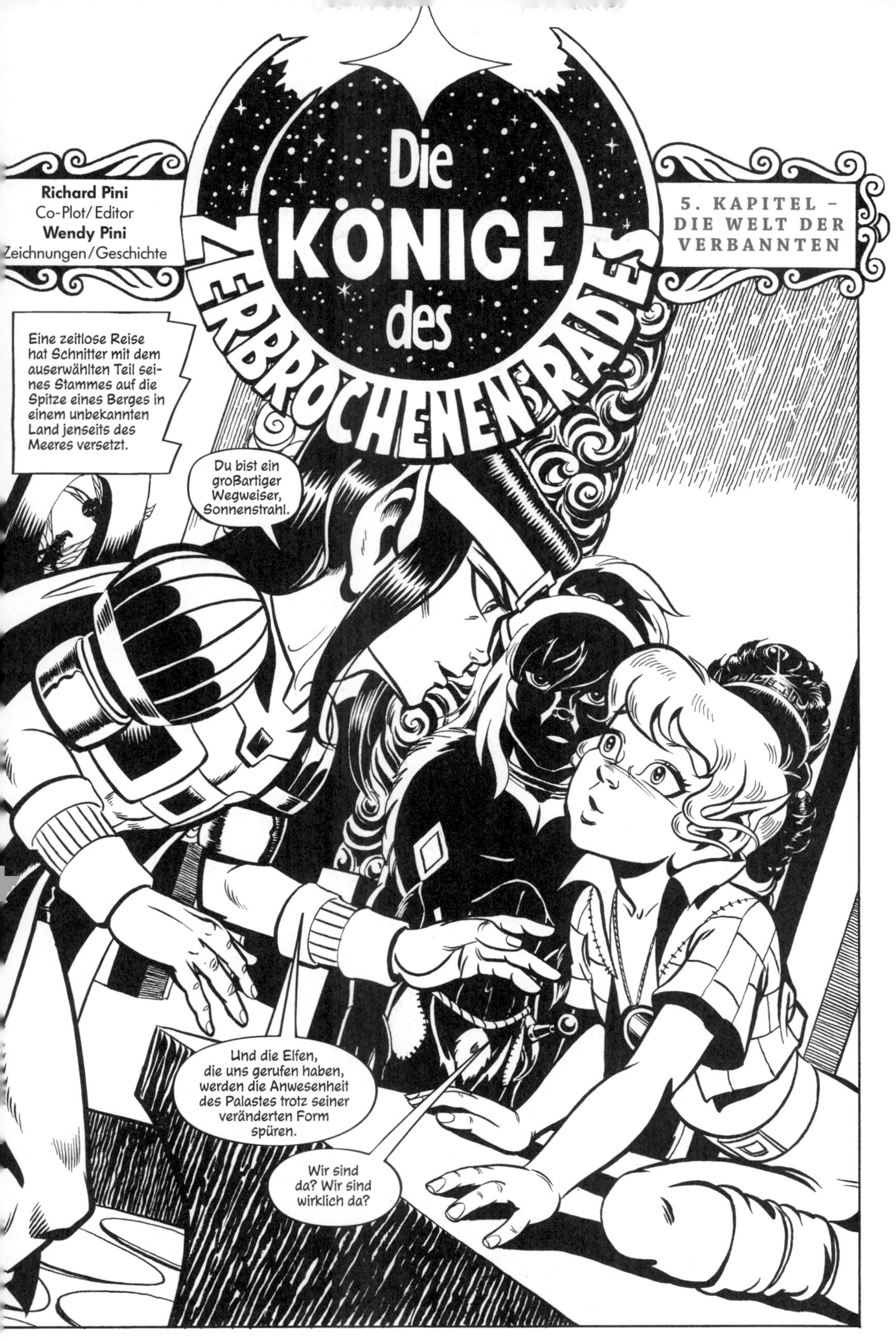
Die
KÖNIGE
des
ZERBROCHENEN RADES
Richard Pini
Co-Plot/ Editor
Wendy Pini
Zeichnungen/Geschichte
5. KAPITEL –
DIE WELT DER
VERBANNTEN
Eine zeitlose Reise hat Schnitter mit dem auserwählten Teil seines Stammes auf die Spitze eines Berges in einem unbekannten Land jenseits des Meeres versetzt.
Du bist ein großartiger Wegweiser, Sonnenstrahl.
Und die Elfen, die uns gerufen haben, werden die Anwesenheit des Palastes trotz seiner veränderten Form spüren.
Wir sind da? Wir sind wirklich da?

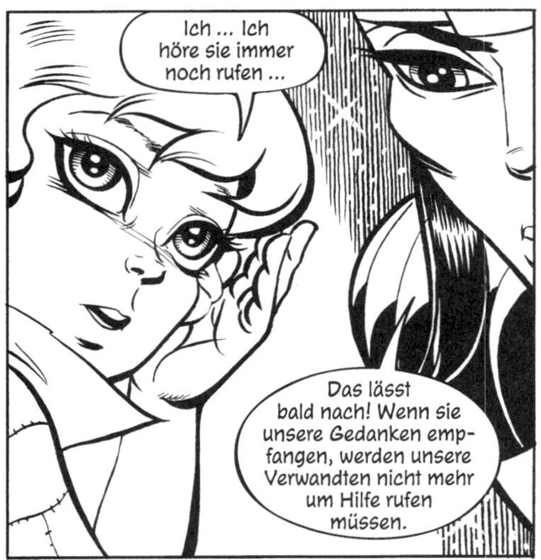

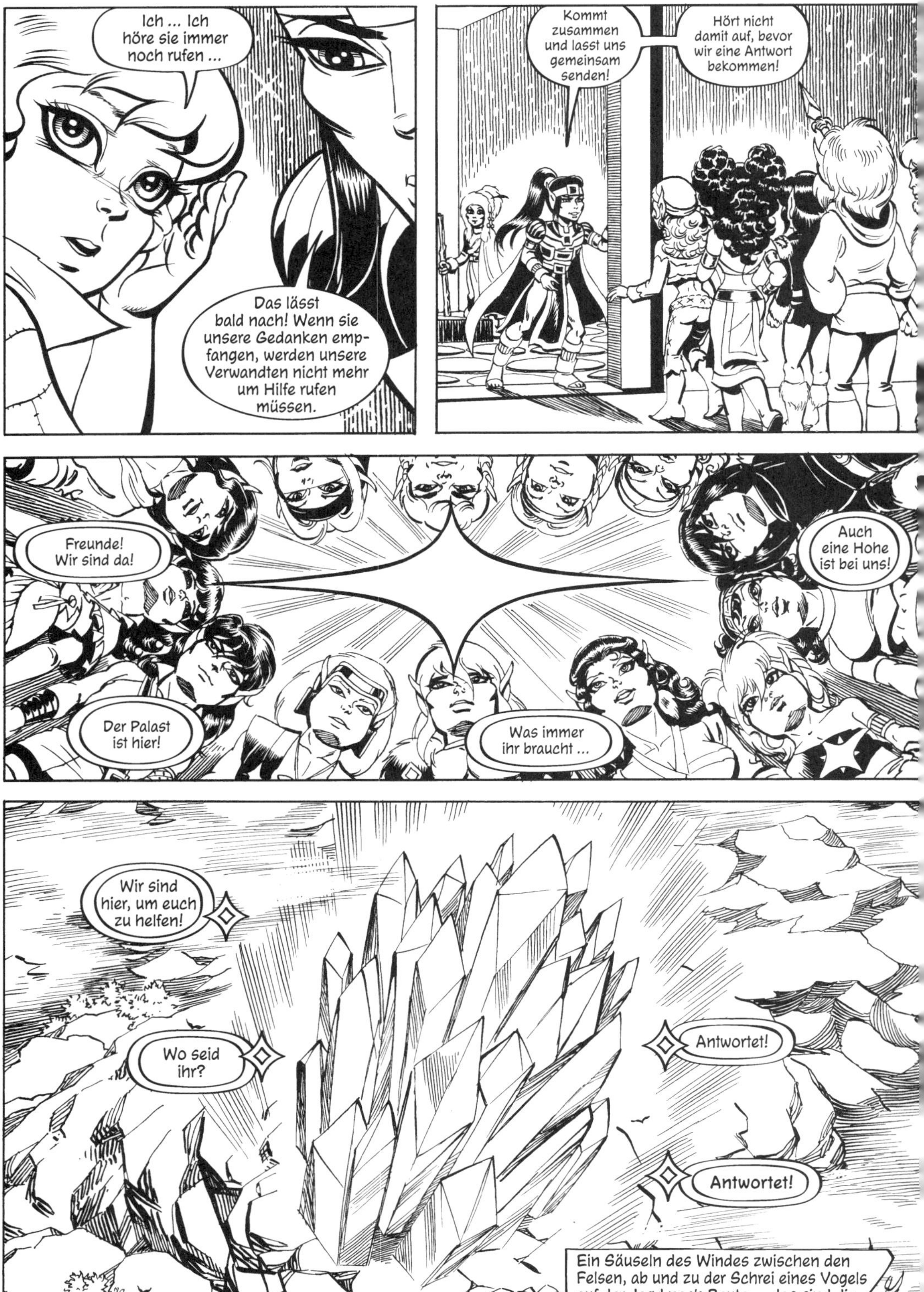

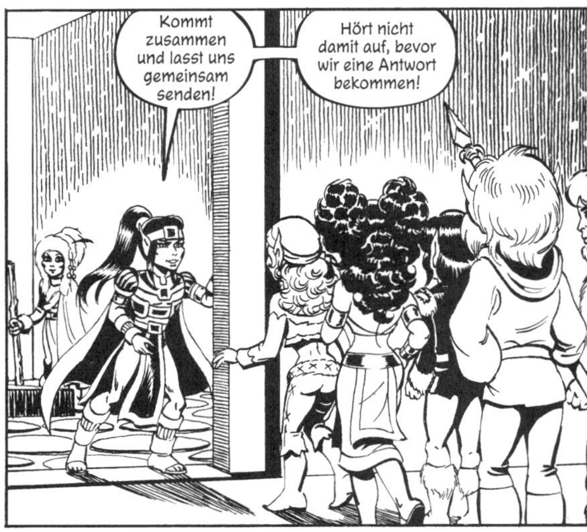

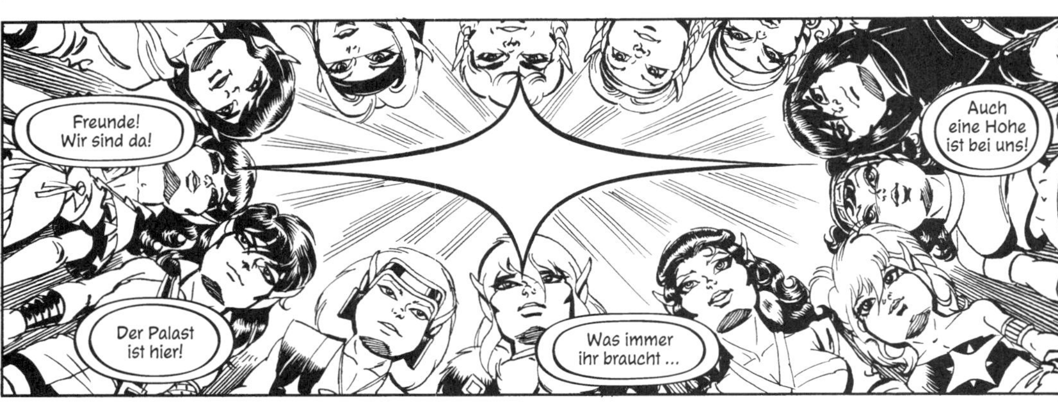

Wir sind hier, um euch zu helfen!

Wo seid ihr?

Antwortet!

Antwortet!

Ein Säuseln des Windes zwischen den Felsen, ab und zu der Schrei eines Vogels auf der Jagd nach Beute ... das sind die einzigen Laute, die die Stille des Nachmittags durchdringen ...

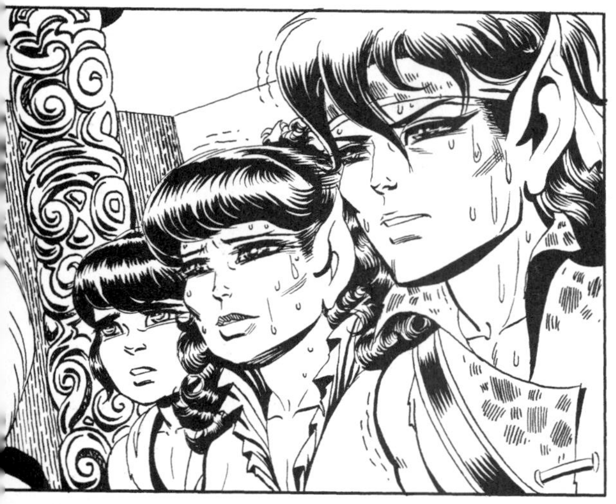

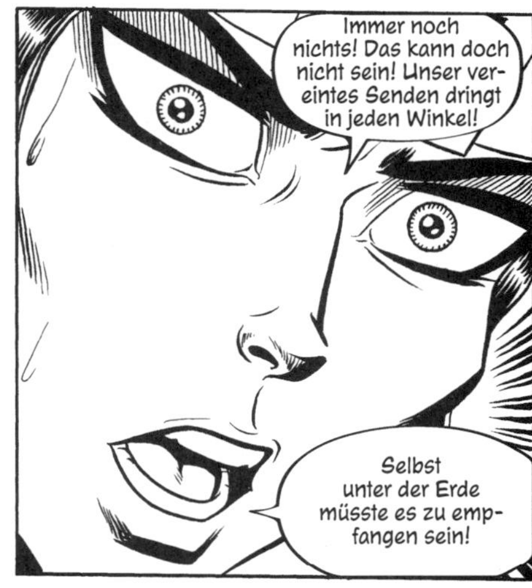
Immer noch nichts! Das kann doch nicht sein! Unser vereintes Senden dringt in jeden Winkel!
Selbst unter der Erde müsste es zu empfangen sein!

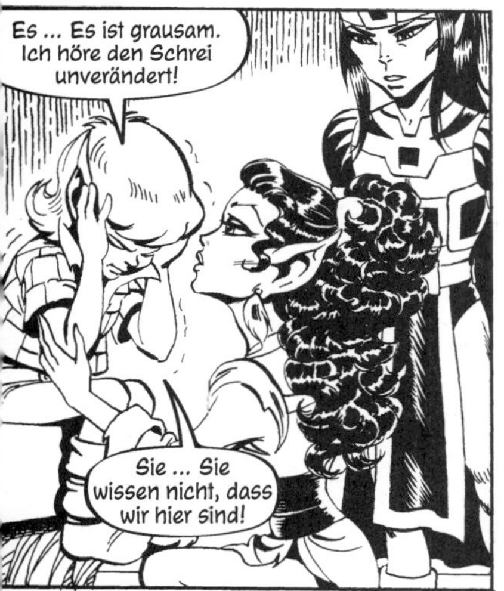
Es ... Es ist grausam. Ich höre den Schrei unverändert!
Sie ... Sie wissen nicht, dass wir hier sind!

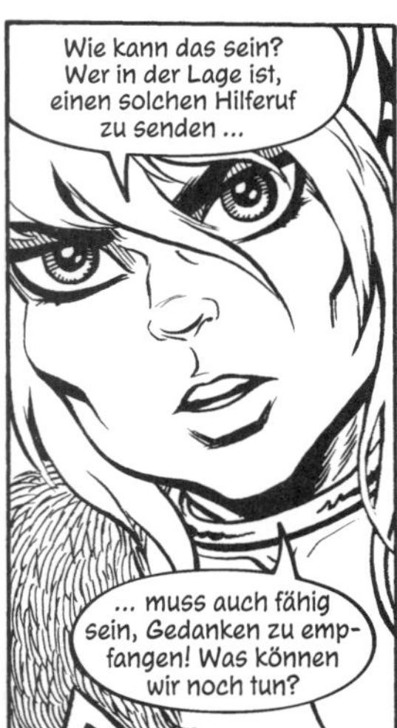
Wie kann das sein? Wer in der Lage ist, einen solchen Hilferuf zu senden ...
... muss auch fähig sein, Gedanken zu empfangen! Was können wir noch tun?

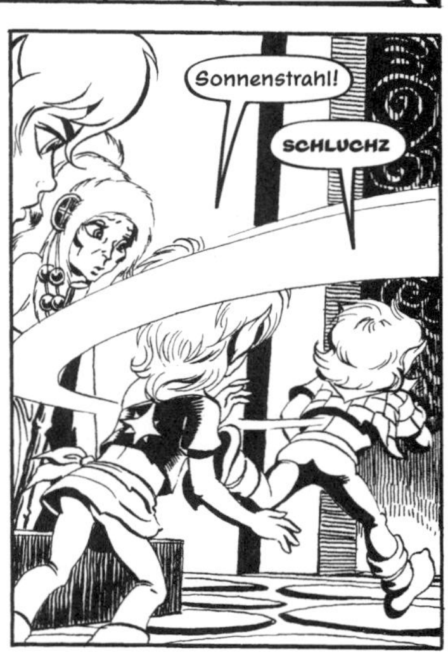
Sonnenstrahl!
SCHLUCHZ

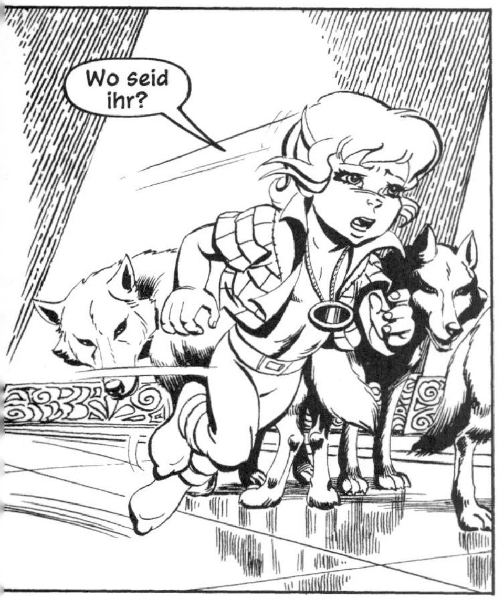
Wo seid ihr?

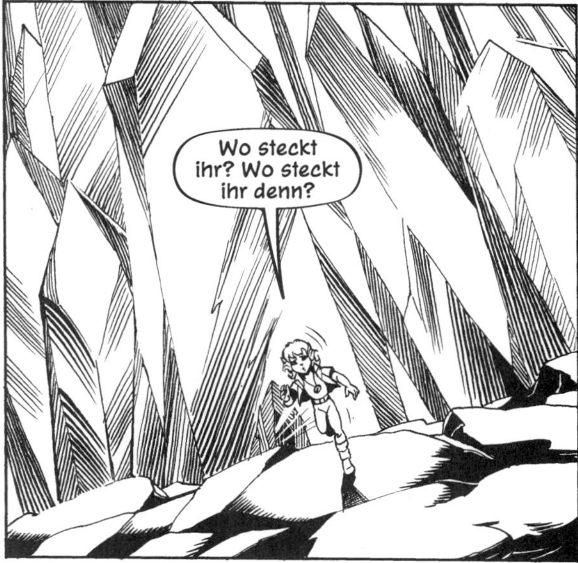
Wo steckt ihr? Wo steckt ihr denn?

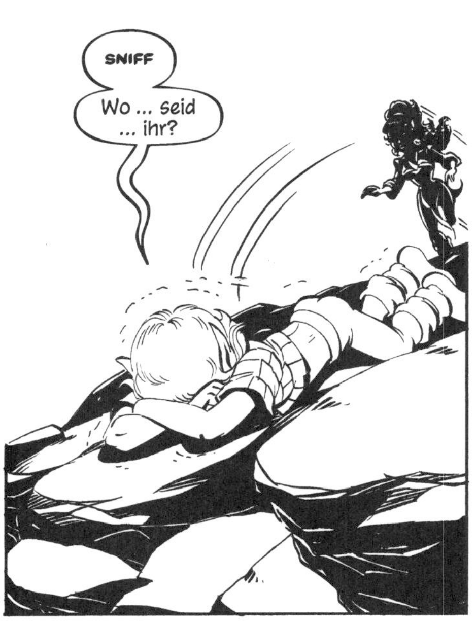
SNIFF
Wo ... seid ... ihr?

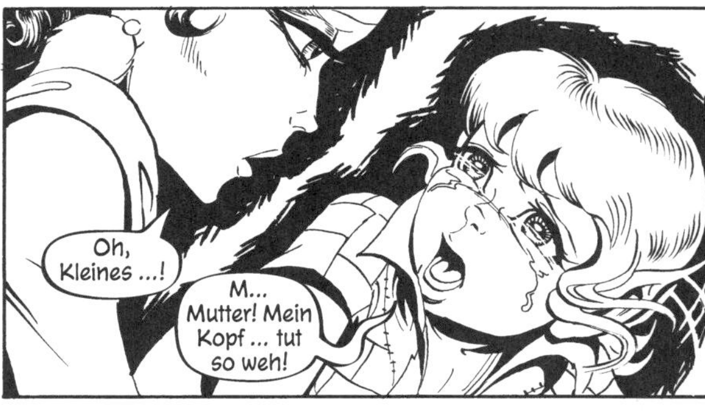
Oh, Kleines ...!
M... Mutter! Mein Kopf ... tut so weh!

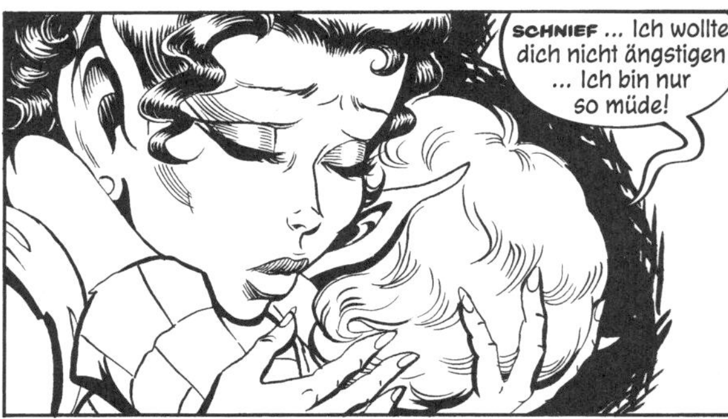
SCHNIEF ... Ich wollte dich nicht ängstigen ... Ich bin nur so müde!

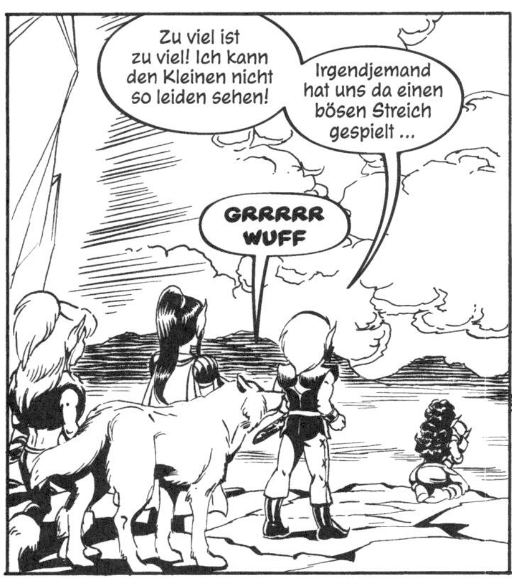
Zu viel ist zu viel! Ich kann den Kleinen nicht so leiden sehen!
Irgendjemand hat uns da einen bösen Streich gespielt ...
GRRRRR WUFF

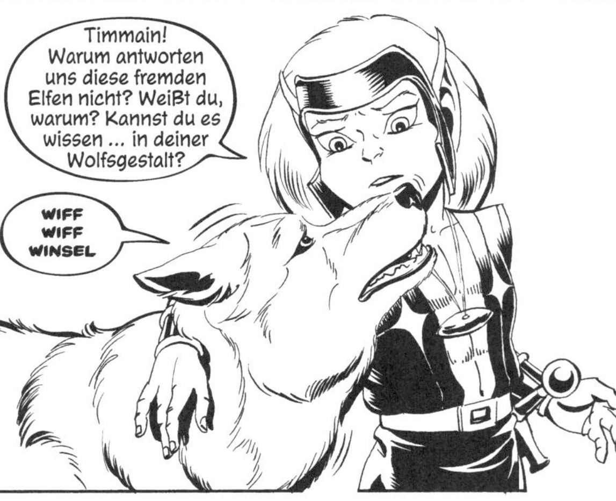
Timmain! Warum antworten uns diese fremden Elfen nicht? Weißt du, warum? Kannst du es wissen ... in deiner Wolfsgestalt?
WIFF WIFF WINSEL

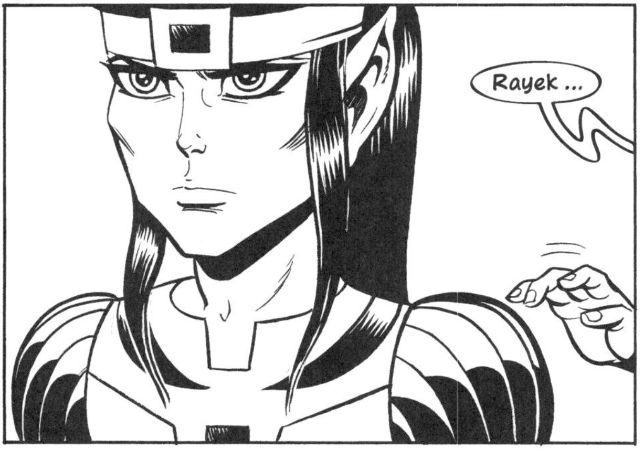
Rayek ...

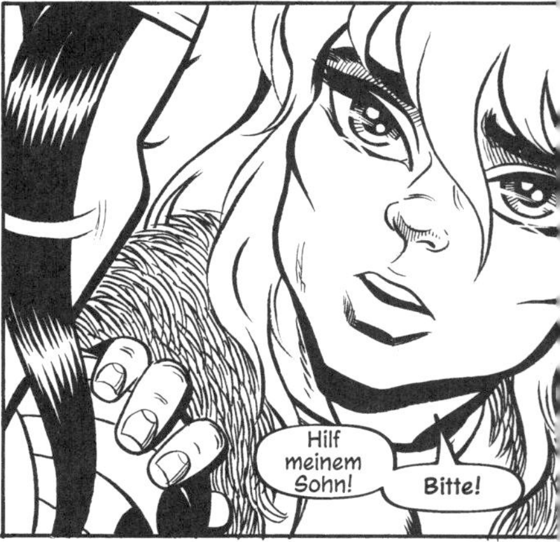
Hilf meinem Sohn!
Bitte!

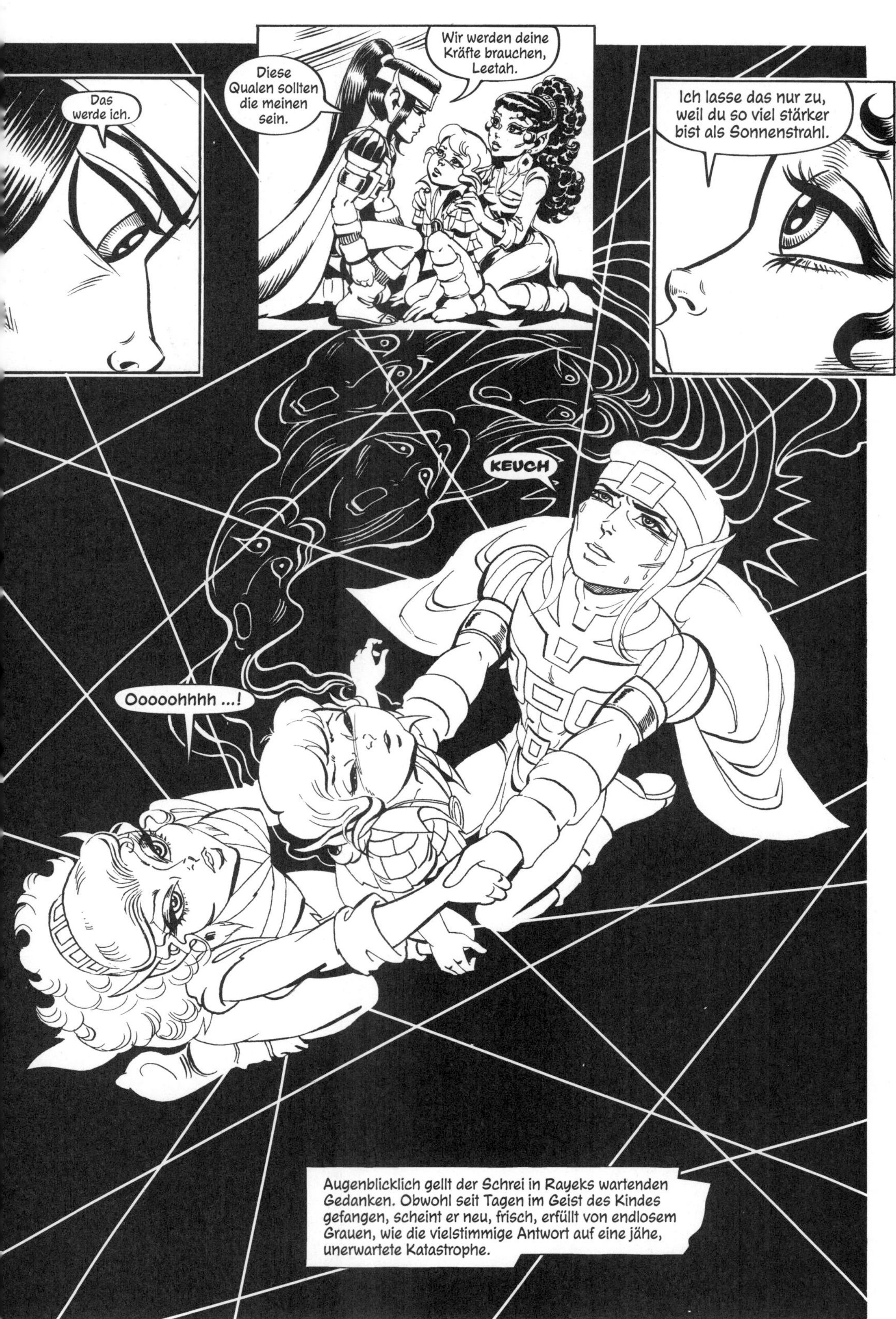
Das
werde ich.
Diese
Qualen sollten
die meinen
sein.
Wir werden deine
Kräfte brauchen,
Leetah.
Ich lasse das nur zu,
weil du so viel stärker
bist als Sonnenstrahl.
KEUCH
Oooohhhh ...!
Augenblicklich gellt der Schrei in Rayeks wartenden Gedanken. Obwohl seit Tagen im Geist des Kindes gefangen, scheint er neu, frisch, erfüllt von endlosem Grauen, wie die vielstimmige Antwort auf eine jähe, unerwartete Katastrophe.

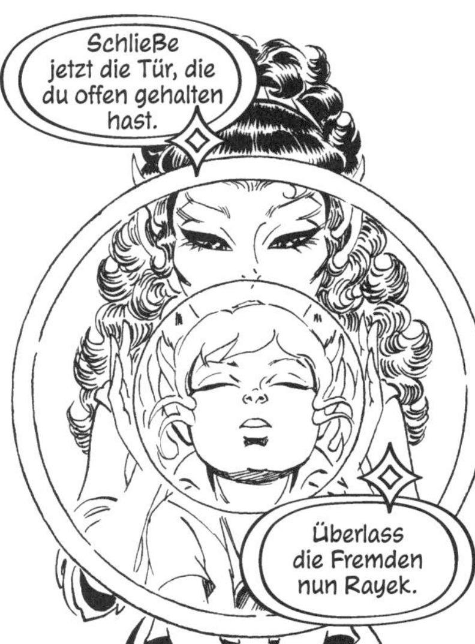
Schließe jetzt die Tür, die du offen gehalten hast.
Überlass die Fremden nun Rayek.

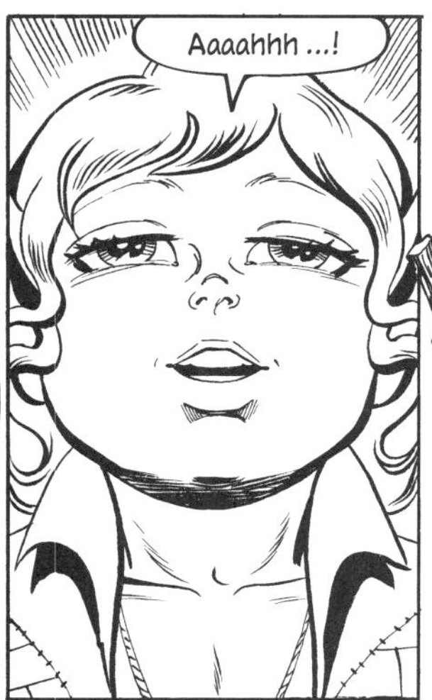
Aaaahhh ...!

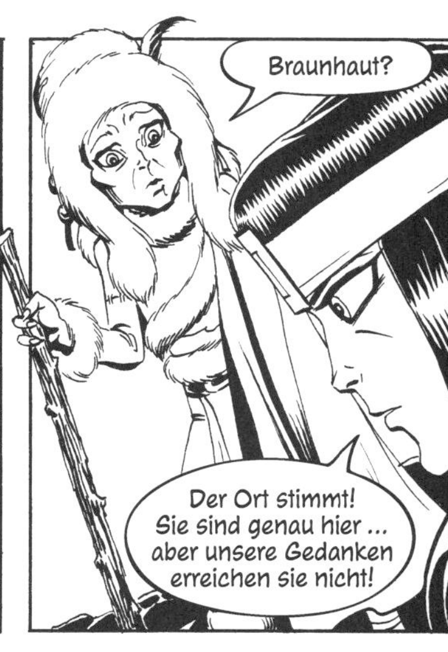
Braunhaut?
Der Ort stimmt! Sie sind genau hier ... aber unsere Gedanken erreichen sie nicht!

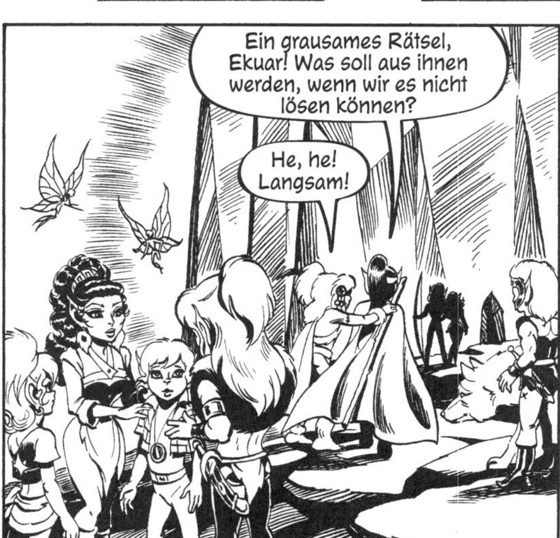
Ein grausames Rätsel, Ekuar! Was soll aus ihnen werden, wenn wir es nicht lösen können?
He, he! Langsam!

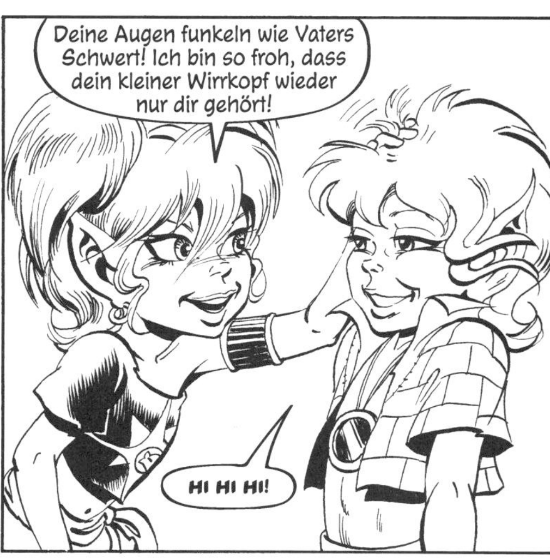
Deine Augen funkeln wie Vaters Schwert! Ich bin so froh, dass dein kleiner Wirrkopf wieder nur dir gehört!
HI HI HI!

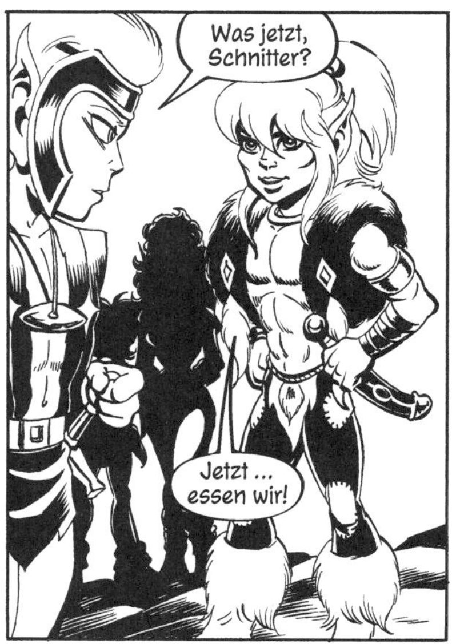
Was jetzt, Schnitter?
Jetzt ... essen wir!

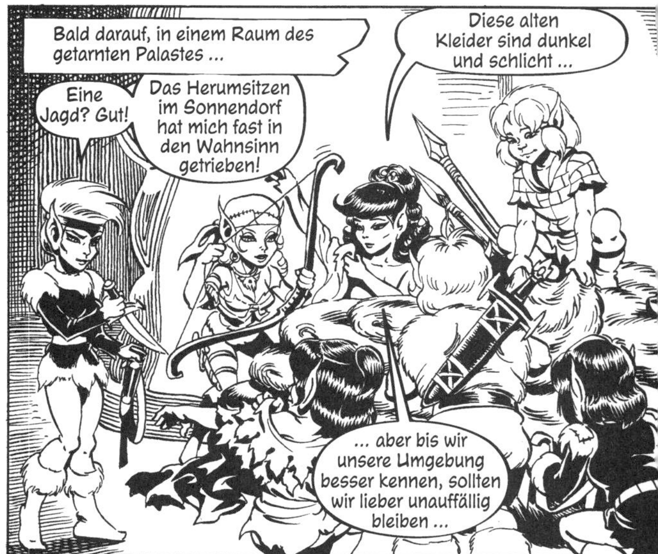
Bald darauf, in einem Raum des getarnten Palastes ...
Eine Jagd? Gut!
Das Herumsitzen im Sonnendorf hat mich fast in den Wahnsinn getrieben!
Diese alten Kleider sind dunkel und schlicht ...
... aber bis wir unsere Umgebung besser kennen, sollten wir lieber unauffällig bleiben ...

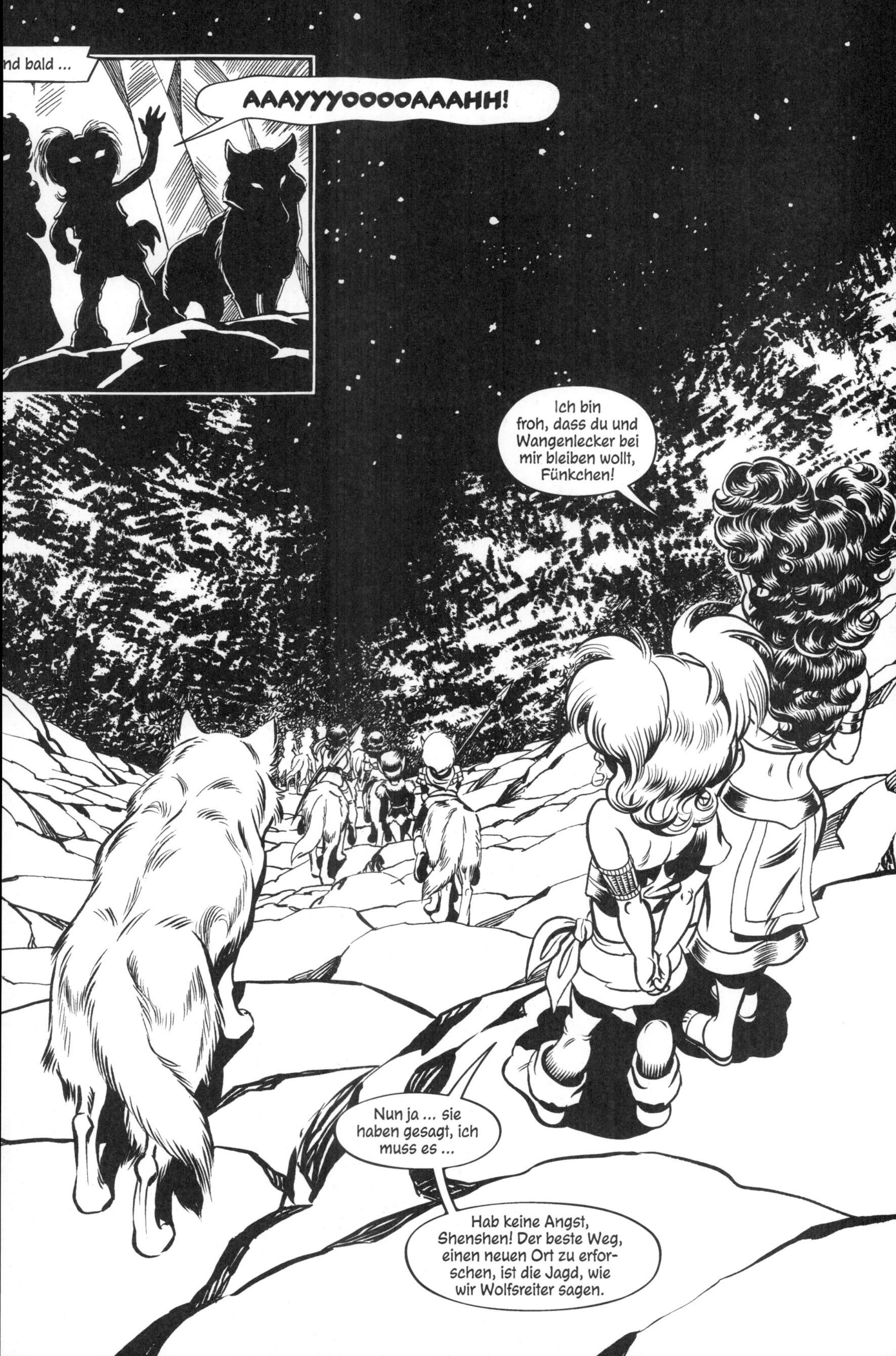
nd bald ...
AAAYYYOOOOAAAHH!
Ich bin froh, dass du und Wangenlecker bei mir bleiben wollt, Fünkchen!
Nun ja ... sie haben gesagt, ich muss es ...
Hab keine Angst, Shenshen! Der beste Weg, einen neuen Ort zu erforschen, ist die Jagd, wie wir Wolfsreiter sagen.

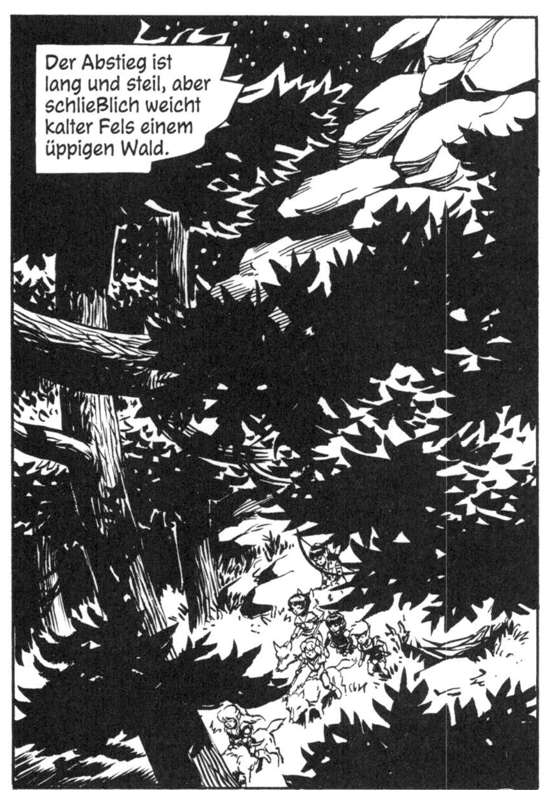
Der Abstieg ist lang und steil, aber schließlich weicht kalter Fels einem üppigen Wald.

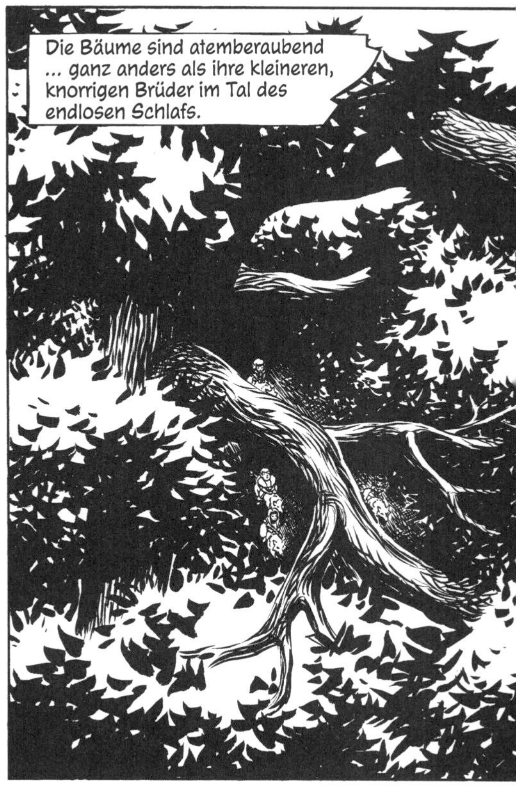
Die Bäume sind atemberaubend ... ganz anders als ihre kleineren, knorrigen Brüder im Tal des endlosen Schlafs.

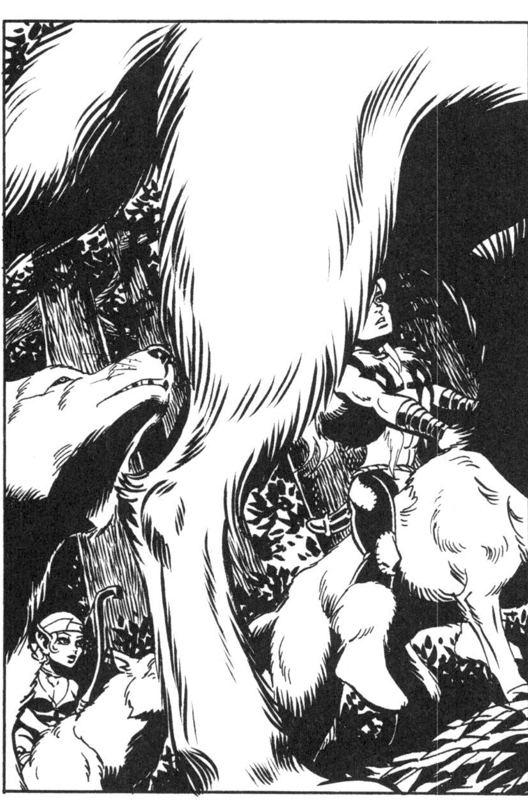

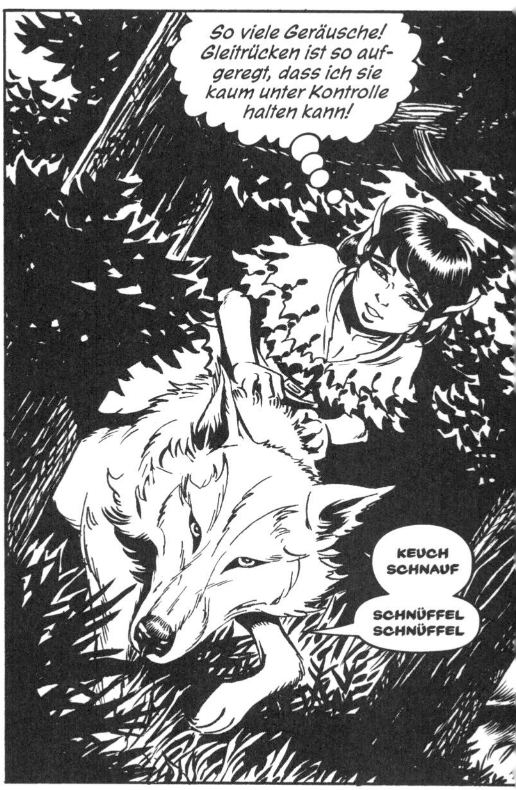
So viele Geräusche! Gleitrücken ist so aufgeregt, dass ich sie kaum unter Kontrolle halten kann!
KEUCH SCHNAUF
SCHNÜFFEL SCHNÜFFEL

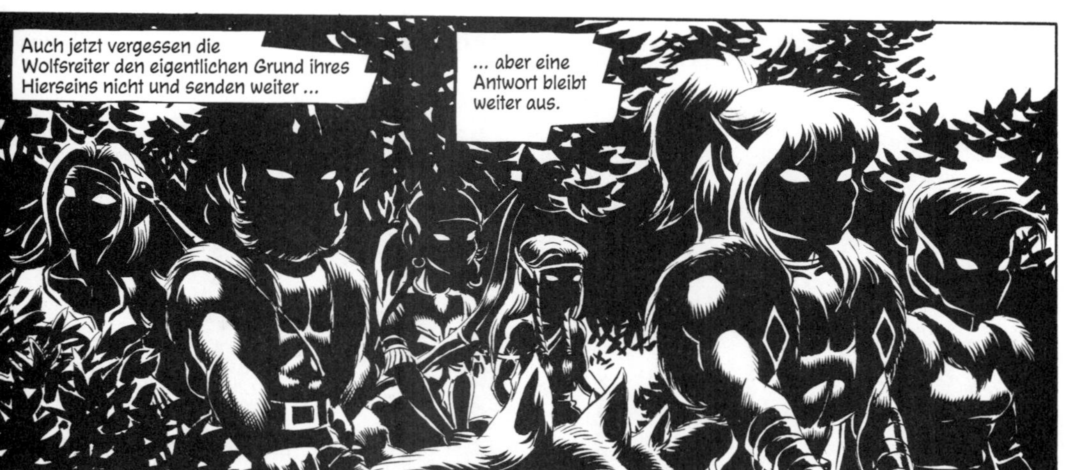
Auch jetzt vergessen die Wolfsreiter den eigentlichen Grund ihres Hierseins nicht und senden weiter ...
... aber eine Antwort bleibt weiter aus.

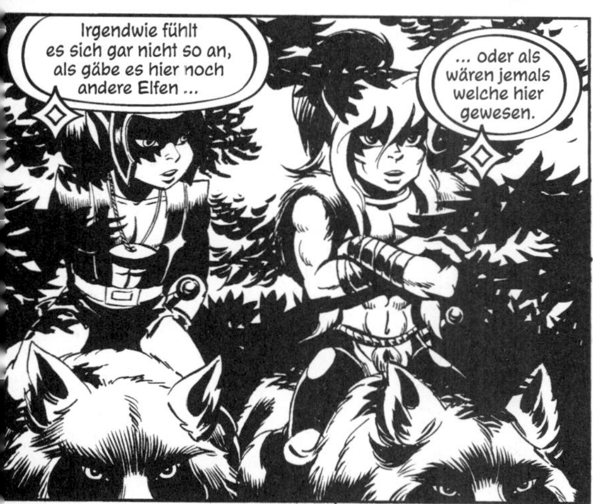
Irgendwie fühlt es sich gar nicht so an, als gäbe es hier noch andere Elfen ...
... oder als wären jemals welche hier gewesen.

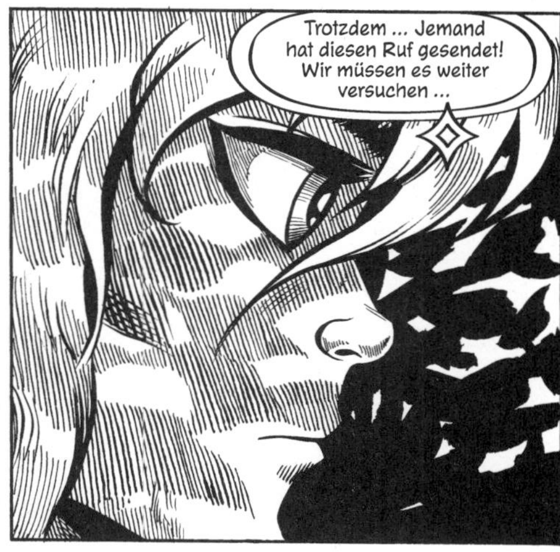
Trotzdem ... Jemand hat diesen Ruf gesendet! Wir müssen es weiter versuchen ...

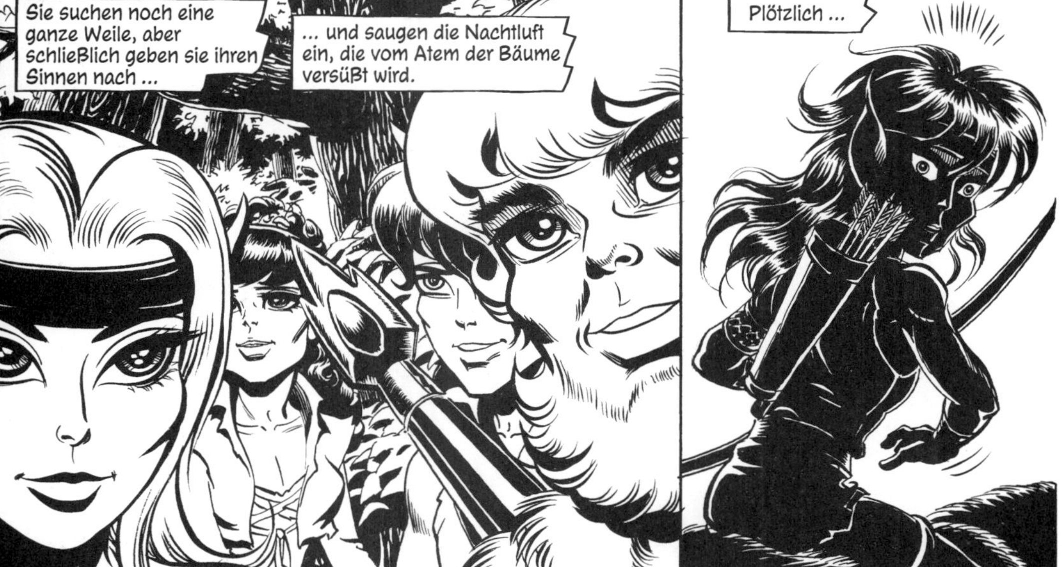
Sie suchen noch eine ganze Weile, aber schließlich geben sie ihren Sinnen nach ...
... und saugen die Nachtluft ein, die vom Atem der Bäume versüßt wird.
Plötzlich ...

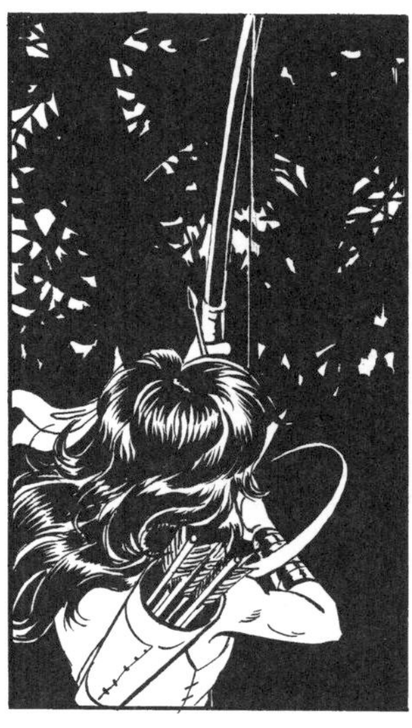
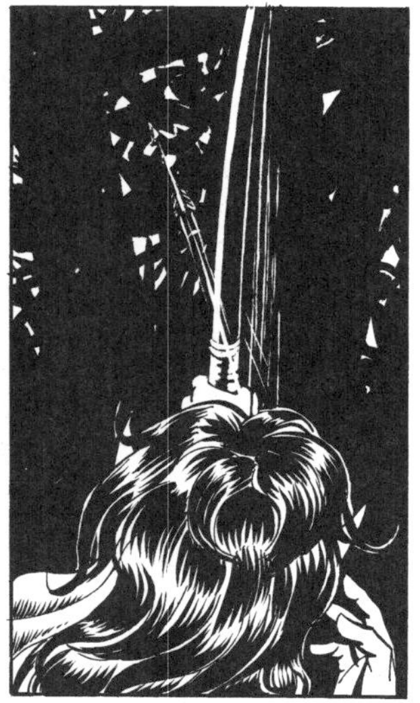
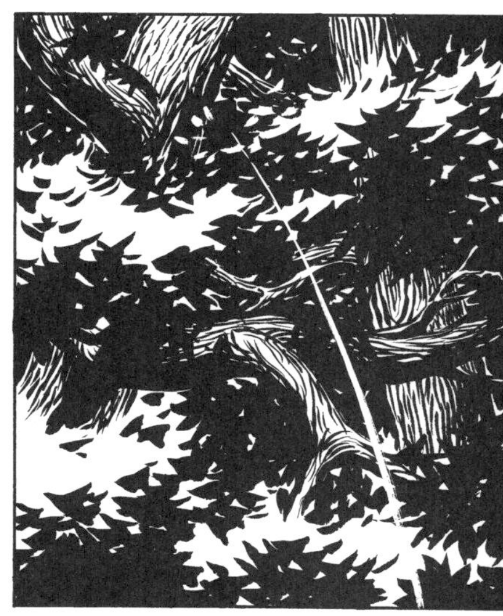
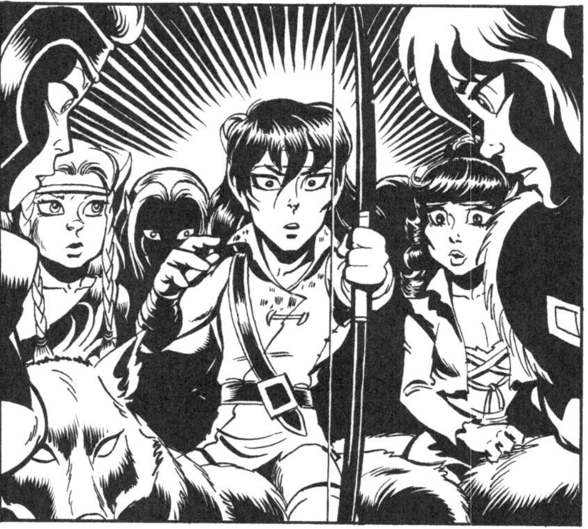
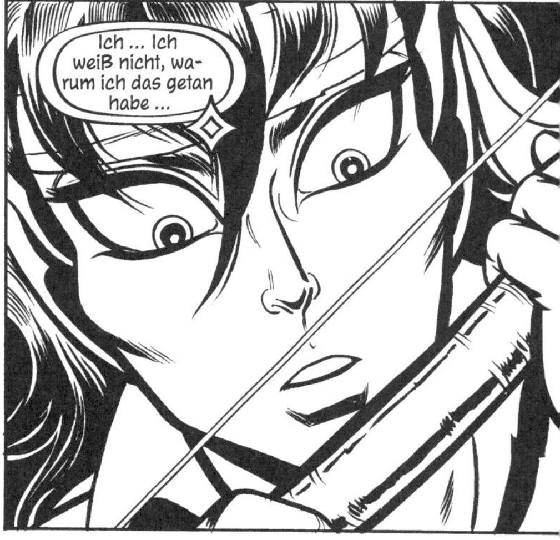
Ich ... Ich weiß nicht, warum ich das getan habe ...
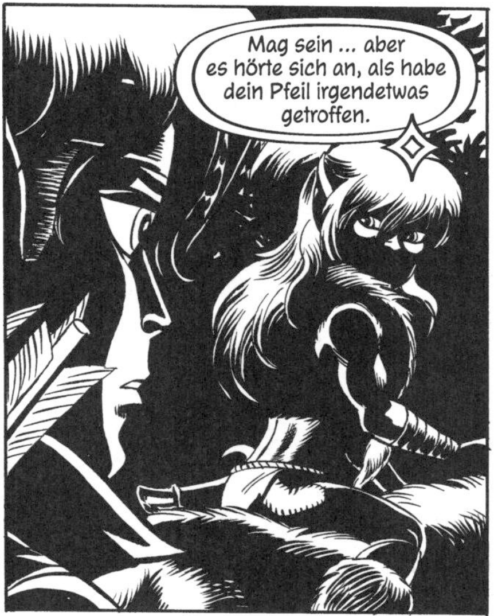
Mag sein ... aber es hörte sich an, als habe dein Pfeil irgendetwas getroffen.
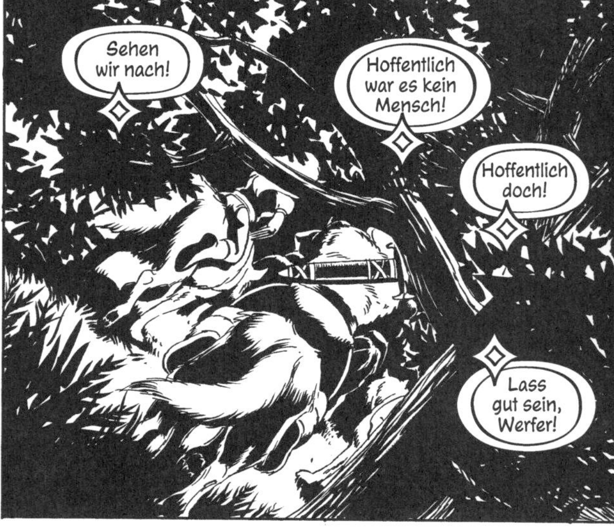
Sehen wir nach!
Hoffentlich war es kein Mensch!
Hoffentlich doch!
Lass gut sein, Werfer!

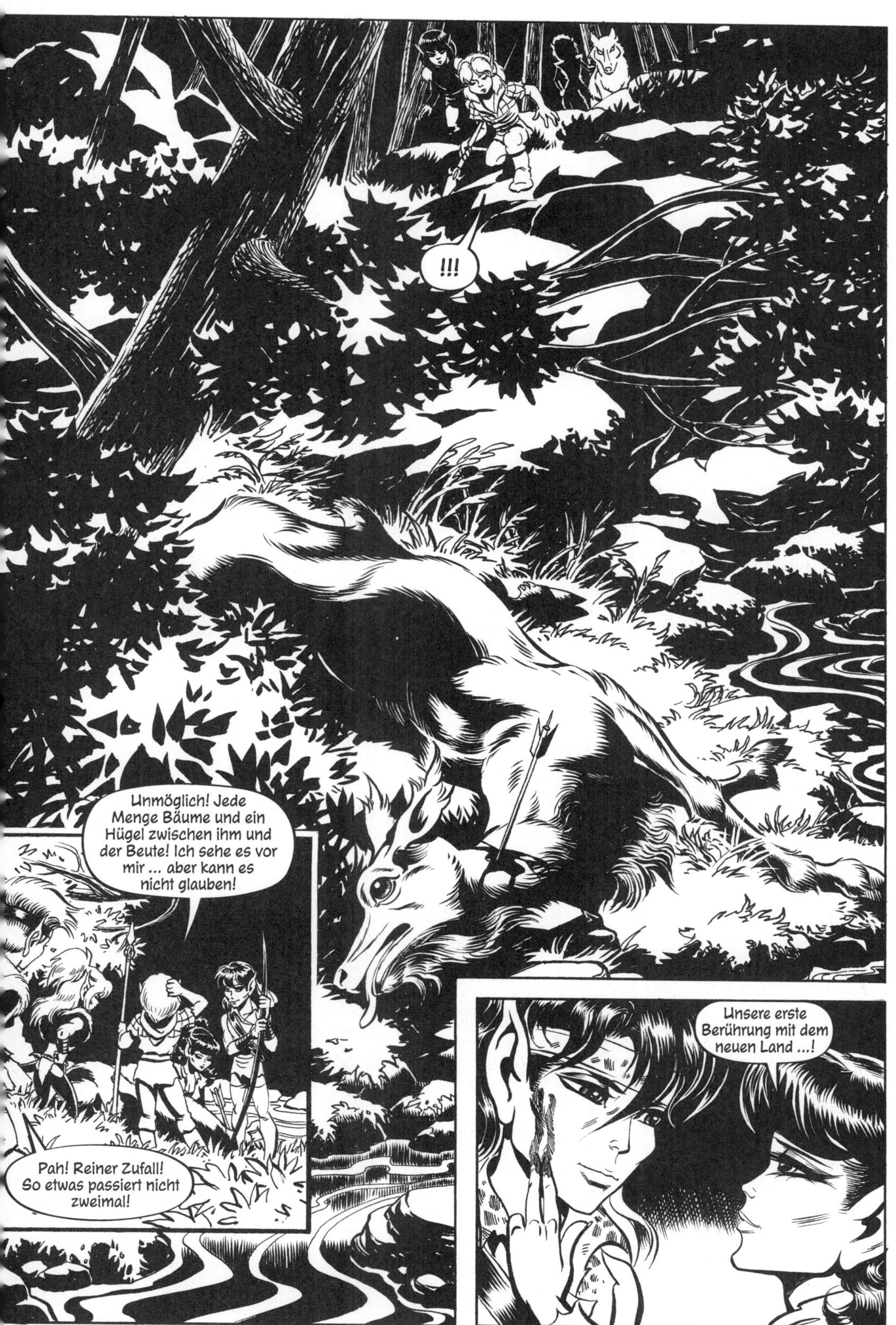
!!!
Unmöglich! Jede Menge Bäume und ein Hügel zwischen ihm und der Beute! Ich sehe es vor mir ... aber kann es nicht glauben!
Pah! Reiner Zufall! So etwas passiert nicht zweimal!
Unsere erste Berührung mit dem neuen Land ...!

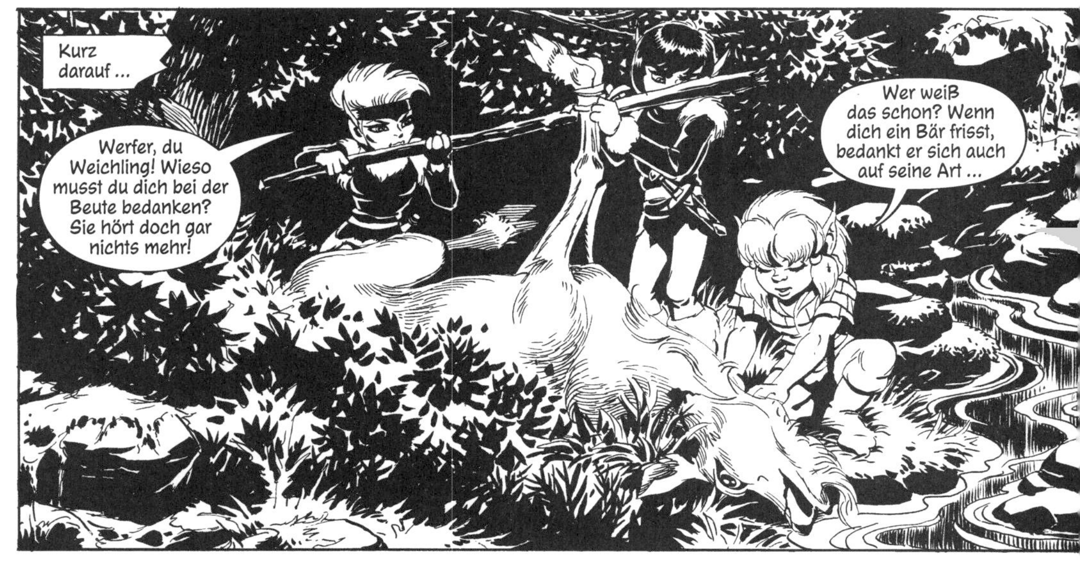
Kurz darauf ...
Werfer, du Weichling! Wieso musst du dich bei der Beute bedanken? Sie hört doch gar nichts mehr!
Wer weiß das schon? Wenn dich ein Bär frisst, bedankt er sich auch auf seine Art ...

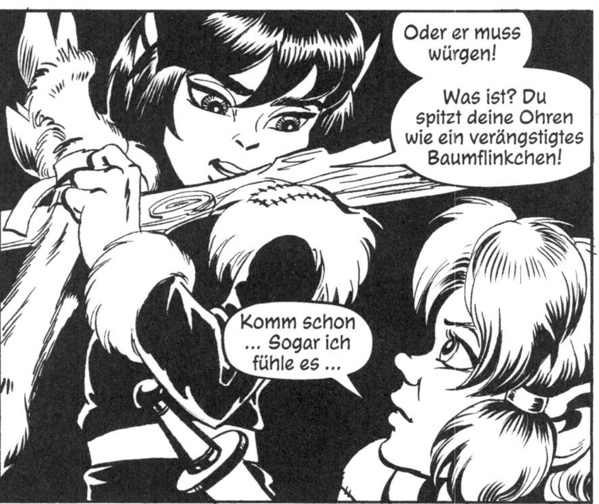
Oder er muss würgen!
Was ist? Du spitzt deine Ohren wie ein verängstigtes Baumflinkchen!
Komm schon ... Sogar ich fühle es ...

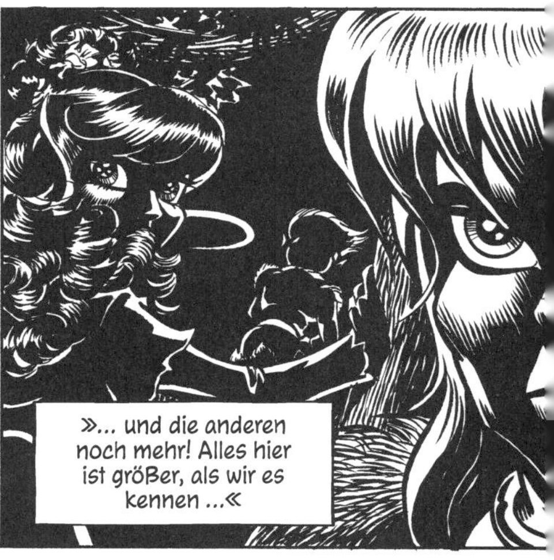
»... und die anderen noch mehr! Alles hier ist größer, als wir es kennen ...«

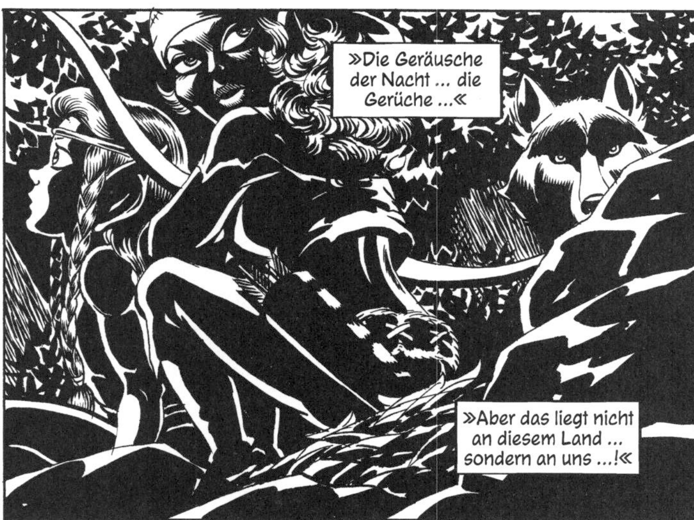
»Die Geräusche der Nacht ... die Gerüche ...«
»Aber das liegt nicht an diesem Land ... sondern an uns ...!«

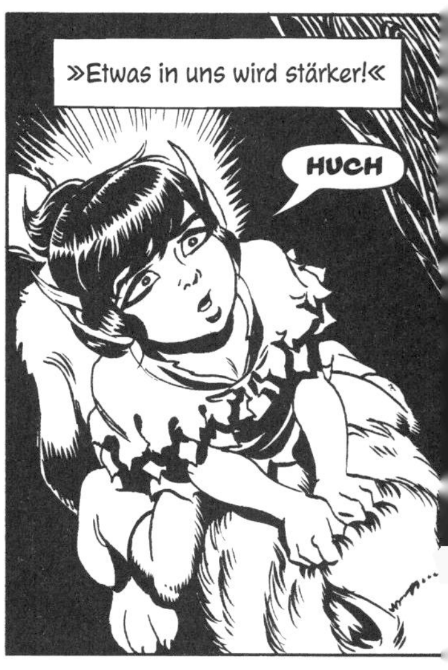
»Etwas in uns wird stärker!«
HUCH

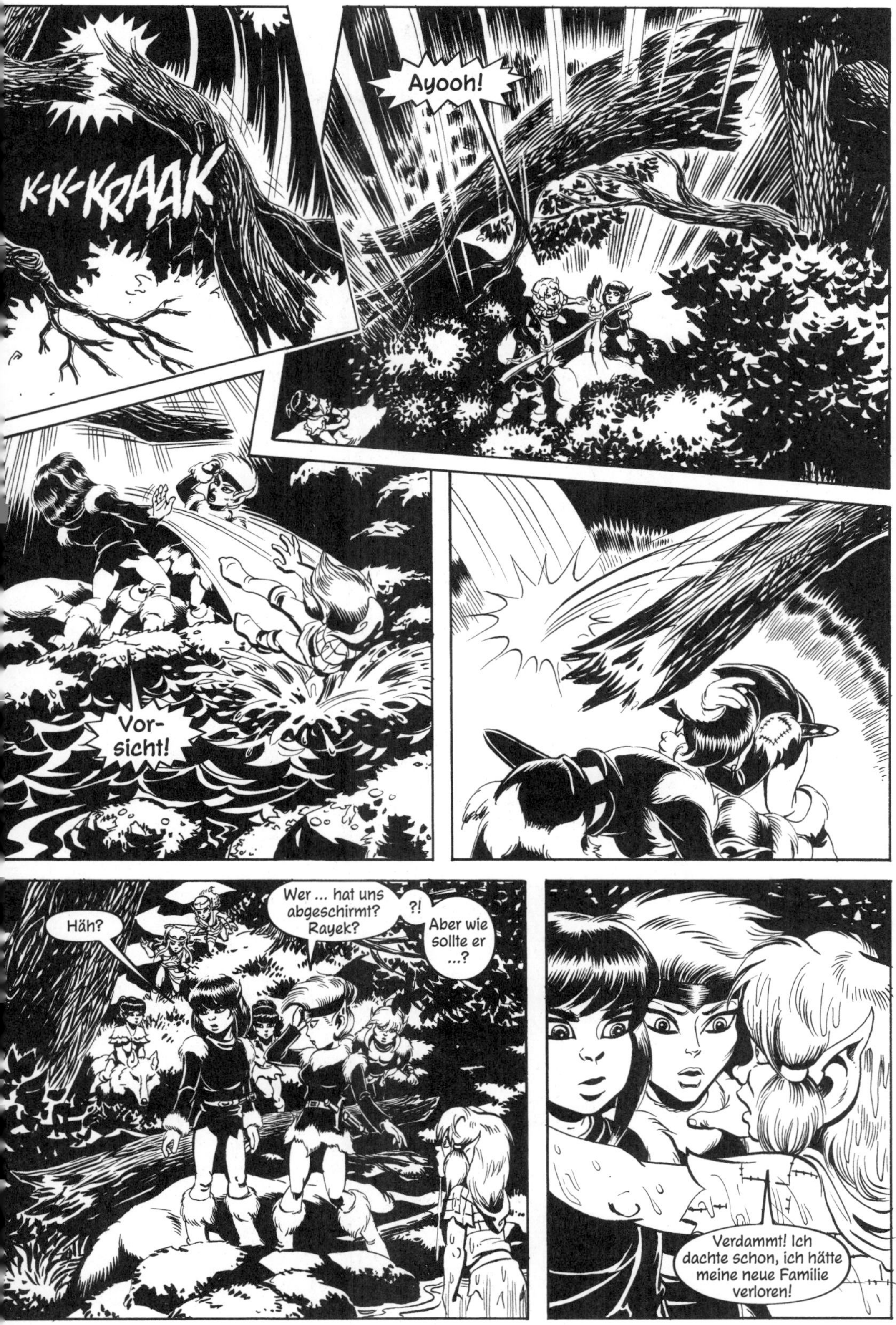

K-K-KRAAK
Ayooh!
Vor-sicht!

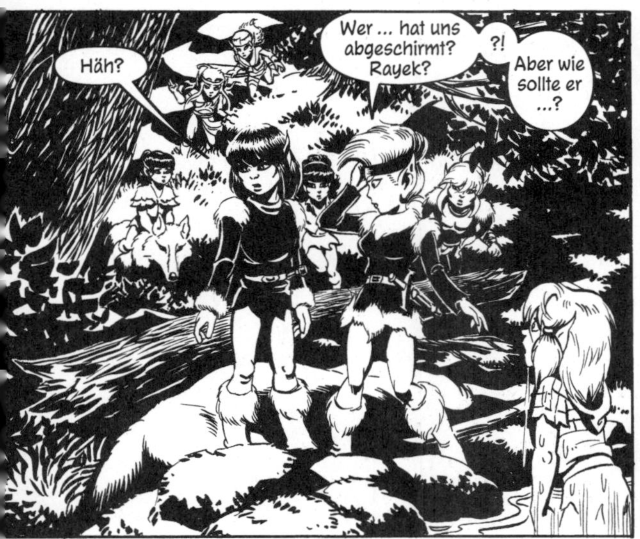
Häh?
Wer ... hat uns abgeschirmt? Rayek?
?!
Aber wie sollte er ...?

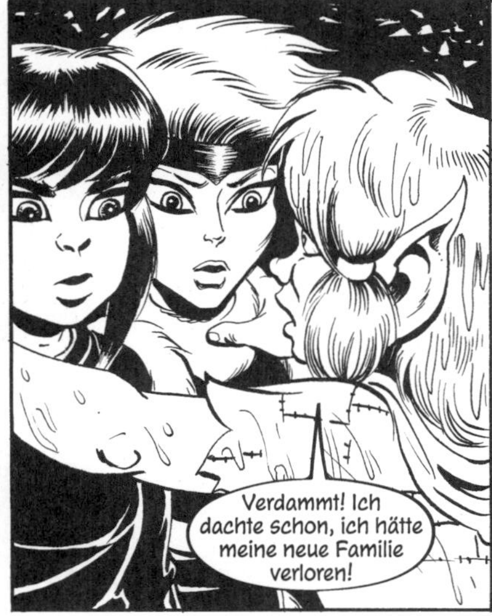
Verdammt! Ich dachte schon, ich hätte meine neue Familie verloren!

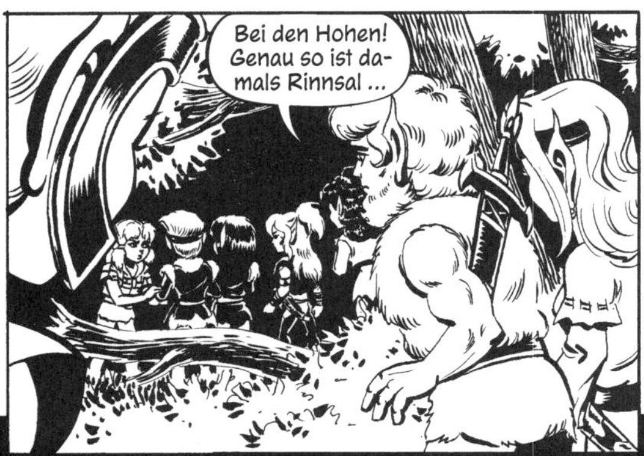
Bei den Hohen! Genau so ist damals Rinnsal ...

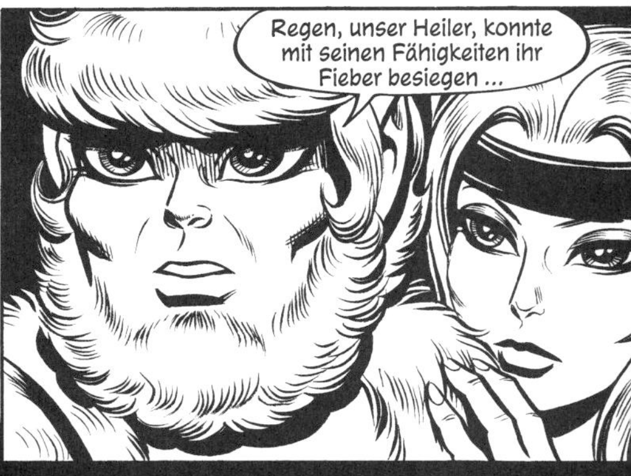
Regen, unser Heiler, konnte mit seinen Fähigkeiten ihr Fieber besiegen ...

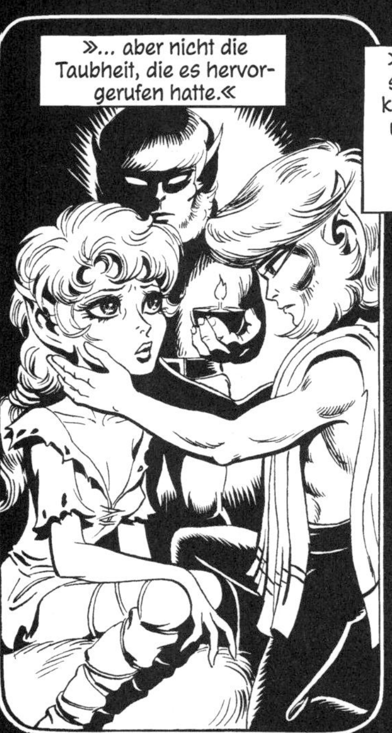
»... aber nicht die Taubheit, die es hervorgerufen hatte.«

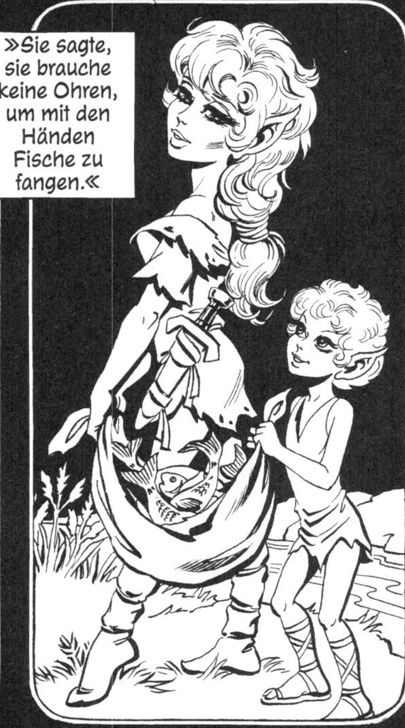
»Sie sagte, sie brauche keine Ohren, um mit den Händen Fische zu fangen.«

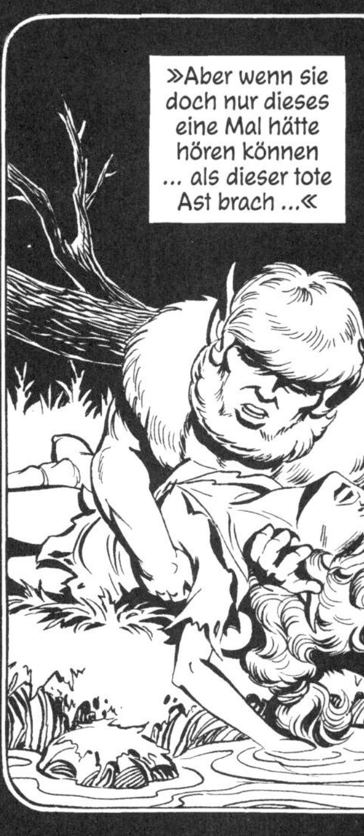
»Aber wenn sie doch nur dieses eine Mal hätte hören können ... als dieser tote Ast brach ...«

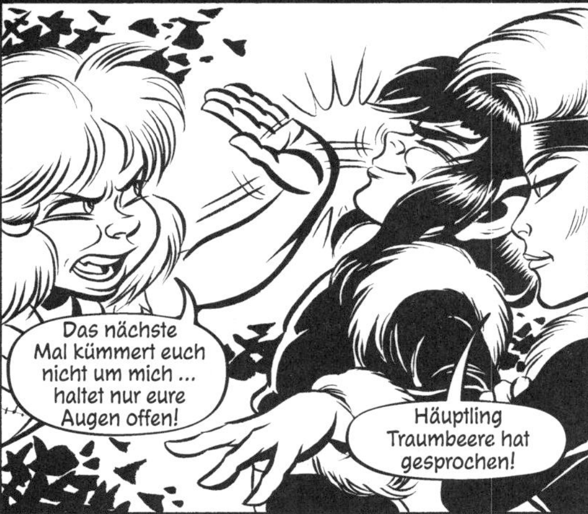
Das nächste Mal kümmert euch nicht um mich ... haltet nur eure Augen offen!
Häuptling Traumbeere hat gesprochen!

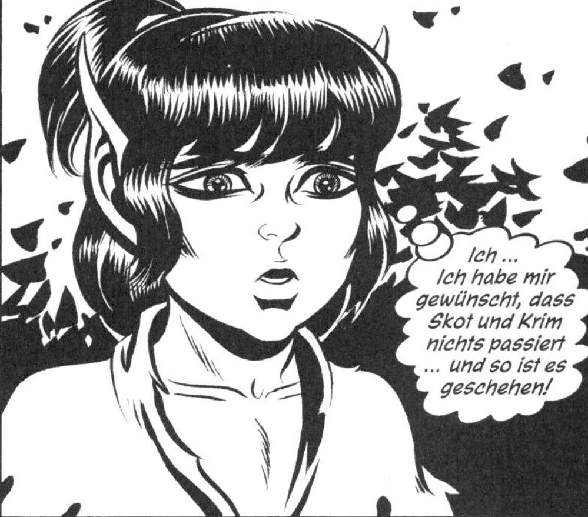
Ich ... Ich habe mir gewünscht, dass Skot und Krim nichts passiert ... und so ist es geschehen!

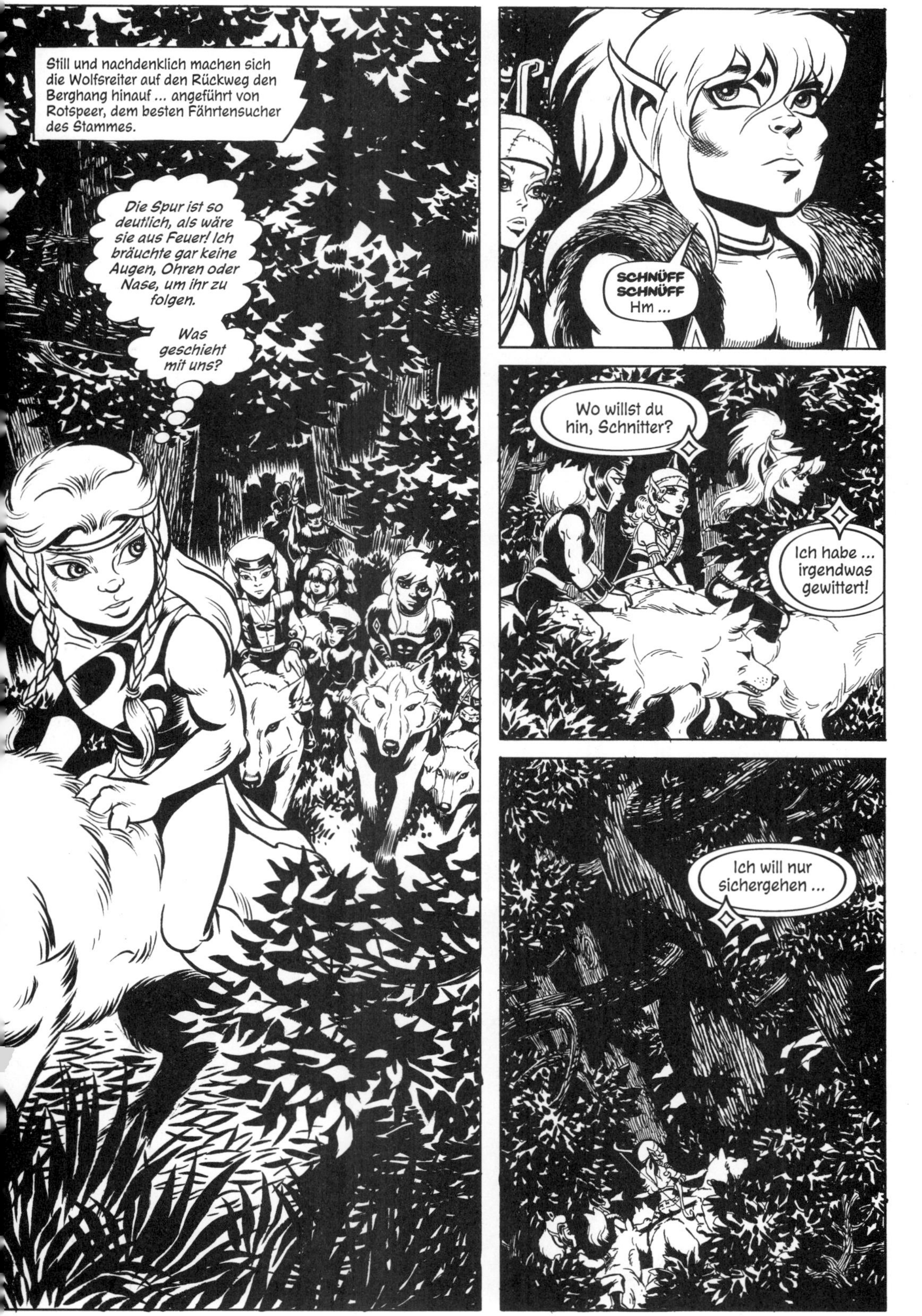

Still und nachdenklich machen sich die Wolfsreiter auf den Rückweg den Berghang hinauf ... angeführt von Rotspeer, dem besten Fährtensucher des Stammes.

Die Spur ist so deutlich, als wäre sie aus Feuer! Ich bräuchte gar keine Augen, Ohren oder Nase, um ihr zu folgen.

Was geschieht mit uns?

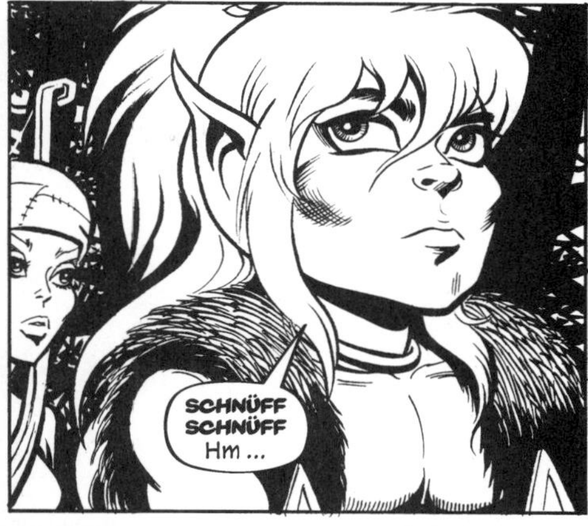

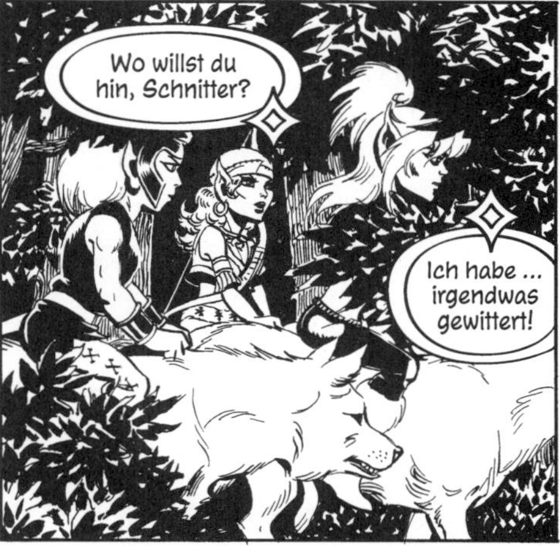

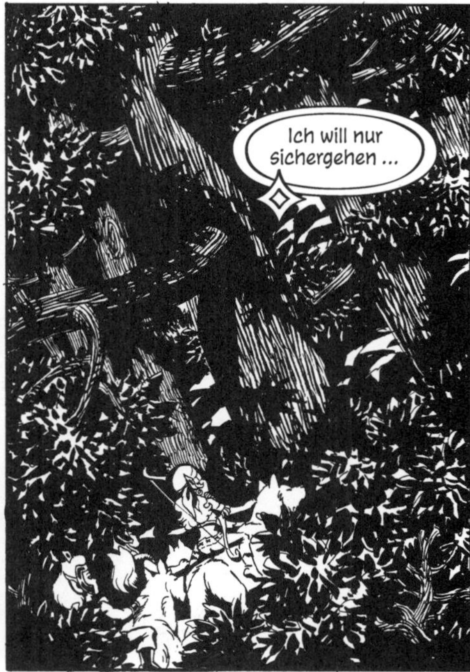

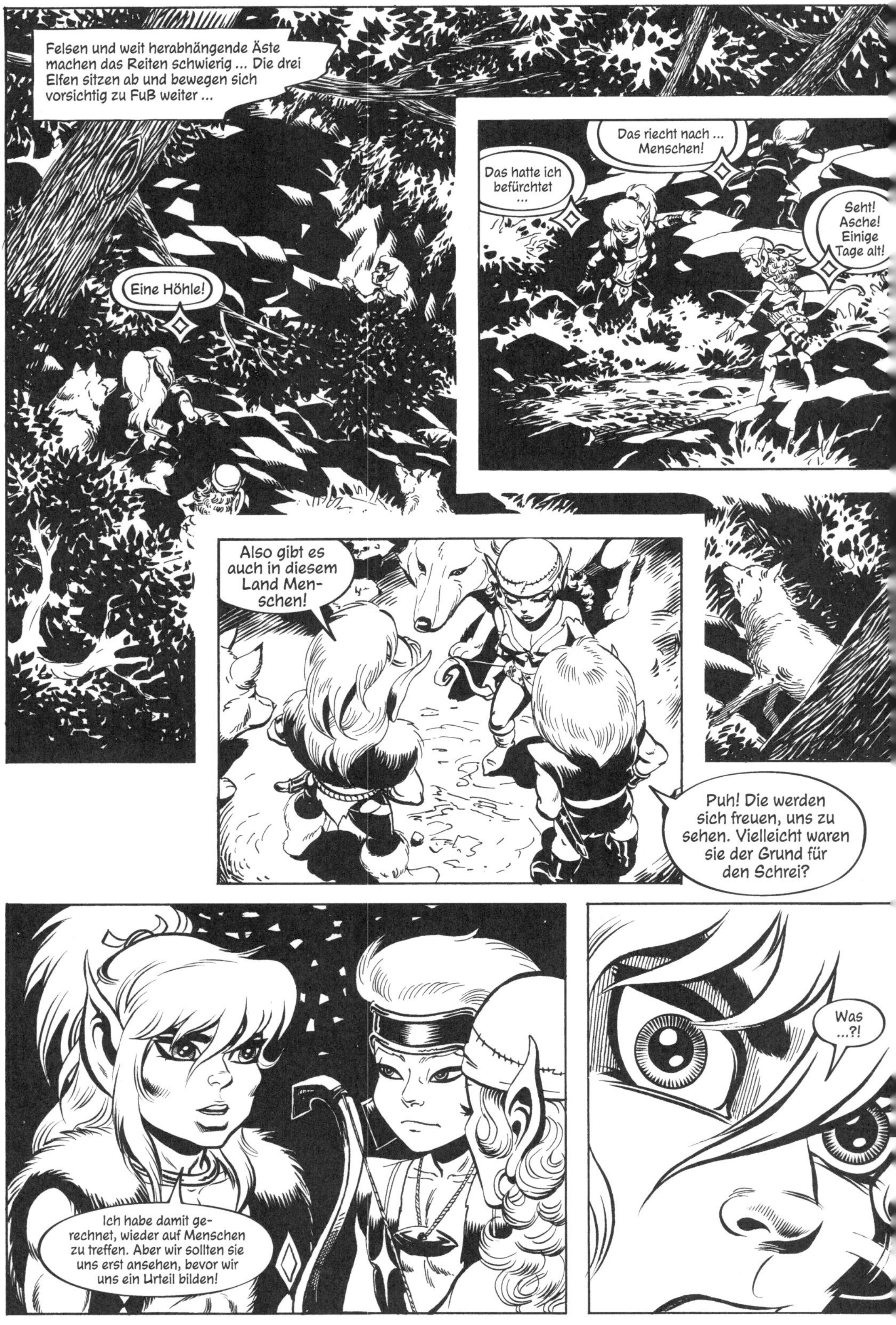

Felsen und weit herabhängende Äste machen das Reiten schwierig ... Die drei Elfen sitzen ab und bewegen sich vorsichtig zu Fuß weiter ...
Eine Höhle!
Das riecht nach ... Menschen!
Das hatte ich befürchtet ...
Seht! Asche! Einige Tage alt!
Also gibt es auch in diesem Land Menschen!
Puh! Die werden sich freuen, uns zu sehen. Vielleicht waren sie der Grund für den Schrei?

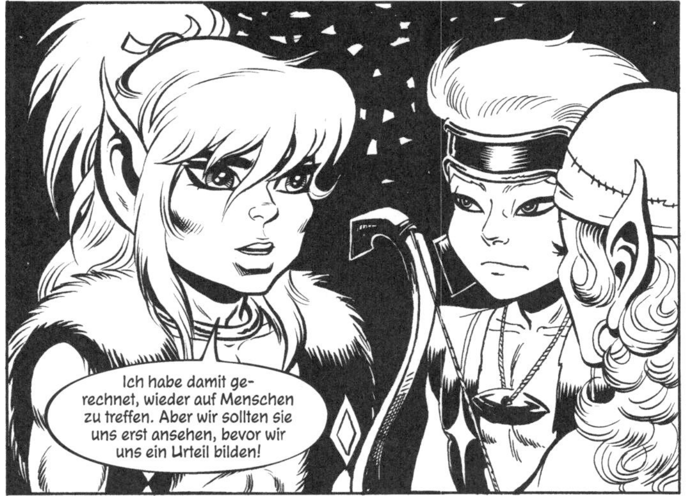
Ich habe damit gerechnet, wieder auf Menschen zu treffen. Aber wir sollten sie uns erst ansehen, bevor wir uns ein Urteil bilden!

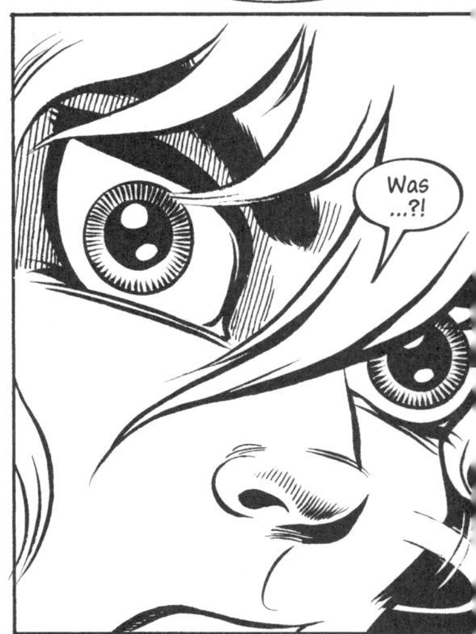
Was ...?!

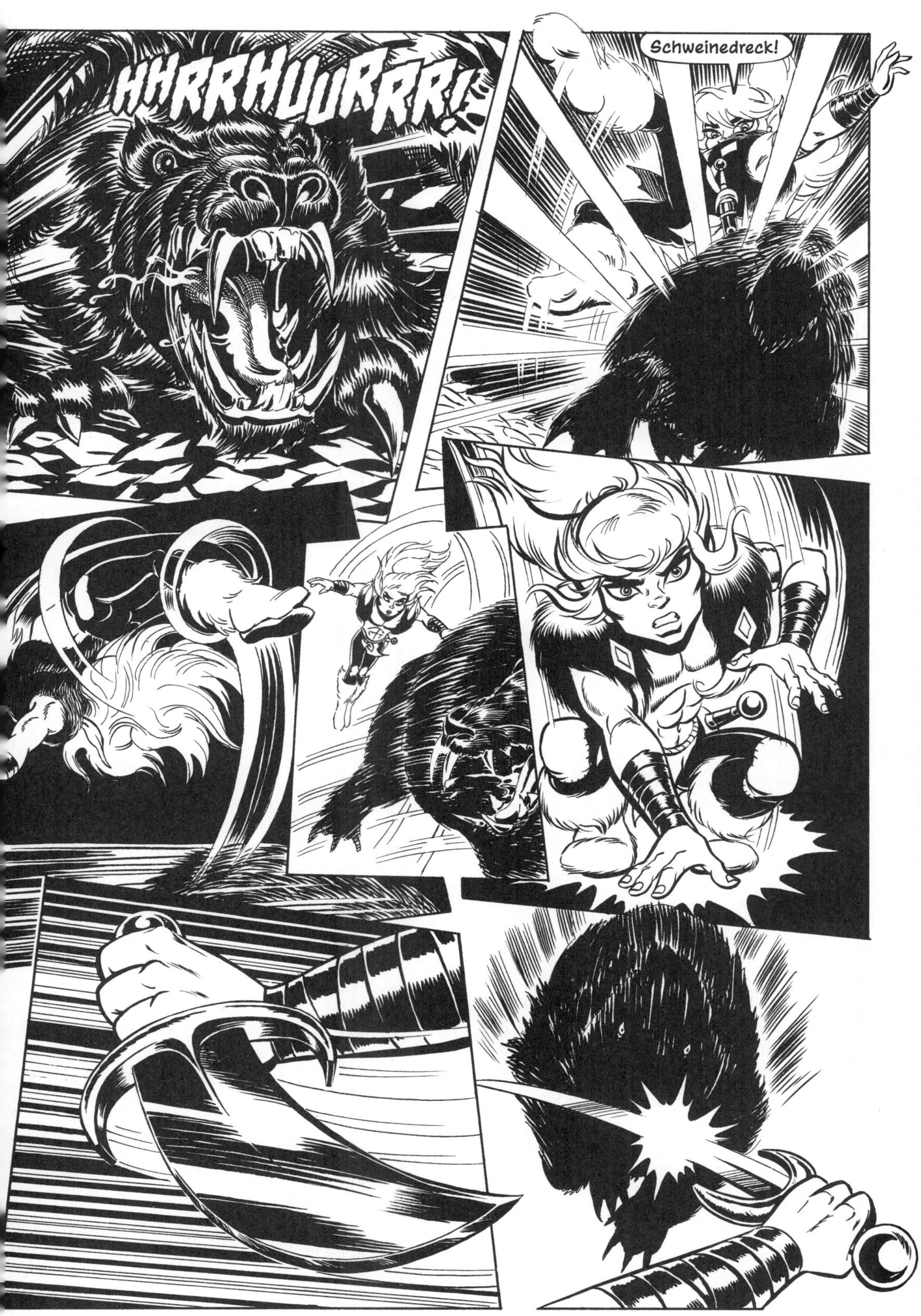
HHRRHUURRRR!
Schweinedreck!

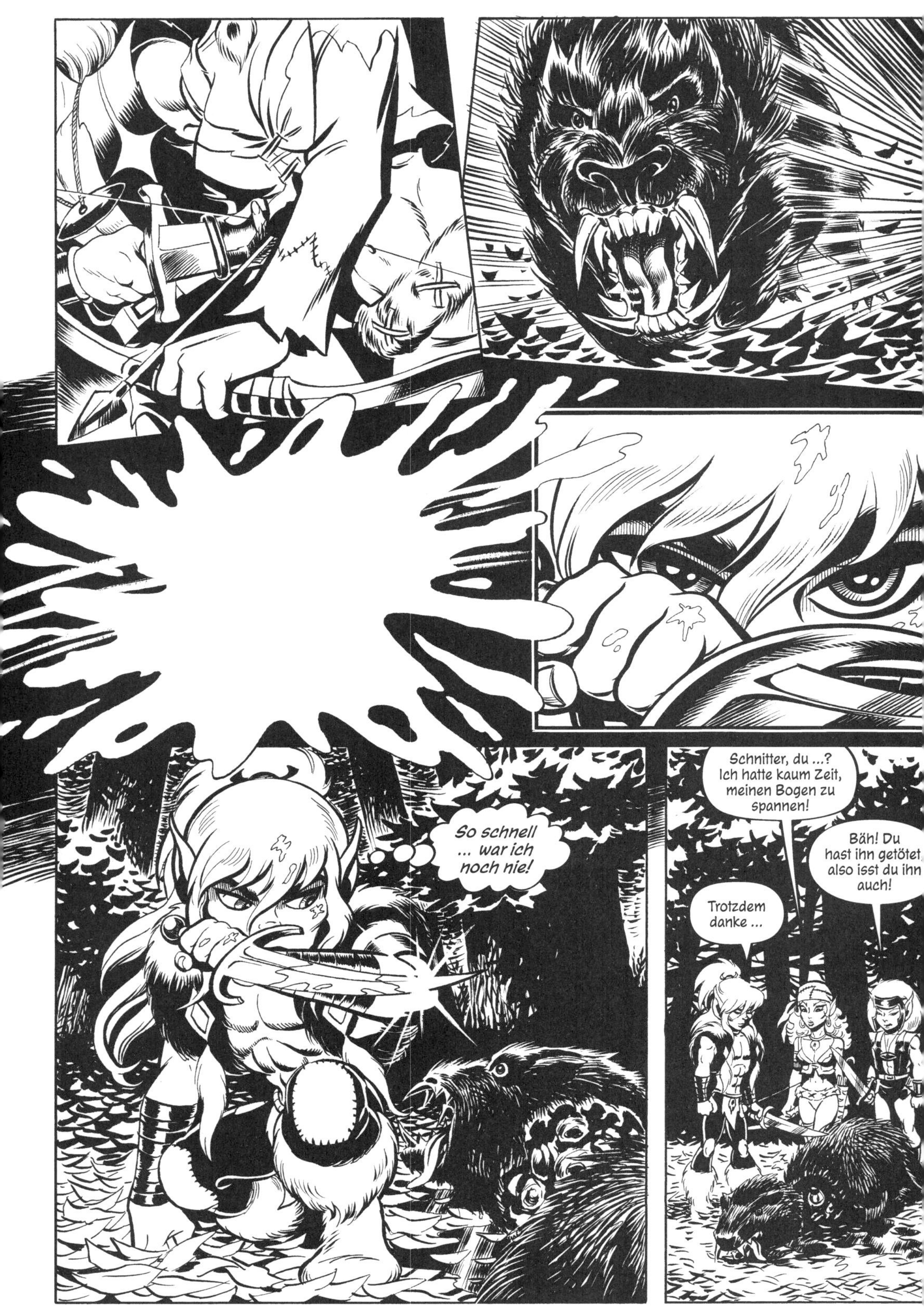
So schnell ... war ich noch nie!
Schnitter, du ...? Ich hatte kaum Zeit, meinen Bogen zu spannen!
Trotzdem danke ...
Bäh! Du hast ihn getötet, also isst du ihn auch!

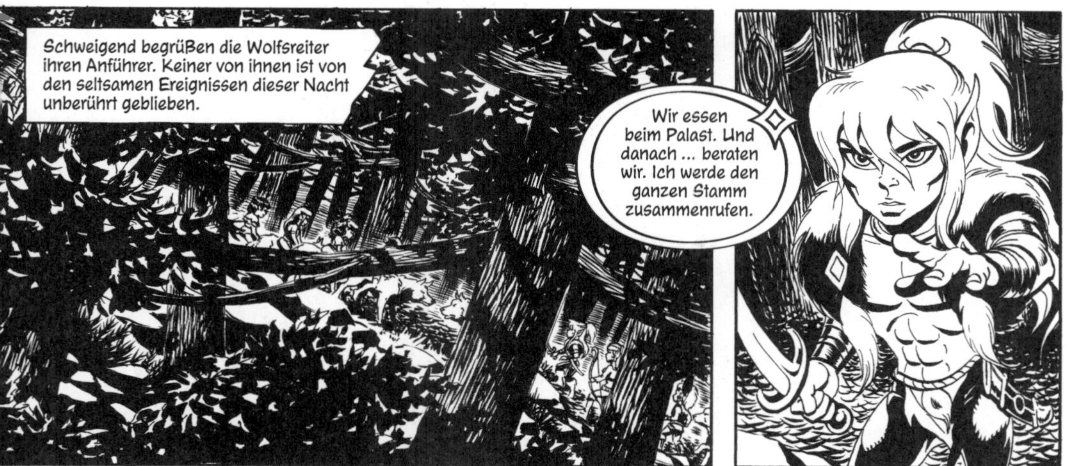
Schweigend begrüßen die Wolfsreiter ihren Anführer. Keiner von ihnen ist von den seltsamen Ereignissen dieser Nacht unberührt geblieben.
Wir essen beim Palast. Und danach ... beraten wir. Ich werde den ganzen Stamm zusammenrufen.

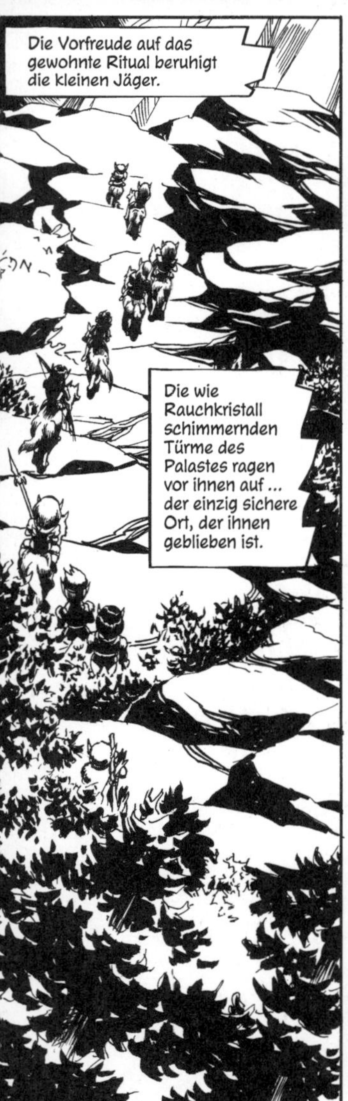
Die Vorfreude auf das gewohnte Ritual beruhigt die kleinen Jäger.
Die wie Rauchkristall schimmernden Türme des Palastes ragen vor ihnen auf ... der einzig sichere Ort, der ihnen geblieben ist.

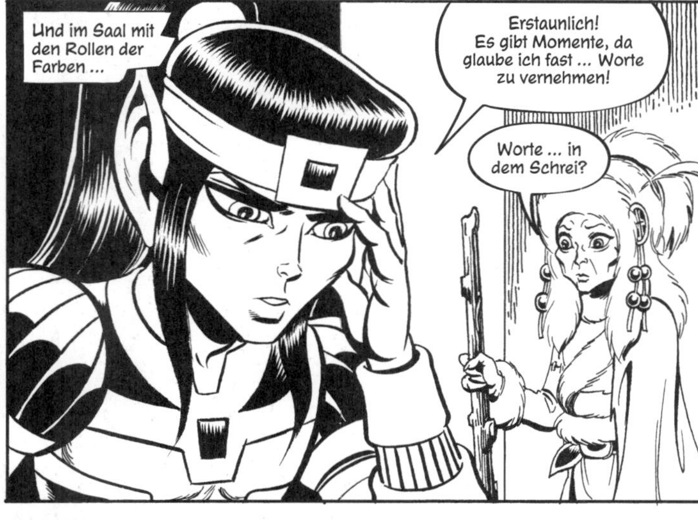
Und im Saal mit den Rollen der Farben ...
Erstaunlich! Es gibt Momente, da glaube ich fast ... Worte zu vernehmen!
Worte ... in dem Schrei?

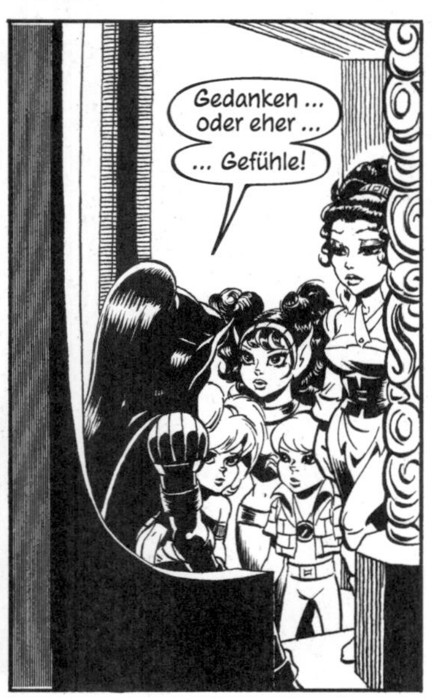
Gedanken ... oder eher ...
... Gefühle!

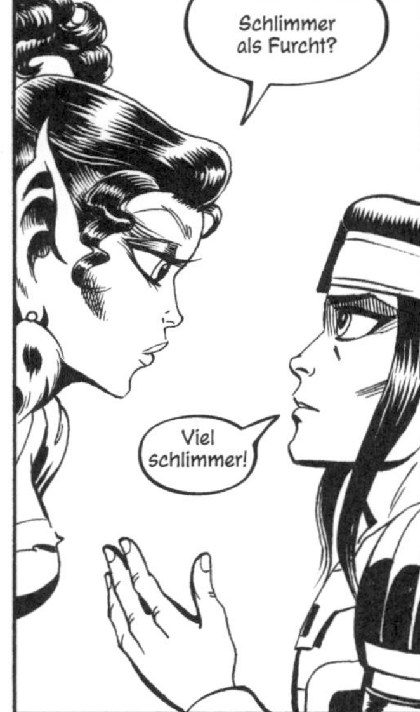
Schlimmer als Furcht?
Viel schlimmer!

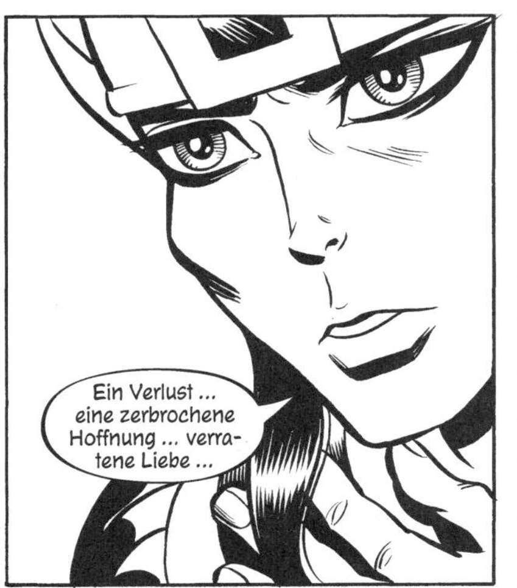
Ein Verlust ... eine zerbrochene Hoffnung ... verratene Liebe ...

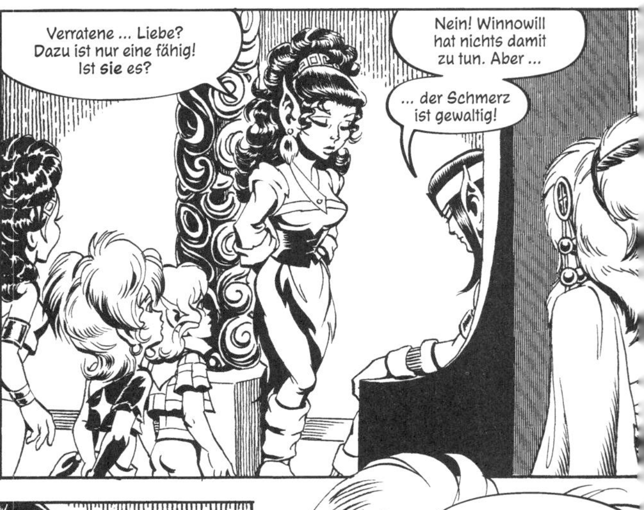
Verratene ... Liebe? Dazu ist nur eine fähig! Ist **sie** es?
Nein! Winnowill hat nichts damit zu tun. Aber ...
... der Schmerz ist gewaltig!

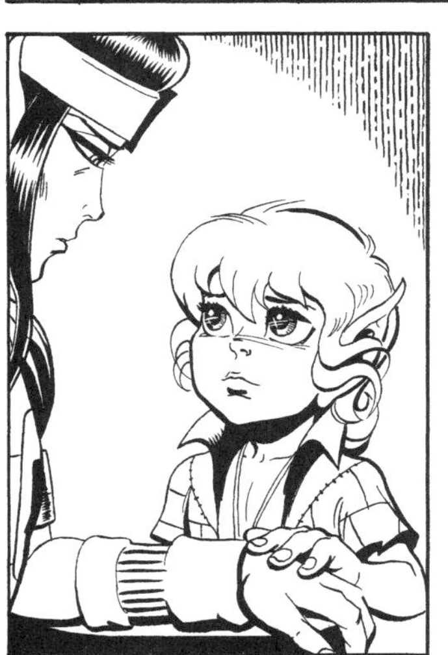

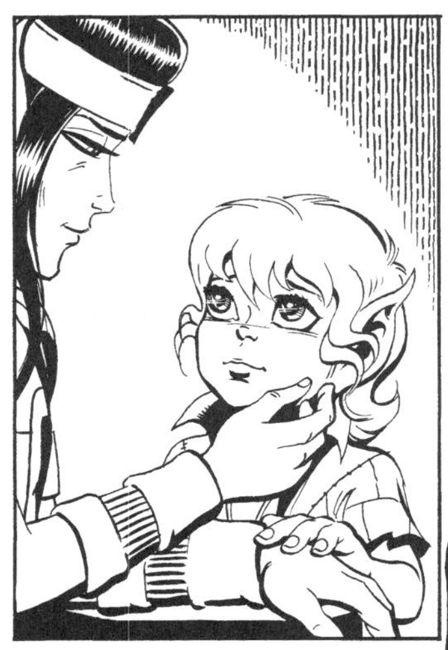

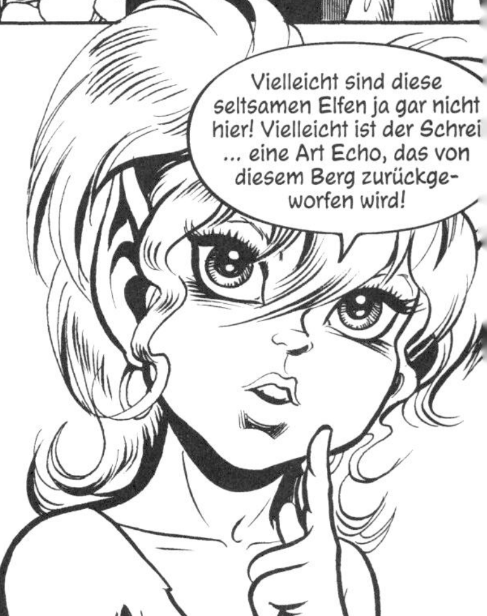
Vielleicht sind diese seltsamen Elfen ja gar nicht hier! Vielleicht ist der Schrei ... eine Art Echo, das von diesem Berg zurückgeworfen wird!

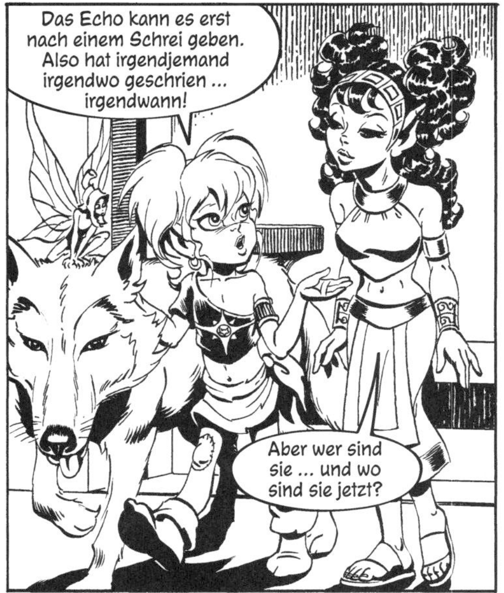
Das Echo kann es erst nach einem Schrei geben. Also hat irgendjemand irgendwo geschrien ... irgendwann!
Aber wer sind sie ... und wo sind sie jetzt?

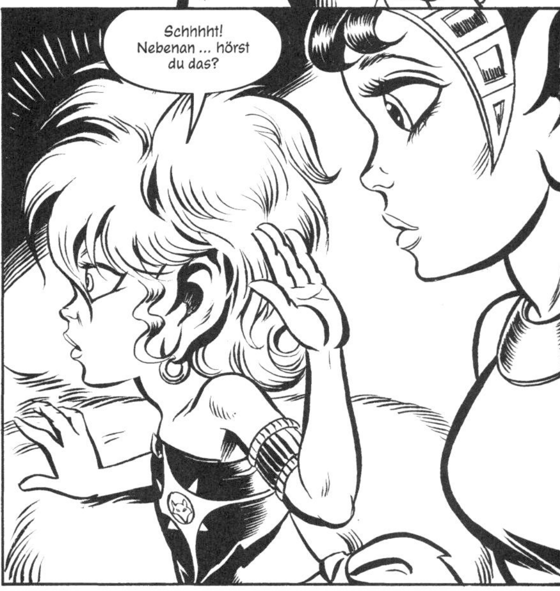
Schhhht! Nebenan ... hörst du das?

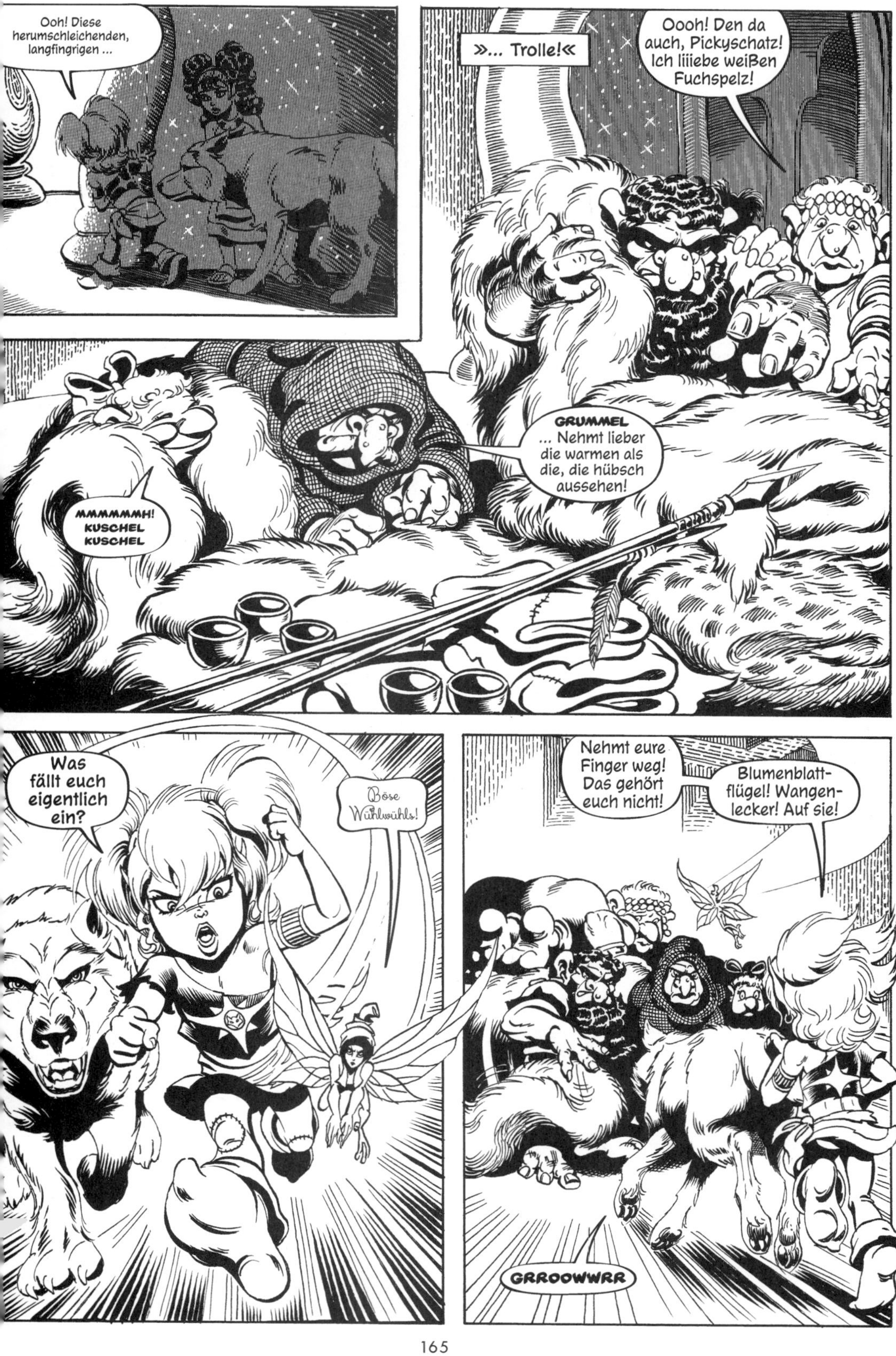

Ooh! Diese herumschleichenden, langfingrigen ...

»... Trolle!«

Oooh! Den da auch, Pickyschatz! Ich liiiebe weißen Fuchspelz!

MMMMMMH! KUSCHEL KUSCHEL

GRUMMEL
... Nehmt lieber die warmen als die, die hübsch aussehen!

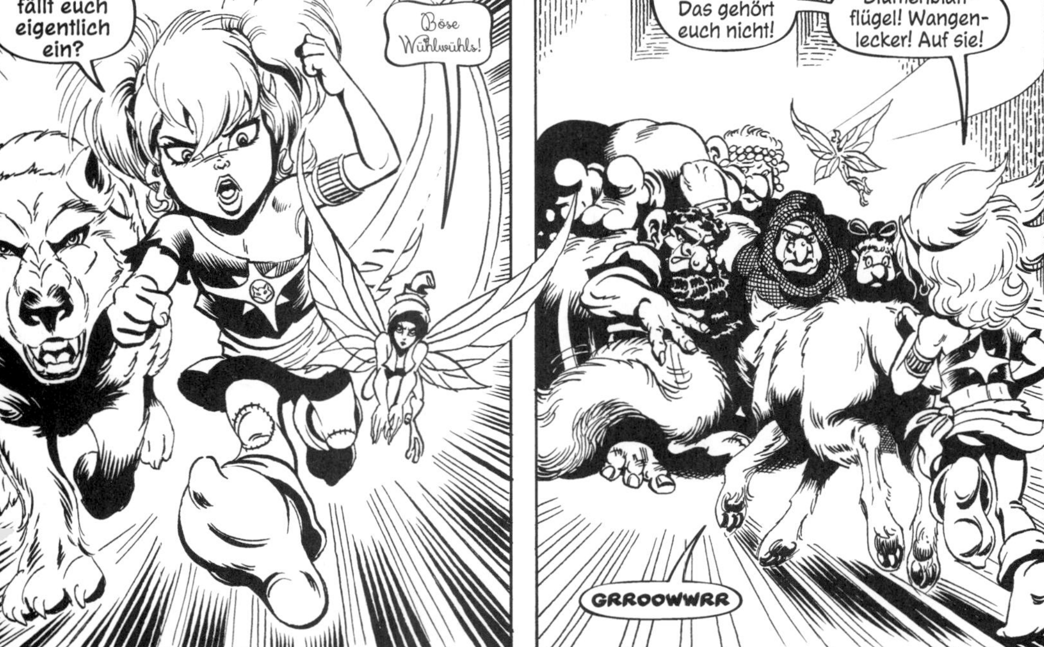

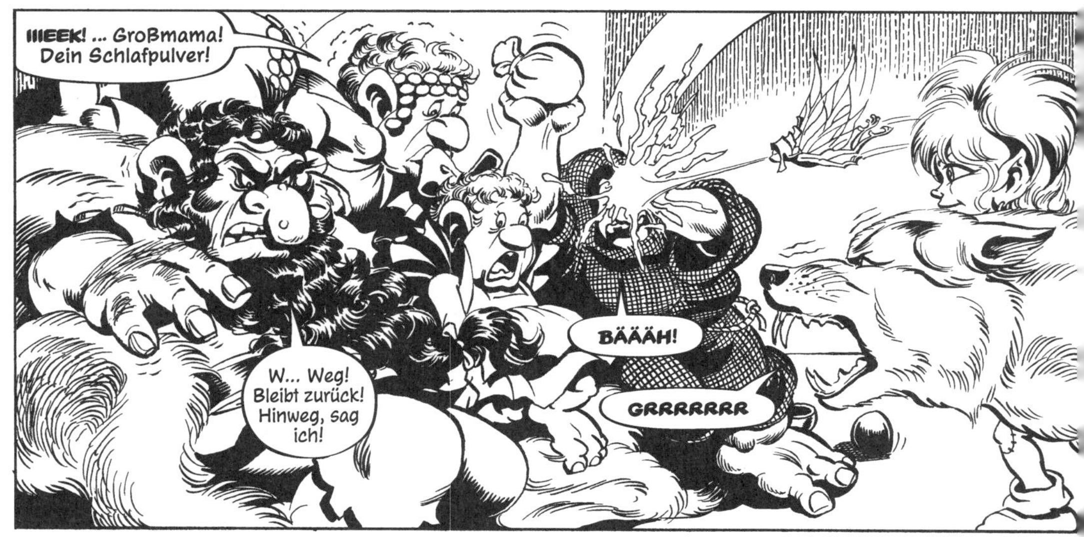
IIIEEK! ... Großmama! Dein Schlafpulver!
W... Weg! Bleibt zurück! Hinweg, sag ich!
BÄÄÄH!
GRRRRRRR

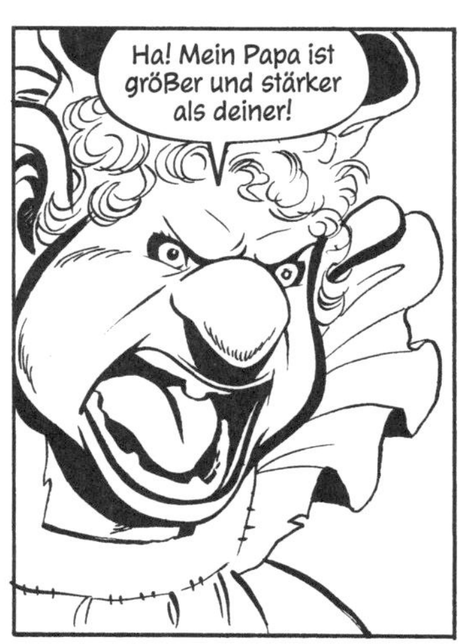
Ha! Mein Papa ist größer und stärker als deiner!

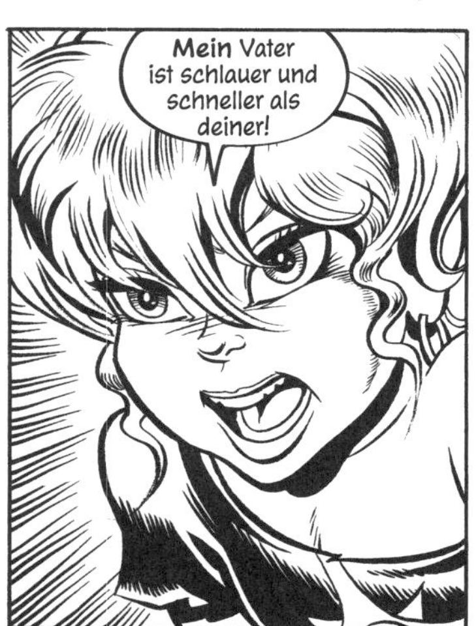
Mein Vater ist schlauer und schneller als deiner!

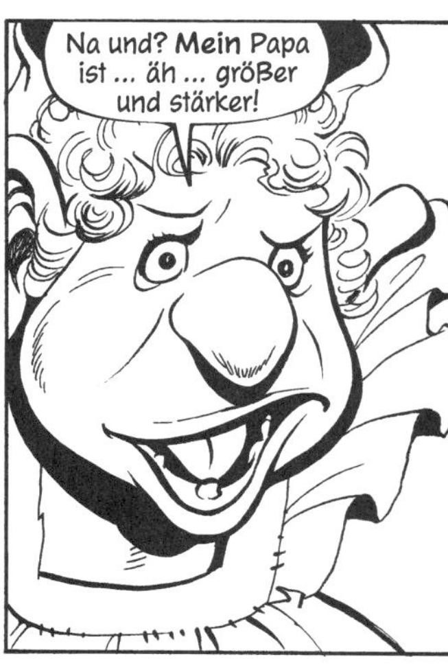
Na und? Mein Papa ist ... äh ... größer und stärker!

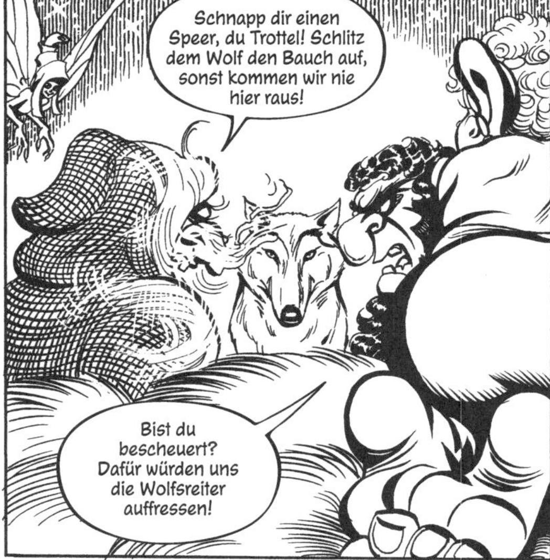
Schnapp dir einen Speer, du Trottel! Schlitz dem Wolf den Bauch auf, sonst kommen wir nie hier raus!
Bist du bescheuert? Dafür würden uns die Wolfsreiter auffressen!

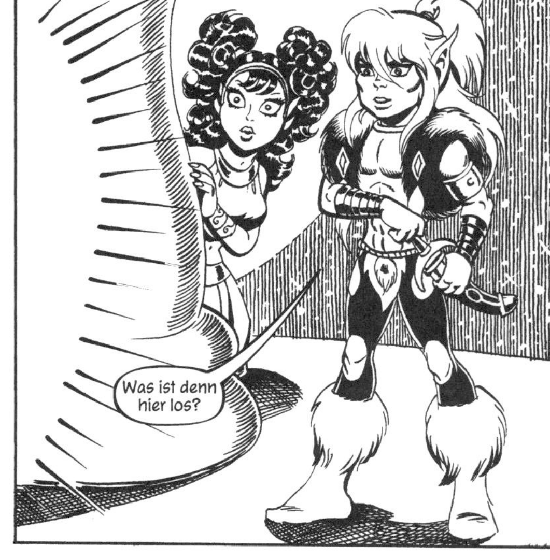
Was ist denn hier los?

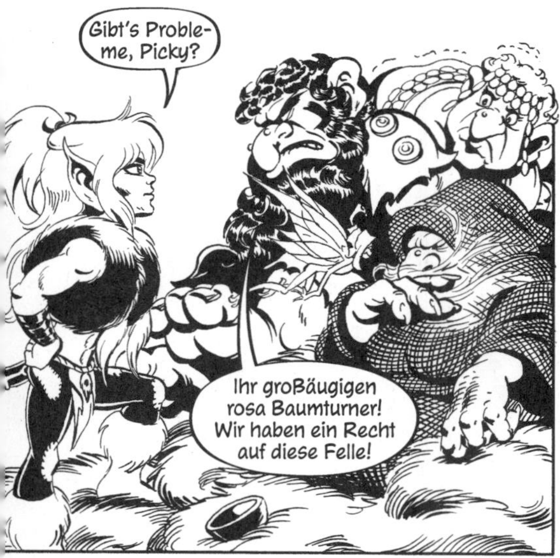
Gibt's Probleme, Picky?
Ihr großäugigen rosa Baumturner! Wir haben ein Recht auf diese Felle!

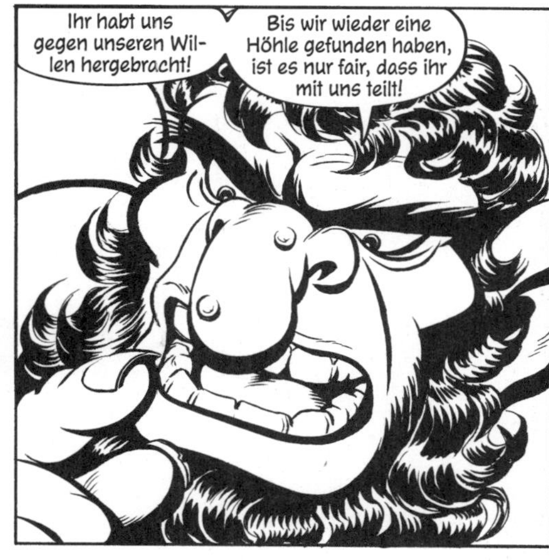
Ihr habt uns gegen unseren Willen hergebracht!
Bis wir wieder eine Höhle gefunden haben, ist es nur fair, dass ihr mit uns teilt!

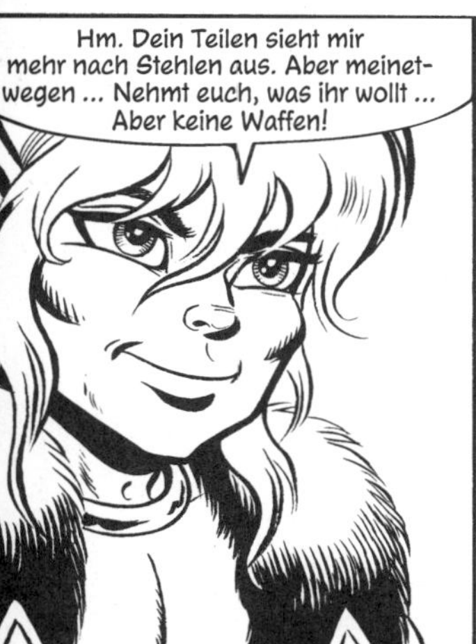
Hm. Dein Teilen sieht mir mehr nach Stehlen aus. Aber meinetwegen ... Nehmt euch, was ihr wollt ... Aber keine Waffen!

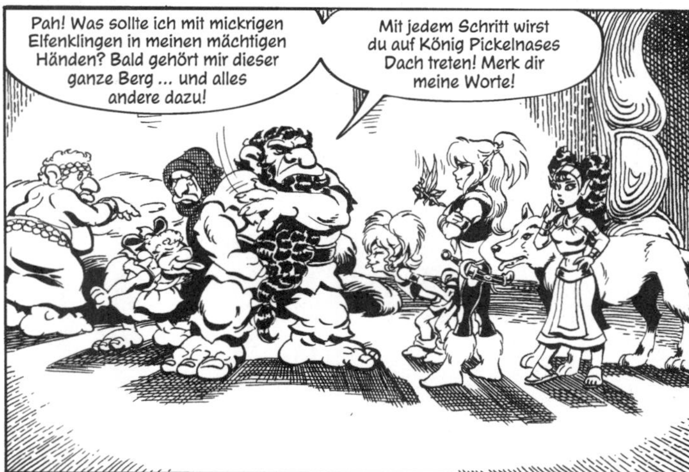
Pah! Was sollte ich mit mickrigen Elfenklingen in meinen mächtigen Händen? Bald gehört mir dieser ganze Berg ... und alles andere dazu!
Mit jedem Schritt wirst du auf König Pickelnases Dach treten! Merk dir meine Worte!

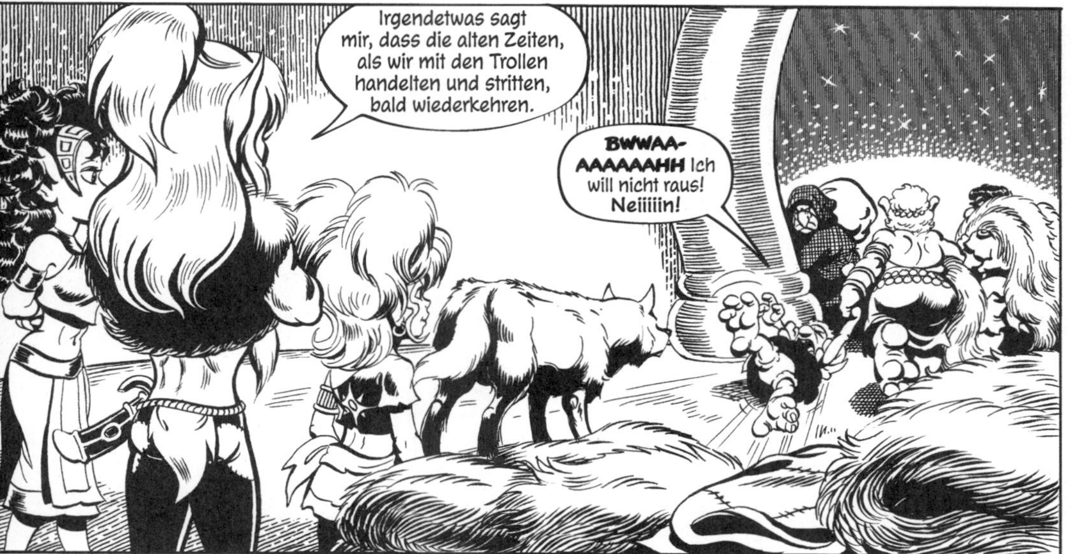
Irgendetwas sagt mir, dass die alten Zeiten, als wir mit den Trollen handelten und stritten, bald wiederkehren.
BWWAA-AAAAAAHH Ich will nicht raus! Neiiiiin!

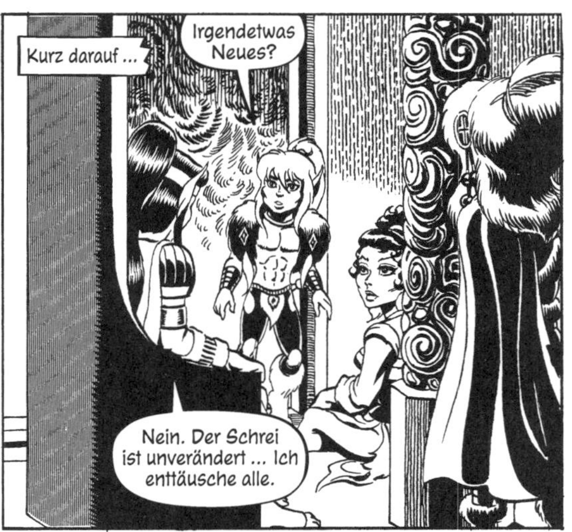
Kurz darauf ...
Irgendetwas Neues?
Nein. Der Schrei ist unverändert ... Ich enttäusche alle.

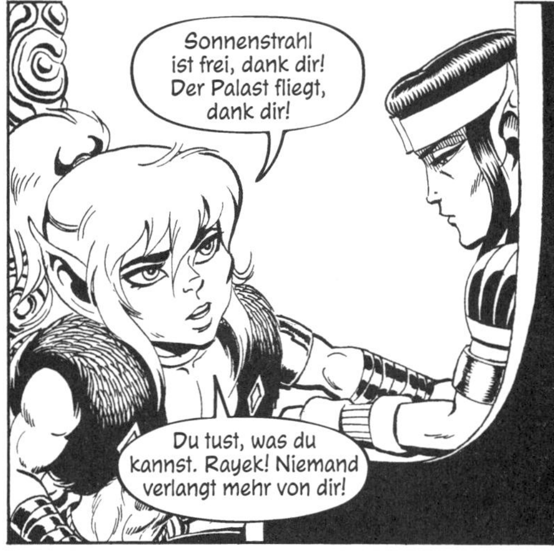
Sonnenstrahl ist frei, dank dir! Der Palast fliegt, dank dir!
Du tust, was du kannst. Rayek! Niemand verlangt mehr von dir!

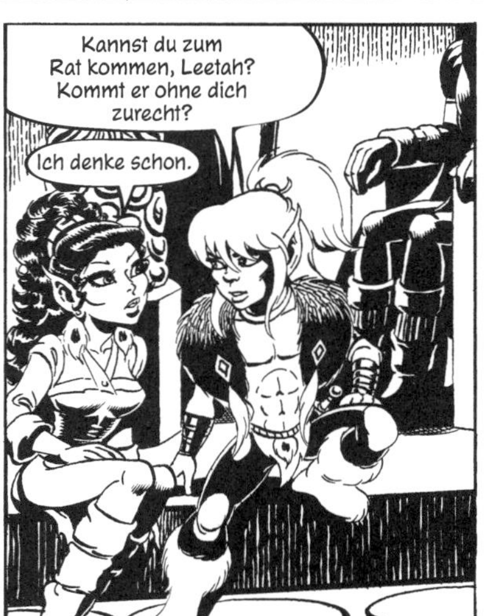
Kannst du zum Rat kommen, Leetah? Kommt er ohne dich zurecht?
Ich denke schon.

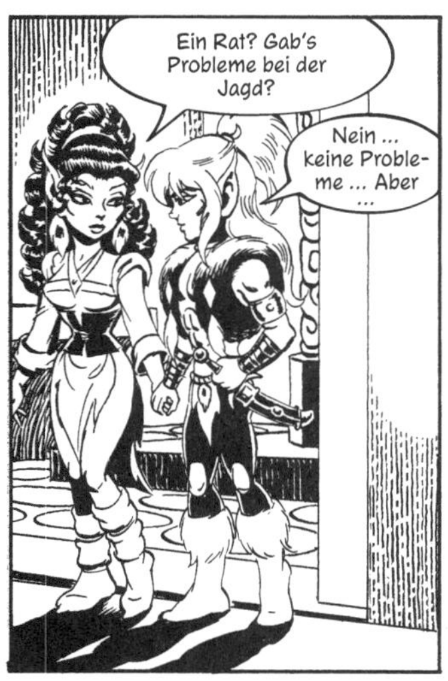
Ein Rat? Gab's Probleme bei der Jagd?
Nein ... keine Probleme ... Aber ...

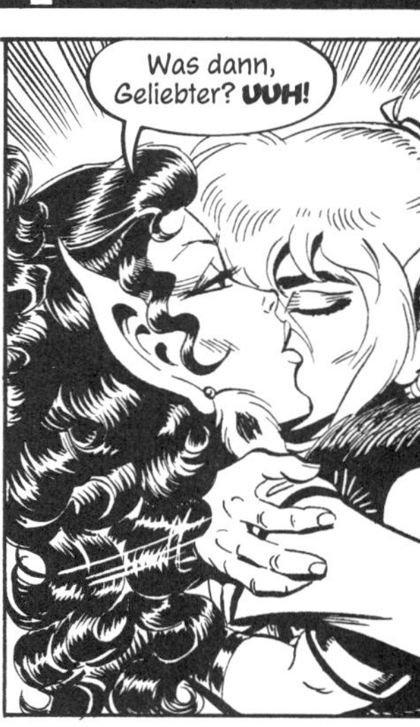
Was dann, Geliebter? UUH!

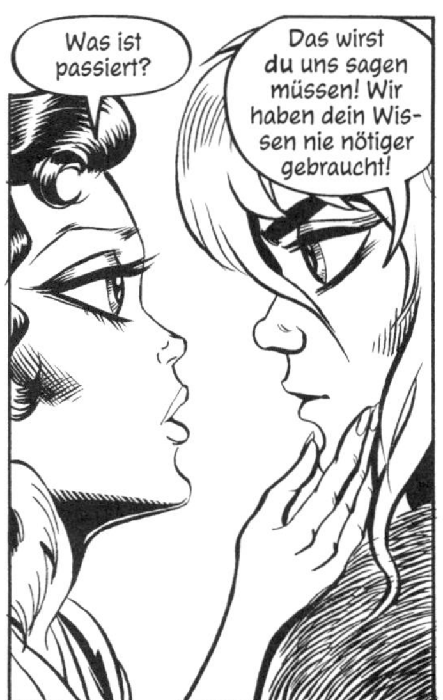
Was ist passiert?
Das wirst du uns sagen müssen! Wir haben dein Wissen nie nötiger gebraucht!

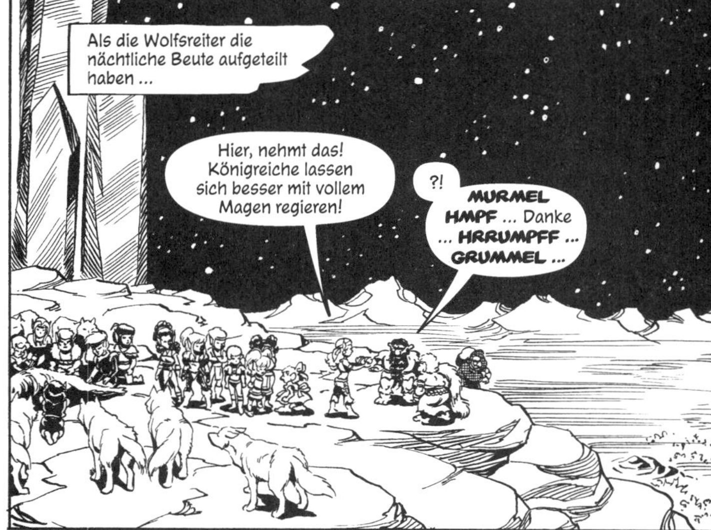
Als die Wolfsreiter die nächtliche Beute aufgeteilt haben ...
Hier, nehmt das! Königreiche lassen sich besser mit vollem Magen regieren!
?!
MURMEL HMPF ... Danke ... HRRUMPFF ... GRUMMEL ...

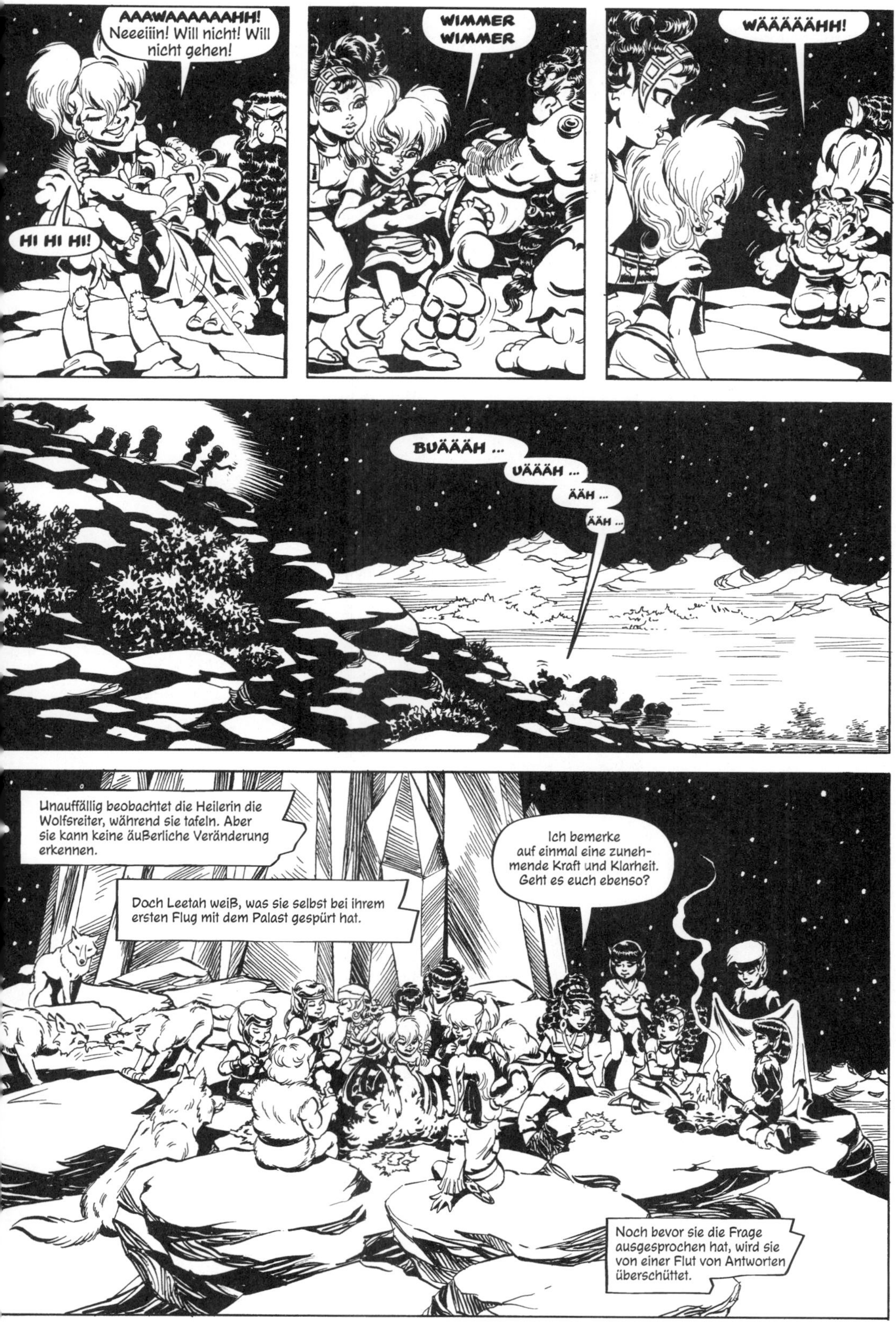

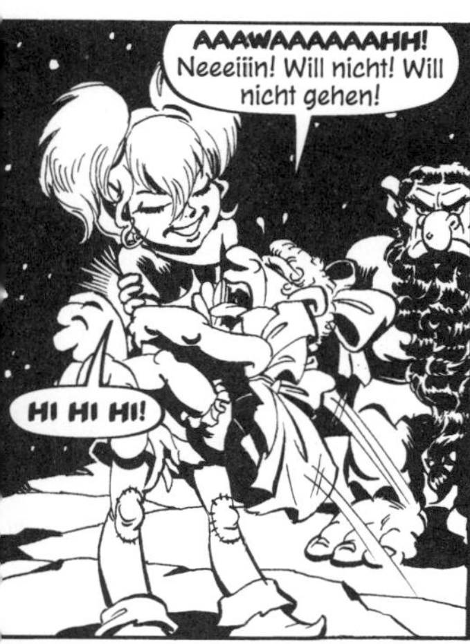

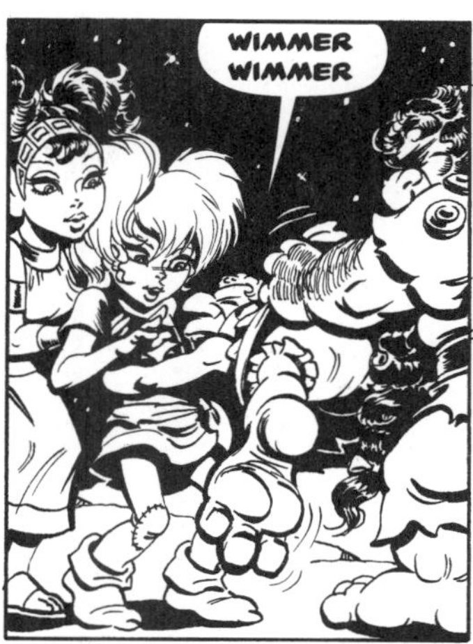

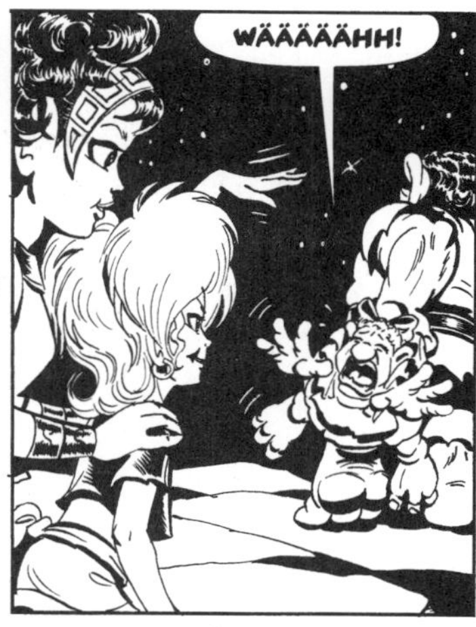

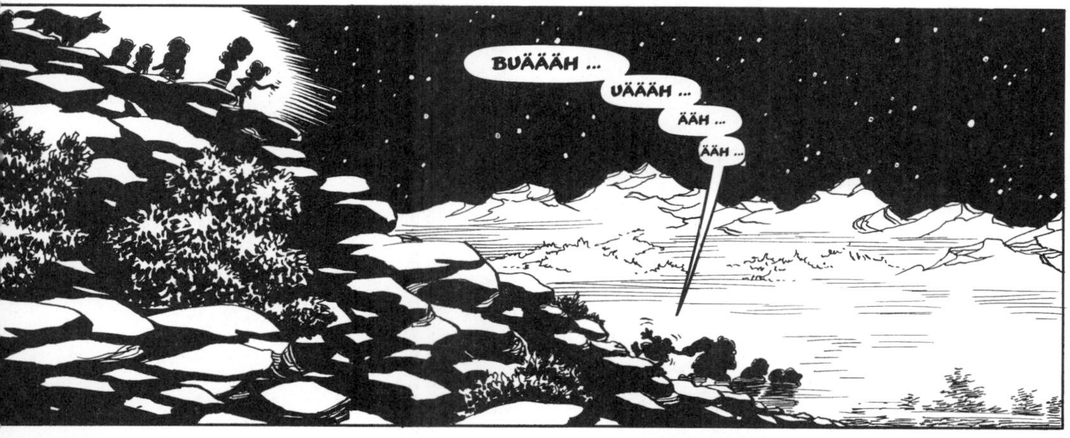

Unauffällig beobachtet die Heilerin die Wolfsreiter, während sie tafeln. Aber sie kann keine äußerliche Veränderung erkennen.

Doch Leetah weiß, was sie selbst bei ihrem ersten Flug mit dem Palast gespürt hat.

Ich bemerke auf einmal eine zunehmende Kraft und Klarheit. Geht es euch ebenso?

Noch bevor sie die Frage ausgesprochen hat, wird sie von einer Flut von Antworten überschüttet.

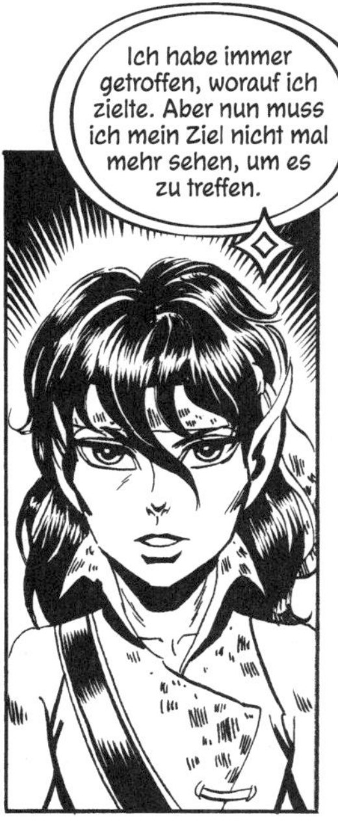
Ich habe immer getroffen, worauf ich zielte. Aber nun muss ich mein Ziel nicht mal mehr sehen, um es zu treffen.

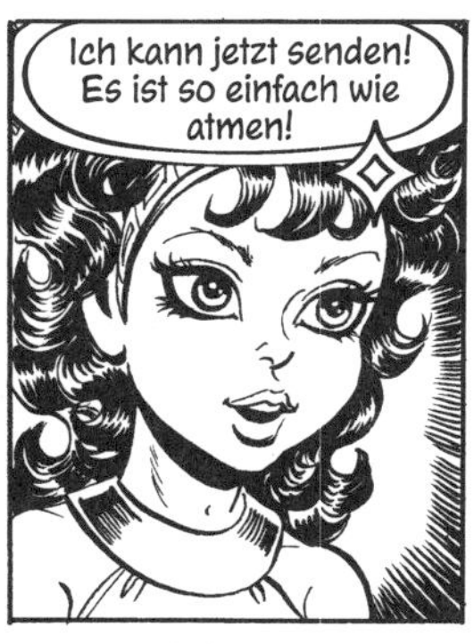
Ich kann jetzt senden! Es ist so einfach wie atmen!

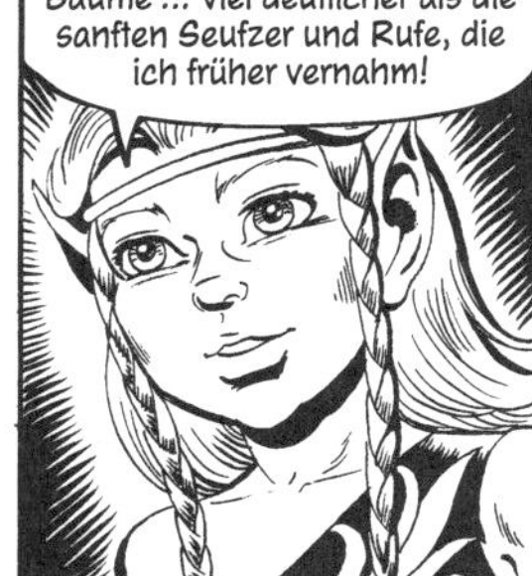
Ich verstehe die Sprache der Bäume ... viel deutlicher als die sanften Seufzer und Rufe, die ich früher vernahm!

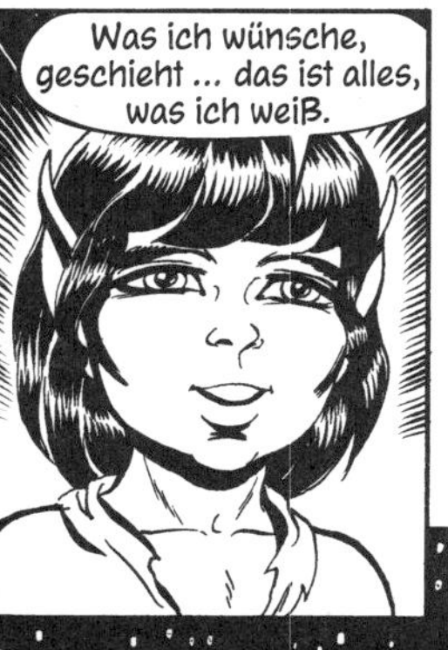
Was ich wünsche, geschieht ... das ist alles, was ich weiß.

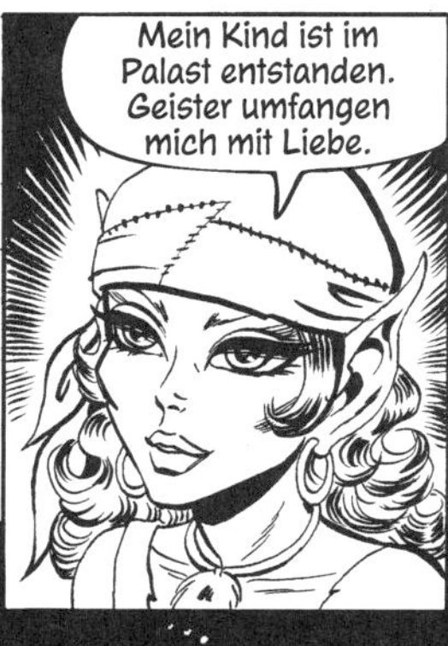
Mein Kind ist im Palast entstanden. Geister umfangen mich mit Liebe.

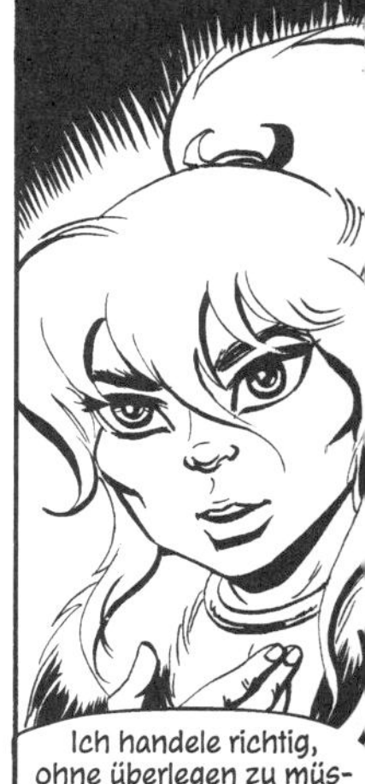
Ich handele richtig, ohne überlegen zu müssen ... Alles ist plötzlich so einfach und klar.

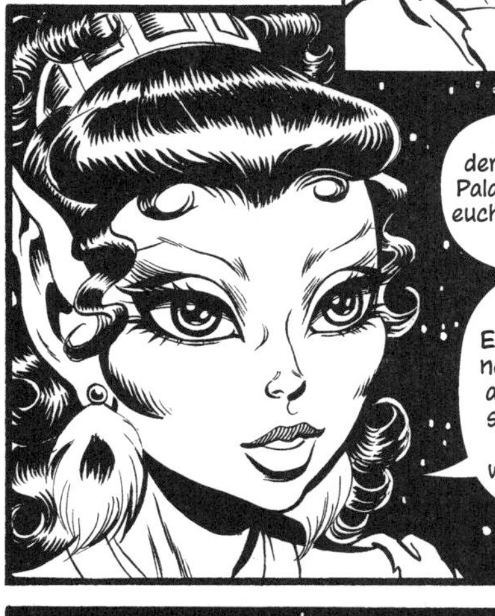
Das ist der Einfluss des Palastes. Erinnert euch an Timmains Worte ...
»Kinder der Erkenntnis ziehen neugierige Geister an, die die Magie schärfen und die Träume klarer werden lassen.«

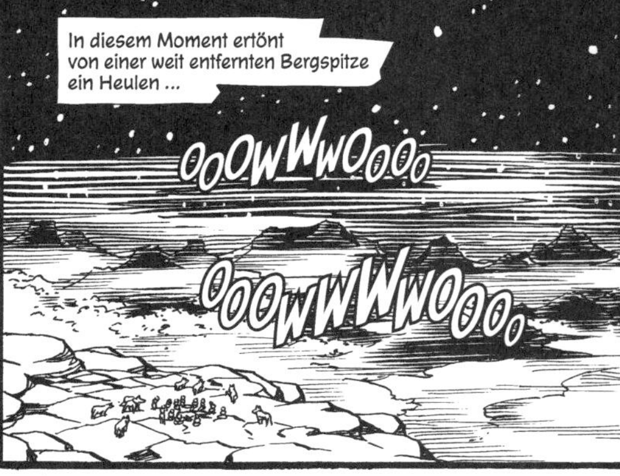
In diesem Moment ertönt von einer weit entfernten Bergspitze ein Heulen ...
OOOWWWOOOO
OOOWWWWOOOOO

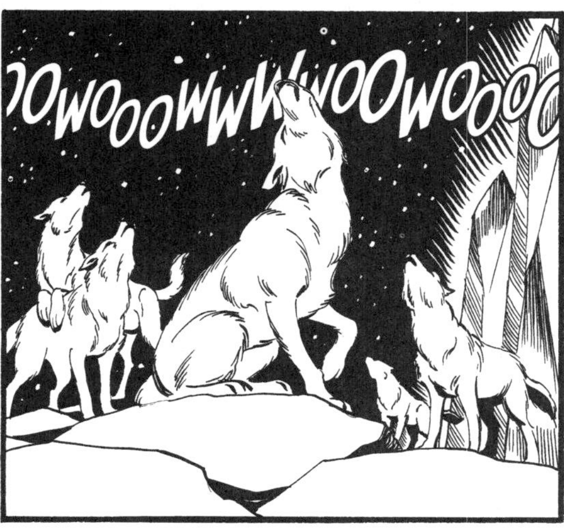
OOWOOOOWWWWOOWOOOO

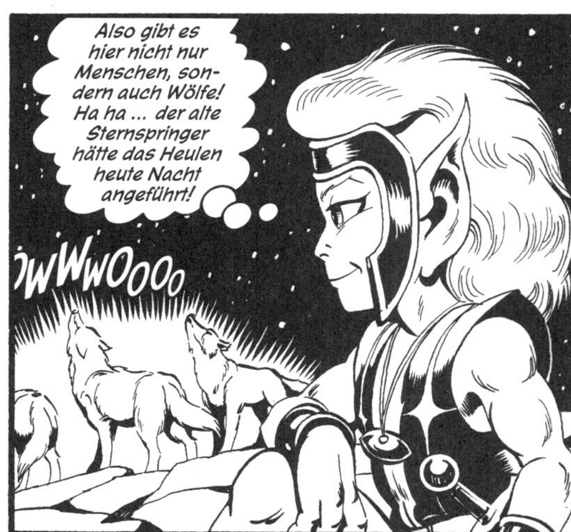
Also gibt es hier nicht nur Menschen, sondern auch Wölfe! Ha ha ... der alte Sternspringer hätte das Heulen heute Nacht angeführt!
OWWWOOOO

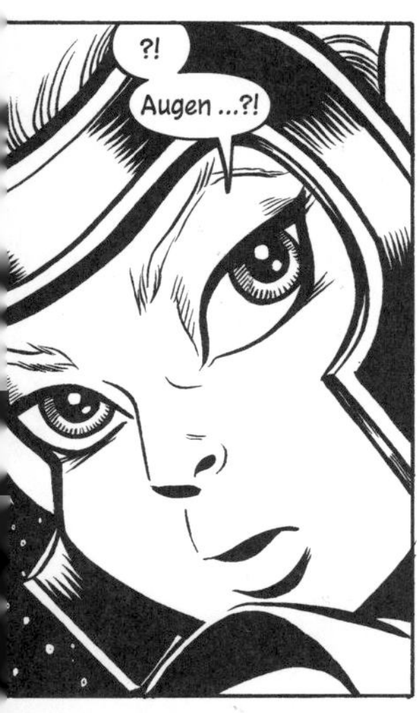
?!
Augen ...?!

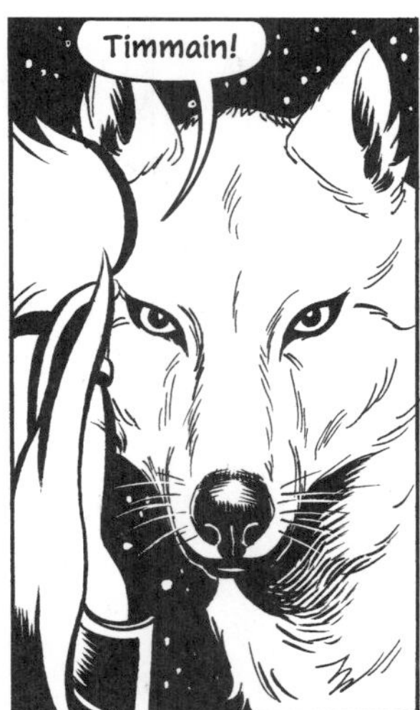
Timmain!

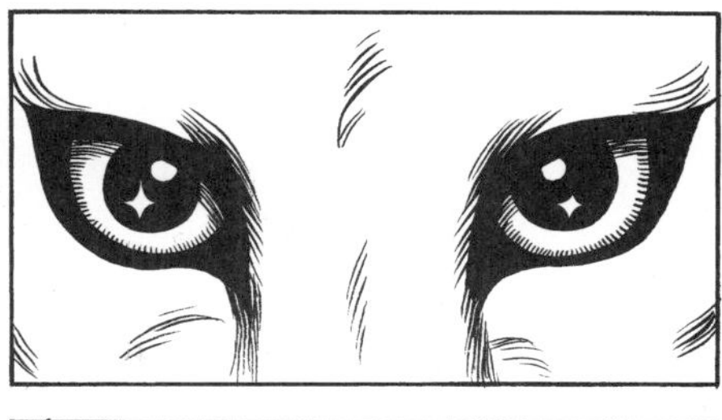

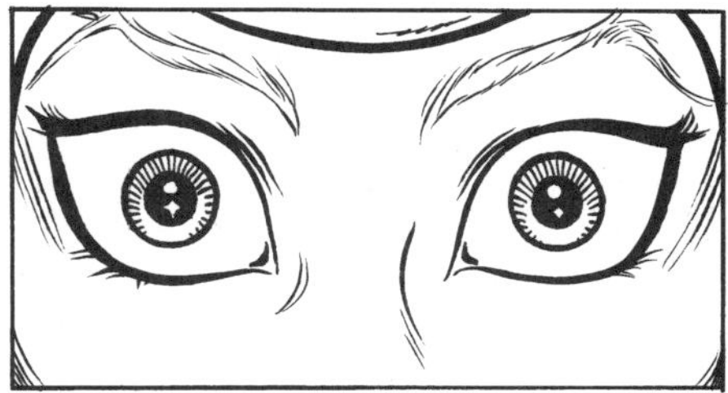

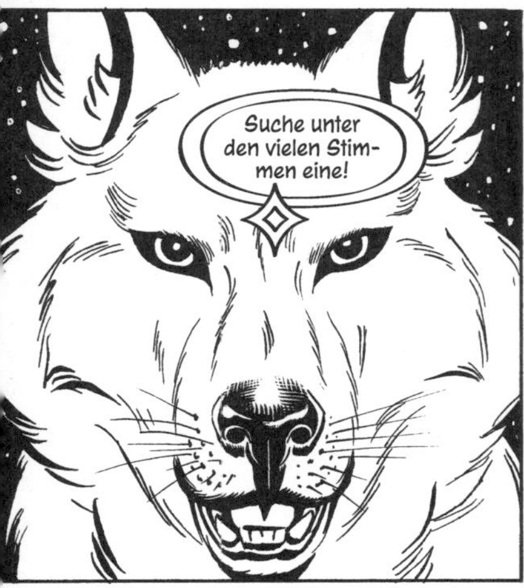
Suche unter den vielen Stimmen eine!

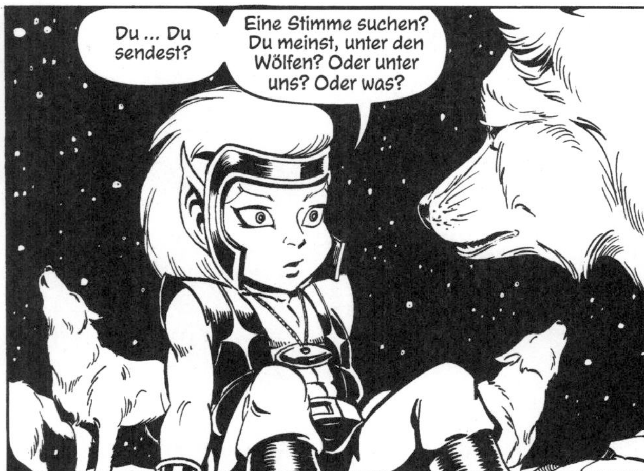
Du ... Du sendest?
Eine Stimme suchen? Du meinst, unter den Wölfen? Oder unter uns? Oder was?

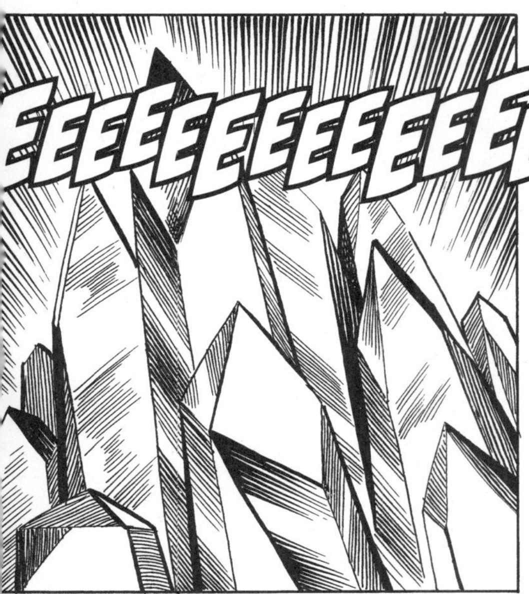
EEEEEEEEEEEEEEEEEEEEE

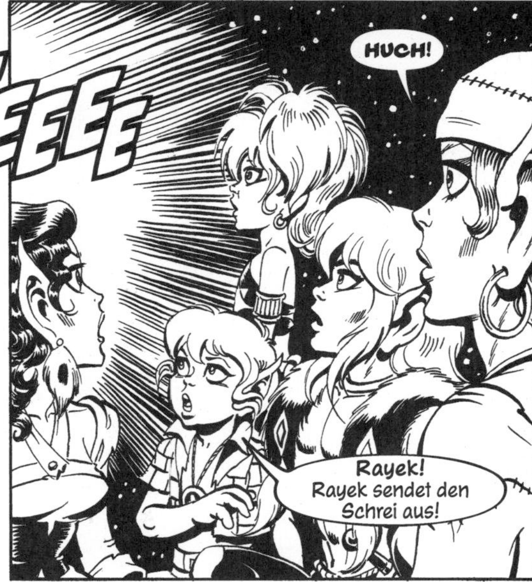
HUCH!
Rayek! Rayek sendet den Schrei aus!

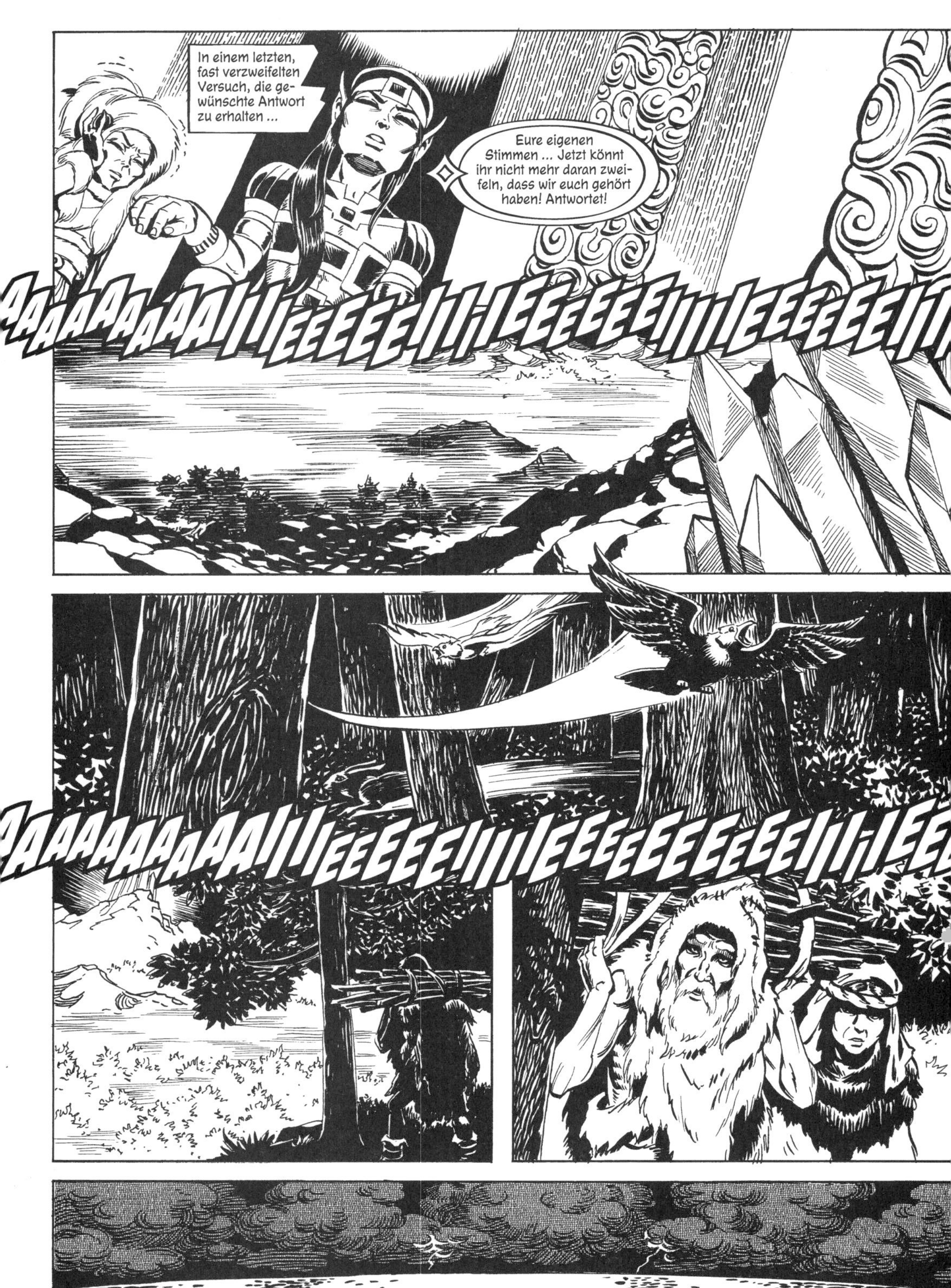
In einem letzten, fast verzweifelten Versuch, die gewünschte Antwort zu erhalten ...
Eure eigenen Stimmen ... Jetzt könnt ihr nicht mehr daran zweifeln, dass wir euch gehört haben! Antwortet!
AAAAAAAAIIIIEEEEEEIIIIIEEEEEEIIIIIEEEEEEEIIII
AAAAAAAAAAAIIIIEEEEEIIIIIEEEEEEEEEEEEEIIIIEEE

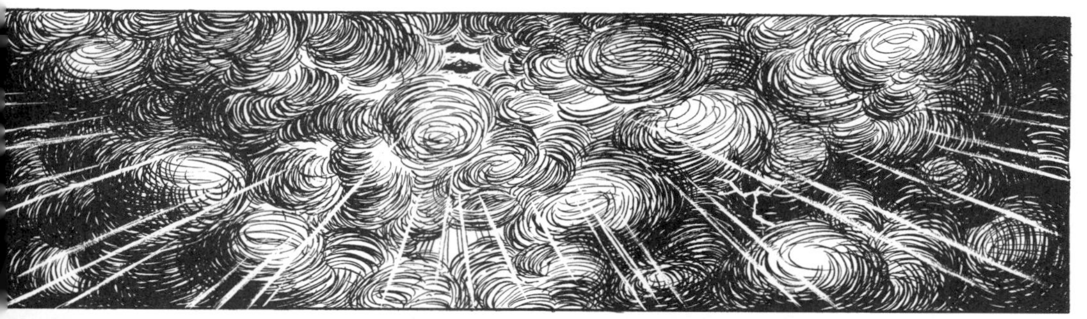

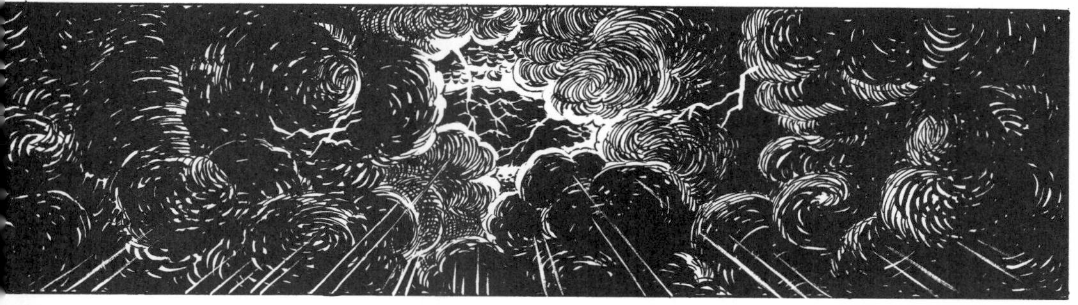

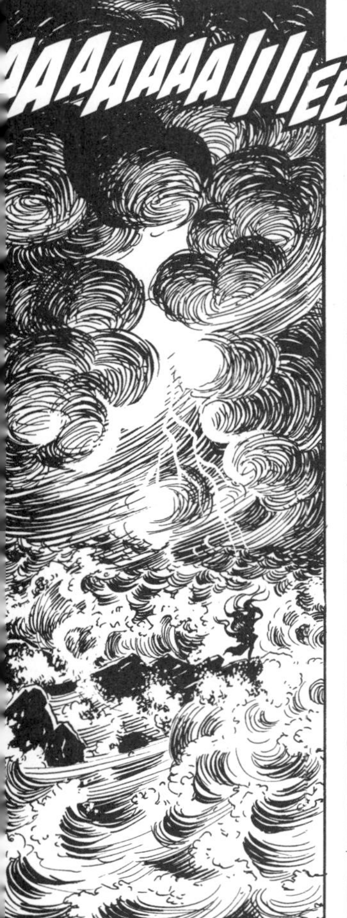

AAAAAAIIIIEEEEEEIIIIIAAAAAAAEEEEEEIIIIIEEE

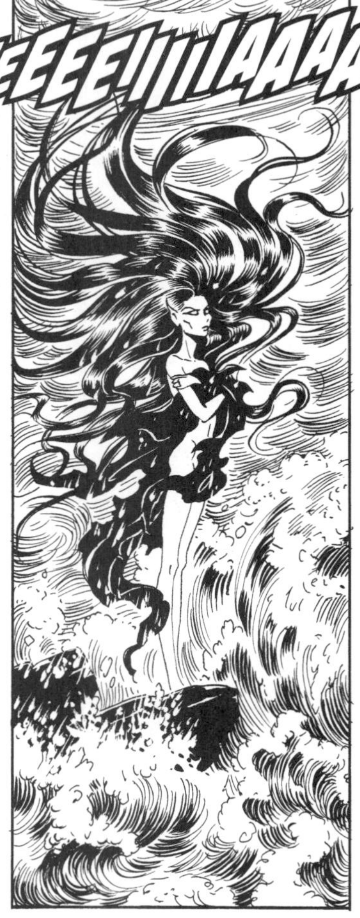

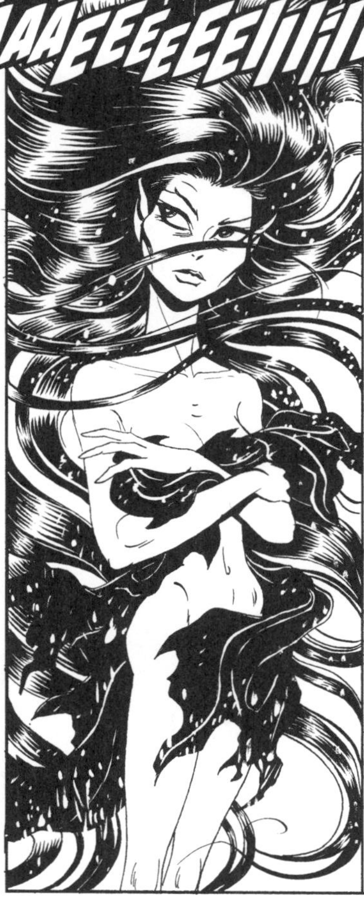

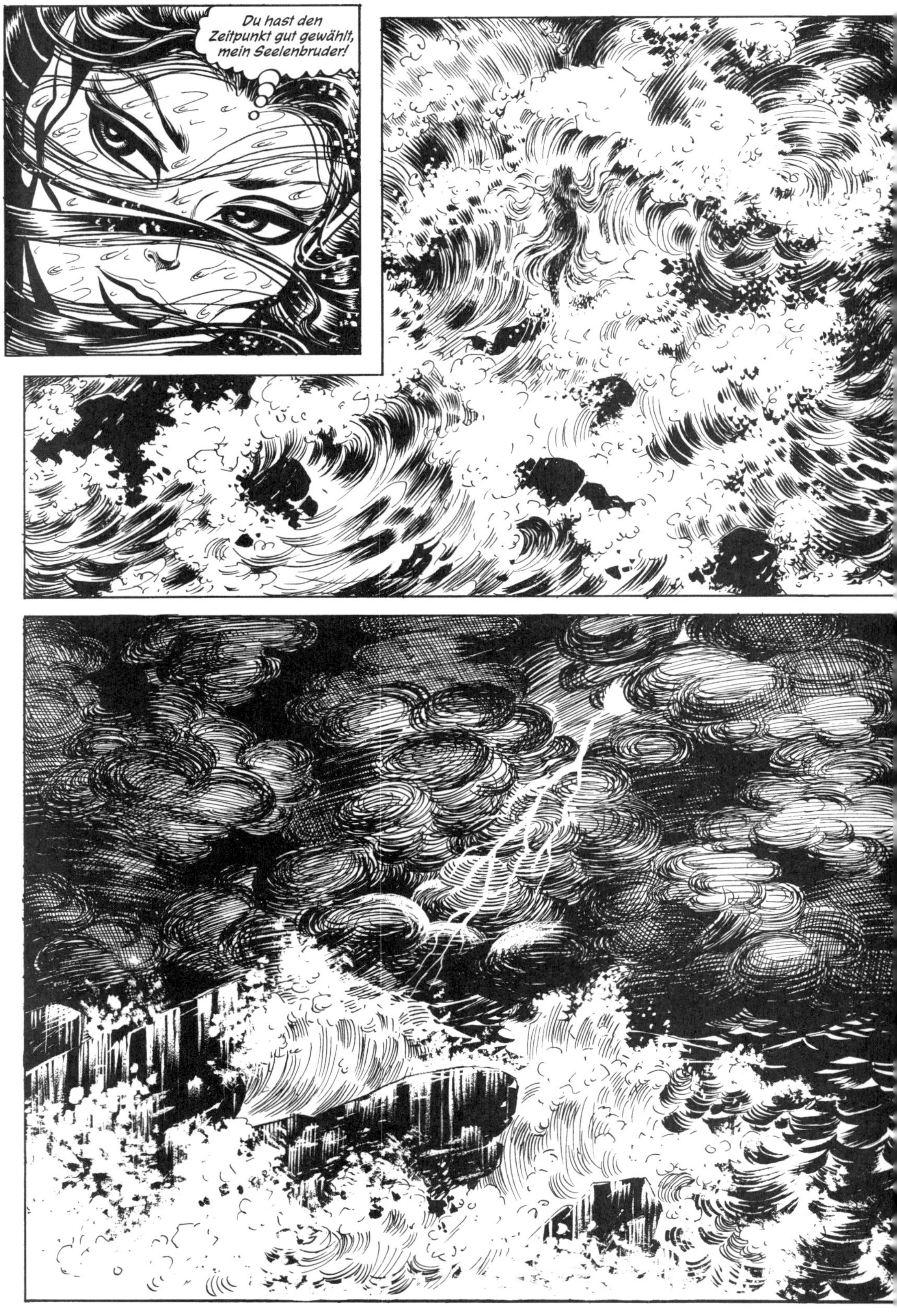

Du hast den
Zeitpunkt gut gewählt,
mein Seelenbruder!

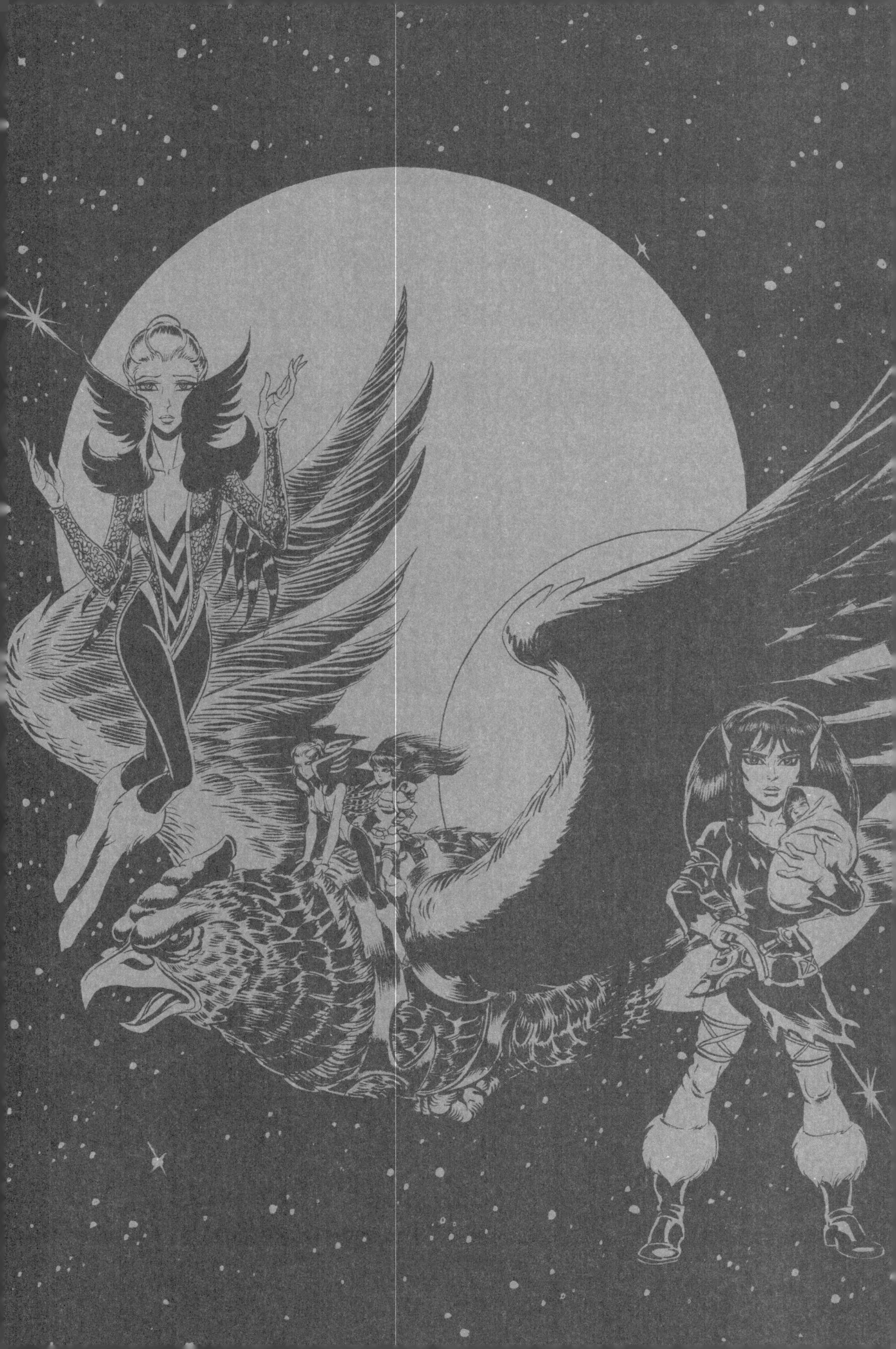

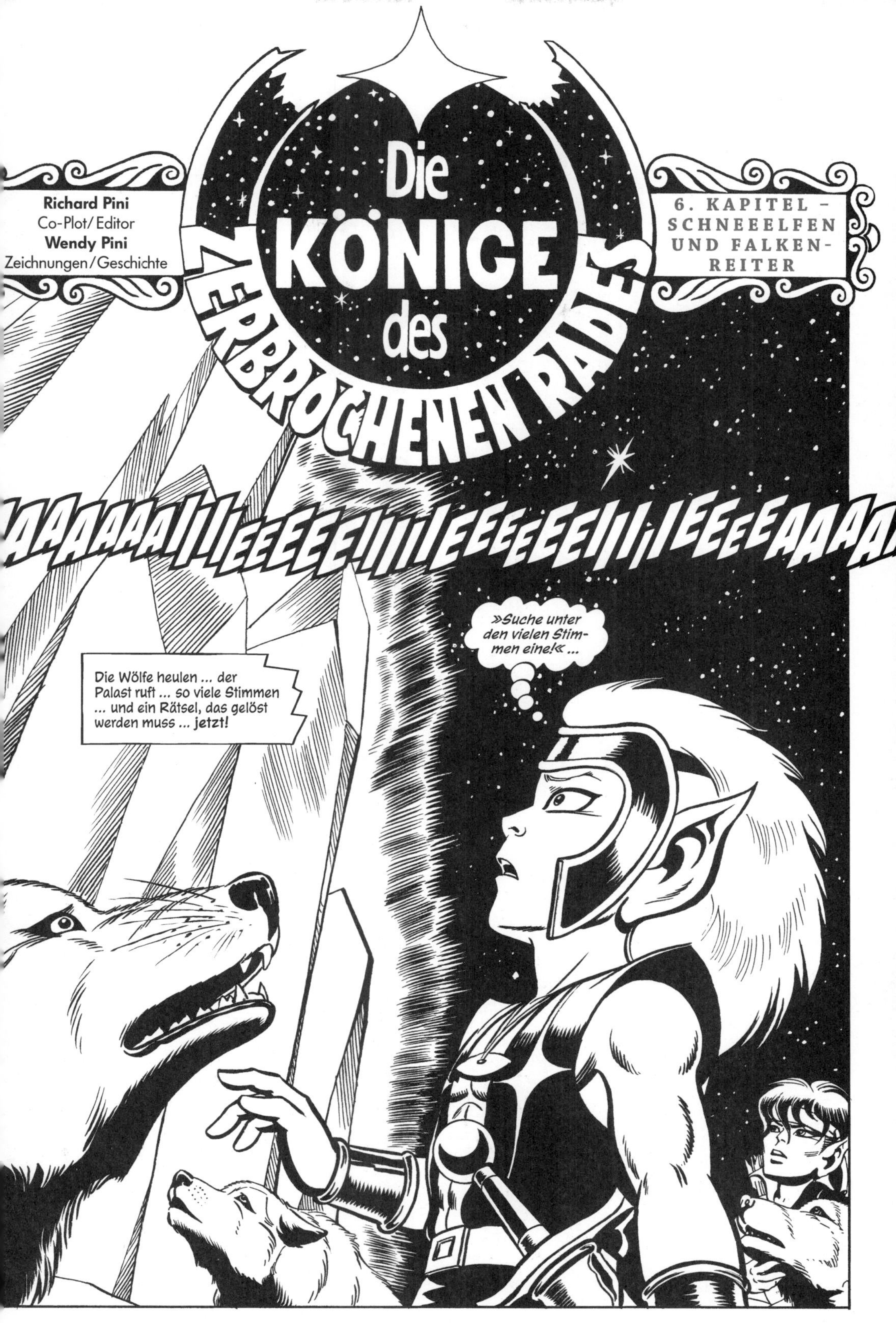
Die
KÖNIGE
des
ZERBROCHENEN RADES
Richard Pini
Co-Plot/ Editor
Wendy Pini
Zeichnungen/Geschichte
6. KAPITEL – SCHNEEELFEN UND FALKENREITER
AAAAAAIIIIEEEEEEIIIIIEEEEEEEIIIIIEEEEEAAAAA
Die Wölfe heulen ... der Palast ruft ... so viele Stimmen ... und ein Rätsel, das gelöst werden muss ... jetzt!
»Suche unter den vielen Stimmen eine!« ...

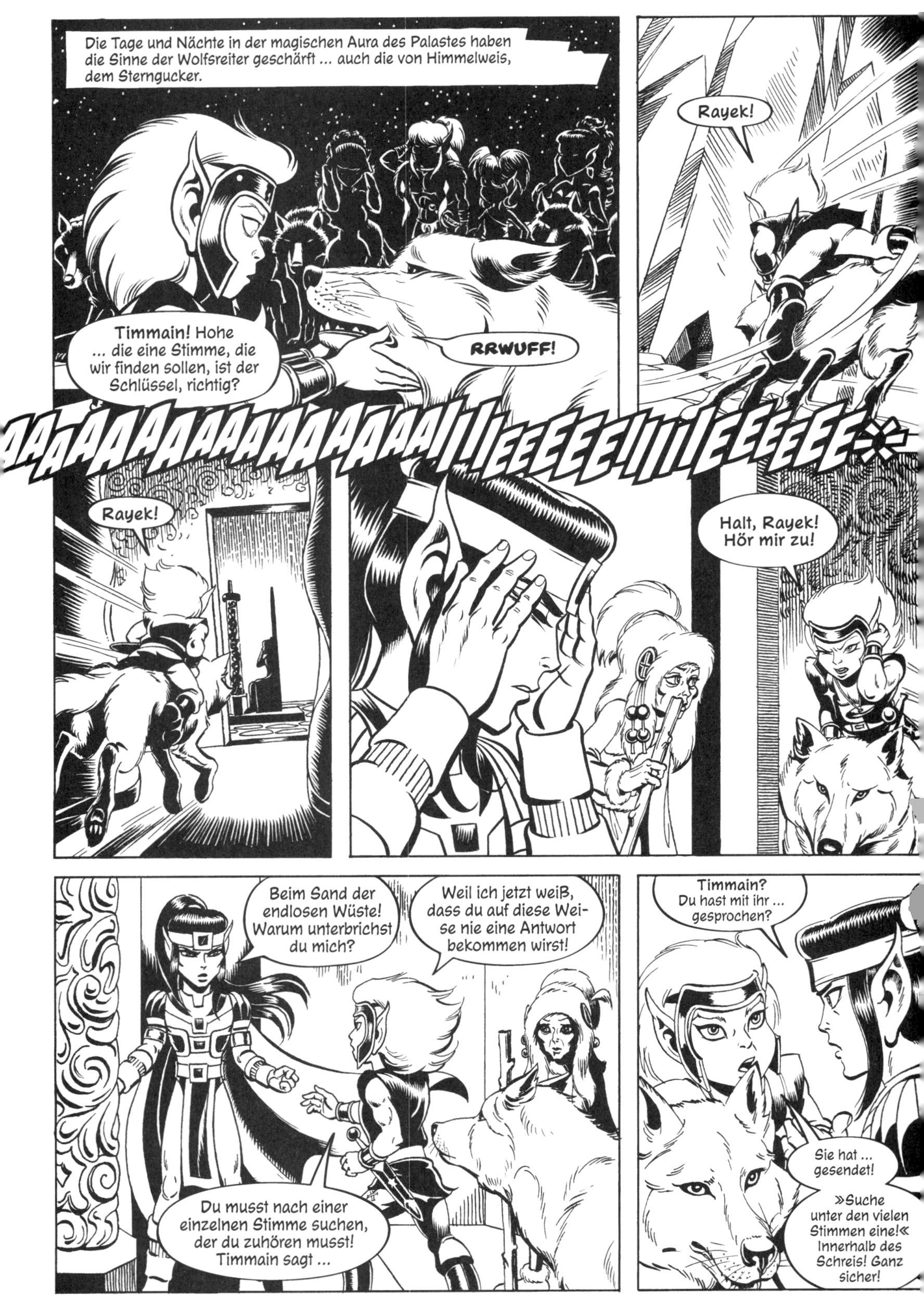

Die Tage und Nächte in der magischen Aura des Palastes haben die Sinne der Wolfsreiter geschärft ... auch die von Himmelweis, dem Sterngucker.

Timmain! Hohe ... die eine Stimme, die wir finden sollen, ist der Schlüssel, richtig?

RRWUFF!

Rayek!

AAAAAAAAAAAAAAAAAAII!IEEEEEII!IEEEEE

Rayek!

Halt, Rayek! Hör mir zu!

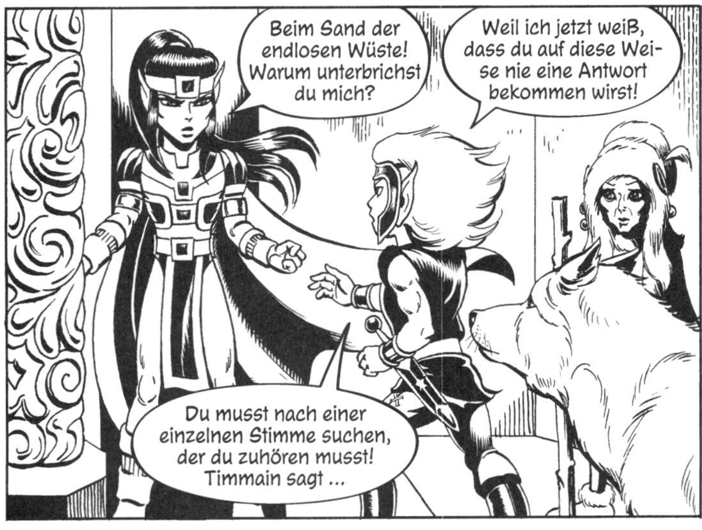

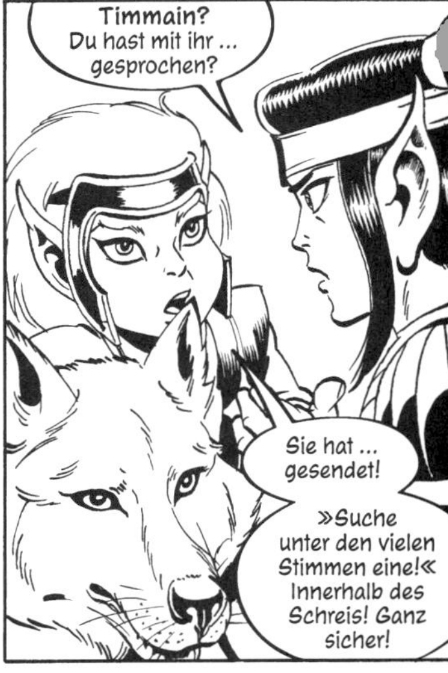

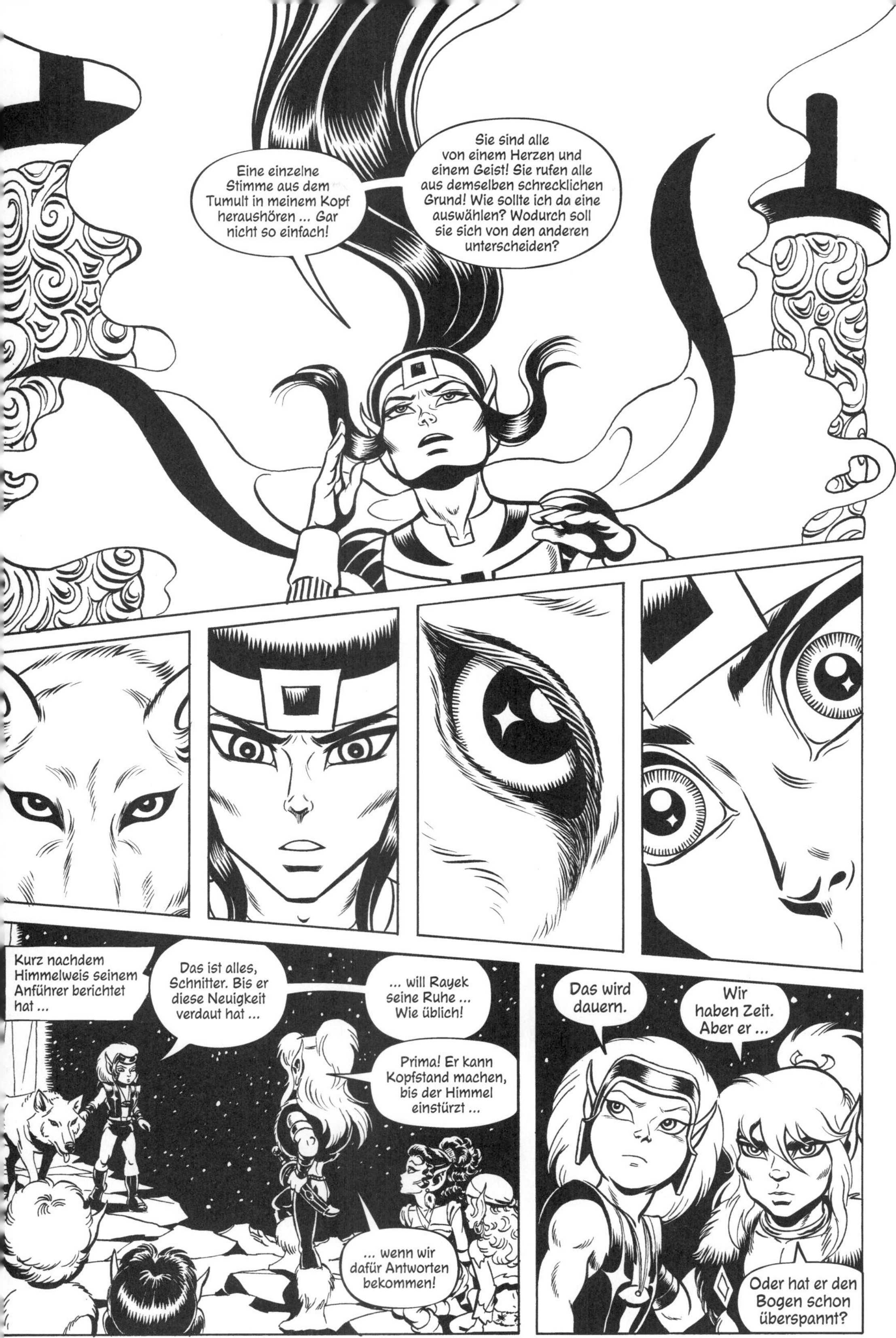

Eine einzelne Stimme aus dem Tumult in meinem Kopf heraushören ... Gar nicht so einfach!
Sie sind alle von einem Herzen und einem Geist! Sie rufen alle aus demselben schrecklichen Grund! Wie sollte ich da eine auswählen? Wodurch soll sie sich von den anderen unterscheiden?
Kurz nachdem Himmelweis seinem Anführer berichtet hat ...
Das ist alles, Schnitter. Bis er diese Neuigkeit verdaut hat ...
... will Rayek seine Ruhe ... Wie üblich!
Prima! Er kann Kopfstand machen, bis der Himmel einstürzt ...
... wenn wir dafür Antworten bekommen!
Das wird dauern.
Wir haben Zeit. Aber er ...
Oder hat er den Bogen schon überspannt?

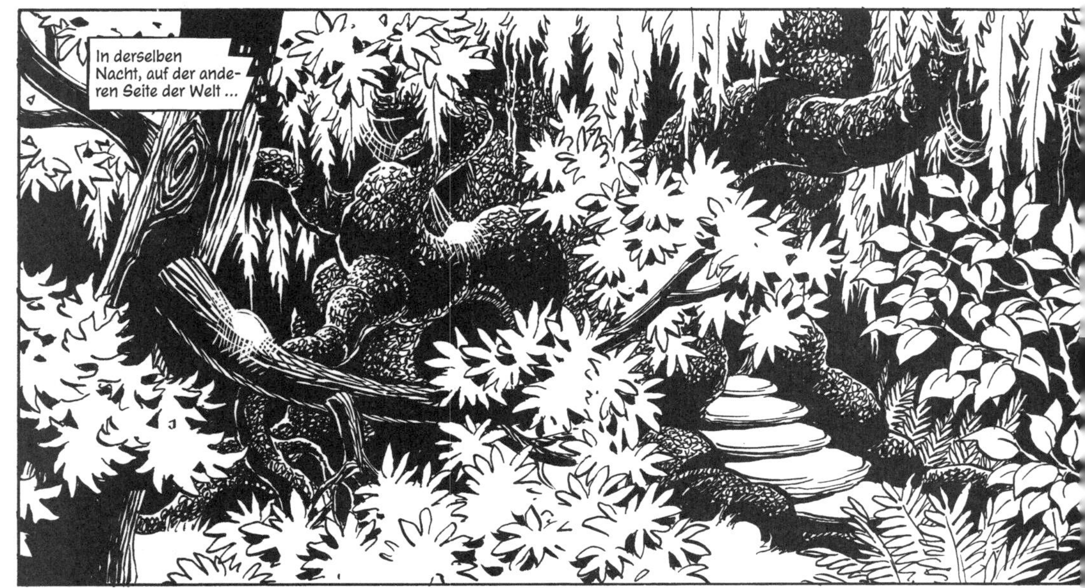
In derselben Nacht, auf der anderen Seite der Welt ...

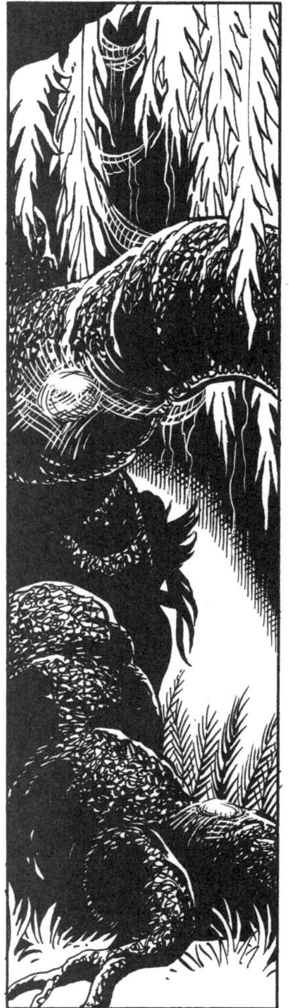

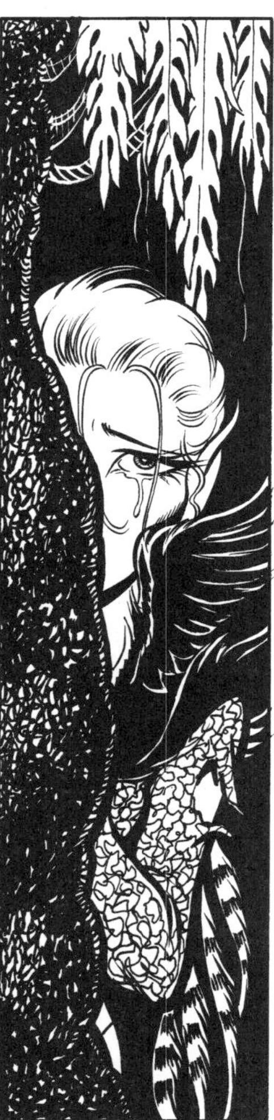

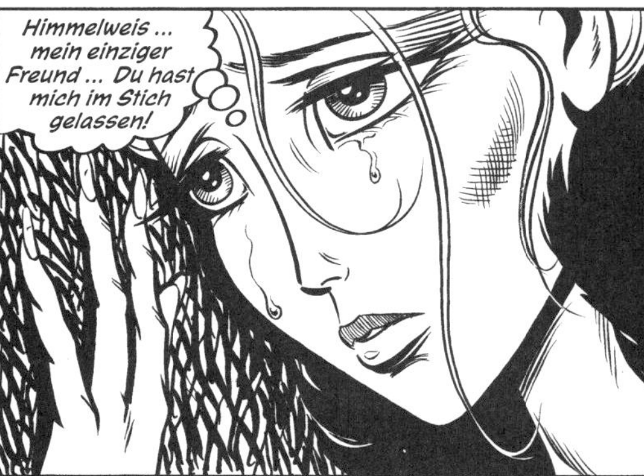
Himmelweis ... mein einziger Freund ... Du hast mich im Stich gelassen!

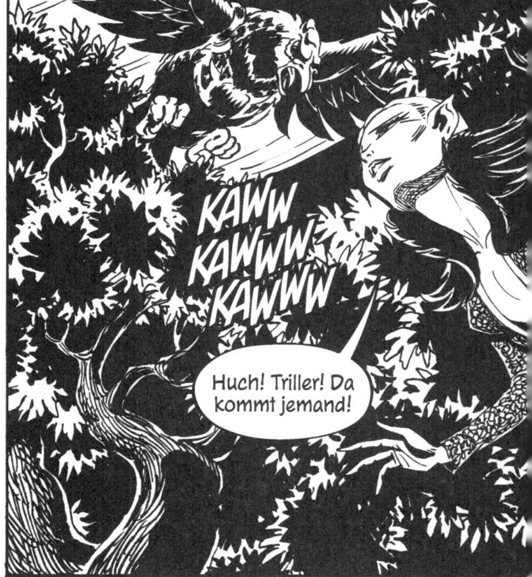
KAWW
KAWWW
KAWWW
Huch! Triller! Da kommt jemand!

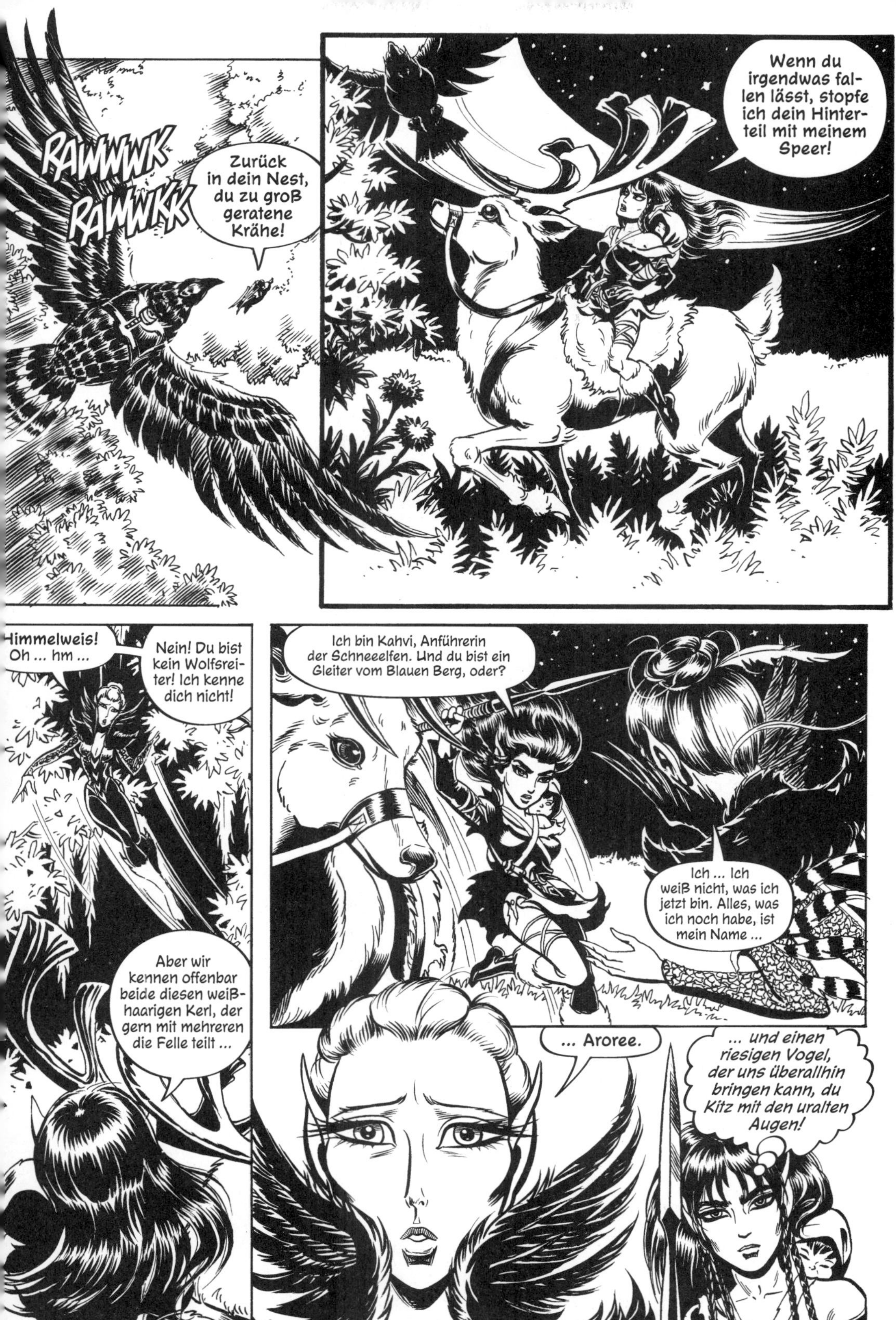
RAWWWK
RAWWKK
Zurück in dein Nest, du zu groß geratene Krähe!
Wenn du irgendwas fallen lässt, stopfe ich dein Hinterteil mit meinem Speer!
Himmelweis! Oh … hm …
Nein! Du bist kein Wolfsreiter! Ich kenne dich nicht!
Ich bin Kahvi, Anführerin der Schneeelfen. Und du bist ein Gleiter vom Blauen Berg, oder?
Ich … Ich weiß nicht, was ich jetzt bin. Alles, was ich noch habe, ist mein Name …
Aber wir kennen offenbar beide diesen weißhaarigen Kerl, der gern mit mehreren die Felle teilt …
… Aroree.
… und einen riesigen Vogel, der uns überallhin bringen kann, du Kitz mit den uralten Augen!

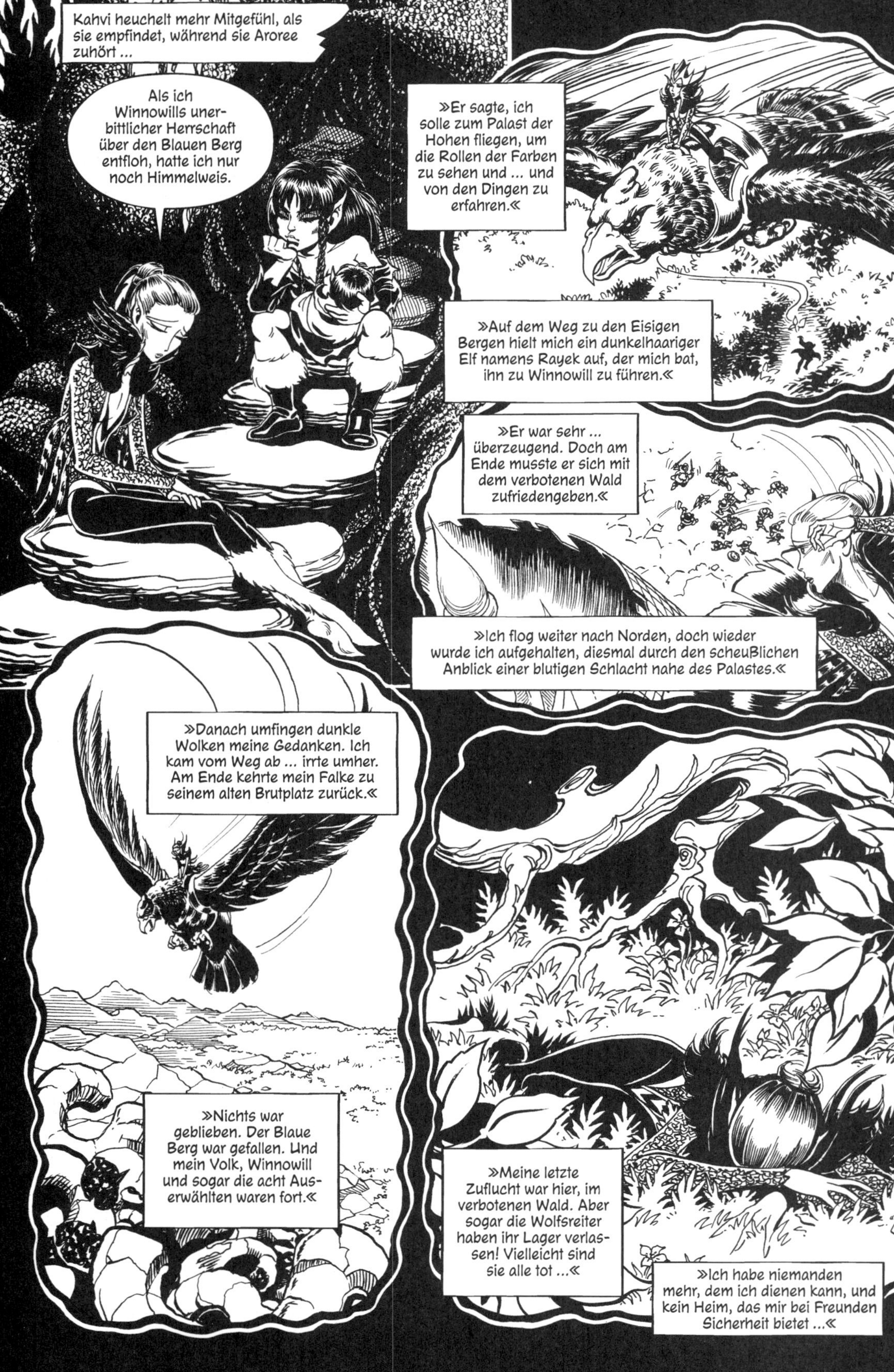
Kahvi heuchelt mehr Mitgefühl, als sie empfindet, während sie Aroree zuhört …
Als ich Winnowills unerbittlicher Herrschaft über den Blauen Berg entfloh, hatte ich nur noch Himmelweis.
»Er sagte, ich solle zum Palast der Hohen fliegen, um die Rollen der Farben zu sehen und … und von den Dingen zu erfahren.«
»Auf dem Weg zu den Eisigen Bergen hielt mich ein dunkelhaariger Elf namens Rayek auf, der mich bat, ihn zu Winnowill zu führen.«
»Er war sehr … überzeugend. Doch am Ende musste er sich mit dem verbotenen Wald zufriedengeben.«
»Ich flog weiter nach Norden, doch wieder wurde ich aufgehalten, diesmal durch den scheußlichen Anblick einer blutigen Schlacht nahe des Palastes.«
»Danach umfingen dunkle Wolken meine Gedanken. Ich kam vom Weg ab … irrte umher. Am Ende kehrte mein Falke zu seinem alten Brutplatz zurück.«
»Nichts war geblieben. Der Blaue Berg war gefallen. Und mein Volk, Winnowill und sogar die acht Auserwählten waren fort.«
»Meine letzte Zuflucht war hier, im verbotenen Wald. Aber sogar die Wolfsreiter haben ihr Lager verlassen! Vielleicht sind sie alle tot …«
»Ich habe niemanden mehr, dem ich dienen kann, und kein Heim, das mir bei Freunden Sicherheit bietet …«

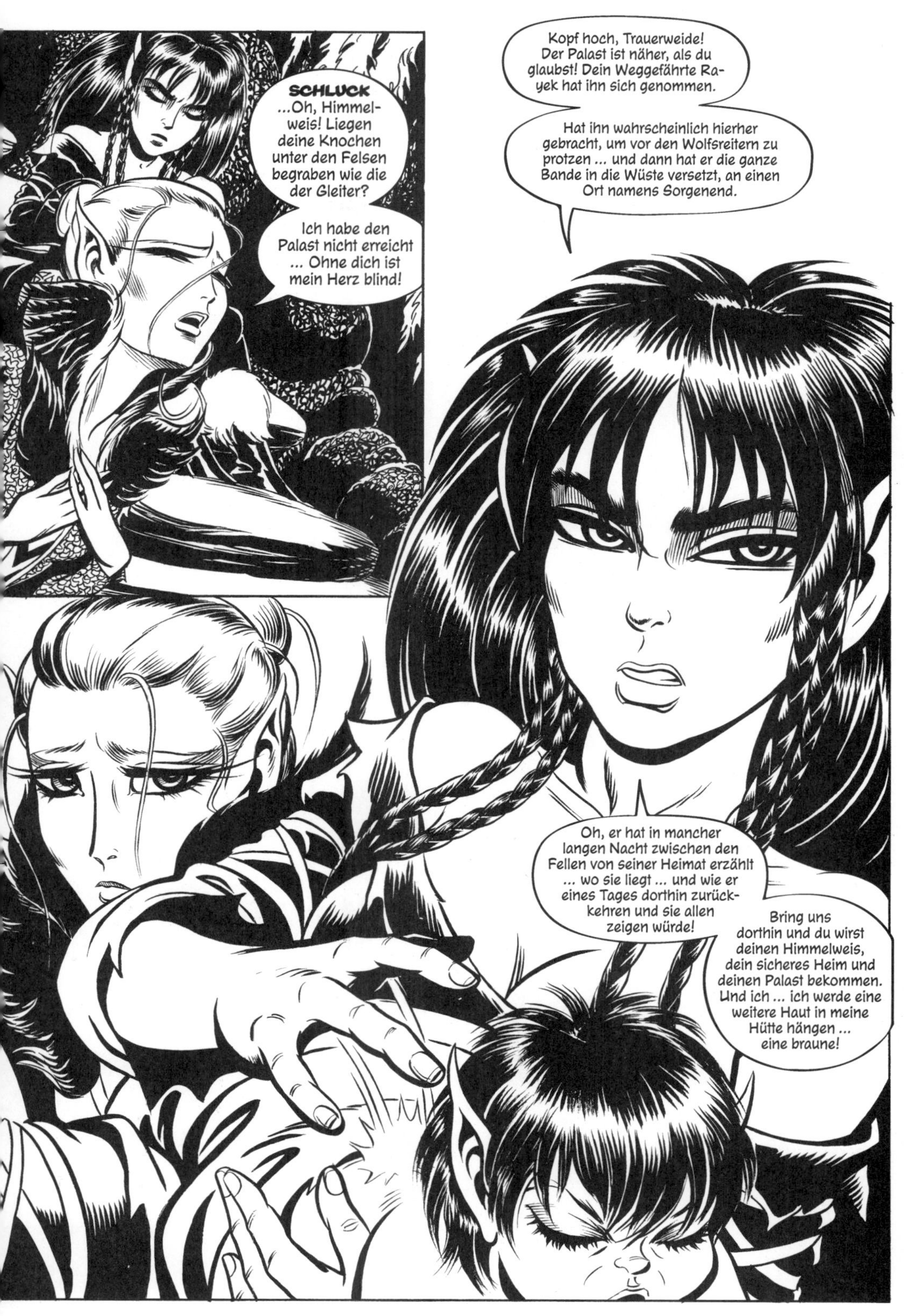
SCHLUCK
...Oh, Himmelweis! Liegen deine Knochen unter den Felsen begraben wie die der Gleiter?
Ich habe den Palast nicht erreicht ... Ohne dich ist mein Herz blind!
Kopf hoch, Trauerweide! Der Palast ist näher, als du glaubst! Dein Weggefährte Rayek hat ihn sich genommen.
Hat ihn wahrscheinlich hierher gebracht, um vor den Wolfsreitern zu protzen ... und dann hat er die ganze Bande in die Wüste versetzt, an einen Ort namens Sorgenend.
Oh, er hat in mancher langen Nacht zwischen den Fellen von seiner Heimat erzählt ... wo sie liegt ... und wie er eines Tages dorthin zurückkehren und sie allen zeigen würde!
Bring uns dorthin und du wirst deinen Himmelweis, dein sicheres Heim und deinen Palast bekommen. Und ich ... ich werde eine weitere Haut in meine Hütte hängen ... eine braune!

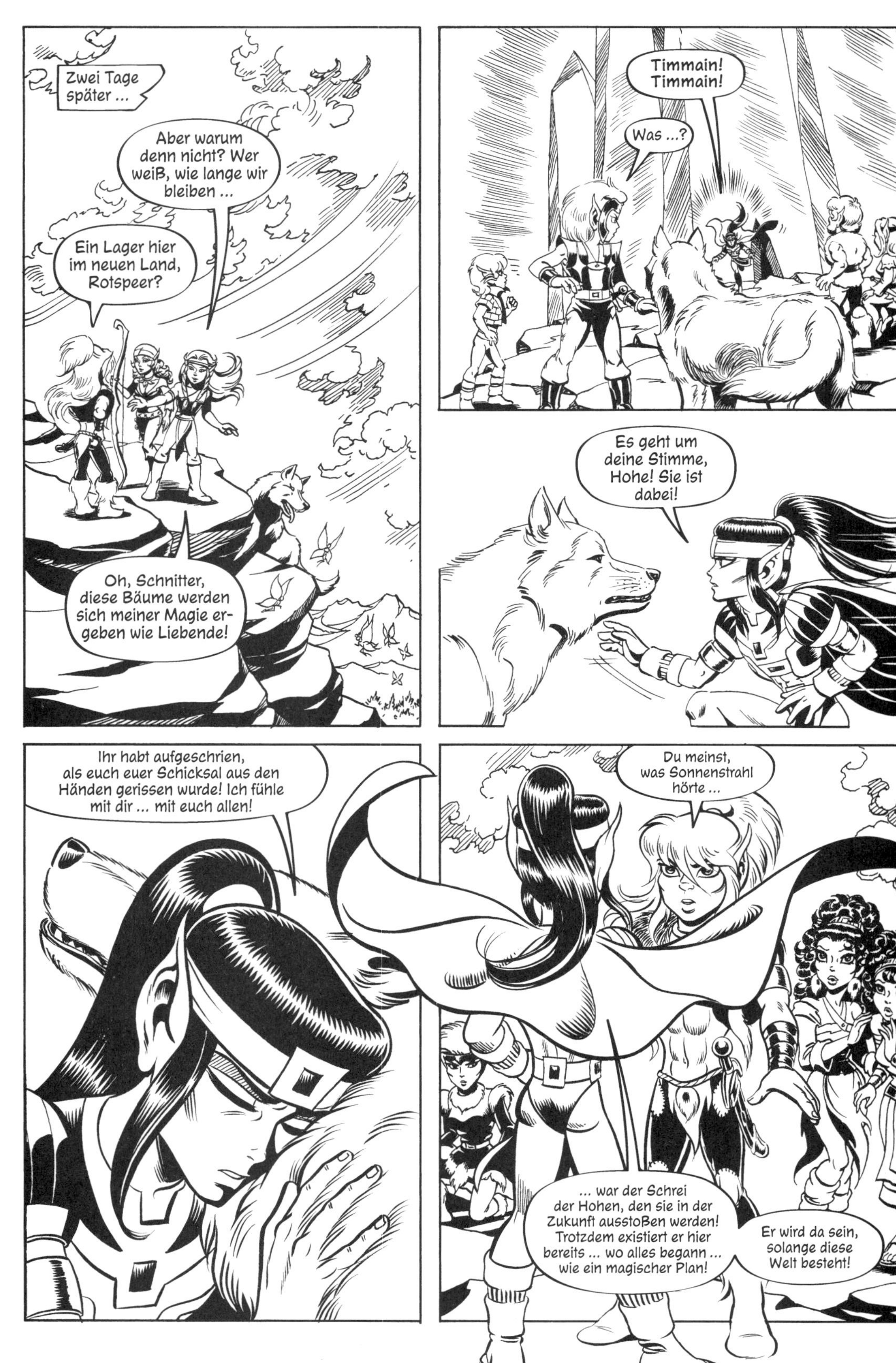
Zwei Tage später ...
Aber warum denn nicht? Wer weiß, wie lange wir bleiben ...
Ein Lager hier im neuen Land, Rotspeer?
Oh, Schnitter, diese Bäume werden sich meiner Magie ergeben wie Liebende!
Timmain! Timmain!
Was ...?
Es geht um deine Stimme, Hohe! Sie ist dabei!
Ihr habt aufgeschrien, als euch euer Schicksal aus den Händen gerissen wurde! Ich fühle mit dir ... mit euch allen!
Du meinst, was Sonnenstrahl hörte ...
... war der Schrei der Hohen, den sie in der Zukunft ausstoßen werden! Trotzdem existiert er hier bereits ... wo alles begann ... wie ein magischer Plan!
Er wird da sein, solange diese Welt besteht!

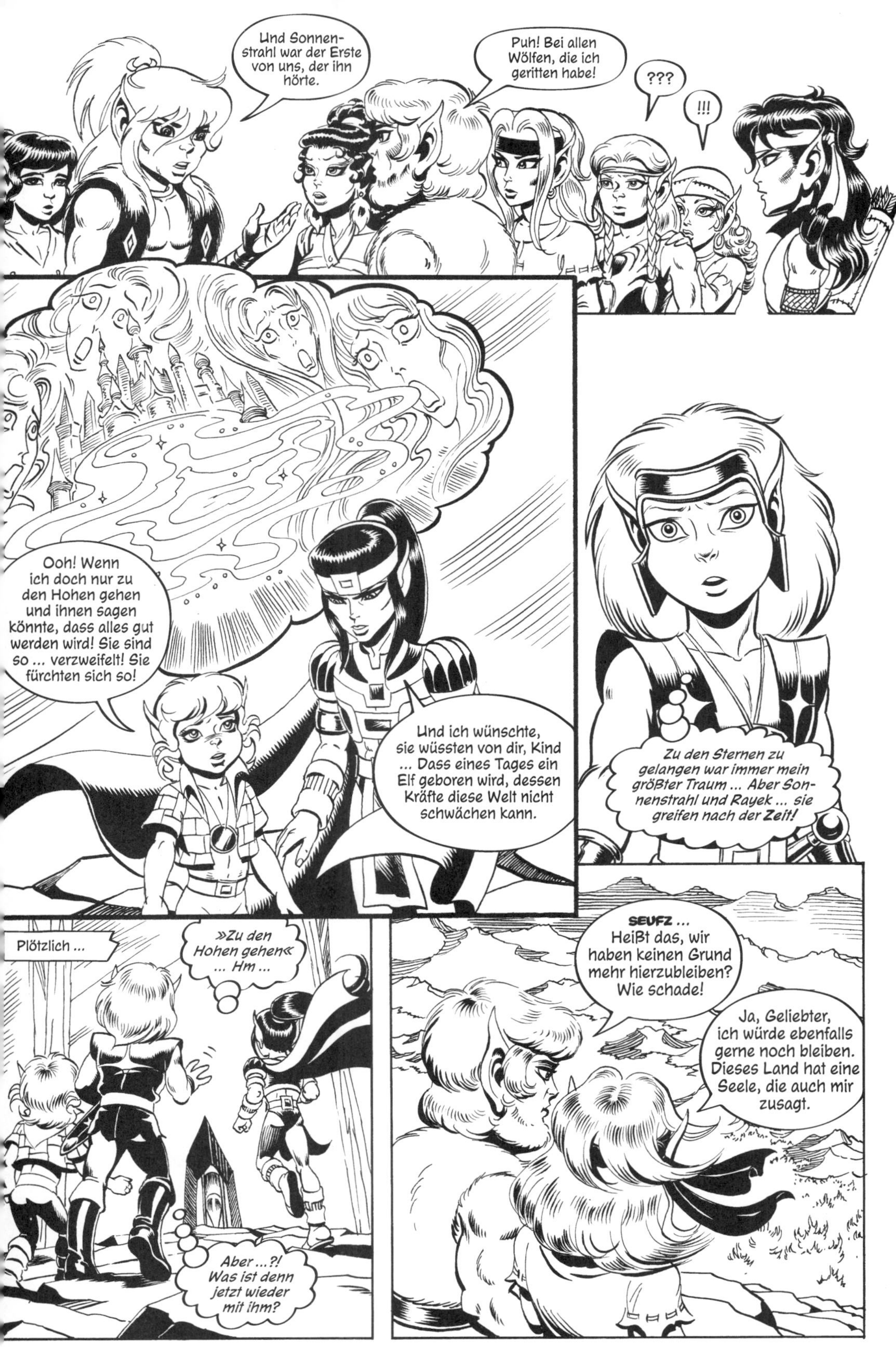
Und Sonnenstrahl war der Erste von uns, der ihn hörte.
Puh! Bei allen Wölfen, die ich geritten habe!
???
!!!
Ooh! Wenn ich doch nur zu den Hohen gehen und ihnen sagen könnte, dass alles gut werden wird! Sie sind so ... verzweifelt! Sie fürchten sich so!
Und ich wünschte, sie wüssten von dir, Kind ... Dass eines Tages ein Elf geboren wird, dessen Kräfte diese Welt nicht schwächen kann.
Zu den Sternen zu gelangen war immer mein größter Traum ... Aber Sonnenstrahl und Rayek ... sie greifen nach der Zeit!
Plötzlich ...
»Zu den Hohen gehen« ... Hm ...
Aber ...?! Was ist denn jetzt wieder mit ihm?
SEUFZ ... Heißt das, wir haben keinen Grund mehr hierzubleiben? Wie schade!
Ja, Geliebter, ich würde ebenfalls gerne noch bleiben. Dieses Land hat eine Seele, die auch mir zusagt.

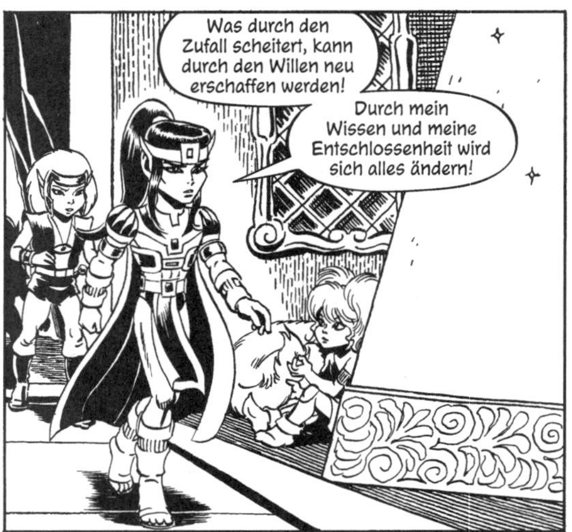
Was durch den Zufall scheitert, kann durch den Willen neu erschaffen werden!
Durch mein Wissen und meine Entschlossenheit wird sich alles ändern!

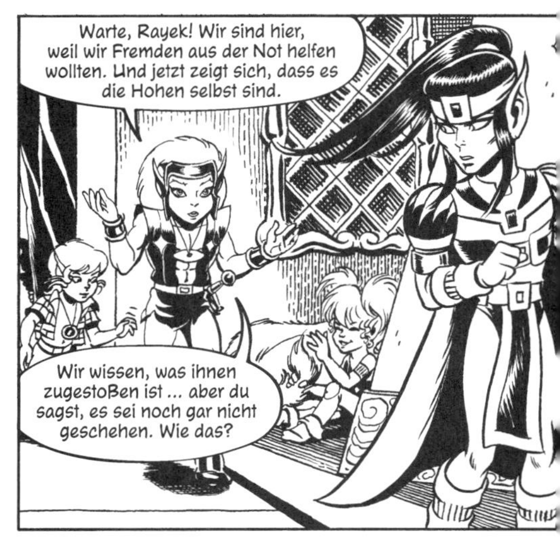
Warte, Rayek! Wir sind hier, weil wir Fremden aus der Not helfen wollten. Und jetzt zeigt sich, dass es die Hohen selbst sind.
Wir wissen, was ihnen zugestoßen ist ... aber du sagst, es sei noch gar nicht geschehen. Wie das?

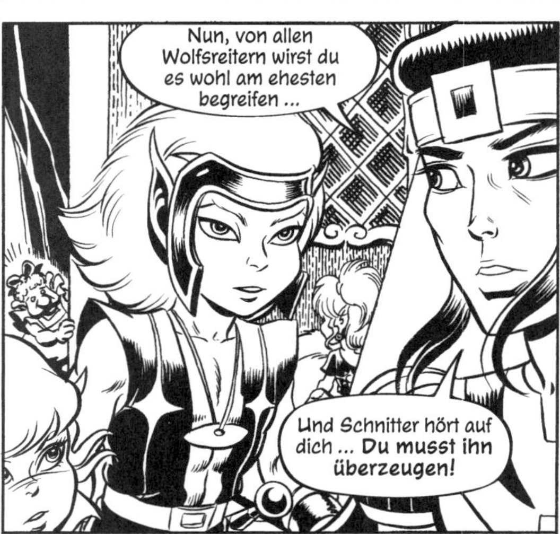
Nun, von allen Wolfsreitern wirst du es wohl am ehesten begreifen ...
Und Schnitter hört auf dich ... **Du musst ihn überzeugen!**

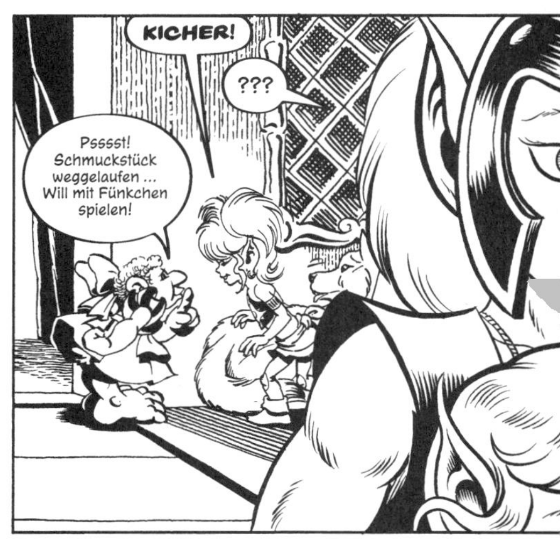
KICHER!
???
Psssst! Schmuckstück weggelaufen ... Will mit Fünkchen spielen!

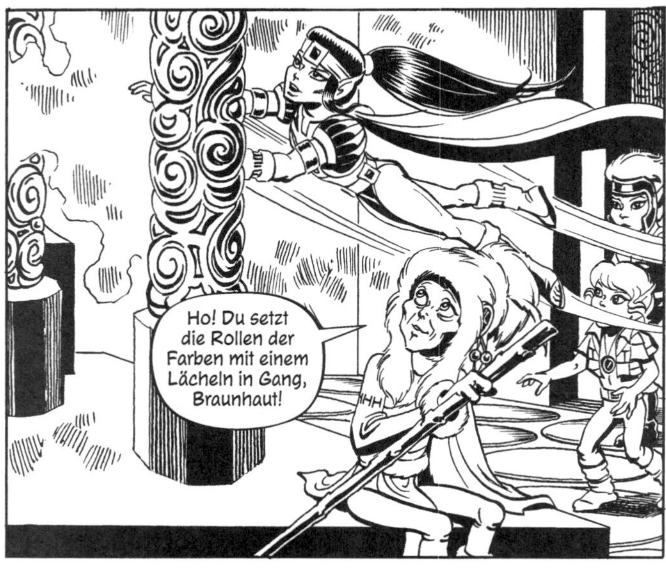
Ho! Du setzt die Rollen der Farben mit einem Lächeln in Gang, Braunhaut!

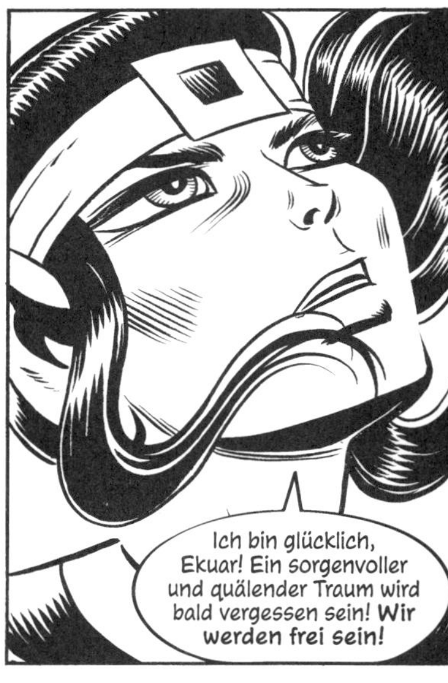
Ich bin glücklich, Ekuar! Ein sorgenvoller und quälender Traum wird bald vergessen sein! **Wir werden frei sein!**

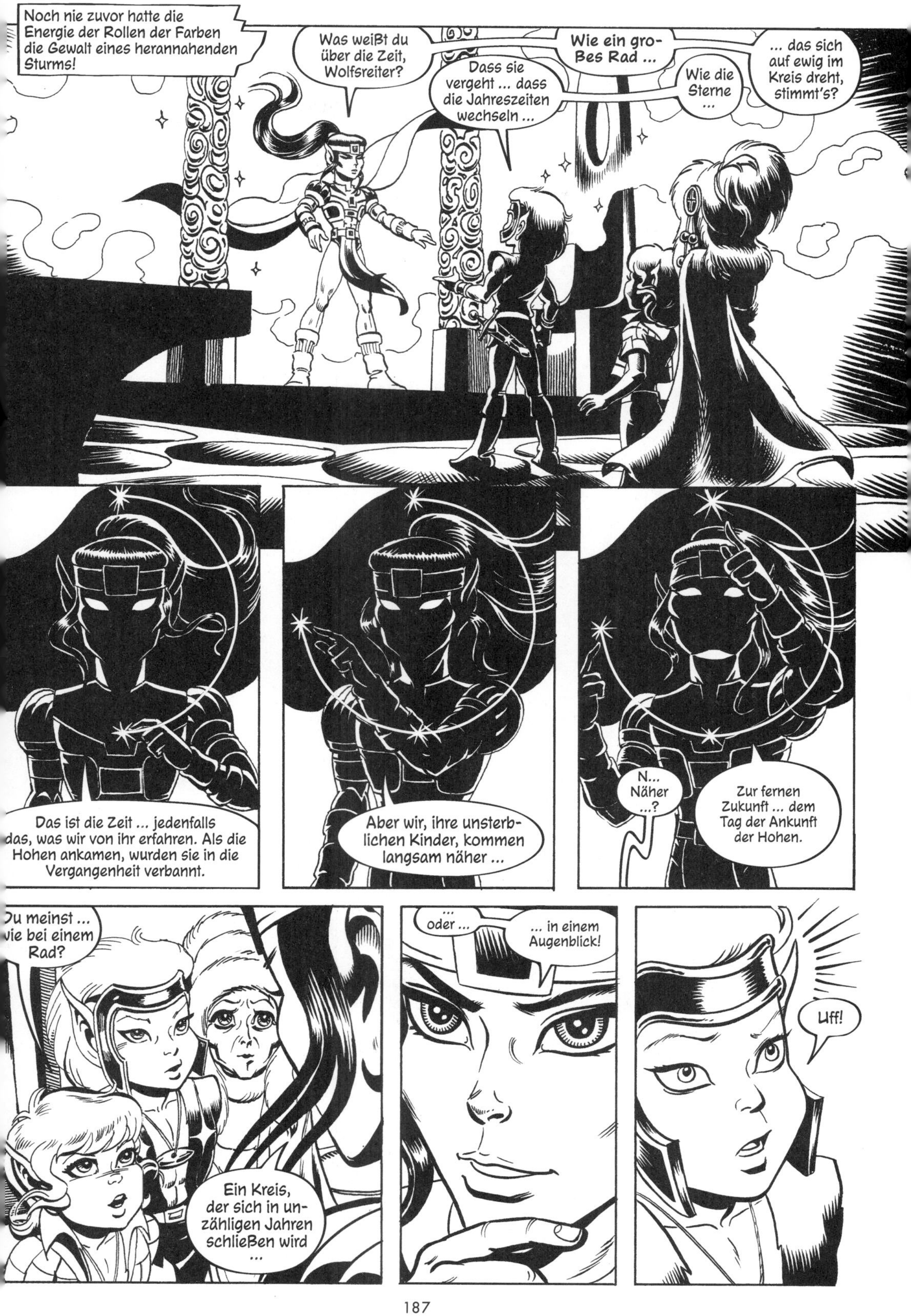

Noch nie zuvor hatte die Energie der Rollen der Farben die Gewalt eines herannahenden Sturms!

Was weißt du über die Zeit, Wolfsreiter?

Dass sie vergeht ... dass die Jahreszeiten wechseln ...

Wie ein großes Rad ...

Wie die Sterne ...

... das sich auf ewig im Kreis dreht, stimmt's?

Das ist die Zeit ... jedenfalls das, was wir von ihr erfahren. Als die Hohen ankamen, wurden sie in die Vergangenheit verbannt.

Aber wir, ihre unsterblichen Kinder, kommen langsam näher ...

N... Näher ...?

Zur fernen Zukunft ... dem Tag der Ankunft der Hohen.

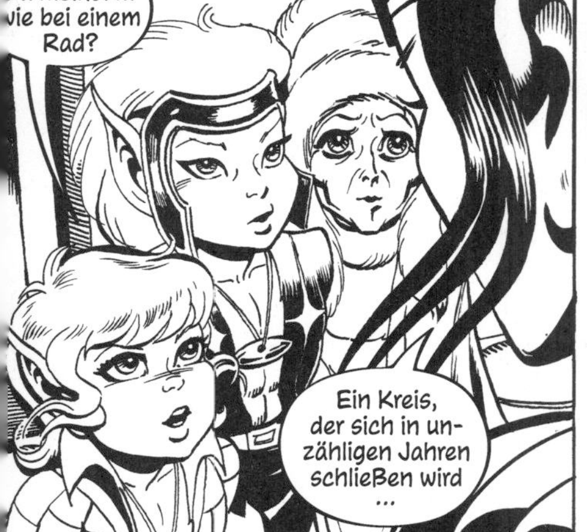

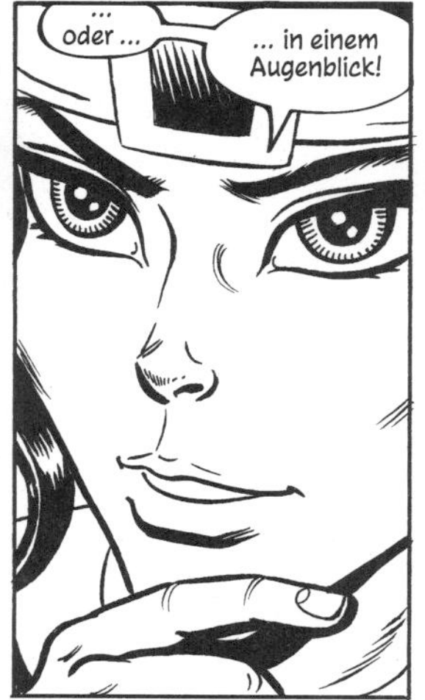

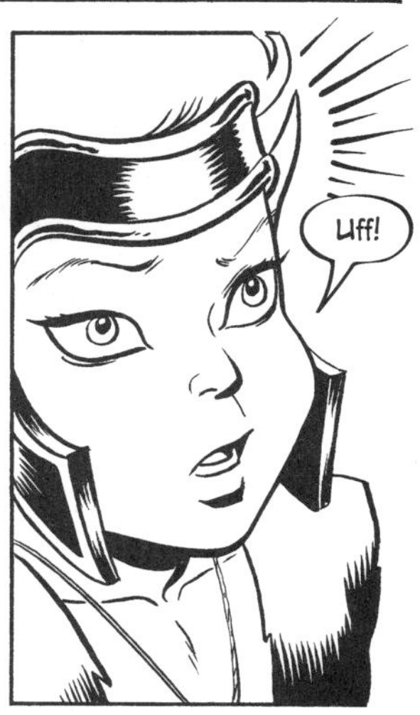

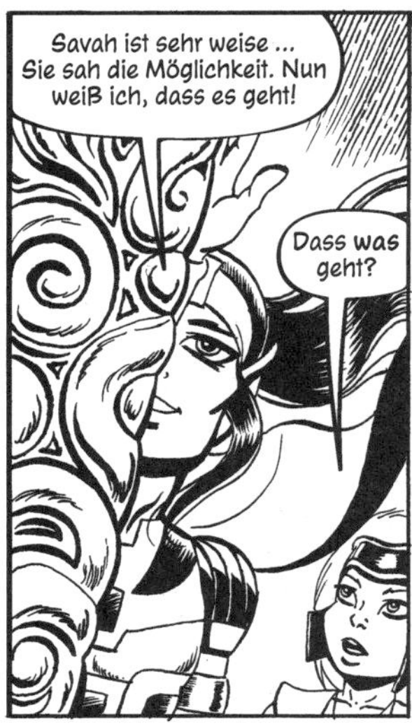
Savah ist sehr weise ...
Sie sah die Möglichkeit. Nun
weiß ich, dass es geht!
Dass was
geht?

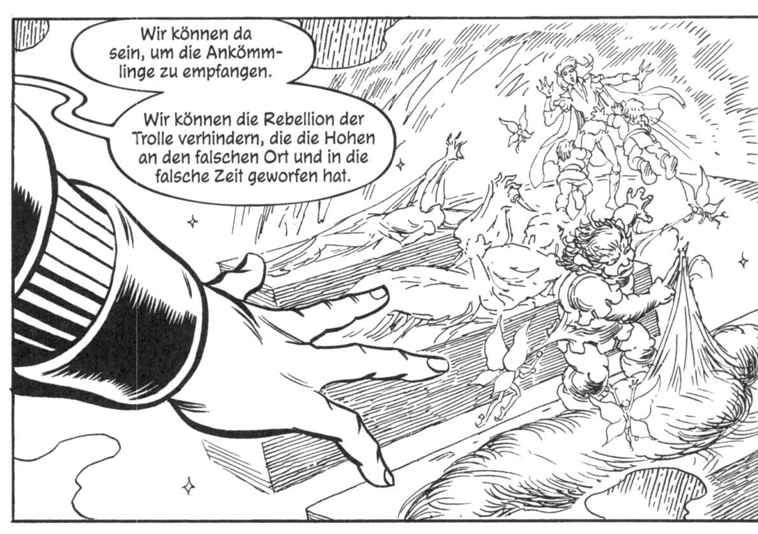
Wir können da
sein, um die Ankömm-
linge zu empfangen.
Wir können die Rebellion der
Trolle verhindern, die die Hohen
an den falschen Ort und in die
falsche Zeit geworfen hat.

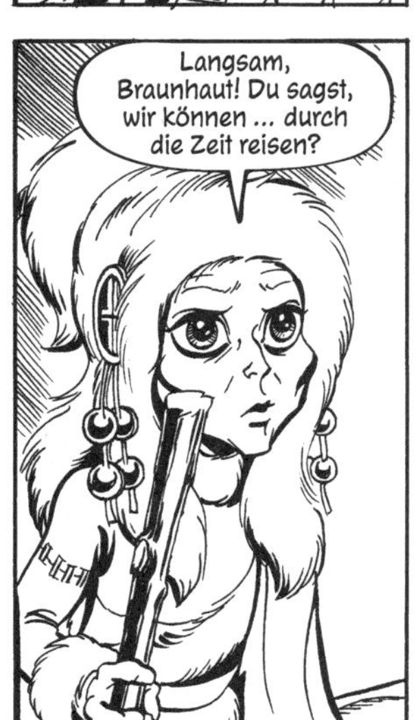
Langsam,
Braunhaut! Du sagst,
wir können ... durch
die Zeit reisen?

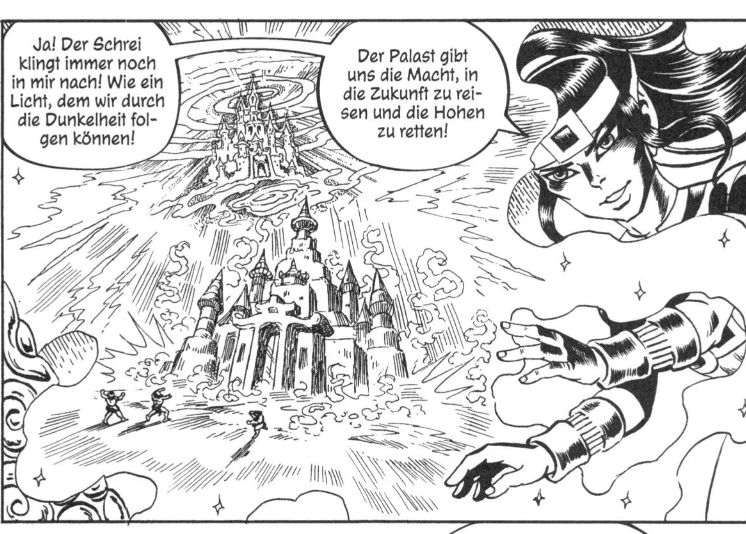
Ja! Der Schrei
klingt immer noch
in mir nach! Wie ein
Licht, dem wir durch
die Dunkelheit fol-
gen können!
Der Palast gibt
uns die Macht, in
die Zukunft zu rei-
sen und die Hohen
zu retten!

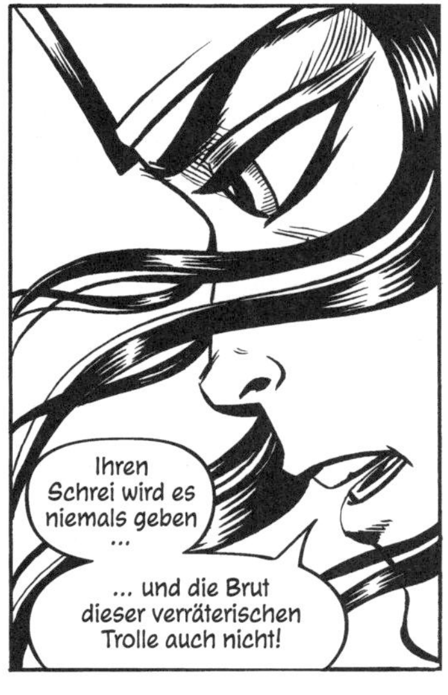
Ihren
Schrei wird es
niemals geben
...
... und die Brut
dieser verräterischen
Trolle auch nicht!

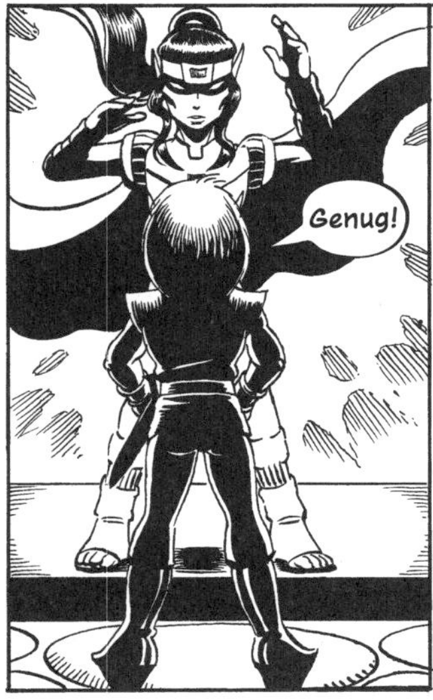
Genug!

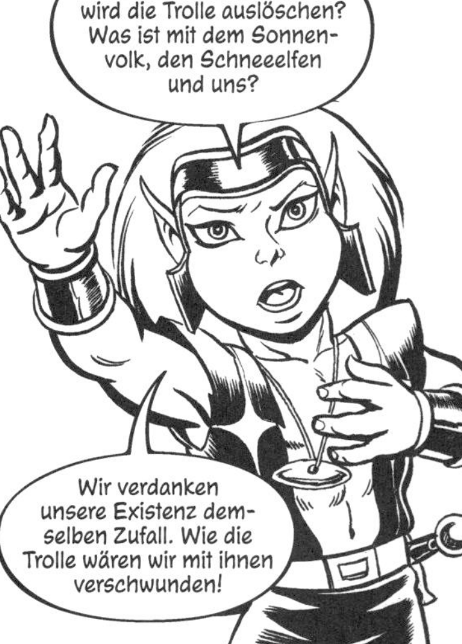
Diese Veränderung
wird die Trolle auslöschen?
Was ist mit dem Sonnen-
volk, den Schneeelfen
und uns?
Wir verdanken
unsere Existenz dem-
selben Zufall. Wie die
Trolle wären wir mit ihnen
verschwunden!

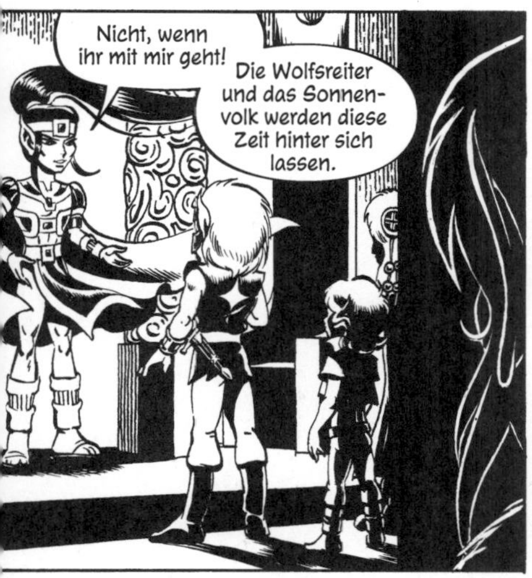
Nicht, wenn ihr mit mir geht!
Die Wolfsreiter und das Sonnenvolk werden diese Zeit hinter sich lassen.

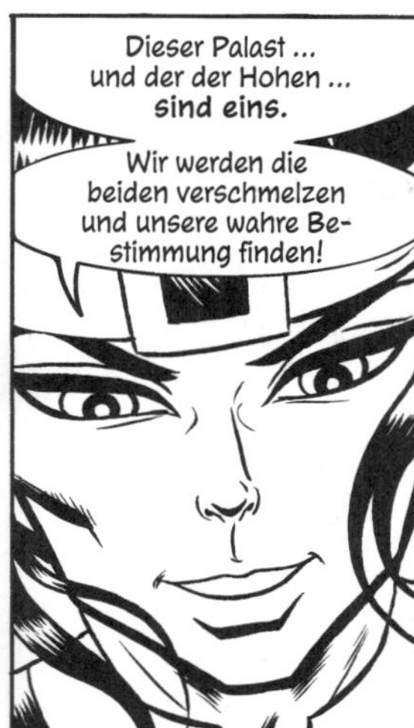
Dieser Palast ... und der der Hohen ... sind eins.
Wir werden die beiden verschmelzen und unsere wahre Bestimmung finden!

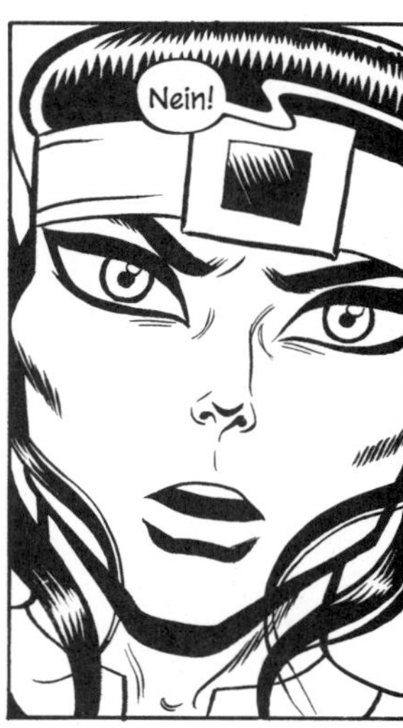
Nein!

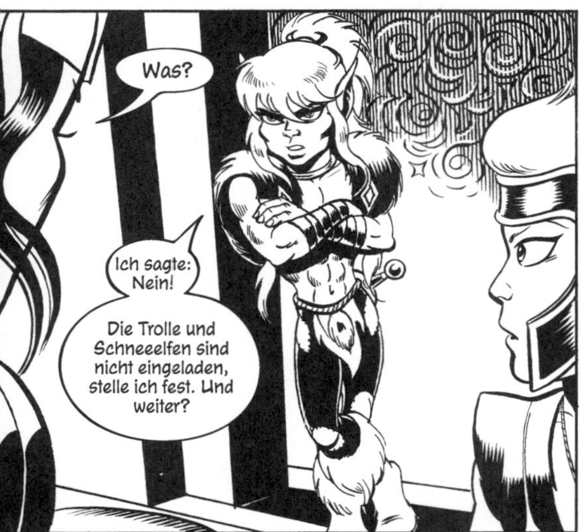
Was?
Ich sagte: Nein!
Die Trolle und Schneeelfen sind nicht eingeladen, stelle ich fest. Und weiter?

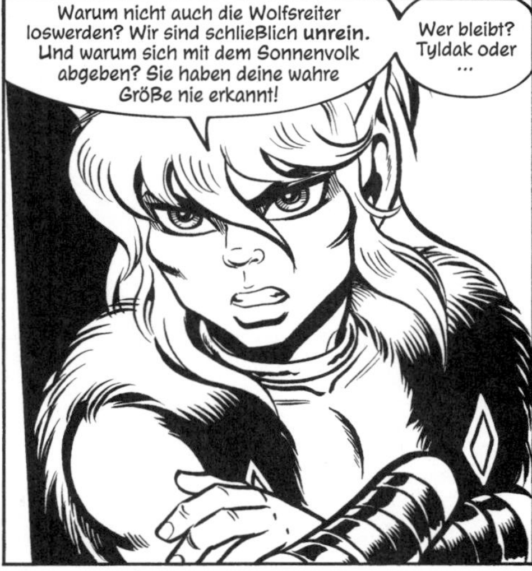
Warum nicht auch die Wolfsreiter loswerden? Wir sind schließlich unrein. Und warum sich mit dem Sonnenvolk abgeben? Sie haben deine wahre Größe nie erkannt!
Wer bleibt? Tyldak oder ...

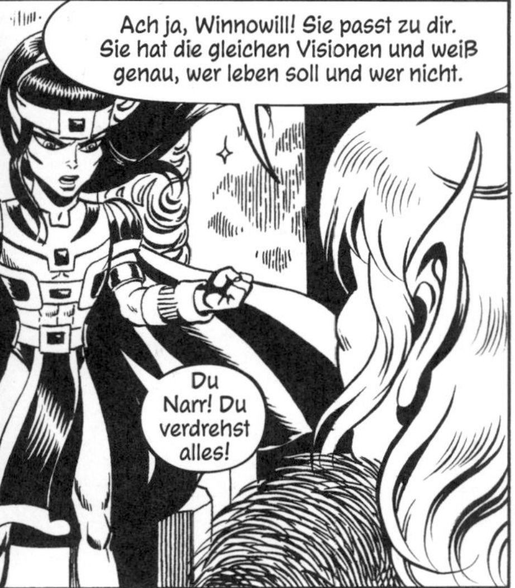
Ach ja, Winnowill! Sie passt zu dir. Sie hat die gleichen Visionen und weiß genau, wer leben soll und wer nicht.
Du Narr! Du verdrehst alles!

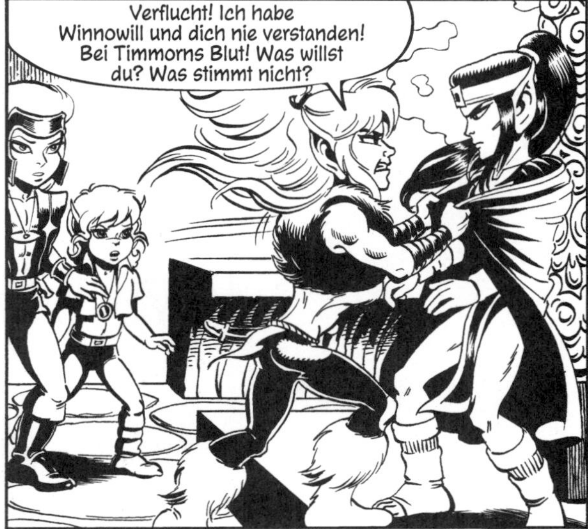
Verflucht! Ich habe Winnowill und dich nie verstanden! Bei Timmorns Blut! Was willst du? Was stimmt nicht?

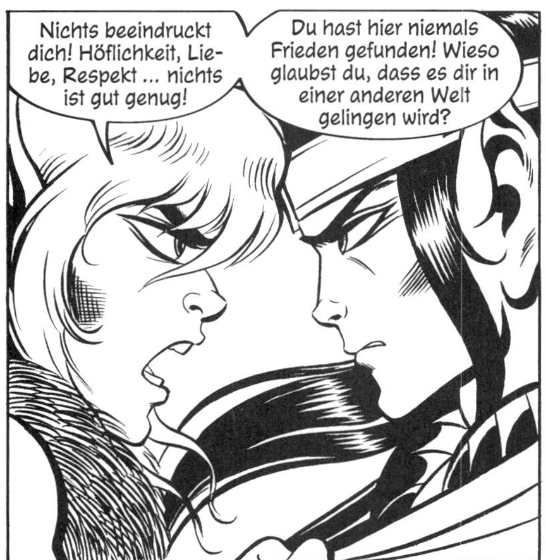
Nichts beeindruckt dich! Höflichkeit, Liebe, Respekt ... nichts ist gut genug!
Du hast hier niemals Frieden gefunden! Wieso glaubst du, dass es dir in einer anderen Welt gelingen wird?

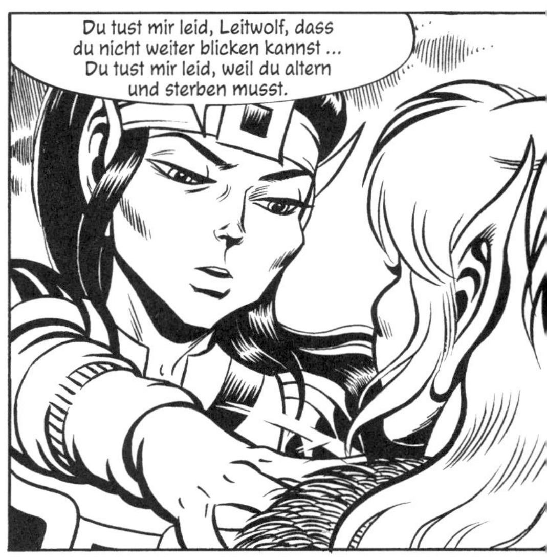
Du tust mir leid, Leitwolf, dass du nicht weiter blicken kannst ... Du tust mir leid, weil du altern und sterben musst.

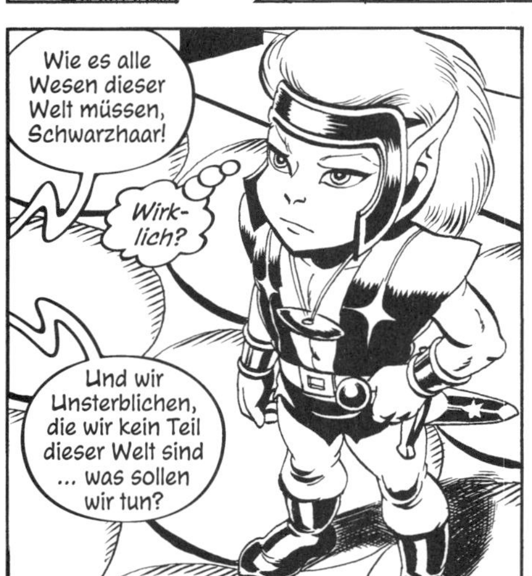
Wie es alle Wesen dieser Welt müssen, Schwarzhaar!
Wirklich?
Und wir Unsterblichen, die wir kein Teil dieser Welt sind ... was sollen wir tun?

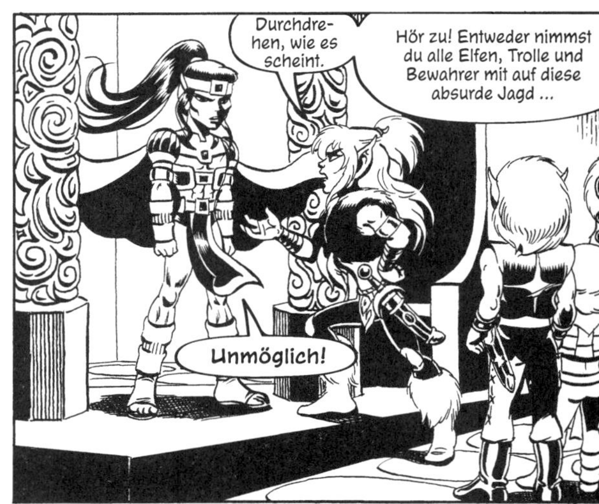
Durchdrehen, wie es scheint.
Hör zu! Entweder nimmst du alle Elfen, Trolle und Bewahrer mit auf diese absurde Jagd ...
Unmöglich!

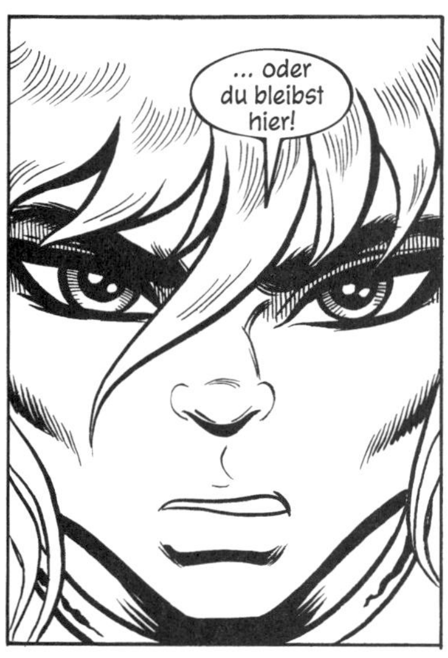
... oder du bleibst hier!

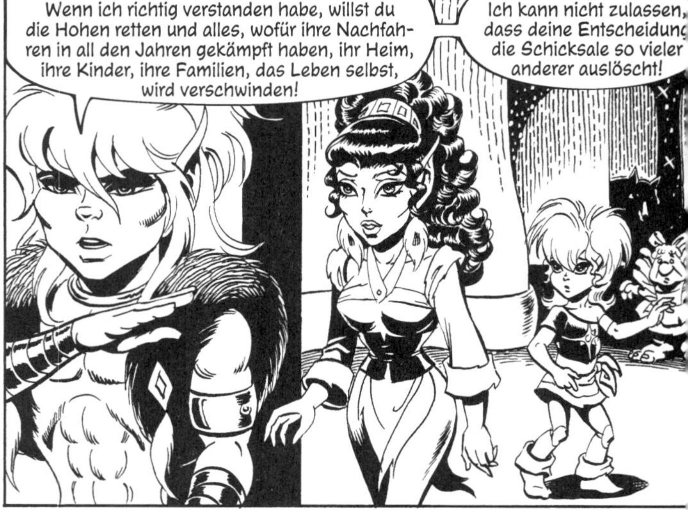
Wenn ich richtig verstanden habe, willst du die Hohen retten und alles, wofür ihre Nachfahren in all den Jahren gekämpft haben, ihr Heim, ihre Kinder, ihre Familien, das Leben selbst, wird verschwinden!
Ich kann nicht zulassen, dass deine Entscheidung die Schicksale so vieler anderer auslöscht!

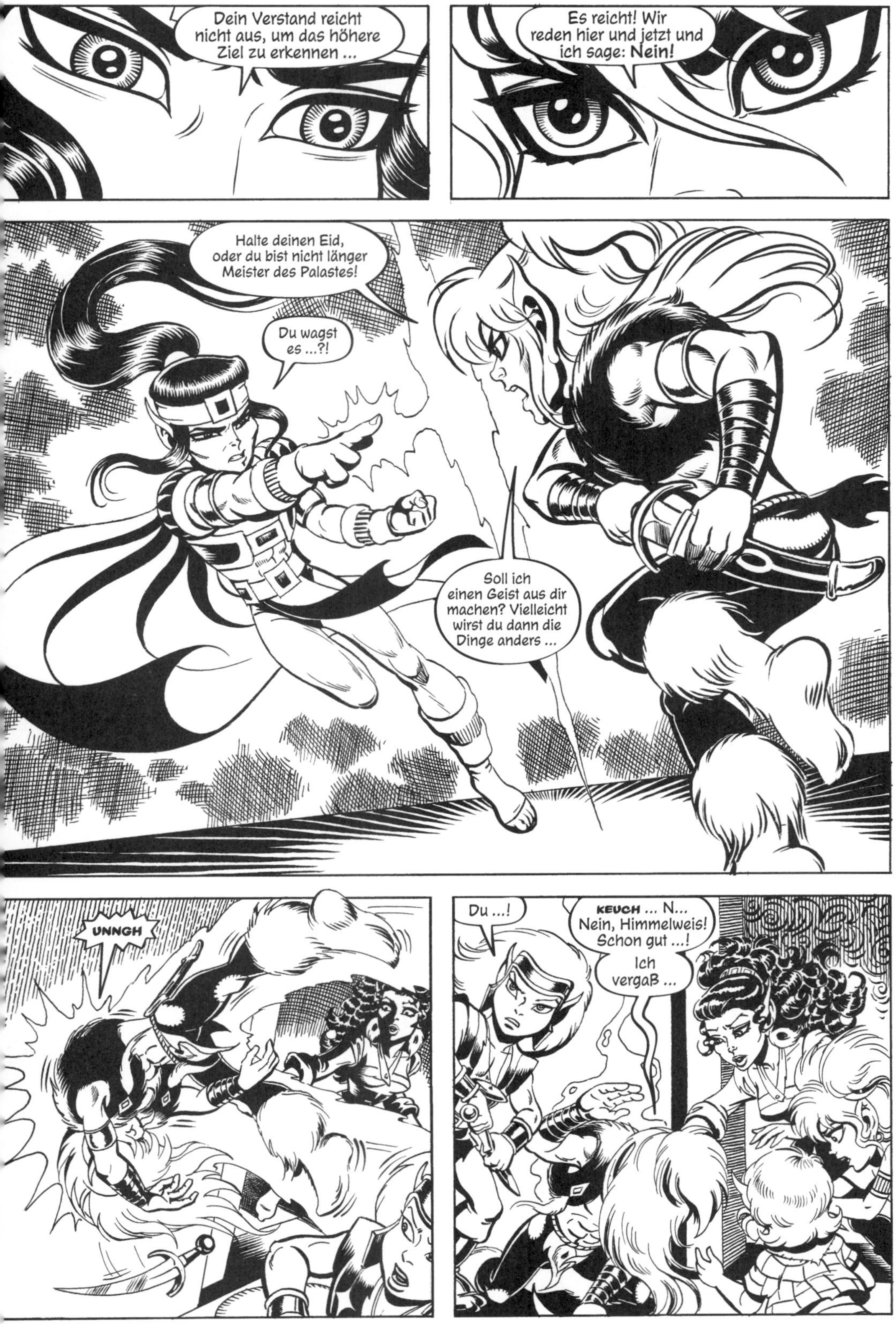

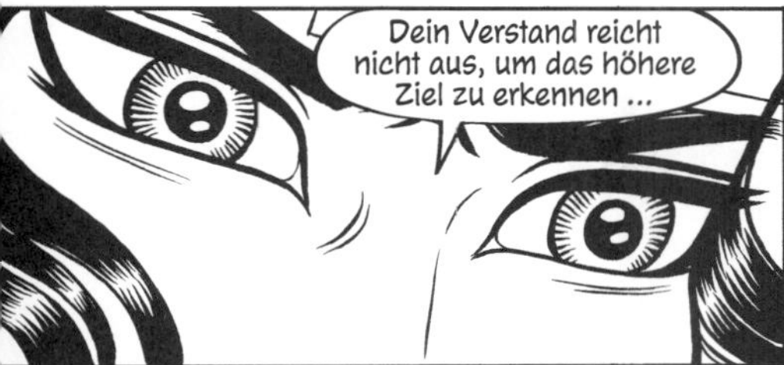
Dein Verstand reicht nicht aus, um das höhere Ziel zu erkennen ...

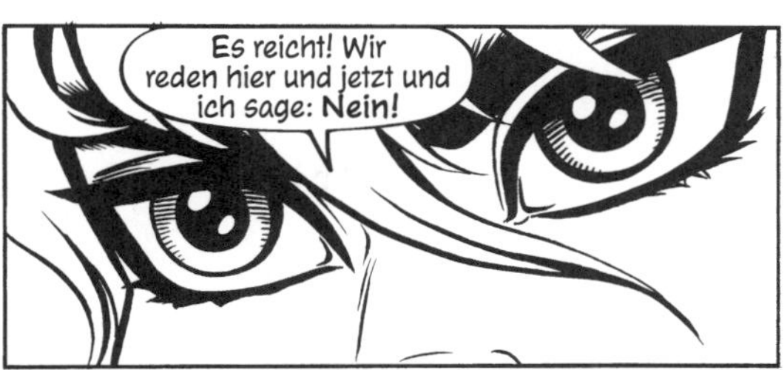
Es reicht! Wir reden hier und jetzt und ich sage: **Nein!**

Halte deinen Eid, oder du bist nicht länger Meister des Palastes!
Du wagst es ...?!
Soll ich einen Geist aus dir machen? Vielleicht wirst du dann die Dinge anders ...

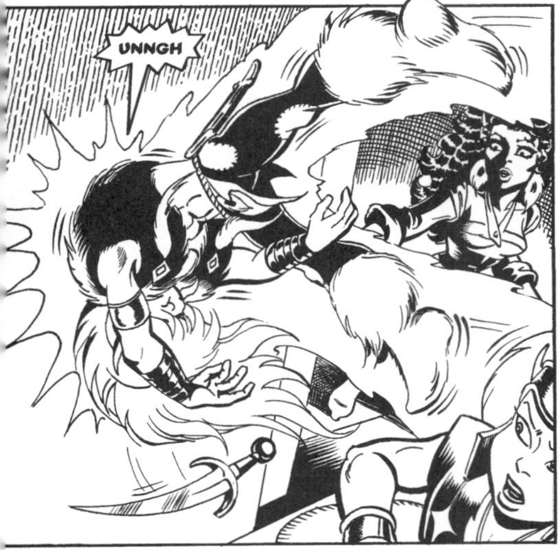
UNNGH

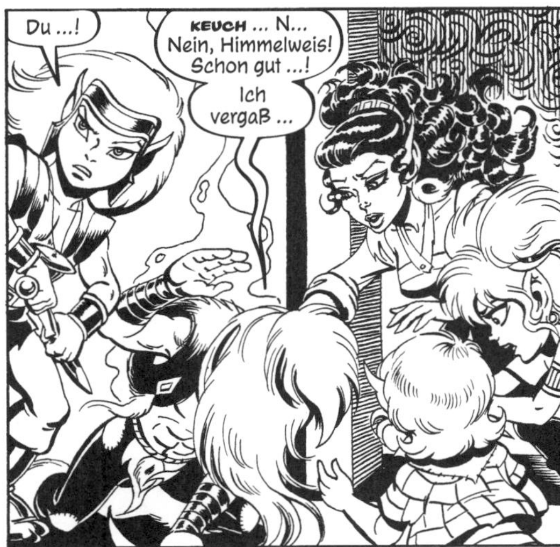
Du ...!
KEUCH ... N... Nein, Himmelweis! Schon gut ...!
Ich vergaß ...

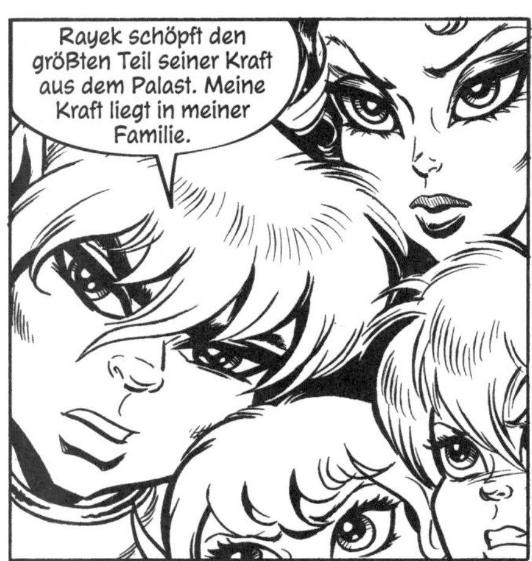
Rayek schöpft den größten Teil seiner Kraft aus dem Palast. Meine Kraft liegt in meiner Familie.

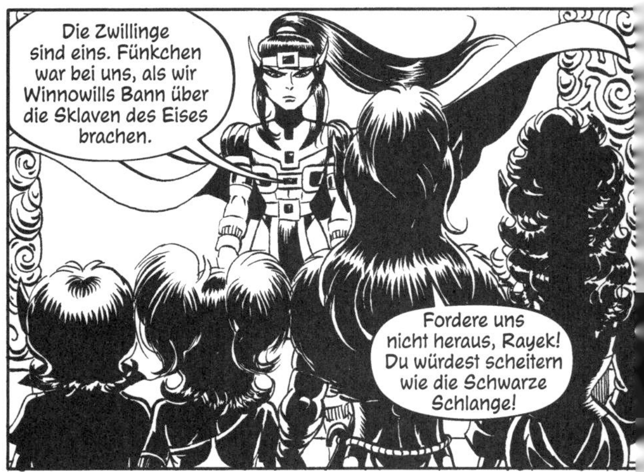
Die Zwillinge sind eins. Fünkchen war bei uns, als wir Winnowills Bann über die Sklaven des Eises brachen.
Fordere uns nicht heraus, Rayek! Du würdest scheitern wie die Schwarze Schlange!

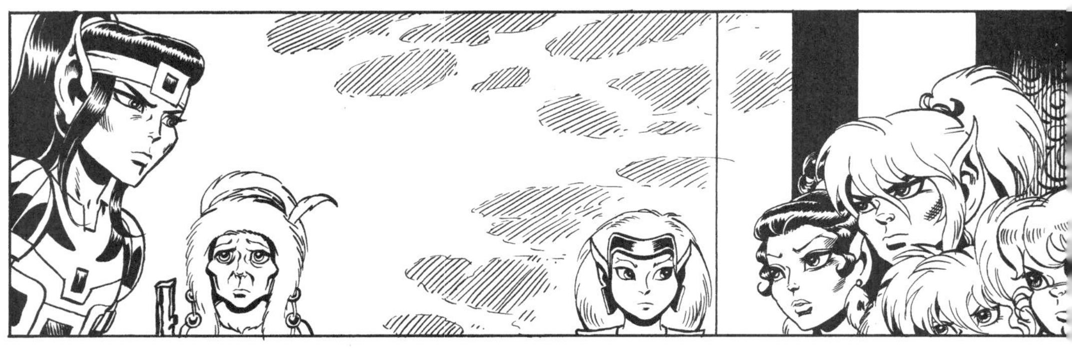

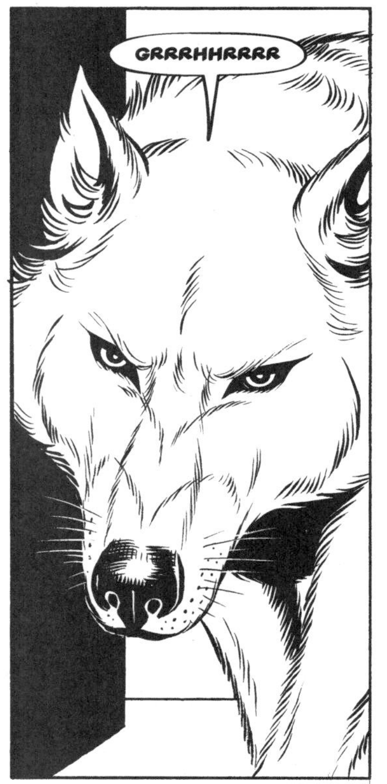
GRRRHHRRRR

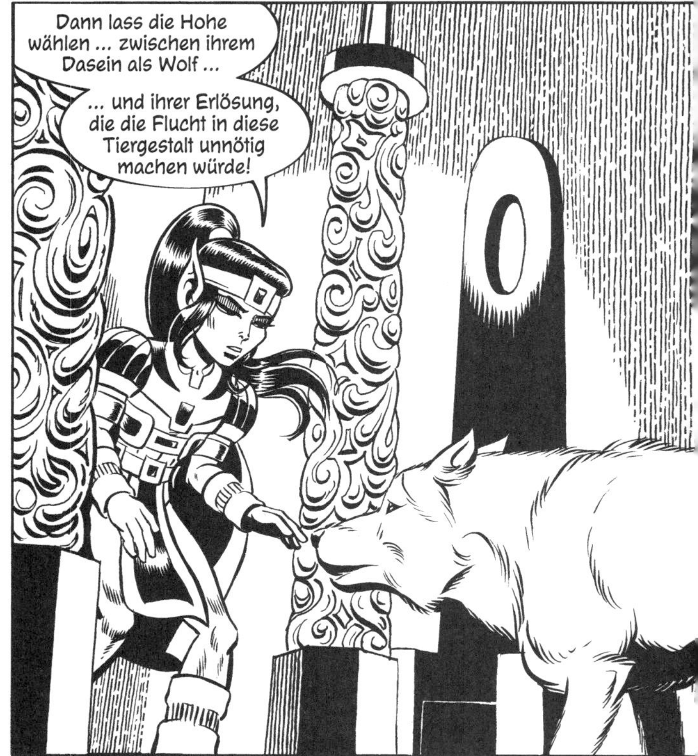
Dann lass die Hohe wählen ... zwischen ihrem Dasein als Wolf ...
... und ihrer Erlösung, die die Flucht in diese Tiergestalt unnötig machen würde!

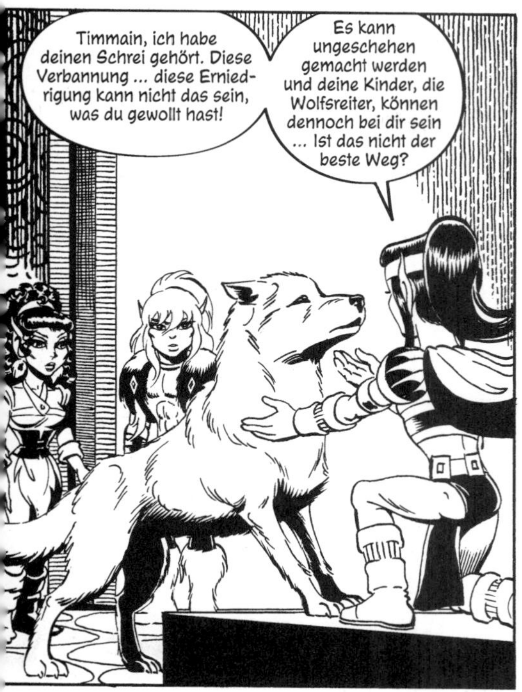
Timmain, ich habe deinen Schrei gehört. Diese Verbannung ... diese Erniedrigung kann nicht das sein, was du gewollt hast!
Es kann ungeschehen gemacht werden und deine Kinder, die Wolfsreiter, können dennoch bei dir sein ... Ist das nicht der beste Weg?

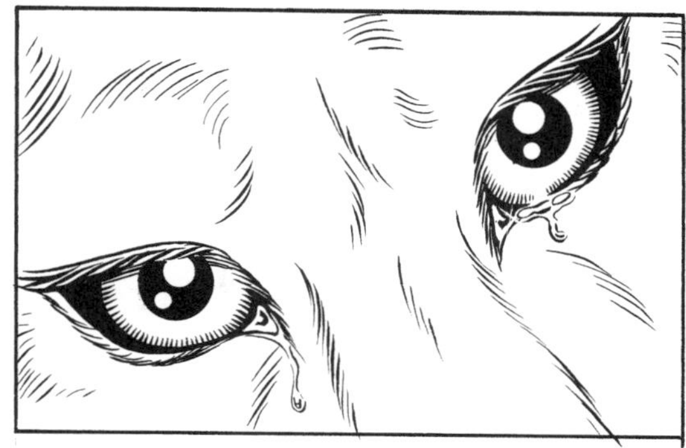

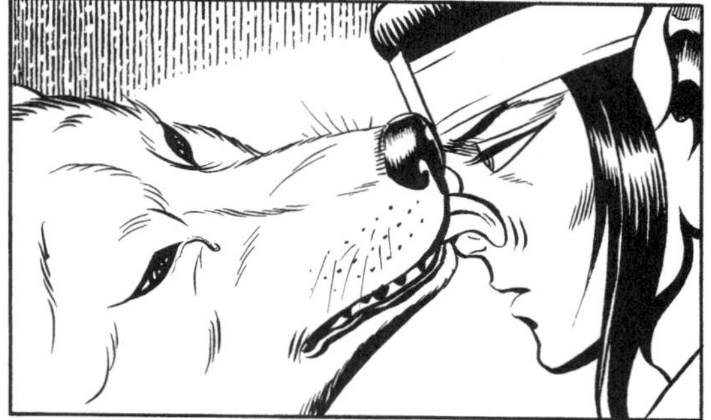

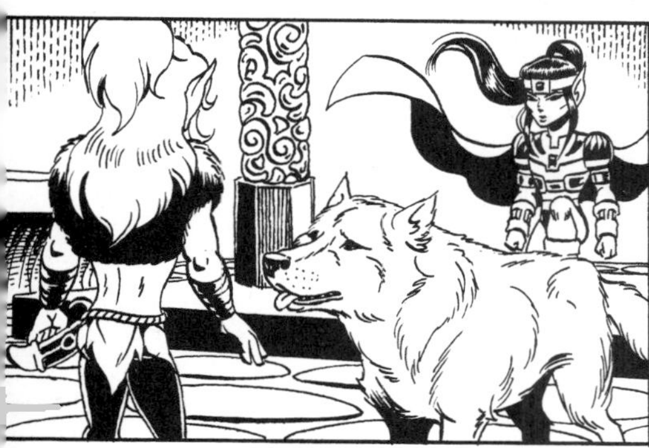

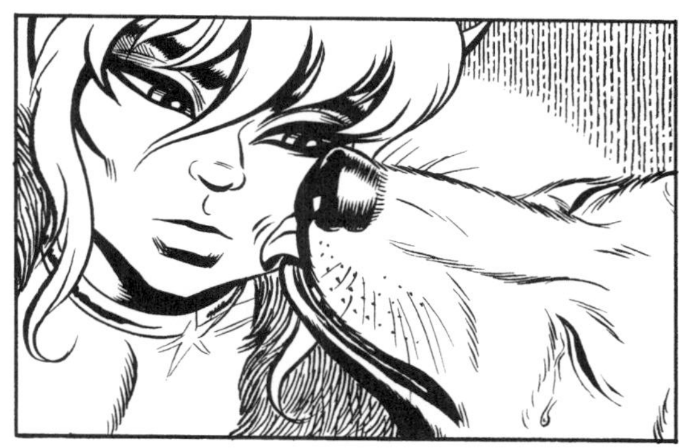

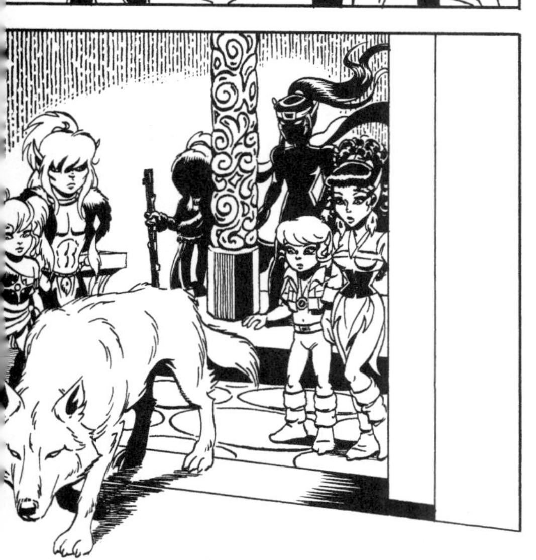

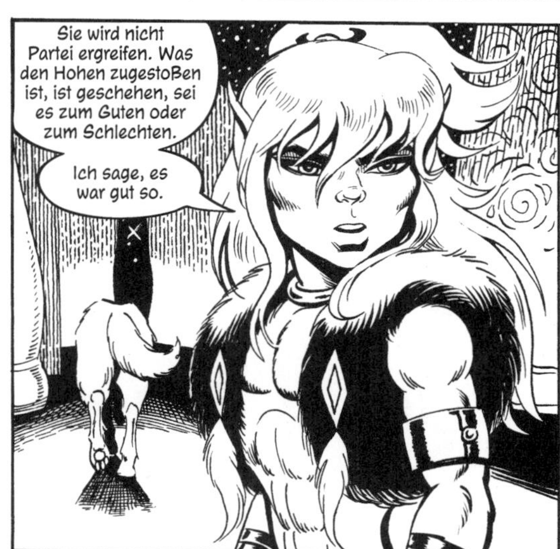
Sie wird nicht Partei ergreifen. Was den Hohen zugestoßen ist, ist geschehen, sei es zum Guten oder zum Schlechten.
Ich sage, es war gut so.

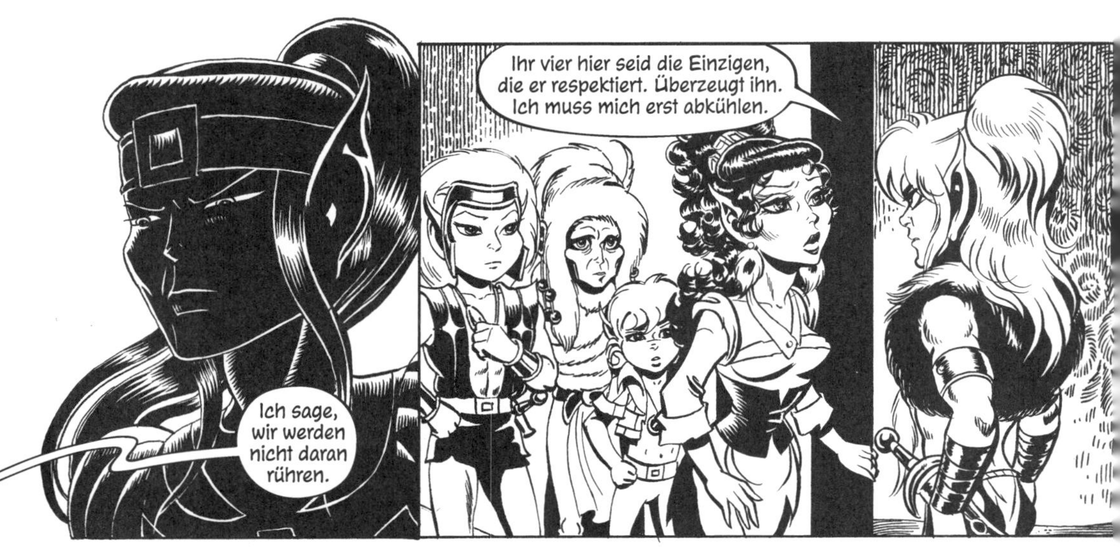
Ich sage, wir werden nicht daran rühren.
Ihr vier hier seid die Einzigen, die er respektiert. Überzeugt ihn. Ich muss mich erst abkühlen.

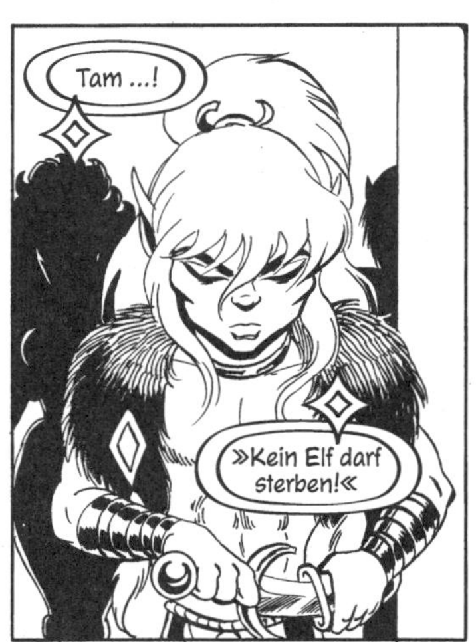
Tam ...!
»Kein Elf darf sterben!«

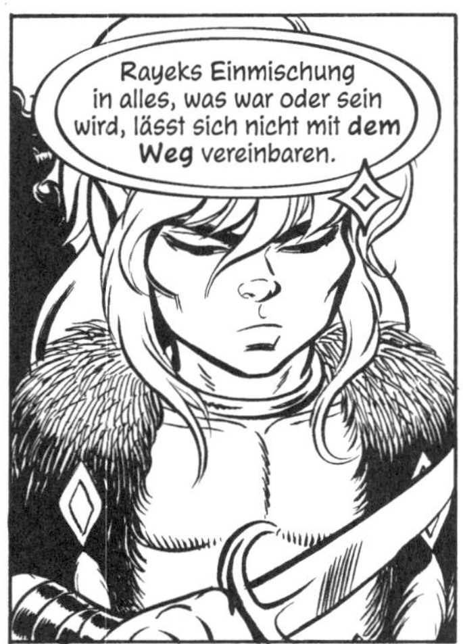
Rayeks Einmischung in alles, was war oder sein wird, lässt sich nicht mit **dem Weg** vereinbaren.

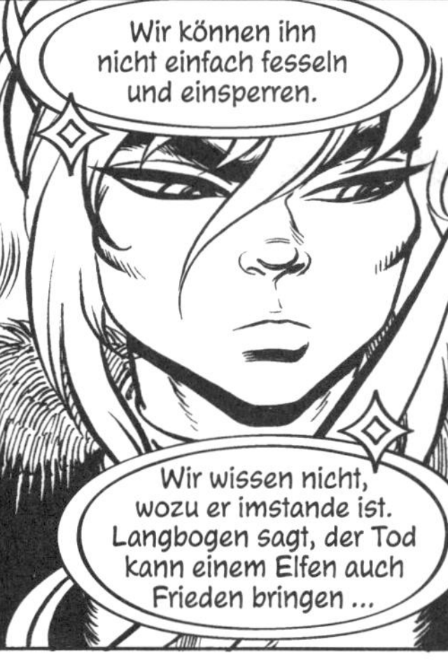
Wir können ihn nicht einfach fesseln und einsperren.
Wir wissen nicht, wozu er imstande ist. Langbogen sagt, der Tod kann einem Elfen auch Frieden bringen ...

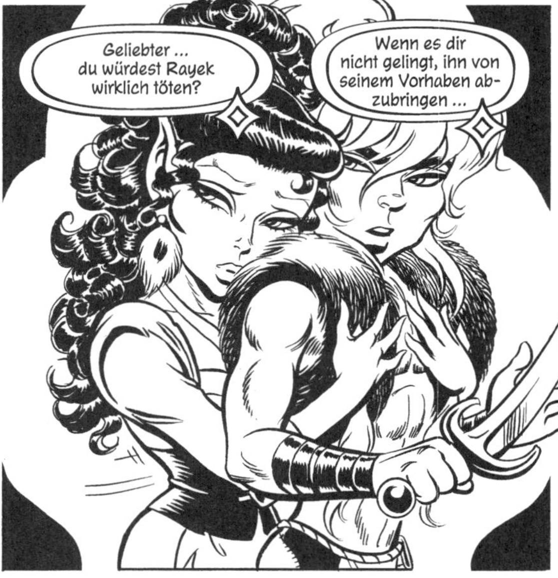
Geliebter ... du würdest Rayek wirklich töten?
Wenn es dir nicht gelingt, ihn von seinem Vorhaben ab- zubringen ...

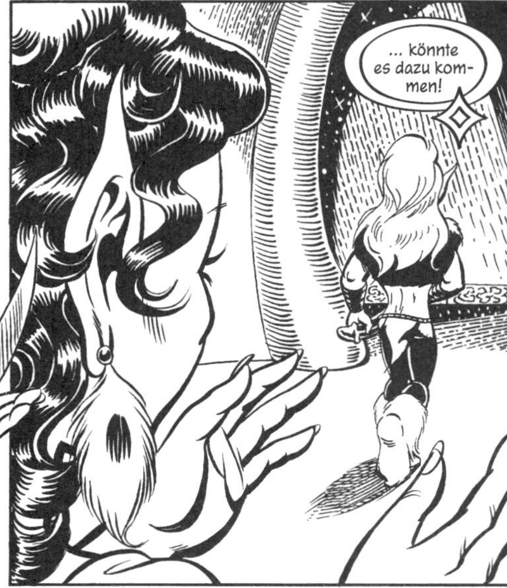
... könnte es dazu kom- men!

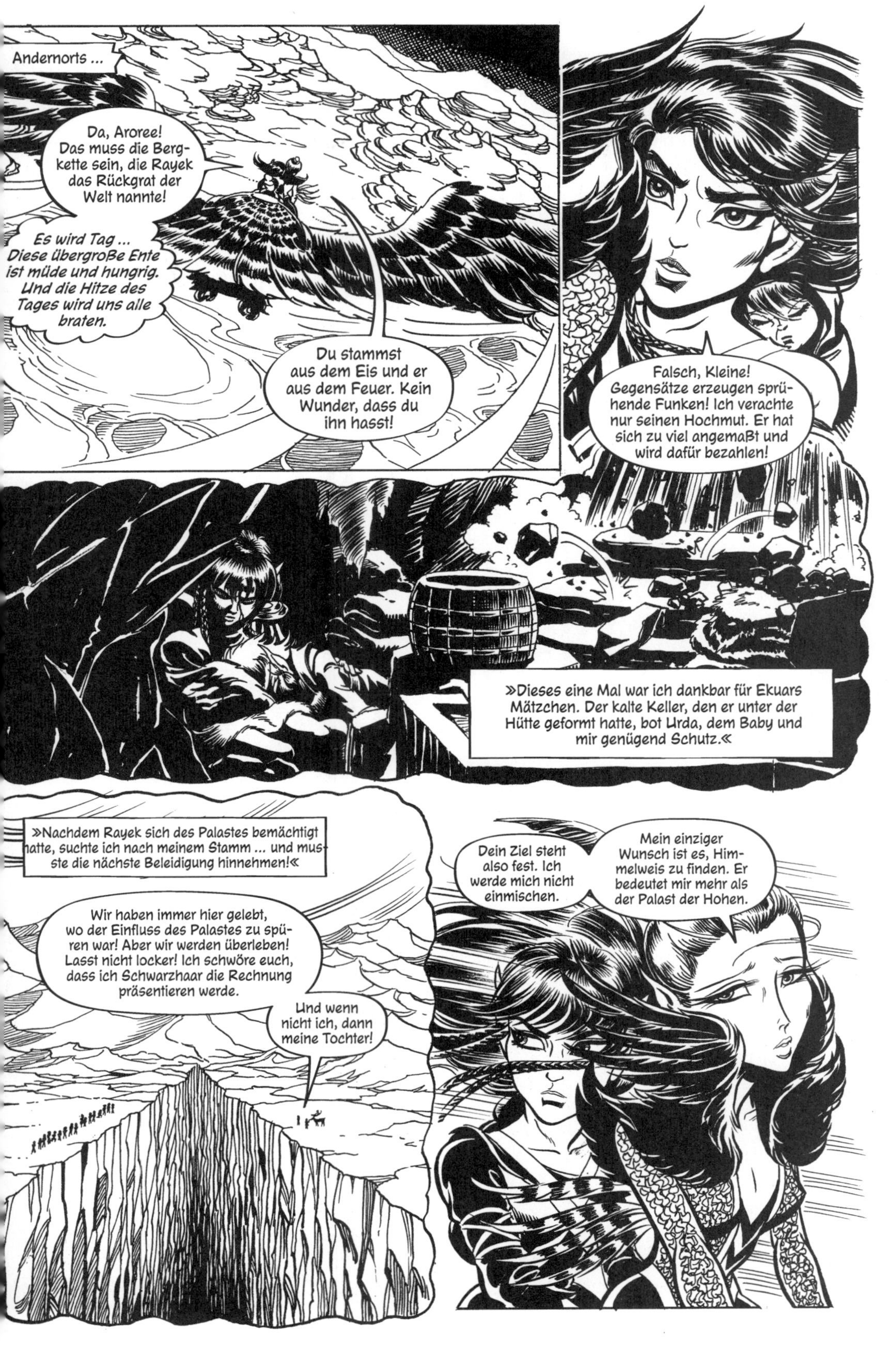
Andernorts ...
Da, Aroree! Das muss die Bergkette sein, die Rayek das Rückgrat der Welt nannte!
Es wird Tag ... Diese übergroße Ente ist müde und hungrig. Und die Hitze des Tages wird uns alle braten.
Du stammst aus dem Eis und er aus dem Feuer. Kein Wunder, dass du ihn hasst!
Falsch, Kleine! Gegensätze erzeugen sprühende Funken! Ich verachte nur seinen Hochmut. Er hat sich zu viel angemaßt und wird dafür bezahlen!
»Dieses eine Mal war ich dankbar für Ekuars Mätzchen. Der kalte Keller, den er unter der Hütte geformt hatte, bot Urda, dem Baby und mir genügend Schutz.«
»Nachdem Rayek sich des Palastes bemächtigt hatte, suchte ich nach meinem Stamm ... und musste die nächste Beleidigung hinnehmen!«
Wir haben immer hier gelebt, wo der Einfluss des Palastes zu spüren war! Aber wir werden überleben! Lasst nicht locker! Ich schwöre euch, dass ich Schwarzhaar die Rechnung präsentieren werde.
Und wenn nicht ich, dann meine Tochter!
Dein Ziel steht also fest. Ich werde mich nicht einmischen.
Mein einziger Wunsch ist es, Himmelweis zu finden. Er bedeutet mir mehr als der Palast der Hohen.

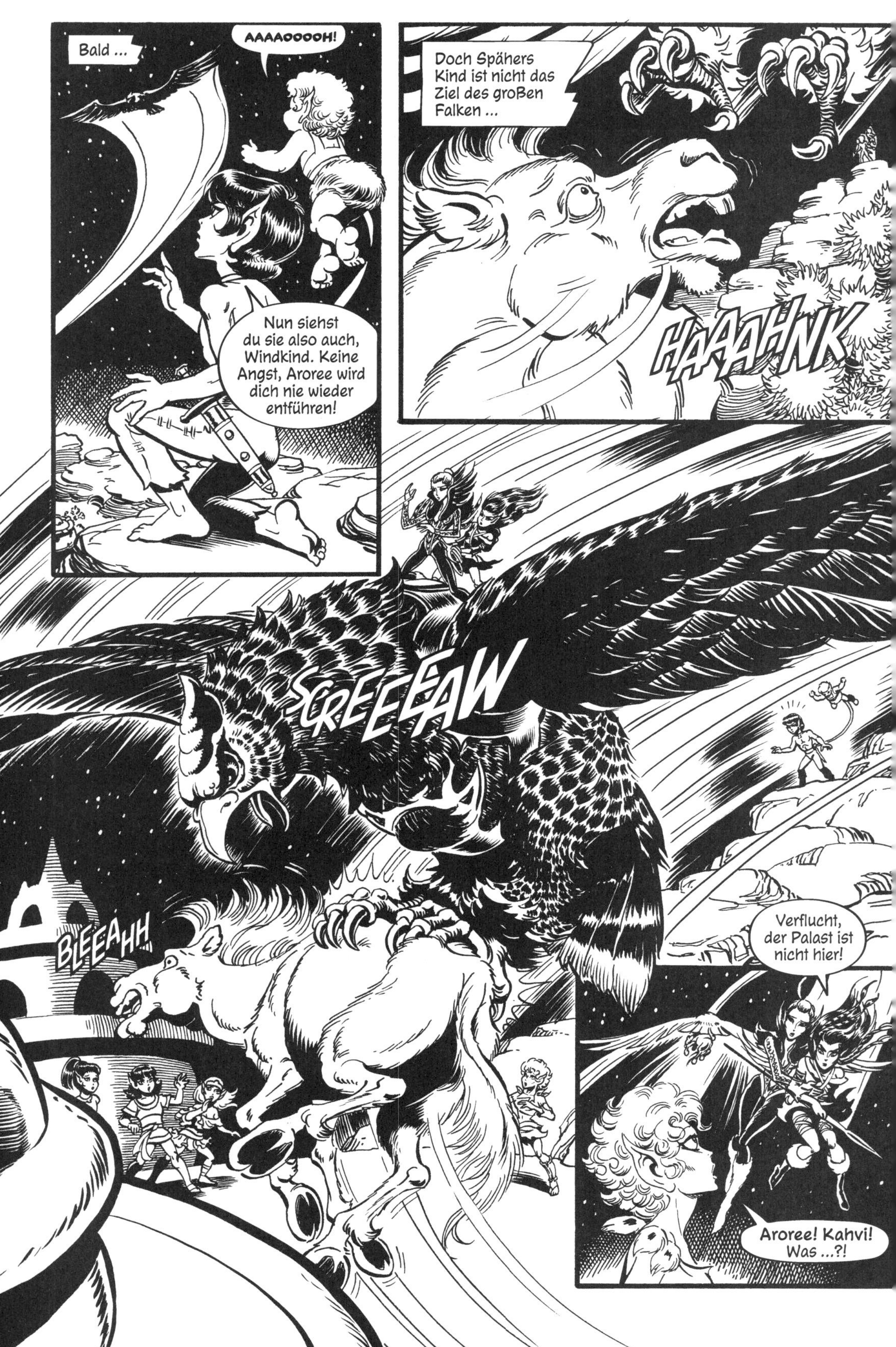
Bald ...
AAAAOOOOH!
Nun siehst du sie also auch, Windkind. Keine Angst, Aroree wird dich nie wieder entführen!
Doch Spähers Kind ist nicht das Ziel des großen Falken ...
HAAAHNK
SCREEEAW
BLEEAHH
Verflucht, der Palast ist nicht hier!
Aroree! Kahvi! Was ...?!

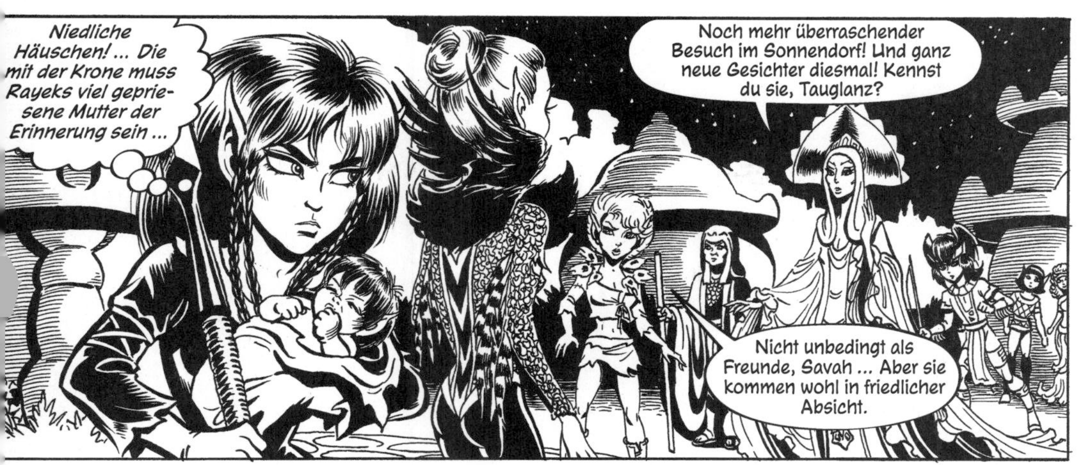
Niedliche Häuschen! ... Die mit der Krone muss Rayeks viel geprie-sene Mutter der Erinnerung sein ...
Noch mehr überraschender Besuch im Sonnendorf! Und ganz neue Gesichter diesmal! Kennst du sie, Tauglanz?
Nicht unbedingt als Freunde, Savah ... Aber sie kommen wohl in friedlicher Absicht.

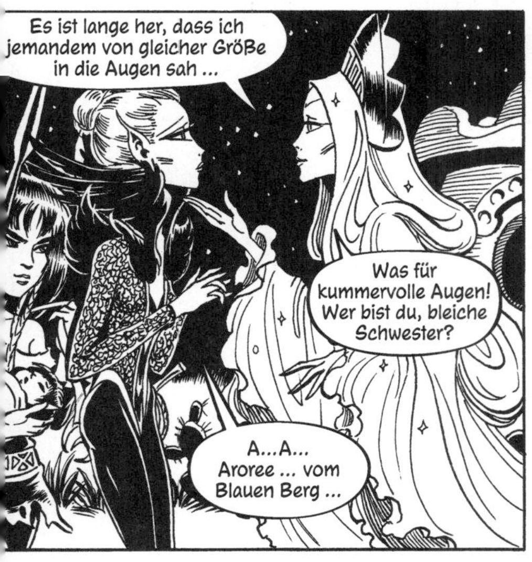
Es ist lange her, dass ich jemandem von gleicher Größe in die Augen sah ...
Was für kummervolle Augen! Wer bist du, bleiche Schwester?
A...A... Aroree ... vom Blauen Berg ...

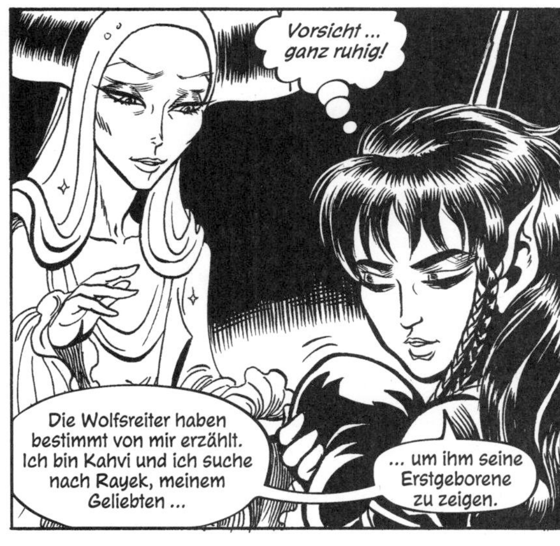
Vorsicht ... ganz ruhig!
Die Wolfsreiter haben bestimmt von mir erzählt. Ich bin Kahvi und ich suche nach Rayek, meinem Geliebten ...
... um ihm seine Erstgeborene zu zeigen.

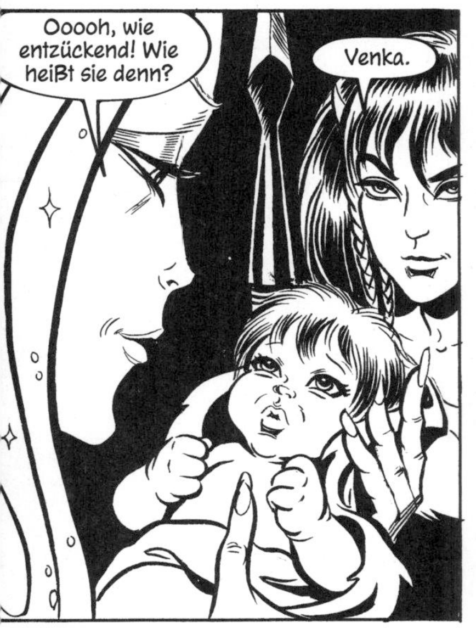
Ooooh, wie entzückend! Wie heißt sie denn?
Venka.

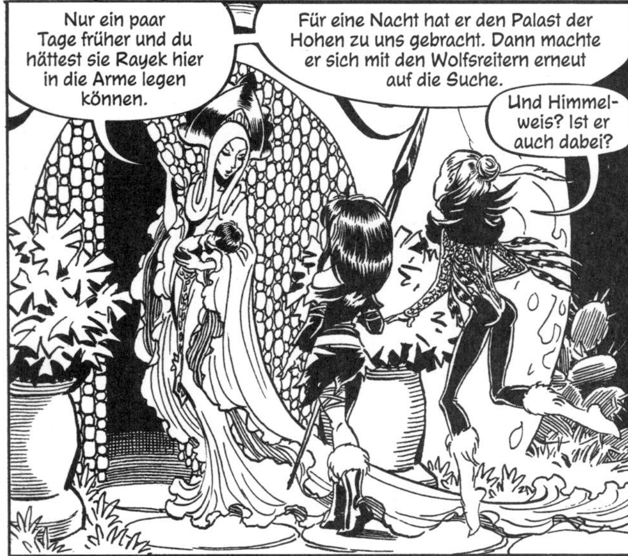
Nur ein paar Tage früher und du hättest sie Rayek hier in die Arme legen können.
Für eine Nacht hat er den Palast der Hohen zu uns gebracht. Dann machte er sich mit den Wolfsreitern erneut auf die Suche.
Und Himmel-weis? Ist er auch dabei?

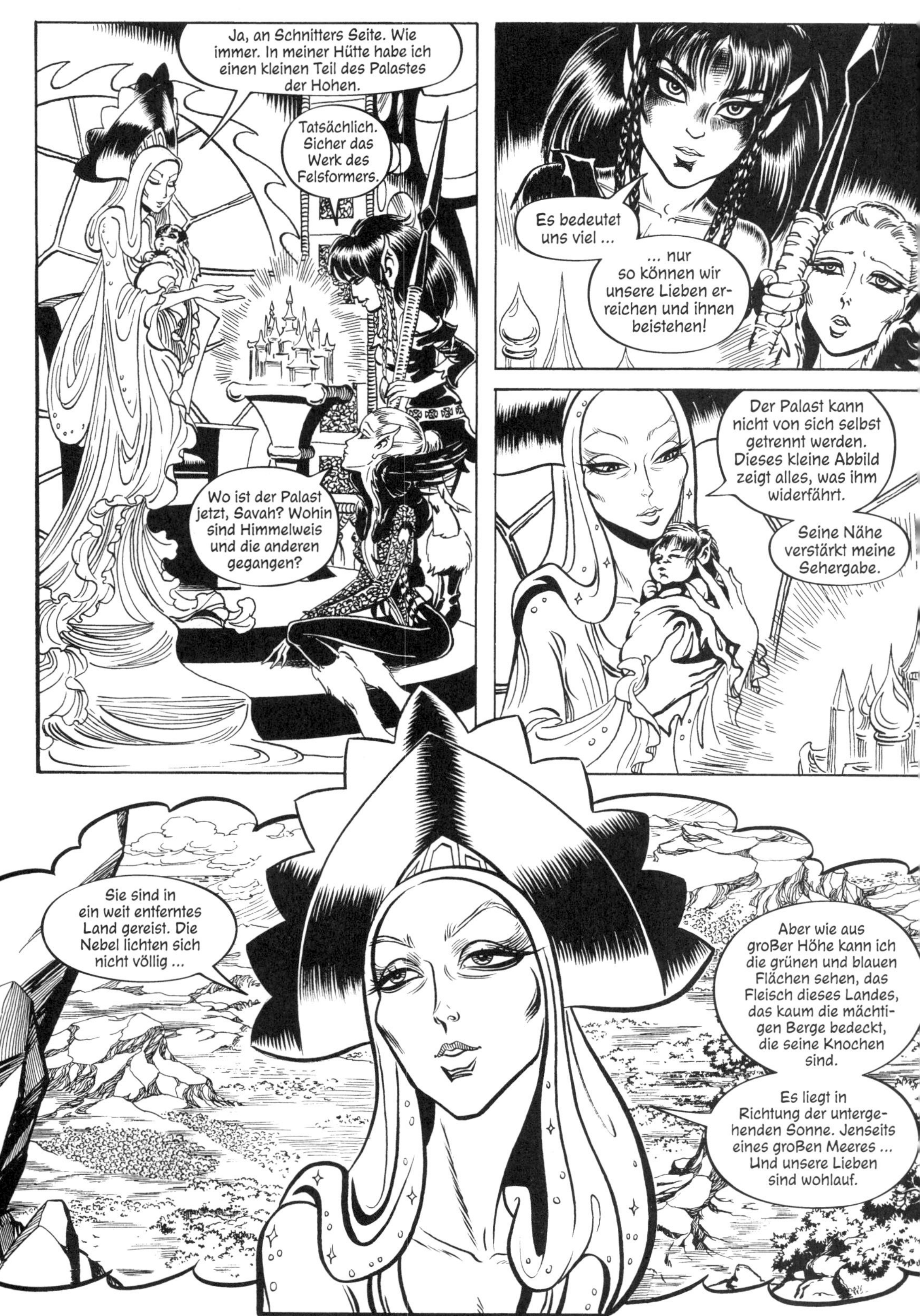
Ja, an Schnitters Seite. Wie immer. In meiner Hütte habe ich einen kleinen Teil des Palastes der Hohen.
Tatsächlich. Sicher das Werk des Felsformers.
Wo ist der Palast jetzt, Savah? Wohin sind Himmelweis und die anderen gegangen?
Es bedeutet uns viel ...
... nur so können wir unsere Lieben erreichen und ihnen beistehen!
Der Palast kann nicht von sich selbst getrennt werden. Dieses kleine Abbild zeigt alles, was ihm widerfährt.
Seine Nähe verstärkt meine Sehergabe.
Sie sind in ein weit entferntes Land gereist. Die Nebel lichten sich nicht völlig ...
Aber wie aus großer Höhe kann ich die grünen und blauen Flächen sehen, das Fleisch dieses Landes, das kaum die mächtigen Berge bedeckt, die seine Knochen sind.
Es liegt in Richtung der untergehenden Sonne. Jenseits eines großen Meeres ... Und unsere Lieben sind wohlauf.

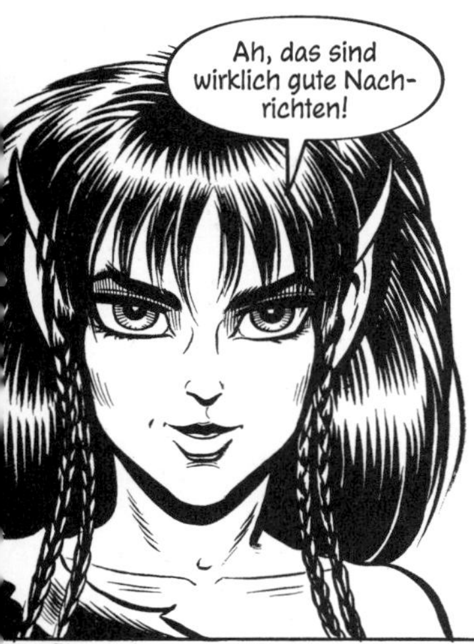
Ah, das sind wirklich gute Nachrichten!

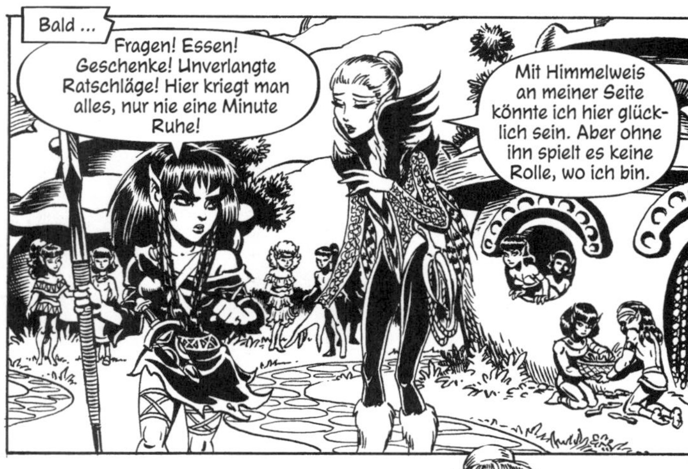
Bald ...
Fragen! Essen! Geschenke! Unverlangte Ratschläge! Hier kriegt man alles, nur nie eine Minute Ruhe!
Mit Himmelweis an meiner Seite könnte ich hier glücklich sein. Aber ohne ihn spielt es keine Rolle, wo ich bin.

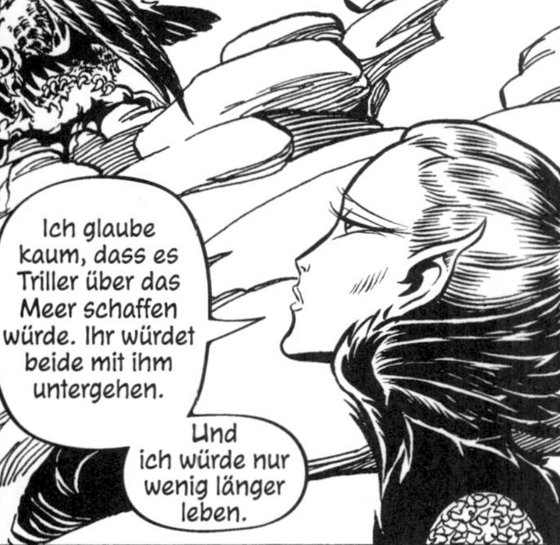
Ich glaube kaum, dass es Triller über das Meer schaffen würde. Ihr würdet beide mit ihm untergehen.
Und ich würde nur wenig länger leben.

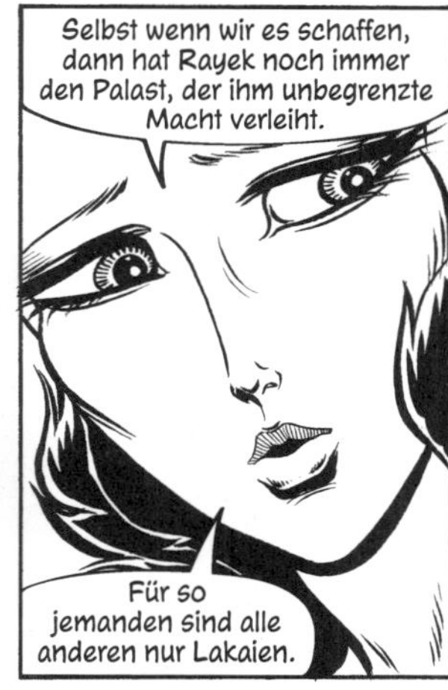
Selbst wenn wir es schaffen, dann hat Rayek noch immer den Palast, der ihm unbegrenzte Macht verleiht.
Für so jemanden sind alle anderen nur Lakaien.

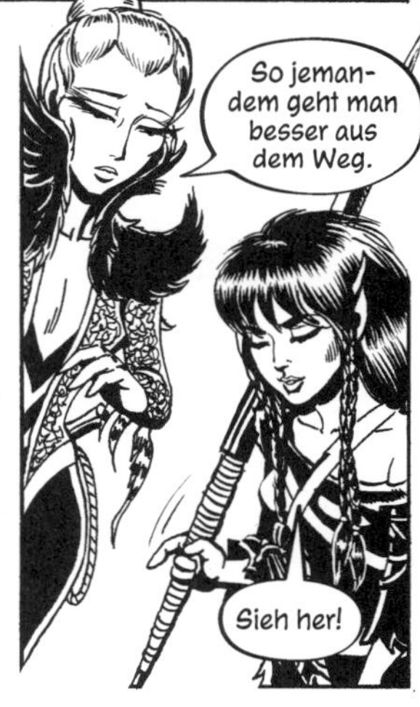
So jemandem geht man besser aus dem Weg.
Sieh her!

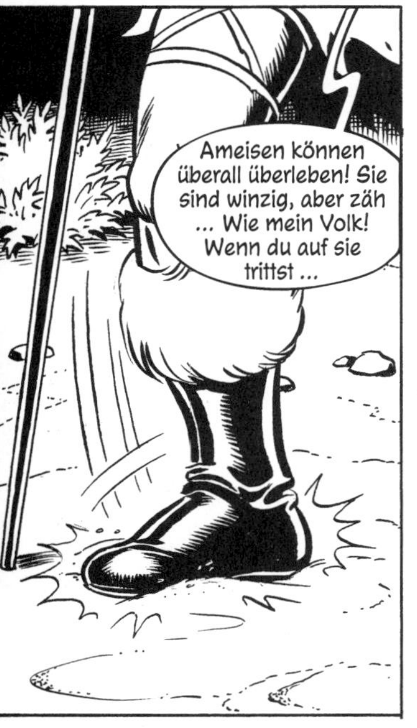
Ameisen können überall überleben! Sie sind winzig, aber zäh ... Wie mein Volk! Wenn du auf sie trittst ...

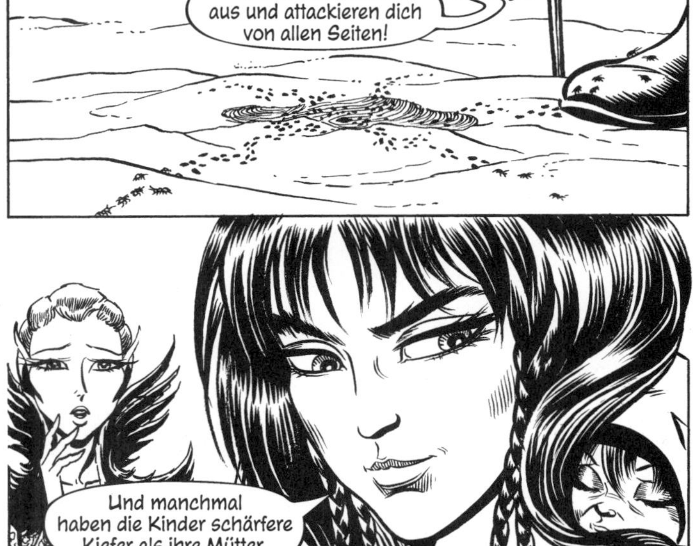
... schwärmen sie aus und attackieren dich von allen Seiten!
Und manchmal haben die Kinder schärfere Kiefer als ihre Mütter.

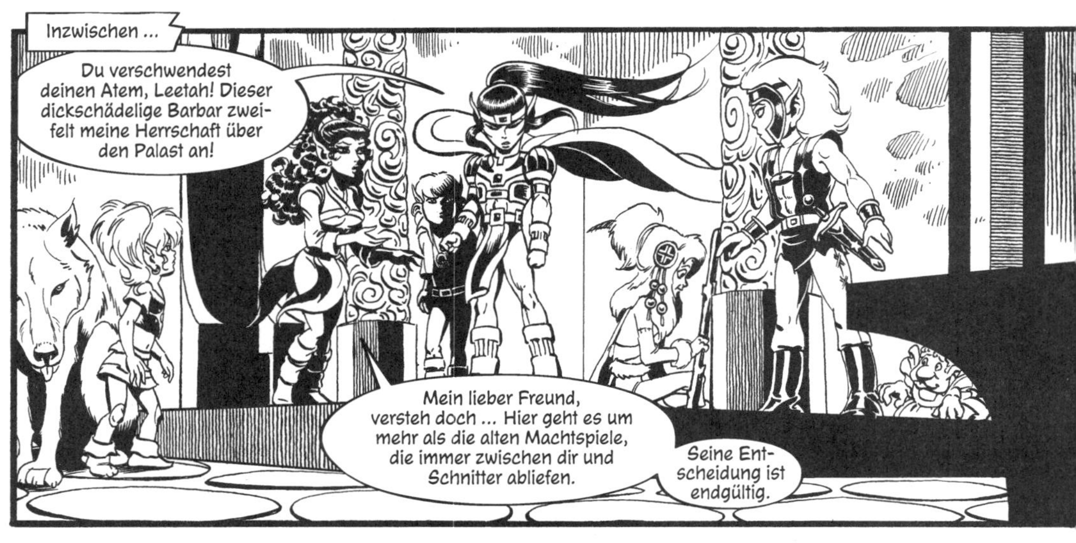
Inzwischen ...
Du verschwendest deinen Atem, Leetah! Dieser dickschädelige Barbar zweifelt meine Herrschaft über den Palast an!
Mein lieber Freund, versteh doch ... Hier geht es um mehr als die alten Machtspiele, die immer zwischen dir und Schnitter abliefen.
Seine Entscheidung ist endgültig.

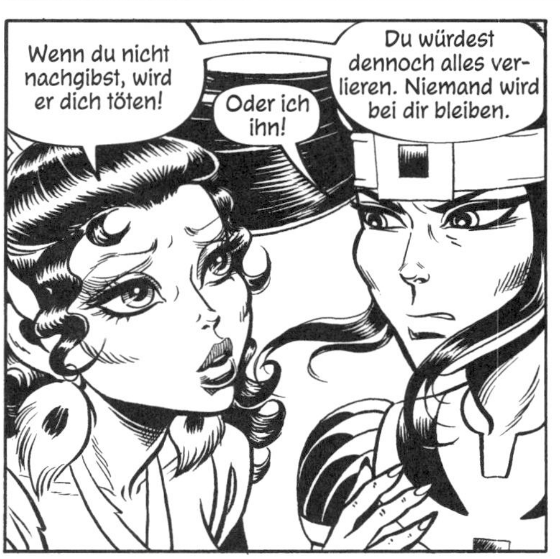
Wenn du nicht nachgibst, wird er dich töten!
Oder ich ihn!
Du würdest dennoch alles verlieren. Niemand wird bei dir bleiben.

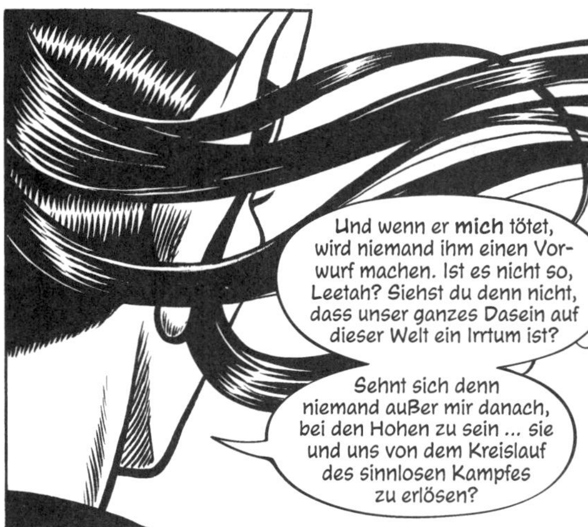
Und wenn er **mich** tötet, wird niemand ihm einen Vorwurf machen. Ist es nicht so, Leetah? Siehst du denn nicht, dass unser ganzes Dasein auf dieser Welt ein Irrtum ist?
Sehnt sich denn niemand außer mir danach, bei den Hohen zu sein ... sie und uns von dem Kreislauf des sinnlosen Kampfes zu erlösen?

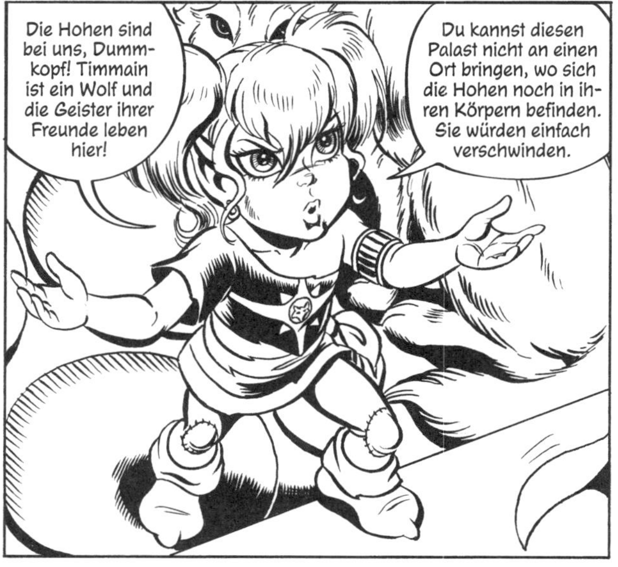
Die Hohen sind bei uns, Dummkopf! Timmain ist ein Wolf und die Geister ihrer Freunde leben hier!
Du kannst diesen Palast nicht an einen Ort bringen, wo sich die Hohen noch in ihren Körpern befinden. Sie würden einfach verschwinden.

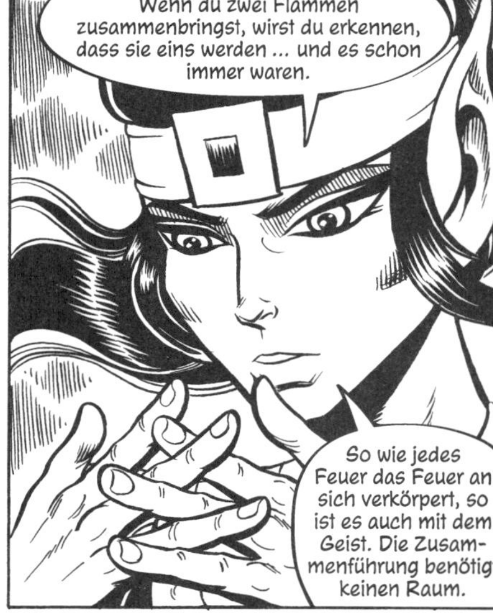
Wenn du zwei Flammen zusammenbringst, wirst du erkennen, dass sie eins werden ... und es schon immer waren.
So wie jedes Feuer das Feuer an sich verkörpert, so ist es auch mit dem Geist. Die Zusammenführung benötigt keinen Raum.

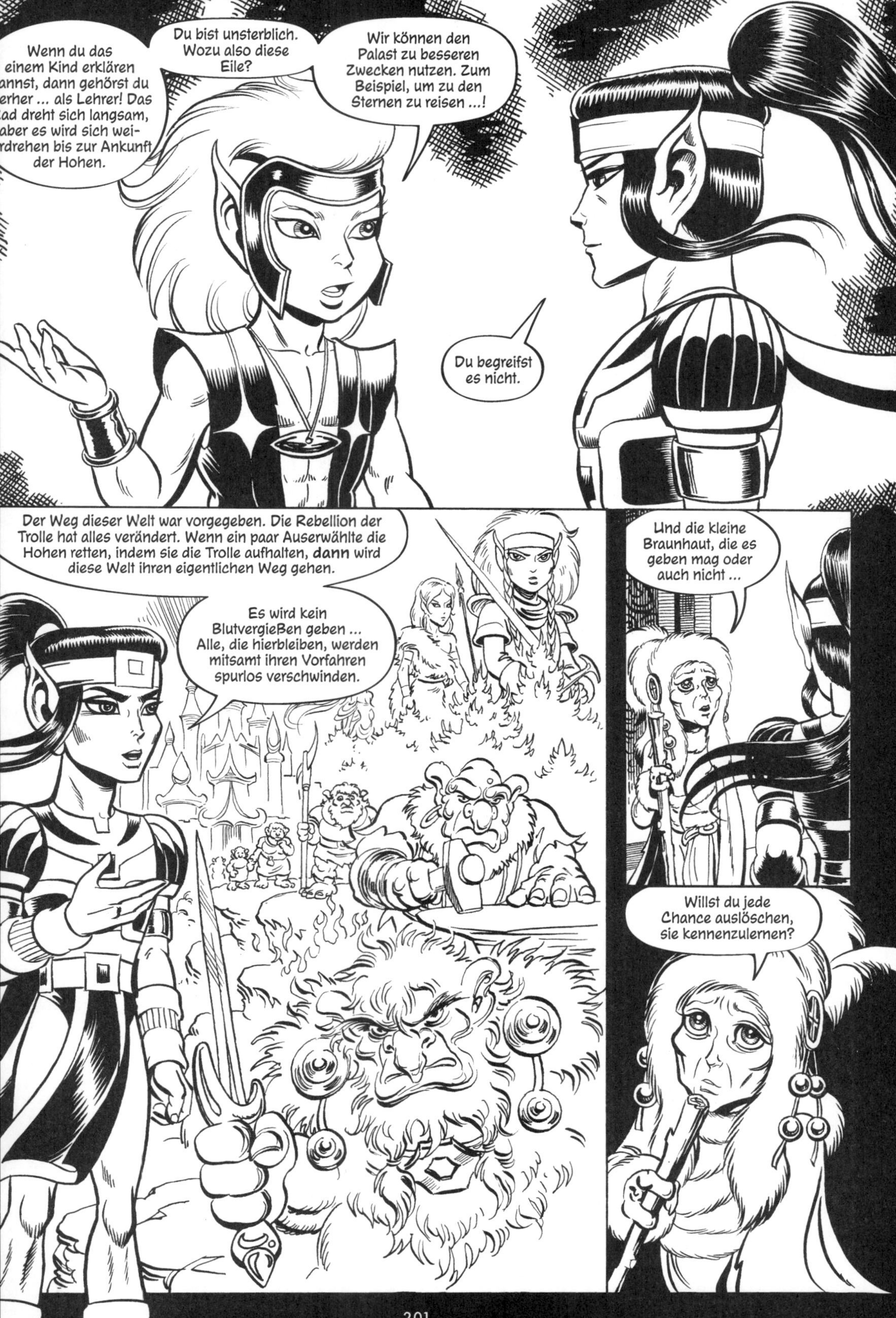
Wenn du das einem Kind erklären annst, dann gehörst du erher ... als Lehrer! Das ad dreht sich langsam, aber es wird sich wei- rdrehen bis zur Ankunft der Hohen.
Du bist unsterblich. Wozu also diese Eile?
Wir können den Palast zu besseren Zwecken nutzen. Zum Beispiel, um zu den Sternen zu reisen ...!
Du begreifst es nicht.
Der Weg dieser Welt war vorgegeben. Die Rebellion der Trolle hat alles verändert. Wenn ein paar Auserwählte die Hohen retten, indem sie die Trolle aufhalten, **dann** wird diese Welt ihren eigentlichen Weg gehen.
Es wird kein Blutvergießen geben ... Alle, die hierbleiben, werden mitsamt ihren Vorfahren spurlos verschwinden.
Und die kleine Braunhaut, die es geben mag oder auch nicht ...
Willst du jede Chance auslöschen, sie kennenzulernen?

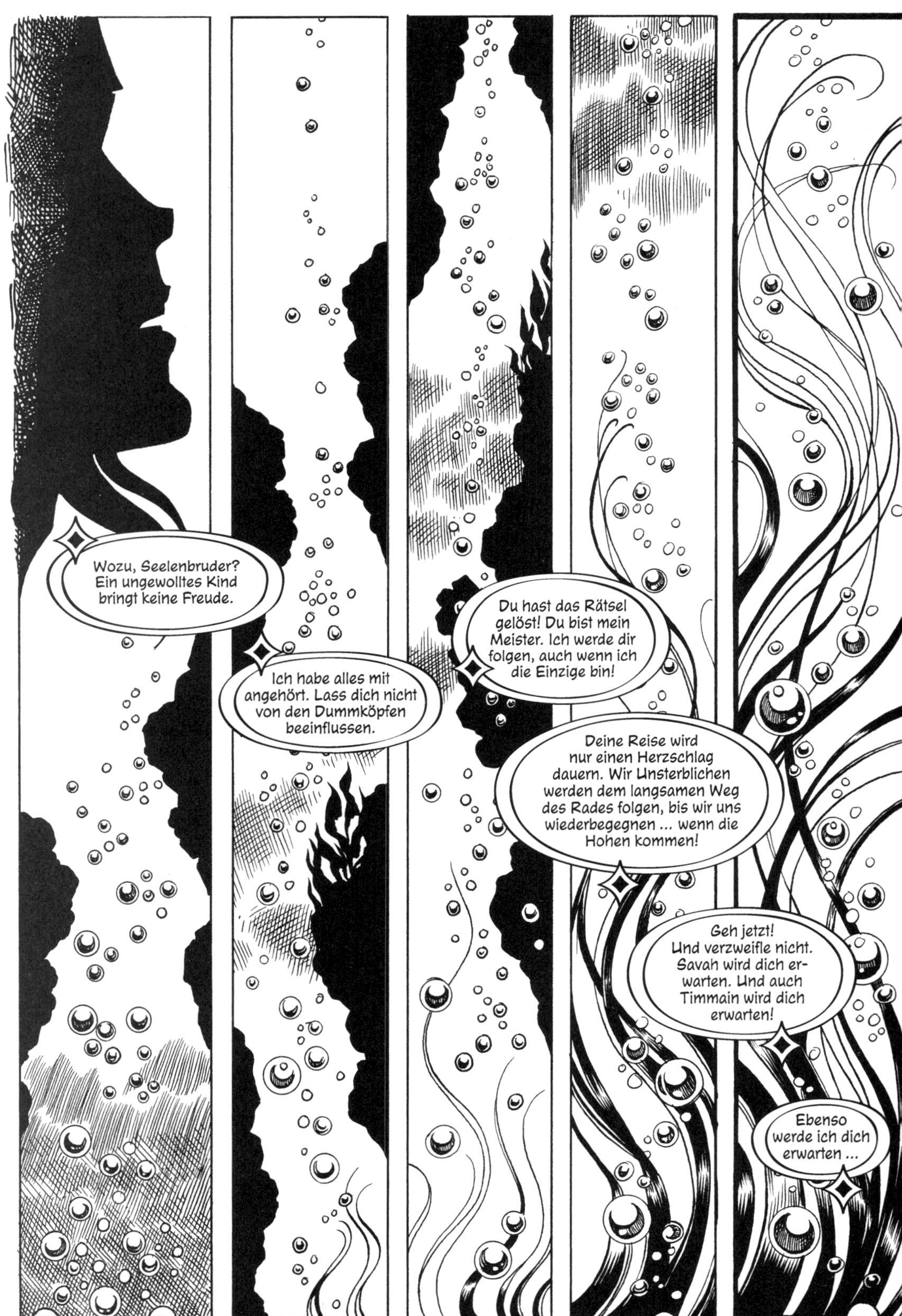
Wozu, Seelenbruder? Ein ungewolltes Kind bringt keine Freude.
Ich habe alles mit angehört. Lass dich nicht von den Dummköpfen beeinflussen.
Du hast das Rätsel gelöst! Du bist mein Meister. Ich werde dir folgen, auch wenn ich die Einzige bin!
Deine Reise wird nur einen Herzschlag dauern. Wir Unsterblichen werden dem langsamen Weg des Rades folgen, bis wir uns wiederbegegnen ... wenn die Hohen kommen!
Geh jetzt! Und verzweifle nicht. Savah wird dich er-warten. Und auch Timmain wird dich erwarten!
Ebenso werde ich dich erwarten ...

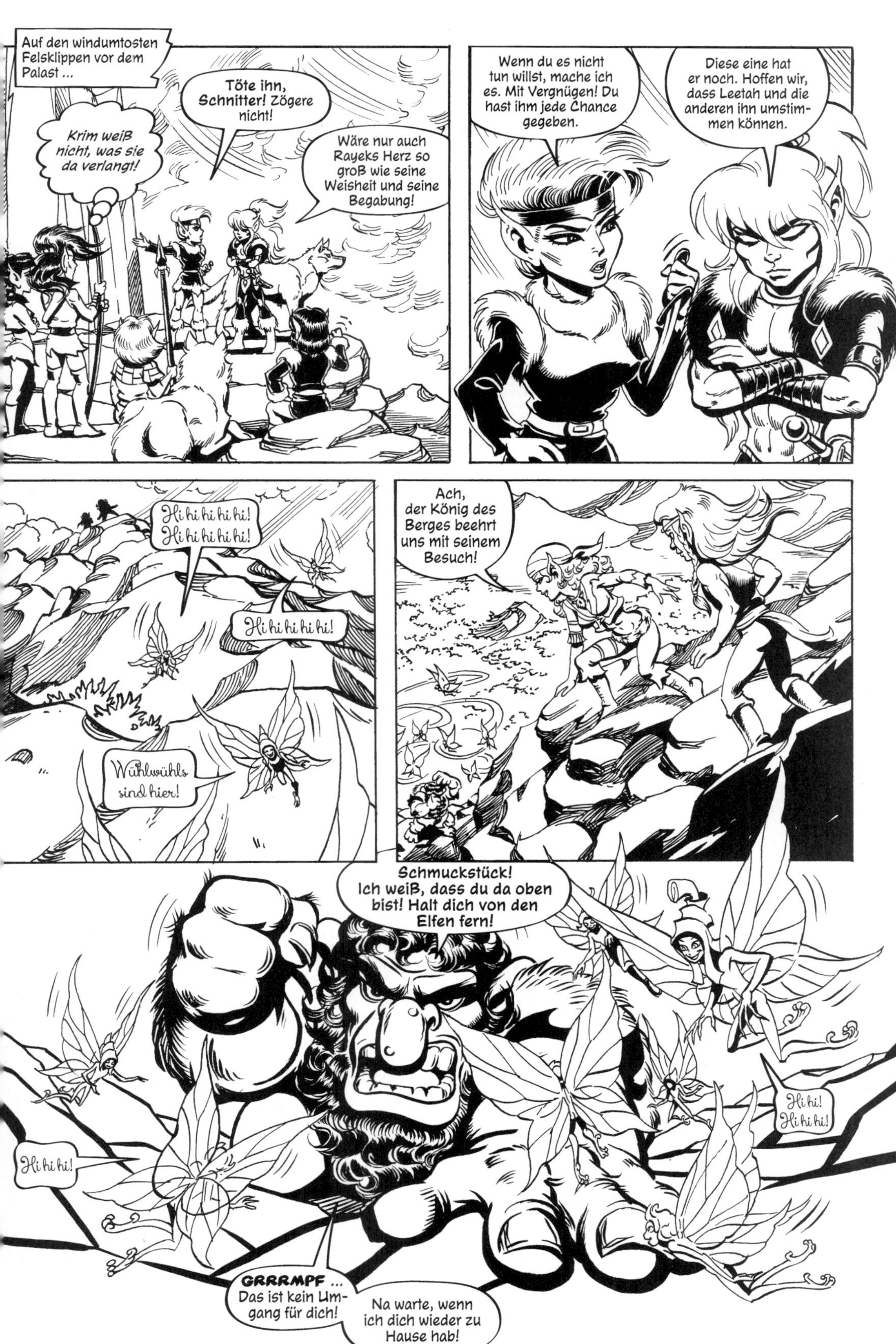

Auf den windumtosten Felsklippen vor dem Palast ...
Krim weiß nicht, was sie da verlangt!
Töte ihn, Schnitter! Zögere nicht!
Wäre nur auch Rayeks Herz so groß wie seine Weisheit und seine Begabung!
Wenn du es nicht tun willst, mache ich es. Mit Vergnügen! Du hast ihm jede Chance gegeben.
Diese eine hat er noch. Hoffen wir, dass Leetah und die anderen ihn umstimmen können.
Hi hi hi hi hi! Hi hi hi hi hi!
Hi hi hi hi hi!
Wühlwühls sind hier!
Ach, der König des Berges beehrt uns mit seinem Besuch!
Schmuckstück! Ich weiß, dass du da oben bist! Halt dich von den Elfen fern!
Hi hi! Hi hi hi!
Hi hi hi!
GRRRMPF ... Das ist kein Umgang für dich!
Na warte, wenn ich dich wieder zu Hause hab!

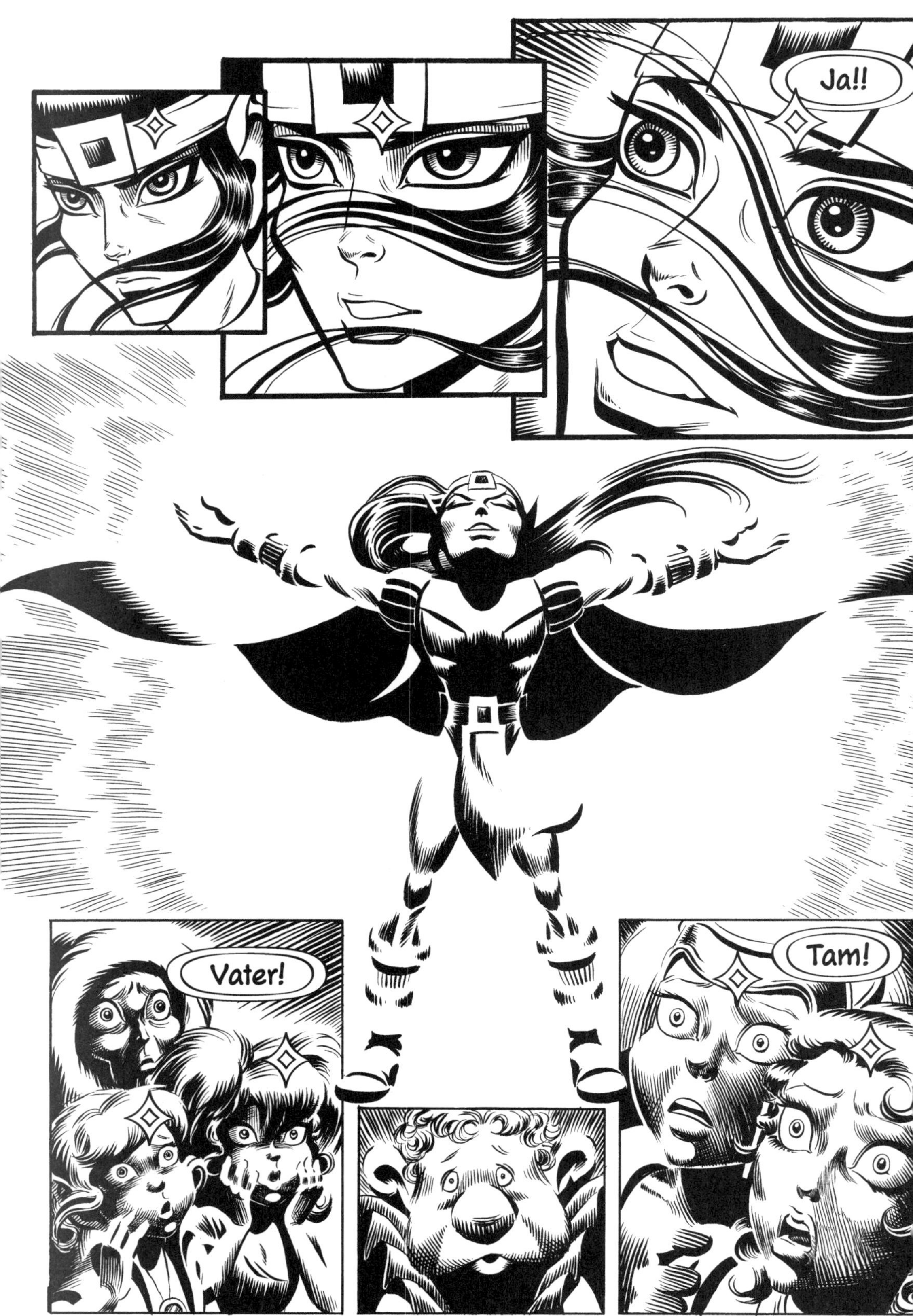
Ja!!
Vater!
Tam!

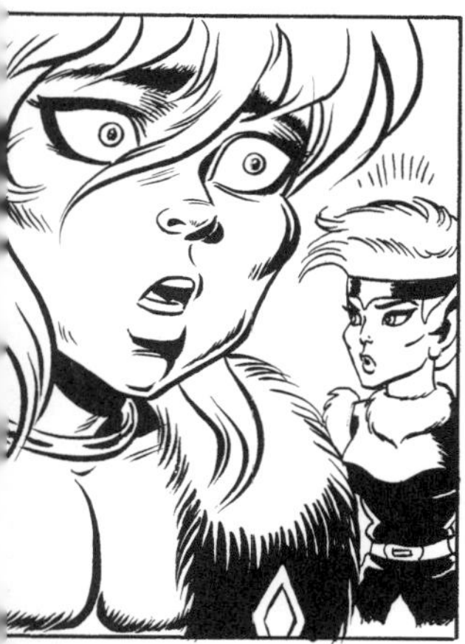
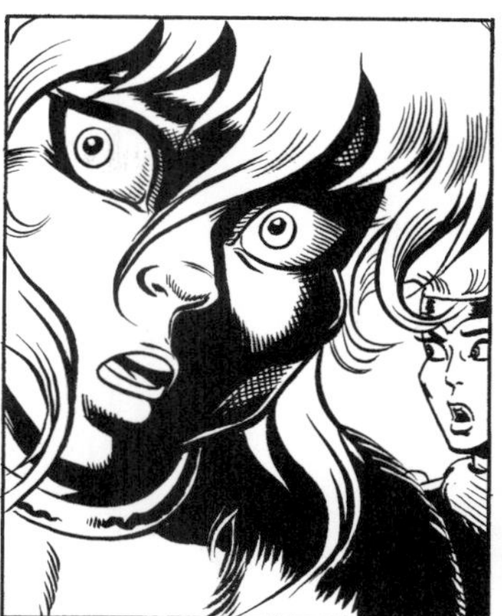
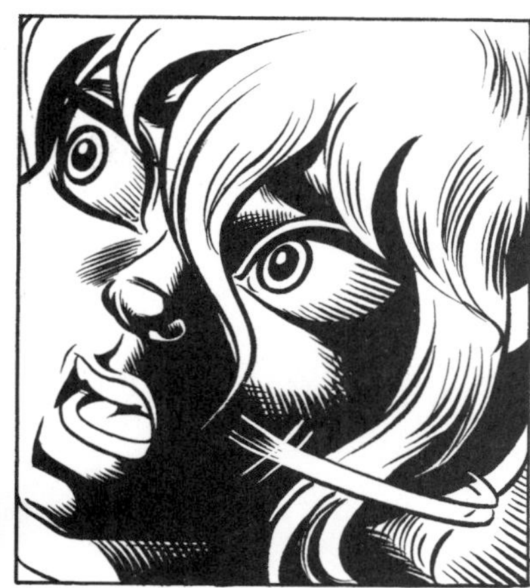
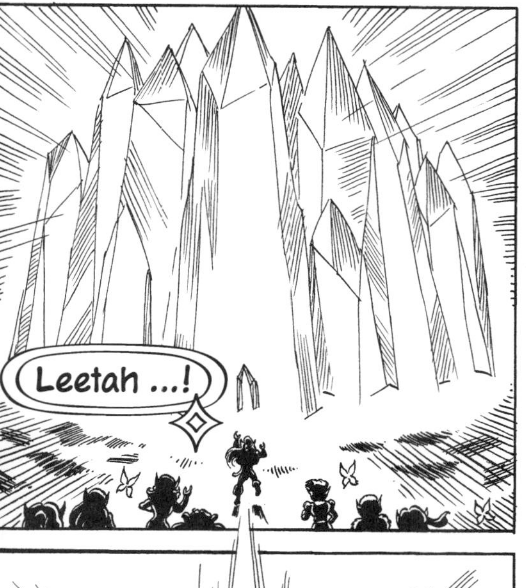
Leetah ...!
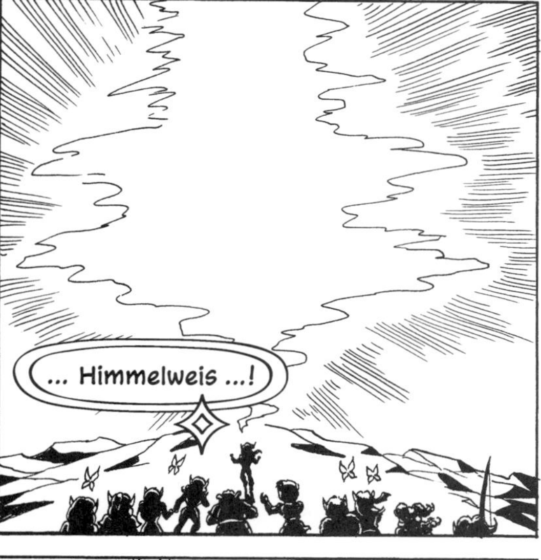
... Himmelweis ...!
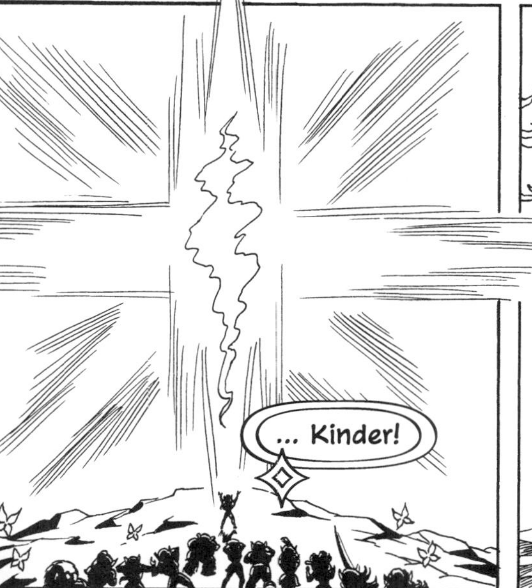
... Kinder!
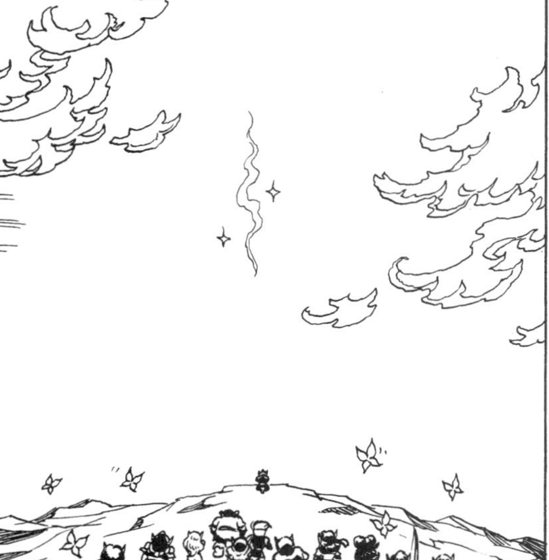

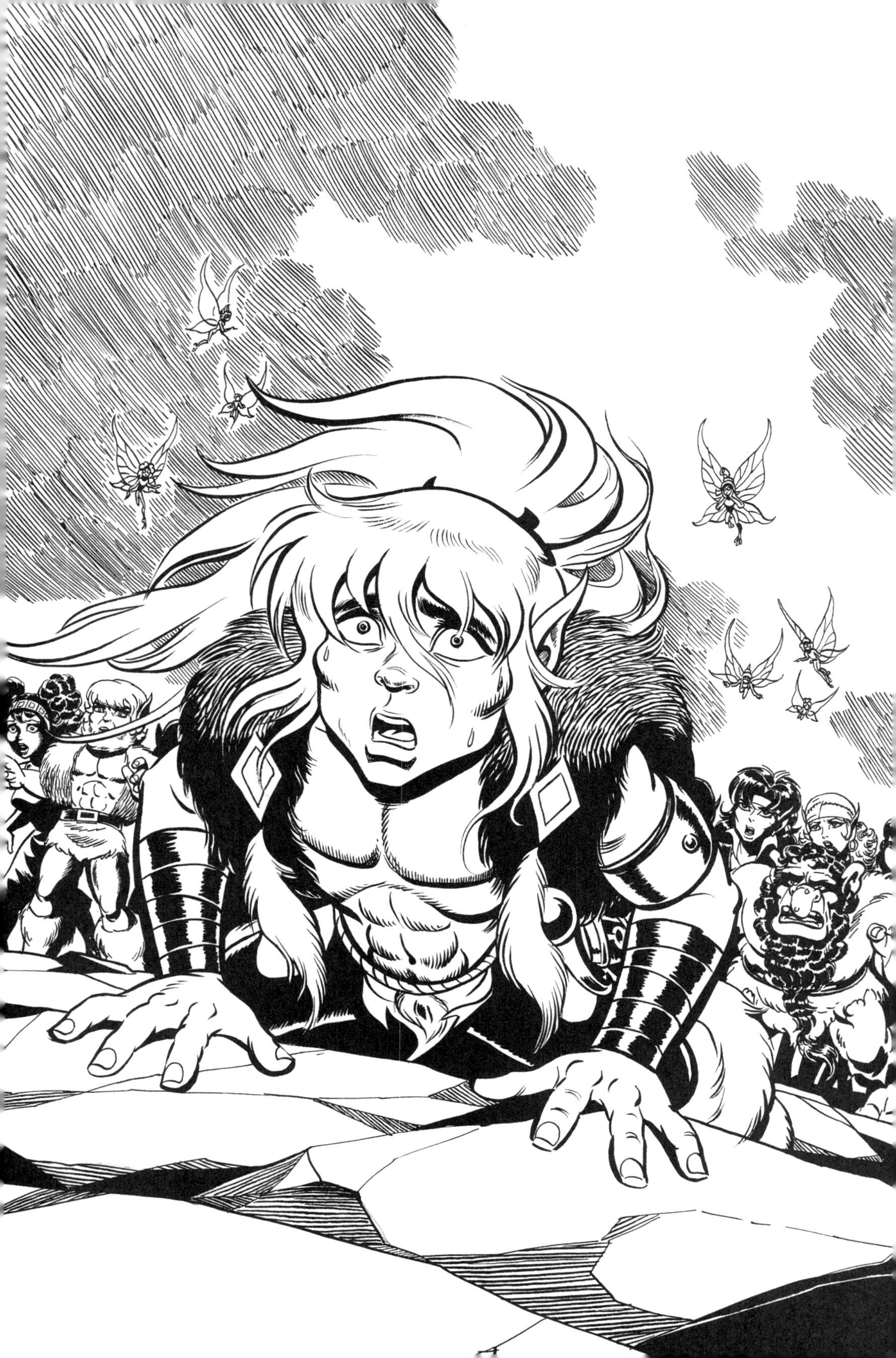

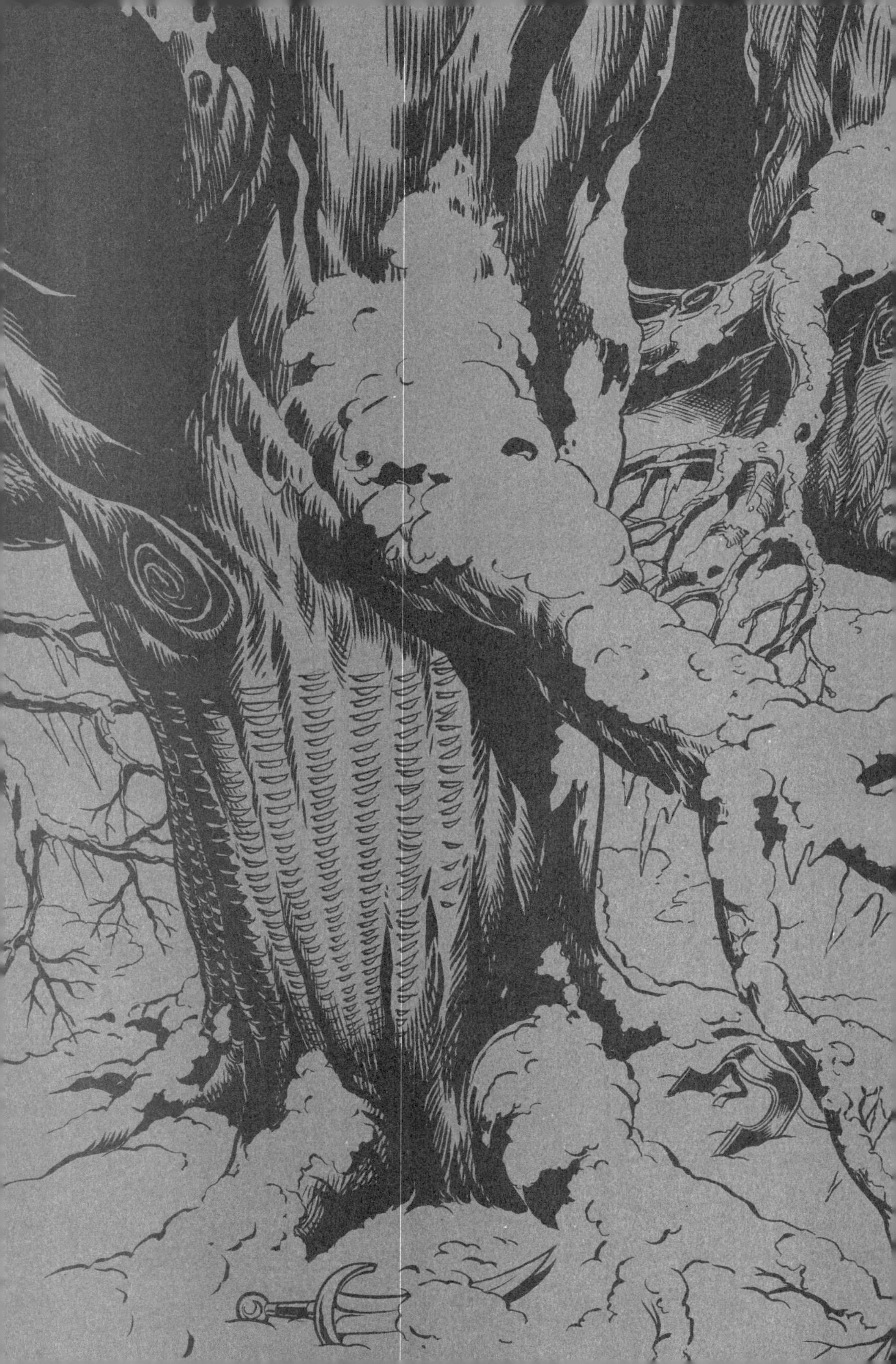

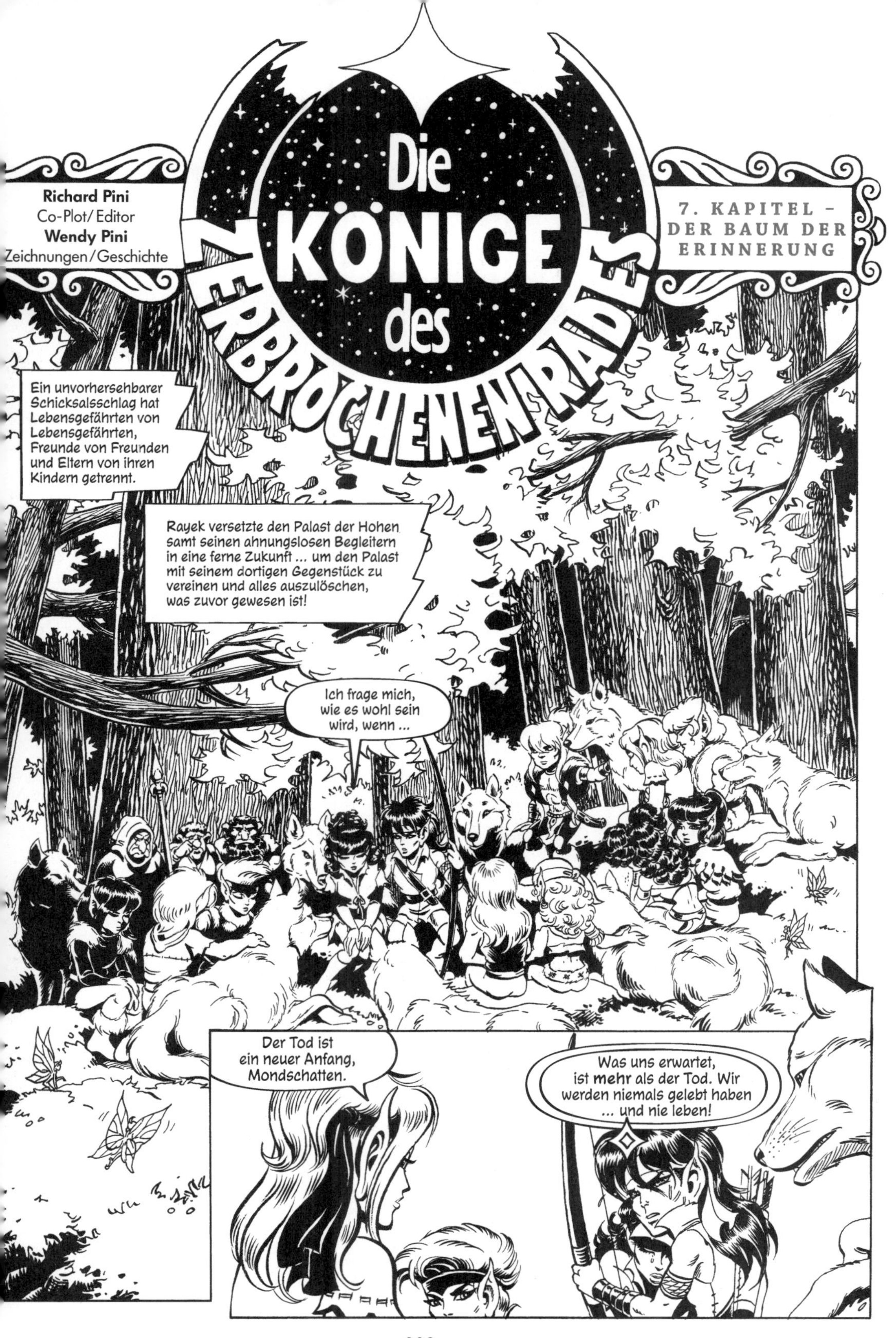
Die KÖNIGE des ZERBROCHENEN RADES
Richard Pini
Co-Plot/Editor
Wendy Pini
Zeichnungen/Geschichte
7. KAPITEL – DER BAUM DER ERINNERUNG
Ein unvorhersehbarer Schicksalsschlag hat Lebensgefährten von Lebensgefährten, Freunde von Freunden und Eltern von ihren Kindern getrennt.
Rayek versetzte den Palast der Hohen samt seinen ahnungslosen Begleitern in eine ferne Zukunft ... um den Palast mit seinem dortigen Gegenstück zu vereinen und alles auszulöschen, was zuvor gewesen ist!
Ich frage mich, wie es wohl sein wird, wenn ...
Der Tod ist ein neuer Anfang, Mondschatten.
Was uns erwartet, ist mehr als der Tod. Wir werden niemals gelebt haben ... und nie leben!

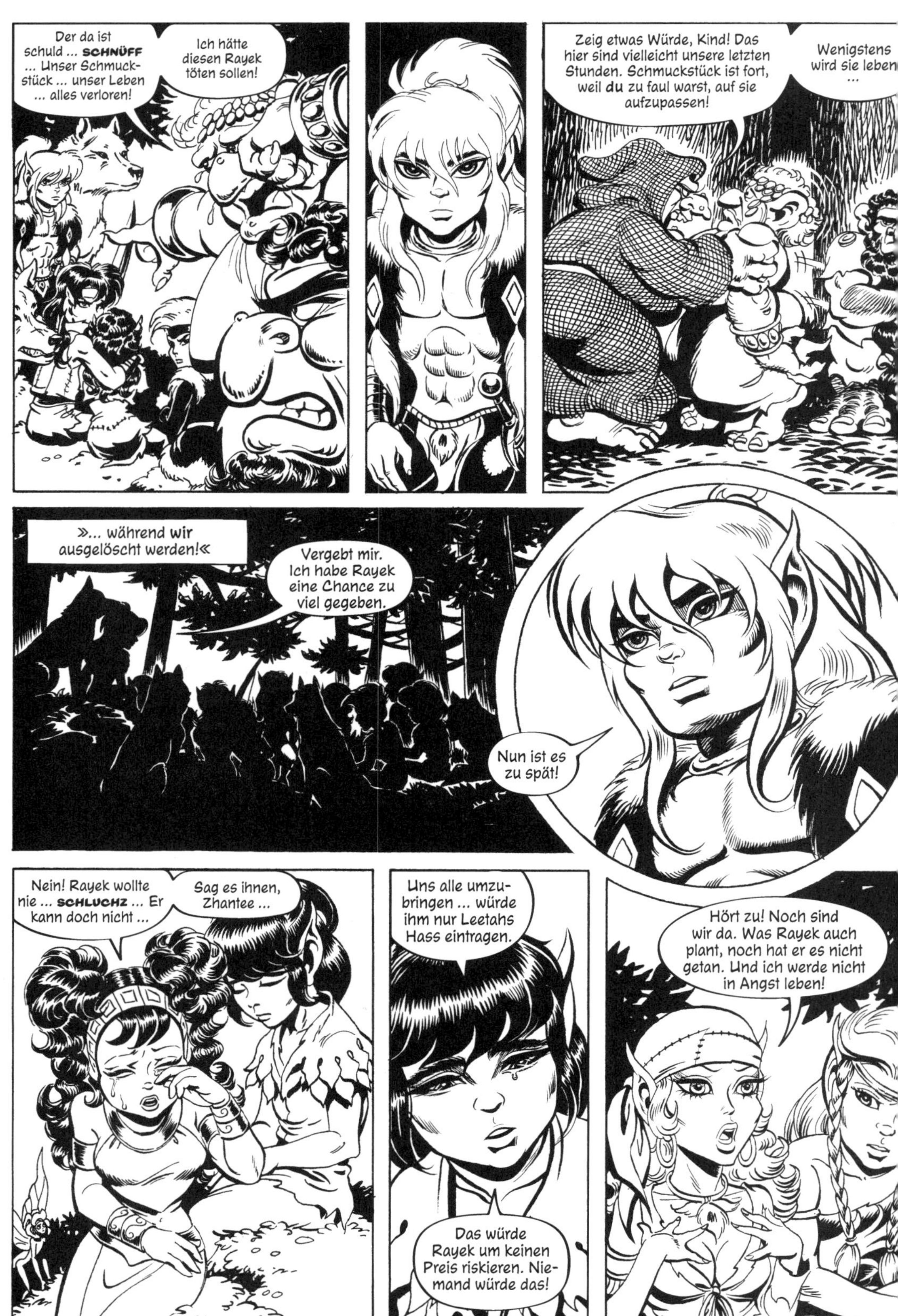
Der da ist schuld ... SCHNÜFF ... Unser Schmuckstück ... unser Leben ... alles verloren!
Ich hätte diesen Rayek töten sollen!
Zeig etwas Würde, Kind! Das hier sind vielleicht unsere letzten Stunden. Schmuckstück ist fort, weil du zu faul warst, auf sie aufzupassen!
Wenigstens wird sie leben ...
»... während wir ausgelöscht werden!«
Vergebt mir. Ich habe Rayek eine Chance zu viel gegeben.
Nun ist es zu spät!
Nein! Rayek wollte nie ... SCHLUCHZ ... Er kann doch nicht ...
Sag es ihnen, Zhantee ...
Uns alle umzubringen ... würde ihm nur Leetahs Hass eintragen.
Das würde Rayek um keinen Preis riskieren. Niemand würde das!
Hört zu! Noch sind wir da. Was Rayek auch plant, noch hat er es nicht getan. Und ich werde nicht in Angst leben!

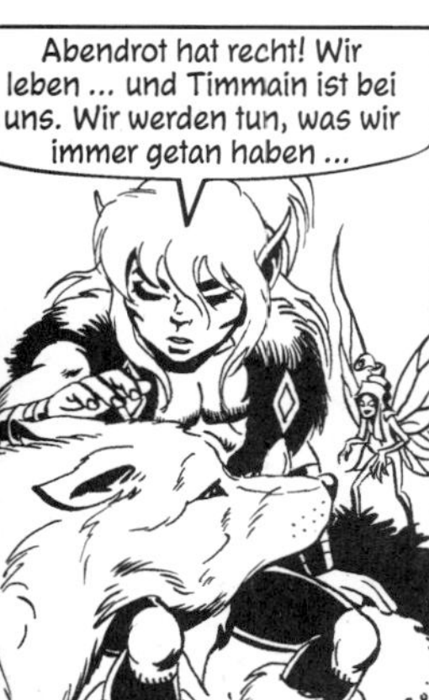
Abendrot hat recht! Wir leben ... und Timmain ist bei uns. Wir werden tun, was wir immer getan haben ...

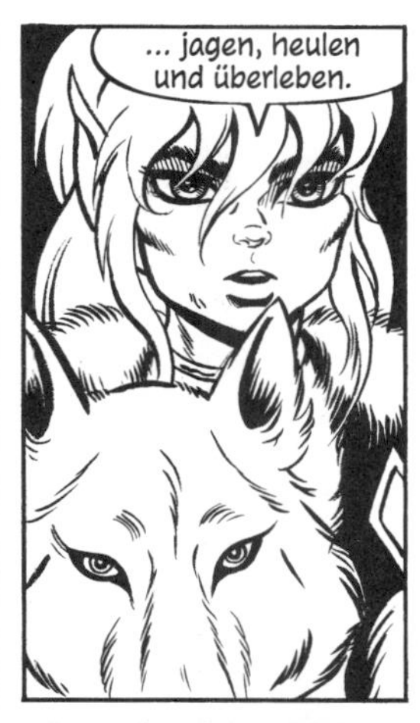
... jagen, heulen und überleben.

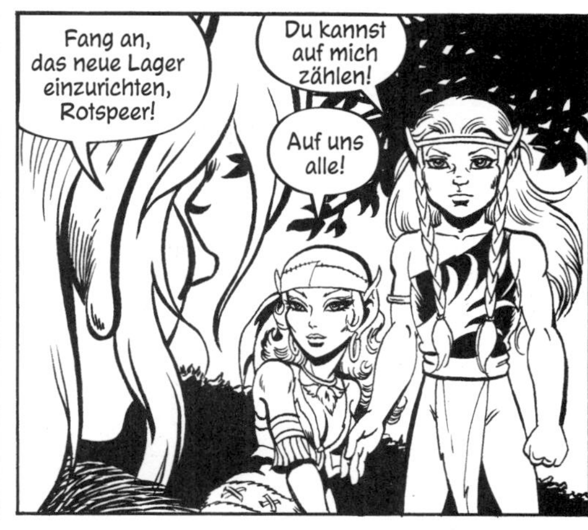
Fang an, das neue Lager einzurichten, Rotspeer!
Du kannst auf mich zählen!
Auf uns alle!

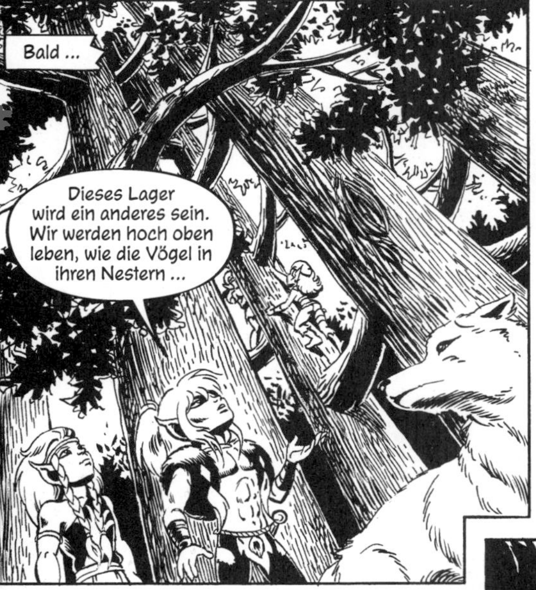
Bald ...
Dieses Lager wird ein anderes sein. Wir werden hoch oben leben, wie die Vögel in ihren Nestern ...

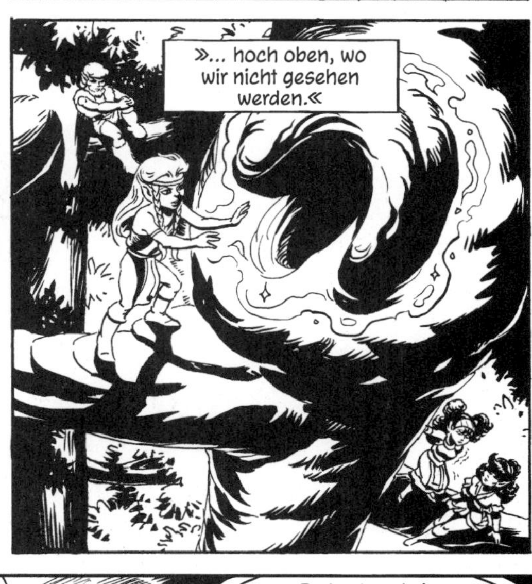
»... hoch oben, wo wir nicht gesehen werden.«

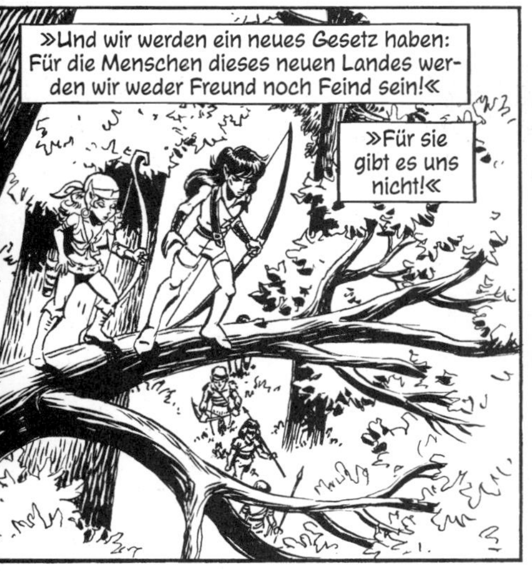
»Und wir werden ein neues Gesetz haben: Für die Menschen dieses neuen Landes werden wir weder Freund noch Feind sein!«
»Für sie gibt es uns nicht!«

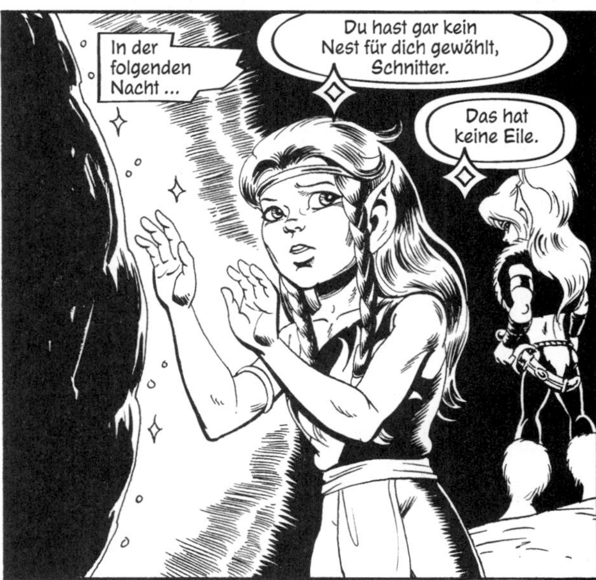
In der folgenden Nacht ...
Du hast gar kein Nest für dich gewählt, Schnitter.
Das hat keine Eile.

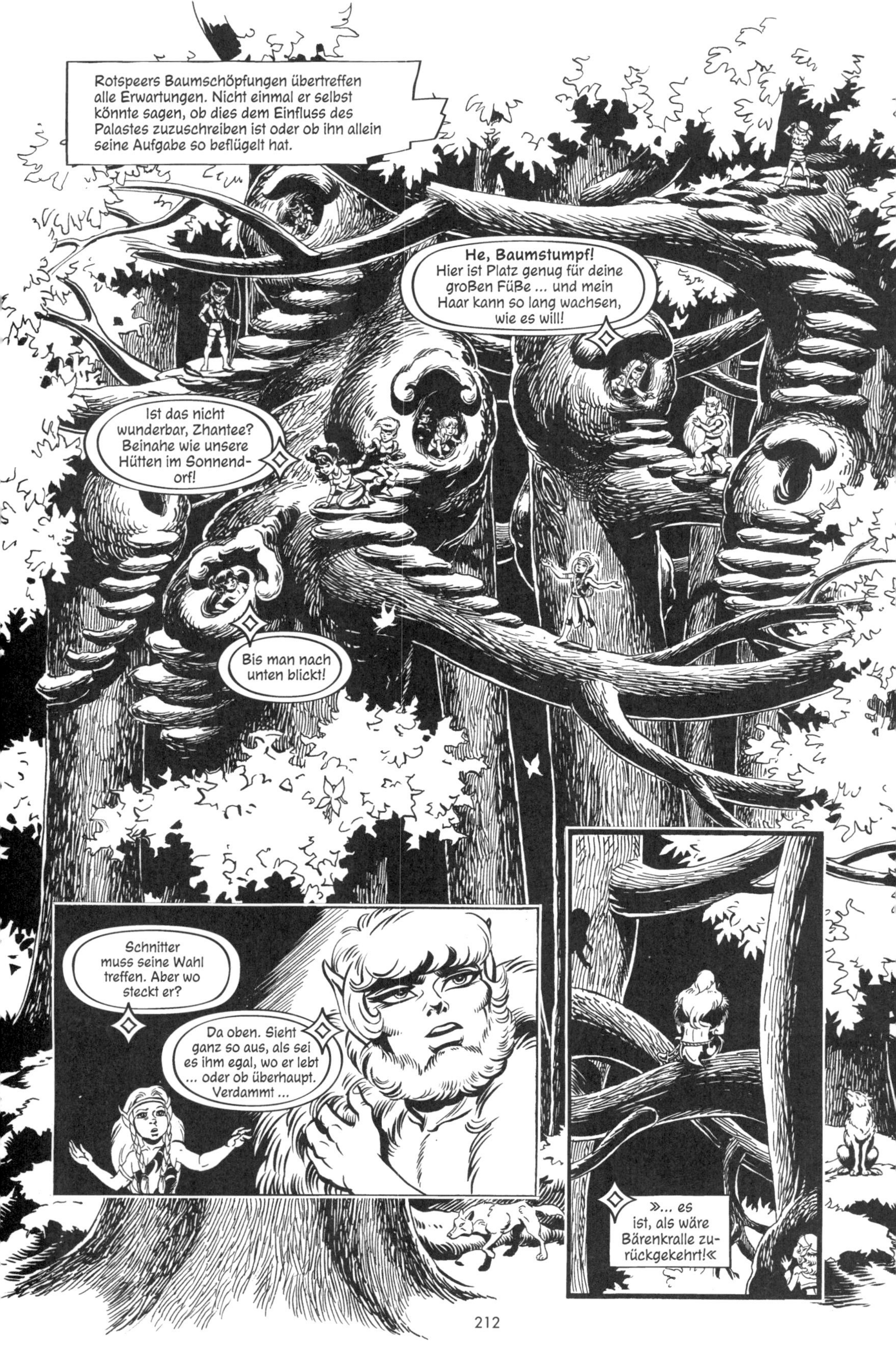
Rotspeers Baumschöpfungen übertreffen alle Erwartungen. Nicht einmal er selbst könnte sagen, ob dies dem Einfluss des Palastes zuzuschreiben ist oder ob ihn allein seine Aufgabe so beflügelt hat.
He, Baumstumpf! Hier ist Platz genug für deine großen Füße ... und mein Haar kann so lang wachsen, wie es will!
Ist das nicht wunderbar, Zhantee? Beinahe wie unsere Hütten im Sonnend-orf!
Bis man nach unten blickt!
Schnitter muss seine Wahl treffen. Aber wo steckt er?
Da oben. Sieht ganz so aus, als sei es ihm egal, wo er lebt ... oder ob überhaupt. Verdammt ...
»... es ist, als wäre Bärenkralle zu-rückgekehrt!«

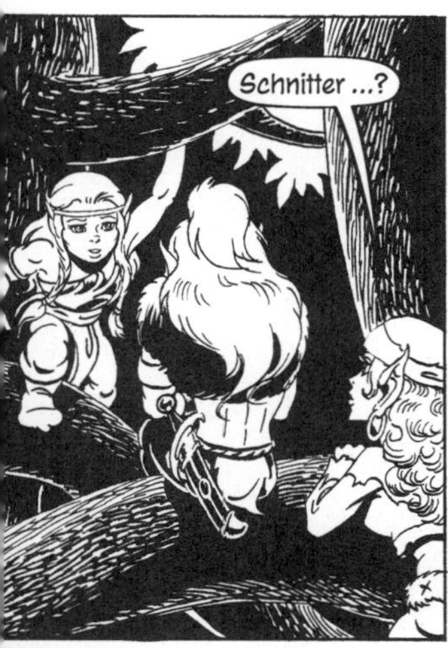
Schnitter ...?

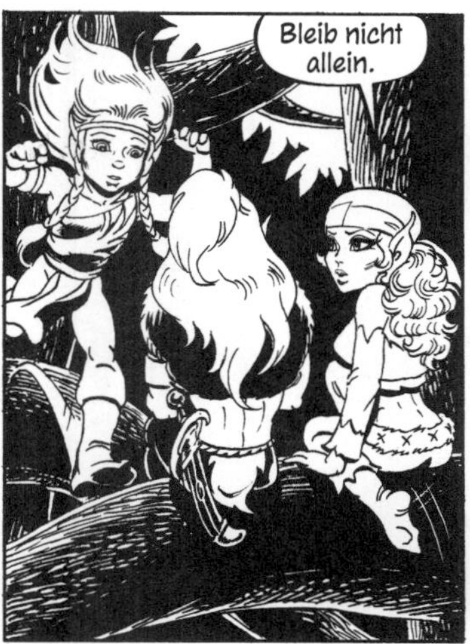
Bleib nicht allein.

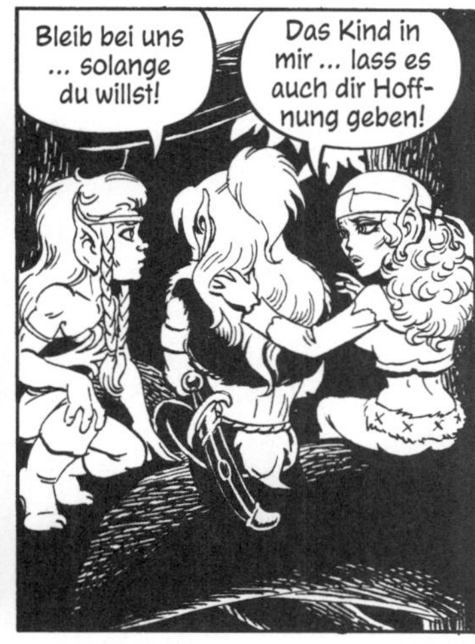
Bleib bei uns ... solange du willst!
Das Kind in mir ... lass es auch dir Hoffnung geben!

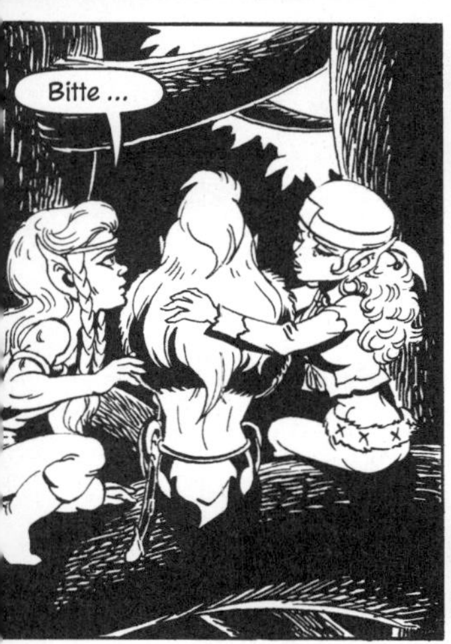
Bitte ...

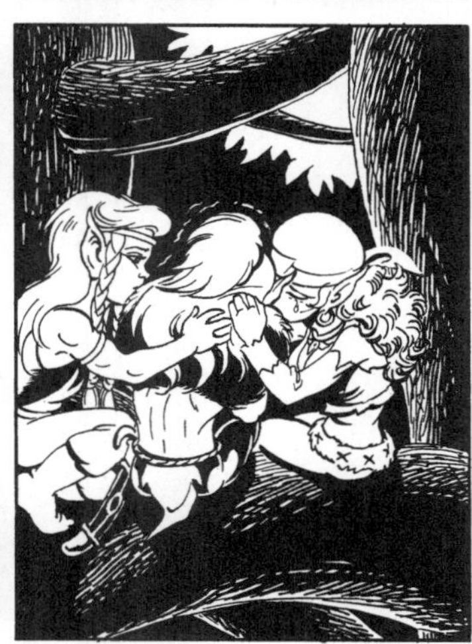

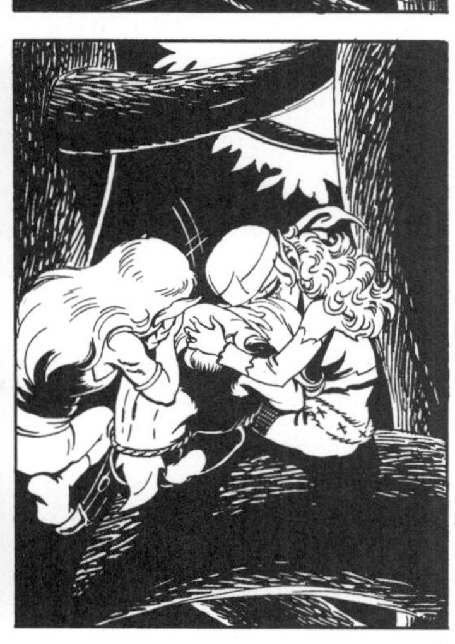

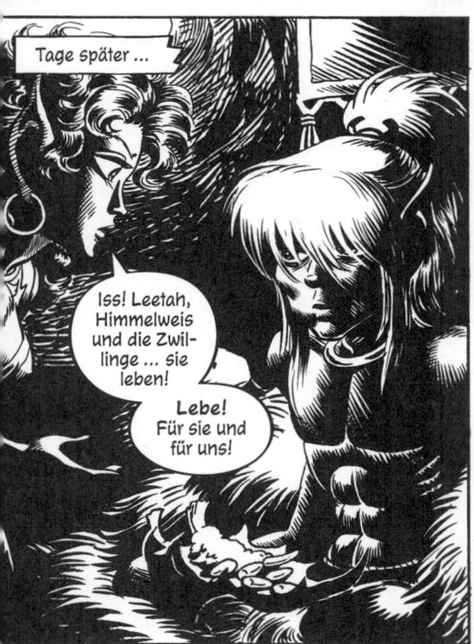
Tage später ...
Iss! Leetah, Himmelweis und die Zwillinge ... sie leben!
Lebe! Für sie und für uns!

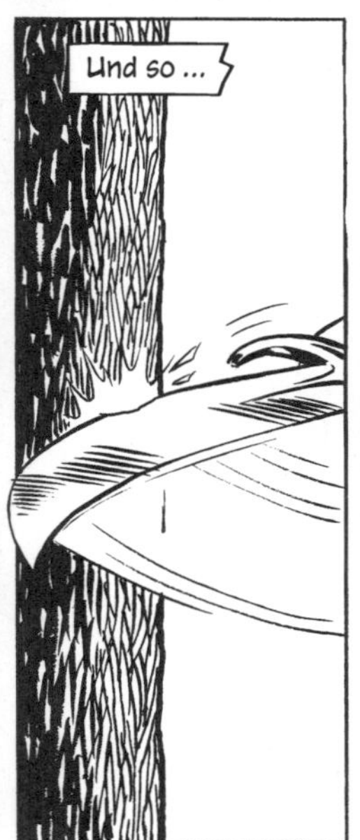
Und so ...

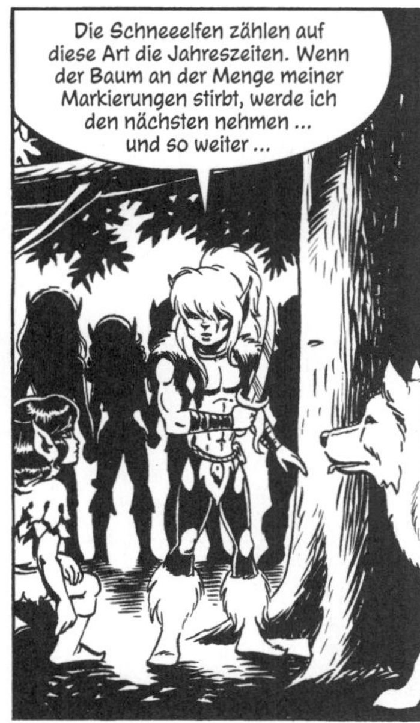
Die Schneeelfen zählen auf diese Art die Jahreszeiten. Wenn der Baum an der Menge meiner Markierungen stirbt, werde ich den nächsten nehmen ... und so weiter ...

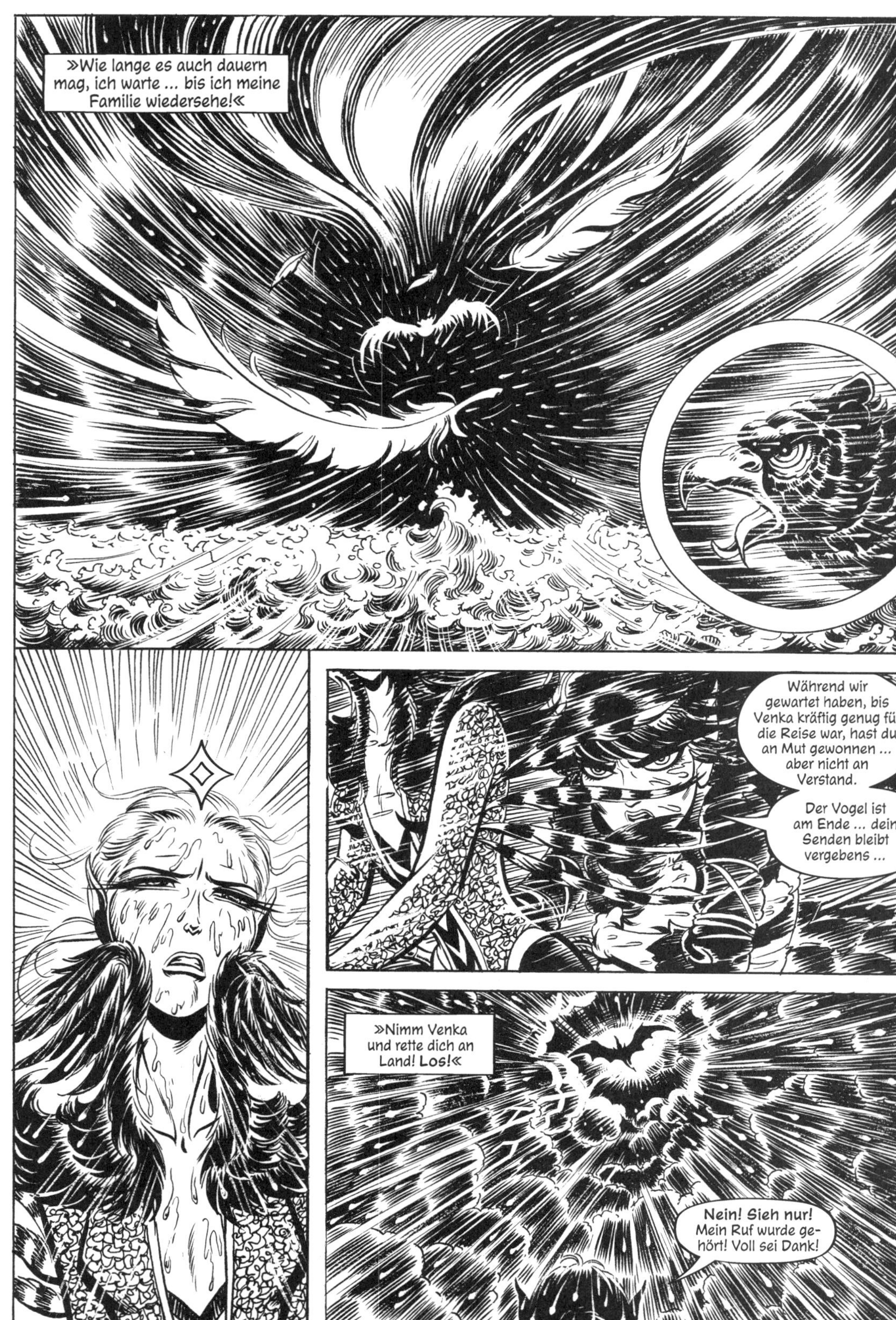
»Wie lange es auch dauern mag, ich warte ... bis ich meine Familie wiedersehe!«
Während wir gewartet haben, bis Venka kräftig genug fü die Reise war, hast du an Mut gewonnen ... aber nicht an Verstand.
Der Vogel ist am Ende ... dein Senden bleibt vergebens ...
»Nimm Venka und rette dich an Land! Los!«
Nein! Sieh nur! Mein Ruf wurde gehört! Voll sei Dank!

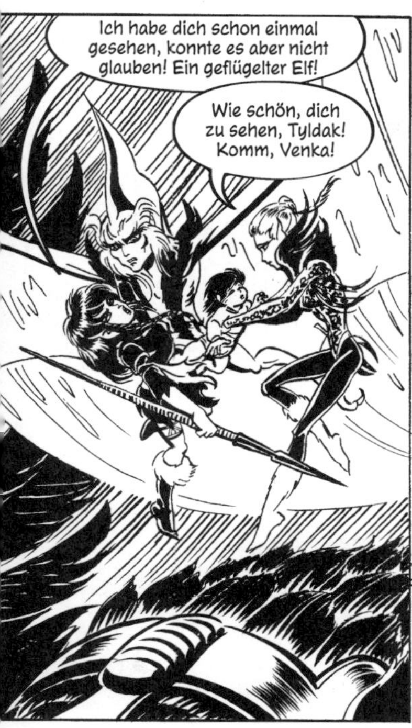
Ich habe dich schon einmal gesehen, konnte es aber nicht glauben! Ein geflügelter Elf!
Wie schön, dich zu sehen, Tyldak! Komm, Venka!

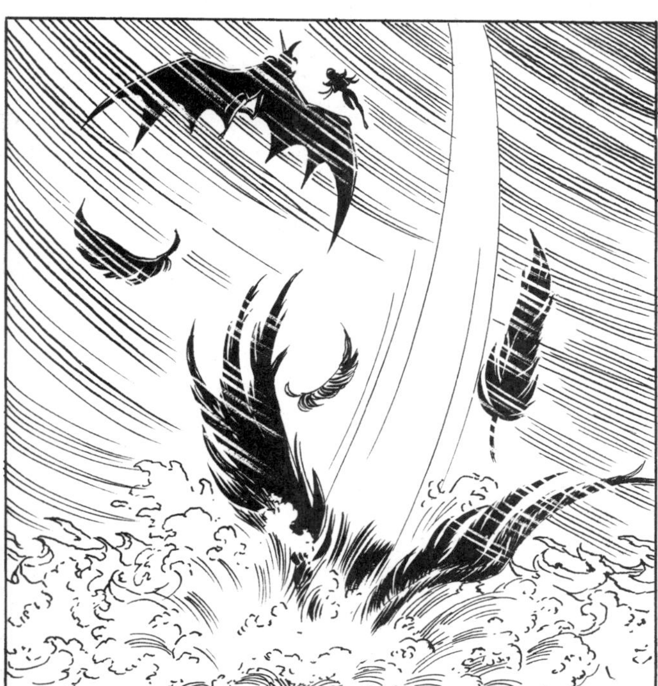

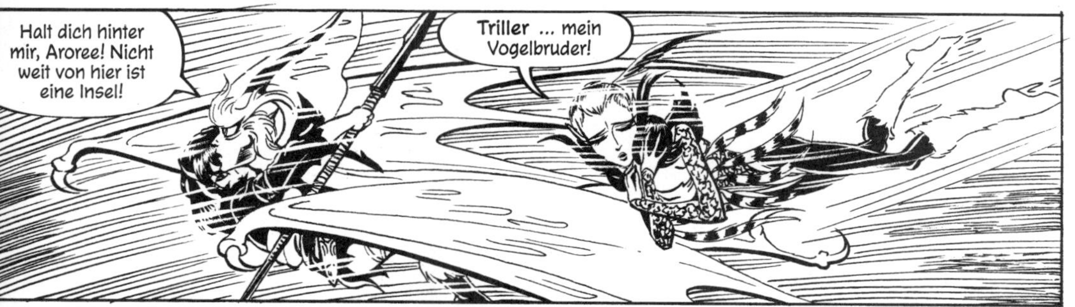
Halt dich hinter mir, Aroree! Nicht weit von hier ist eine Insel!
Triller ... mein Vogelbruder!

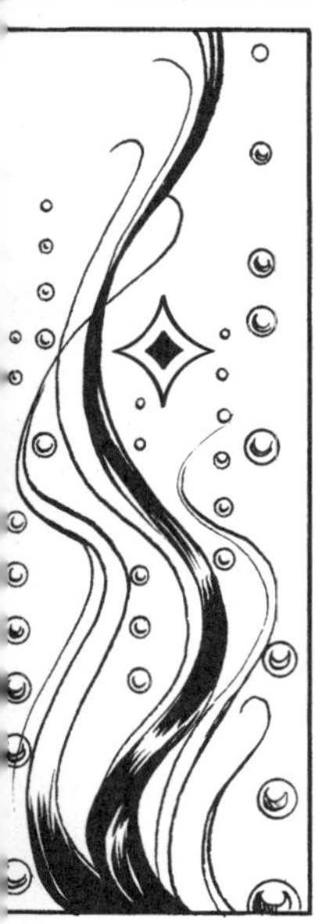

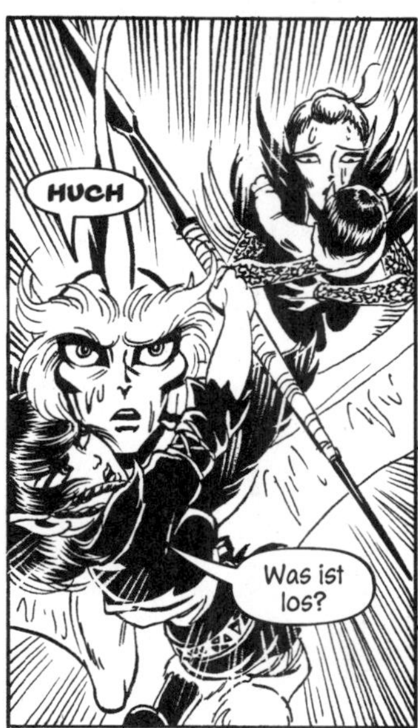
HUCH
Was ist los?

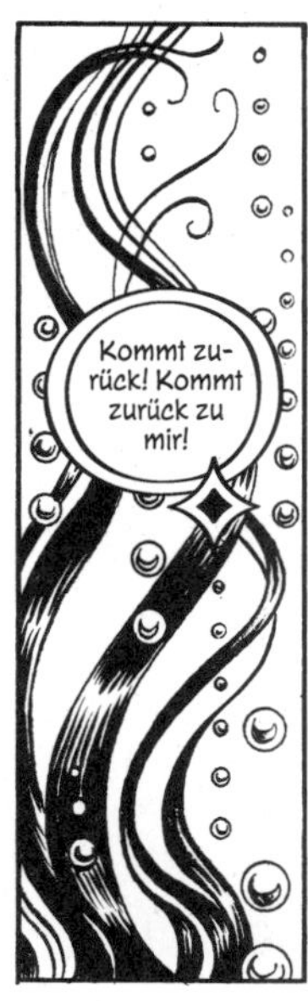
Kommt zurück! Kommt zurück zu mir!

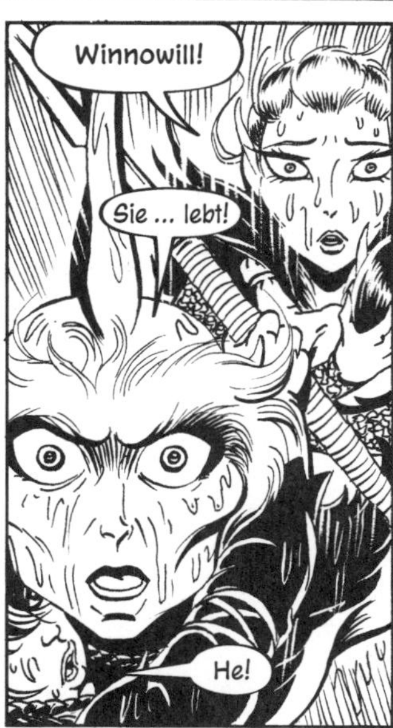
Winnowill!
Sie ... lebt!
He!

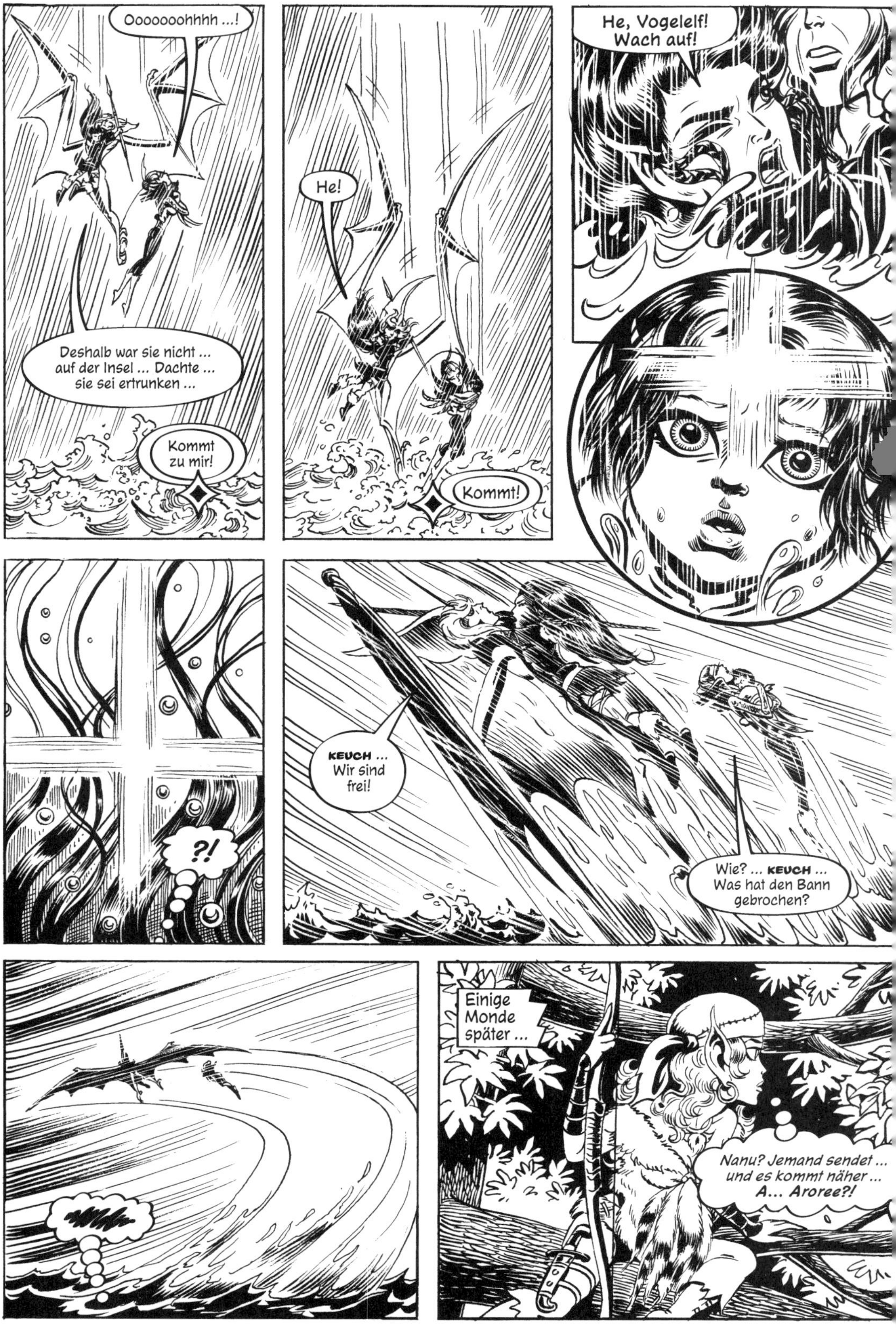

Ooooooohhhh ...!
Deshalb war sie nicht ... auf der Insel ... Dachte ... sie sei ertrunken ...
Kommt zu mir!
He!
Kommt!
He, Vogelelf! Wach auf!

?!
KEUCH ... Wir sind frei!
Wie? ... KEUCH ... Was hat den Bann gebrochen?

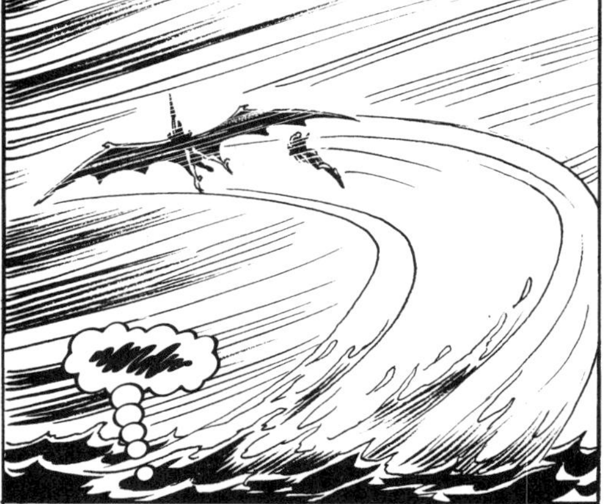
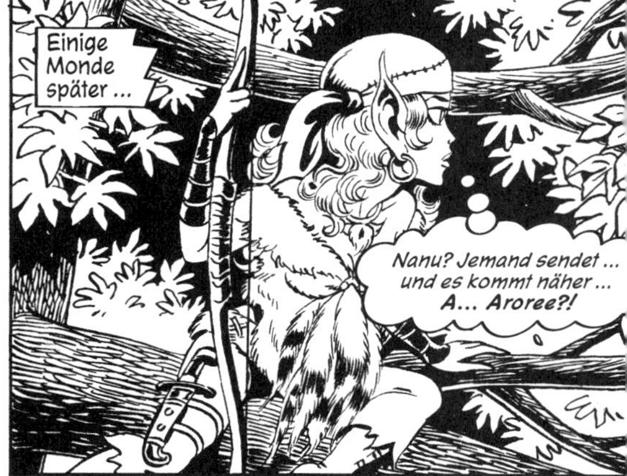

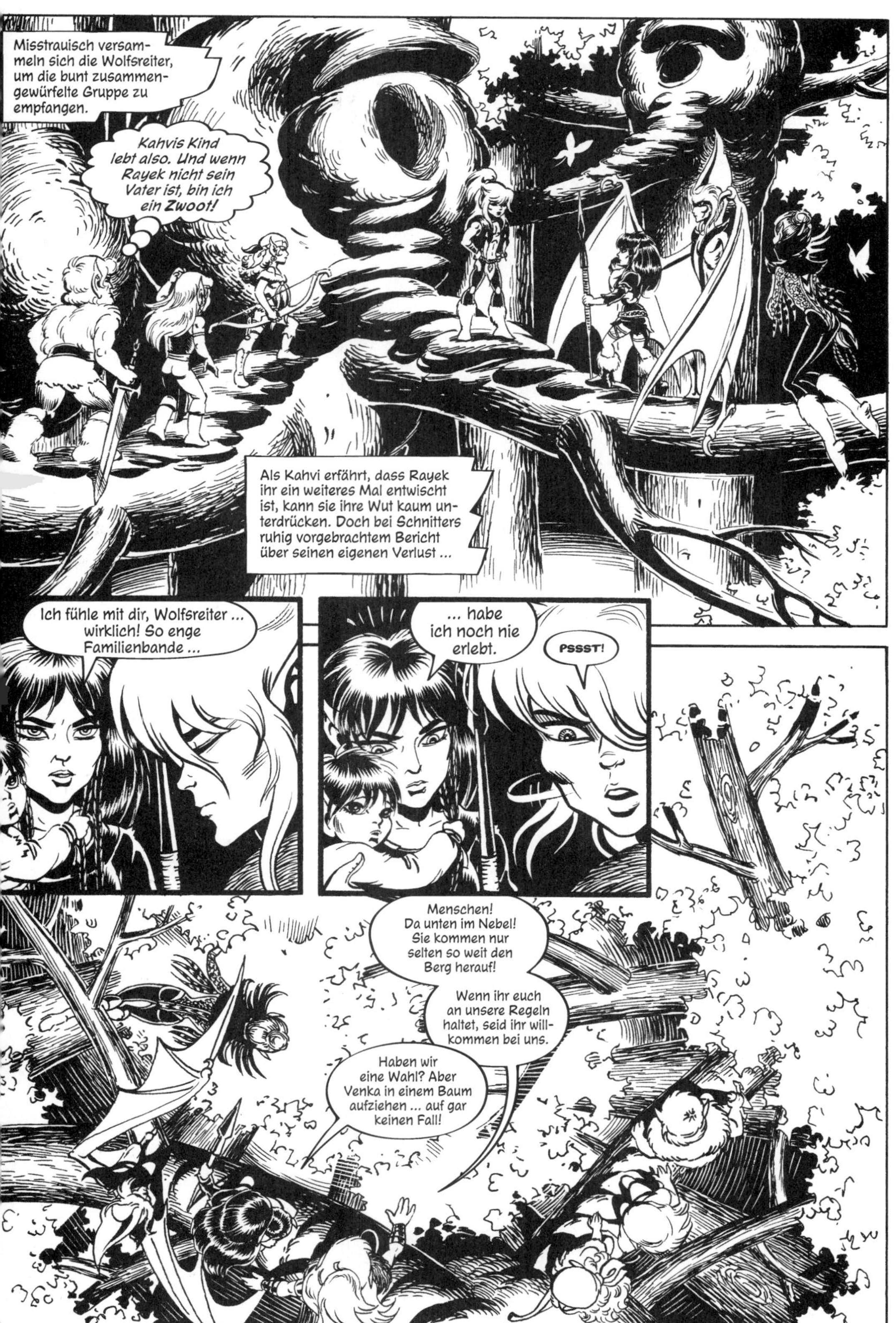

Misstrauisch versammeln sich die Wolfsreiter, um die bunt zusammengewürfelte Gruppe zu empfangen.
Kahvis Kind lebt also. Und wenn Rayek nicht sein Vater ist, bin ich ein Zwoot!
Als Kahvi erfährt, dass Rayek ihr ein weiteres Mal entwischt ist, kann sie ihre Wut kaum unterdrücken. Doch bei Schnitters ruhig vorgebrachtem Bericht über seinen eigenen Verlust ...
Ich fühle mit dir, Wolfsreiter ... wirklich! So enge Familienbande ...
... habe ich noch nie erlebt.
PSSST!
Menschen! Da unten im Nebel! Sie kommen nur selten so weit den Berg herauf!
Wenn ihr euch an unsere Regeln haltet, seid ihr willkommen bei uns.
Haben wir eine Wahl? Aber Venka in einem Baum aufziehen ... auf gar keinen Fall!

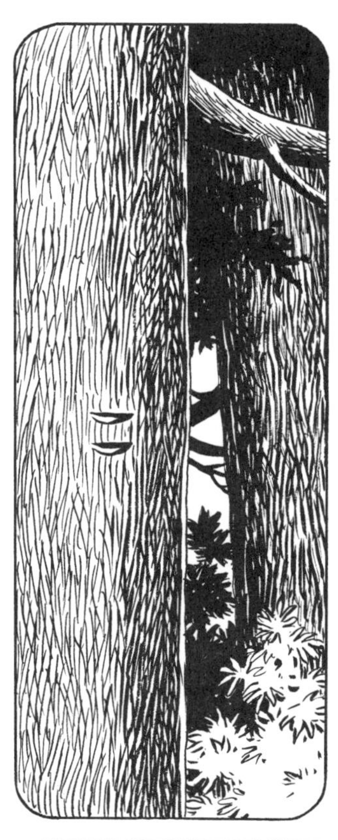

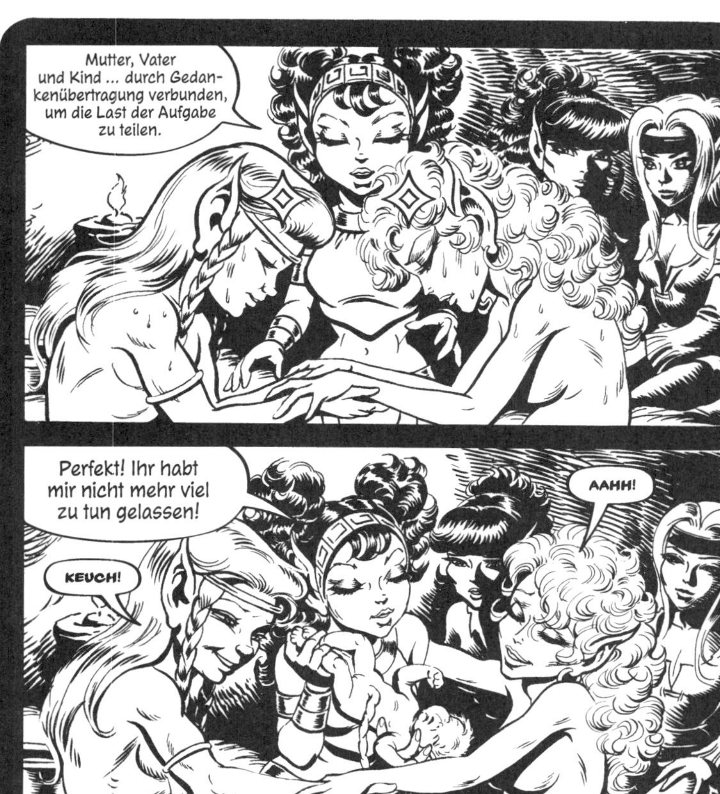
Mutter, Vater und Kind ... durch Gedankenübertragung verbunden, um die Last der Aufgabe zu teilen.
Perfekt! Ihr habt mir nicht mehr viel zu tun gelassen!
KEUCH!
AAHH!

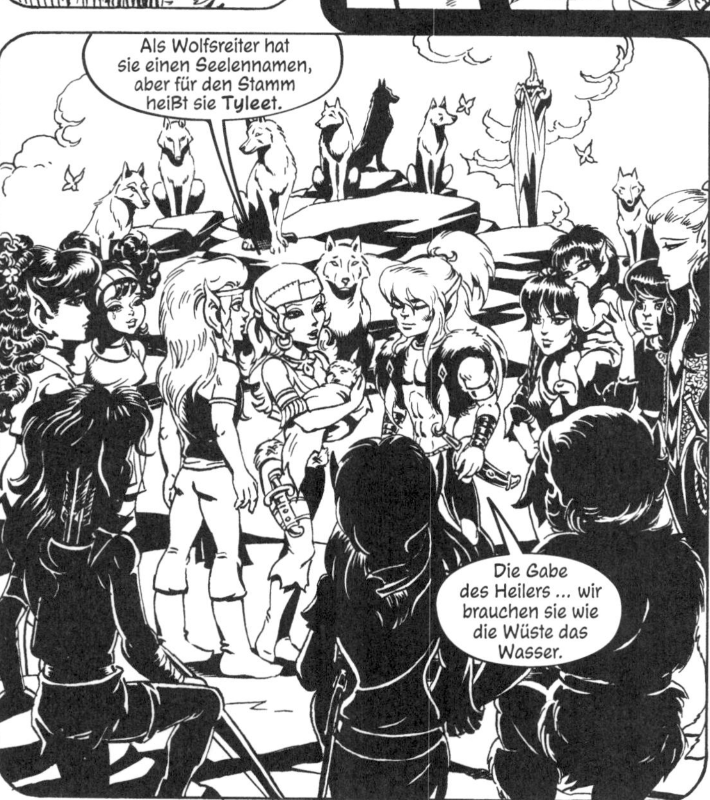
Als Wolfsreiter hat sie einen Seelennamen, aber für den Stamm heißt sie **Tyleet**.
Die Gabe des Heilers ... wir brauchen sie wie die Wüste das Wasser.

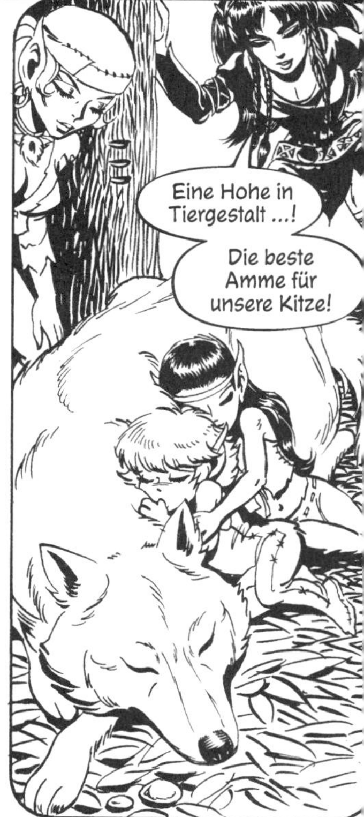
Eine Hohe in Tiergestalt ...!
Die beste Amme für unsere Kitze!

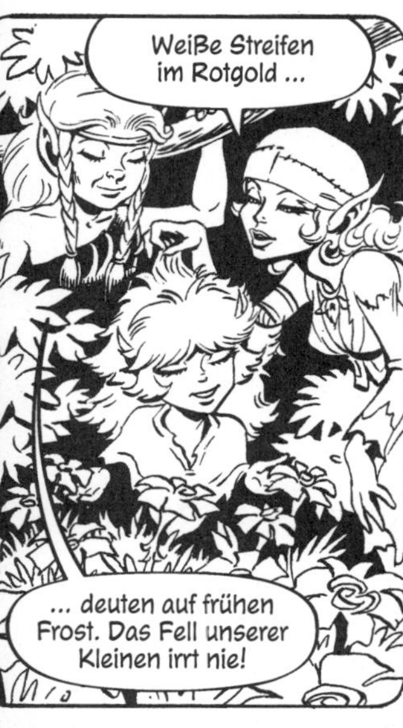
Weiße Streifen
im Rotgold ...
... deuten auf frühen
Frost. Das Fell unserer
Kleinen irrt nie!

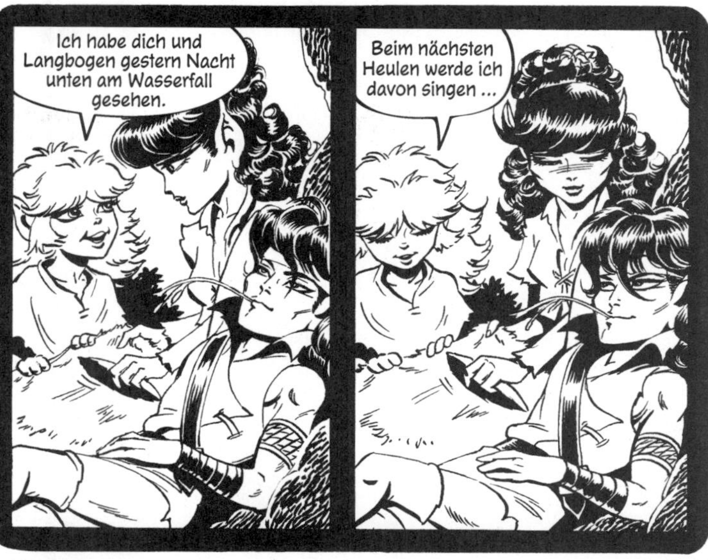
Ich habe dich und
Langbogen gestern Nacht
unten am Wasserfall
gesehen.
Beim nächsten
Heulen werde ich
davon singen ...

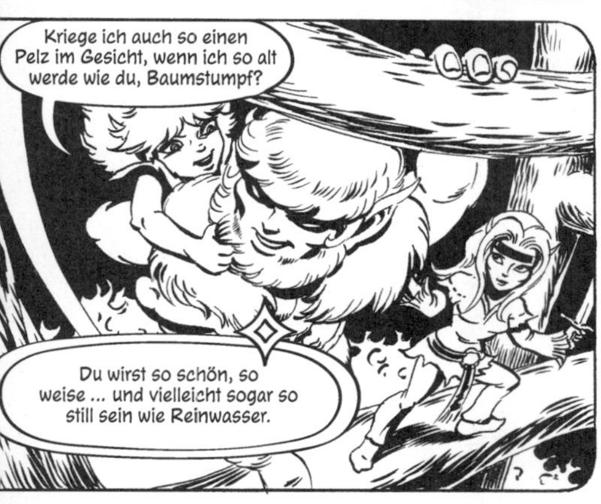
Kriege ich auch so einen
Pelz im Gesicht, wenn ich so alt
werde wie du, Baumstumpf?
Du wirst so schön, so
weise ... und vielleicht sogar so
still sein wie Reinwasser.

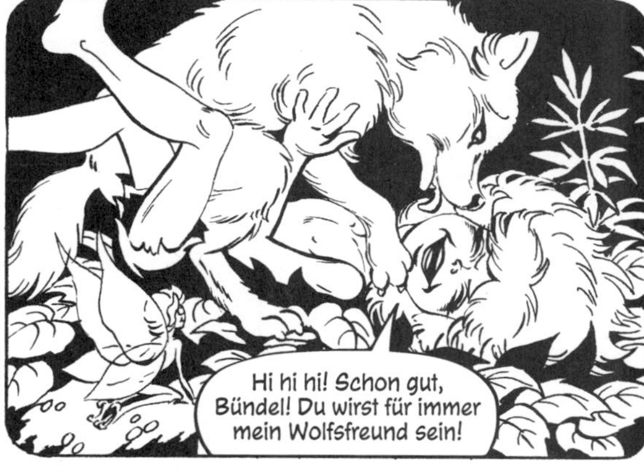
Hi hi hi! Schon gut,
Bündel! Du wirst für immer
mein Wolfsfreund sein!

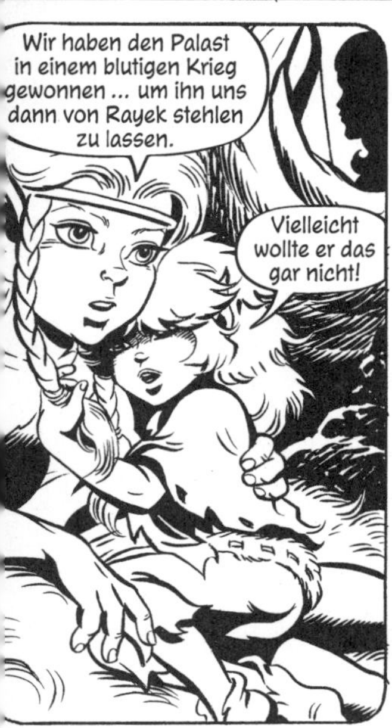
Wir haben den Palast
in einem blutigen Krieg
gewonnen ... um ihn uns
dann von Rayek stehlen
zu lassen.
Vielleicht
wollte er das
gar nicht!

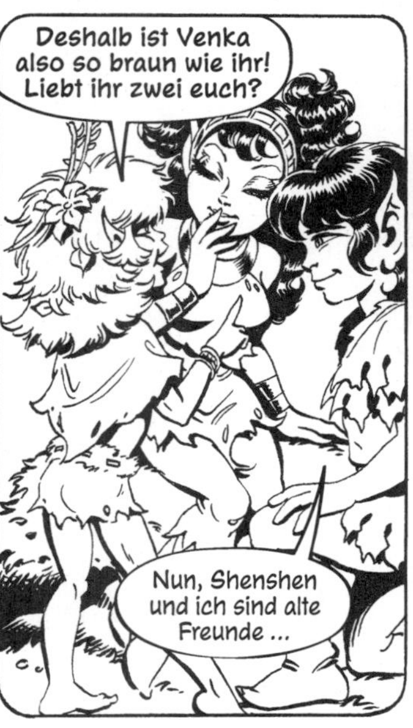
Deshalb ist Venka
also so braun wie ihr!
Liebt ihr zwei euch?
Nun, Shenshen
und ich sind alte
Freunde ...

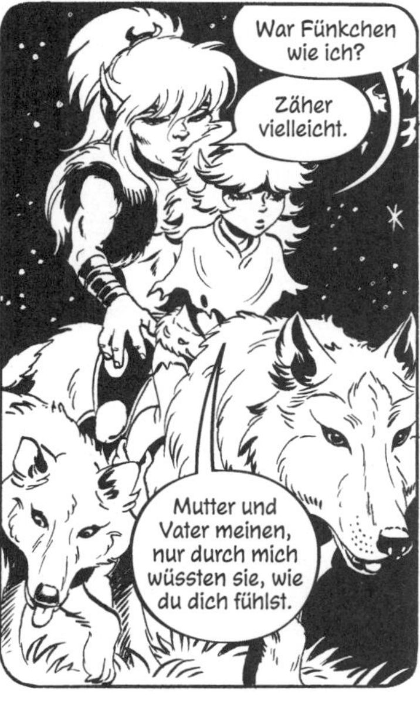
War Fünkchen
wie ich?
Zäher
vielleicht.
Mutter und
Vater meinen,
nur durch mich
wüssten sie, wie
du dich fühlst.

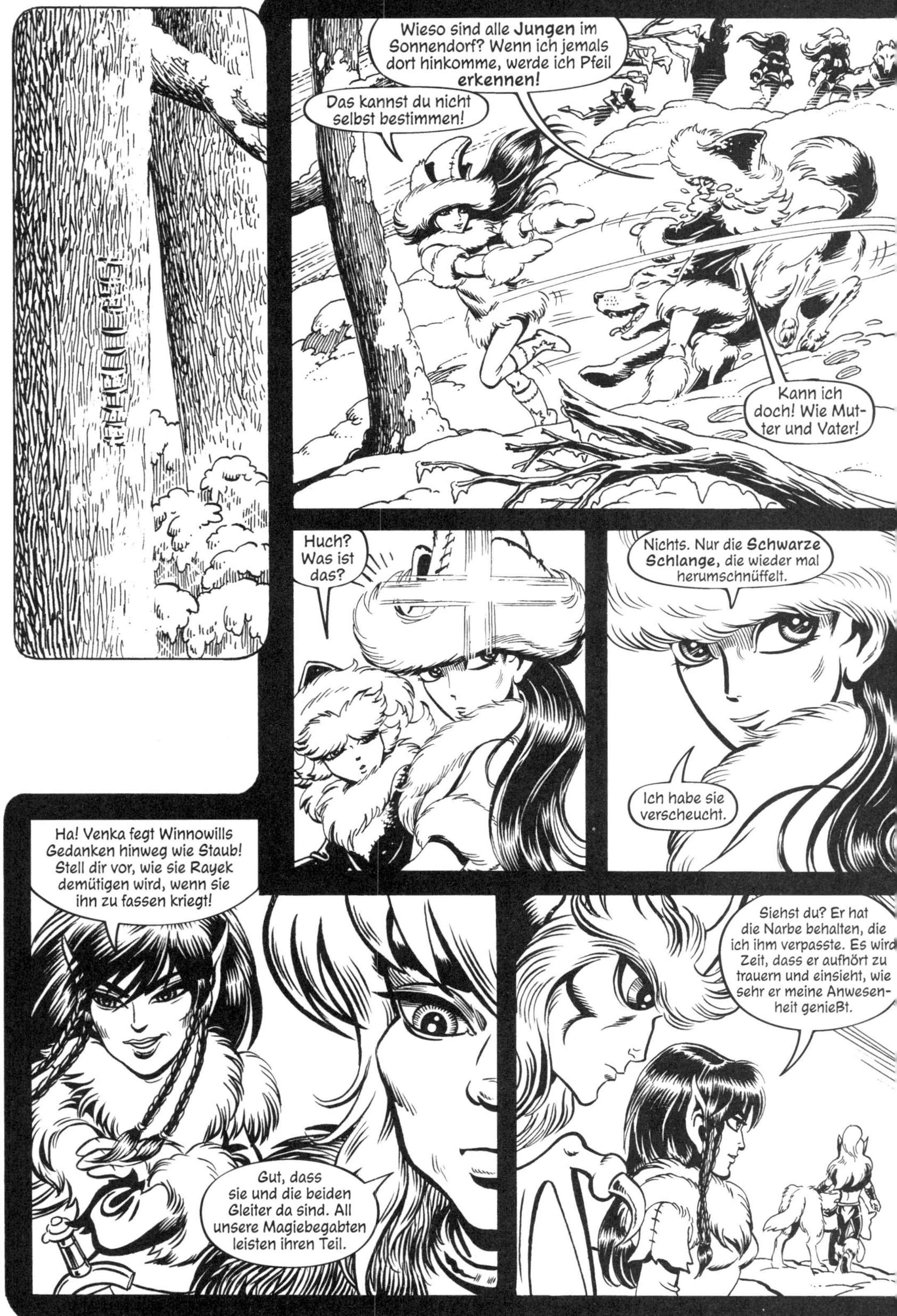

Wieso sind alle Jungen im Sonnendorf? Wenn ich jemals dort hinkomme, werde ich Pfeil erkennen!
Das kannst du nicht selbst bestimmen!
Kann ich doch! Wie Mutter und Vater!
Huch? Was ist das?
Nichts. Nur die Schwarze Schlange, die wieder mal herumschnüffelt.
Ich habe sie verscheucht.
Ha! Venka fegt Winnowills Gedanken hinweg wie Staub! Stell dir vor, wie sie Rayek demütigen wird, wenn sie ihn zu fassen kriegt!
Gut, dass sie und die beiden Gleiter da sind. All unsere Magiebegabten leisten ihren Teil.
Siehst du? Er hat die Narbe behalten, die ich ihm verpasste. Es wird Zeit, dass er aufhört zu trauern und einsieht, wie sehr er meine Anwesenheit genießt.

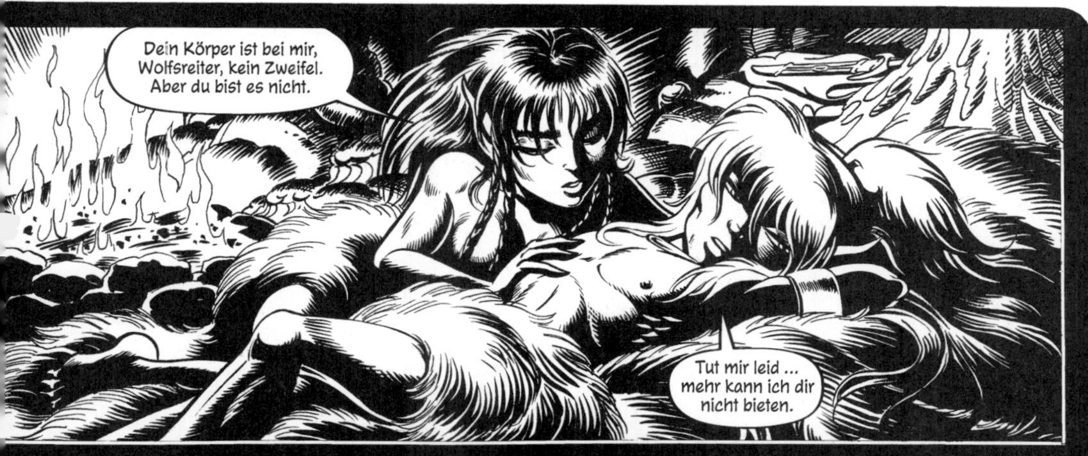
Dein Körper ist bei mir, Wolfsreiter, kein Zweifel. Aber du bist es nicht.
Tut mir leid ... mehr kann ich dir nicht bieten.

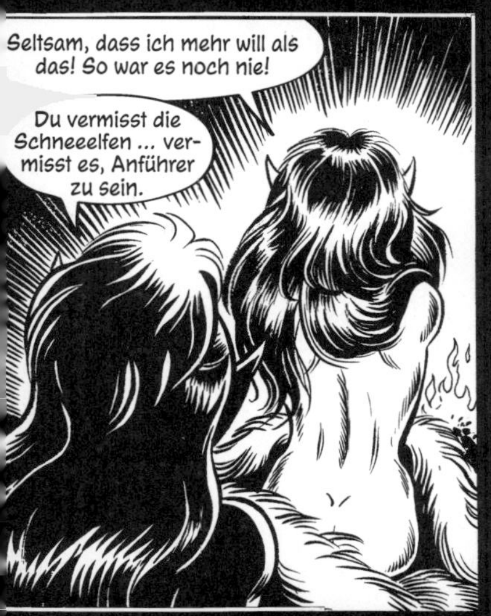
Seltsam, dass ich mehr will als das! So war es noch nie!
Du vermisst die Schneeelfen ... vermisst es, Anführer zu sein.

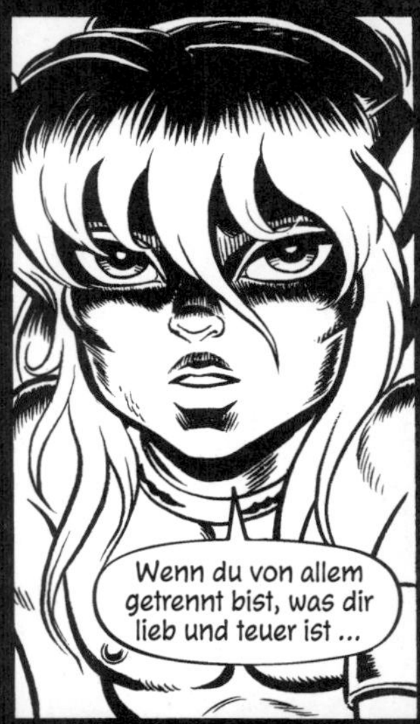
Wenn du von allem getrennt bist, was dir lieb und teuer ist ...

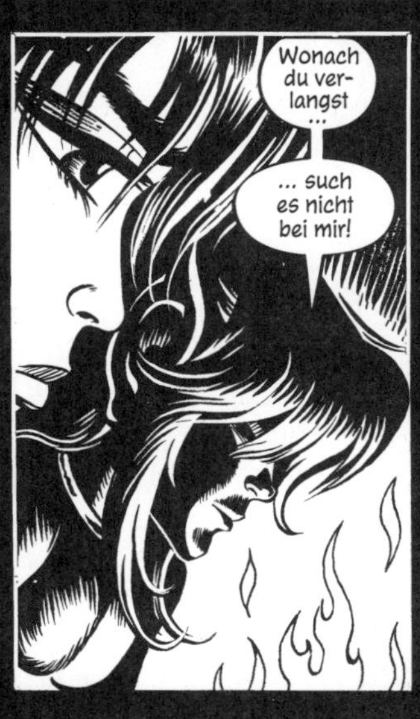
Wonach du verlangst ...
... such es nicht bei mir!

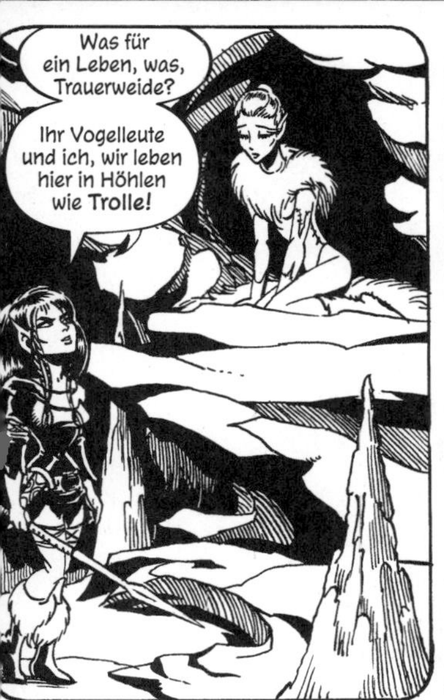
Was für ein Leben, was, Trauerweide?
Ihr Vogelleute und ich, wir leben hier in Höhlen wie Trolle!

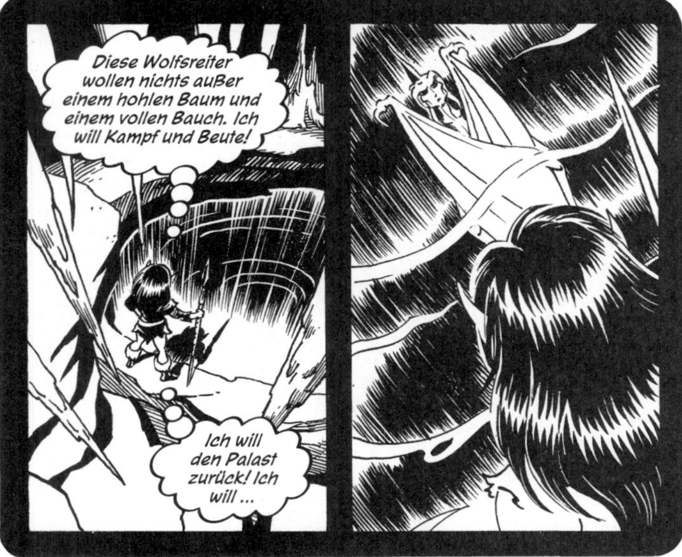
Diese Wolfsreiter wollen nichts außer einem hohlen Baum und einem vollen Bauch. Ich will Kampf und Beute!
Ich will den Palast zurück! Ich will ...

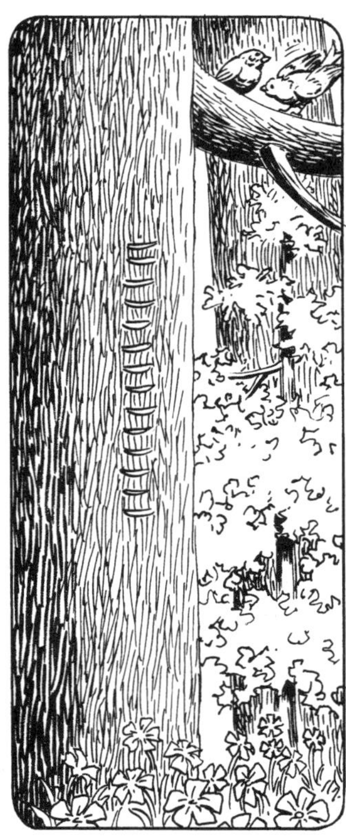

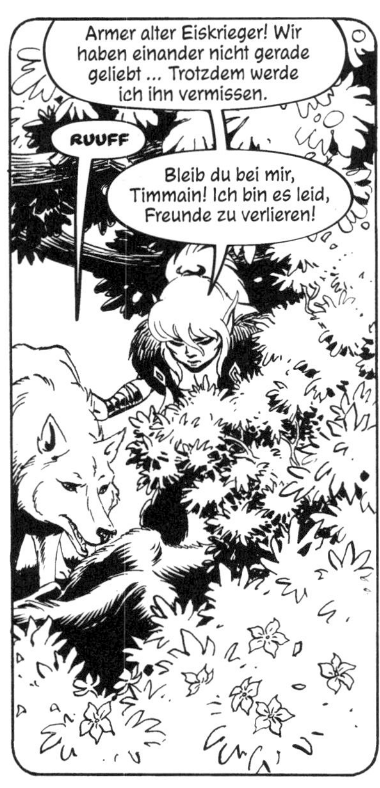
Armer alter Eiskrieger! Wir haben einander nicht gerade geliebt ... Trotzdem werde ich ihn vermissen.
RUUFF
Bleib du bei mir, Timmain! Ich bin es leid, Freunde zu verlieren!

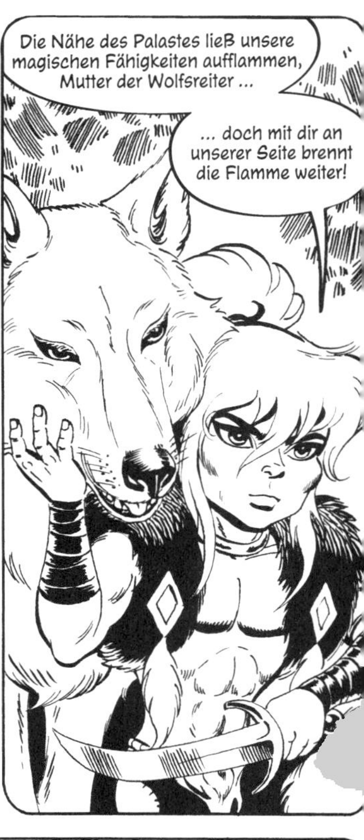
Die Nähe des Palastes ließ unsere magischen Fähigkeiten aufflammen, Mutter der Wolfsreiter ...
... doch mit dir an unserer Seite brennt die Flamme weiter!

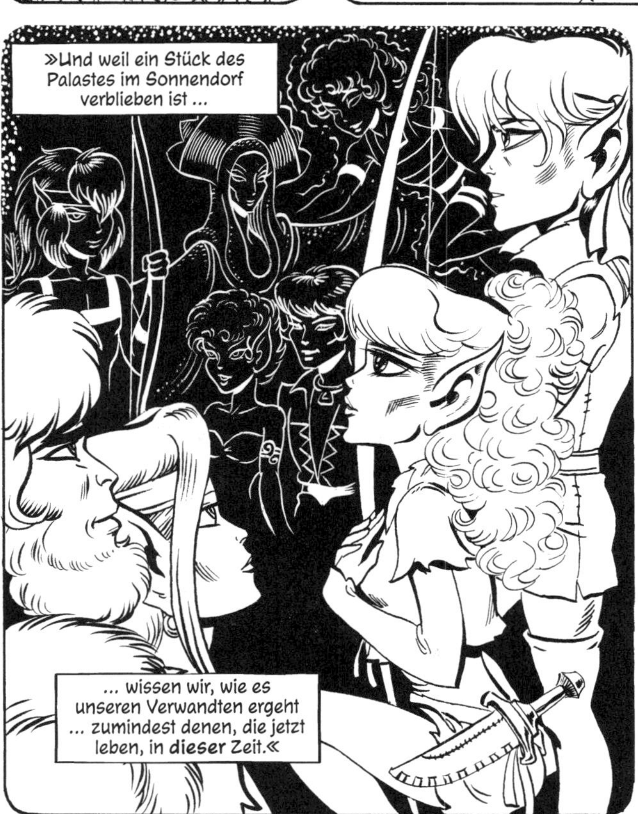
»Und weil ein Stück des Palastes im Sonnendorf verblieben ist ...
... wissen wir, wie es unseren Verwandten ergeht ... zumindest denen, die jetzt leben, in **dieser** Zeit.«

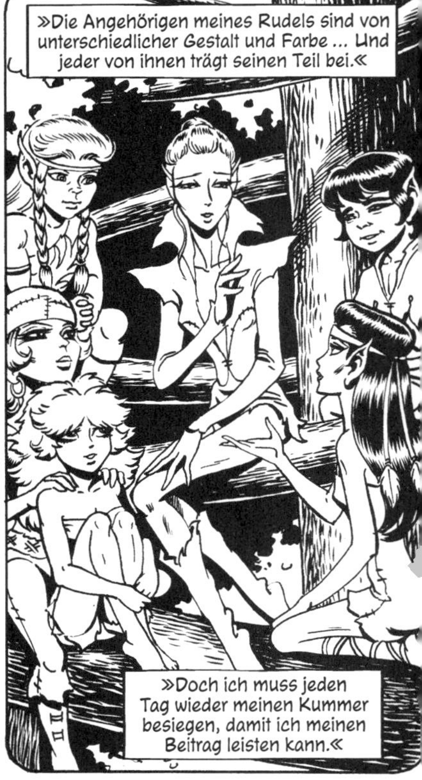
»Die Angehörigen meines Rudels sind von unterschiedlicher Gestalt und Farbe ... Und jeder von ihnen trägt seinen Teil bei.«
»Doch ich muss jeden Tag wieder meinen Kummer besiegen, damit ich meinen Beitrag leisten kann.«

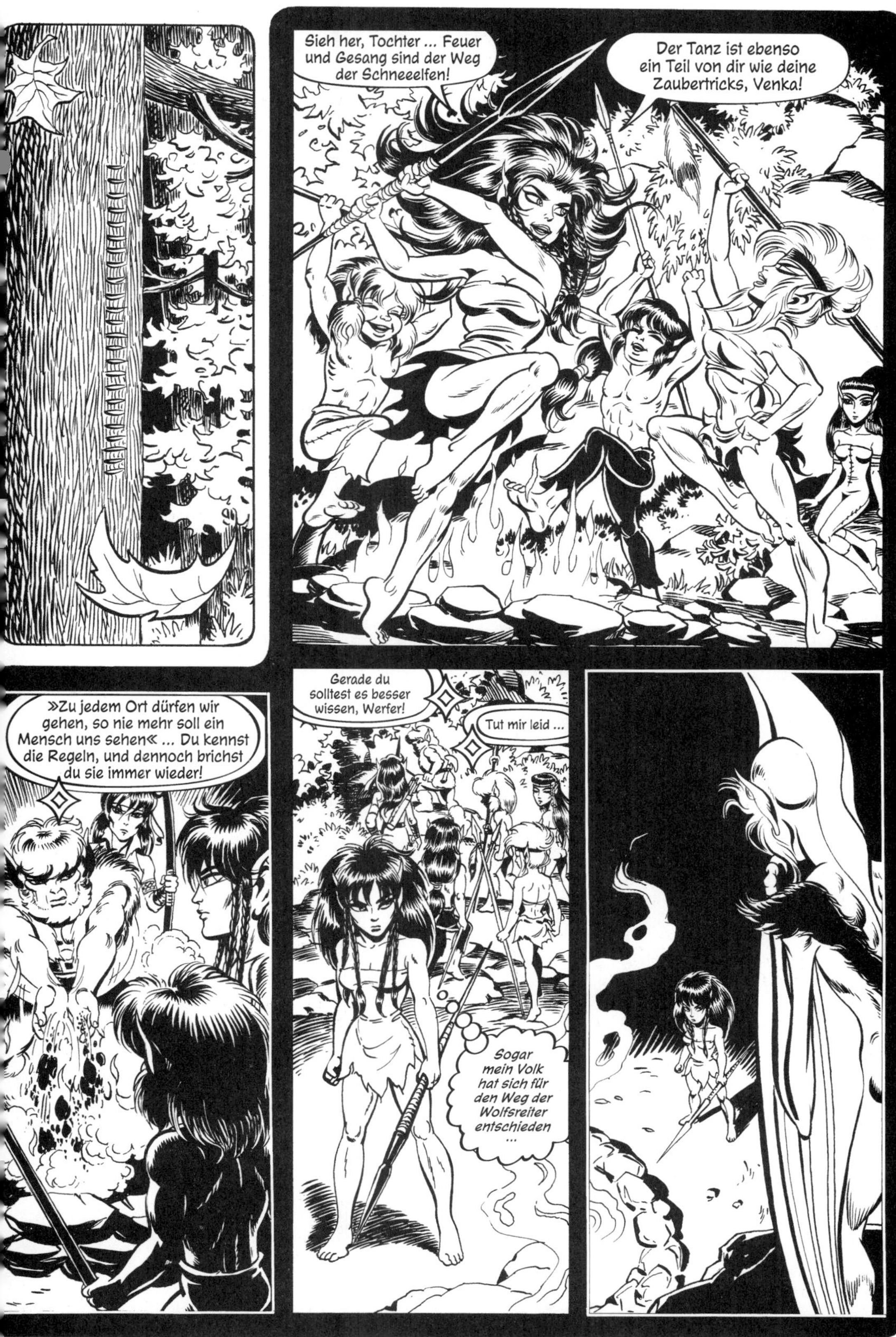
Sieh her, Tochter ... Feuer und Gesang sind der Weg der Schneeelfen!
Der Tanz ist ebenso ein Teil von dir wie deine Zaubertricks, Venka!
»Zu jedem Ort dürfen wir gehen, so nie mehr soll ein Mensch uns sehen« ... Du kennst die Regeln, und dennoch brichst du sie immer wieder!
Gerade du solltest es besser wissen, Werfer!
Tut mir leid ...
Sogar mein Volk hat sich für den Weg der Wolfsreiter entschieden ...

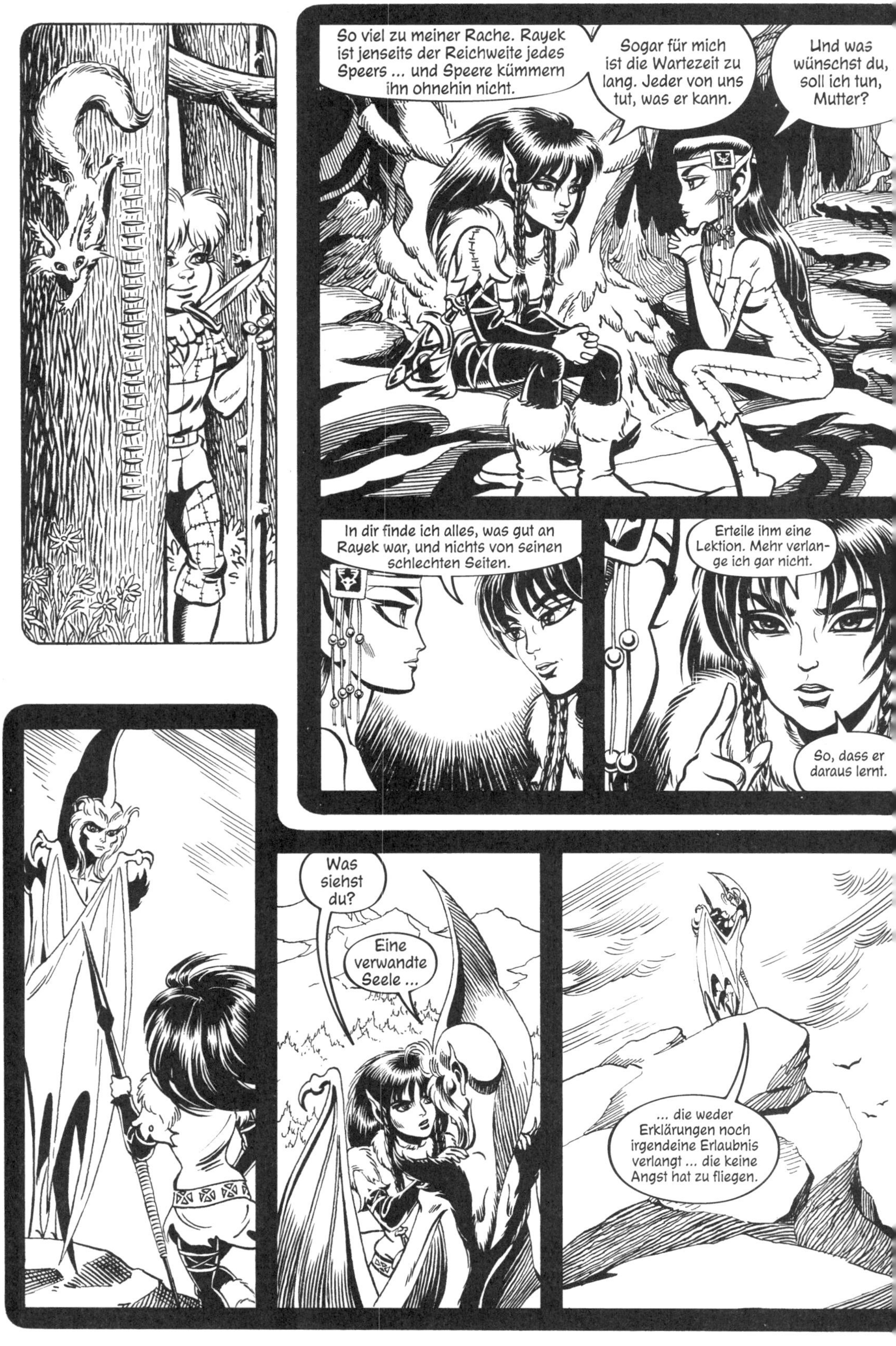

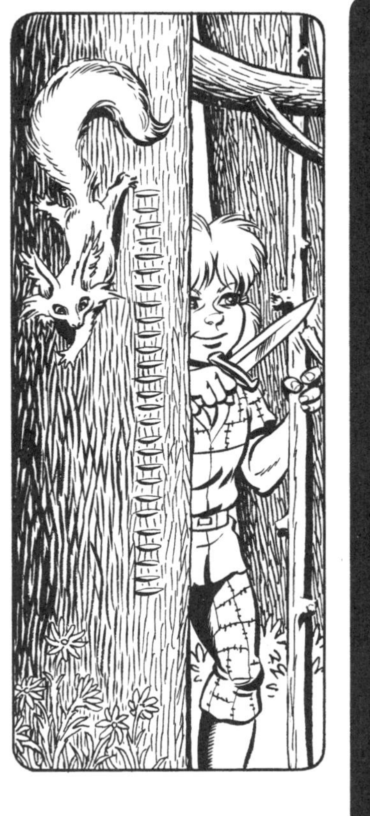

So viel zu meiner Rache. Rayek ist jenseits der Reichweite jedes Speers ... und Speere kümmern ihn ohnehin nicht.
Sogar für mich ist die Wartezeit zu lang. Jeder von uns tut, was er kann.
Und was wünschst du, soll ich tun, Mutter?
In dir finde ich alles, was gut an Rayek war, und nichts von seinen schlechten Seiten.
Erteile ihm eine Lektion. Mehr verlange ich gar nicht.
So, dass er daraus lernt.

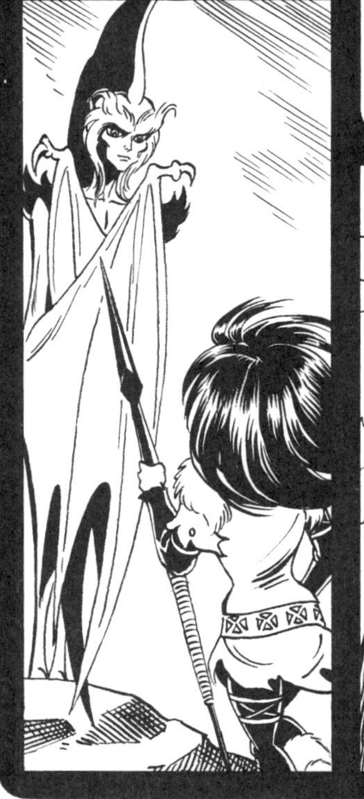

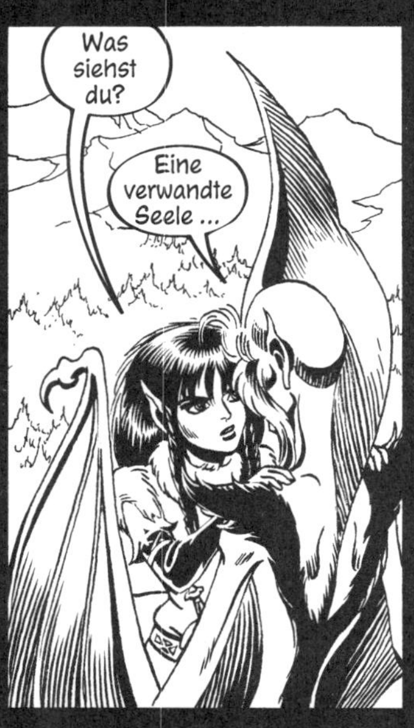

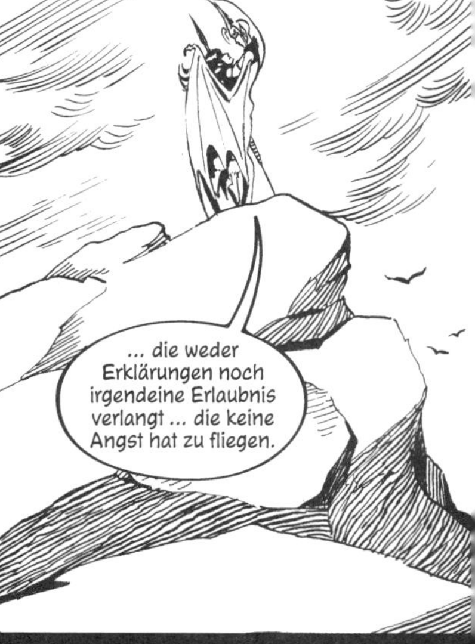

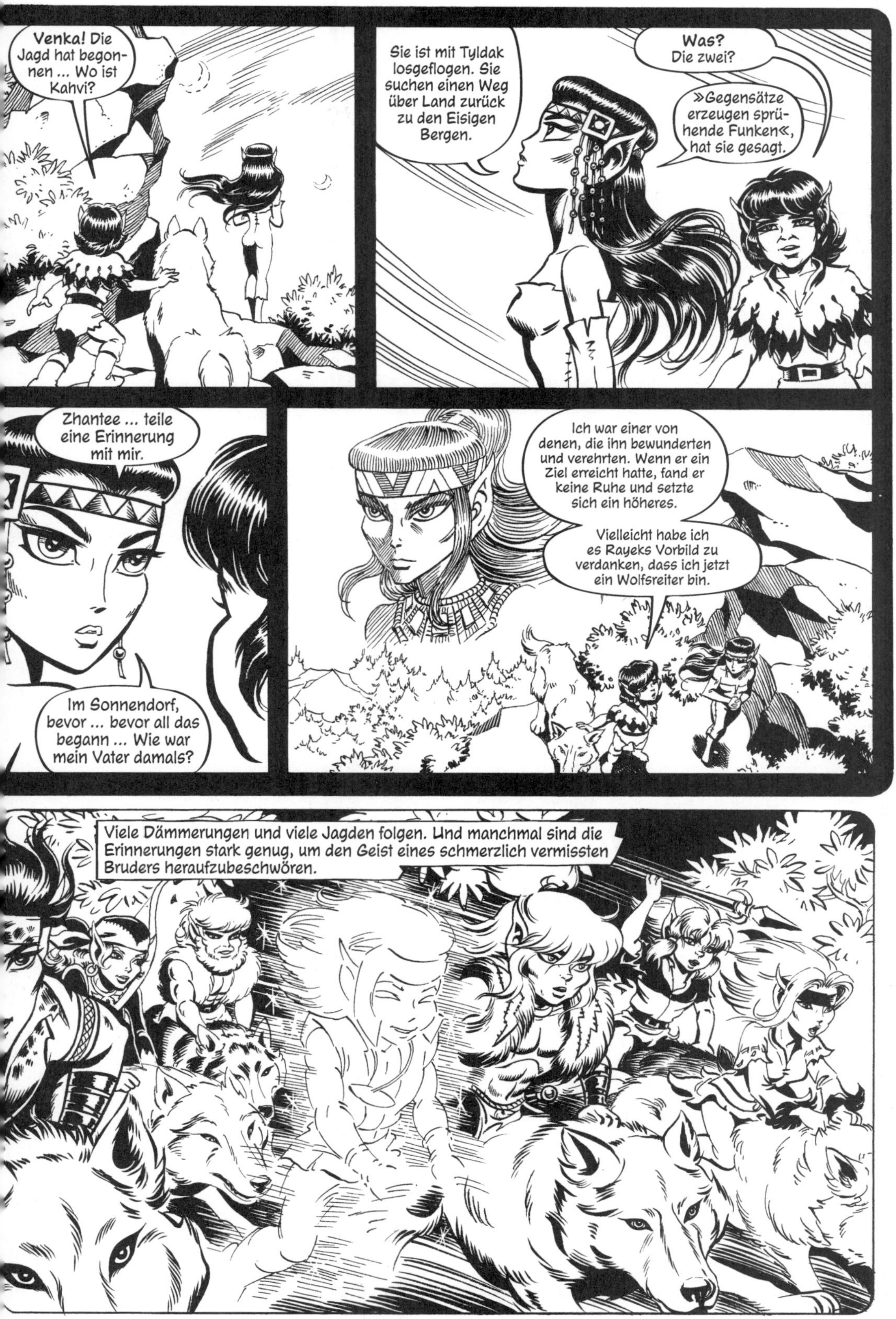

Venka! Die Jagd hat begonnen ... Wo ist Kahvi?

Sie ist mit Tyldak losgeflogen. Sie suchen einen Weg über Land zurück zu den Eisigen Bergen.

Was? Die zwei?

»Gegensätze erzeugen sprühende Funken«, hat sie gesagt.

Zhantee ... teile eine Erinnerung mit mir.

Im Sonnendorf, bevor ... bevor all das begann ... Wie war mein Vater damals?

Ich war einer von denen, die ihn bewunderten und verehrten. Wenn er ein Ziel erreicht hatte, fand er keine Ruhe und setzte sich ein höheres.

Vielleicht habe ich es Rayeks Vorbild zu verdanken, dass ich jetzt ein Wolfsreiter bin.

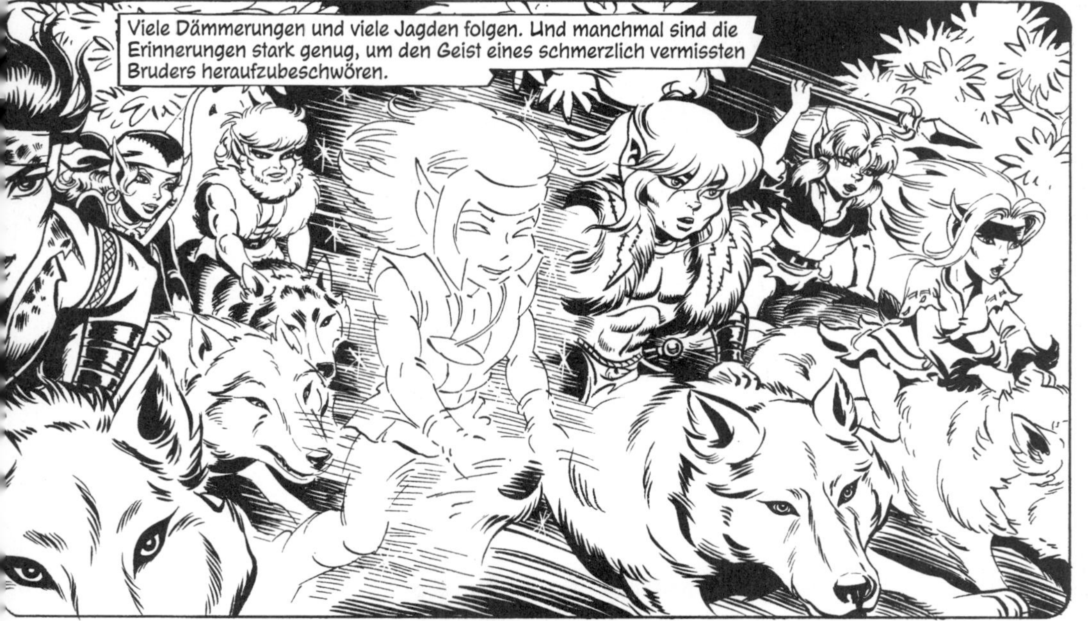

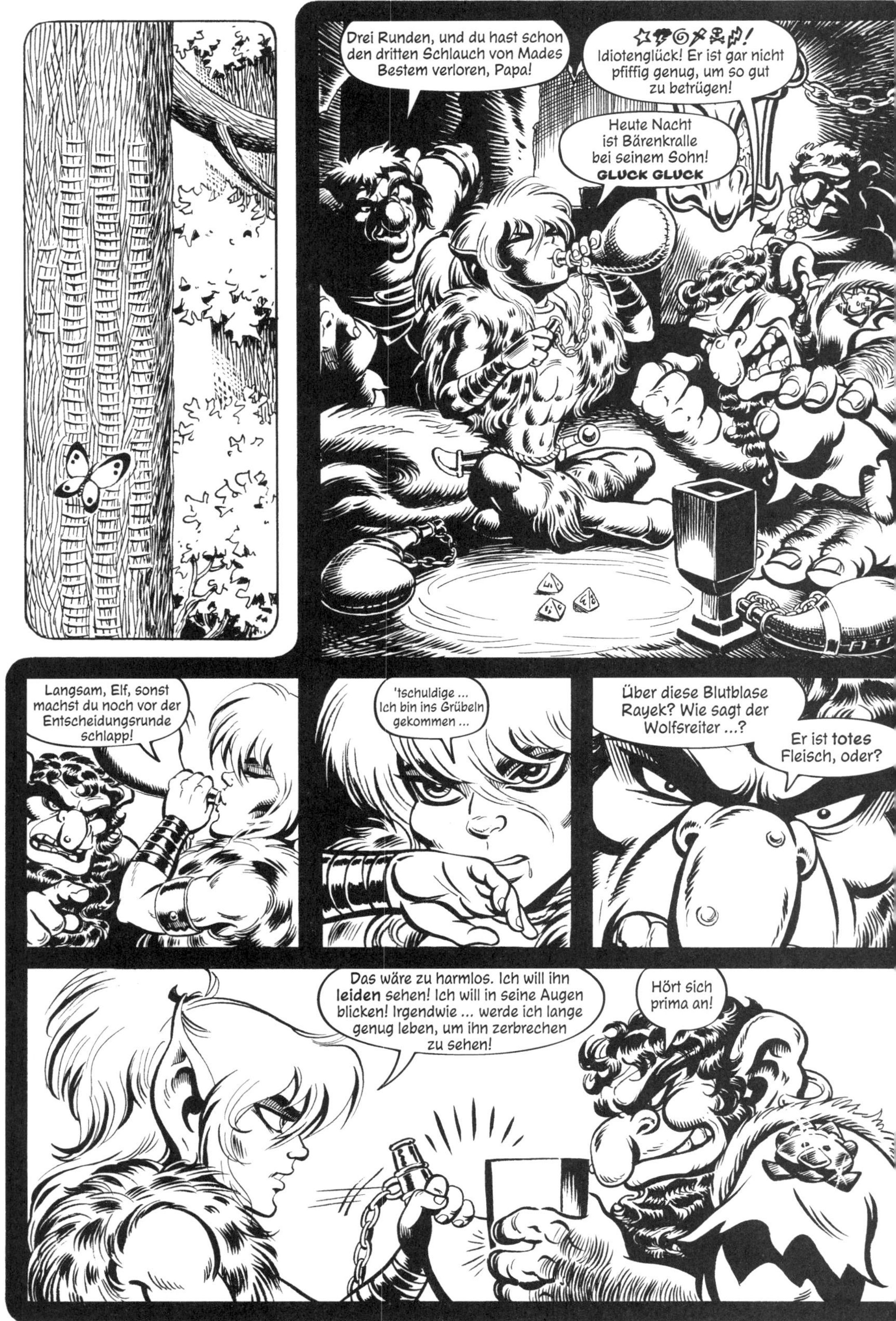
Drei Runden, und du hast schon den dritten Schlauch von Mades Bestem verloren, Papa!
Idiotenglück! Er ist gar nicht pfiffig genug, um so gut zu betrügen!
Heute Nacht ist Bärenkralle bei seinem Sohn!
GLUCK GLUCK
Langsam, Elf, sonst machst du noch vor der Entscheidungsrunde schlapp!
'tschuldige … Ich bin ins Grübeln gekommen …
Über diese Blutblase Rayek? Wie sagt der Wolfsreiter …?
Er ist totes Fleisch, oder?
Das wäre zu harmlos. Ich will ihn leiden sehen! Ich will in seine Augen blicken! Irgendwie … werde ich lange genug leben, um ihn zerbrechen zu sehen!
Hört sich prima an!

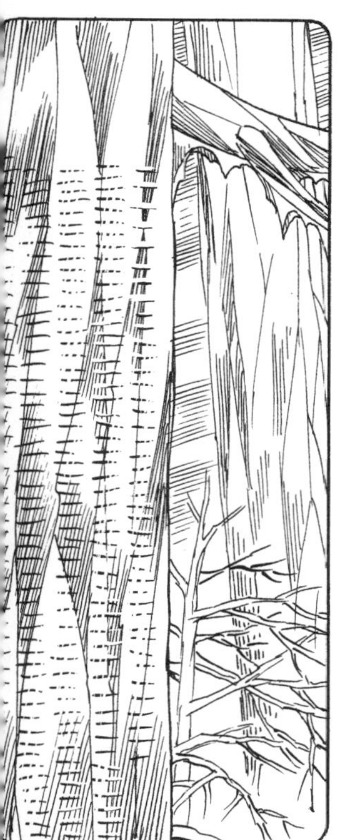

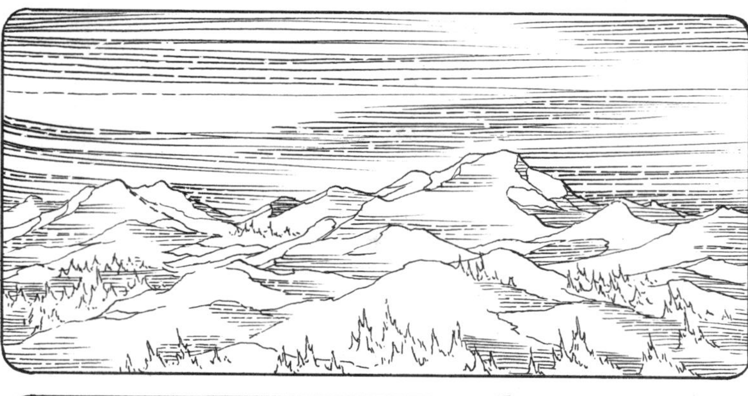

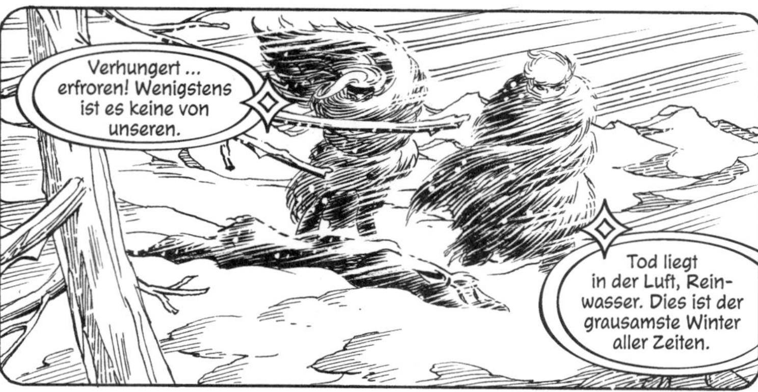
Verhungert ... erfroren! Wenigstens ist es keine von unseren.
Tod liegt in der Luft, Reinwasser. Dies ist der grausamste Winter aller Zeiten.

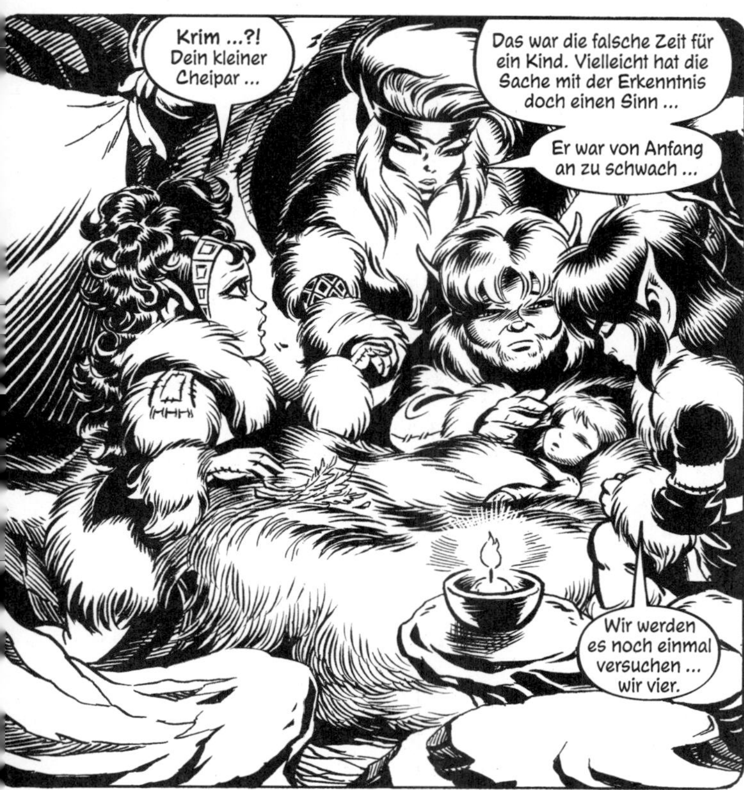
Krim ...?! Dein kleiner Cheipar ...
Das war die falsche Zeit für ein Kind. Vielleicht hat die Sache mit der Erkenntnis doch einen Sinn ...
Er war von Anfang an zu schwach ...
Wir werden es noch einmal versuchen ... wir vier.

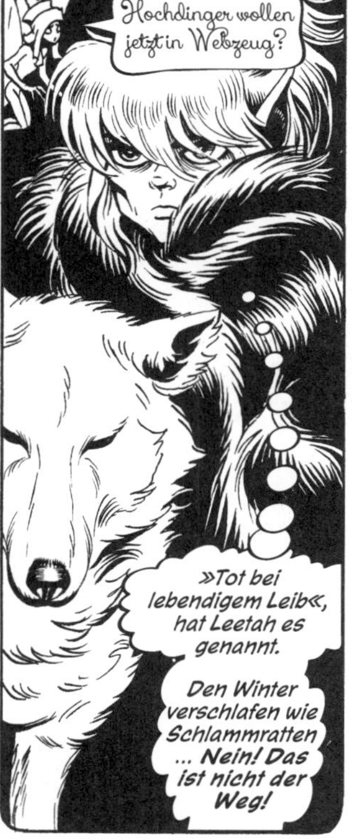
Hochdinger wollen jetzt in Webzeug?
»Tot bei lebendigem Leib«, hat Leetah es genannt.
Den Winter verschlafen wie Schlammratten ... Nein! Das ist nicht der Weg!

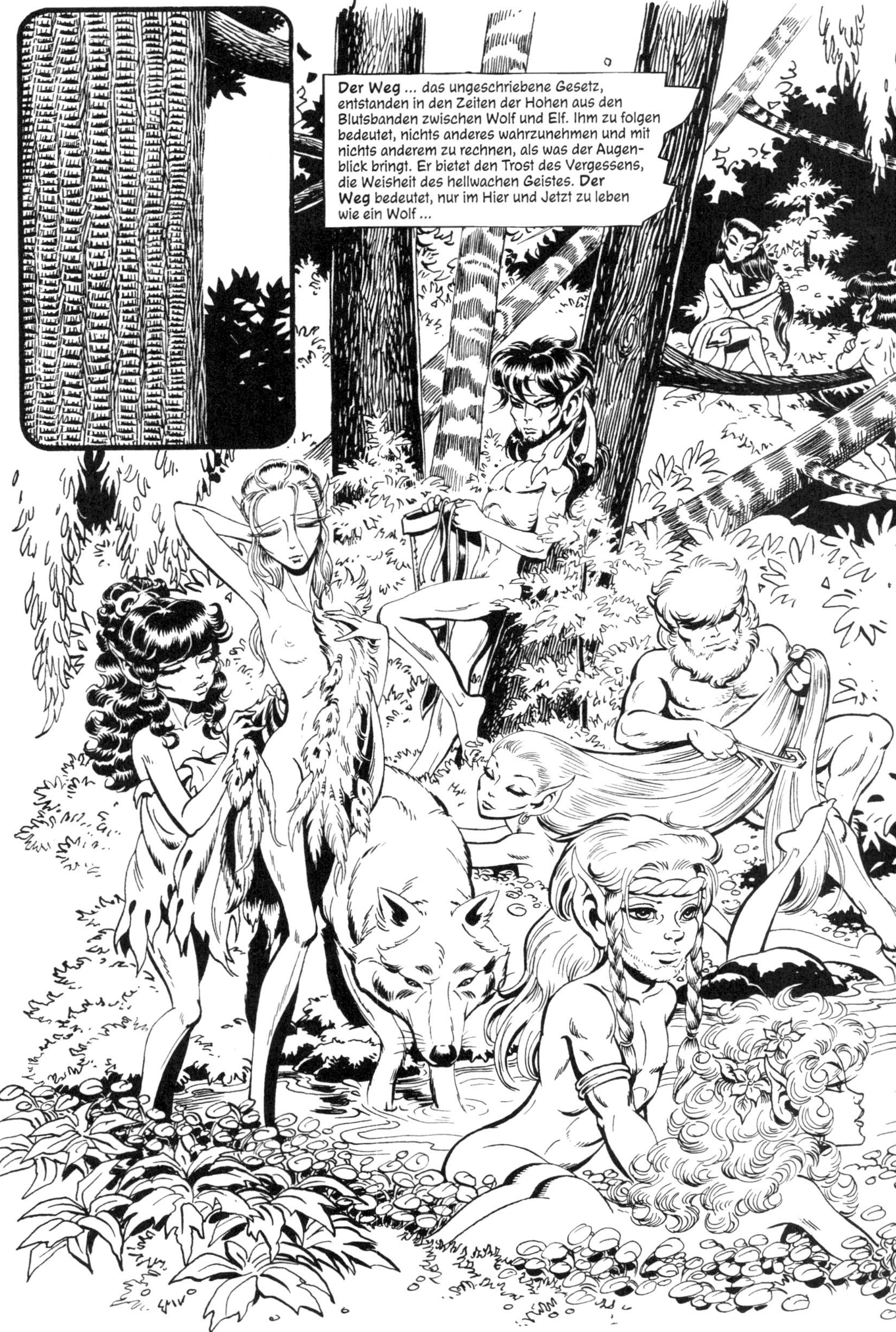
Der Weg ... das ungeschriebene Gesetz, entstanden in den Zeiten der Hohen aus den Blutsbanden zwischen Wolf und Elf. Ihm zu folgen bedeutet, nichts anderes wahrzunehmen und mit nichts anderem zu rechnen, als was der Augenblick bringt. Er bietet den Trost des Vergessens, die Weisheit des hellwachen Geistes. **Der Weg** bedeutet, nur im Hier und Jetzt zu leben wie ein Wolf ...

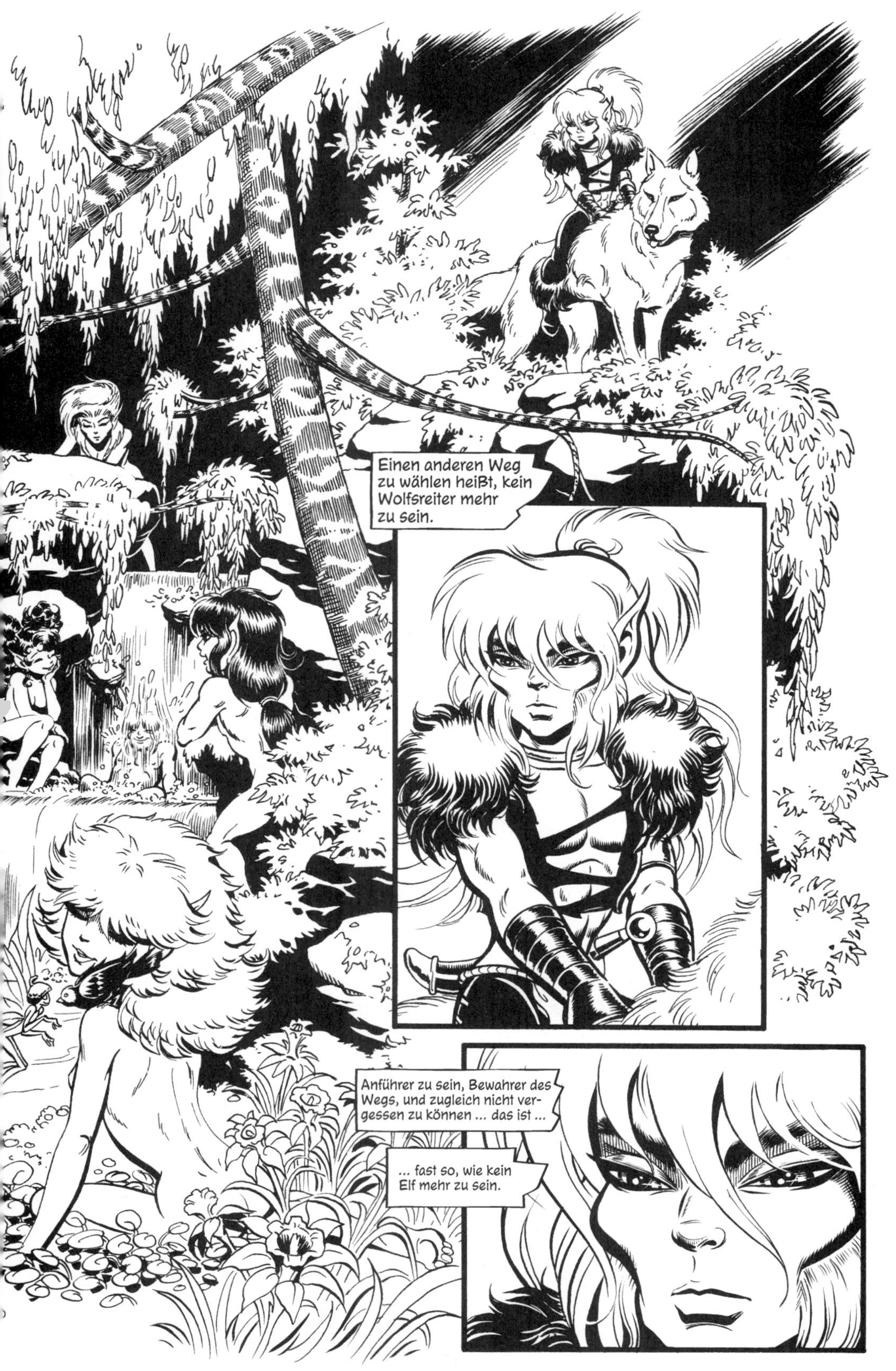
Einen anderen Weg zu wählen heißt, kein Wolfsreiter mehr zu sein.
Anführer zu sein, Bewahrer des Wegs, und zugleich nicht vergessen zu können ... das ist ...
... fast so, wie kein Elf mehr zu sein.

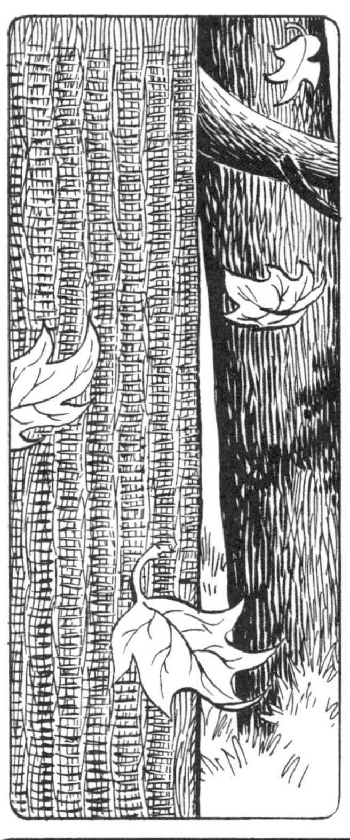

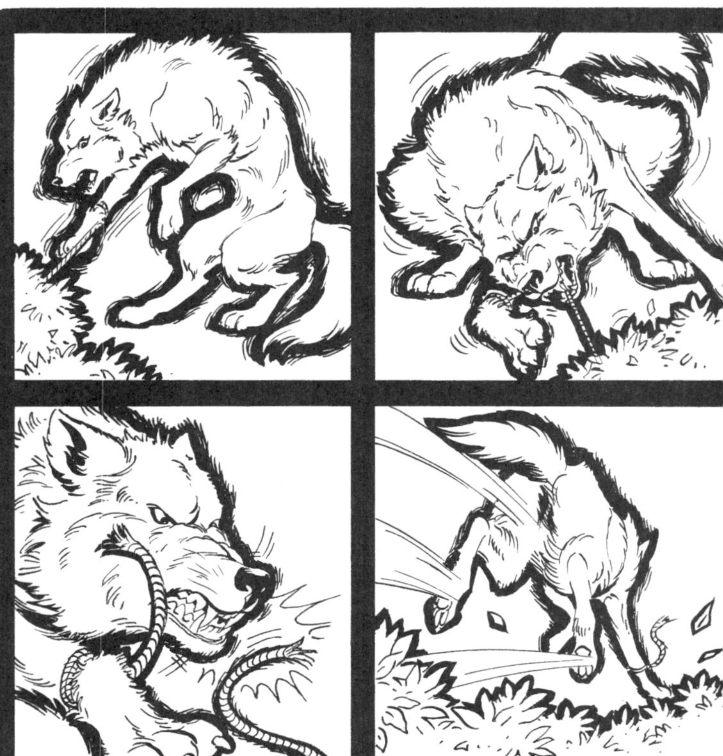

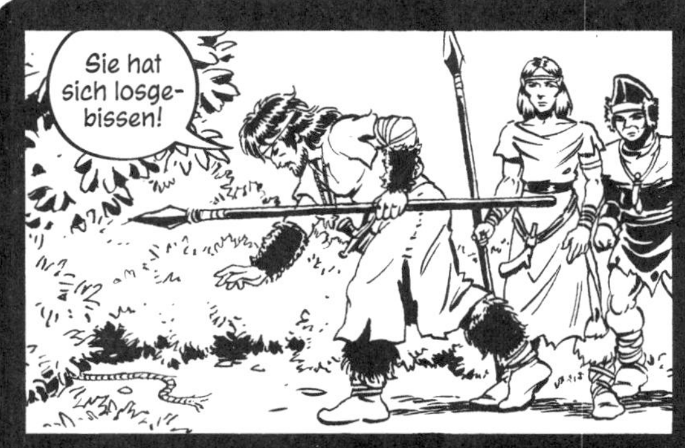
Sie hat sich losgebissen!

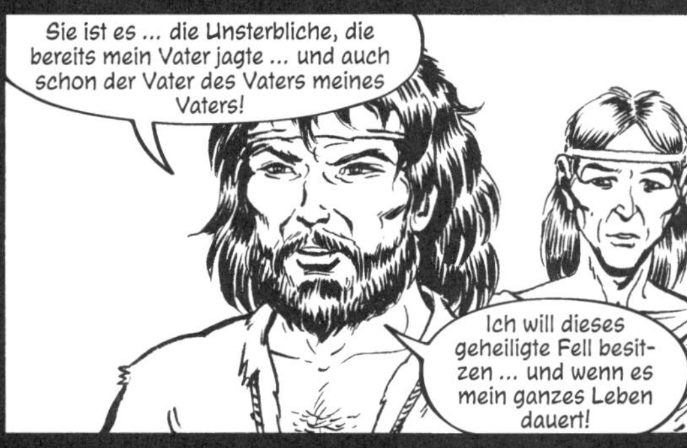
Sie ist es ... die Unsterbliche, die bereits mein Vater jagte ... und auch schon der Vater des Vaters meines Vaters!
Ich will dieses geheiligte Fell besitzen ... und wenn es mein ganzes Leben dauert!

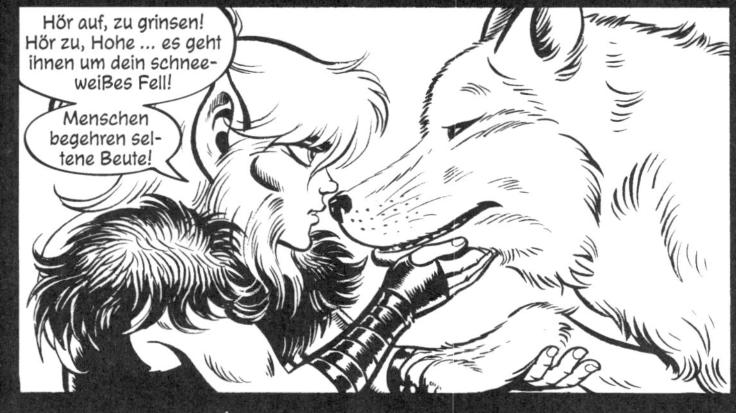
Hör auf, zu grinsen! Hör zu, Hohe ... es geht ihnen um dein schneeweißes Fell!
Menschen begehren seltene Beute!

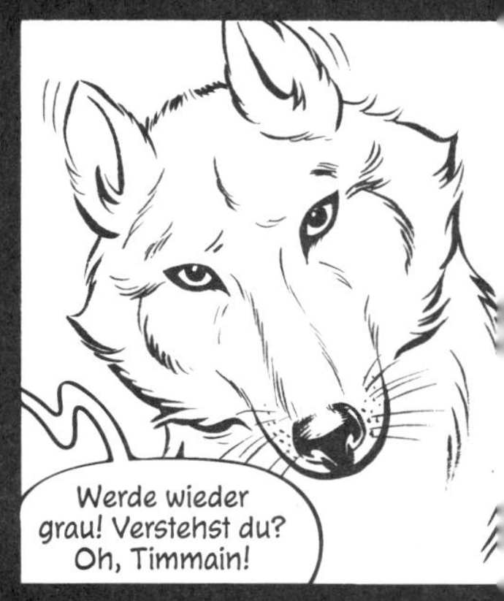
Werde wieder grau! Verstehst du? Oh, Timmain!

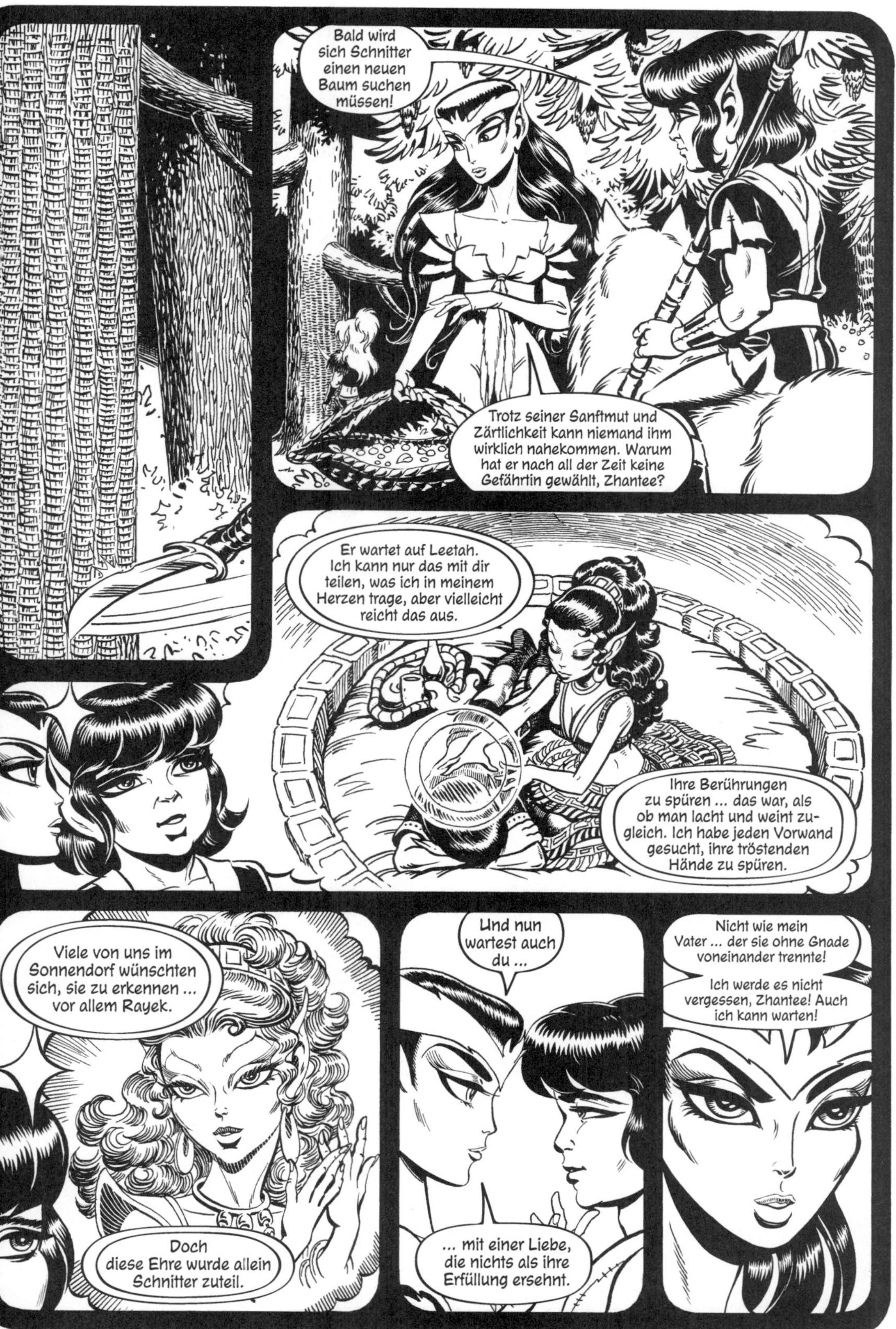
Bald wird sich Schnitter einen neuen Baum suchen müssen!
Trotz seiner Sanftmut und Zärtlichkeit kann niemand ihm wirklich nahekommen. Warum hat er nach all der Zeit keine Gefährtin gewählt, Zhantee?
Er wartet auf Leetah. Ich kann nur das mit dir teilen, was ich in meinem Herzen trage, aber vielleicht reicht das aus.
Ihre Berührungen zu spüren ... das war, als ob man lacht und weint zugleich. Ich habe jeden Vorwand gesucht, ihre tröstenden Hände zu spüren.
Viele von uns im Sonnendorf wünschten sich, sie zu erkennen ... vor allem Rayek.
Doch diese Ehre wurde allein Schnitter zuteil.
Und nun wartest auch du ...
... mit einer Liebe, die nichts als ihre Erfüllung ersehnt.
Nicht wie mein Vater ... der sie ohne Gnade voneinander trennte!
Ich werde es nicht vergessen, Zhantee! Auch ich kann warten!

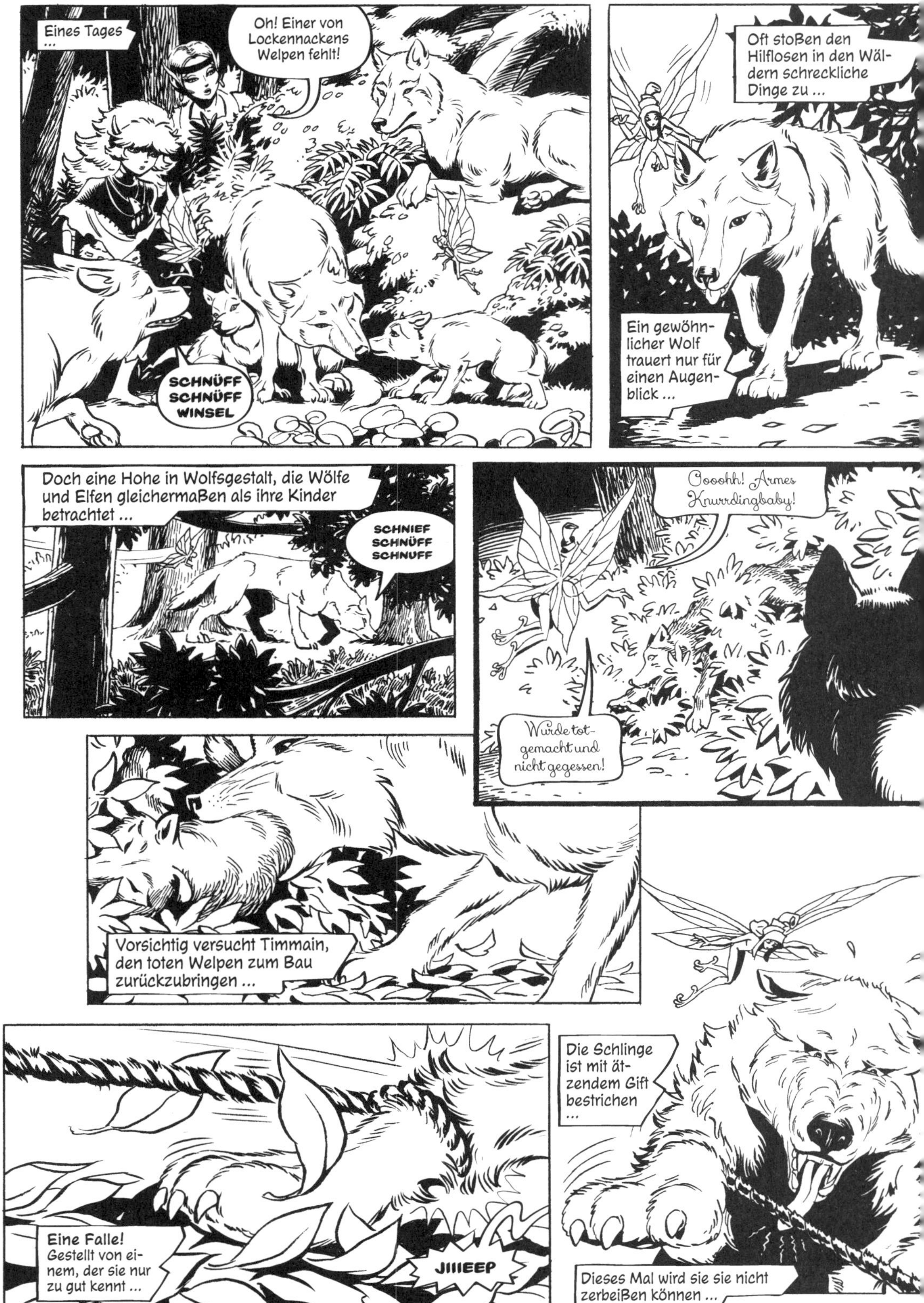

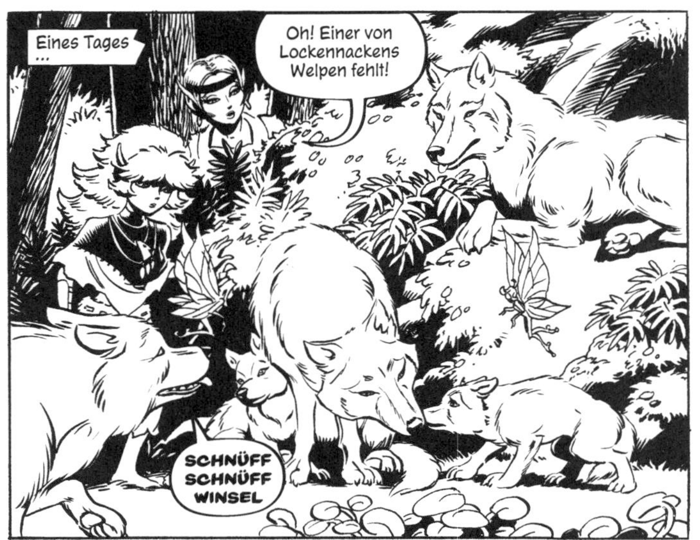

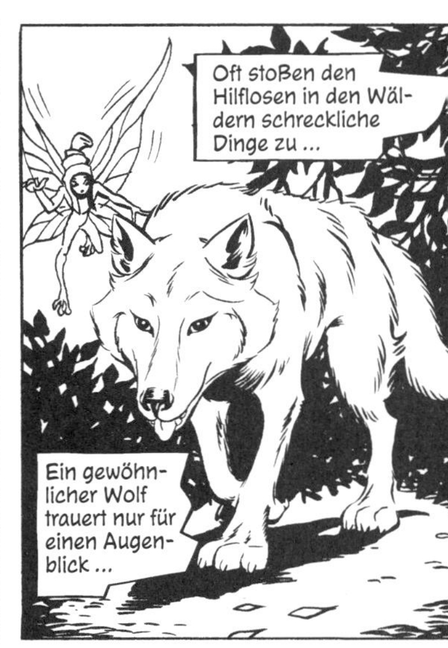

Doch eine Hohe in Wolfsgestalt, die Wölfe und Elfen gleichermaßen als ihre Kinder betrachtet …

SCHNIEF SCHNÜFF SCHNUFF

Oooohh! Armes Knurrdingbaby!

Wurde totgemacht und nicht gegessen!

Vorsichtig versucht Timmain, den toten Welpen zum Bau zurückzubringen …

Die Schlinge ist mit ätzendem Gift bestrichen …

Eine Falle! Gestellt von einem, der sie nur zu gut kennt …

JIIIEEP

Dieses Mal wird sie sie nicht zerbeißen können …

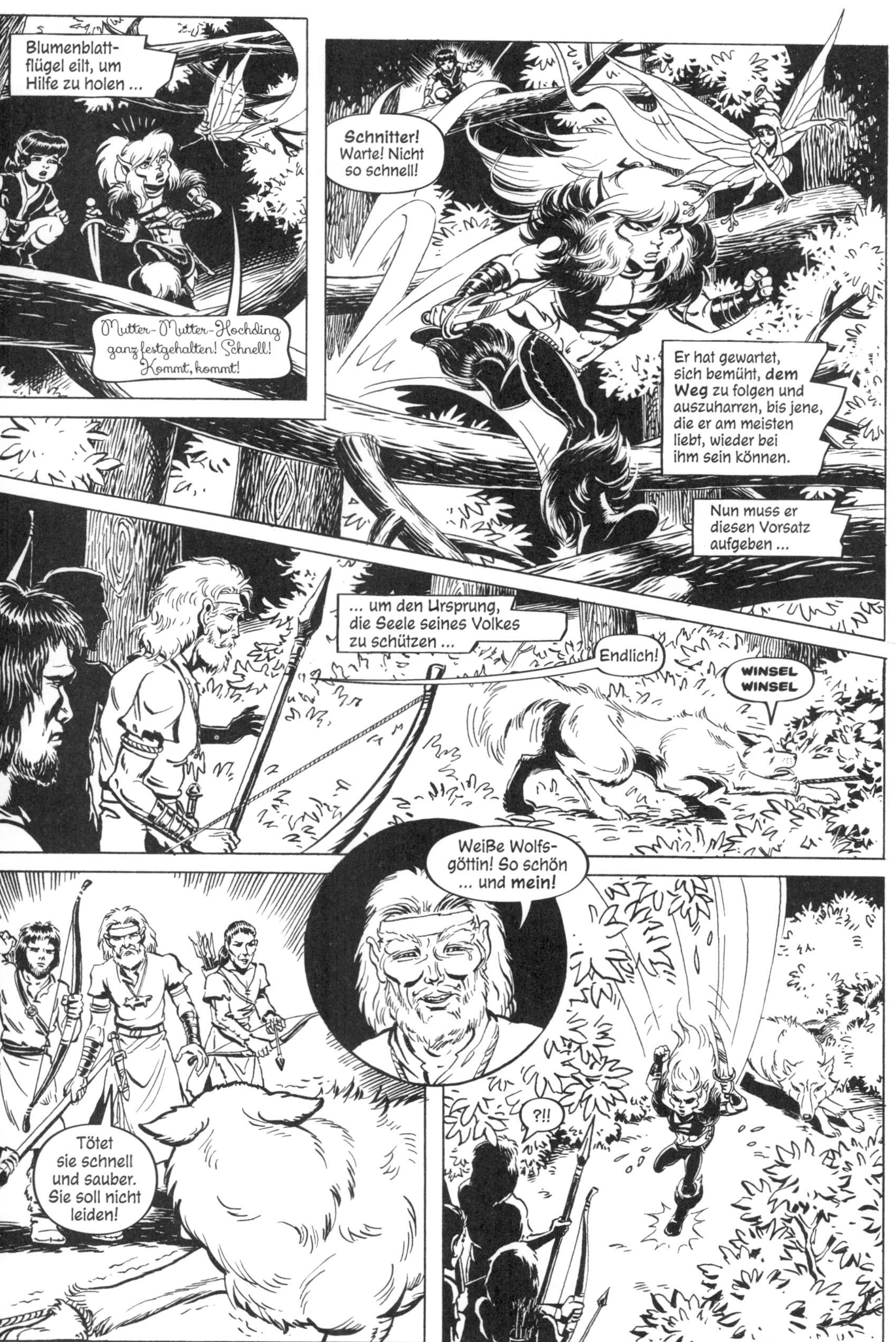
Blumenblattflügel eilt, um Hilfe zu holen ...
Mutter-Mutter-Hochding ganz festgehalten! Schnell! Kommt, kommt!
Schnitter! Warte! Nicht so schnell!
Er hat gewartet, sich bemüht, dem Weg zu folgen und auszuharren, bis jene, die er am meisten liebt, wieder bei ihm sein können.
Nun muss er diesen Vorsatz aufgeben ...
... um den Ursprung, die Seele seines Volkes zu schützen ...
Endlich!
WINSEL WINSEL
Weiße Wolfsgöttin! So schön ... und mein!
Tötet sie schnell und sauber. Sie soll nicht leiden!
?!!

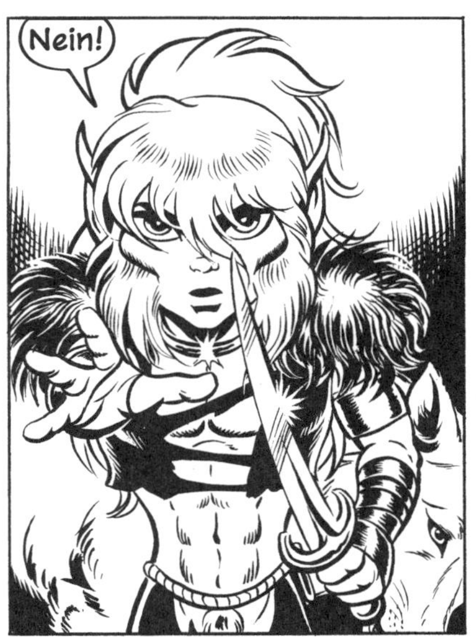
Nein!

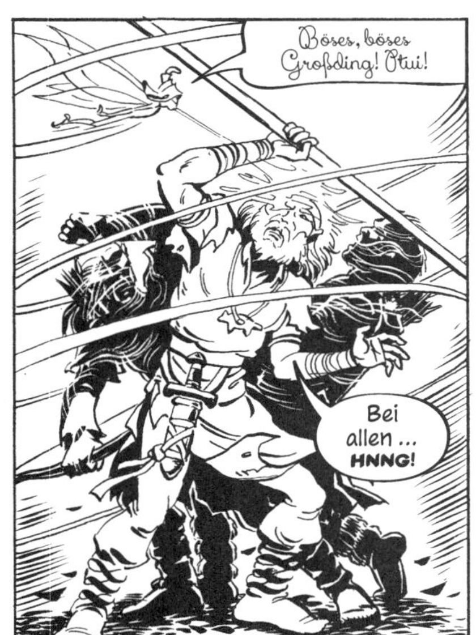
Böses, böses Großding! Ptui!
Bei allen ... HNNG!

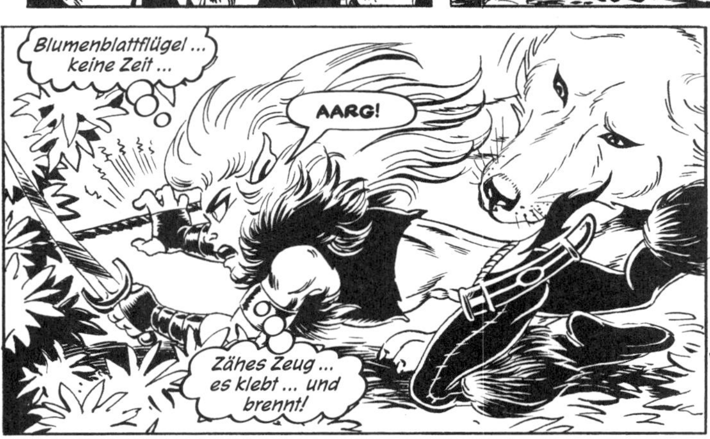
Blumenblattflügel ... keine Zeit ...
AARG!
Zähes Zeug ... es klebt ... und brennt!

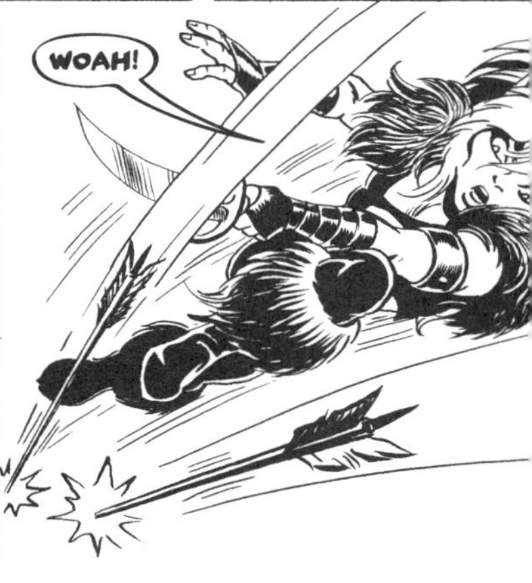
WOAH!

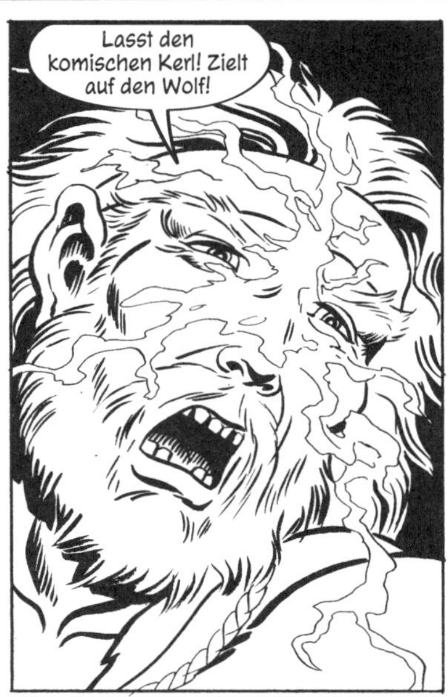
Lasst den komischen Kerl! Zielt auf den Wolf!

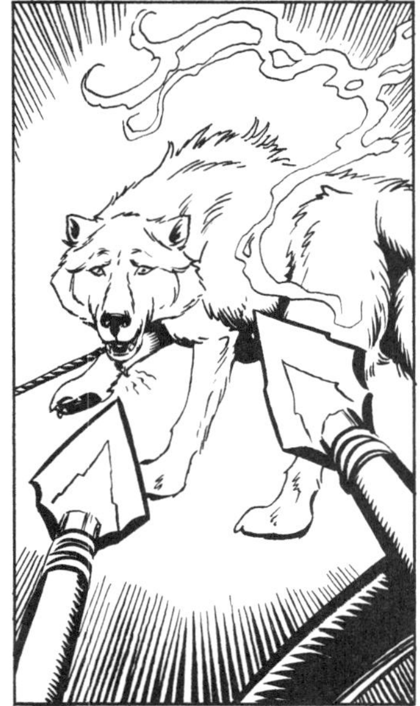

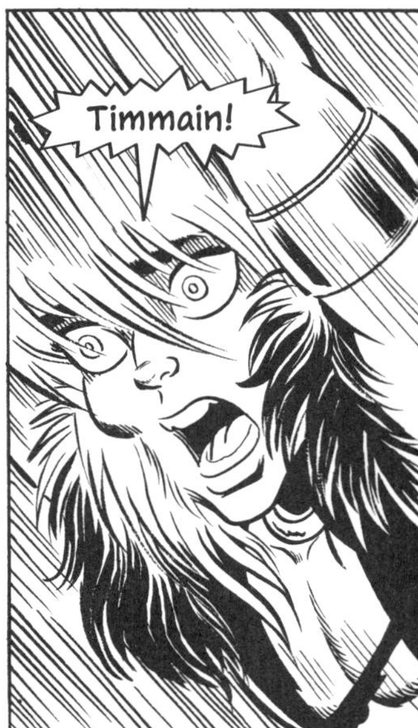
Timmain!

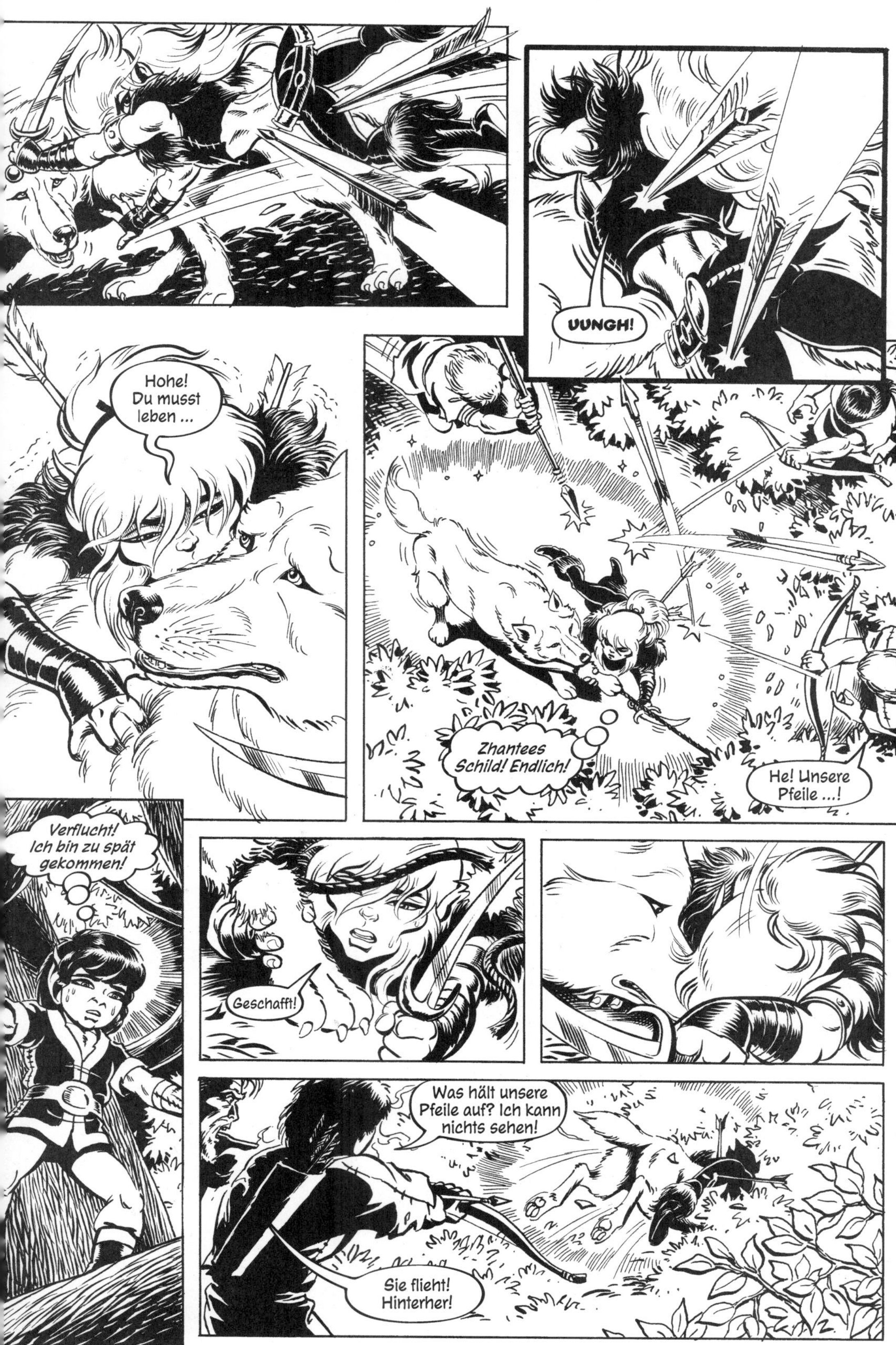
UUNGH!
Hohe! Du musst leben ...
Zhantees Schild! Endlich!
He! Unsere Pfeile ...!
Verflucht! Ich bin zu spät gekommen!
Geschafft!
Was hält unsere Pfeile auf? Ich kann nichts sehen!
Sie flieht! Hinterher!

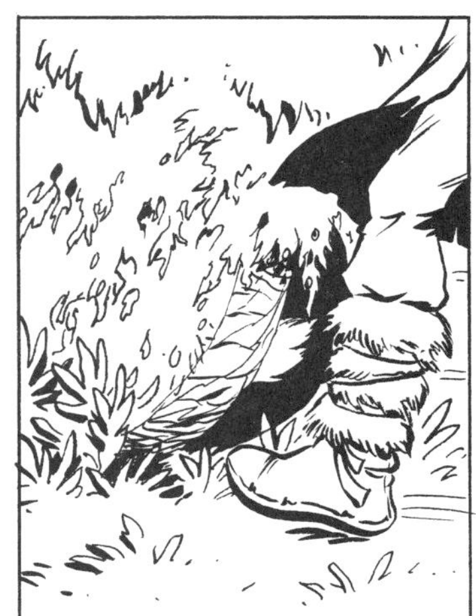

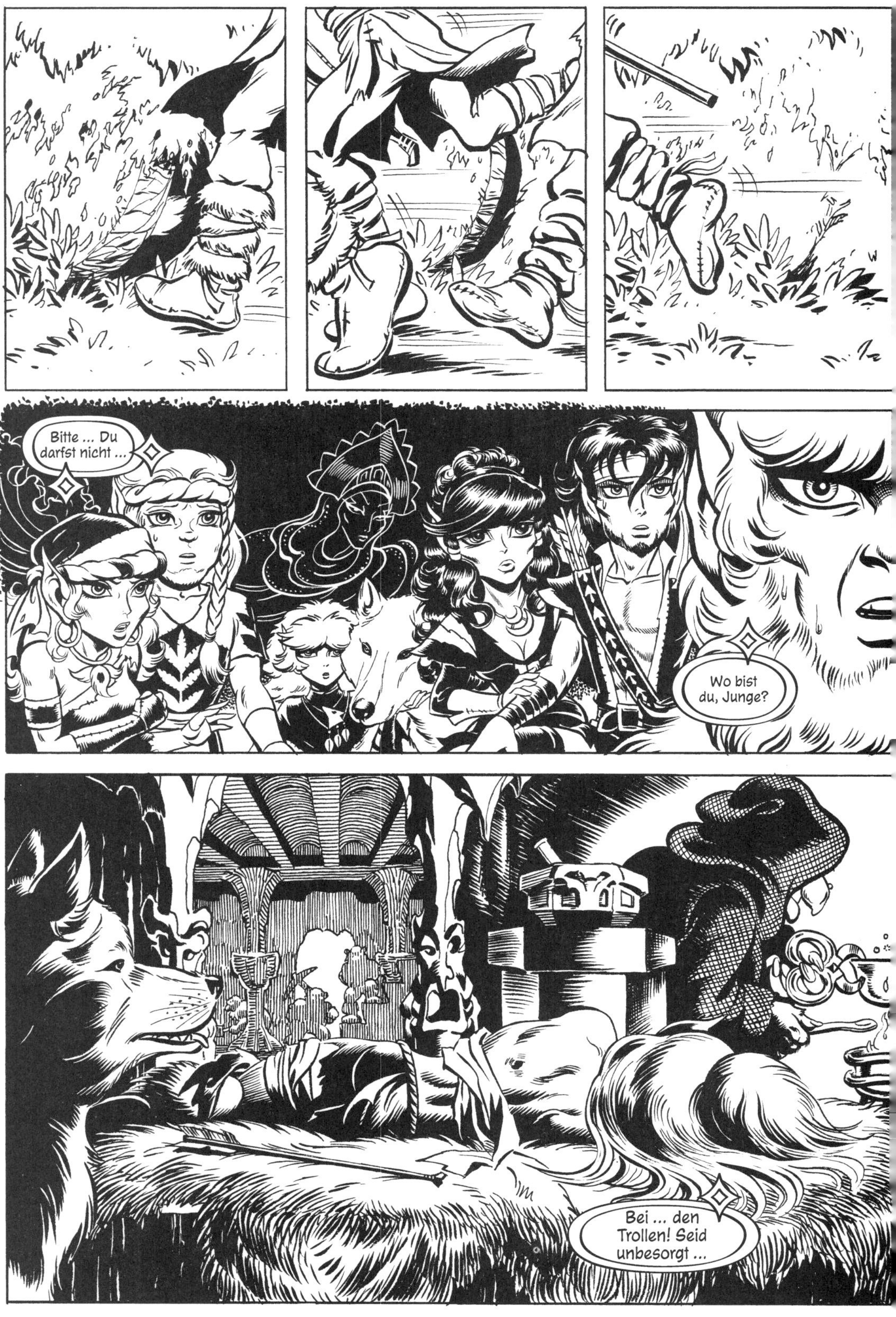

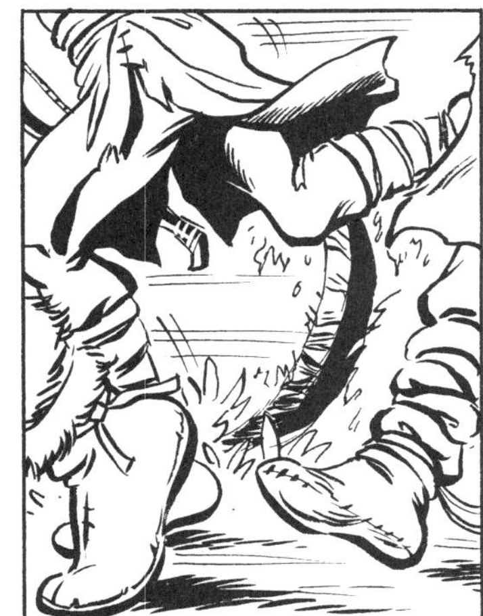

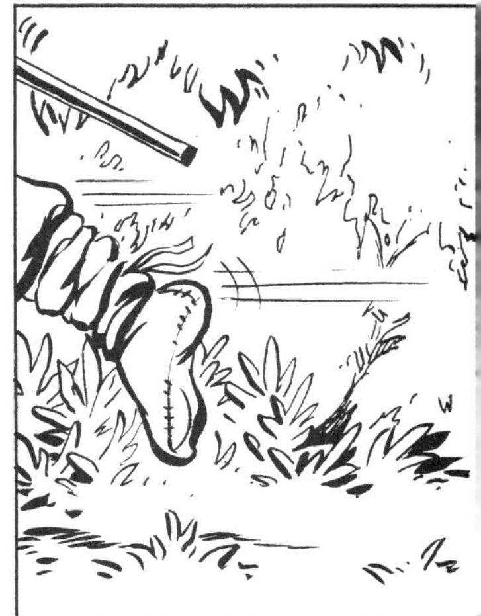

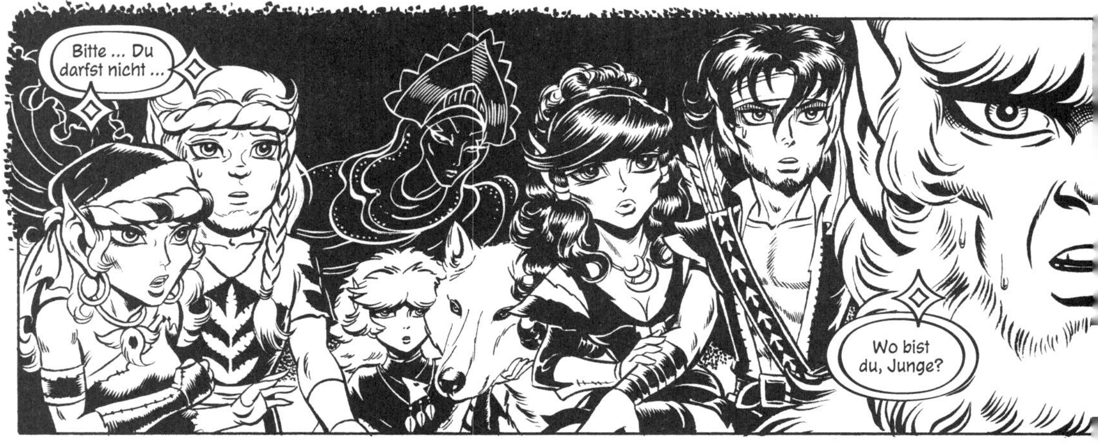
Bitte ... Du darfst nicht ...
Wo bist du, Junge?

Bei ... den Trollen! Seid unbesorgt ...

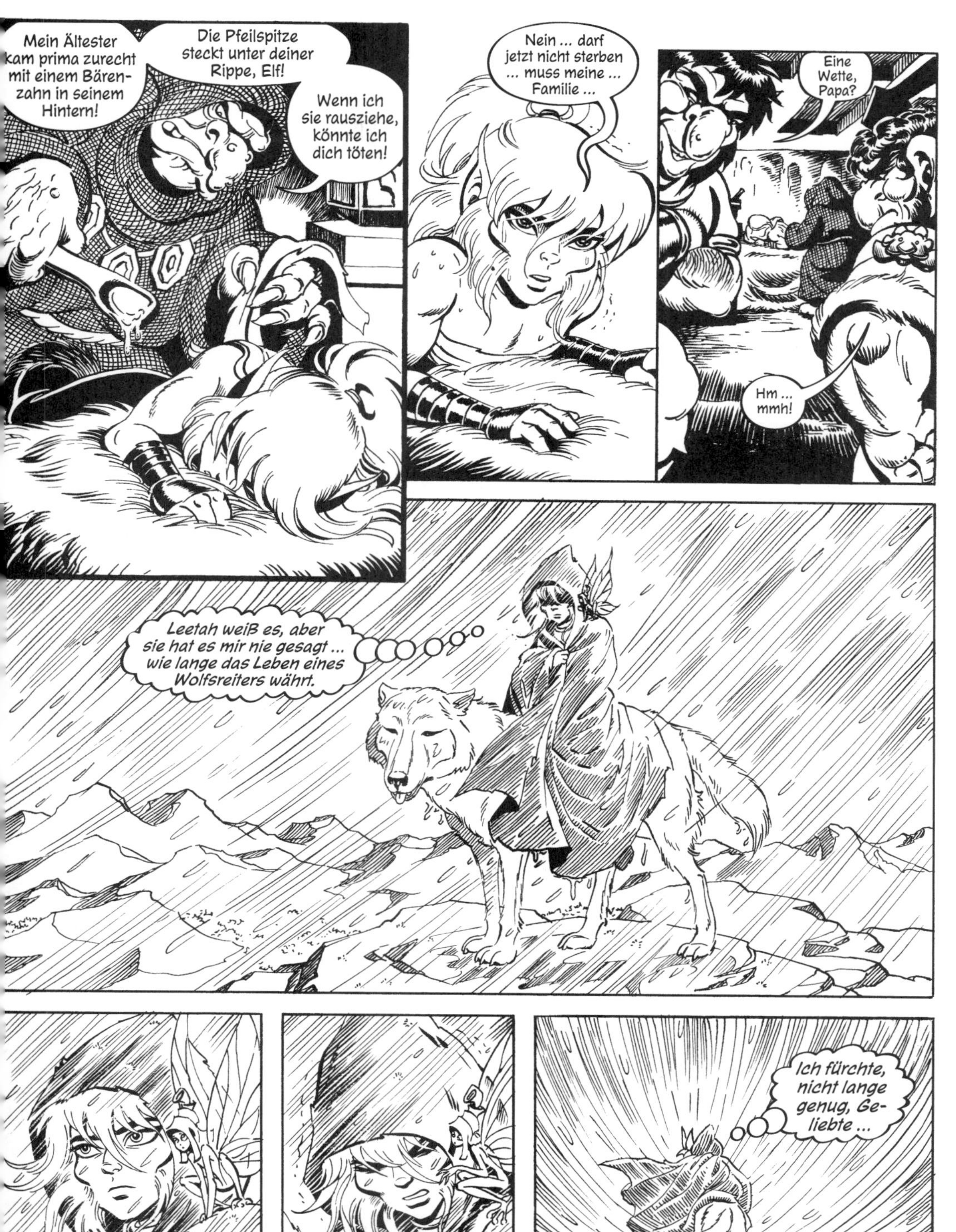
Mein Ältester kam prima zurecht mit einem Bären-zahn in seinem Hintern!
Die Pfeilspitze steckt unter deiner Rippe, Elf!
Wenn ich sie rausziehe, könnte ich dich töten!
Nein ... darf jetzt nicht sterben ... muss meine ... Familie ...
Eine Wette, Papa?
Hm ... mmh!
Leetah weiß es, aber sie hat es mir nie gesagt ... wie lange das Leben eines Wolfsreiters währt.
Ich fürchte, nicht lange genug, Ge-liebte ...

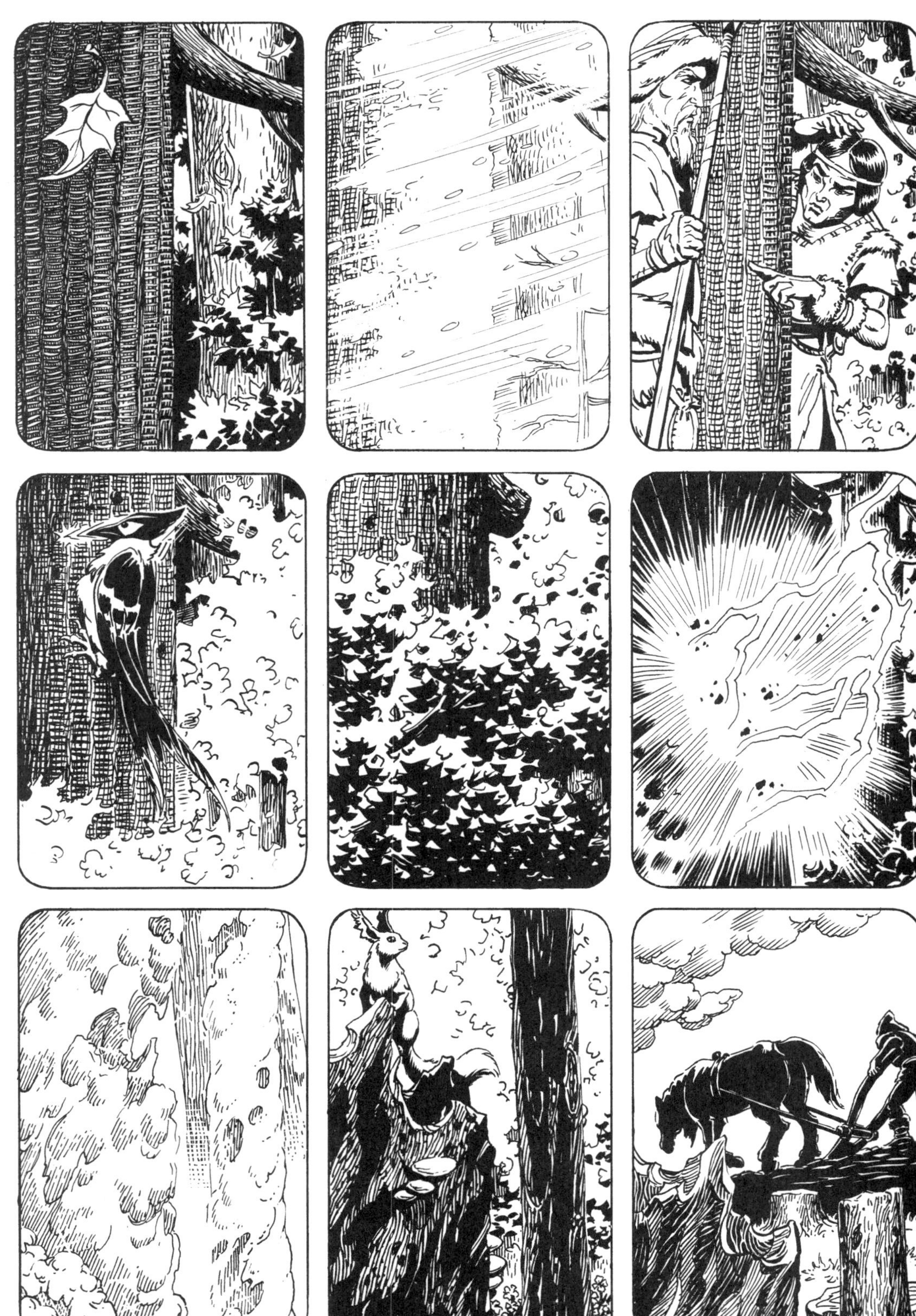

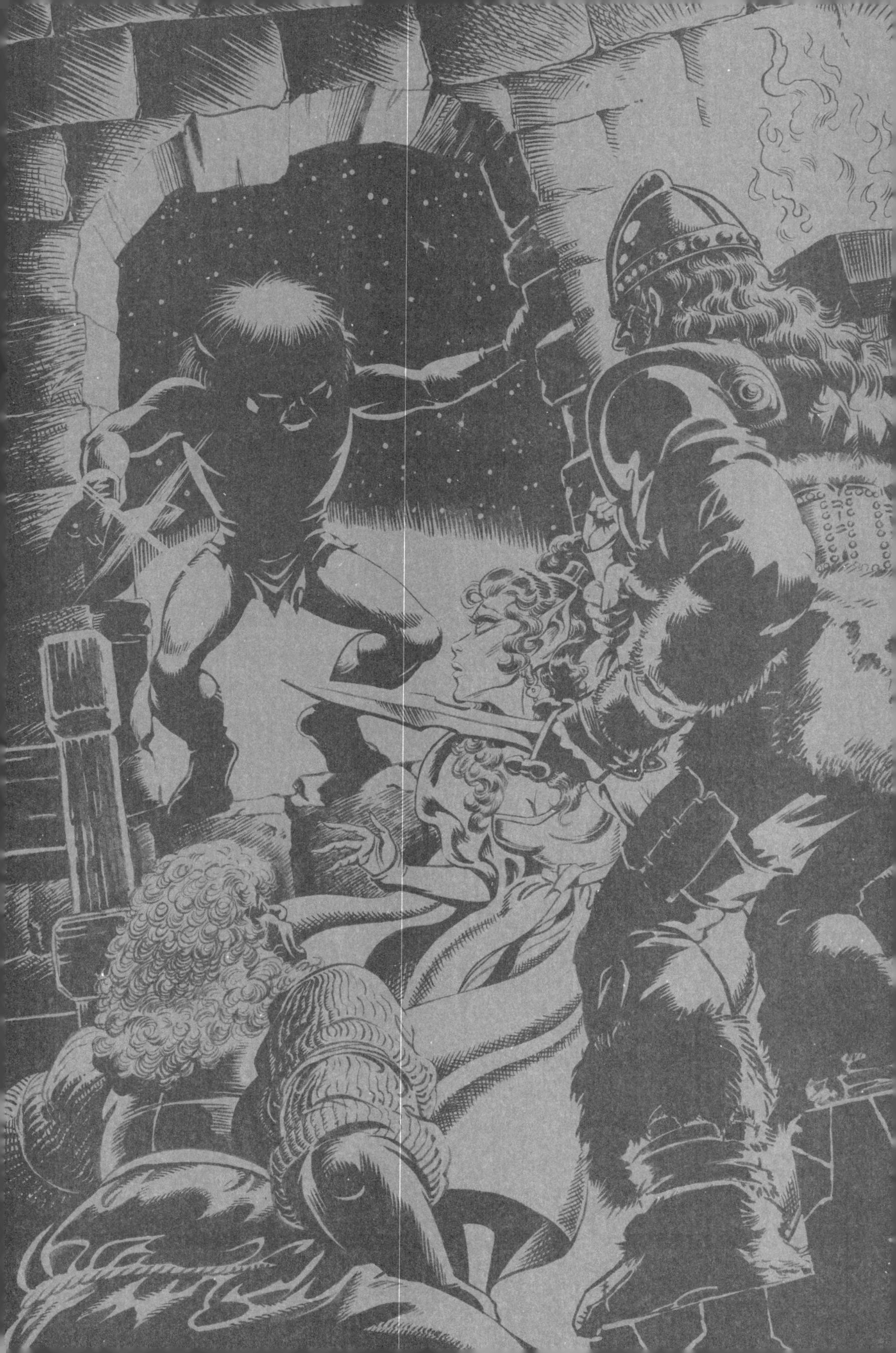

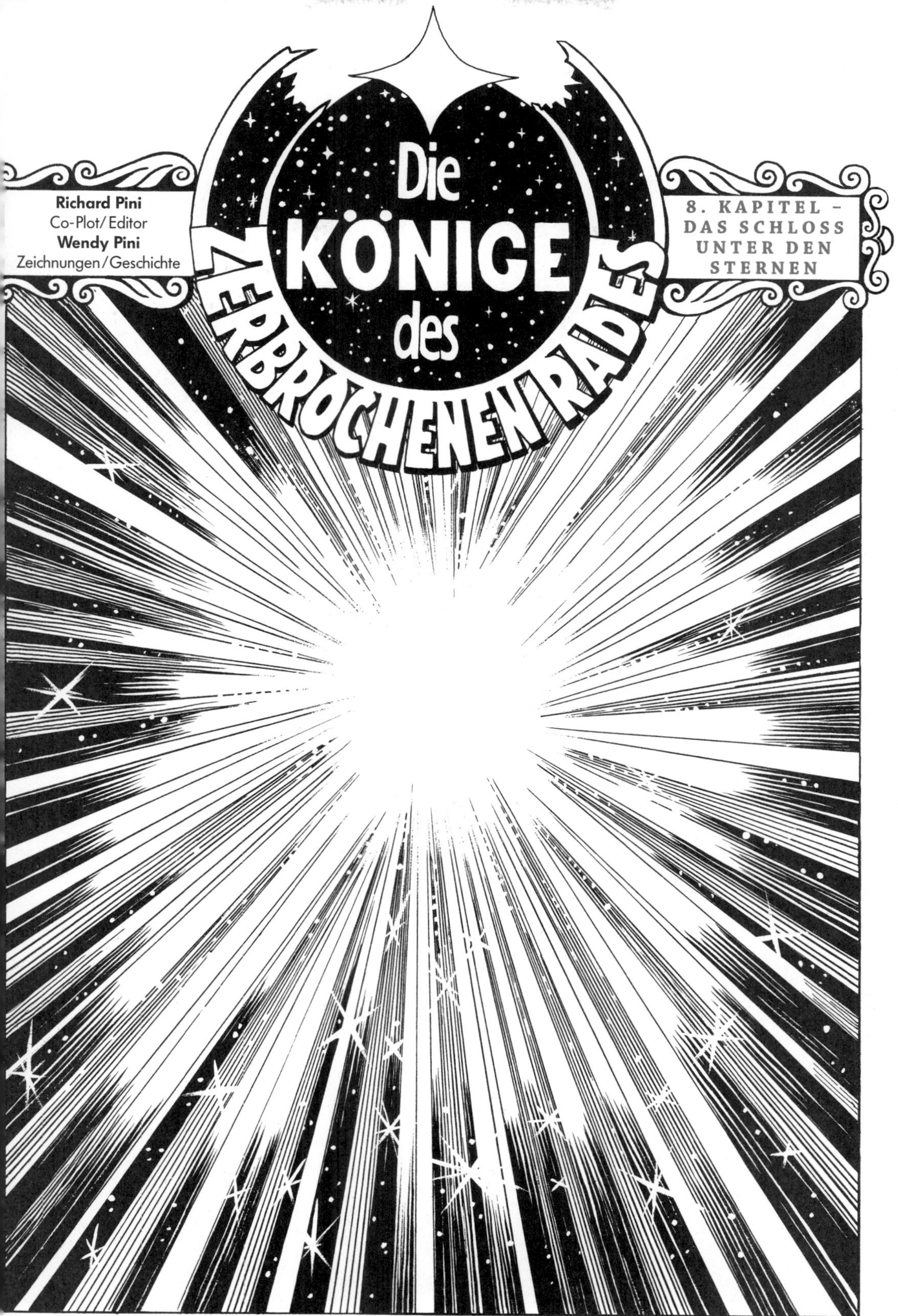
Richard Pini
Co-Plot/Editor
Wendy Pini
Zeichnungen/Geschichte
Die KÖNIGE des ZERBROCHENEN RADES
8. KAPITEL – DAS SCHLOSS UNTER DEN STERNEN

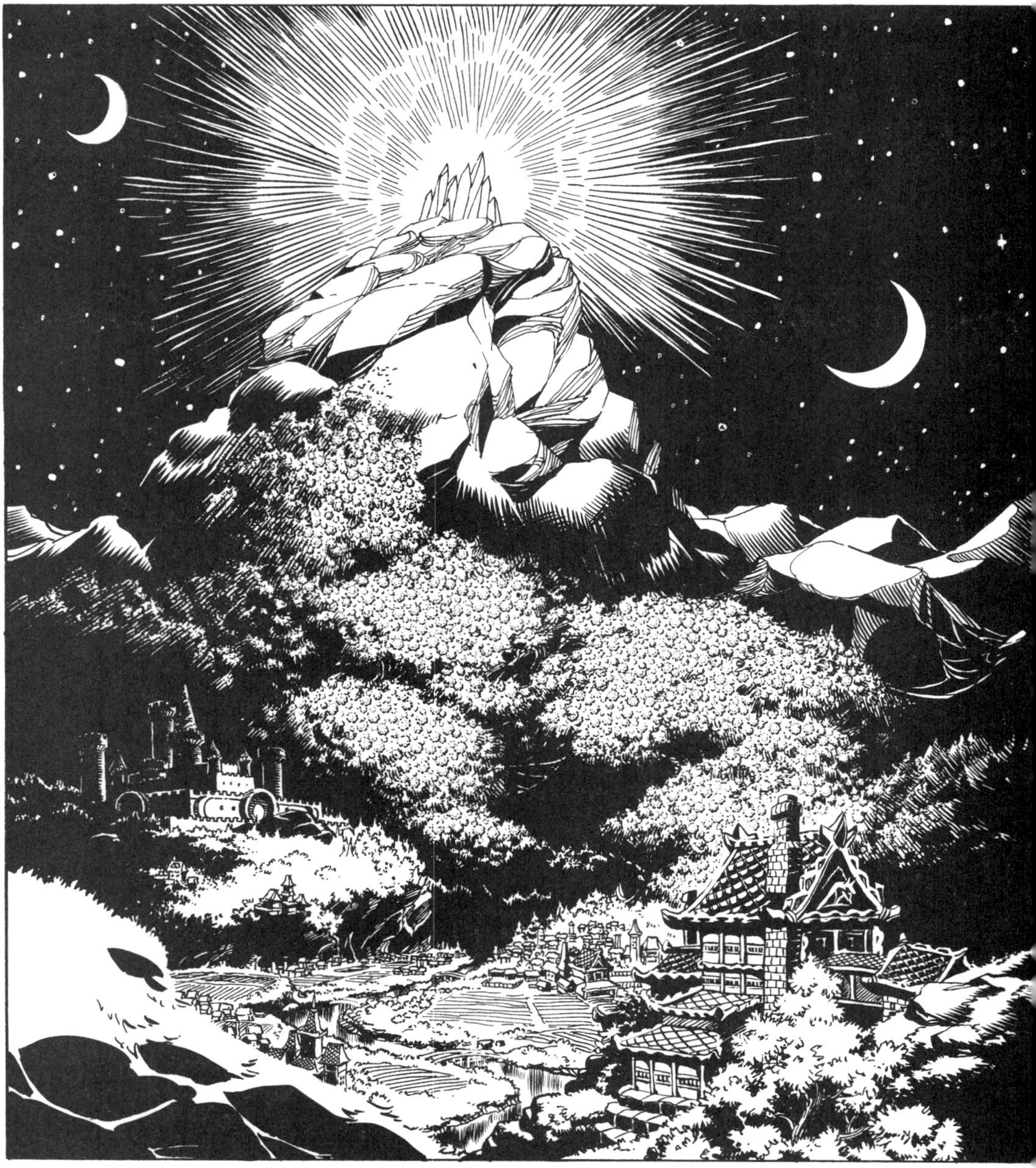

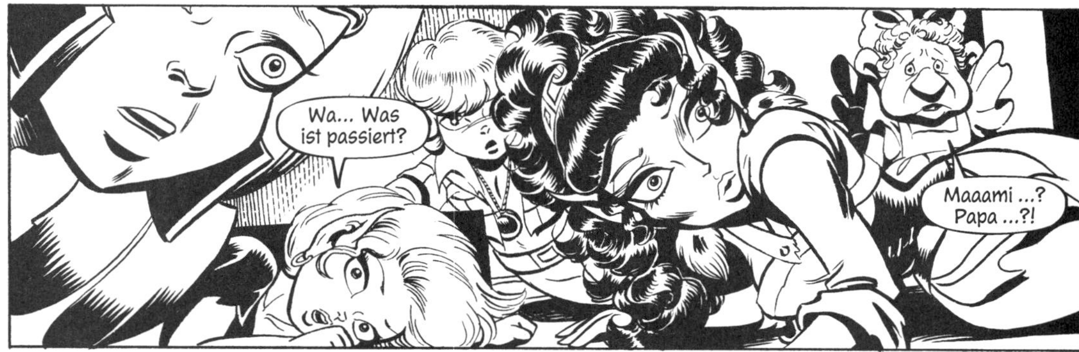
Wa... Was ist passiert?
Maaami ...? Papa ...?!

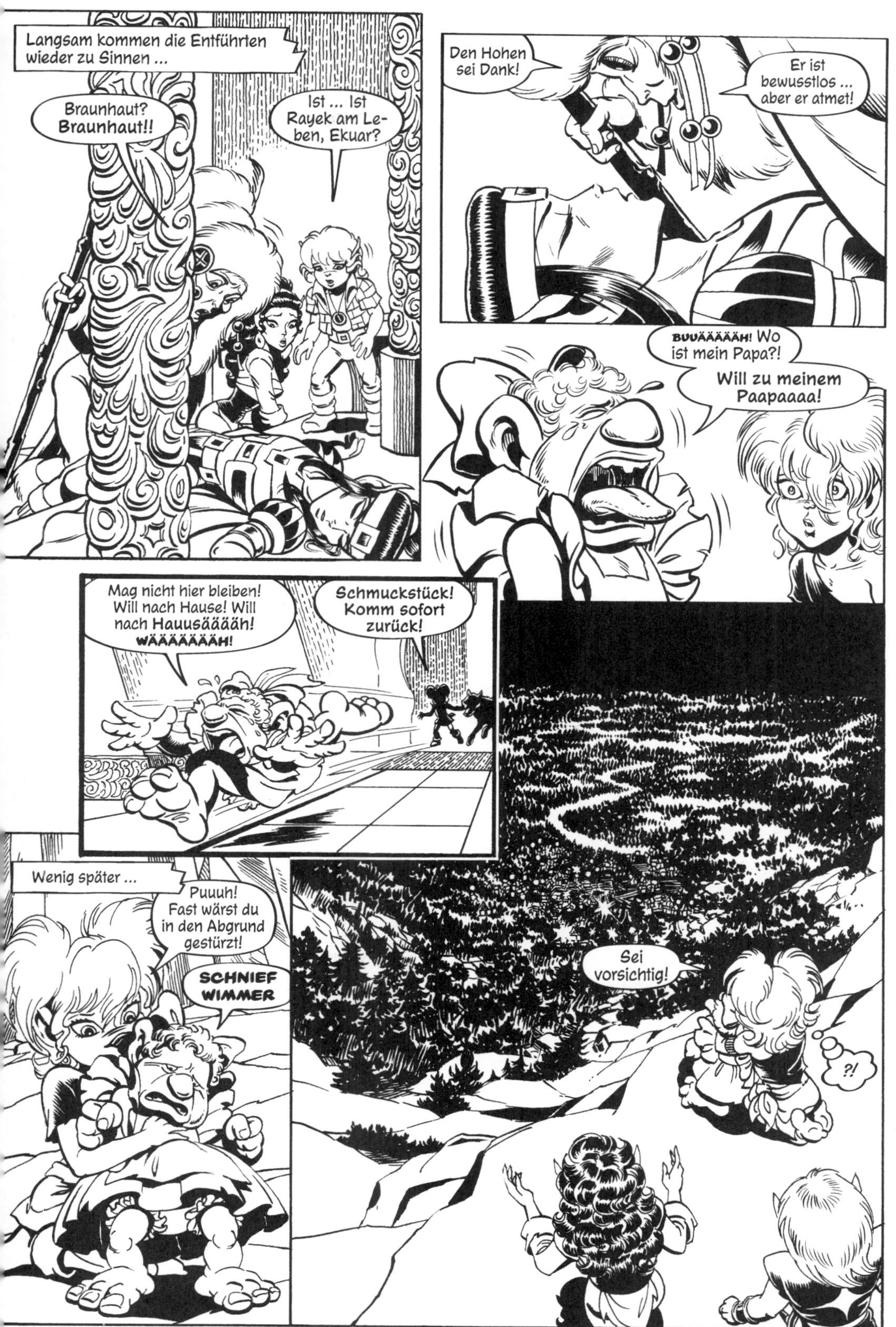
Langsam kommen die Entführten wieder zu Sinnen ...
Braunhaut? Braunhaut!!
Ist ... Ist Rayek am Leben, Ekuar?
Den Hohen sei Dank!
Er ist bewusstlos ... aber er atmet!
BUUÄÄÄÄÄH! Wo ist mein Papa?!
Will zu meinem Paapaaaa!
Mag nicht hier bleiben! Will nach Hause! Will nach Hauusääääh!
WÄÄÄÄÄÄÄH!
Schmuckstück! Komm sofort zurück!
Wenig später ...
Puuuh! Fast wärst du in den Abgrund gestürzt!
SCHNIEF WIMMER
Sei vorsichtig!
?!

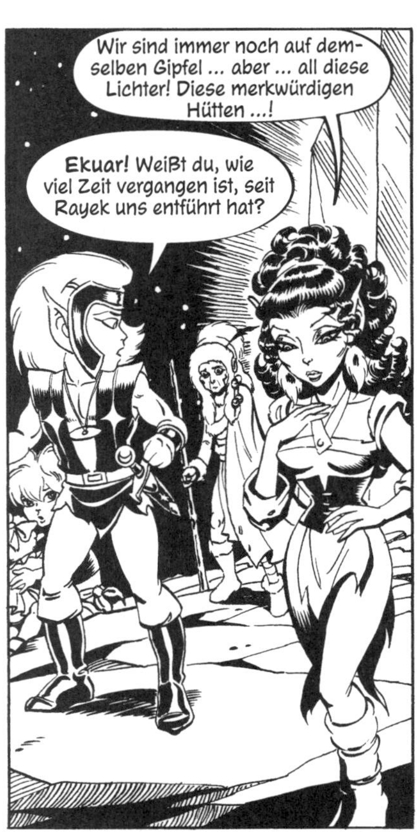
Wir sind immer noch auf demselben Gipfel ... aber ... all diese Lichter! Diese merkwürdigen Hütten ...!
Ekuar! Weißt du, wie viel Zeit vergangen ist, seit Rayek uns entführt hat?

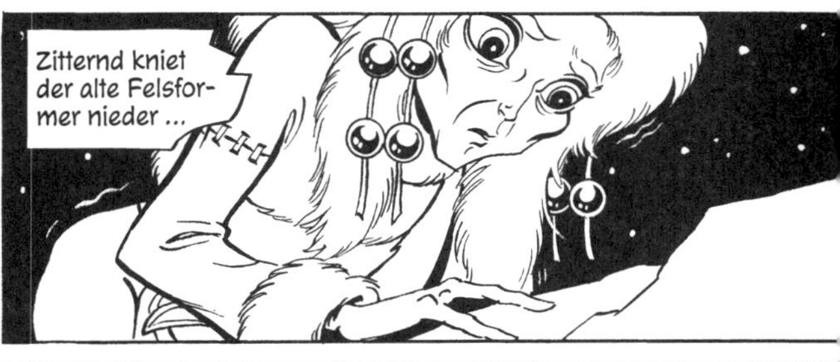
Zitternd kniet der alte Felsformer nieder ...

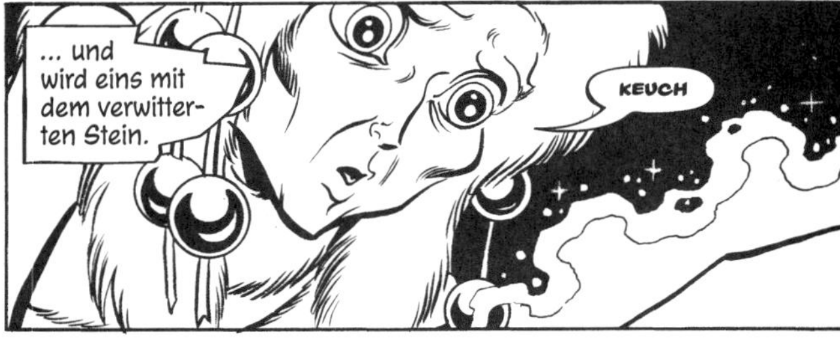
... und wird eins mit dem verwitterten Stein.
KEUCH

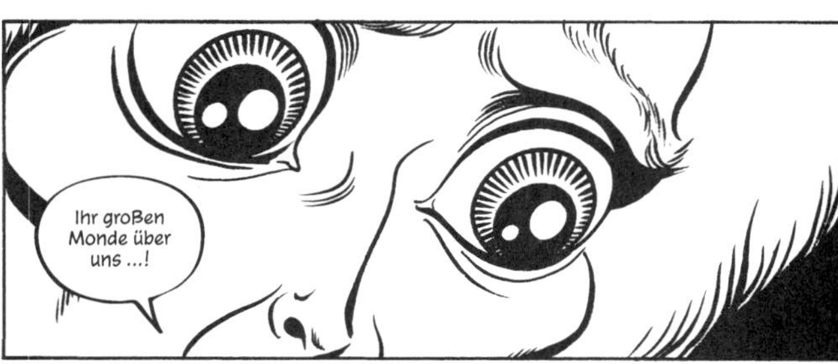
Ihr großen Monde über uns ...!

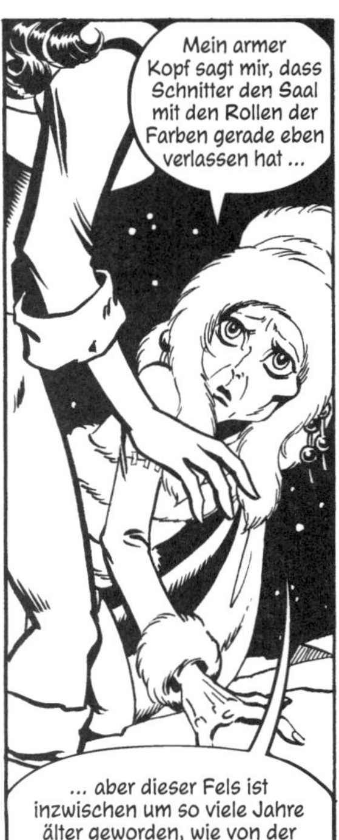
Mein armer Kopf sagt mir, dass Schnitter den Saal mit den Rollen der Farben gerade eben verlassen hat ...
... aber dieser Fels ist inzwischen um so viele Jahre älter geworden, wie von der Ankunft der Hohen bis zu dem Tag vergangen sind, als mich Rayek in der Trollhöhle fand!

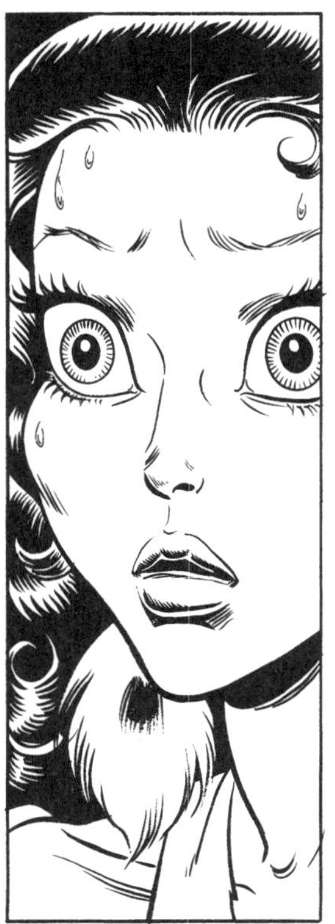

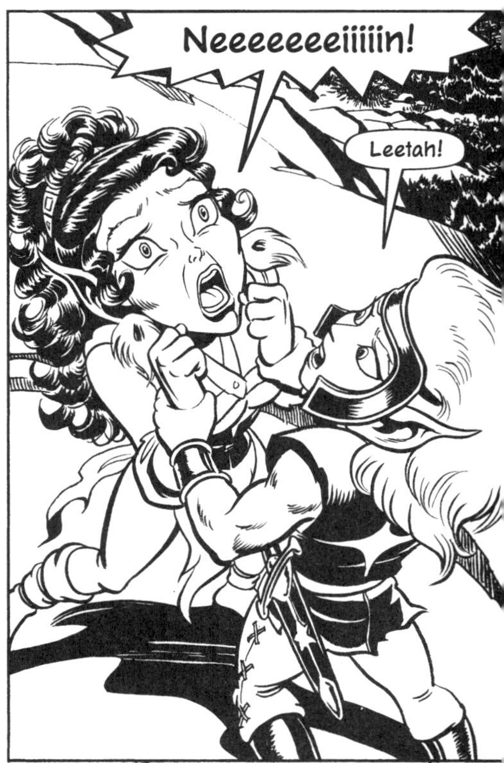
Neeeeeeeiiiiin!
Leetah!

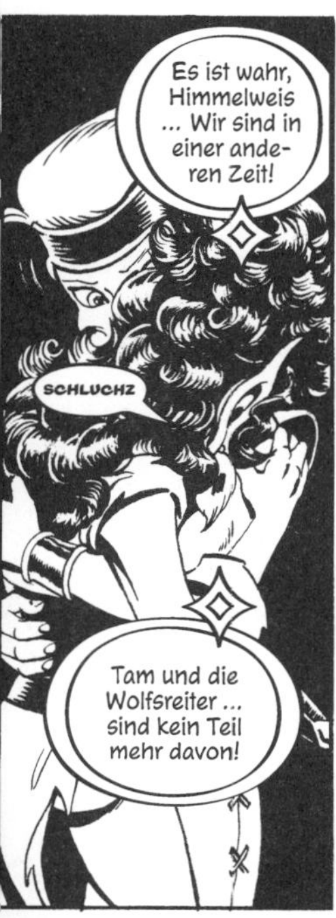
Es ist wahr, Himmelweis ... Wir sind in einer anderen Zeit!
SCHLUCHZ
Tam und die Wolfsreiter ... sind kein Teil mehr davon!

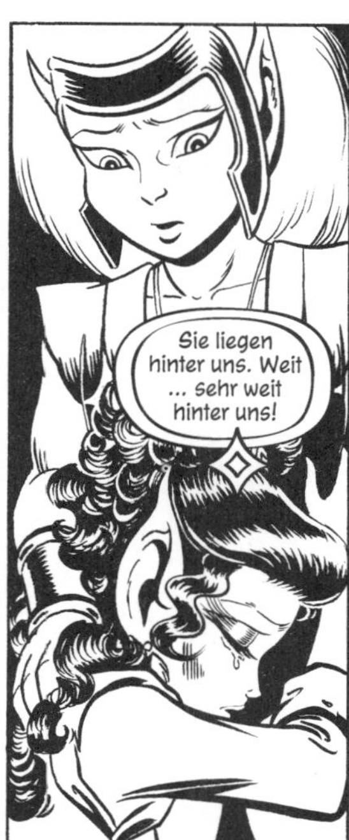
Sie liegen hinter uns. Weit ... sehr weit hinter uns!

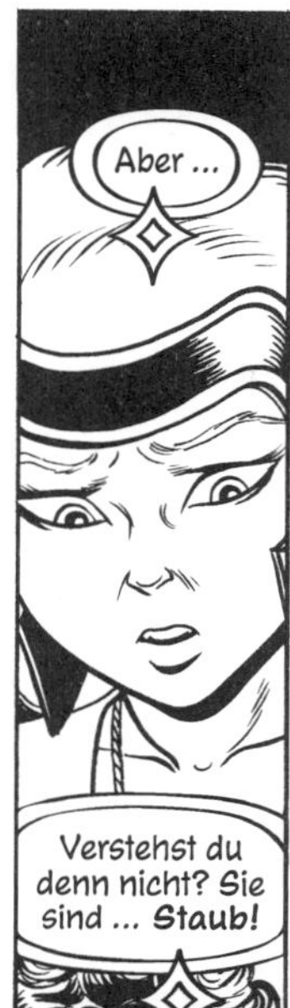
Aber ...
Verstehst du denn nicht? Sie sind ... **Staub!**

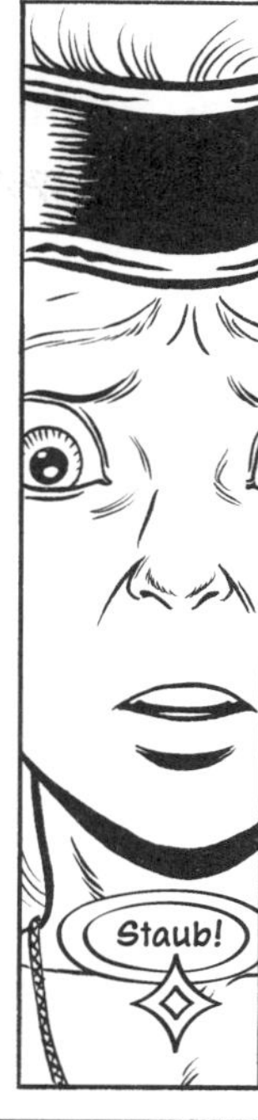
Staub!

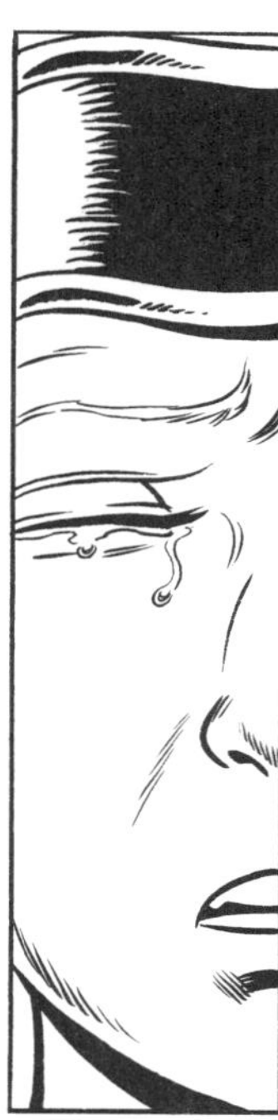

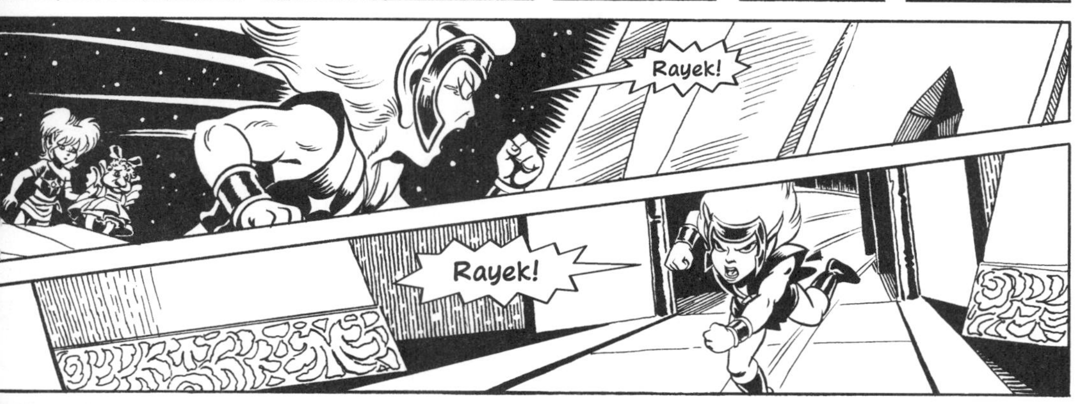
Rayek!
Rayek!

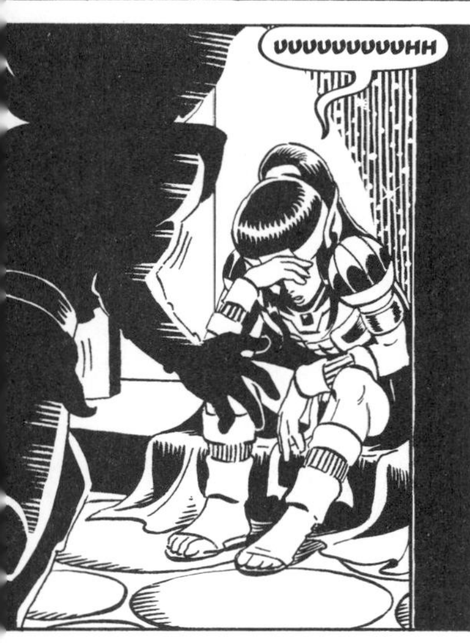
UUUUUUUUUHH

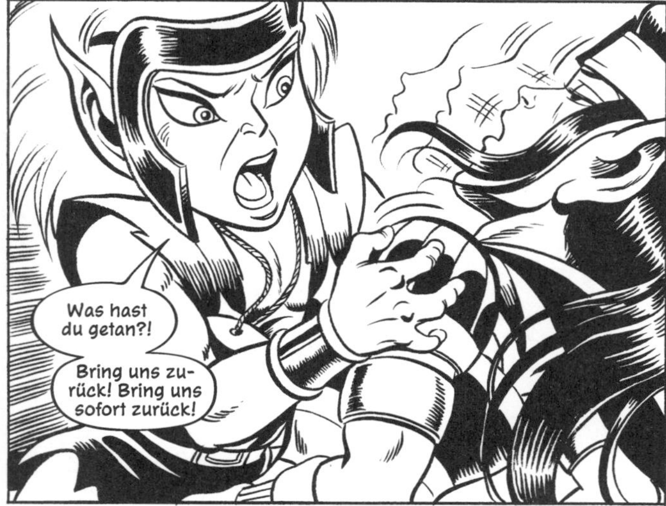
Was hast du getan?!
Bring uns zurück! Bring uns sofort zurück!

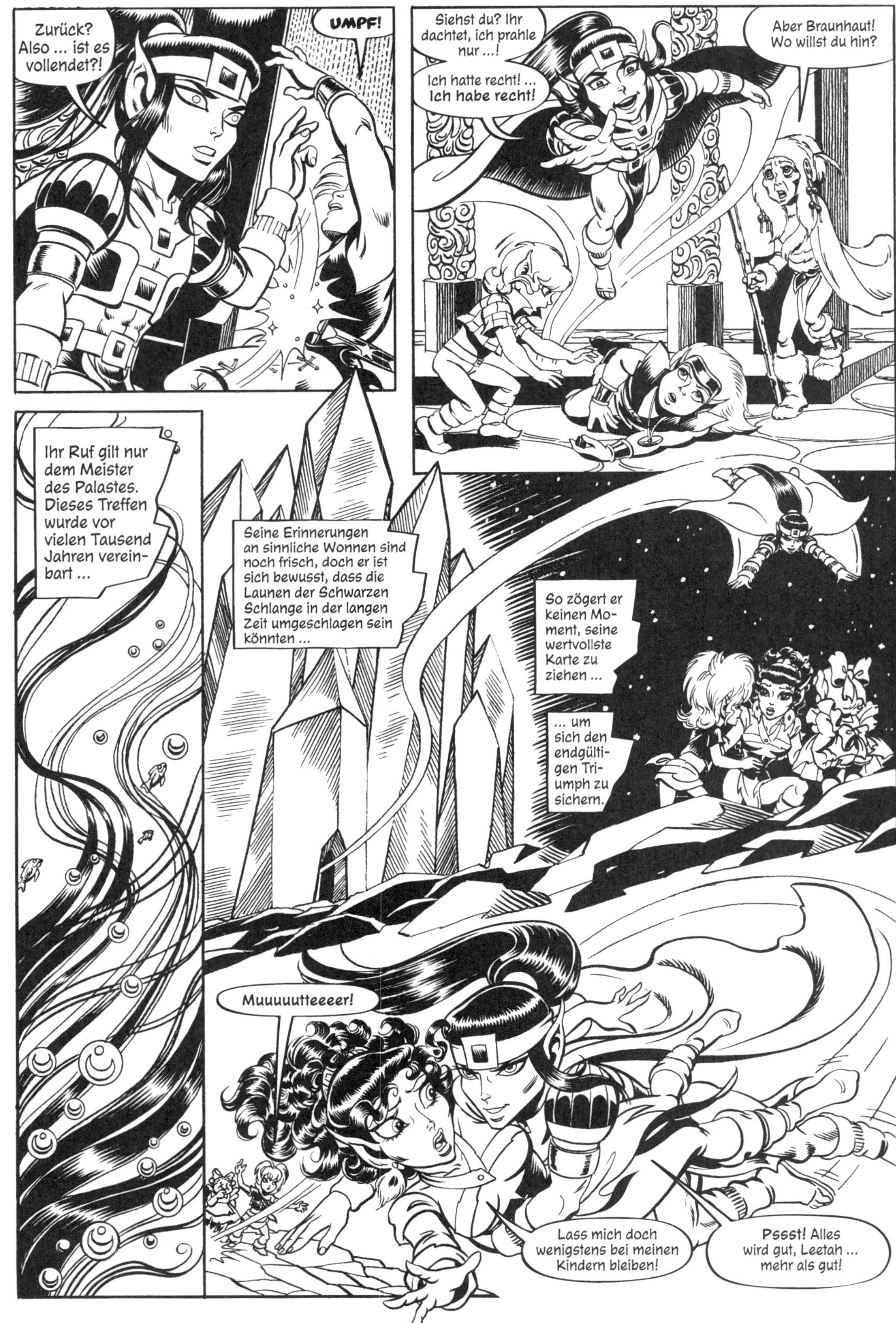
Zurück? Also ... ist es vollendet?!
UMPF!
Siehst du? Ihr dachtet, ich prahle nur ...!
Ich hatte recht! ... Ich habe recht!
Aber Braunhaut! Wo willst du hin?
Ihr Ruf gilt nur dem Meister des Palastes. Dieses Treffen wurde vor vielen Tausend Jahren vereinbart ...
Seine Erinnerungen an sinnliche Wonnen sind noch frisch, doch er ist sich bewusst, dass die Launen der Schwarzen Schlange in der langen Zeit umgeschlagen sein könnten ...
So zögert er keinen Moment, seine wertvollste Karte zu ziehen ...
... um sich den endgültigen Triumph zu sichern.
Muuuuutteeeer!
Lass mich doch wenigstens bei meinen Kindern bleiben!
Pssst! Alles wird gut, Leetah ... mehr als gut!

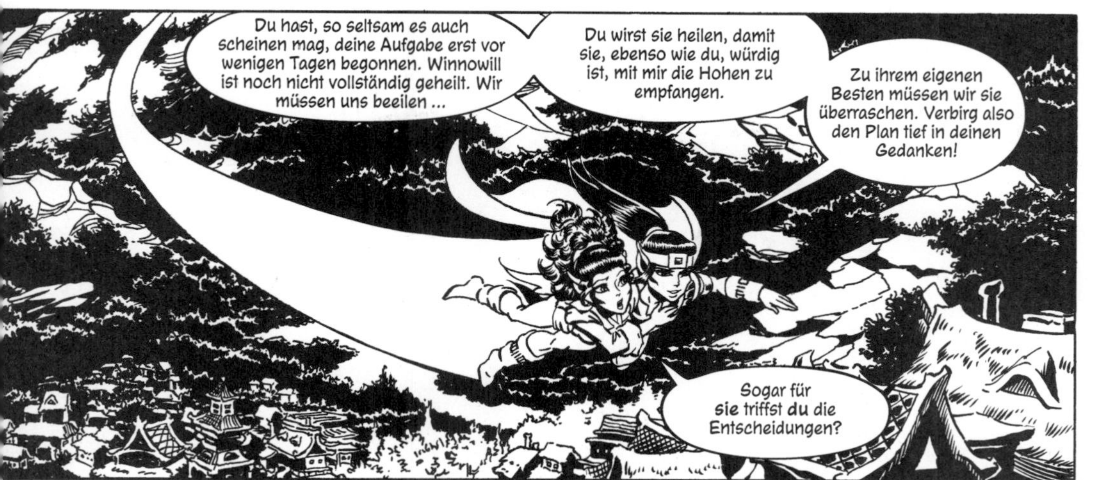
Du hast, so seltsam es auch scheinen mag, deine Aufgabe erst vor wenigen Tagen begonnen. Winnowill ist noch nicht vollständig geheilt. Wir müssen uns beeilen ...
Du wirst sie heilen, damit sie, ebenso wie du, würdig ist, mit mir die Hohen zu empfangen.
Zu ihrem eigenen Besten müssen wir sie überraschen. Verbirg also den Plan tief in deinen Gedanken!
Sogar für sie triffst du die Entscheidungen?

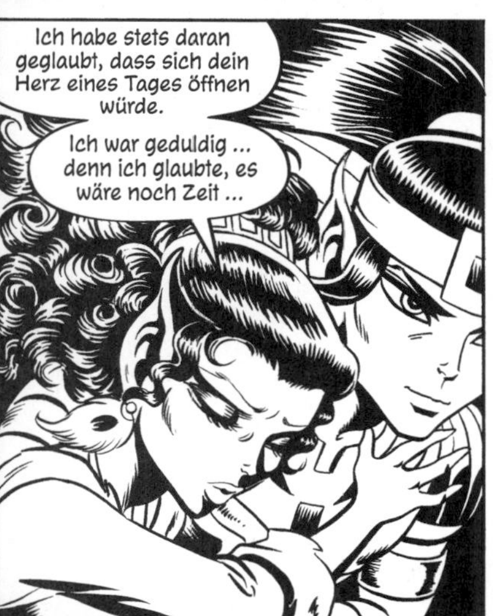
Ich habe stets daran geglaubt, dass sich dein Herz eines Tages öffnen würde.
Ich war geduldig ... denn ich glaubte, es wäre noch Zeit ...

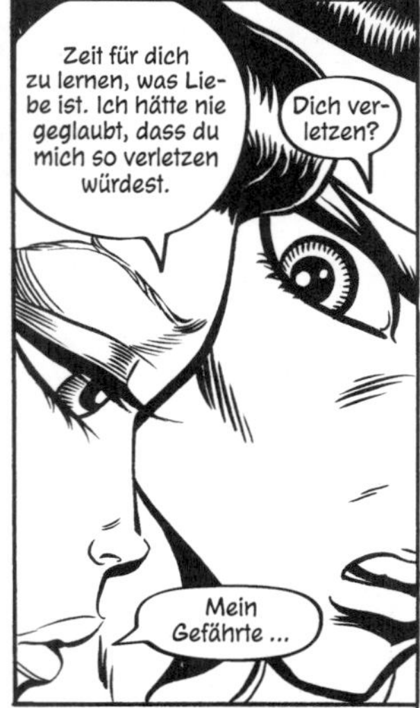
Zeit für dich zu lernen, was Liebe ist. Ich hätte nie geglaubt, dass du mich so verletzen würdest.
Dich verletzen?
Mein Gefährte ...

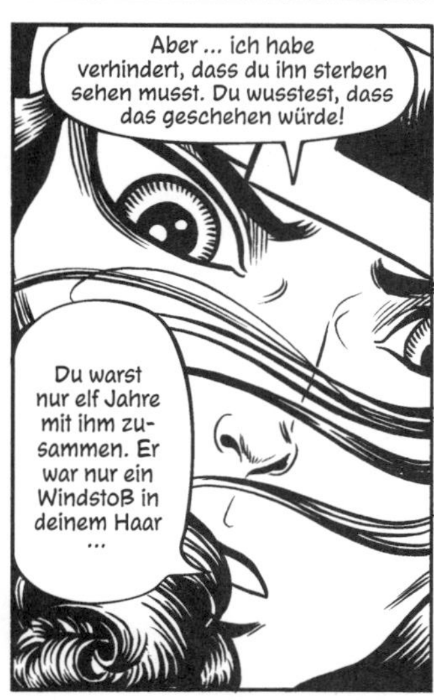
Aber ... ich habe verhindert, dass du ihn sterben sehen musst. Du wusstest, dass das geschehen würde!
Du warst nur elf Jahre mit ihm zusammen. Er war nur ein Windstoß in deinem Haar ...

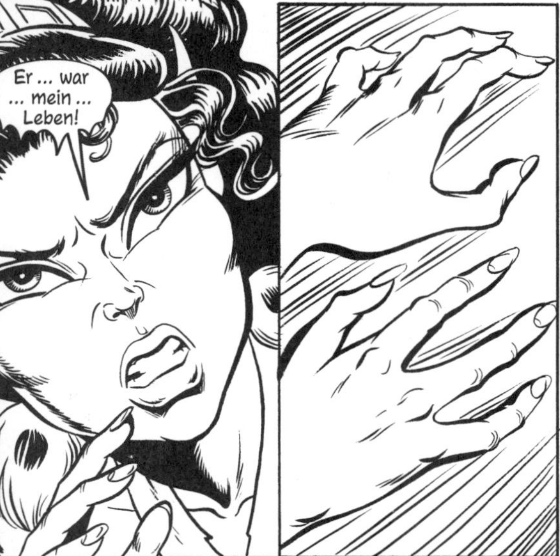
Er ... war ... mein ... Leben!

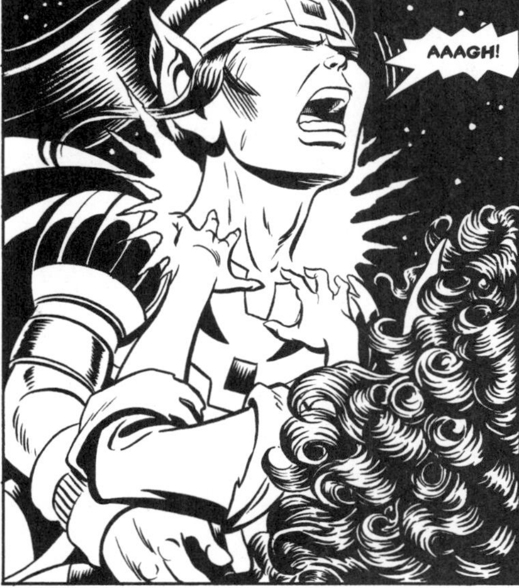
AAAGH!

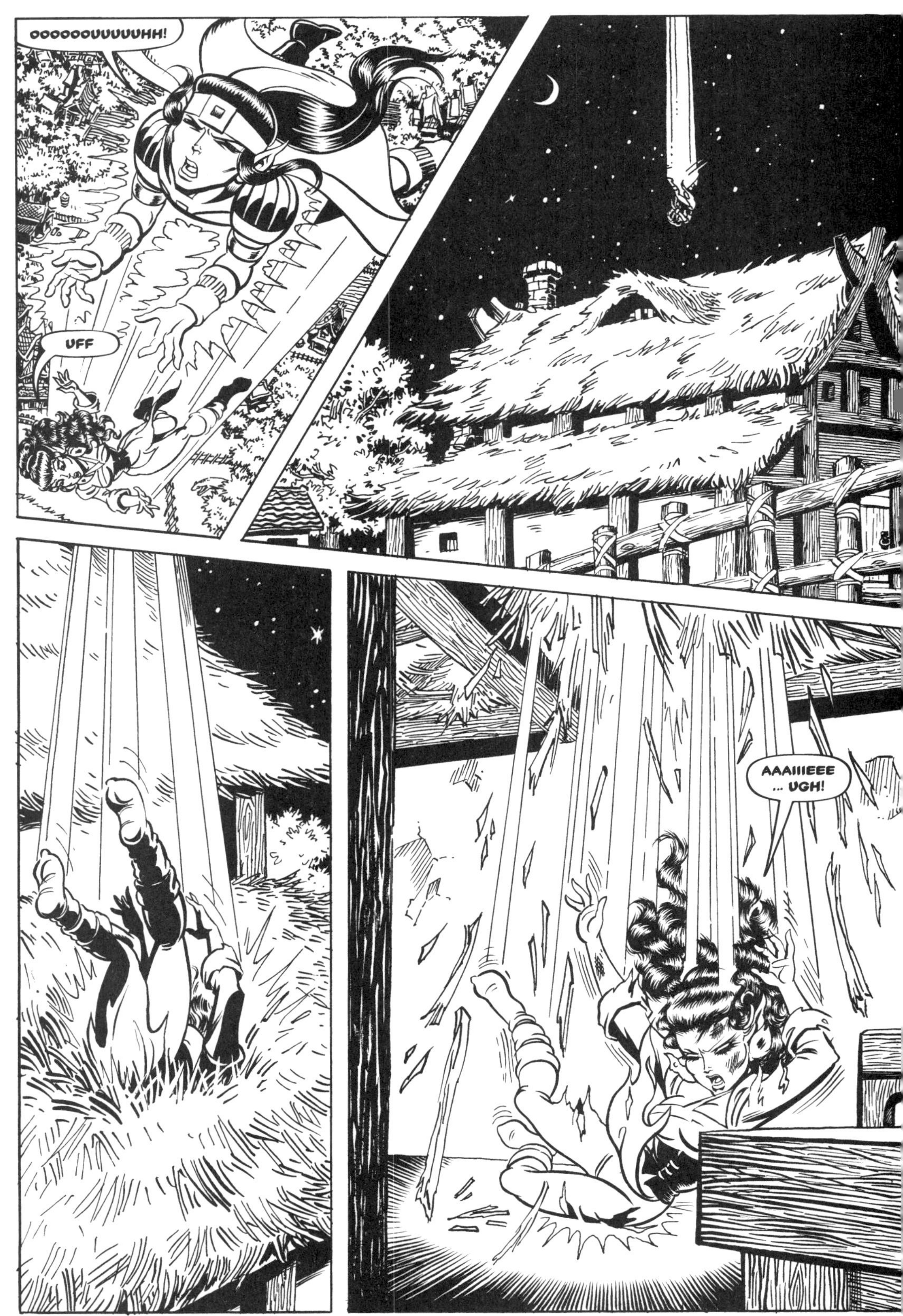
OOOOOOUUUUUHH!
UFF
AAAIIIEEE ... UGH!

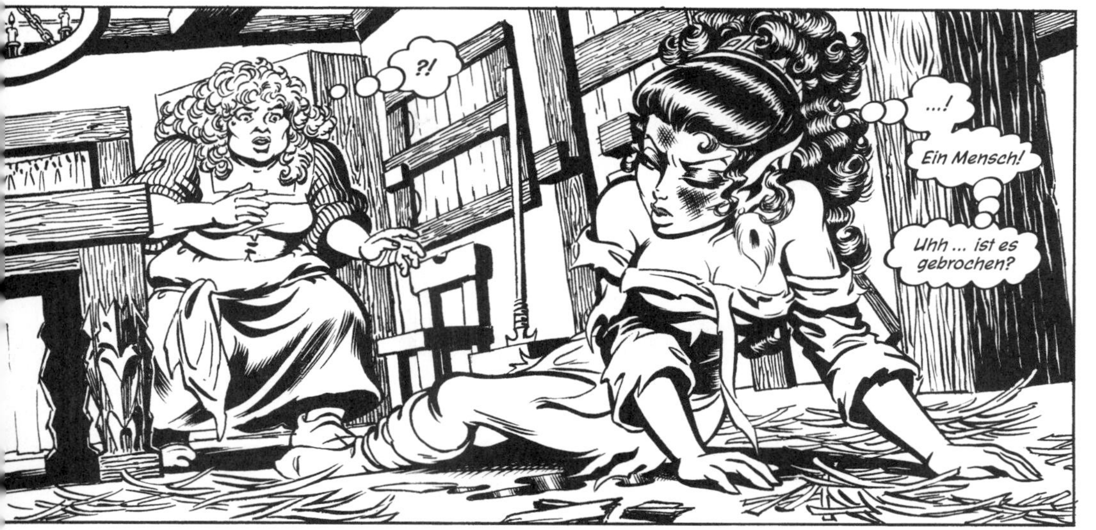
?!
...!
Ein Mensch!
Uhh ... ist es gebrochen?

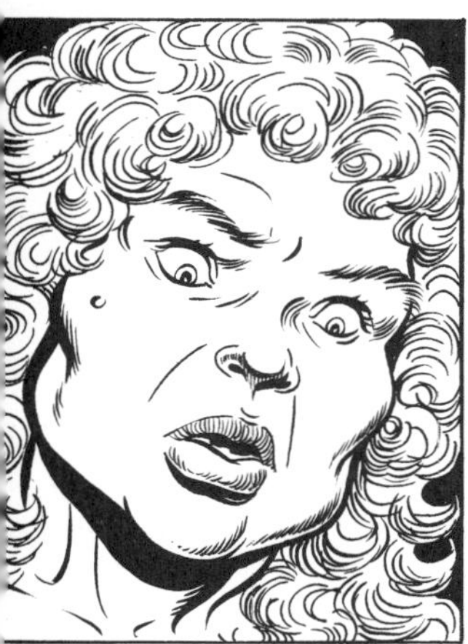

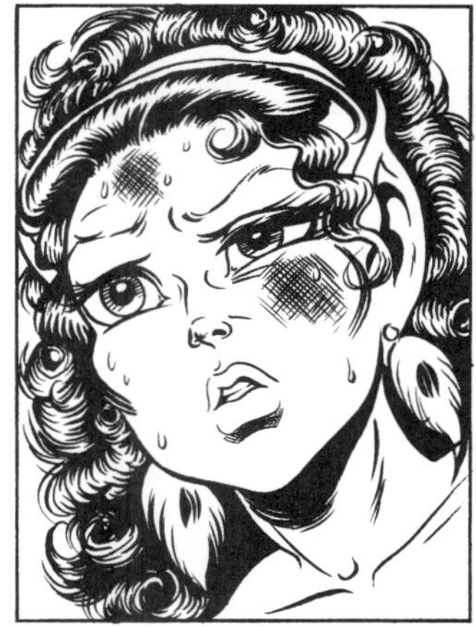

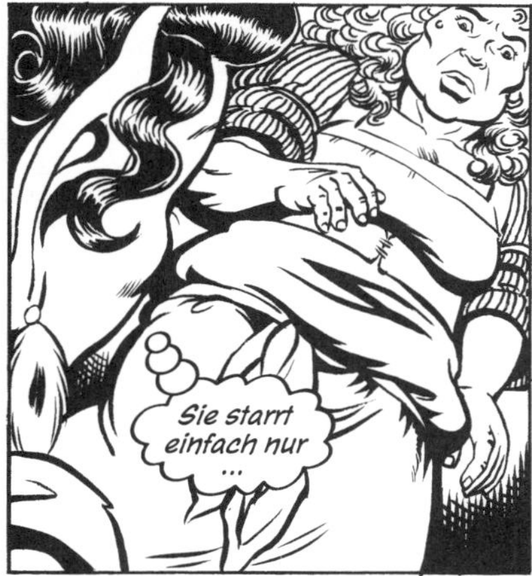
Sie starrt einfach nur ...

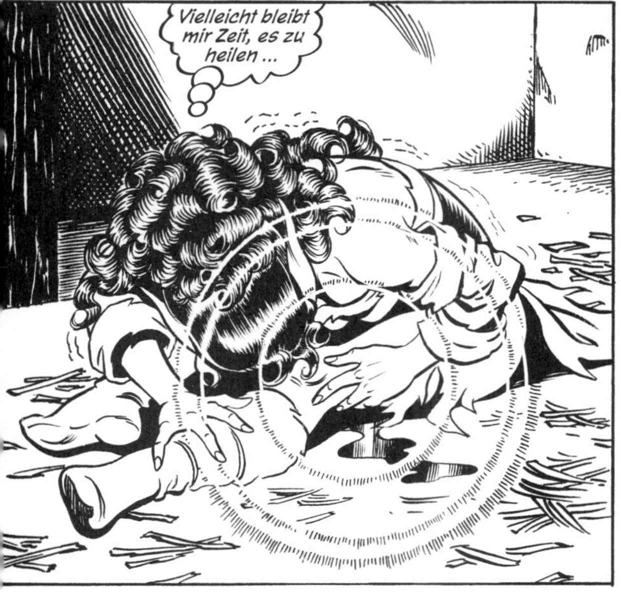
Vielleicht bleibt mir Zeit, es zu heilen ...

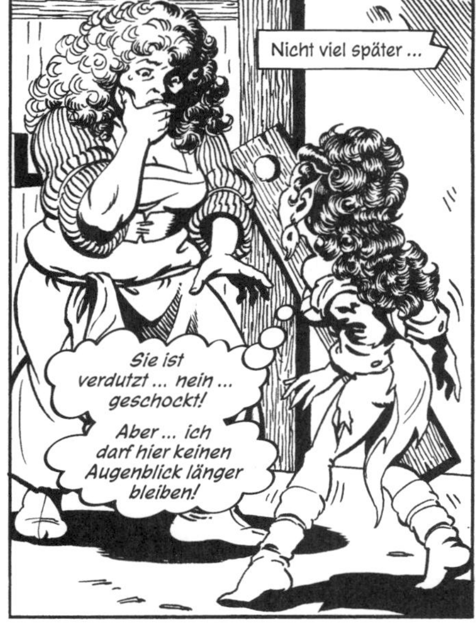
Nicht viel später ...
Sie ist verdutzt ... nein ... geschockt!
Aber ... ich darf hier keinen Augenblick länger bleiben!

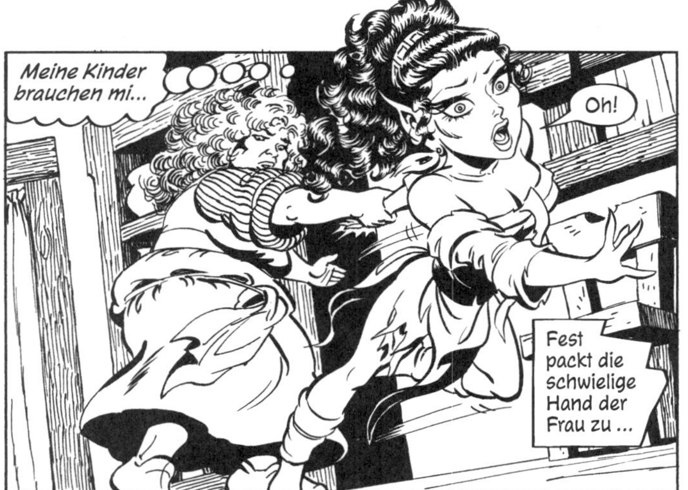

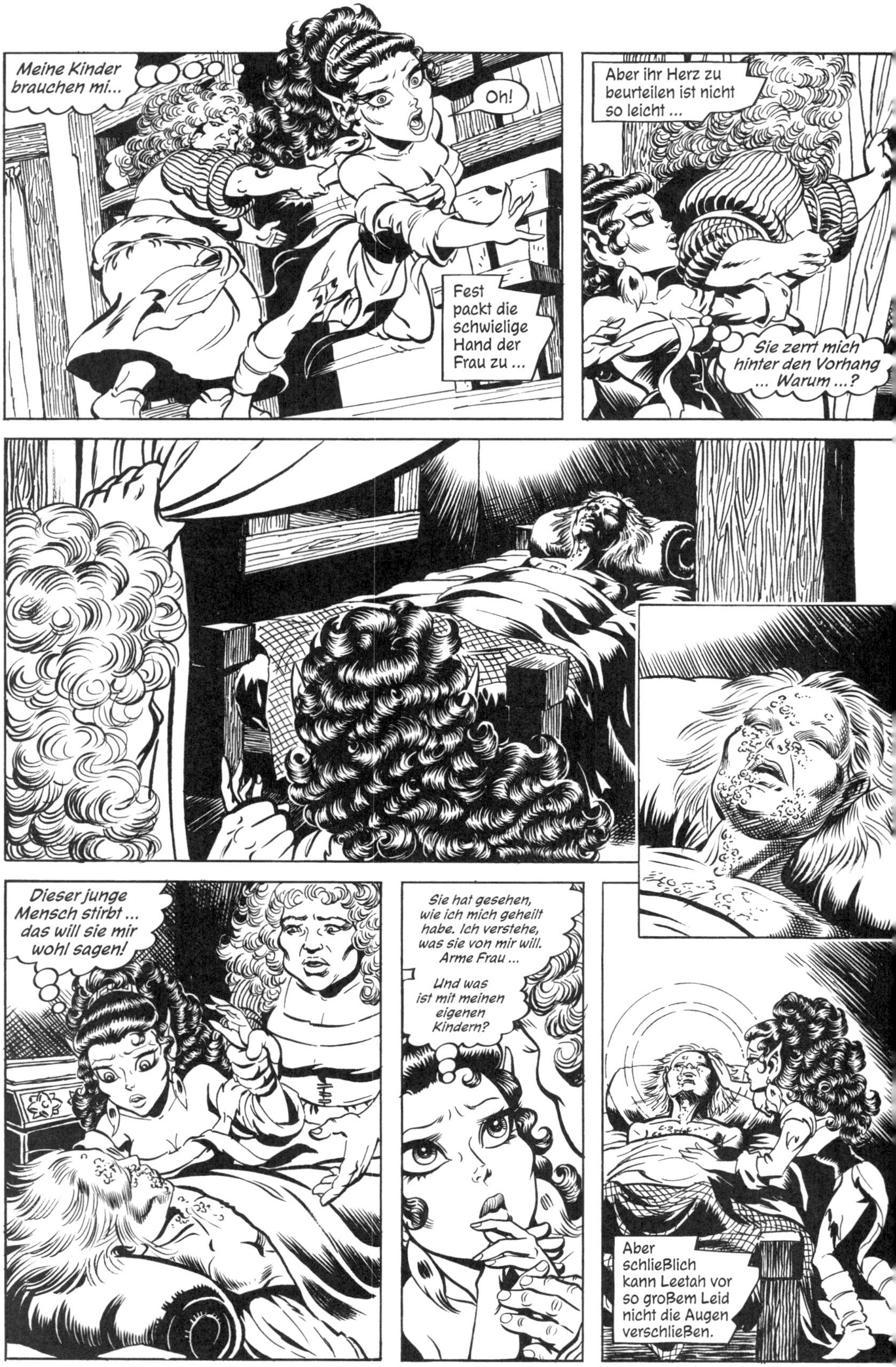

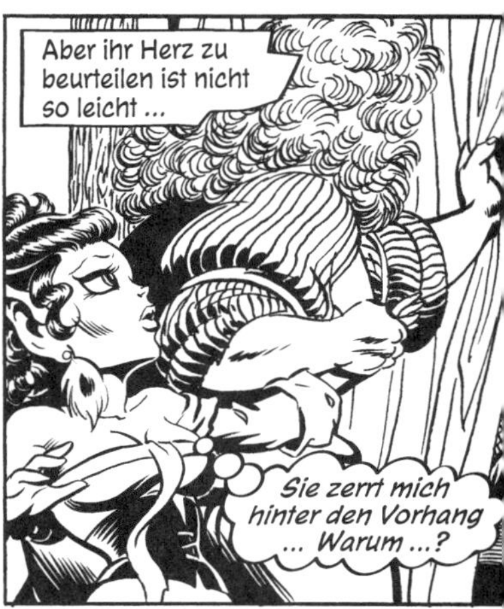

Dieser junge Mensch stirbt ... das will sie mir wohl sagen!

Sie hat gesehen, wie ich mich geheilt habe. Ich verstehe, was sie von mir will. Arme Frau ...

Und was ist mit meinen eigenen Kindern?

Aber schließlich kann Leetah vor so großem Leid nicht die Augen verschließen.

In ihrer tiefen Trance achtet sie nicht auf die immer wieder gesendeten Gedanken eines besorgten Freundes ...

Ist sie zu weit weg? Nein, ich habe sie doch hier zwischen diesen seltsamen Hütten gesehen!

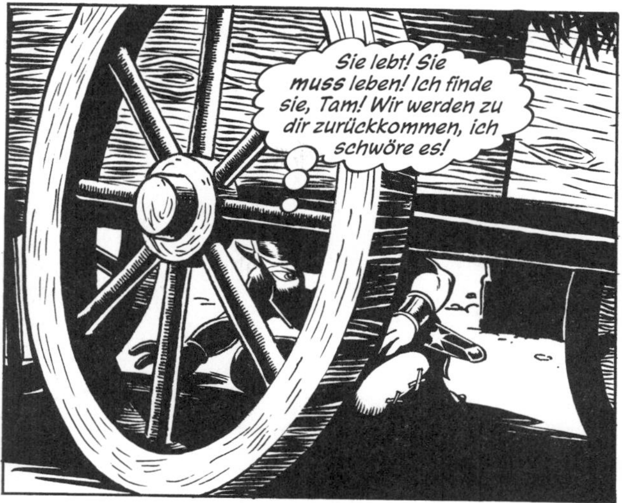

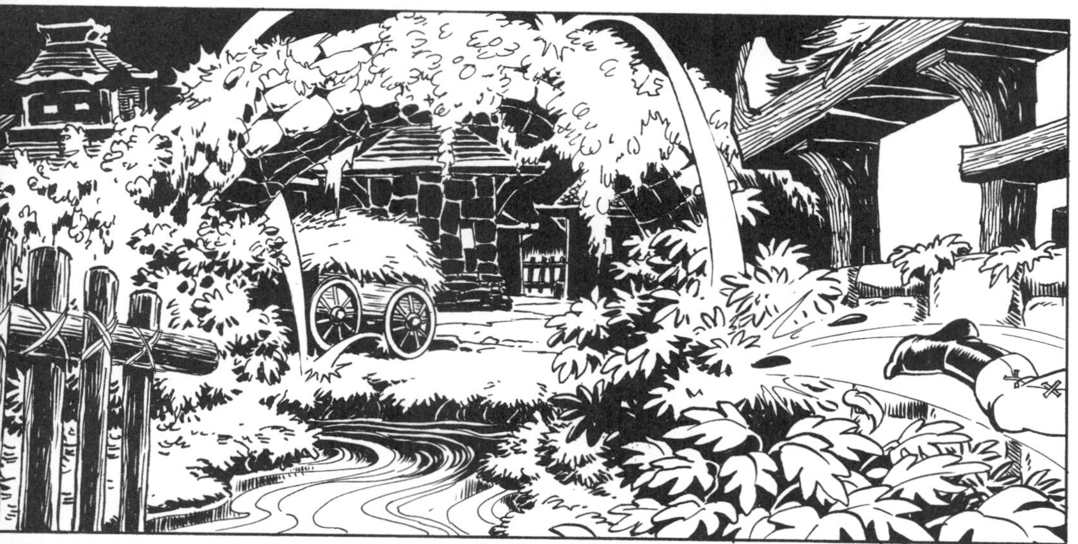

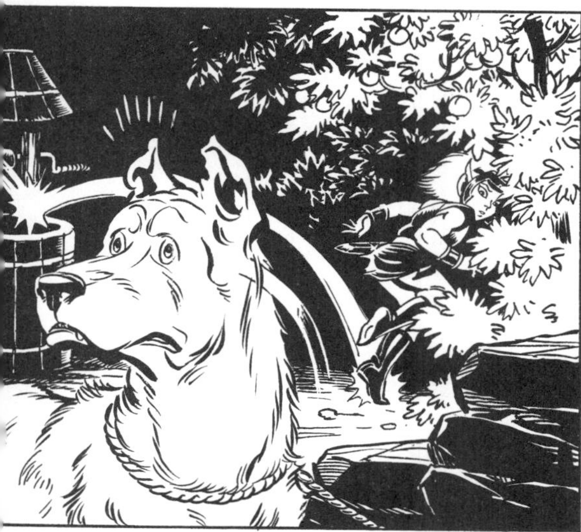

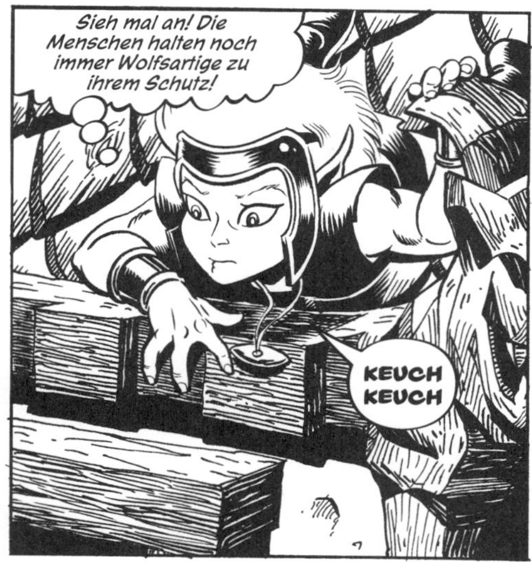

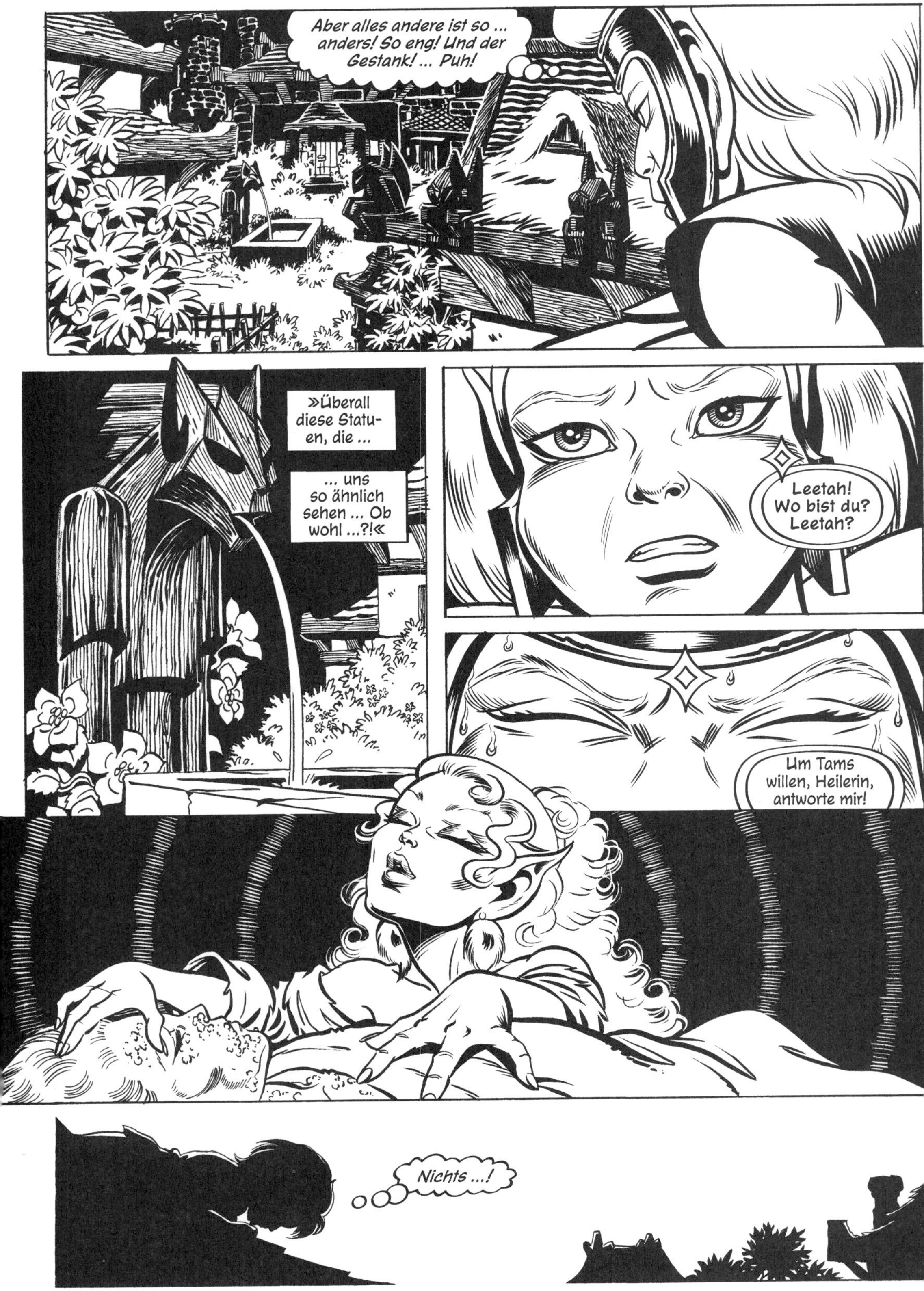

Aber alles andere ist so ... anders! So eng! Und der Gestank! ... Puh!

»Überall diese Statuen, die ...

... uns so ähnlich sehen ... Ob wohl ...?!«

Leetah! Wo bist du? Leetah?

Um Tams willen, Heilerin, antworte mir!

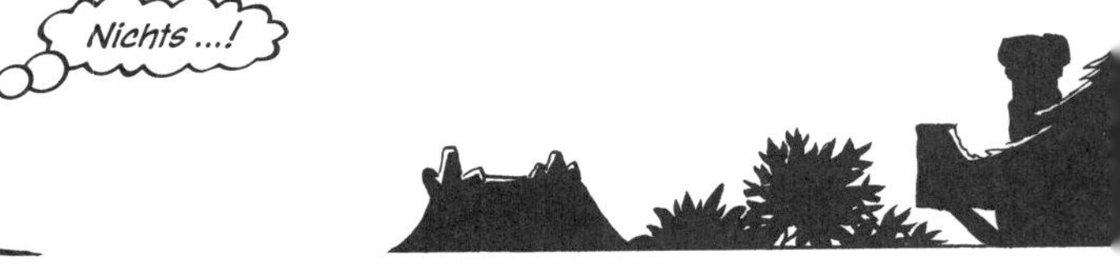

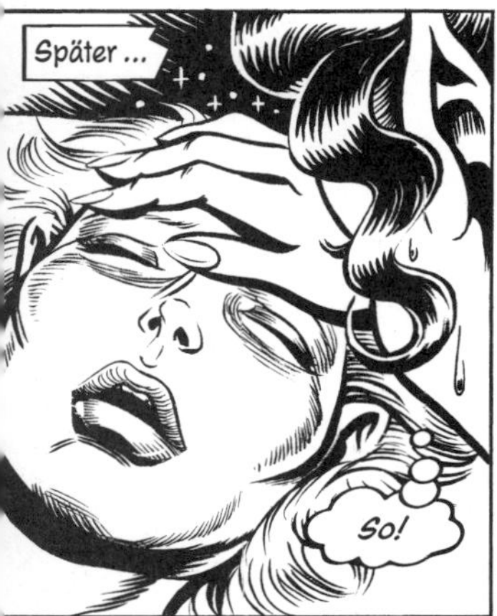
Später ...
So!

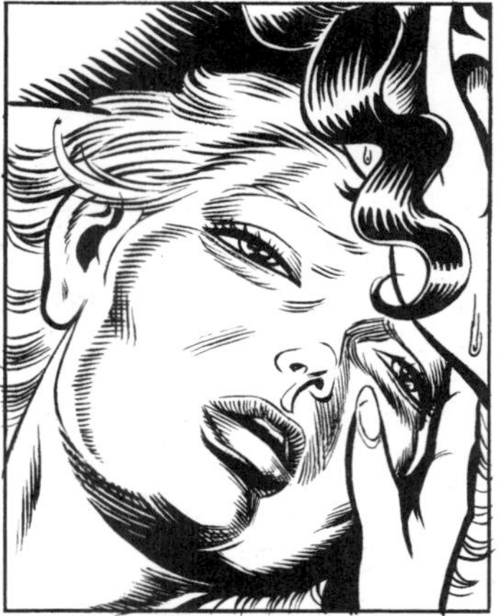

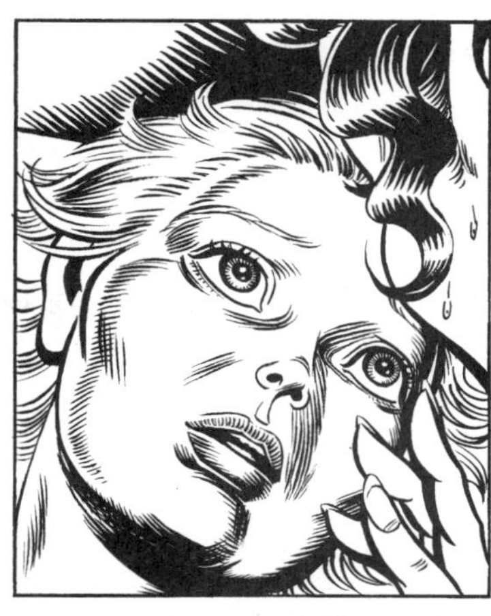

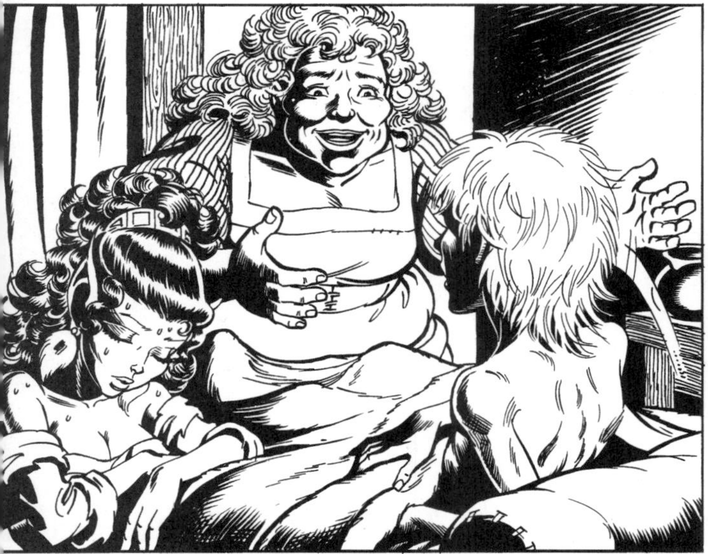

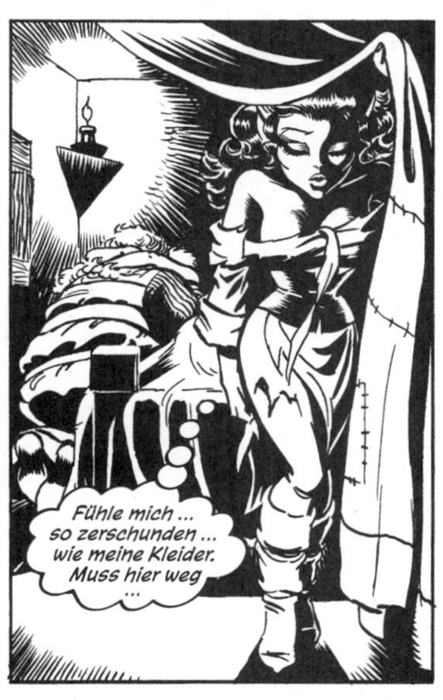
Fühle mich ... so zerschunden ... wie meine Kleider. Muss hier weg ...

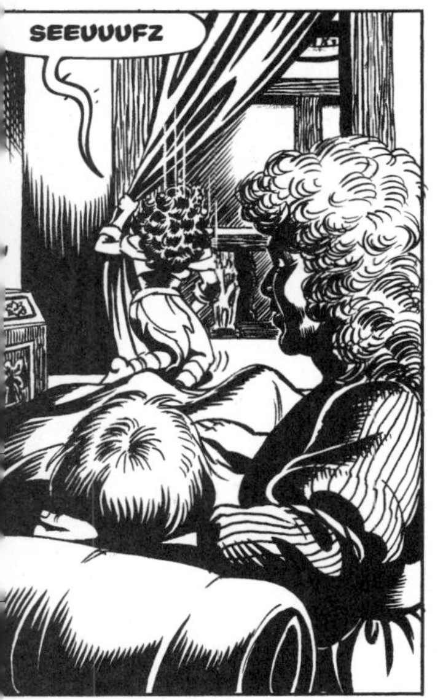
SEEUUUFZ

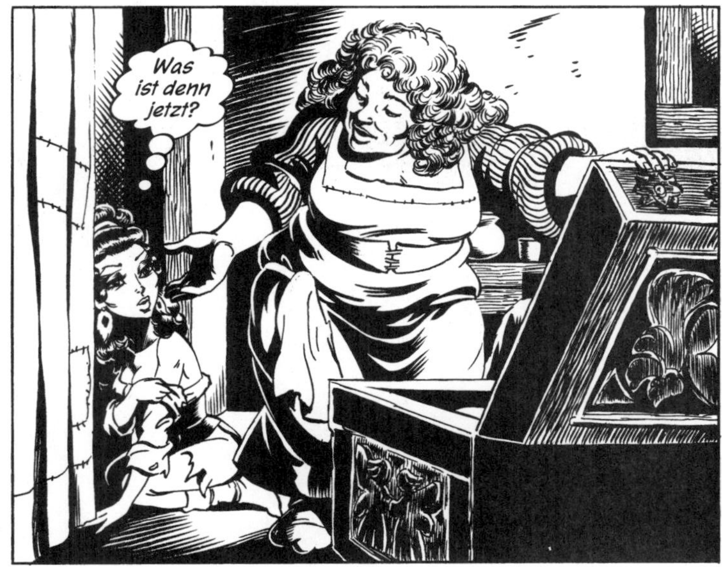
Was ist denn jetzt?

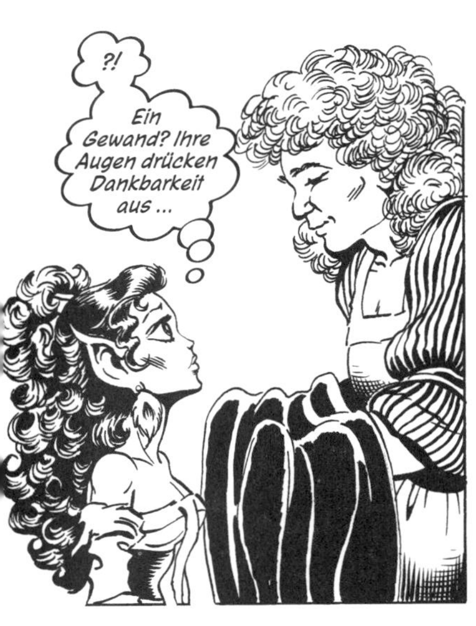
?!
Ein Gewand? Ihre Augen drücken Dankbarkeit aus ...

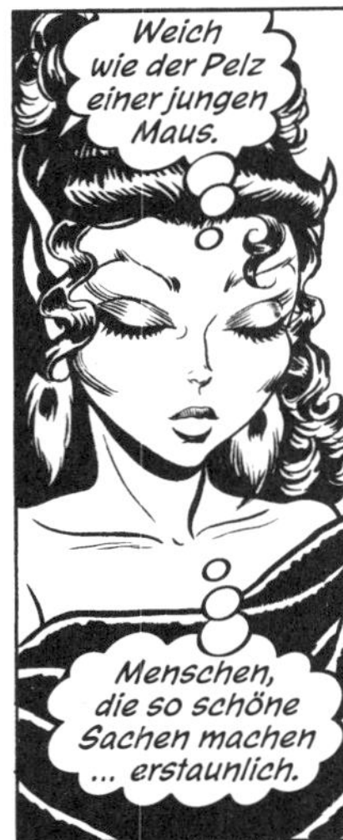
Weich wie der Pelz einer jungen Maus.
Menschen, die so schöne Sachen machen ... erstaunlich.

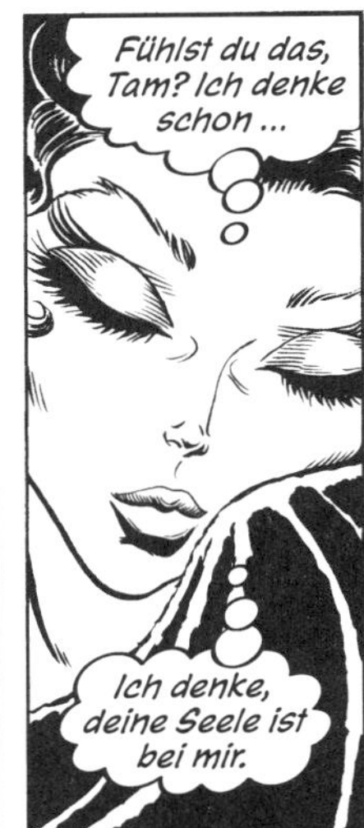
Fühlst du das, Tam? Ich denke schon ...
Ich denke, deine Seele ist bei mir.

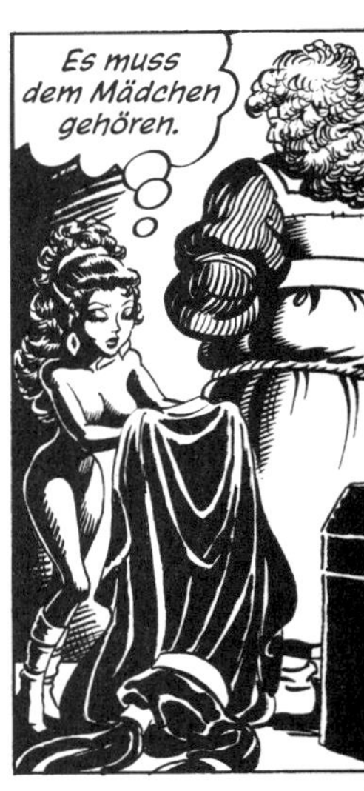
Es muss dem Mädchen gehören.

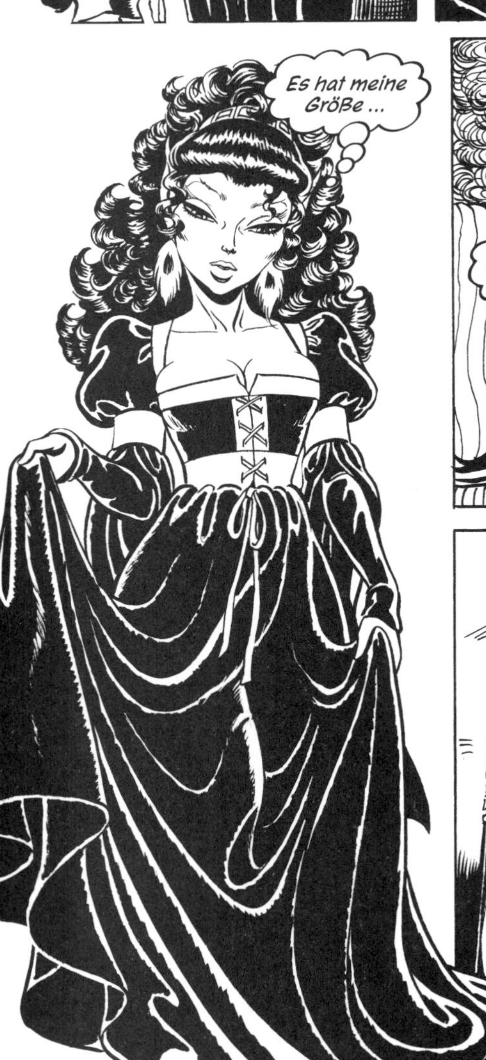
Es hat meine Größe ...

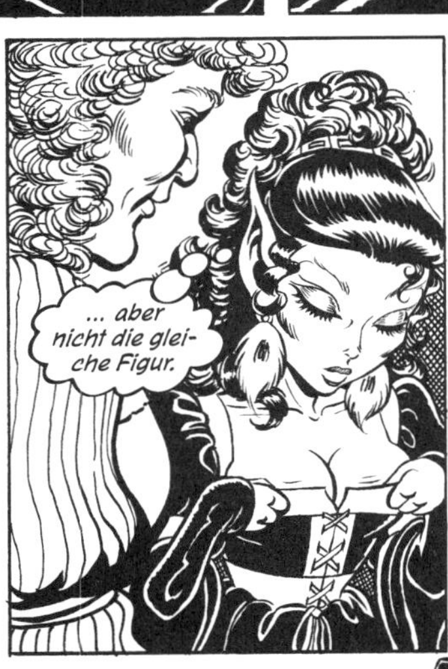
... aber nicht die gleiche Figur.

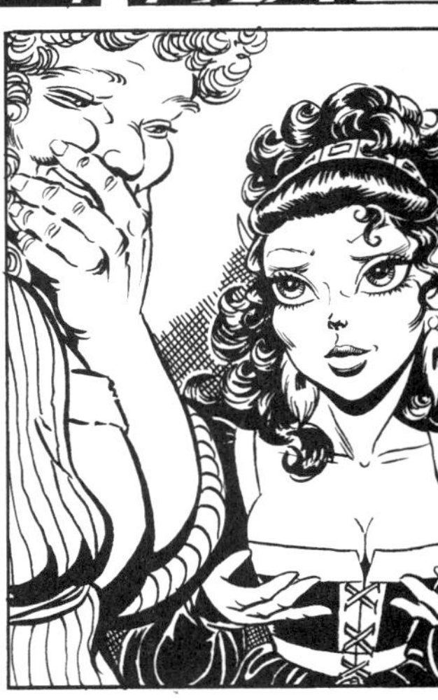

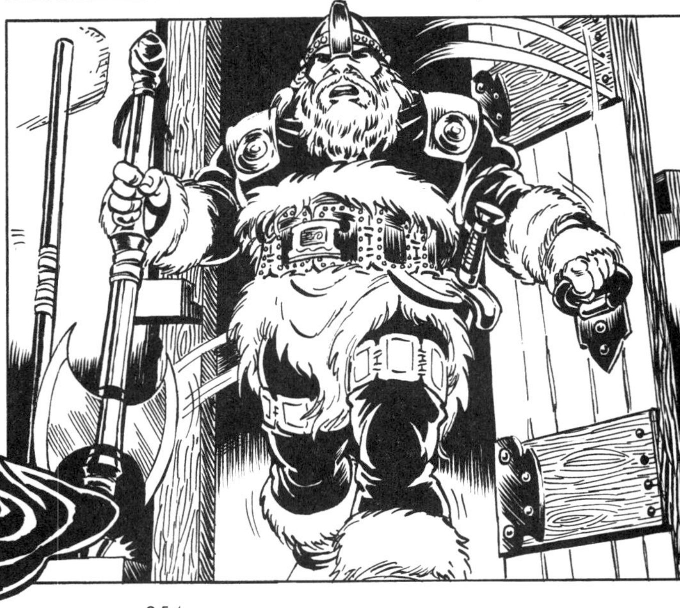

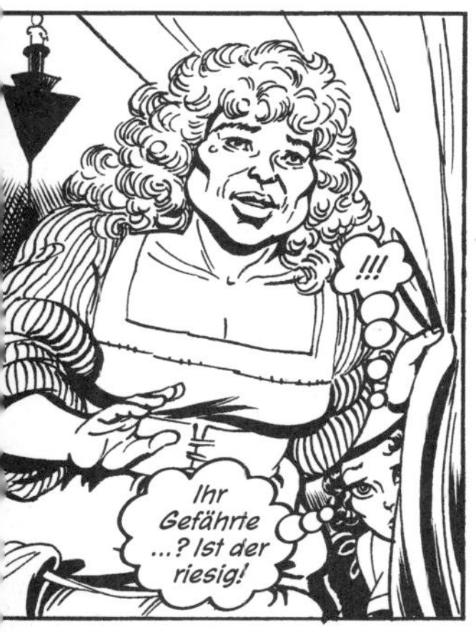
!!!
Ihr Gefährte ...? Ist der riesig!

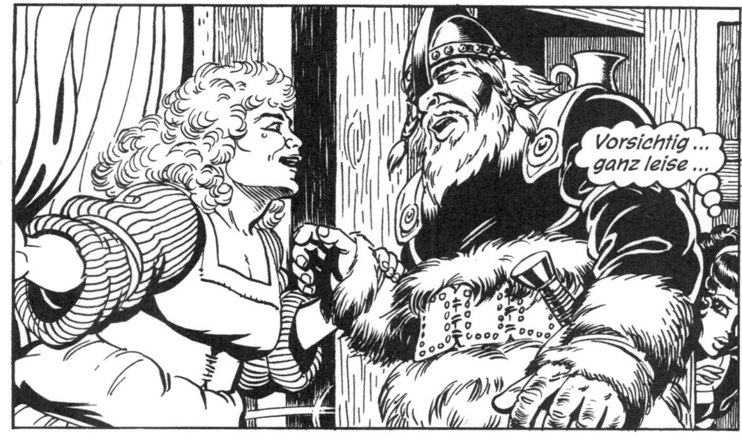
Vorsichtig ... ganz leise ...

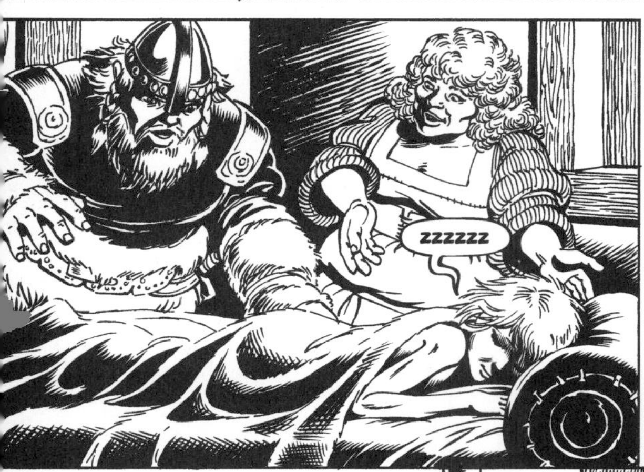
zzzzzz

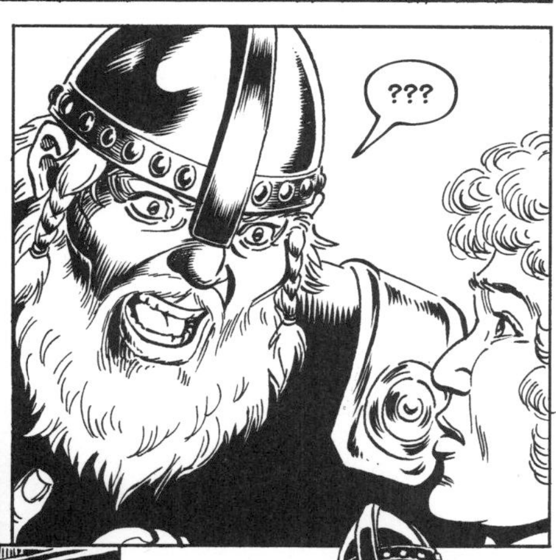
???

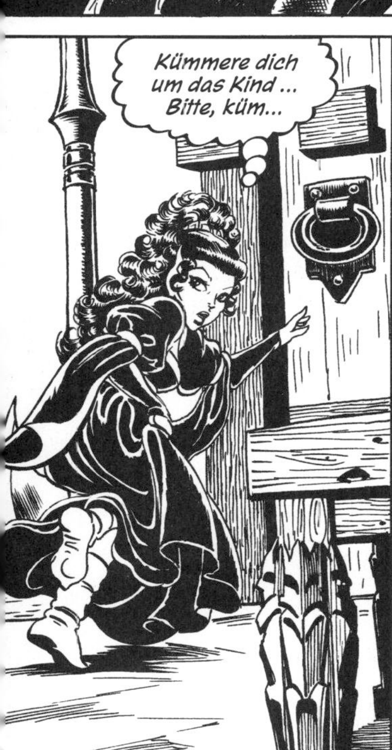
Kümmere dich um das Kind ... Bitte, küm...

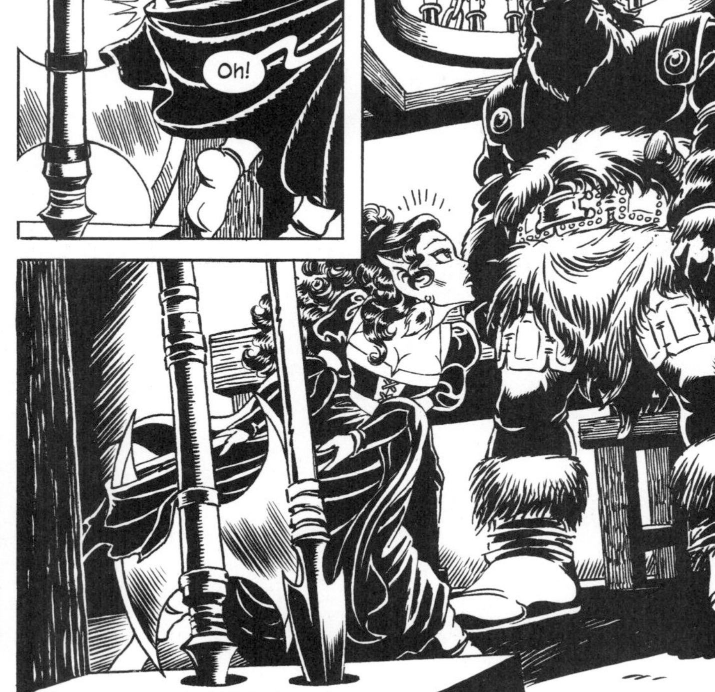
Oh!

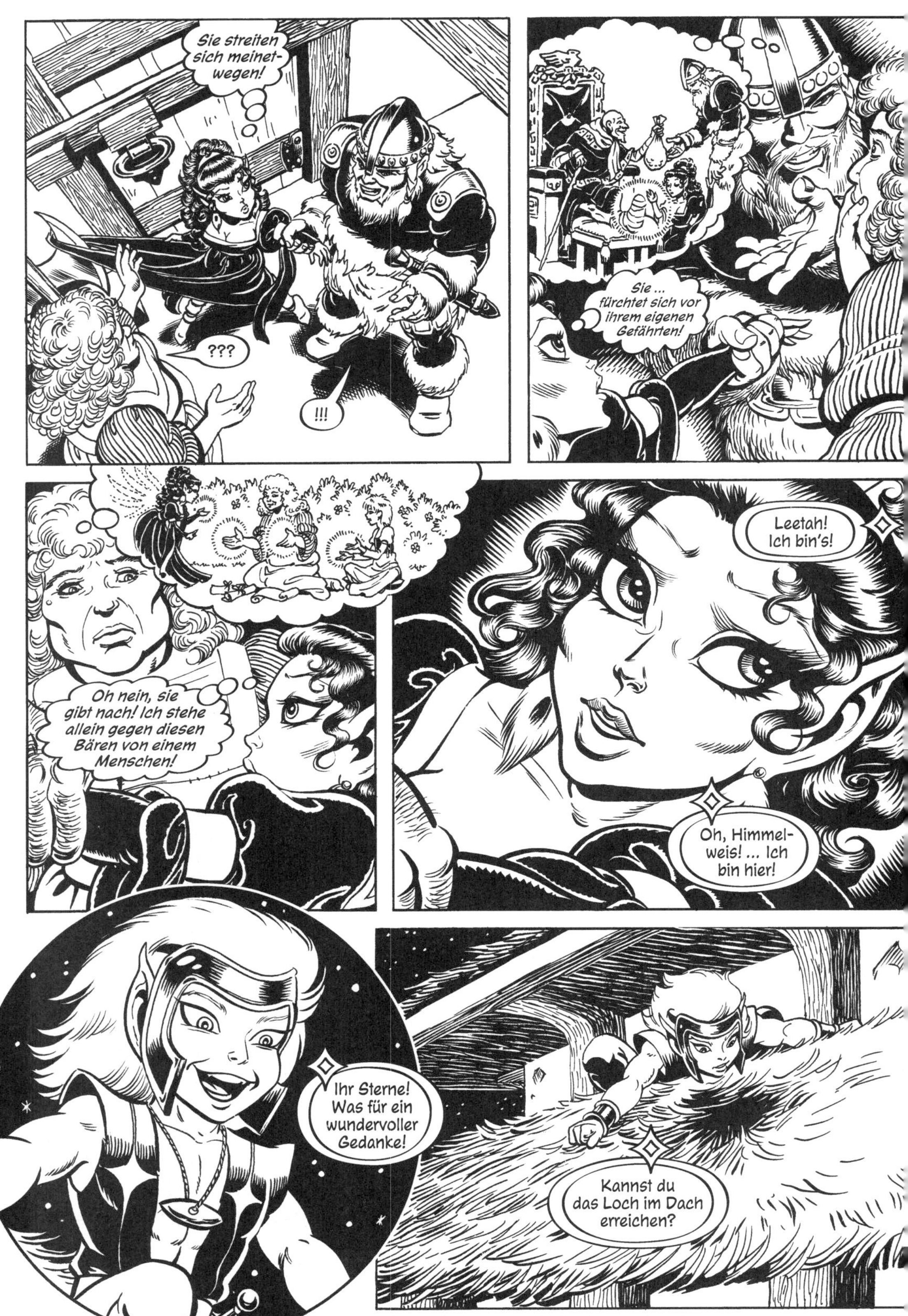
Sie streiten sich meinetwegen!
???
!!!
Sie ... fürchtet sich vor ihrem eigenen Gefährten!
Oh nein, sie gibt nach! Ich stehe allein gegen diesen Bären von einem Menschen!
Leetah! Ich bin's!
Oh, Himmelweis! ... Ich bin hier!
Ihr Sterne! Was für ein wundervoller Gedanke!
Kannst du das Loch im Dach erreichen?

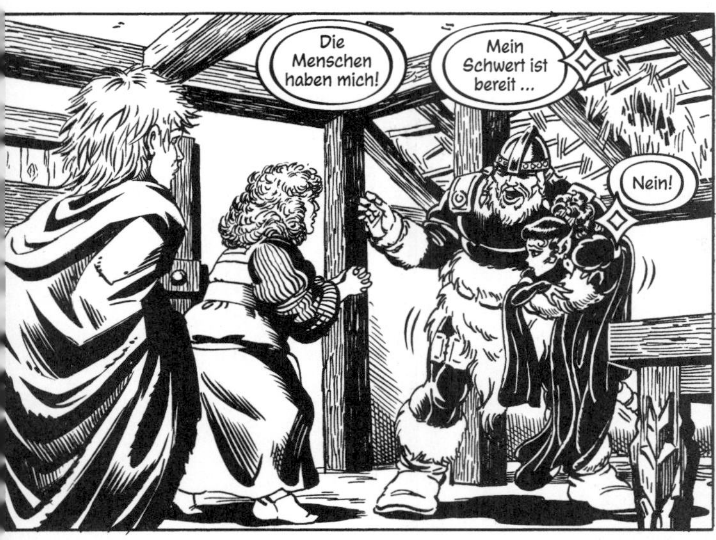
Die Menschen haben mich!
Mein Schwert ist bereit ...
Nein!

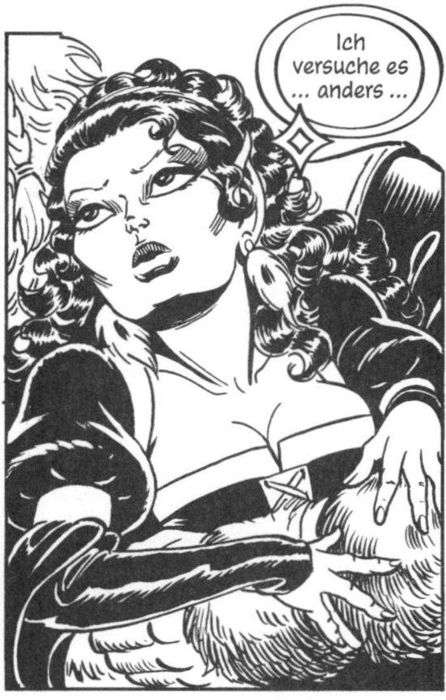
Ich versuche es ... anders ...

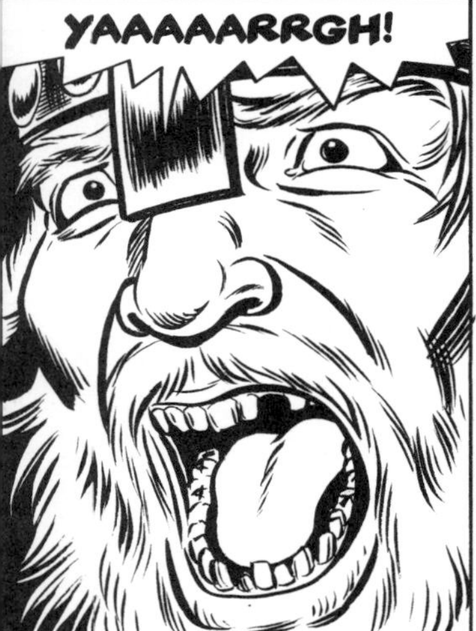
YAAAAARRGH!

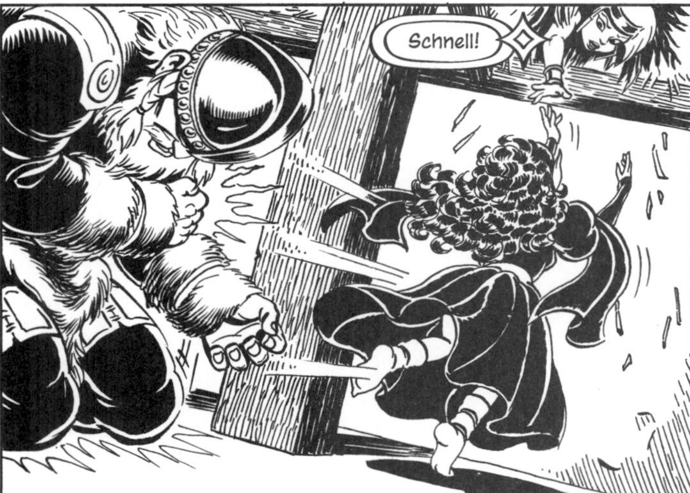
Schnell!

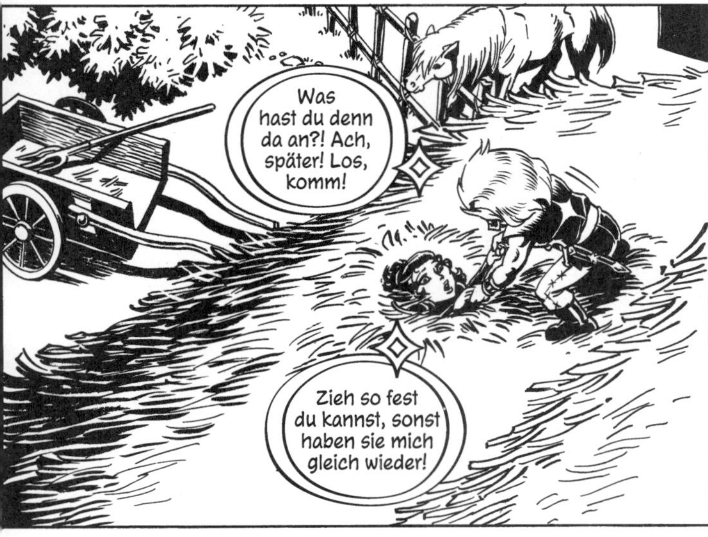
Was hast du denn da an?! Ach, später! Los, komm!
Zieh so fest du kannst, sonst haben sie mich gleich wieder!

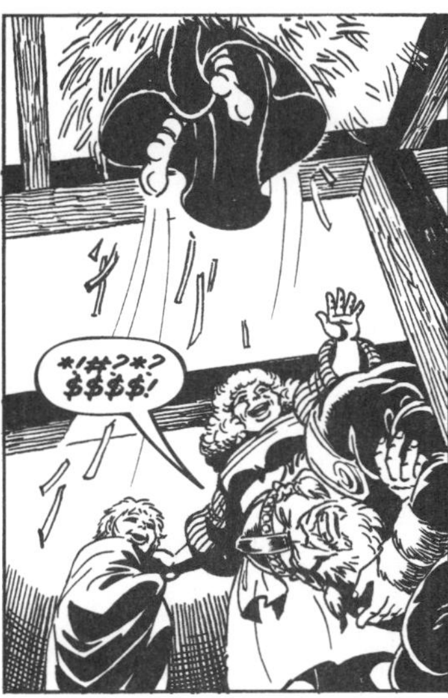
!#?? $$$$!

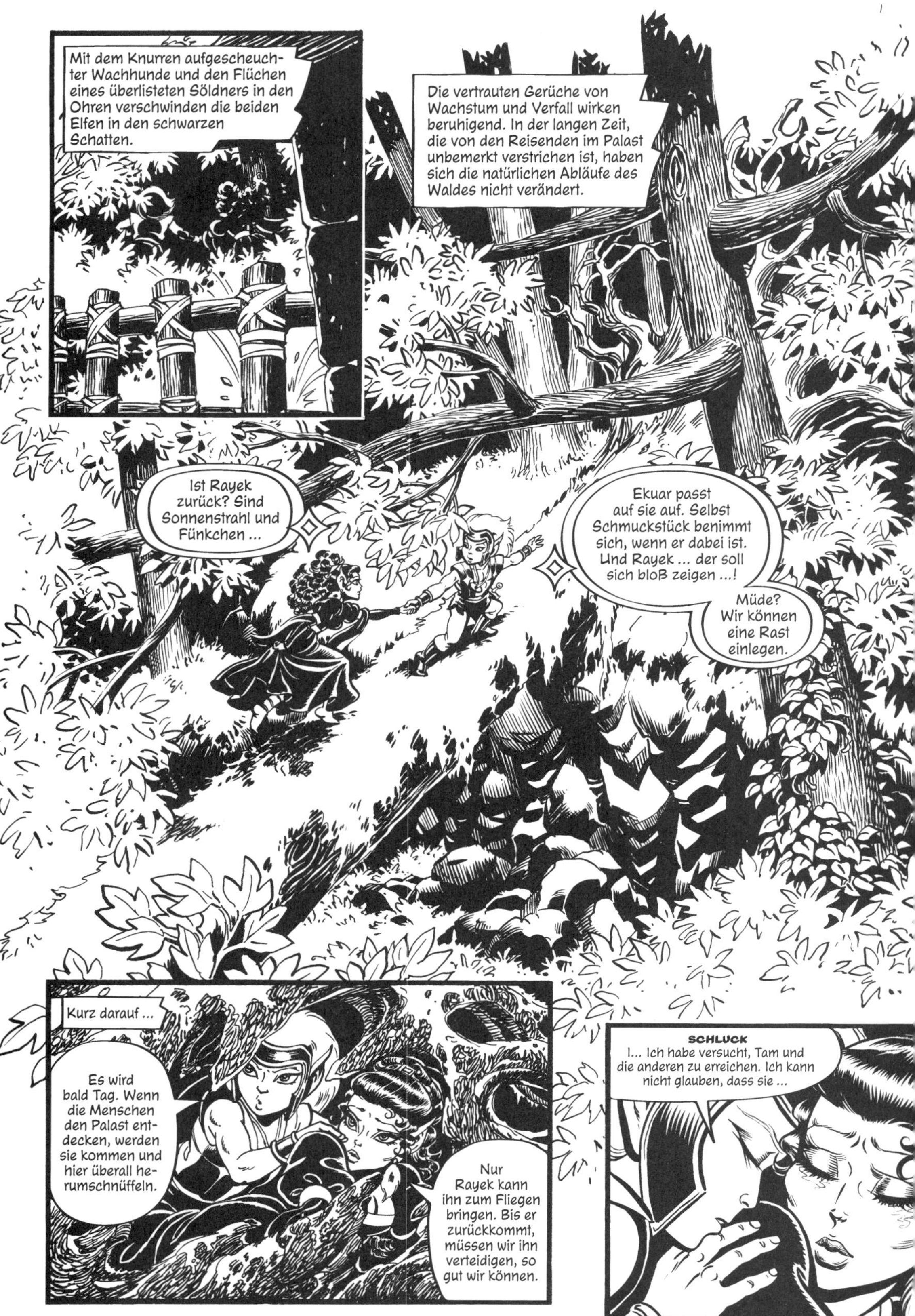
Mit dem Knurren aufgescheuchter Wachhunde und den Flüchen eines überlisteten Söldners in den Ohren verschwinden die beiden Elfen in den schwarzen Schatten.
Die vertrauten Gerüche von Wachstum und Verfall wirken beruhigend. In der langen Zeit, die von den Reisenden im Palast unbemerkt verstrichen ist, haben sich die natürlichen Abläufe des Waldes nicht verändert.
Ist Rayek zurück? Sind Sonnenstrahl und Fünkchen ...
Ekuar passt auf sie auf. Selbst Schmuckstück benimmt sich, wenn er dabei ist. Und Rayek ... der soll sich bloß zeigen ...!
Müde? Wir können eine Rast einlegen.
Kurz darauf ...
Es wird bald Tag. Wenn die Menschen den Palast entdecken, werden sie kommen und hier überall herumschnüffeln.
Nur Rayek kann ihn zum Fliegen bringen. Bis er zurückkommt, müssen wir ihn verteidigen, so gut wir können.
SCHLUCK
I... Ich habe versucht, Tam und die anderen zu erreichen. Ich kann nicht glauben, dass sie ...

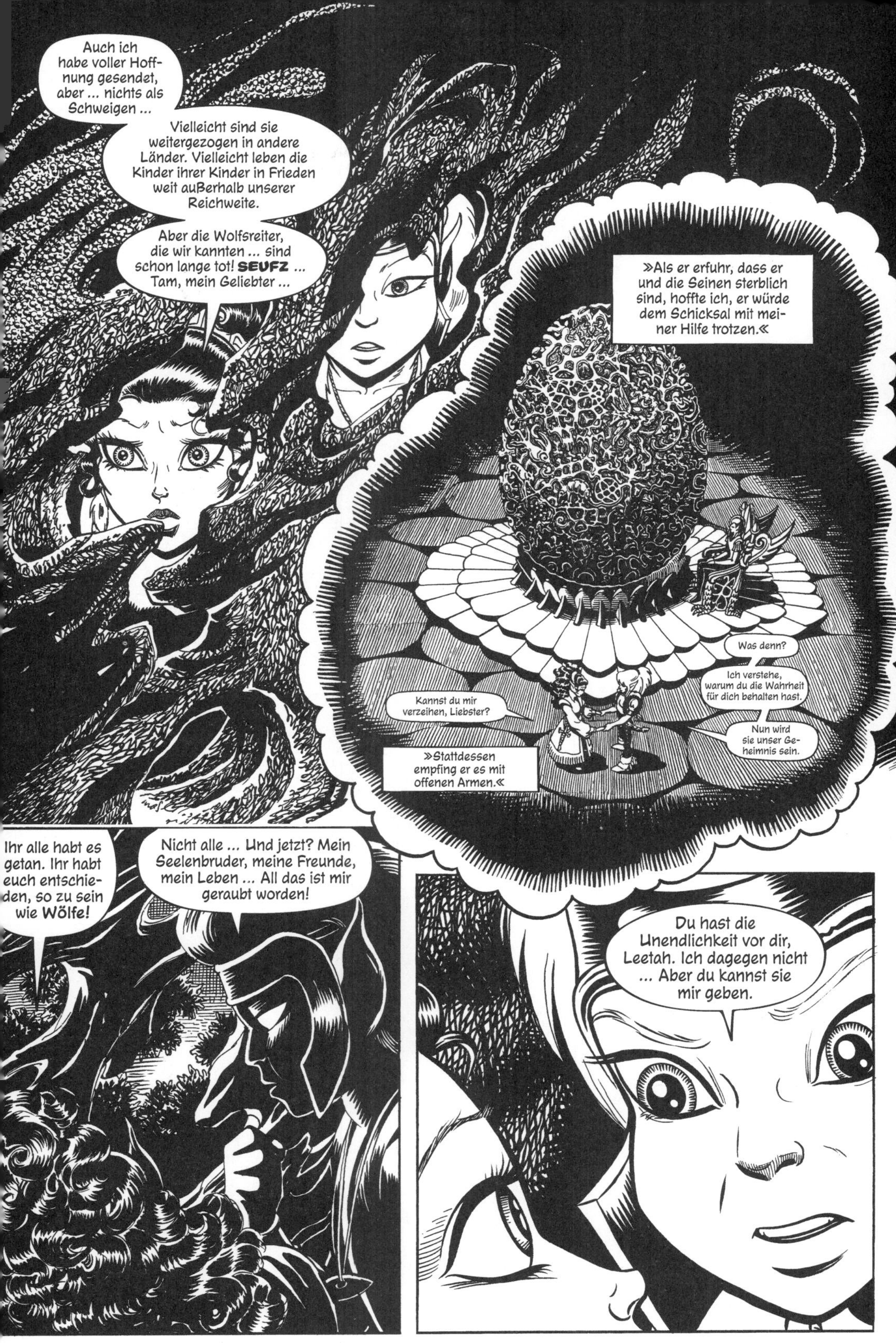
Auch ich habe voller Hoffnung gesendet, aber ... nichts als Schweigen ...
Vielleicht sind sie weitergezogen in andere Länder. Vielleicht leben die Kinder ihrer Kinder in Frieden weit außerhalb unserer Reichweite.
Aber die Wolfsreiter, die wir kannten ... sind schon lange tot! SEUFZ ... Tam, mein Geliebter ...
»Als er erfuhr, dass er und die Seinen sterblich sind, hoffte ich, er würde dem Schicksal mit meiner Hilfe trotzen.«
Kannst du mir verzeihen, Liebster?
Was denn?
Ich verstehe, warum du die Wahrheit für dich behalten hast.
Nun wird sie unser Geheimnis sein.
»Stattdessen empfing er es mit offenen Armen.«
Ihr alle habt es getan. Ihr habt euch entschieden, so zu sein wie Wölfe!
Nicht alle ... Und jetzt? Mein Seelenbruder, meine Freunde, mein Leben ... All das ist mir geraubt worden!
Du hast die Unendlichkeit vor dir, Leetah. Ich dagegen nicht ... Aber du kannst sie mir geben.

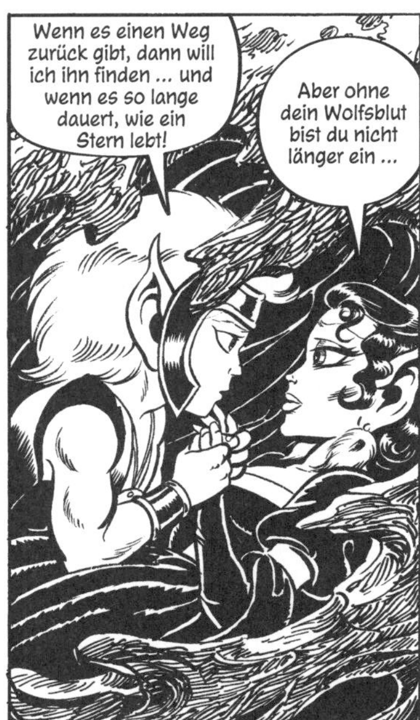
Wenn es einen Weg zurück gibt, dann will ich ihn finden ... und wenn es so lange dauert, wie ein Stern lebt!
Aber ohne dein Wolfsblut bist du nicht länger ein ...

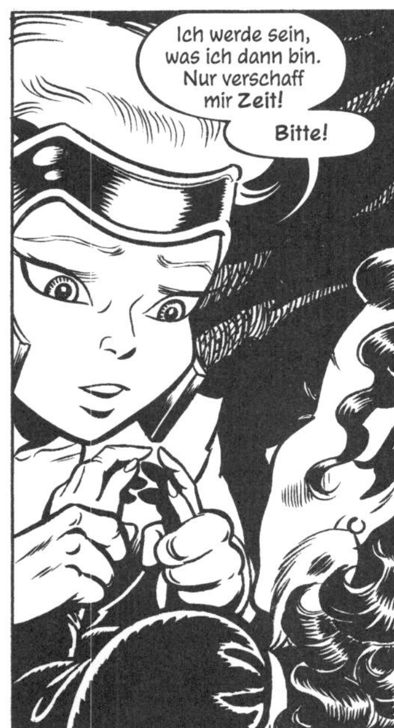
Ich werde sein, was ich dann bin. Nur verschaff mir **Zeit!**
Bitte!

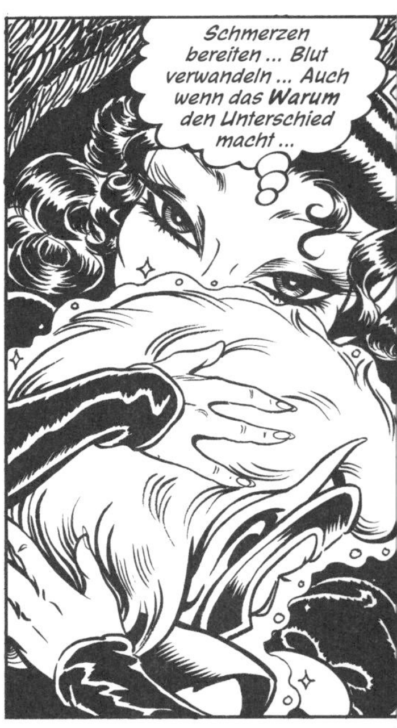
Schmerzen bereiten ... Blut verwandeln ... Auch wenn das **Warum** den Unterschied macht ...

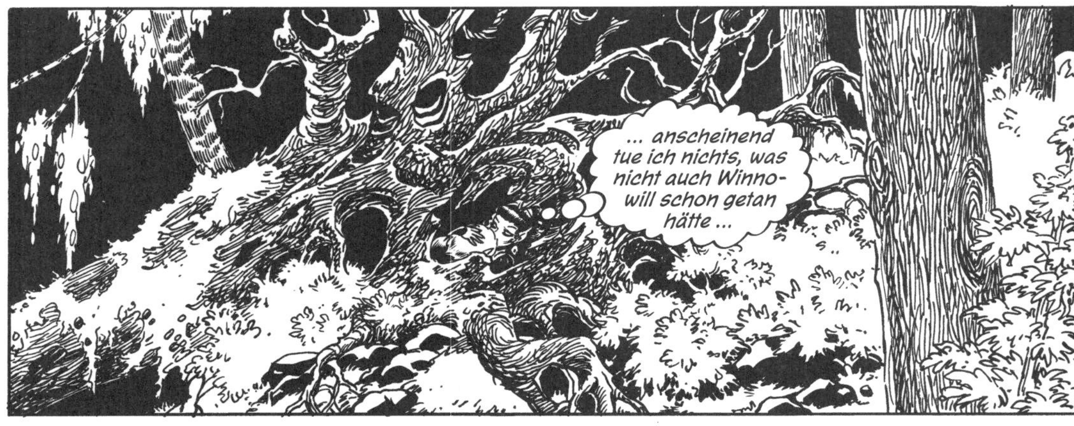
... anscheinend tue ich nichts, was nicht auch Winnowill schon getan hätte ...

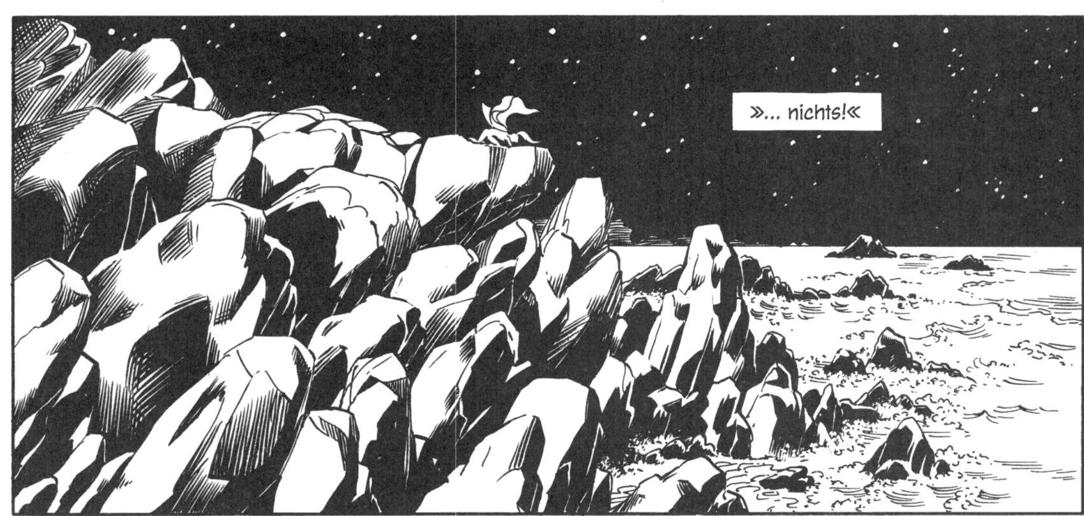
»... nichts!«

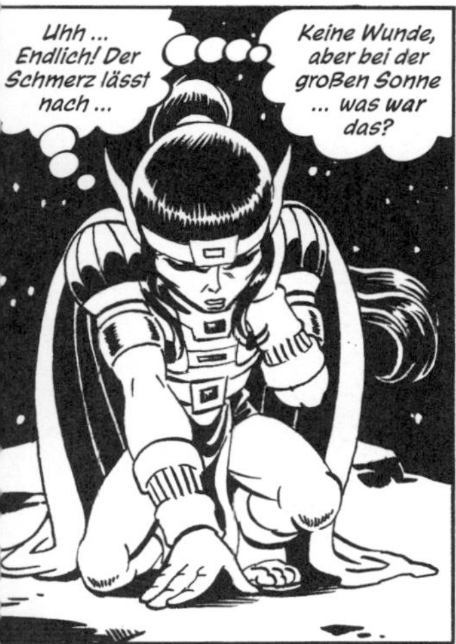
Uhh ... Endlich! Der Schmerz lässt nach ...
Keine Wunde, aber bei der großen Sonne ... was war das?

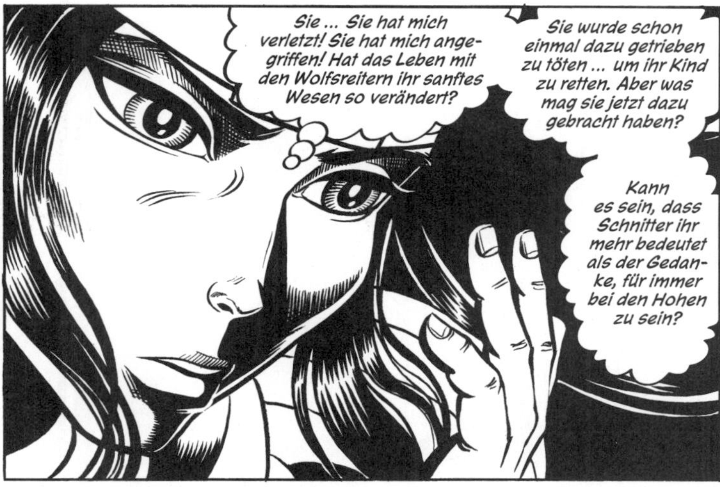
Sie ... Sie hat mich verletzt! Sie hat mich angegriffen! Hat das Leben mit den Wolfsreitern ihr sanftes Wesen so verändert?
Sie wurde schon einmal dazu getrieben zu töten ... um ihr Kind zu retten. Aber was mag sie jetzt dazu gebracht haben?
Kann es sein, dass Schnitter ihr mehr bedeutet als der Gedanke, für immer bei den Hohen zu sein?

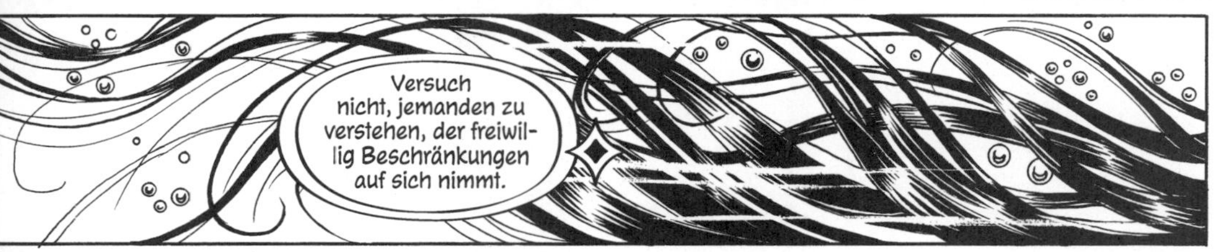
Versuch nicht, jemanden zu verstehen, der freiwillig Beschränkungen auf sich nimmt.

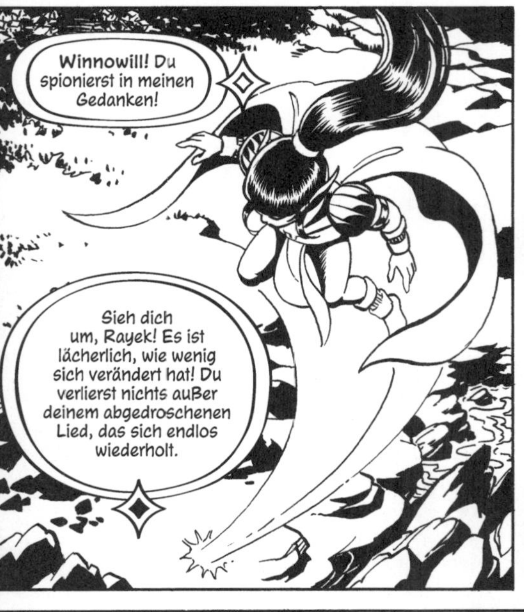
Winnowill! Du spionierst in meinen Gedanken!
Sieh dich um, Rayek! Es ist lächerlich, wie wenig sich verändert hat! Du verlierst nichts außer deinem abgedroschenen Lied, das sich endlos wiederholt.

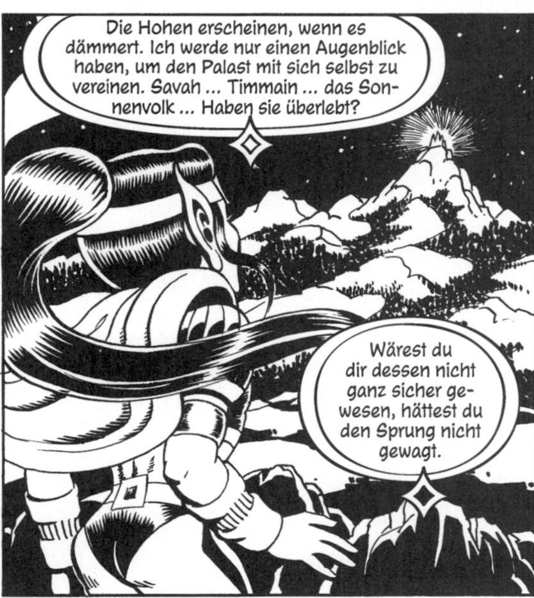
Die Hohen erscheinen, wenn es dämmert. Ich werde nur einen Augenblick haben, um den Palast mit sich selbst zu vereinen. Savah ... Timmain ... das Sonnenvolk ... Haben sie überlebt?
Wärest du dir dessen nicht ganz sicher gewesen, hättest du den Sprung nicht gewagt.

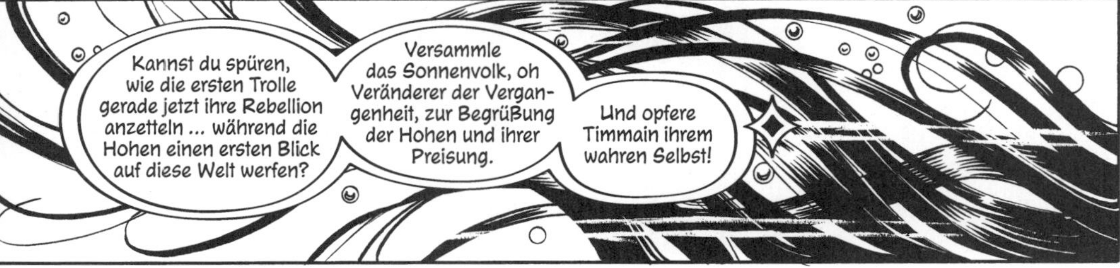
Kannst du spüren, wie die ersten Trolle gerade jetzt ihre Rebellion anzetteln ... während die Hohen einen ersten Blick auf diese Welt werfen?
Versammle das Sonnenvolk, oh Veränderer der Vergangenheit, zur Begrüßung der Hohen und ihrer Preisung.
Und opfere Timmain ihrem wahren Selbst!

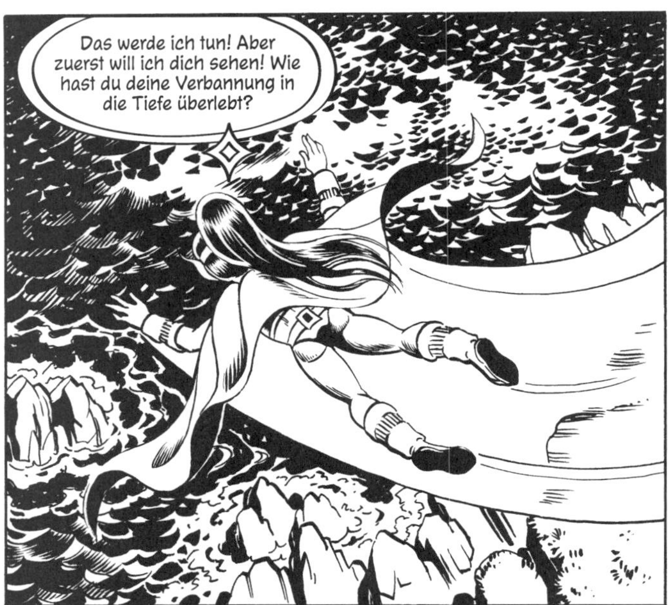
Das werde ich tun! Aber zuerst will ich dich sehen! Wie hast du deine Verbannung in die Tiefe überlebt?

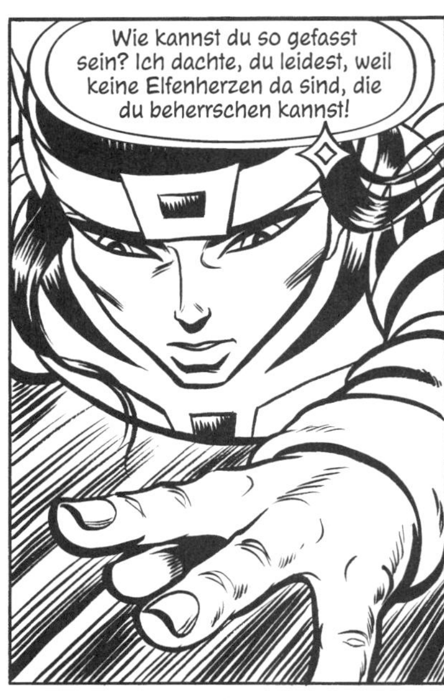
Wie kannst du so gefasst sein? Ich dachte, du leidest, weil keine Elfenherzen da sind, die du beherrschen kannst!

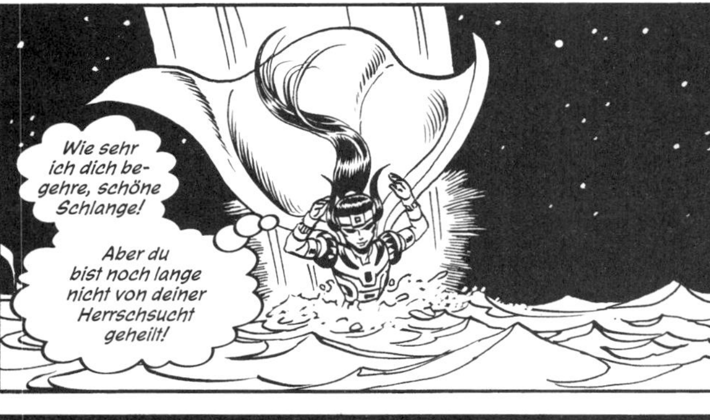
In der Stille des Meeres währt selbst der größte Zorn nicht ewig. Ich habe mich geändert. Und ich habe mich gut unterhalten.
Die guten Menschen … ihre Träume haben mich genährt! Ich habe ihnen sogar … Spielzeuge geschickt, um ihre düsteren Ängste zu beschäftigen.
Mein eigenes Volk hat mich gedemütigt … verstoßen! Ich habe sie alle vergessen! Alle, außer dir, mein Gebieter!

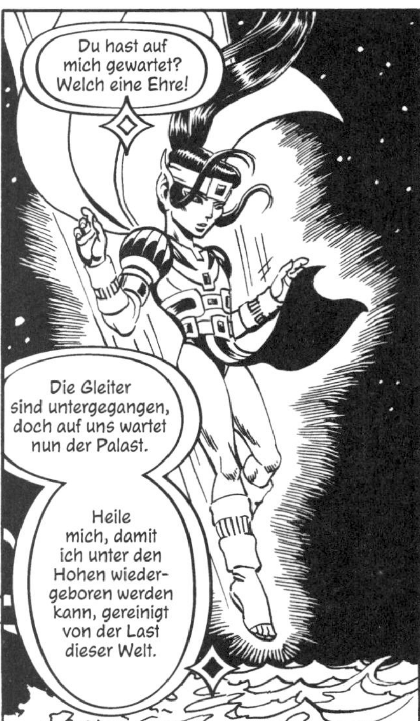
Du hast auf mich gewartet? Welch eine Ehre!
Die Gleiter sind untergegangen, doch auf uns wartet nun der Palast.
Heile mich, damit ich unter den Hohen wiedergeboren werden kann, gereinigt von der Last dieser Welt.

Wie sehr ich dich begehre, schöne Schlange!
Aber du bist noch lange nicht von deiner Herrschsucht geheilt!

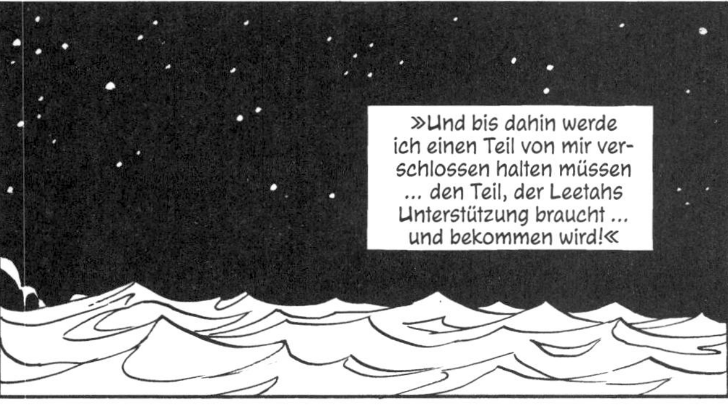
»Und bis dahin werde ich einen Teil von mir verschlossen halten müssen … den Teil, der Leetahs Unterstützung braucht … und bekommen wird!«

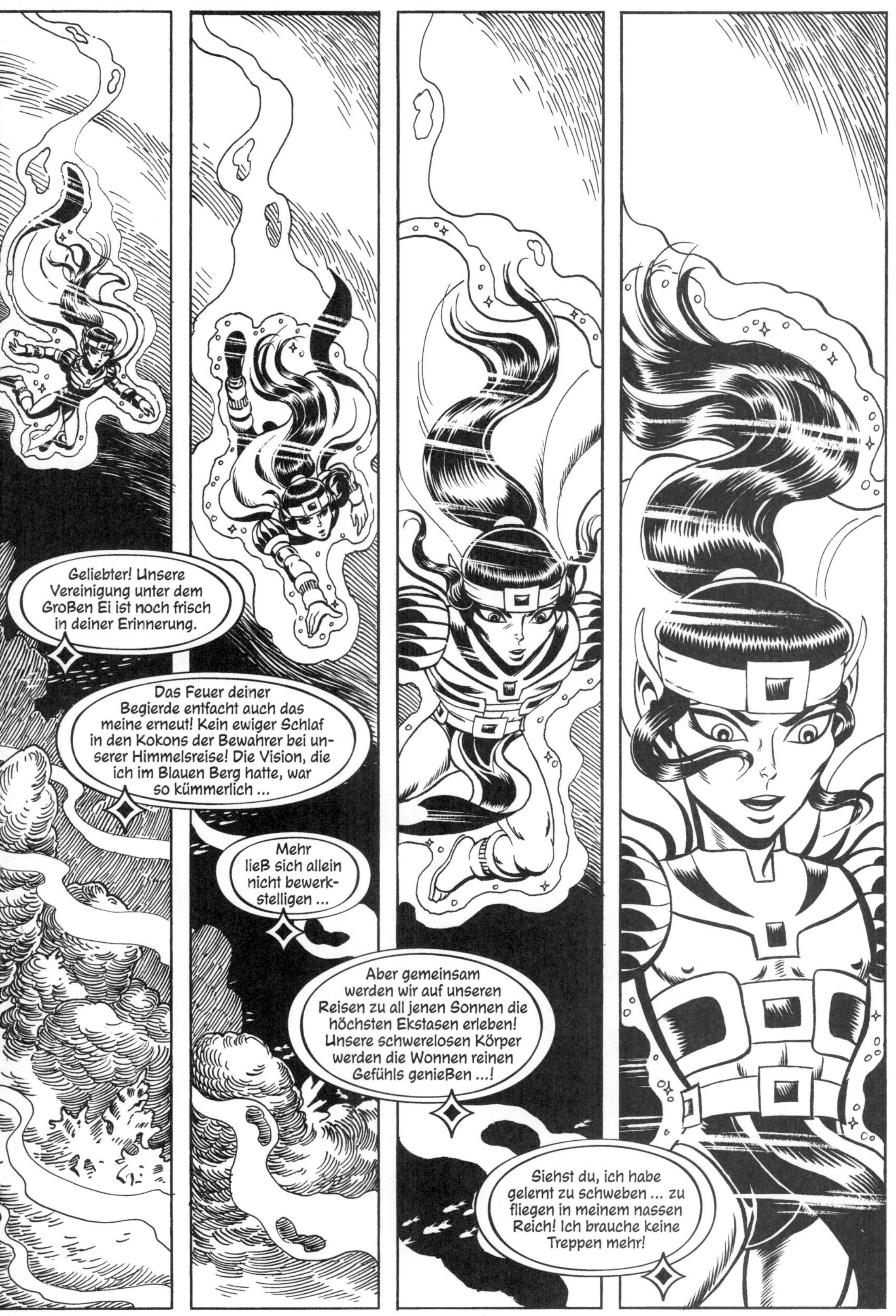
Geliebter! Unsere Vereinigung unter dem Großen Ei ist noch frisch in deiner Erinnerung.
Das Feuer deiner Begierde entfacht auch das meine erneut! Kein ewiger Schlaf in den Kokons der Bewahrer bei unserer Himmelsreise! Die Vision, die ich im Blauen Berg hatte, war so kümmerlich ...
Mehr ließ sich allein nicht bewerkstelligen ...
Aber gemeinsam werden wir auf unseren Reisen zu all jenen Sonnen die höchsten Ekstasen erleben! Unsere schwerelosen Körper werden die Wonnen reinen Gefühls genießen ...!
Siehst du, ich habe gelernt zu schweben ... zu fliegen in meinem nassen Reich! Ich brauche keine Treppen mehr!

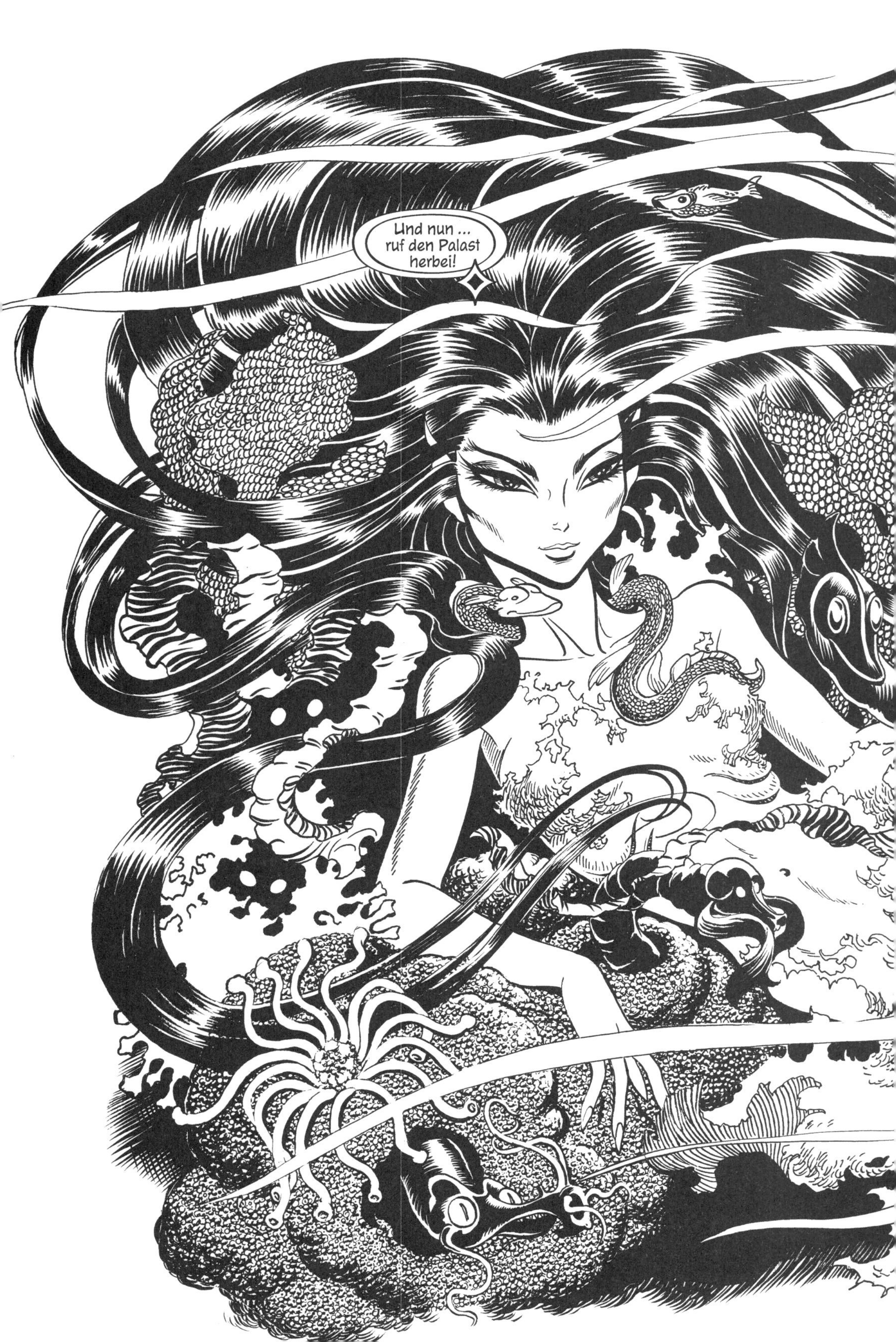
Und nun ...
ruf den Palast
herbei!

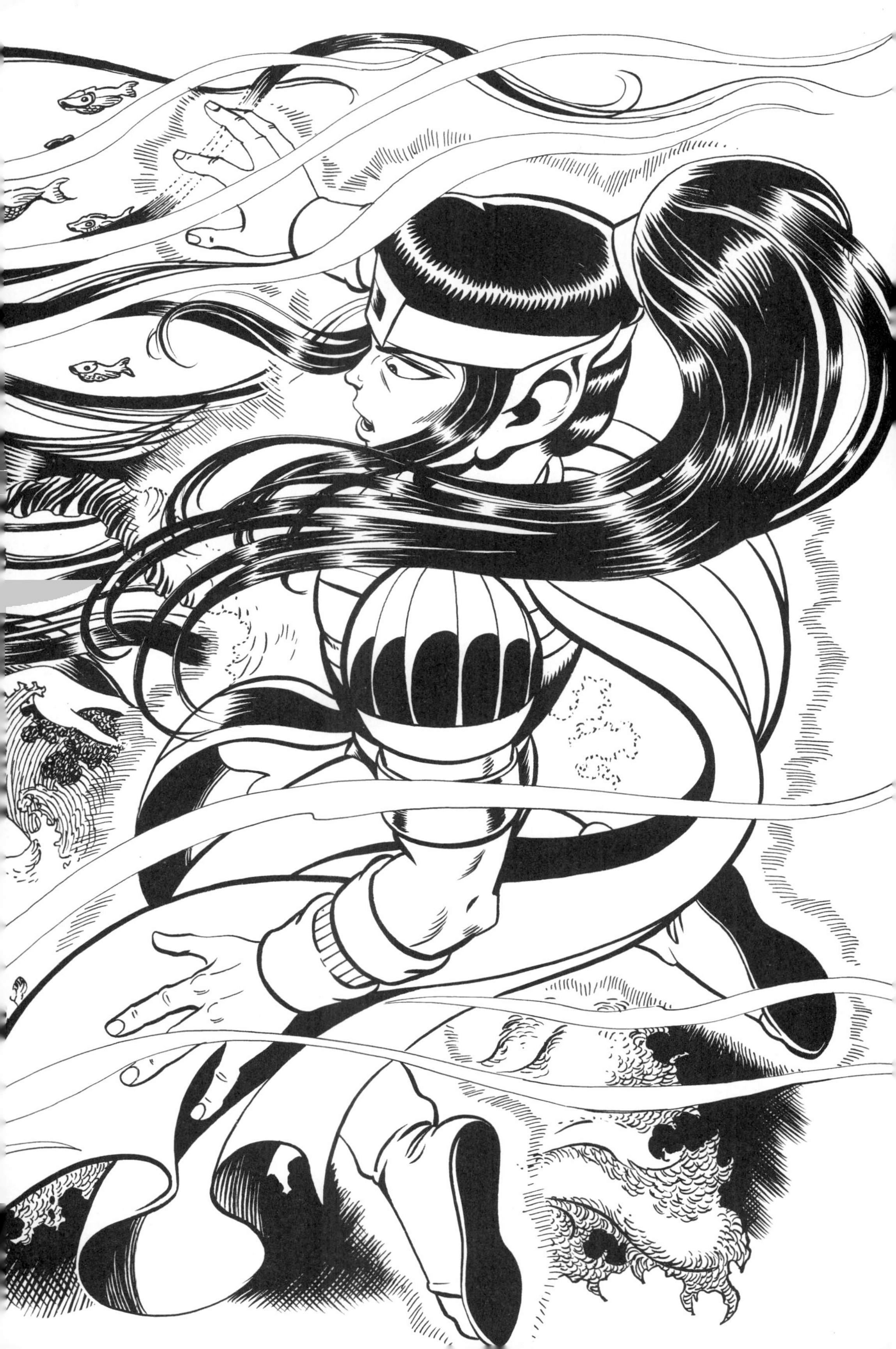

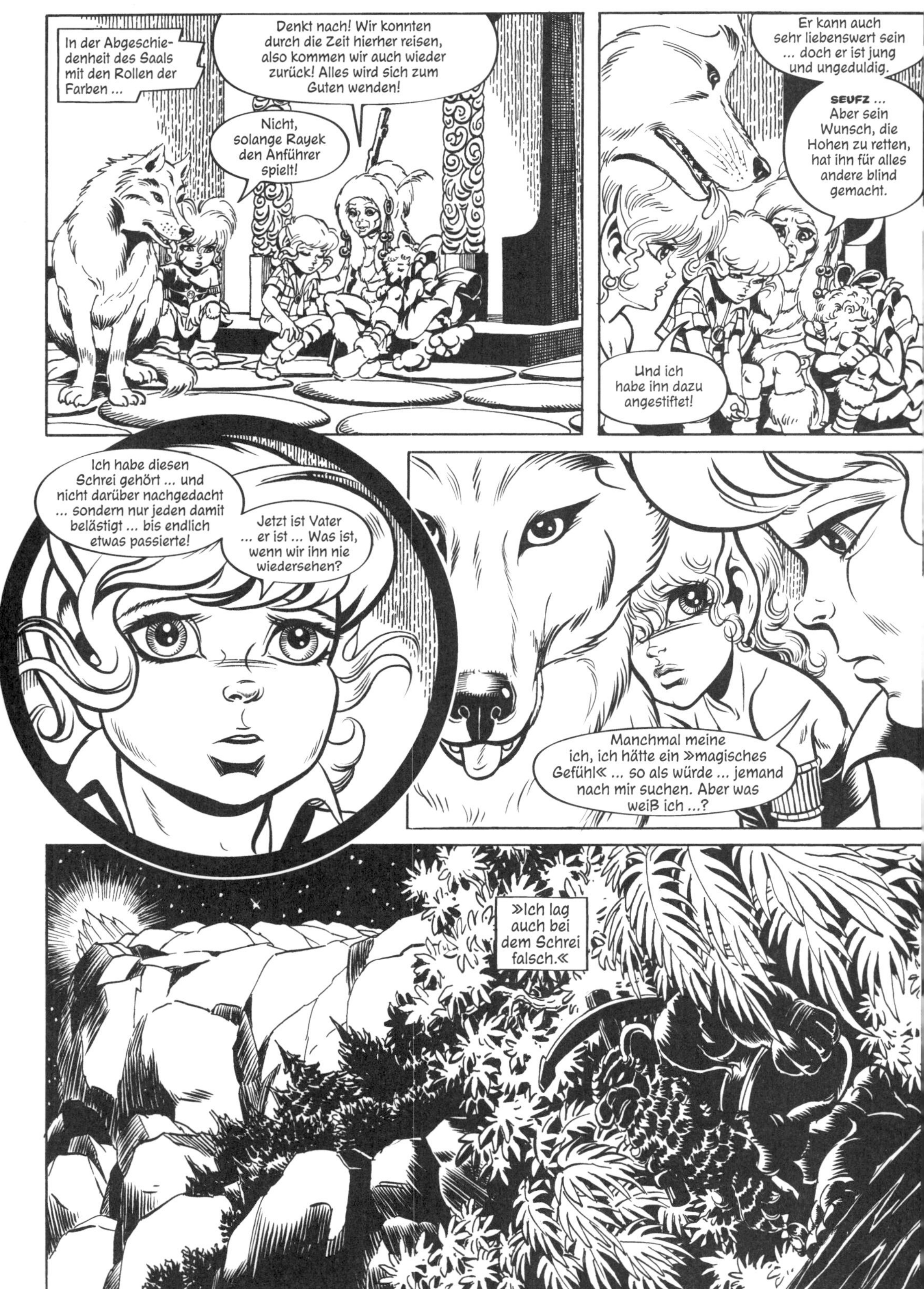
In der Abgeschiedenheit des Saals mit den Rollen der Farben ...
Denkt nach! Wir konnten durch die Zeit hierher reisen, also kommen wir auch wieder zurück! Alles wird sich zum Guten wenden!
Nicht, solange Rayek den Anführer spielt!
Er kann auch sehr liebenswert sein ... doch er ist jung und ungeduldig.
SEUFZ ... Aber sein Wunsch, die Hohen zu retten, hat ihn für alles andere blind gemacht.
Und ich habe ihn dazu angestiftet!
Ich habe diesen Schrei gehört ... und nicht darüber nachgedacht ... sondern nur jeden damit belästigt ... bis endlich etwas passierte!
Jetzt ist Vater ... er ist ... Was ist, wenn wir ihn nie wiedersehen?
Manchmal meine ich, ich hätte ein »magisches Gefühl« ... so als würde ... jemand nach mir suchen. Aber was weiß ich ...?
»Ich lag auch bei dem Schrei falsch.«

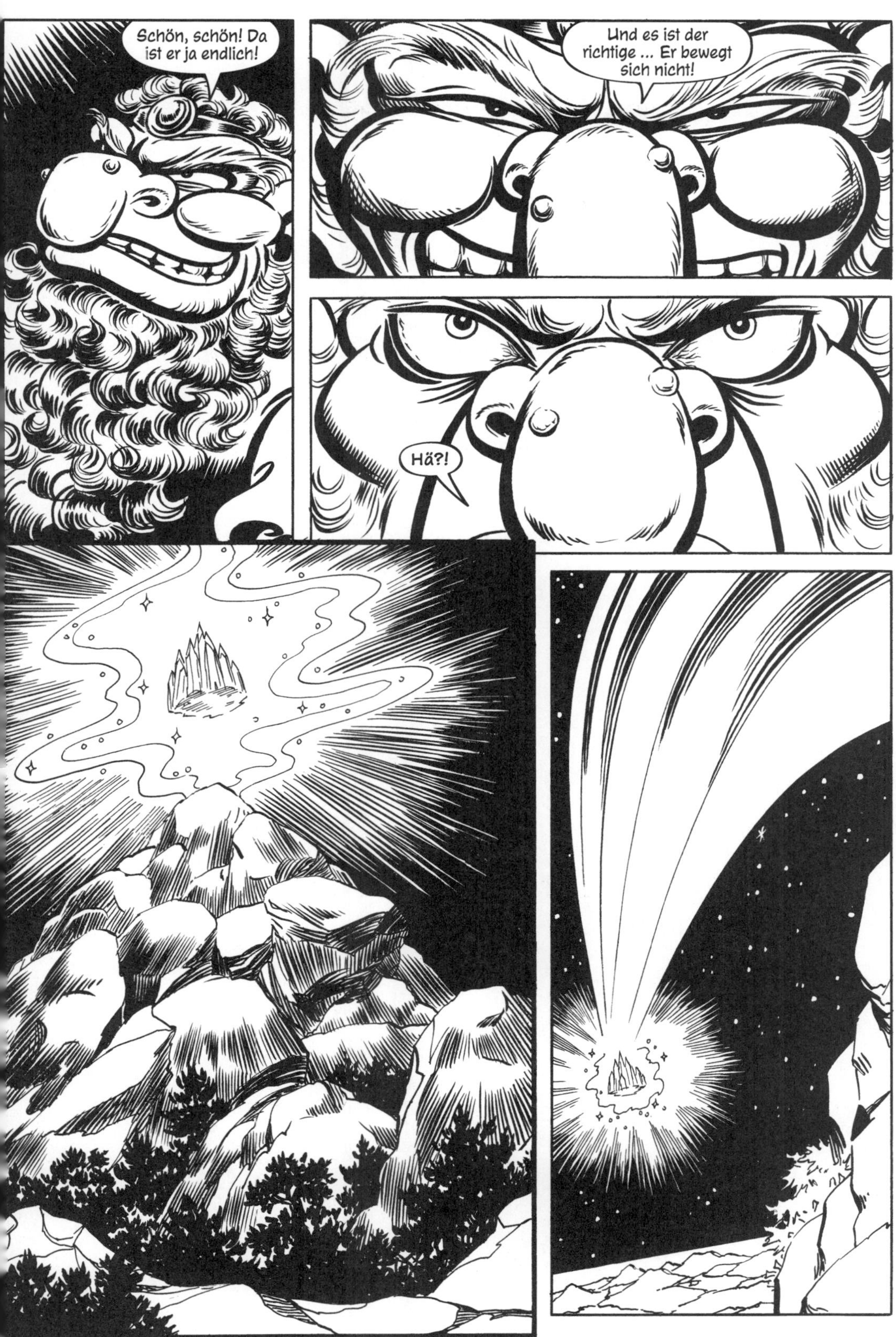
Schön, schön! Da ist er ja endlich!
Und es ist der richtige ... Er bewegt sich nicht!
Hä?!

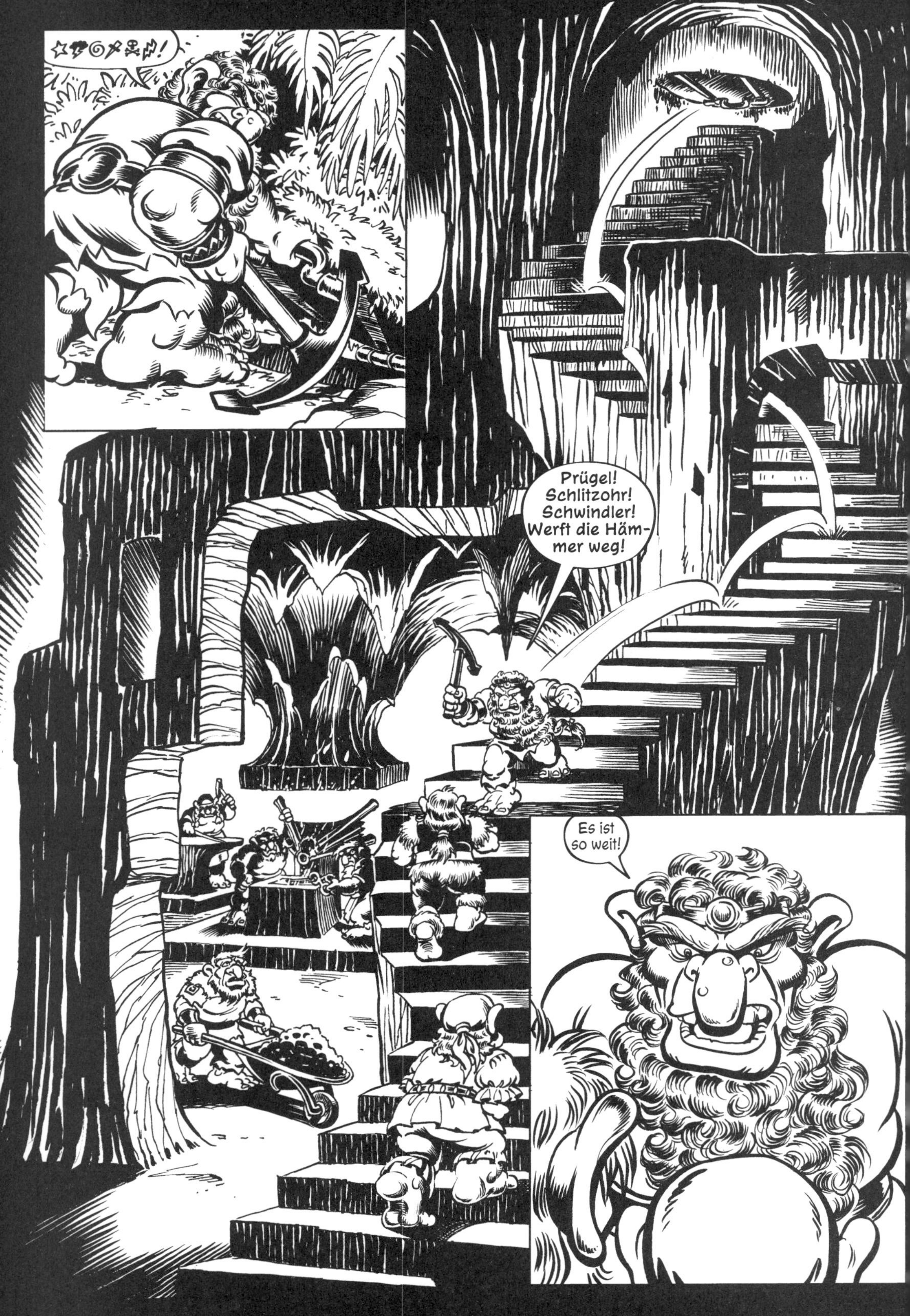
Prügel! Schlitzohr! Schwindler! Werft die Hämmer weg!
Es ist so weit!

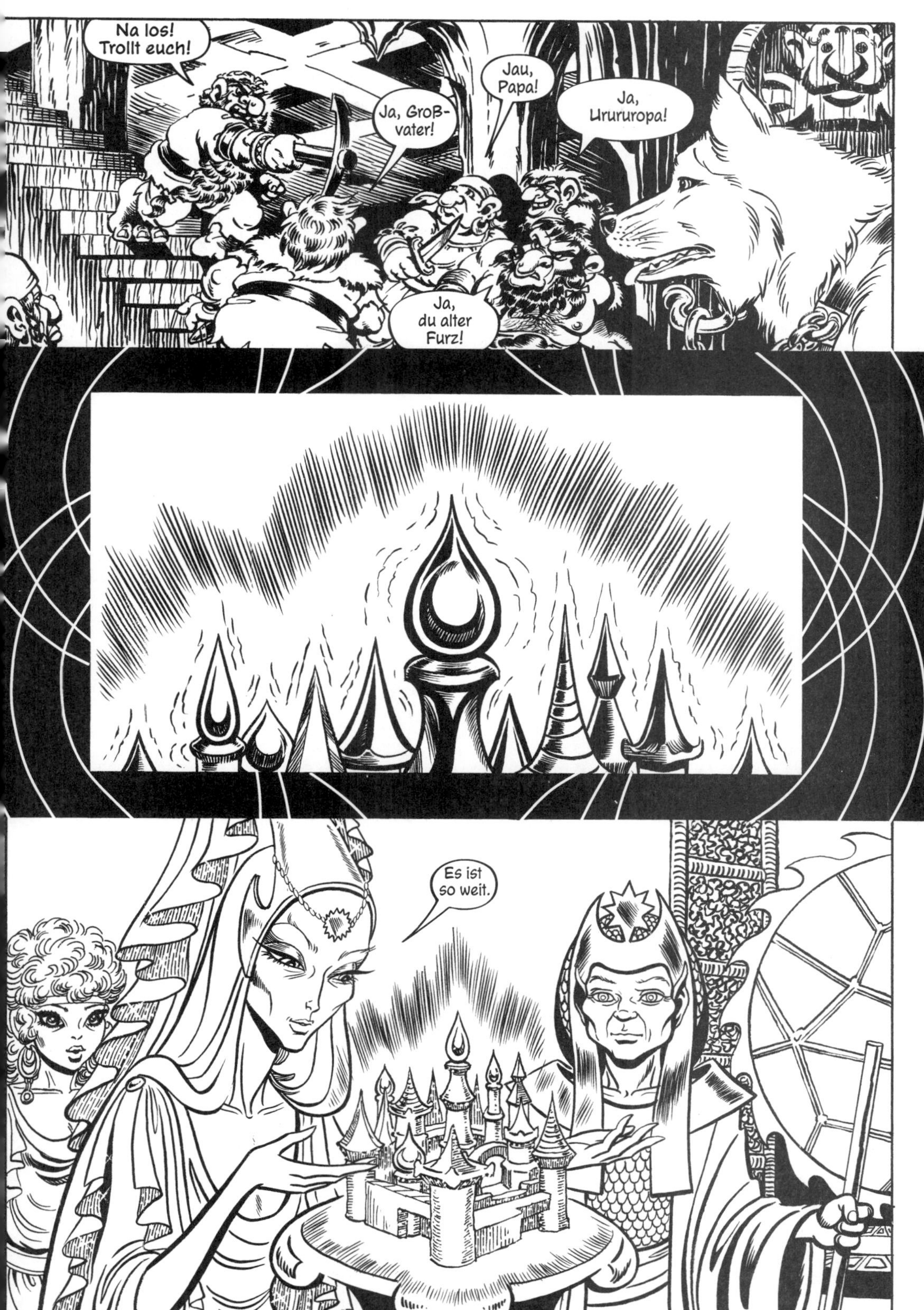
Na los! Trollt euch!
Ja, Großvater!
Jau, Papa!
Ja, Urururopa!
Ja, du alter Furz!
Es ist so weit.

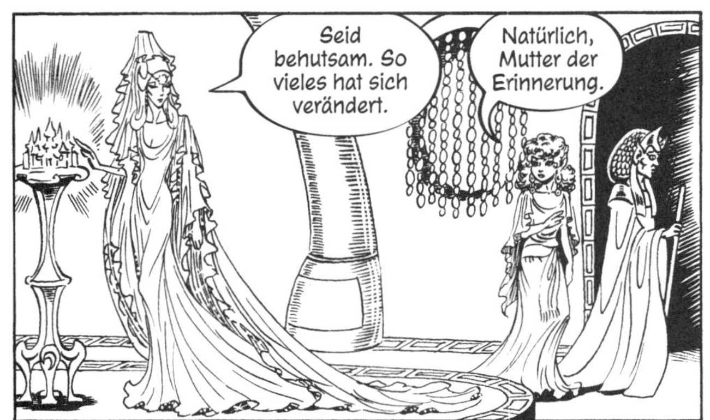

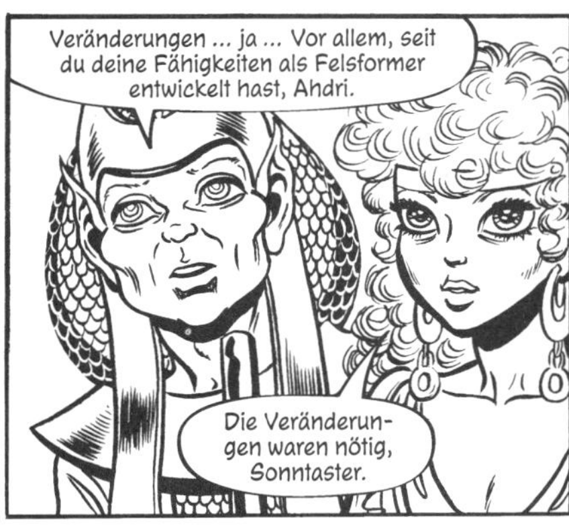

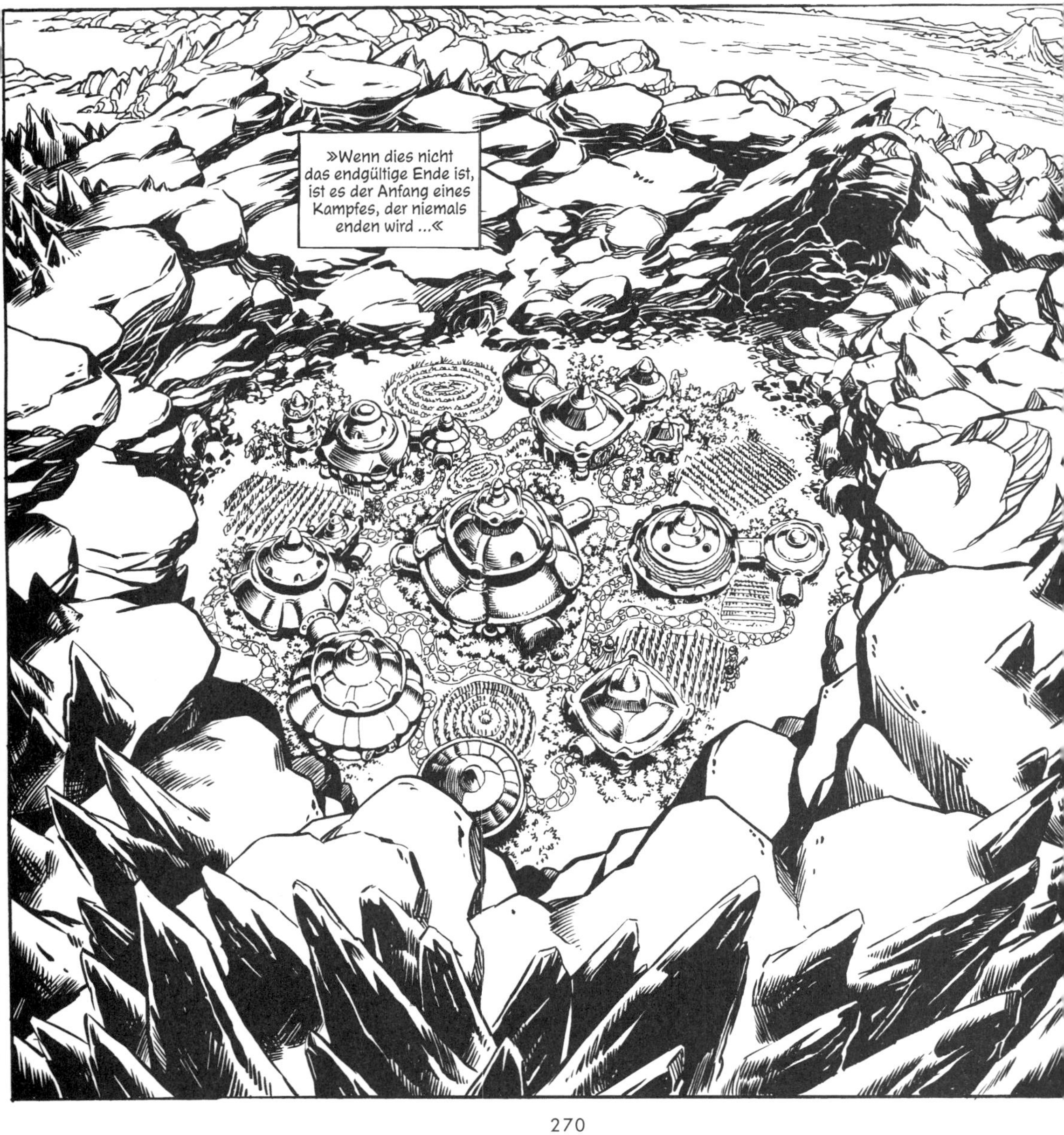

»Wenn dies nicht das endgültige Ende ist, ist es der Anfang eines Kampfes, der niemals enden wird ...«

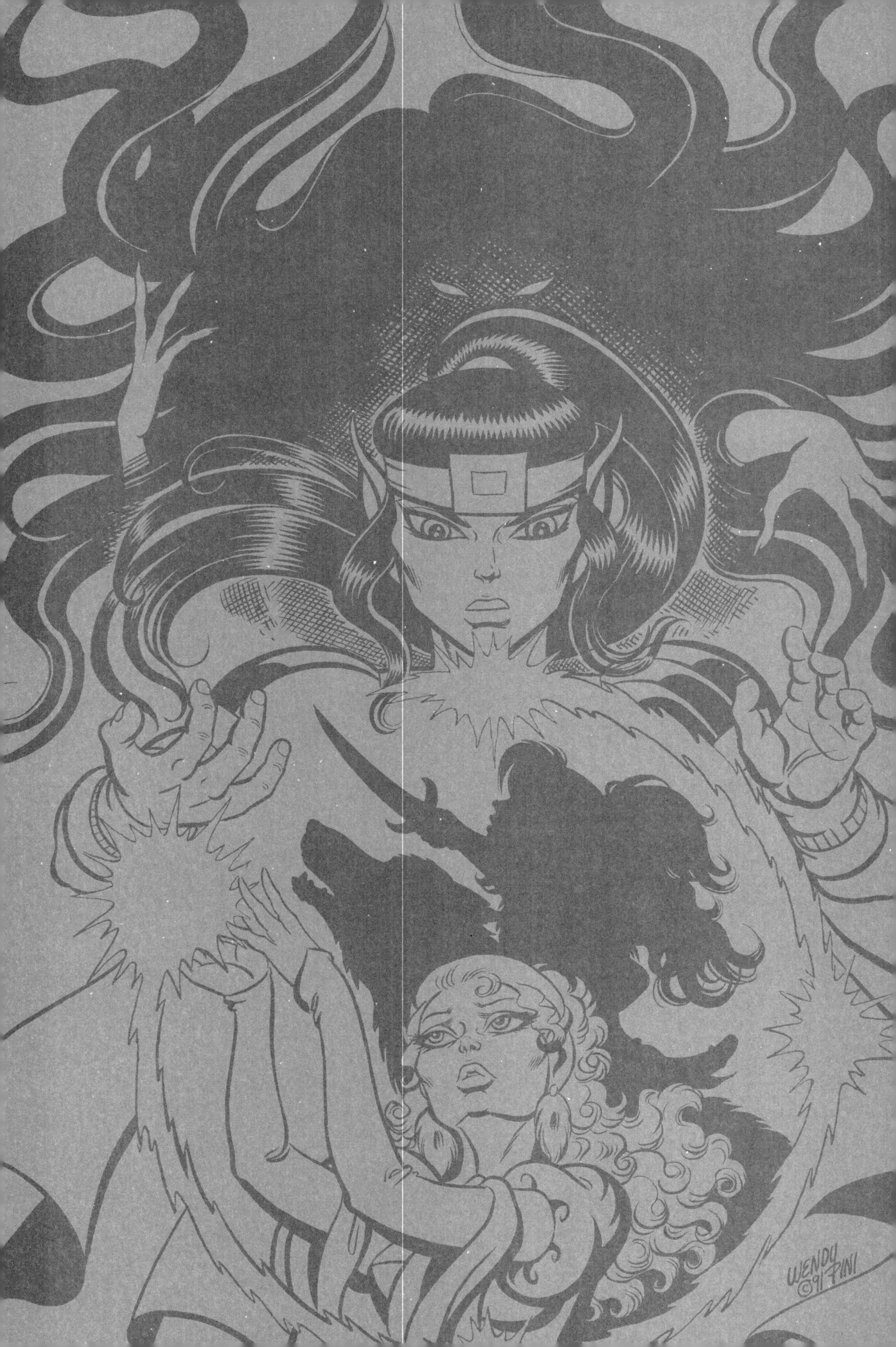
WENDY ©91 PINI

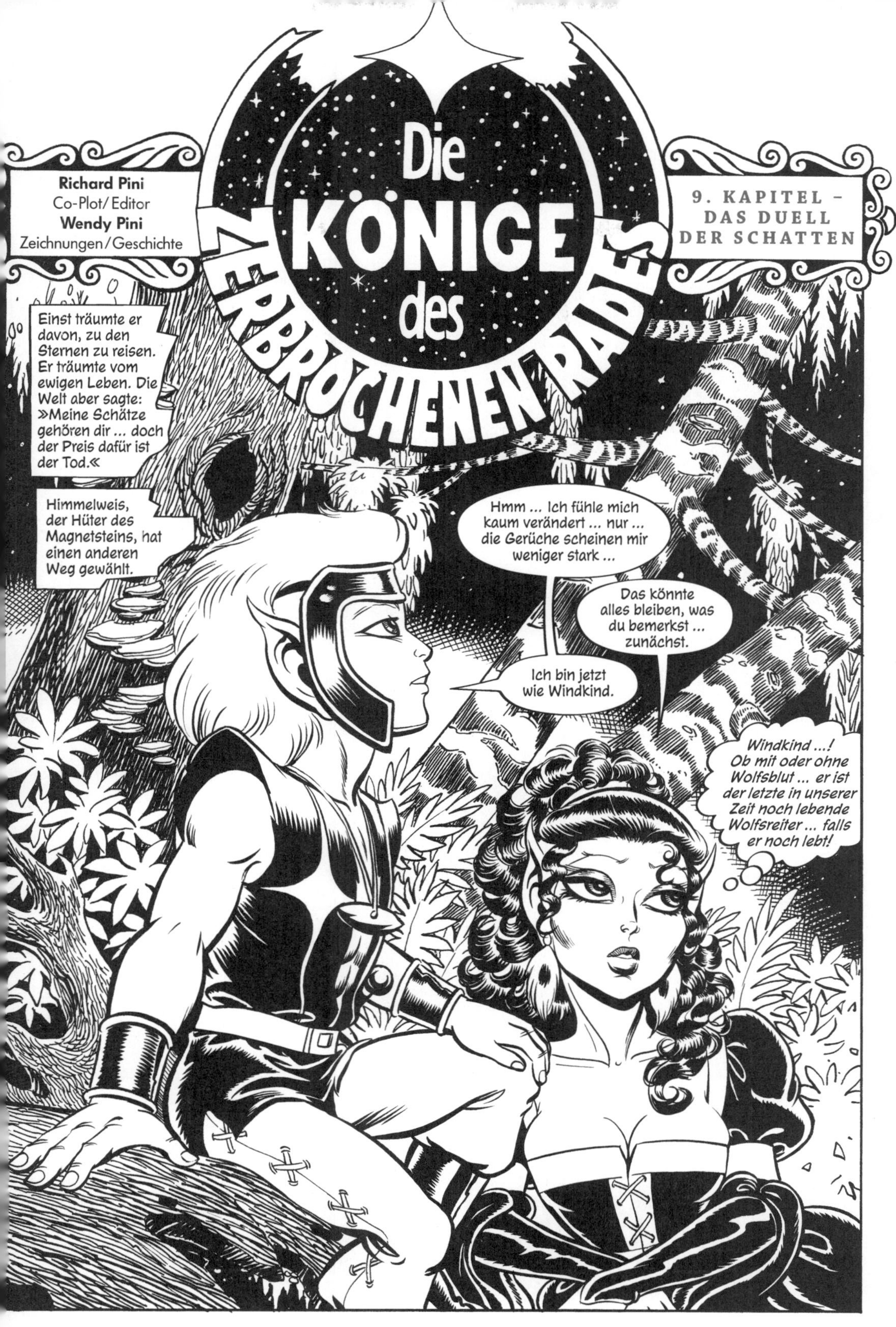
Die KÖNIGE des ZERBROCHENEN RADES
Richard Pini
Co-Plot/Editor
Wendy Pini
Zeichnungen/Geschichte
9. KAPITEL – DAS DUELL DER SCHATTEN
Einst träumte er davon, zu den Sternen zu reisen. Er träumte vom ewigen Leben. Die Welt aber sagte: »Meine Schätze gehören dir ... doch der Preis dafür ist der Tod.«
Himmelweis, der Hüter des Magnetsteins, hat einen anderen Weg gewählt.
Hmm ... Ich fühle mich kaum verändert ... nur ... die Gerüche scheinen mir weniger stark ...
Das könnte alles bleiben, was du bemerkst ... zunächst.
Ich bin jetzt wie Windkind.
Windkind ...! Ob mit oder ohne Wolfsblut ... er ist der letzte in unserer Zeit noch lebende Wolfsreiter ... falls er noch lebt!

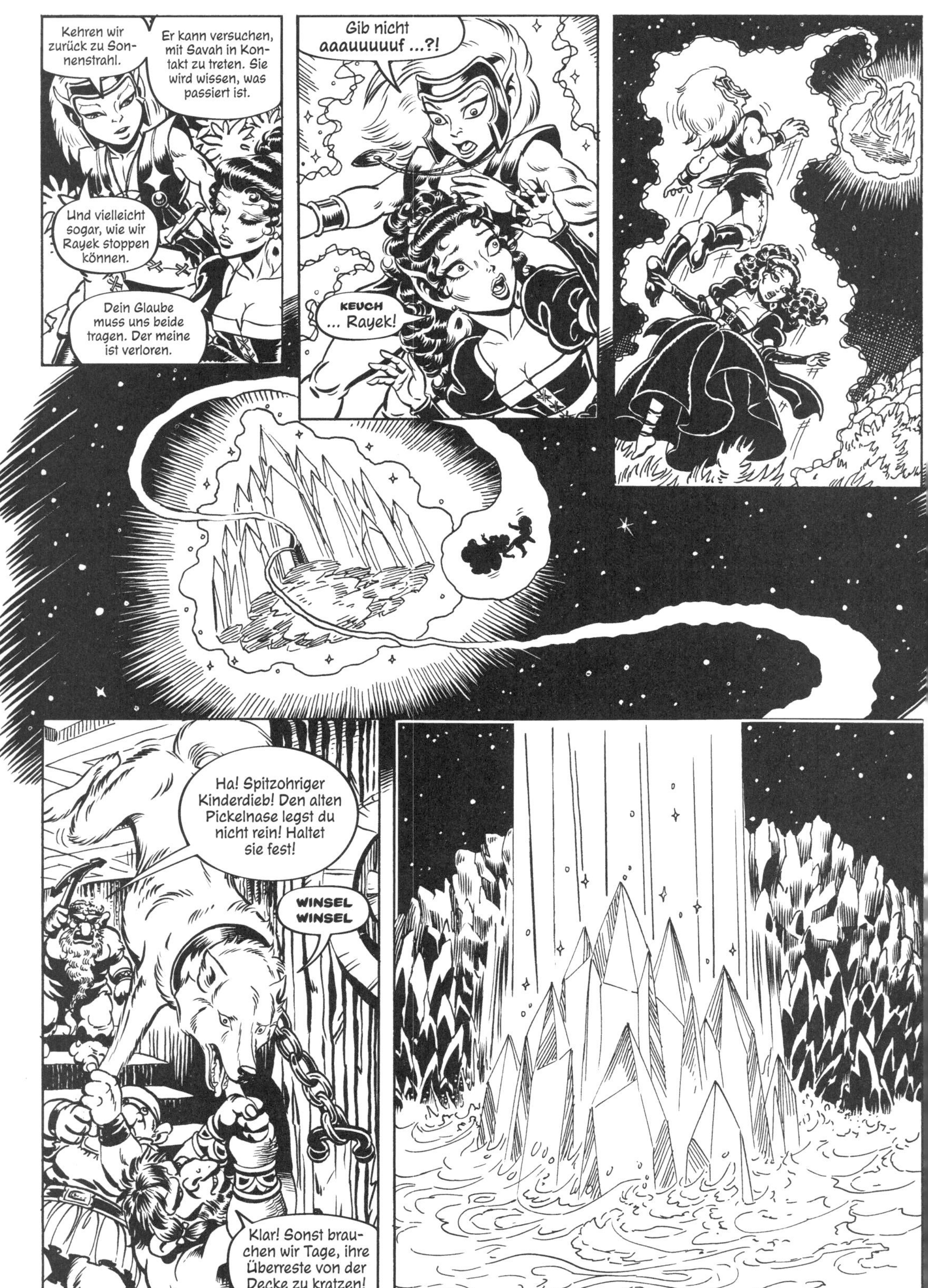
Kehren wir zurück zu Sonnenstrahl.
Er kann versuchen, mit Savah in Kontakt zu treten. Sie wird wissen, was passiert ist.
Und vielleicht sogar, wie wir Rayek stoppen können.
Dein Glaube muss uns beide tragen. Der meine ist verloren.
Gib nicht aaauuuuuf ...?!
KEUCH ... Rayek!
Ha! Spitzohriger Kinderdieb! Den alten Pickelnase legst du nicht rein! Haltet sie fest!
WINSEL WINSEL
Klar! Sonst brauchen wir Tage, ihre Überreste von der Decke zu kratzen!

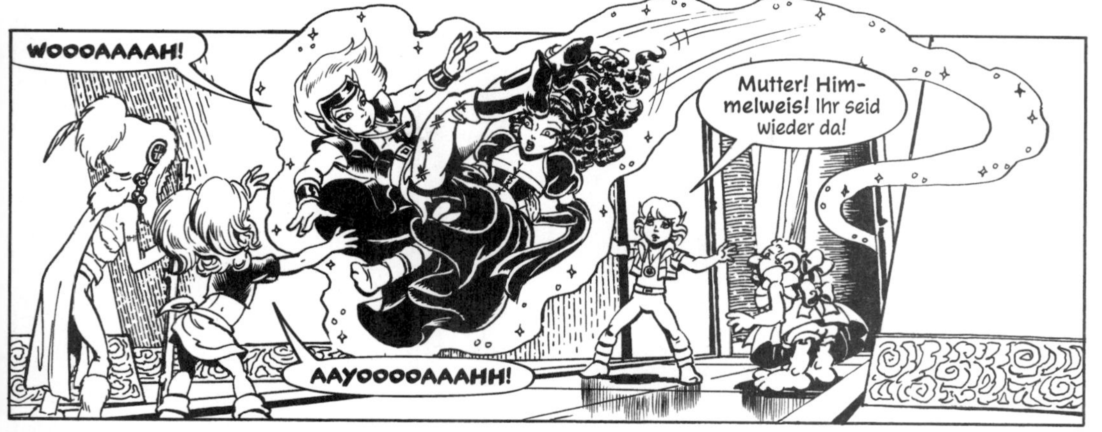
WOOOAAAAH!
Mutter! Himmelweis! Ihr seid wieder da!
AAYOOOOAAAHH!

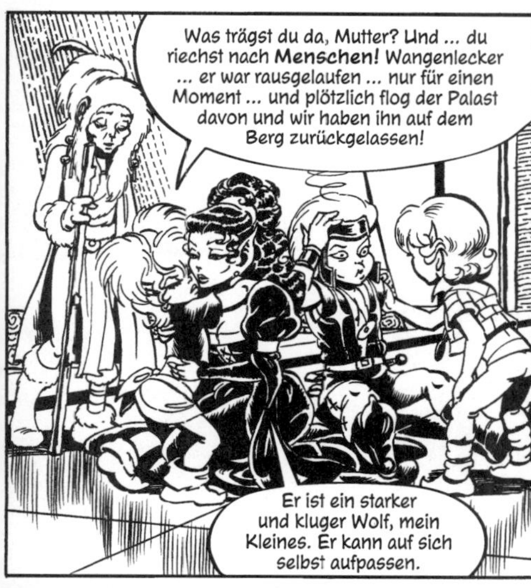
Was trägst du da, Mutter? Und ... du riechst nach **Menschen!** Wangenlecker ... er war rausgelaufen ... nur für einen Moment ... und plötzlich flog der Palast davon und wir haben ihn auf dem Berg zurückgelassen!
Er ist ein starker und kluger Wolf, mein Kleines. Er kann auf sich selbst aufpassen.

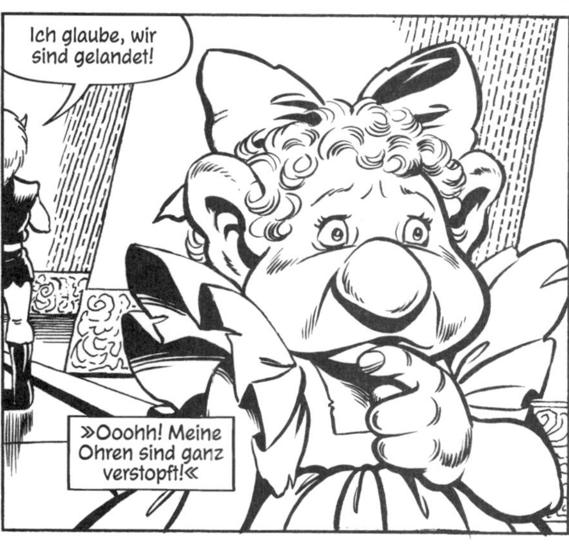
Ich glaube, wir sind gelandet!
»Ooohh! Meine Ohren sind ganz verstopft!«

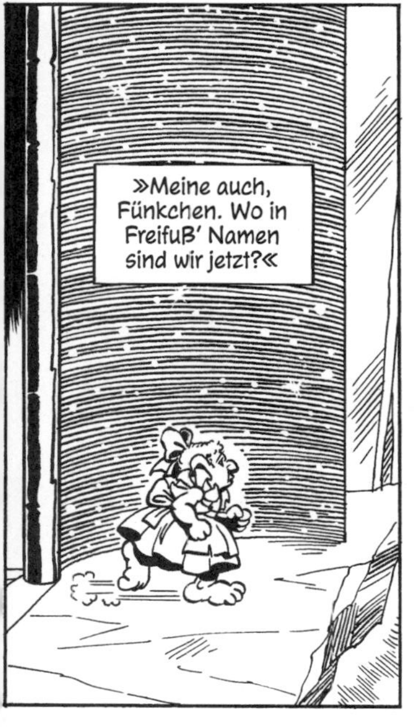
»Meine auch, Fünkchen. Wo in Freifuß' Namen sind wir jetzt?«

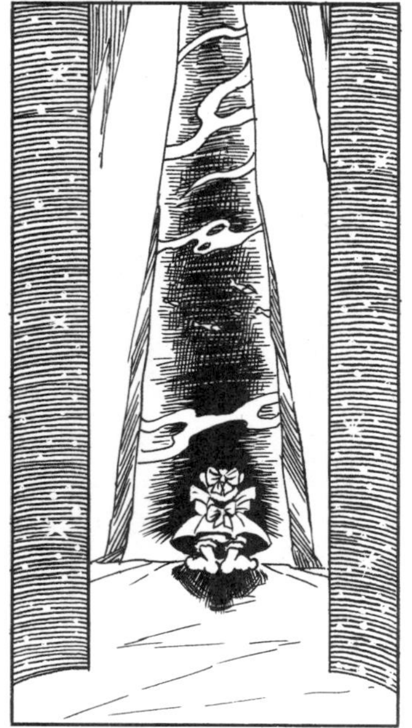

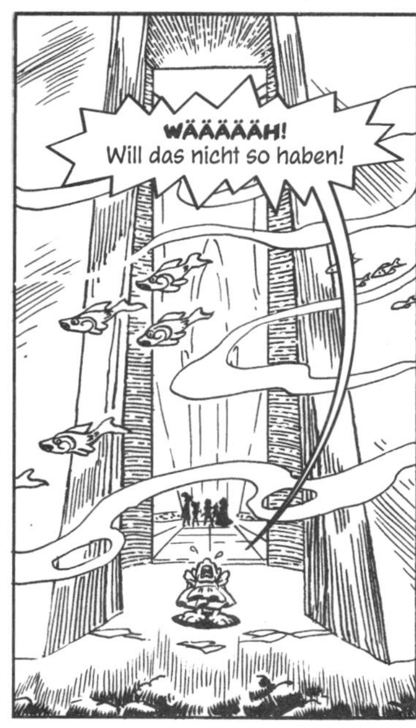
WÄÄÄÄÄH!
Will das nicht so haben!

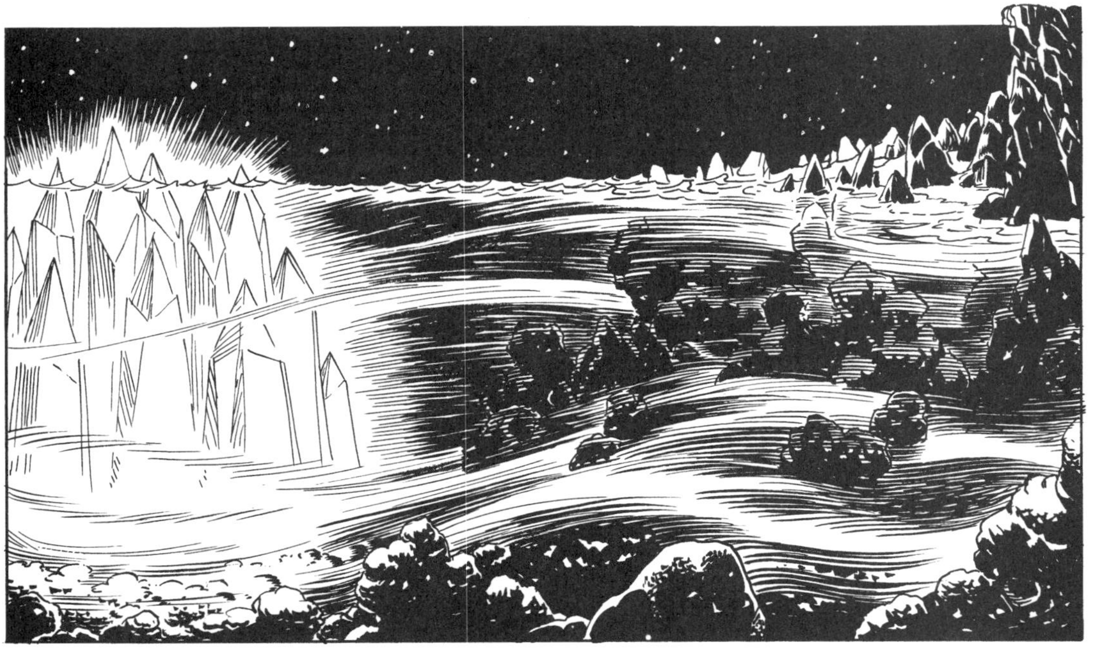

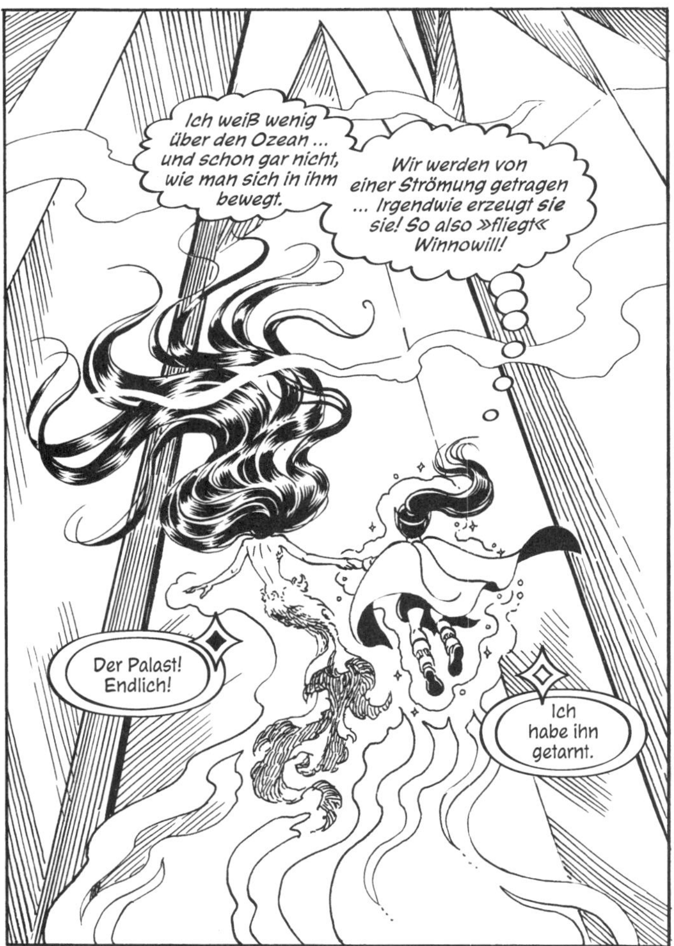
Ich weiß wenig über den Ozean ... und schon gar nicht, wie man sich in ihm bewegt.
Wir werden von einer Strömung getragen ... Irgendwie erzeugt sie sie! So also »fliegt« Winnowill!
Der Palast! Endlich!
Ich habe ihn getarnt.

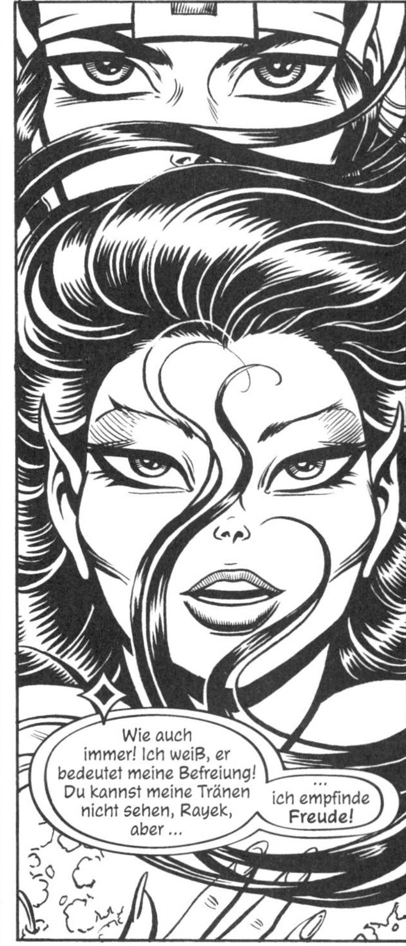
Wie auch immer! Ich weiß, er bedeutet meine Befreiung! Du kannst meine Tränen nicht sehen, Rayek, aber ...
... ich empfinde Freude!

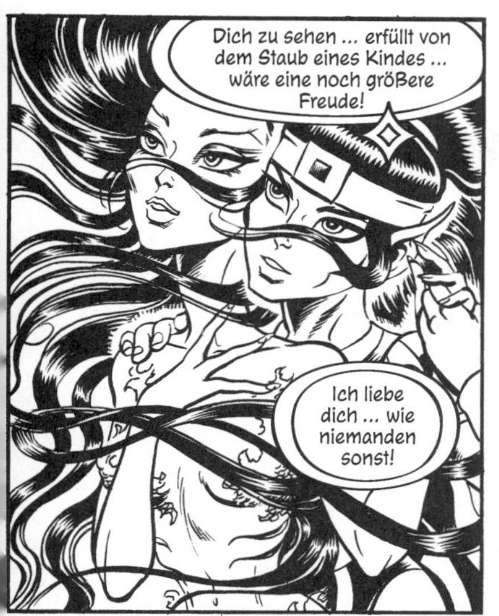
Dich zu sehen ... erfüllt von dem Staub eines Kindes ... wäre eine noch größere Freude!
Ich liebe dich ... wie niemanden sonst!

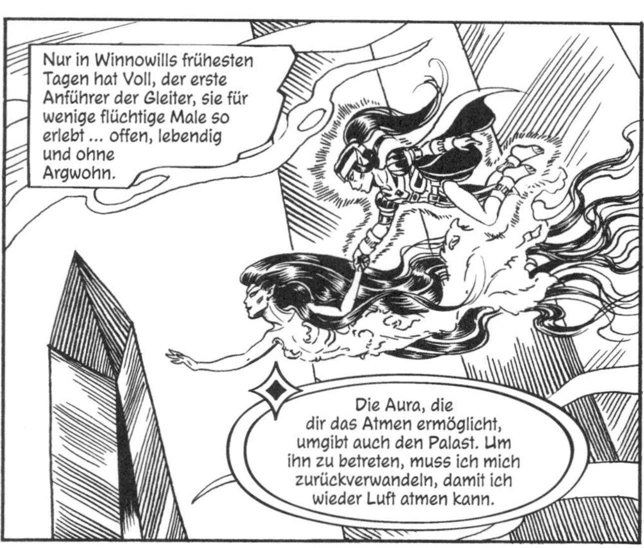
Nur in Winnowills frühesten Tagen hat Voll, der erste Anführer der Gleiter, sie für wenige flüchtige Male so erlebt ... offen, lebendig und ohne Argwohn.
Die Aura, die dir das Atmen ermöglicht, umgibt auch den Palast. Um ihn zu betreten, muss ich mich zurückverwandeln, damit ich wieder Luft atmen kann.

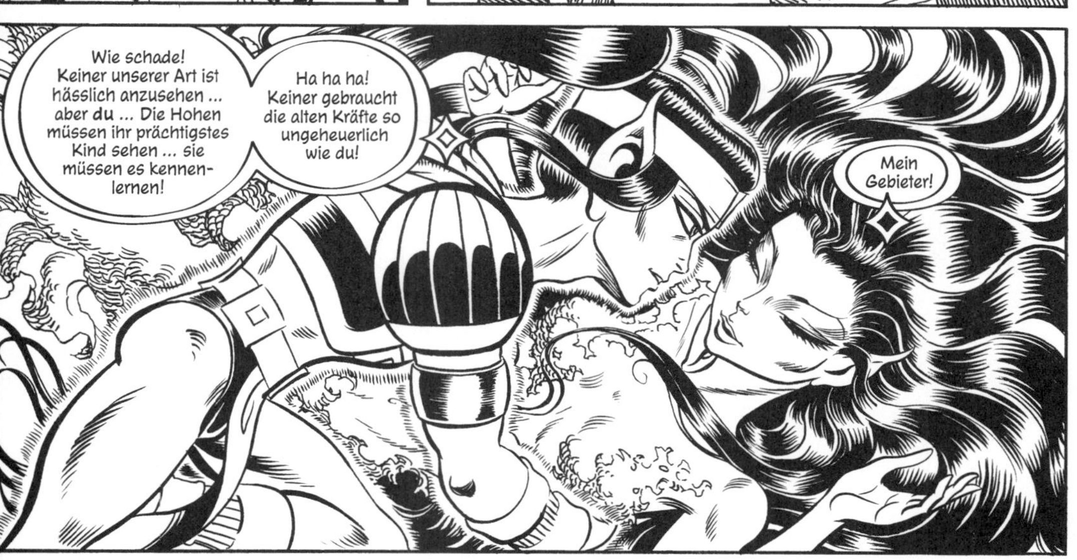
Wie schade! Keiner unserer Art ist hässlich anzusehen ... aber **du** ... Die Hohen müssen ihr prächtigstes Kind sehen ... sie müssen es kennenlernen!
Ha ha ha! Keiner gebraucht die alten Kräfte so ungeheuerlich wie du!
Mein Gebieter!

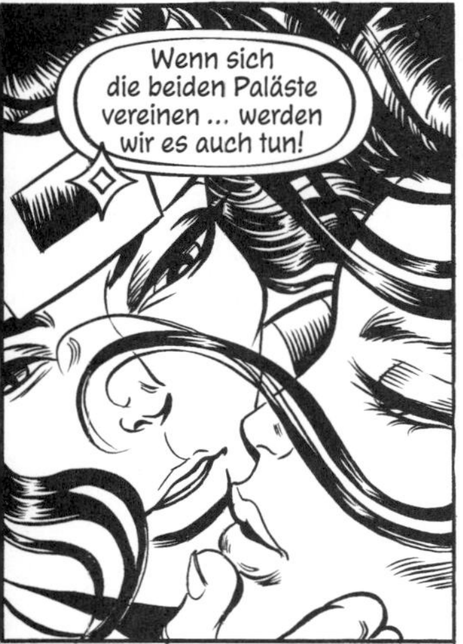
Wenn sich die beiden Paläste vereinen ... werden wir es auch tun!

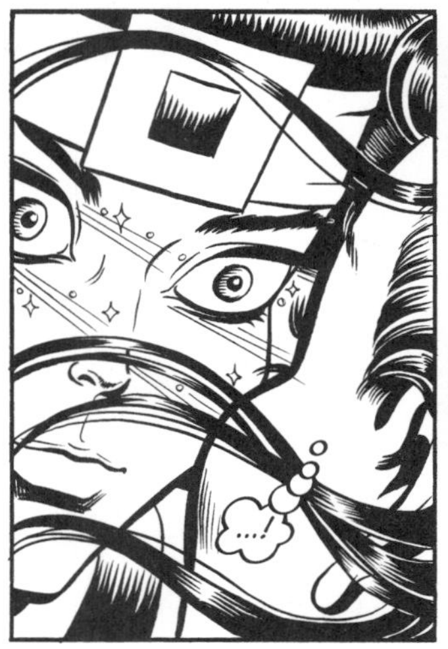
...!

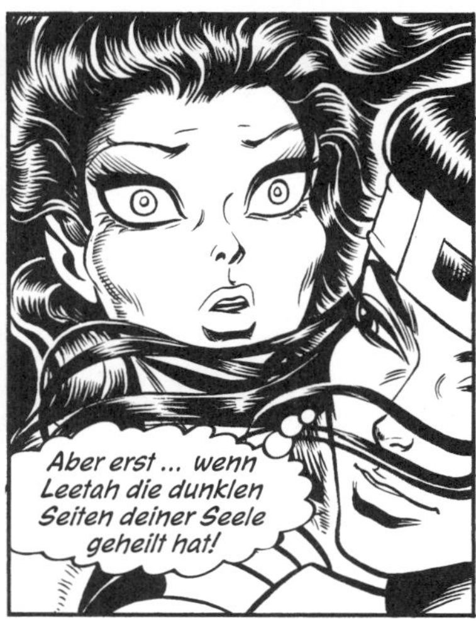
Aber erst ... wenn Leetah die dunklen Seiten deiner Seele geheilt hat!

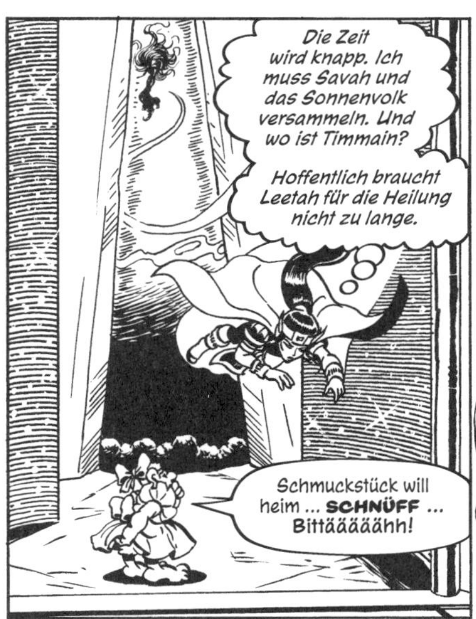
Die Zeit wird knapp. Ich muss Savah und das Sonnenvolk versammeln. Und wo ist Timmain?
Hoffentlich braucht Leetah für die Heilung nicht zu lange.
Schmuckstück will heim ... SCHNÜFF ... Bittääääähh!

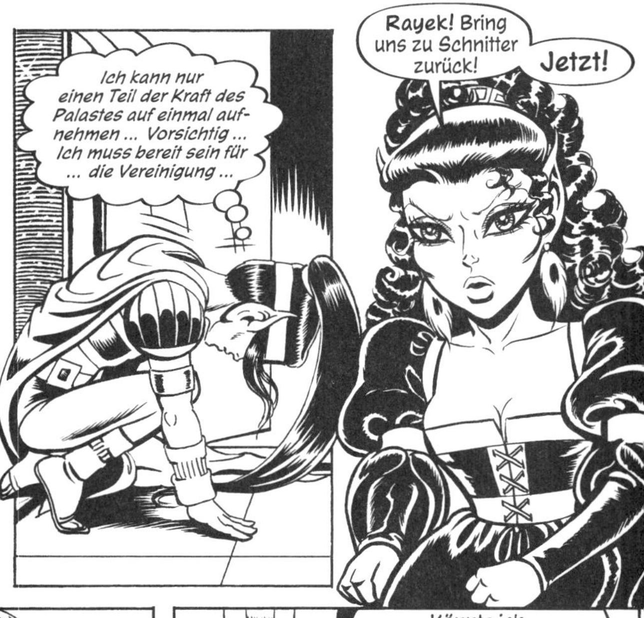
Ich kann nur einen Teil der Kraft des Palastes auf einmal aufnehmen ... Vorsichtig ... Ich muss bereit sein für ... die Vereinigung ...
Rayek! Bring uns zu Schnitter zurück!
Jetzt!

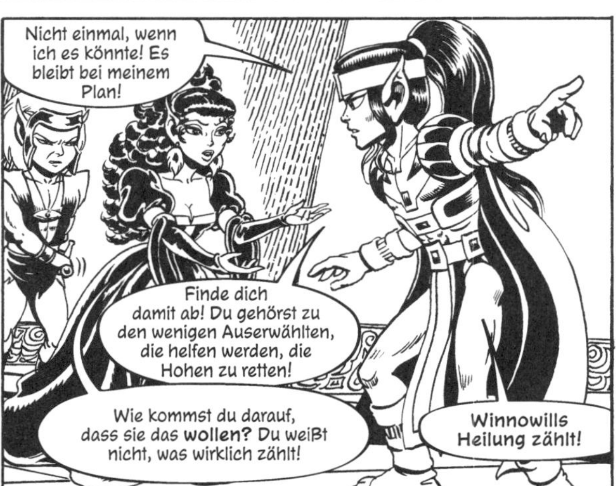
Nicht einmal, wenn ich es könnte! Es bleibt bei meinem Plan!
Finde dich damit ab! Du gehörst zu den wenigen Auserwählten, die helfen werden, die Hohen zu retten!
Wie kommst du darauf, dass sie das wollen? Du weißt nicht, was wirklich zählt!
Winnowills Heilung zählt!

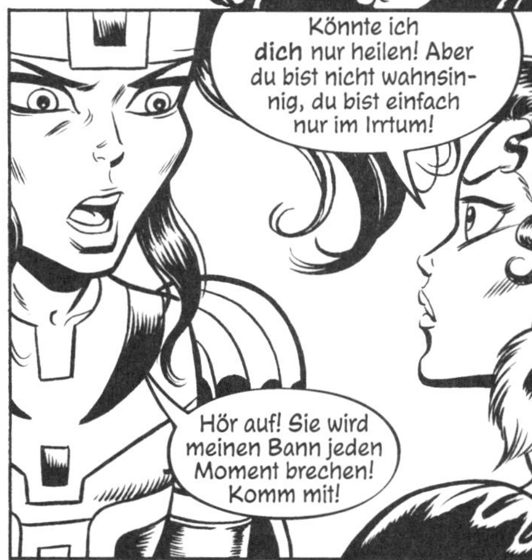
Könnte ich dich nur heilen! Aber du bist nicht wahnsinnig, du bist einfach nur im Irrtum!
Hör auf! Sie wird meinen Bann jeden Moment brechen! Komm mit!

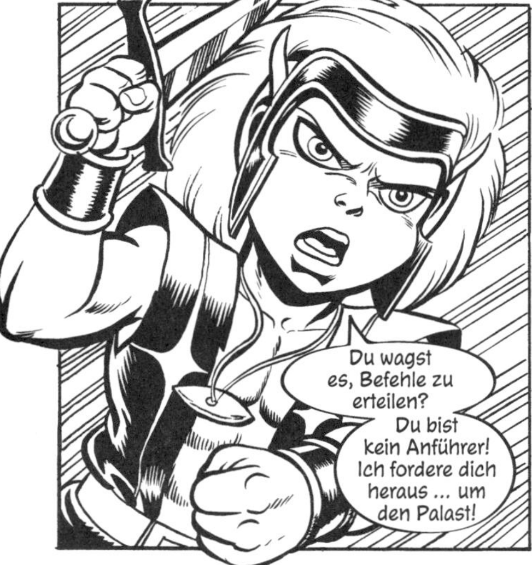
Du wagst es, Befehle zu erteilen?
Du bist kein Anführer! Ich fordere dich heraus ... um den Palast!

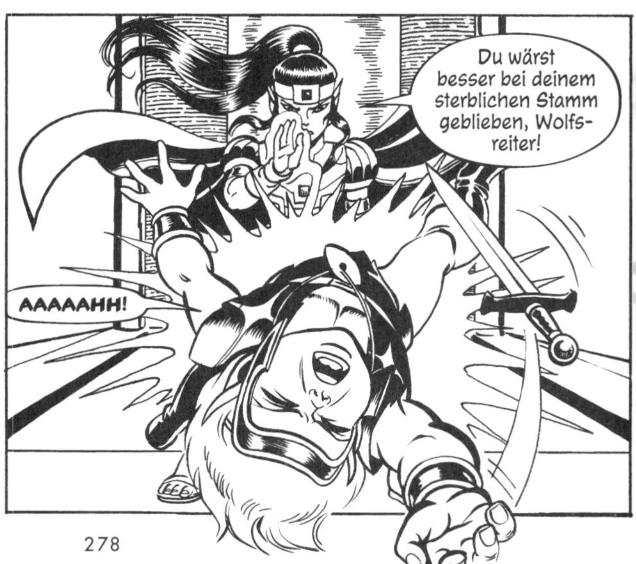
Du wärst besser bei deinem sterblichen Stamm geblieben, Wolfsreiter!
AAAAAHH!

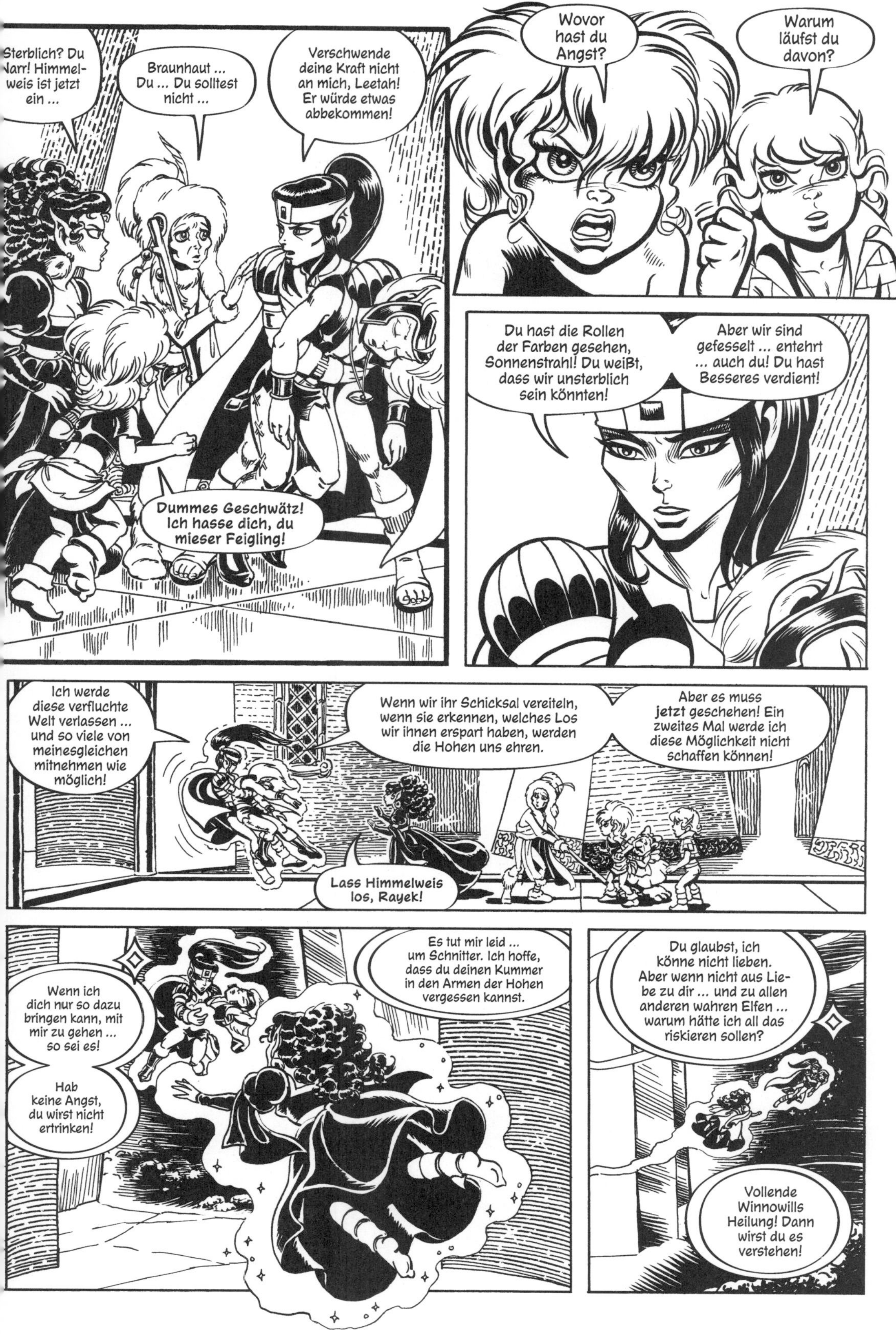
Sterblich? Du Narr! Himmelweis ist jetzt ein ...
Braunhaut ... Du ... Du solltest nicht ...
Verschwende deine Kraft nicht an mich, Leetah! Er würde etwas abbekommen!
Dummes Geschwätz! Ich hasse dich, du mieser Feigling!
Wovor hast du Angst?
Warum läufst du davon?
Du hast die Rollen der Farben gesehen, Sonnenstrahl! Du weißt, dass wir unsterblich sein könnten!
Aber wir sind gefesselt ... entehrt ... auch du! Du hast Besseres verdient!
Ich werde diese verfluchte Welt verlassen ... und so viele von meinesgleichen mitnehmen wie möglich!
Wenn wir ihr Schicksal vereiteln, wenn sie erkennen, welches Los wir ihnen erspart haben, werden die Hohen uns ehren.
Aber es muss jetzt geschehen! Ein zweites Mal werde ich diese Möglichkeit nicht schaffen können!
Lass Himmelweis los, Rayek!
Wenn ich dich nur so dazu bringen kann, mit mir zu gehen ... so sei es!
Hab keine Angst, du wirst nicht ertrinken!
Es tut mir leid ... um Schnitter. Ich hoffe, dass du deinen Kummer in den Armen der Hohen vergessen kannst.
Du glaubst, ich könne nicht lieben. Aber wenn nicht aus Liebe zu dir ... und zu allen anderen wahren Elfen ... warum hätte ich all das riskieren sollen?
Vollende Winnowills Heilung! Dann wirst du es verstehen!

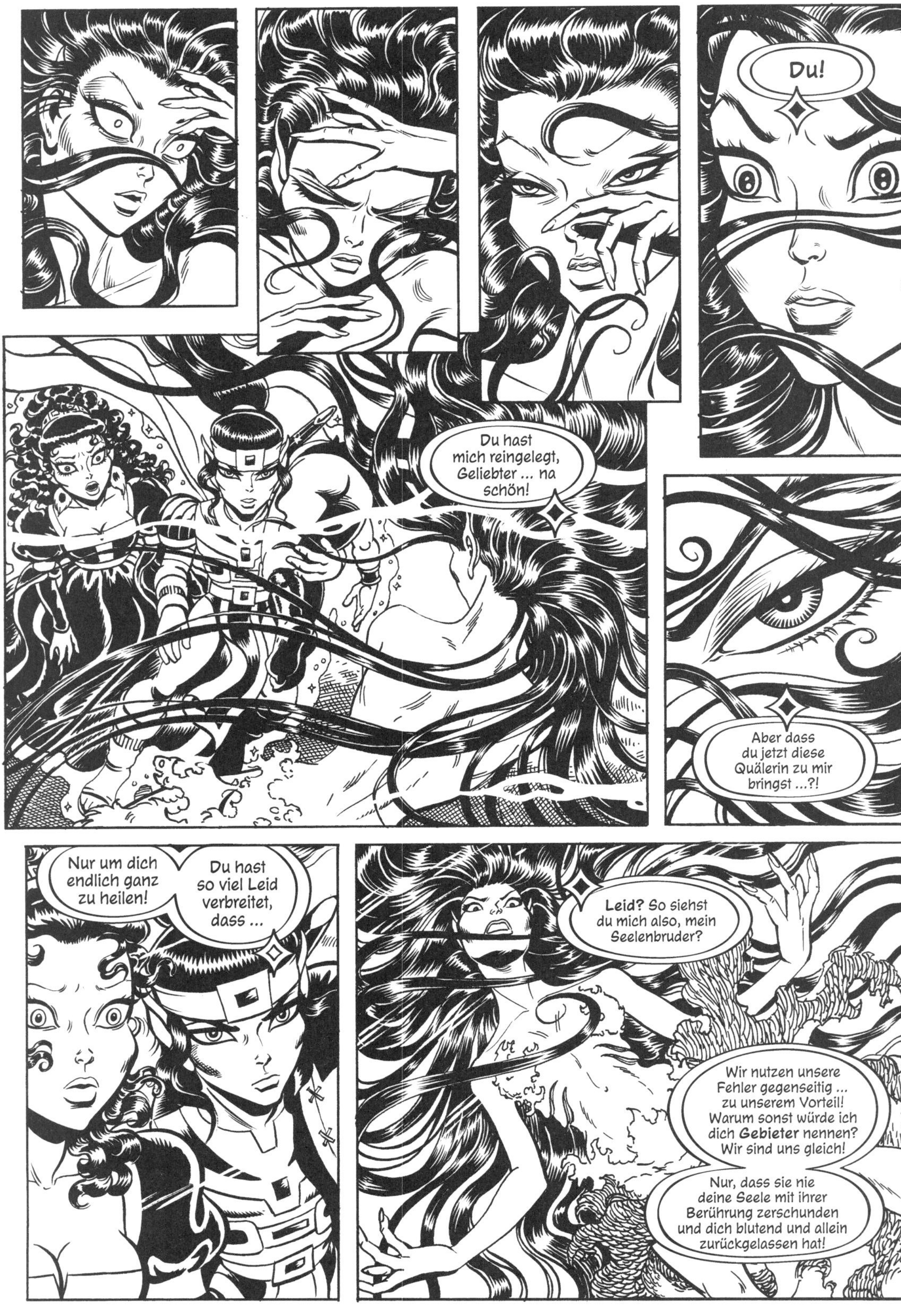

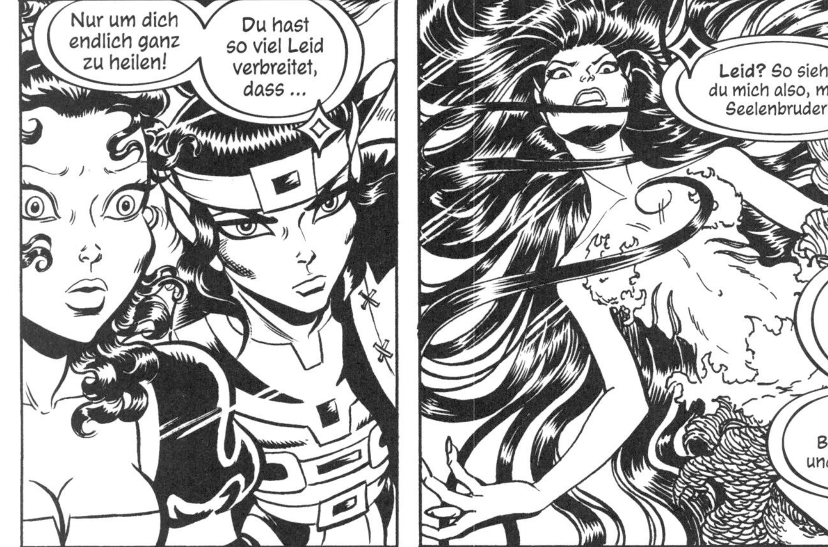
Du!
Du hast mich reingelegt, Geliebter ... na schön!
Aber dass du jetzt diese Quälerin zu mir bringst ...?!
Nur um dich endlich ganz zu heilen!
Du hast so viel Leid verbreitet, dass ...

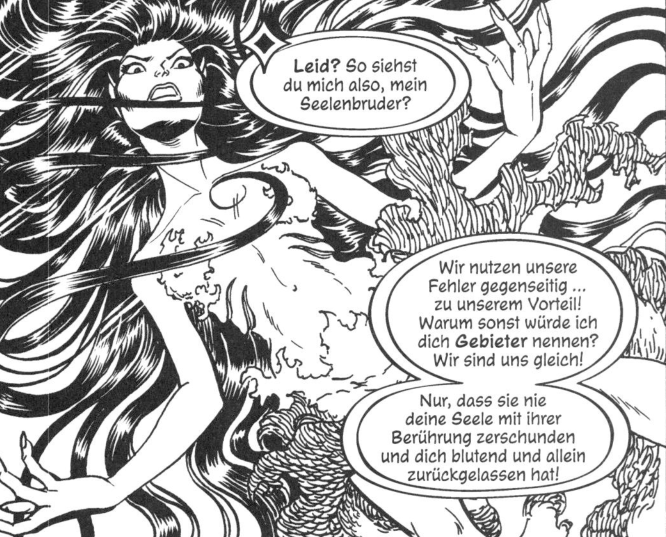
Leid? So siehst du mich also, mein Seelenbruder?
Wir nutzen unsere Fehler gegenseitig ... zu unserem Vorteil! Warum sonst würde ich dich Gebieter nennen? Wir sind uns gleich!
Nur, dass sie nie deine Seele mit ihrer Berührung zerschunden und dich blutend und allein zurückgelassen hat!

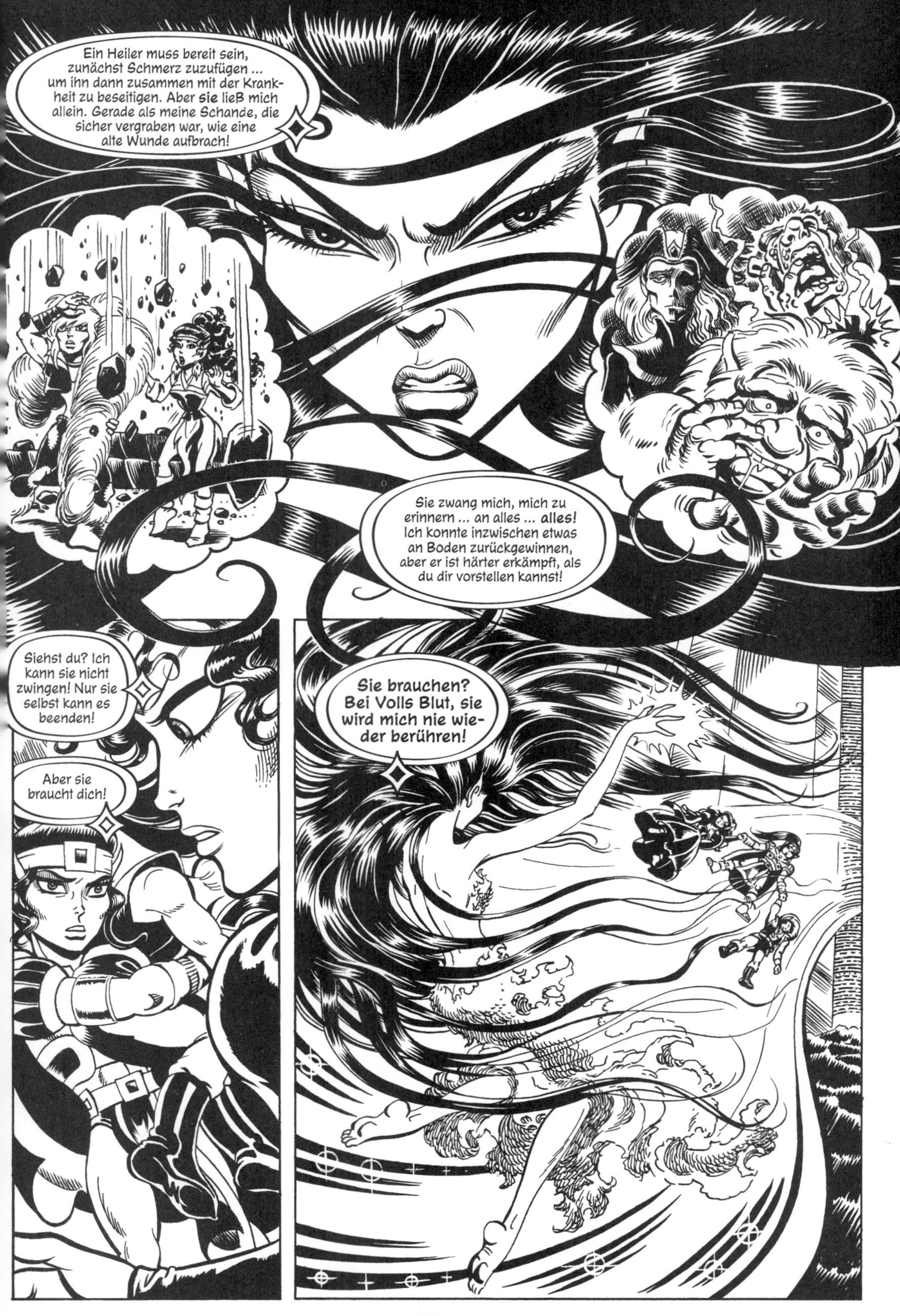
Ein Heiler muss bereit sein, zunächst Schmerz zuzufügen ... um ihn dann zusammen mit der Krankheit zu beseitigen. Aber **sie** ließ mich allein. Gerade als meine Schande, die sicher vergraben war, wie eine alte Wunde aufbrach!
Sie zwang mich, mich zu erinnern ... an alles ... **alles!** Ich konnte inzwischen etwas an Boden zurückgewinnen, aber er ist härter erkämpft, als du dir vorstellen kannst!
Siehst du? Ich kann sie nicht zwingen! Nur sie selbst kann es beenden!
Aber sie braucht dich!
Sie brauchen? Bei Volls Blut, sie wird mich nie wieder berühren!

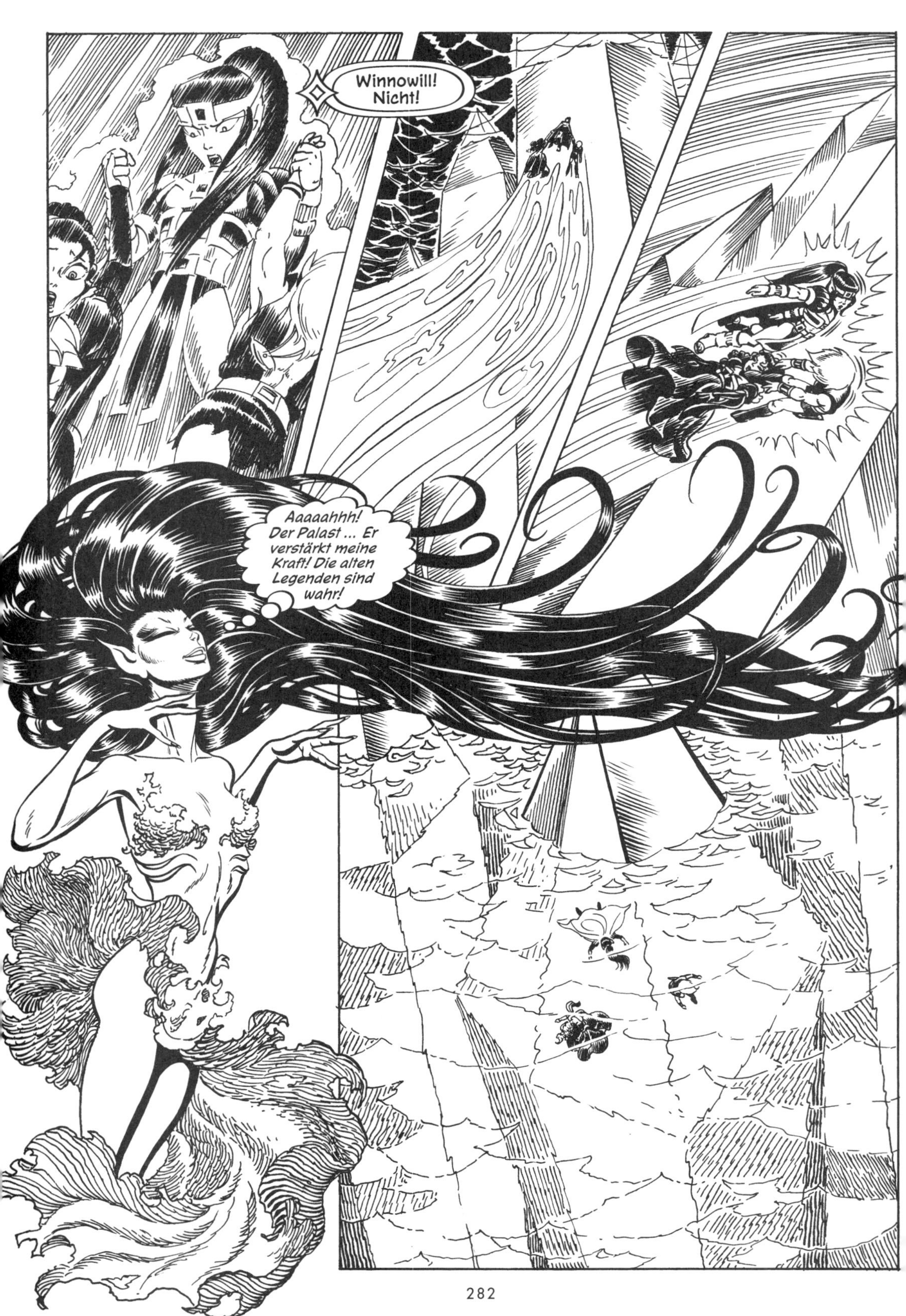
Winnowill! Nicht!
Aaaaahhh! Der Palast ... Er verstärkt meine Kraft! Die alten Legenden sind wahr!

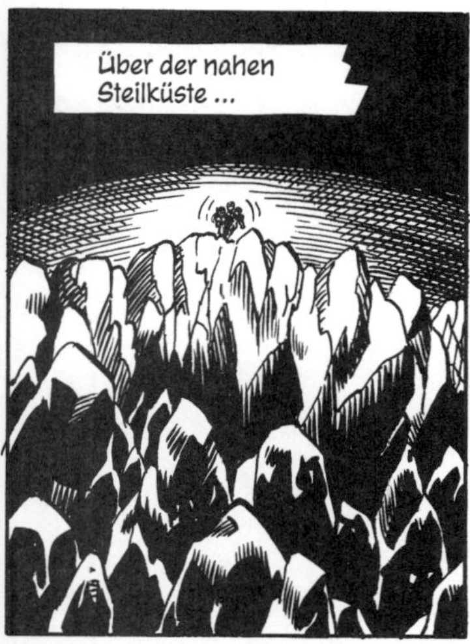
Über der nahen
Steilküste ...

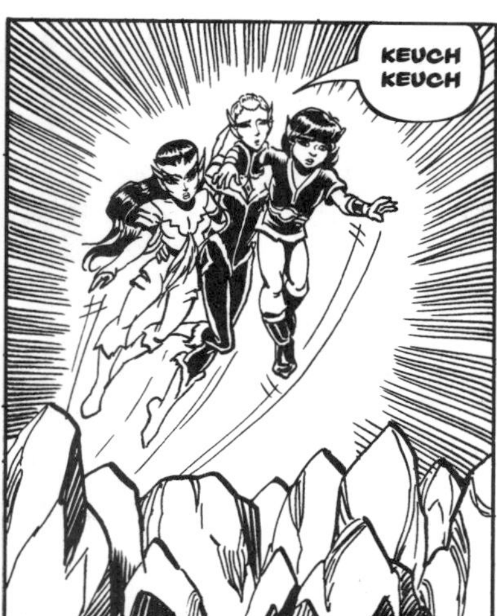
KEUCH
KEUCH

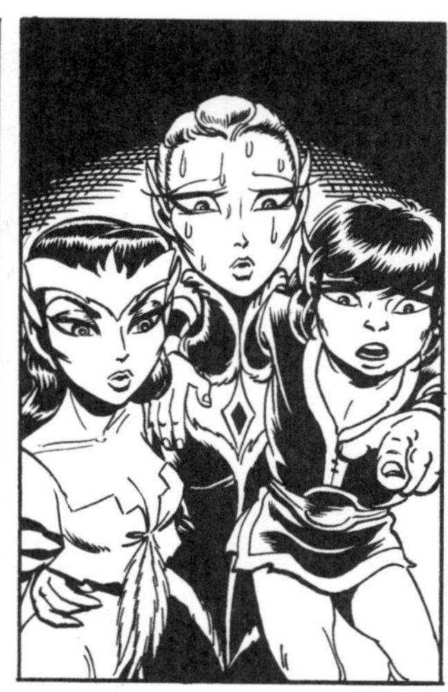

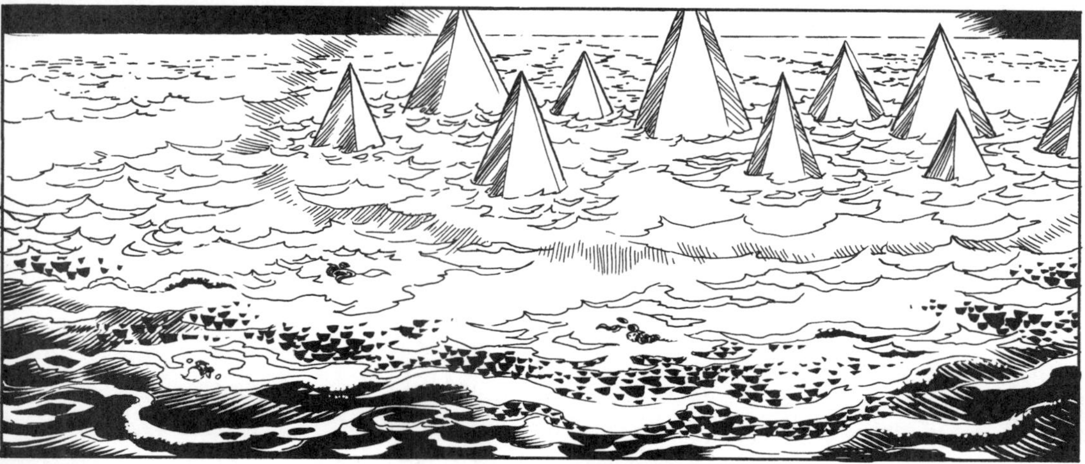

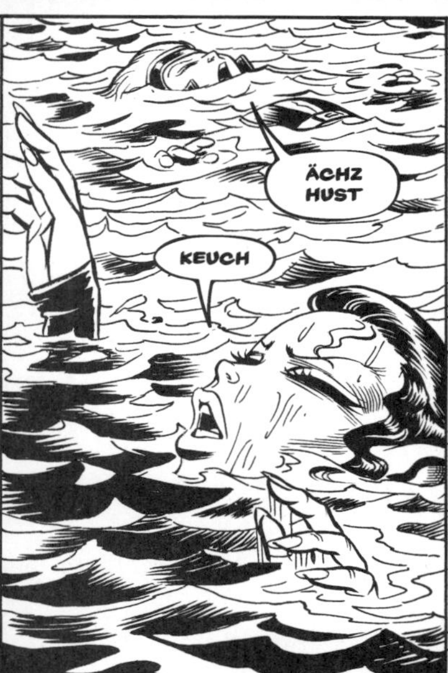
ÄCHZ
HUST
KEUCH

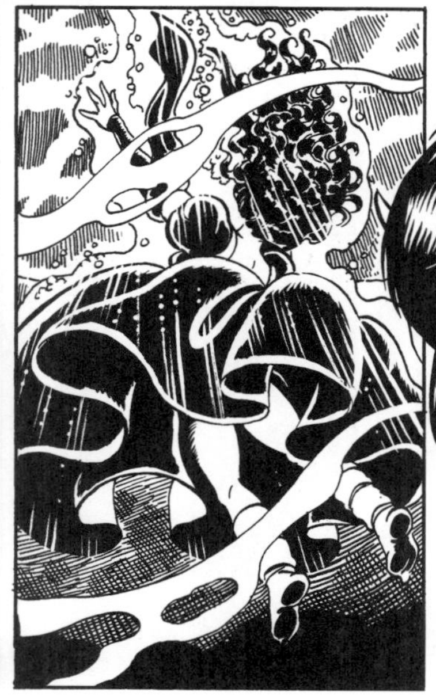

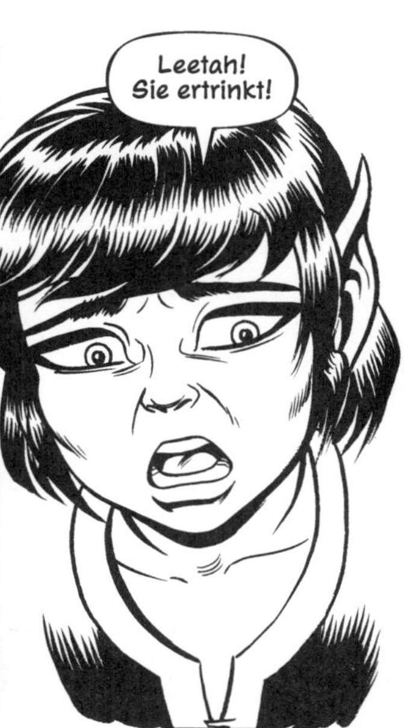
Leetah!
Sie ertrinkt!

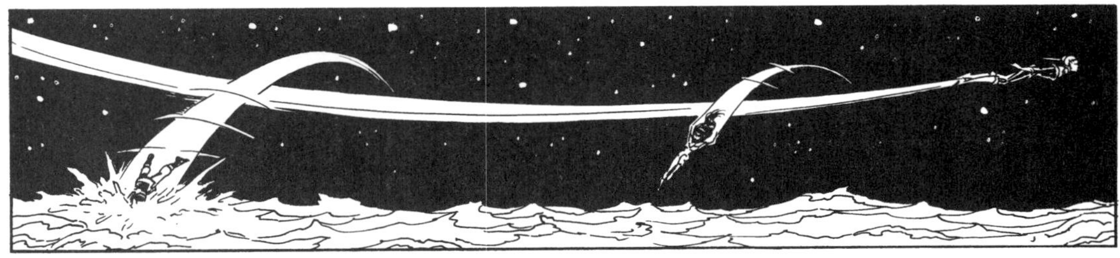
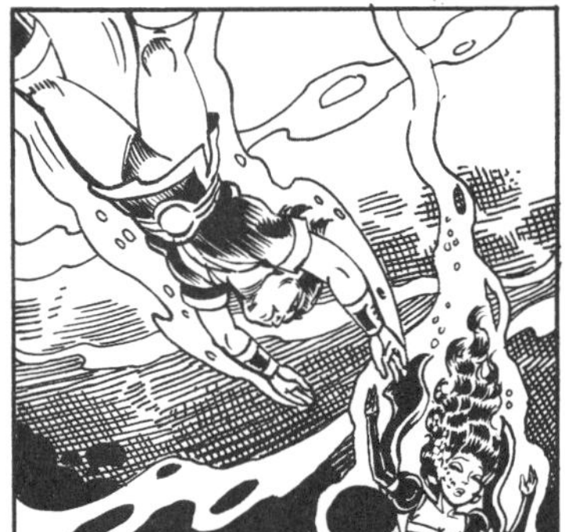
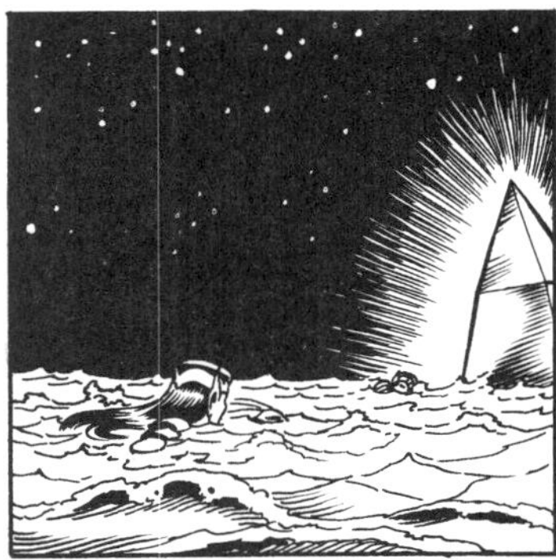
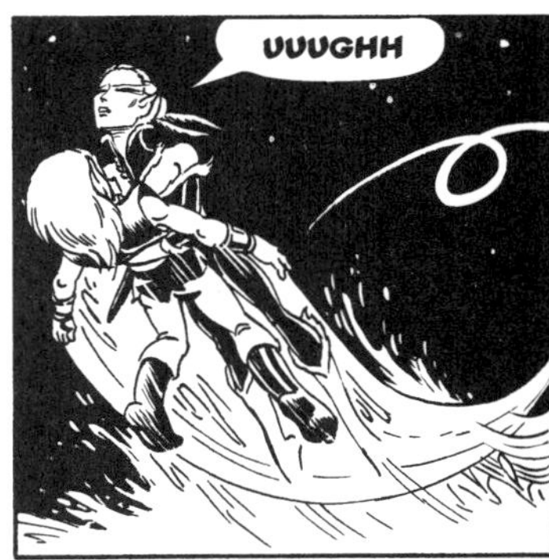
UUUGHH
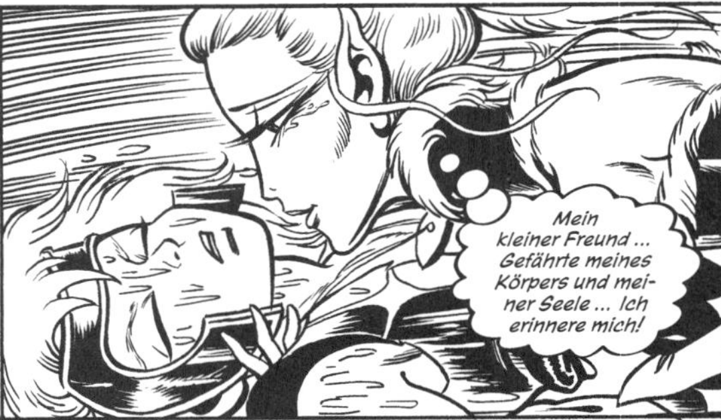
Mein kleiner Freund ... Gefährte meines Körpers und meiner Seele ... Ich erinnere mich!
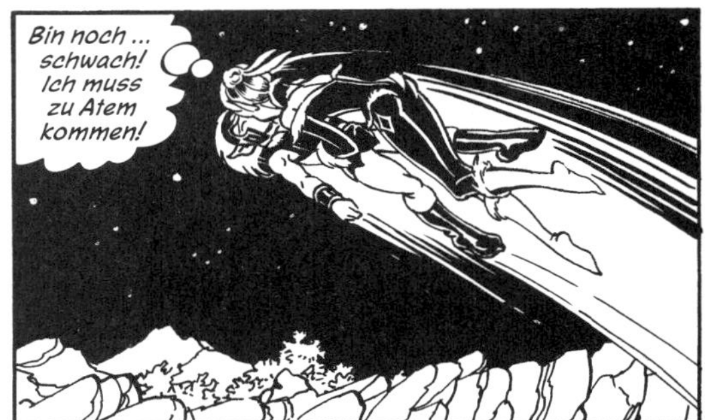
Bin noch ... schwach! Ich muss zu Atem kommen!
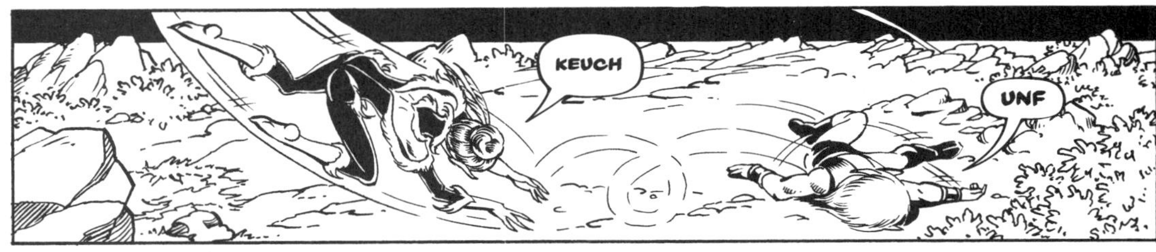
KEUCH
UNF
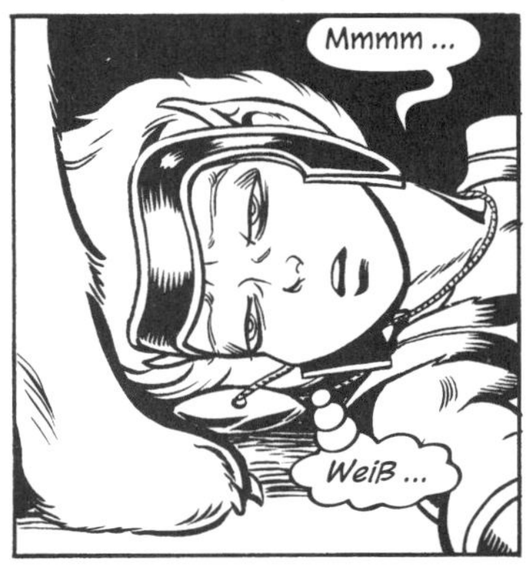
Mmmm ...
Weiß ...
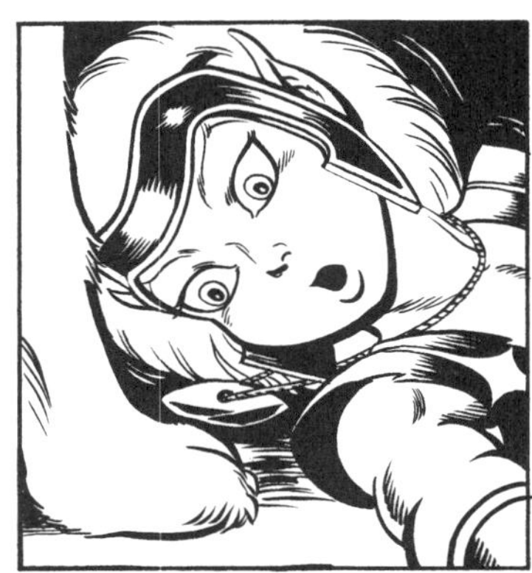
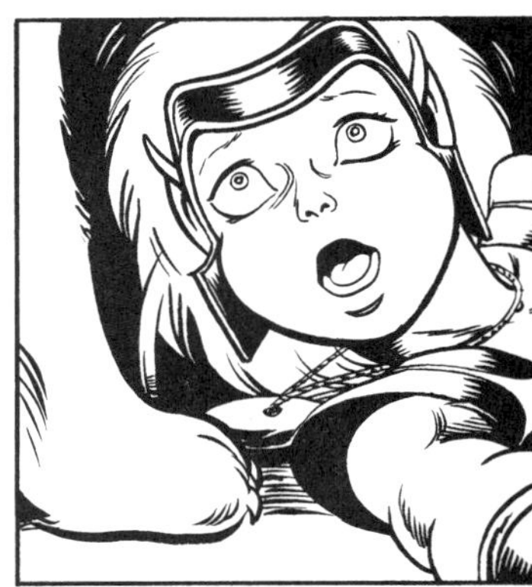

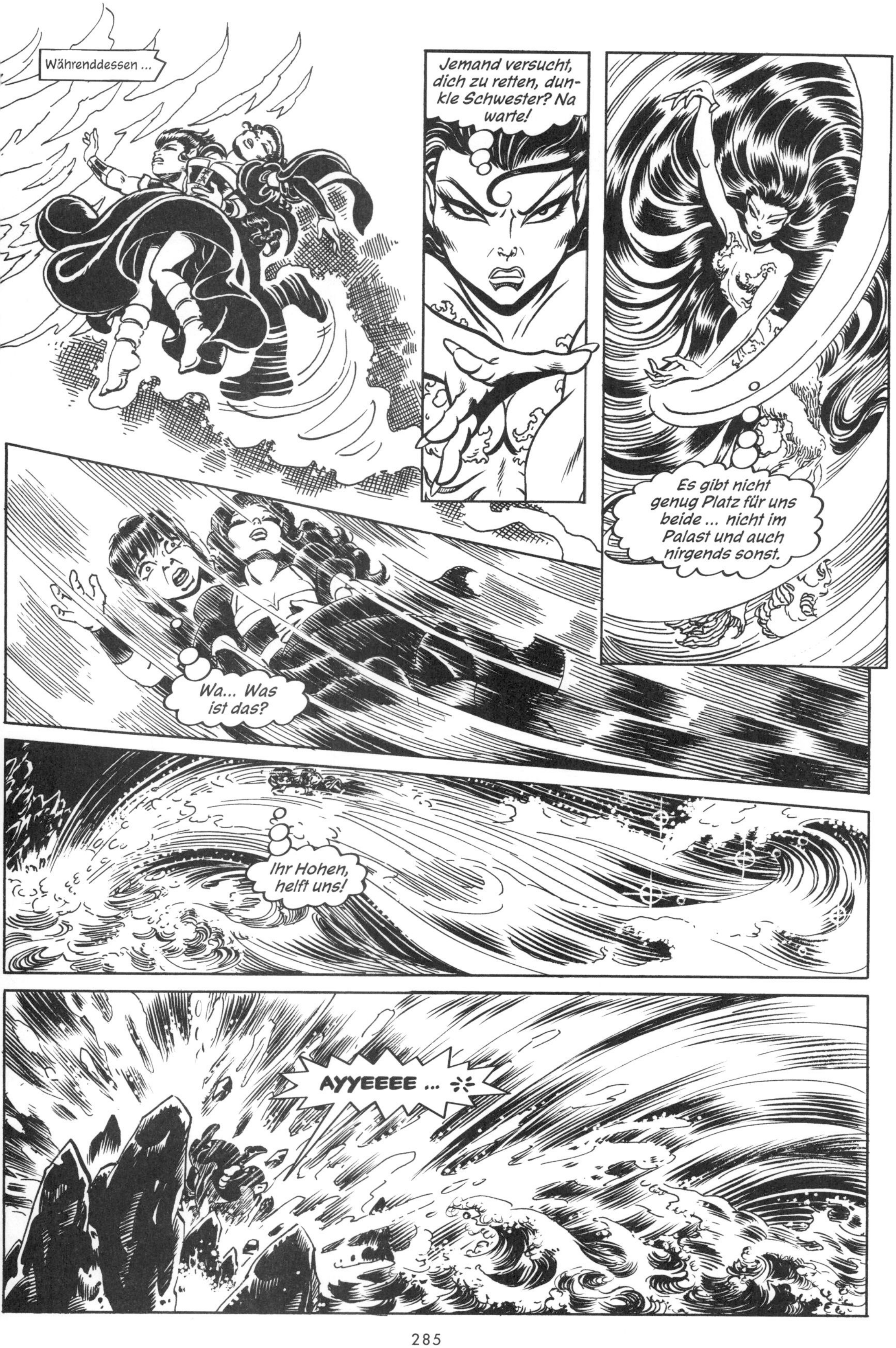

Währenddessen ...

Jemand versucht, dich zu retten, dunkle Schwester? Na warte!

Es gibt nicht genug Platz für uns beide ... nicht im Palast und auch nirgends sonst.

Wa... Was ist das?

Ihr Hohen, helft uns!

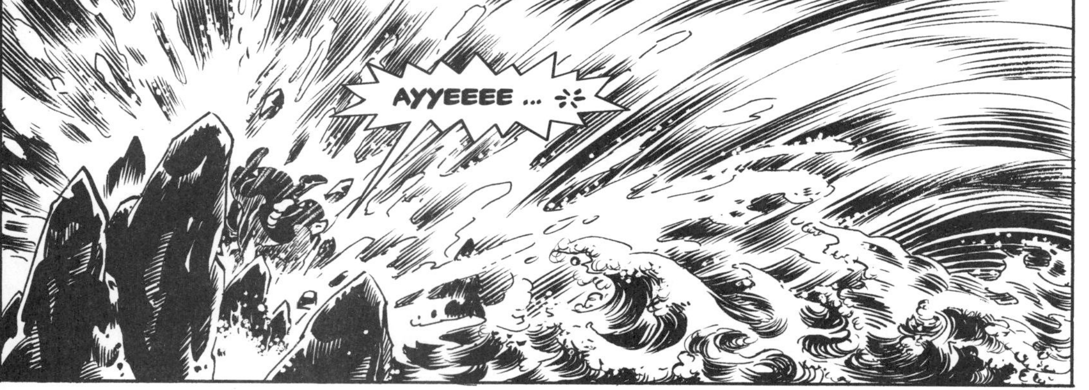

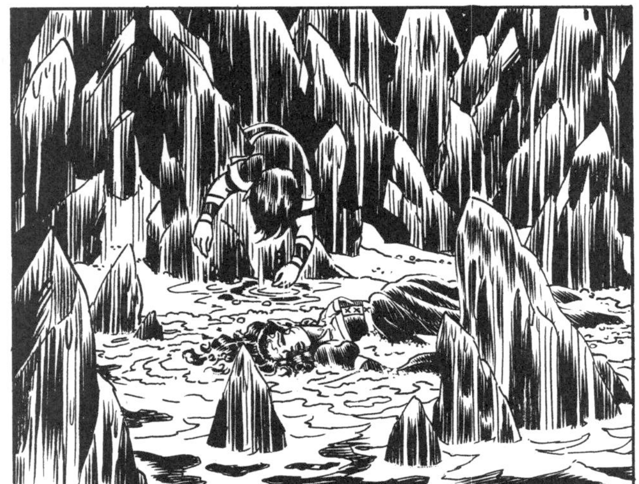

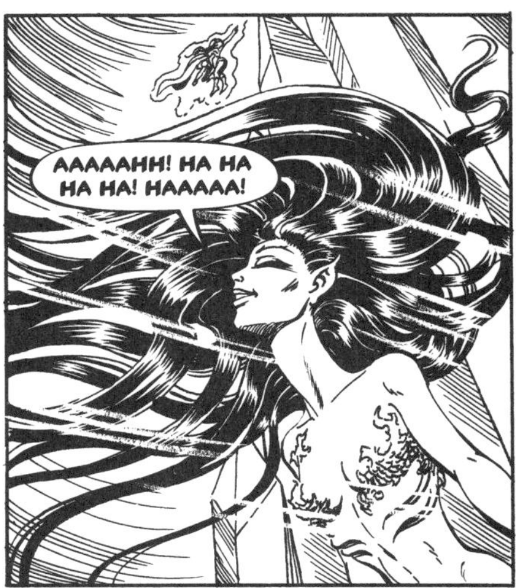
AAAAAHH! HA HA HA HA! HAAAAA!

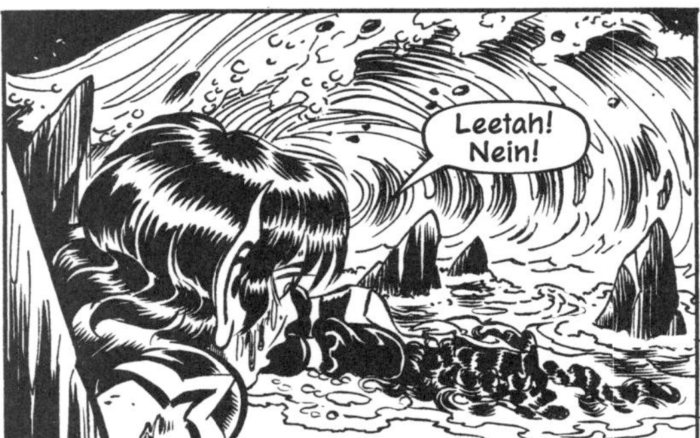
Leetah! Nein!

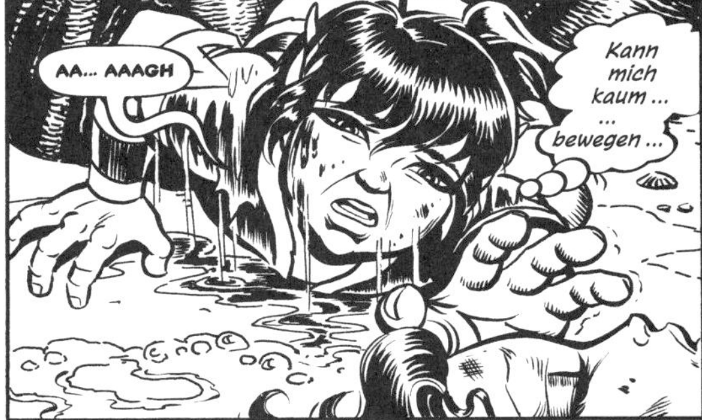
AA... AAAGH
Kann mich kaum ...
... bewegen ...

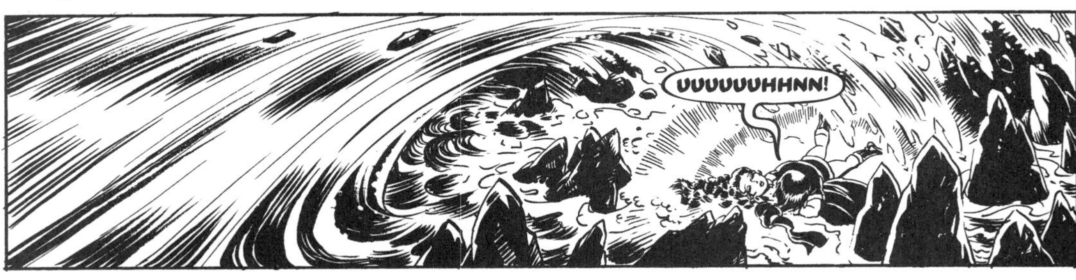
UUUUUUHHNN!

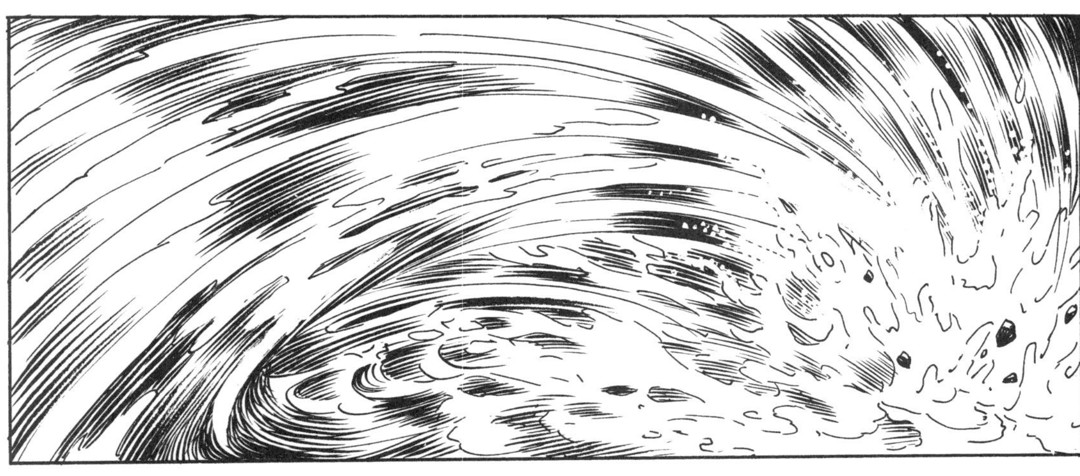

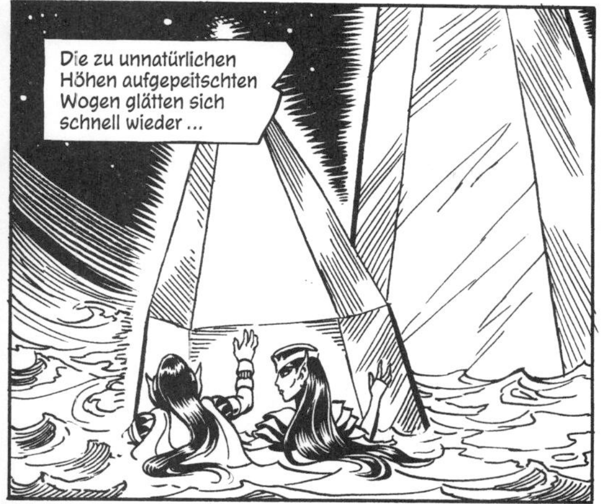
Die zu unnatürlichen
Höhen aufgepeitschten
Wogen glätten sich
schnell wieder …

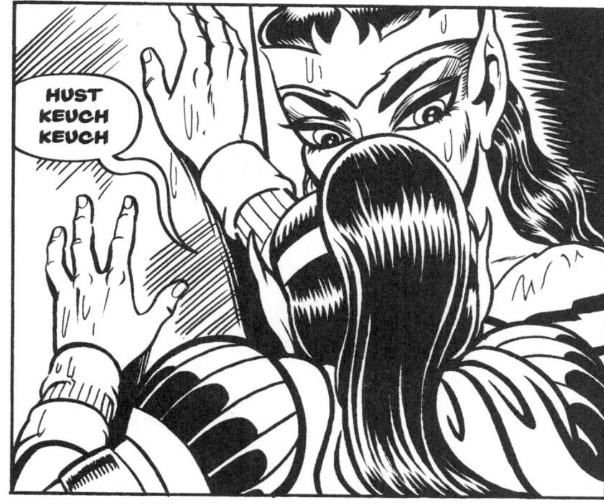
HUST
KEUCH
KEUCH

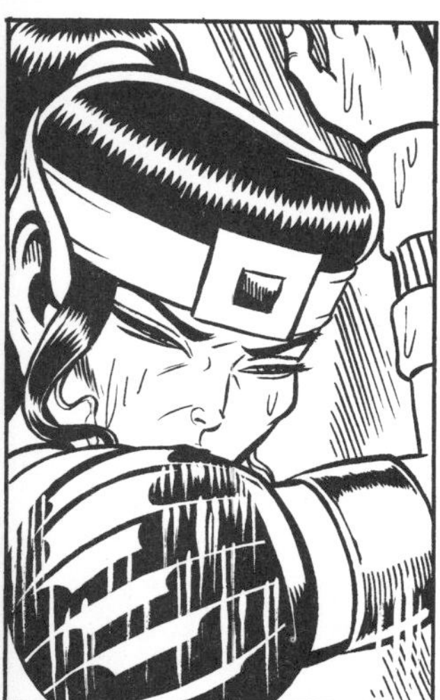

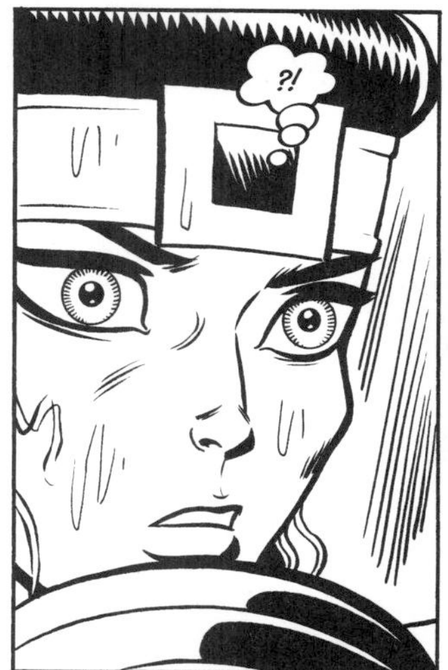
?!

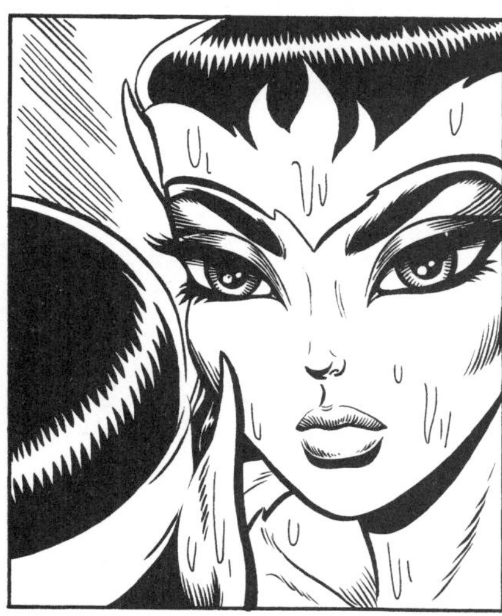

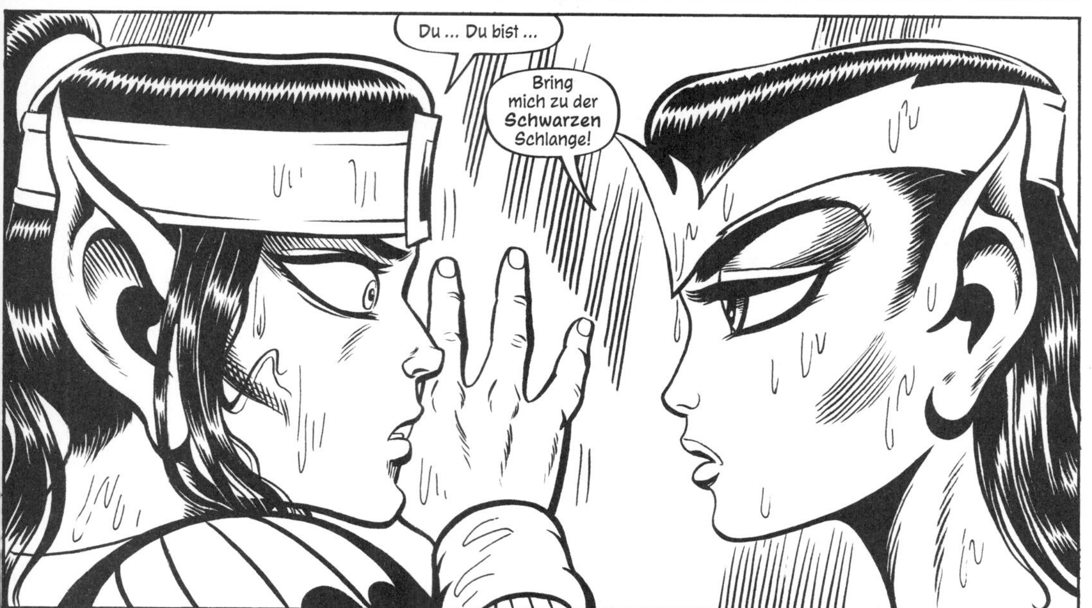
Du … Du bist …
Bring mich zu der **Schwarzen** Schlange!

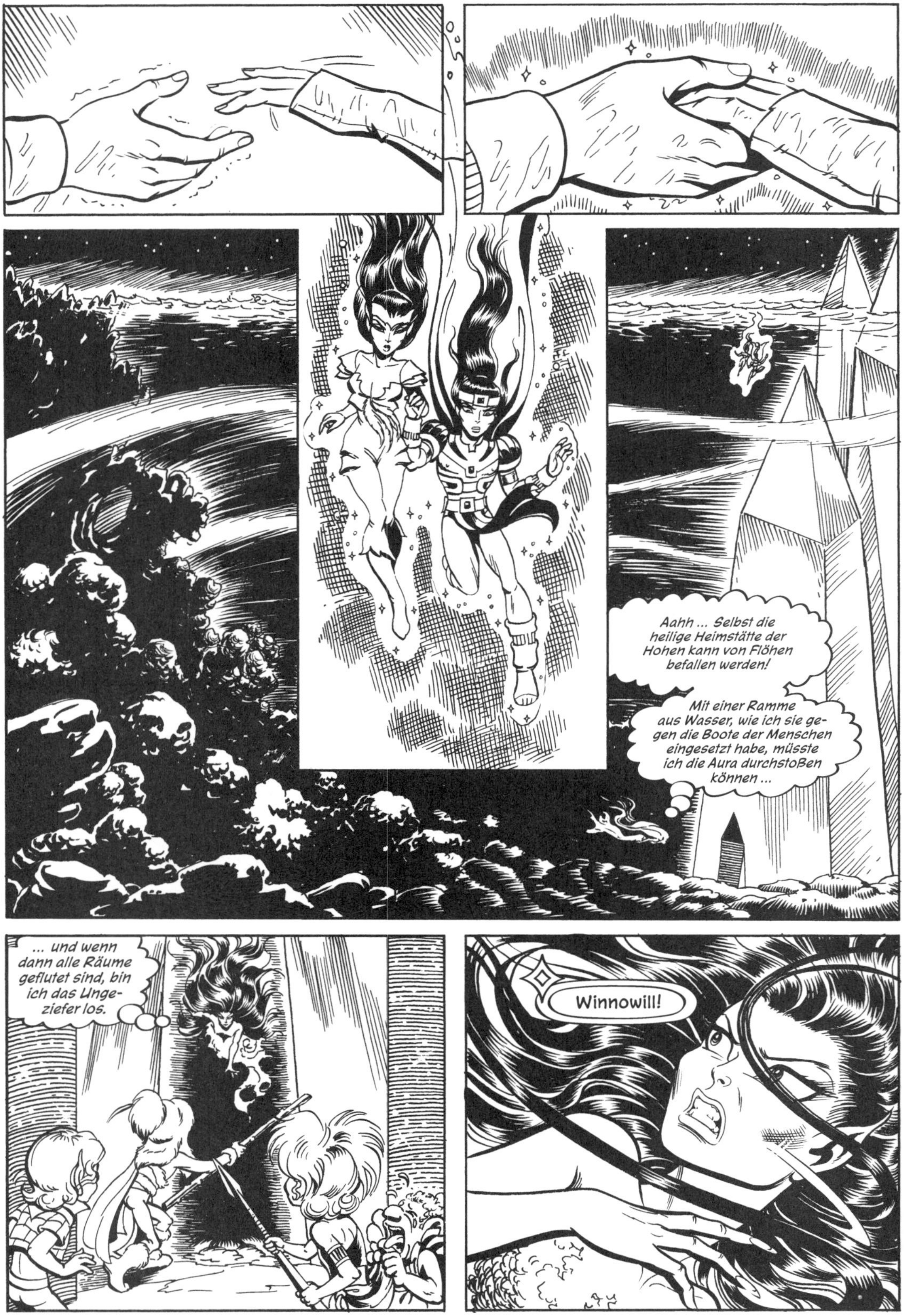

Aahh ... Selbst die heilige Heimstätte der Hohen kann von Flöhen befallen werden!

Mit einer Ramme aus Wasser, wie ich sie gegen die Boote der Menschen eingesetzt habe, müsste ich die Aura durchstoßen können ...

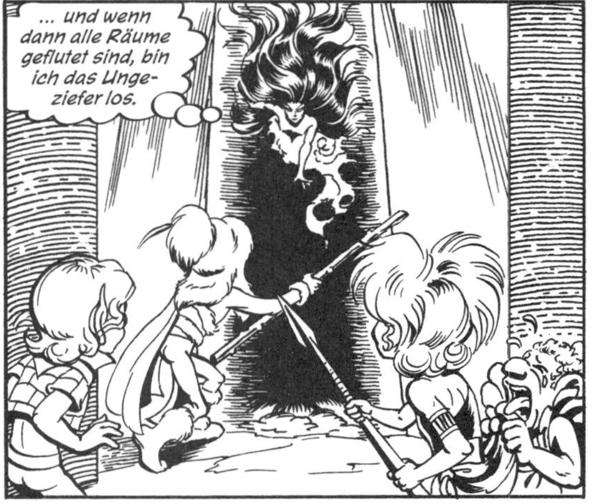

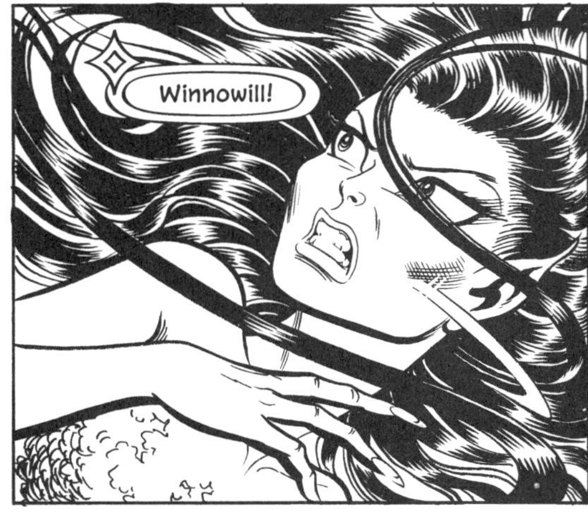

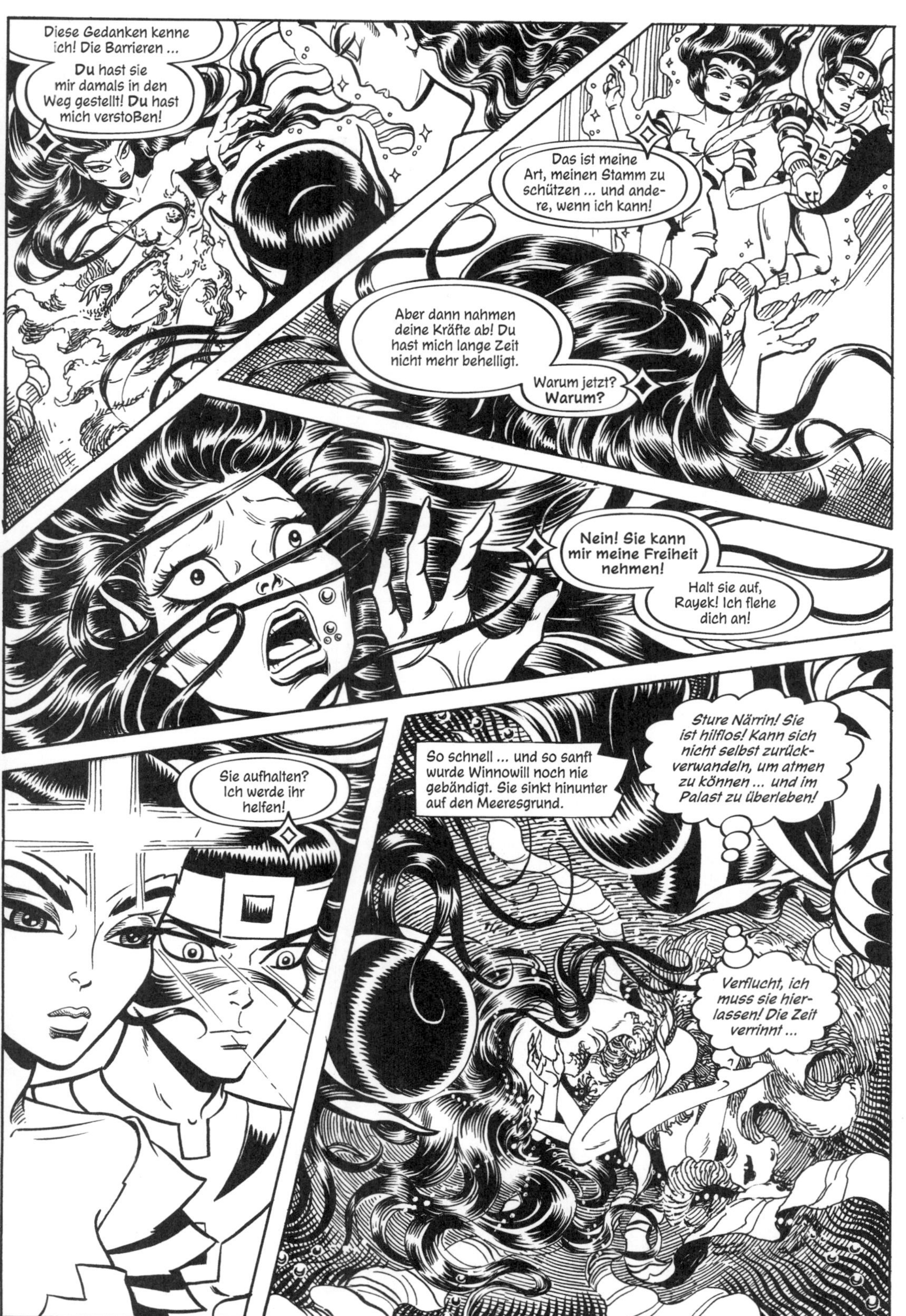
Diese Gedanken kenne ich! Die Barrieren ...
Du hast sie mir damals in den Weg gestellt! Du hast mich verstoßen!
Das ist meine Art, meinen Stamm zu schützen ... und andere, wenn ich kann!
Aber dann nahmen deine Kräfte ab! Du hast mich lange Zeit nicht mehr behelligt.
Warum jetzt? Warum?
Nein! Sie kann mir meine Freiheit nehmen!
Halt sie auf, Rayek! Ich flehe dich an!
Sie aufhalten? Ich werde ihr helfen!
So schnell ... und so sanft wurde Winnowill noch nie gebändigt. Sie sinkt hinunter auf den Meeresgrund.
Sture Närrin! Sie ist hilflos! Kann sich nicht selbst zurückverwandeln, um atmen zu können ... und im Palast zu überleben!
Verflucht, ich muss sie hierlassen! Die Zeit verrinnt ...

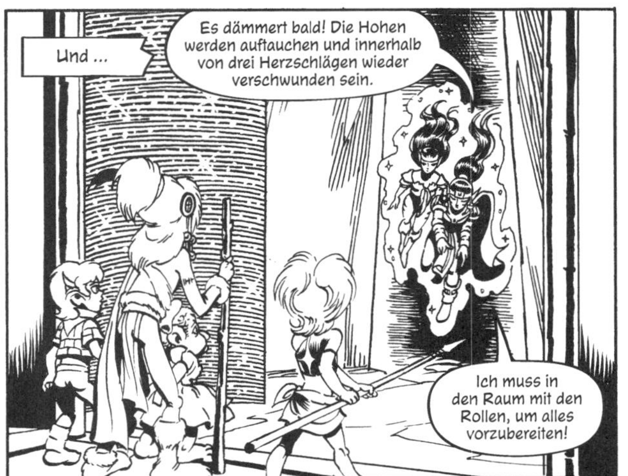
Und ...
Es dämmert bald! Die Hohen werden auftauchen und innerhalb von drei Herzschlägen wieder verschwunden sein.
Ich muss in den Raum mit den Rollen, um alles vorzubereiten!

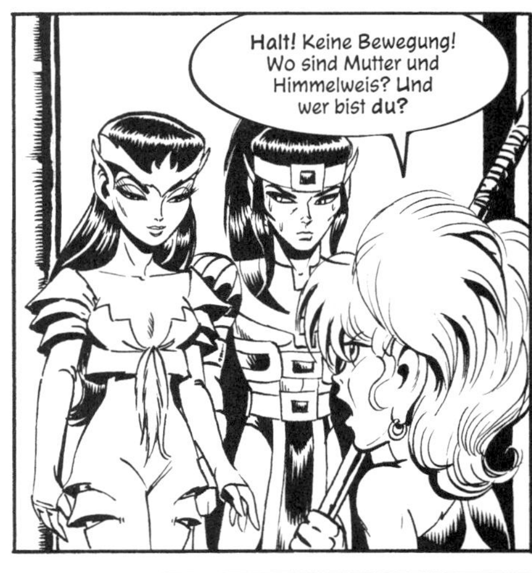
Halt! Keine Bewegung! Wo sind Mutter und Himmelweis? Und wer bist du?

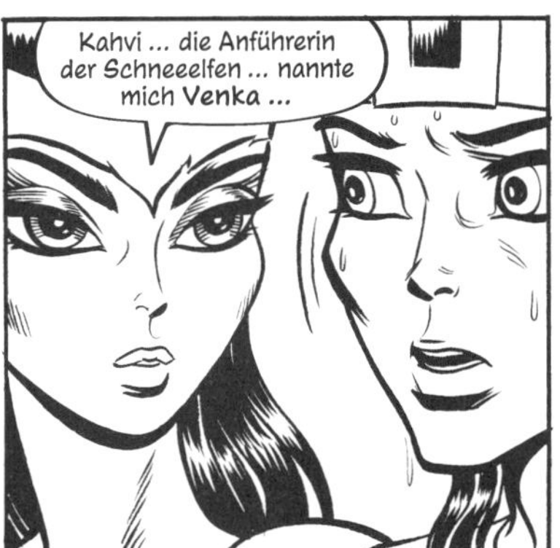
Kahvi ... die Anführerin der Schneeelfen ... nannte mich Venka ...

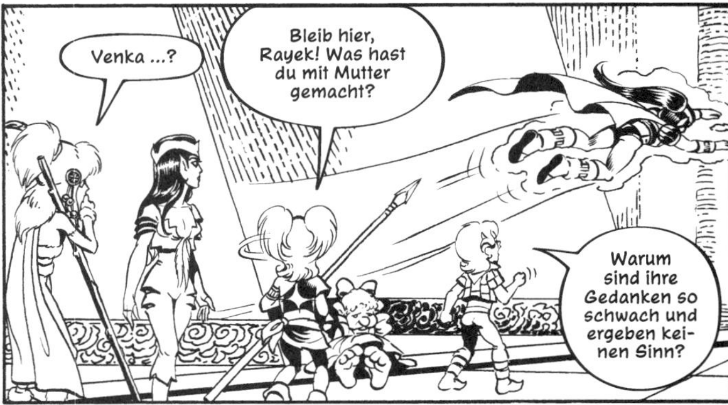
Venka ...?
Bleib hier, Rayek! Was hast du mit Mutter gemacht?
Warum sind ihre Gedanken so schwach und ergeben keinen Sinn?

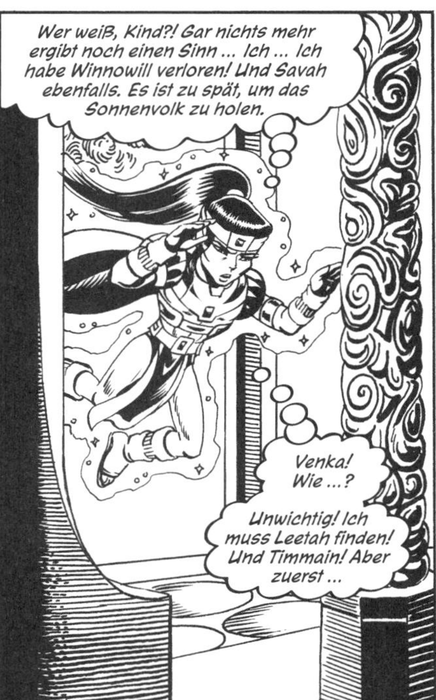
Wer weiß, Kind?! Gar nichts mehr ergibt noch einen Sinn ... Ich ... Ich habe Winnowill verloren! Und Savah ebenfalls. Es ist zu spät, um das Sonnenvolk zu holen.
Venka! Wie ...?
Unwichtig! Ich muss Leetah finden! Und Timmain! Aber zuerst ...

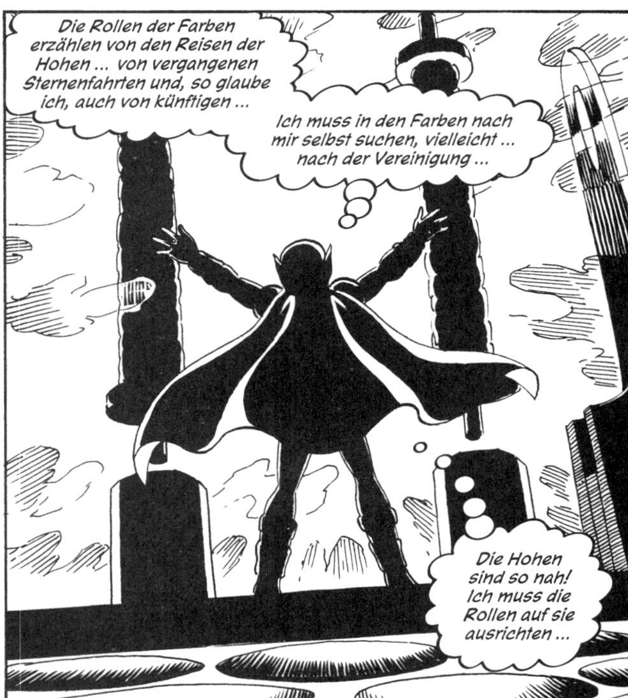
Die Rollen der Farben erzählen von den Reisen der Hohen ... von vergangenen Sternenfahrten und, so glaube ich, auch von künftigen ...
Ich muss in den Farben nach mir selbst suchen, vielleicht ... nach der Vereinigung ...
Die Hohen sind so nah! Ich muss die Rollen auf sie ausrichten ...

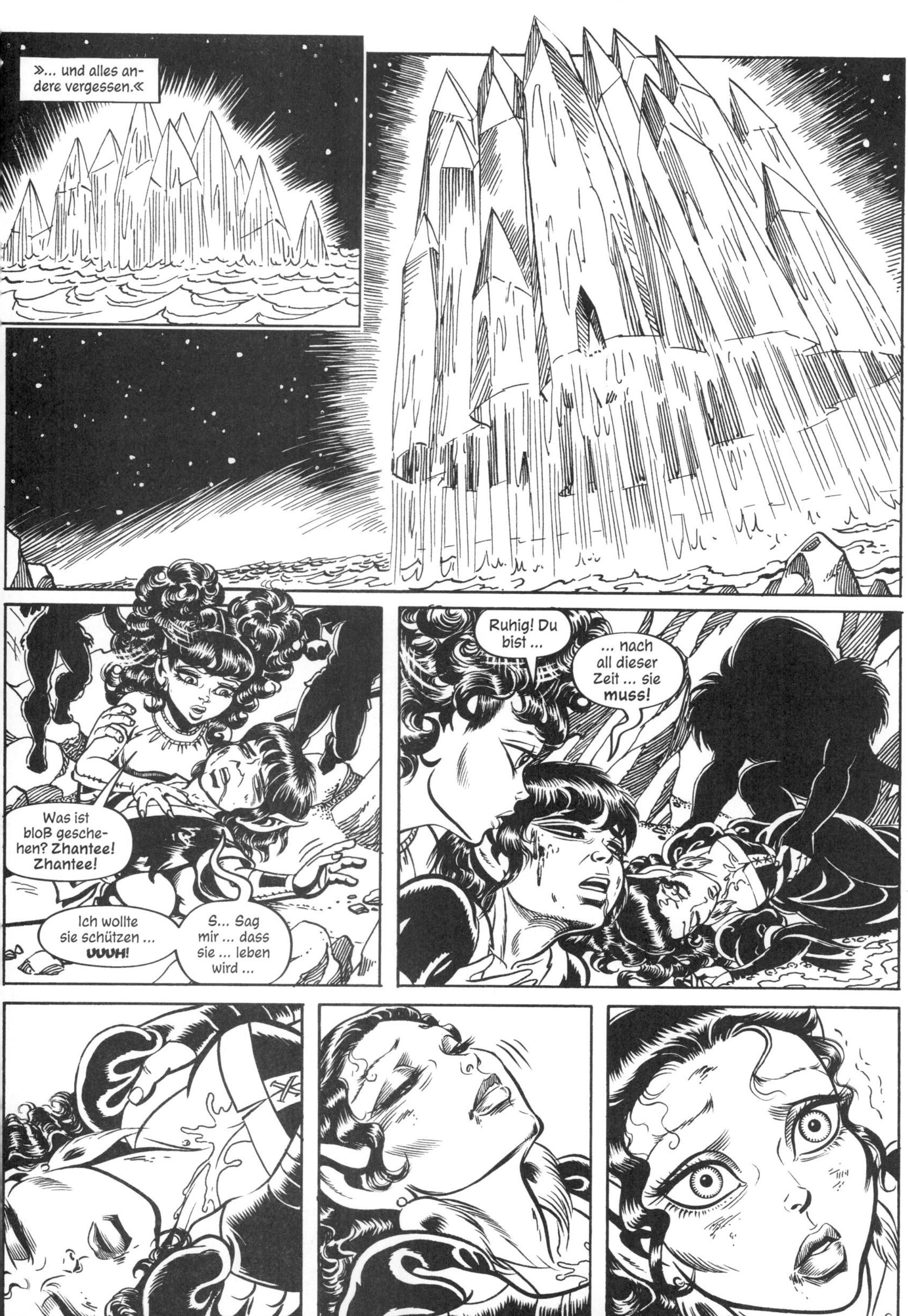

»... und alles andere vergessen.«

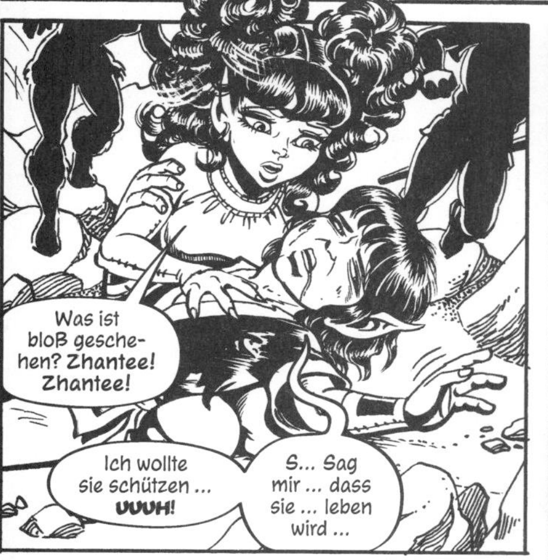

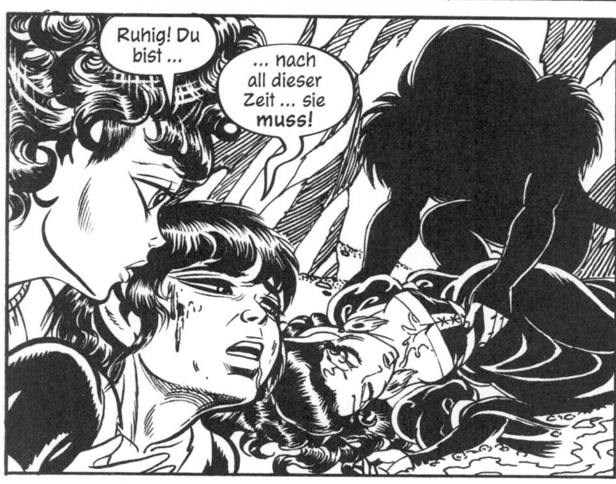

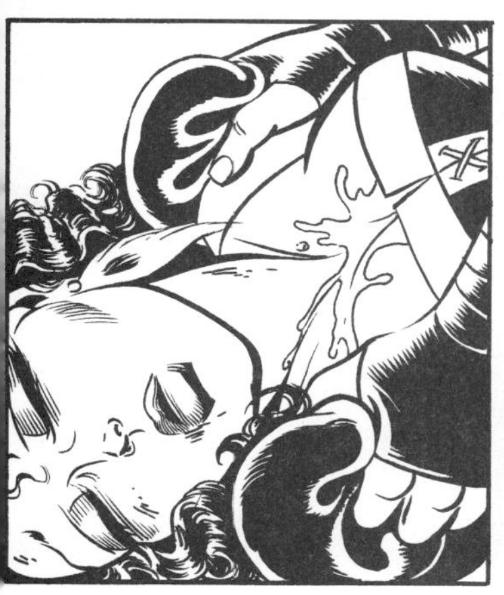

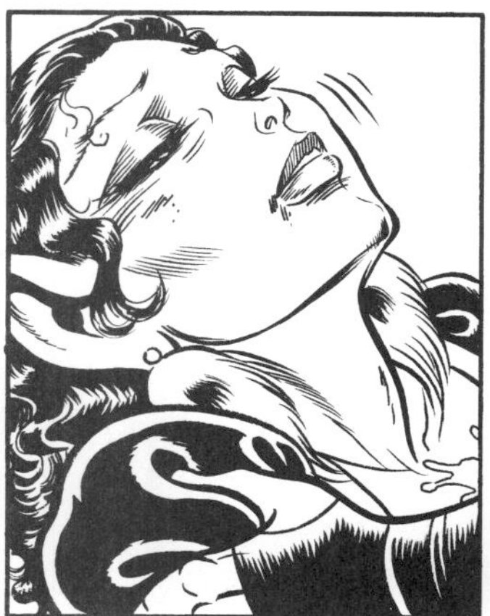

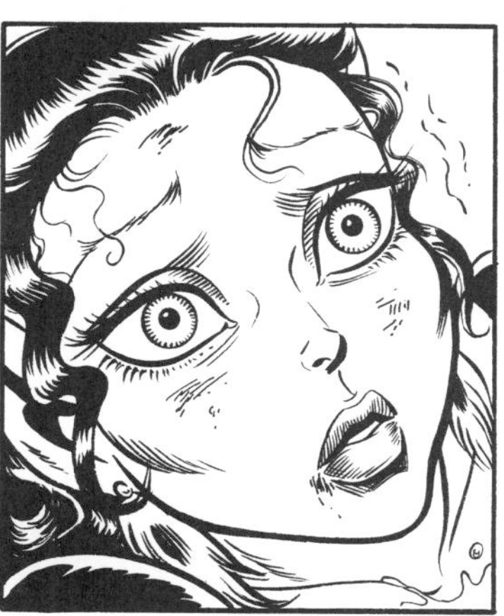

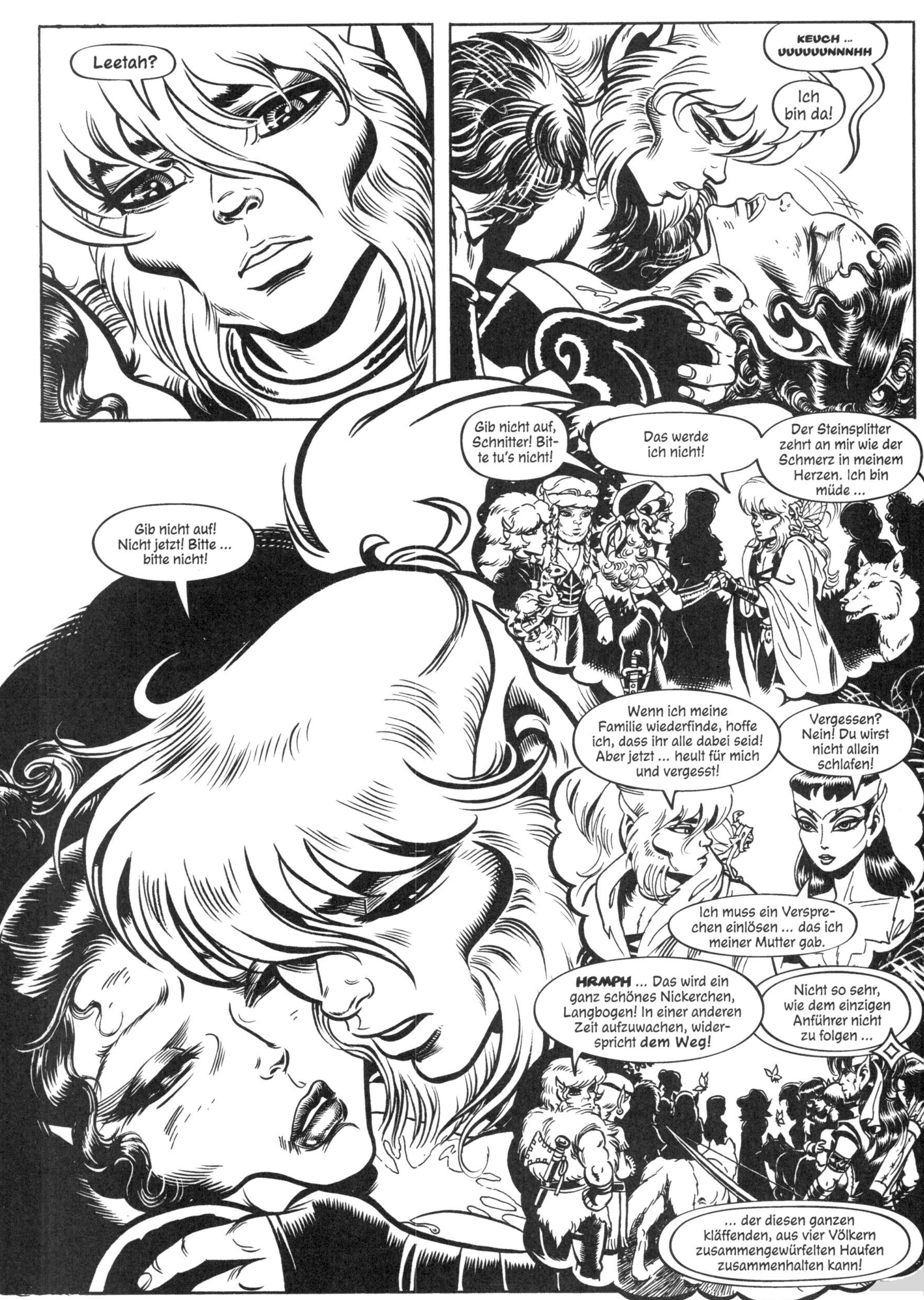
Leetah?
KEUCH ... UUUUUUNNNHH
Ich bin da!
Gib nicht auf! Nicht jetzt! Bitte ... bitte nicht!
Gib nicht auf, Schnitter! Bitte tu's nicht!
Das werde ich nicht!
Der Steinsplitter zehrt an mir wie der Schmerz in meinem Herzen. Ich bin müde ...
Wenn ich meine Familie wiederfinde, hoffe ich, dass ihr alle dabei seid! Aber jetzt ... heult für mich und vergesst!
Vergessen? Nein! Du wirst nicht allein schlafen!
Ich muss ein Versprechen einlösen ... das ich meiner Mutter gab.
HRMPH ... Das wird ein ganz schönes Nickerchen, Langbogen! In einer anderen Zeit aufzuwachen, widerspricht dem Weg!
Nicht so sehr, wie dem einzigen Anführer nicht zu folgen ...
... der diesen ganzen kläffenden, aus vier Völkern zusammengewürfelten Haufen zusammenhalten kann!

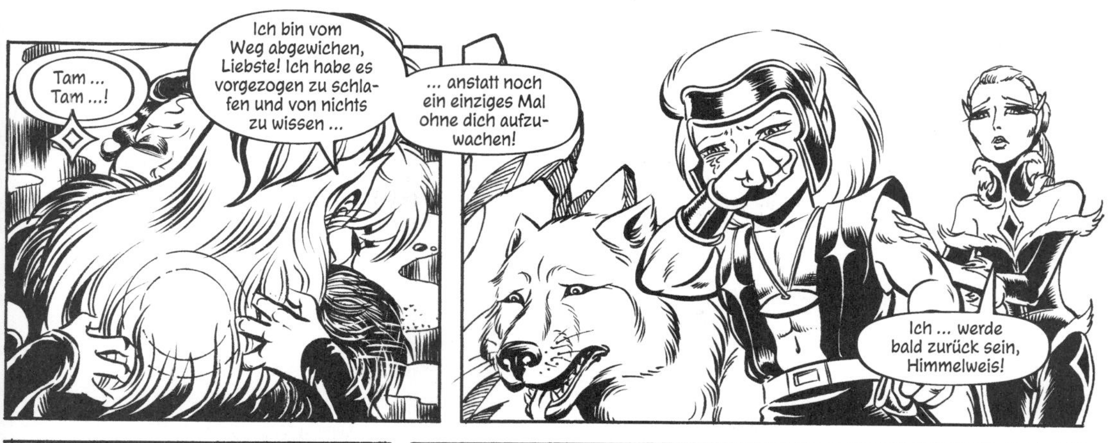
Tam ...
Tam ...!
Ich bin vom Weg abgewichen, Liebste! Ich habe es vorgezogen zu schlafen und von nichts zu wissen ...
... anstatt noch ein einziges Mal ohne dich aufzuwachen!
Ich ... werde bald zurück sein, Himmelweis!

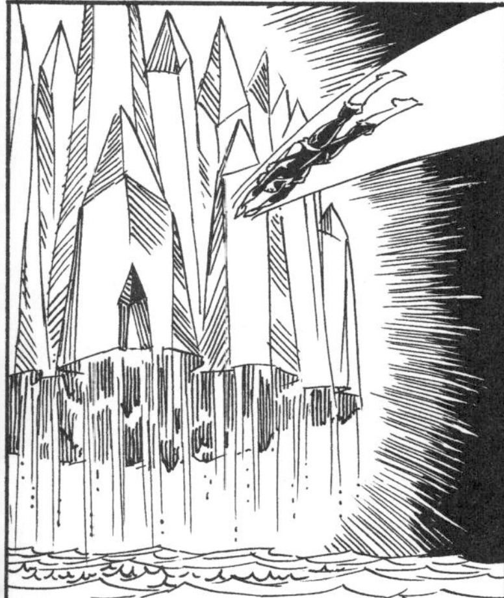

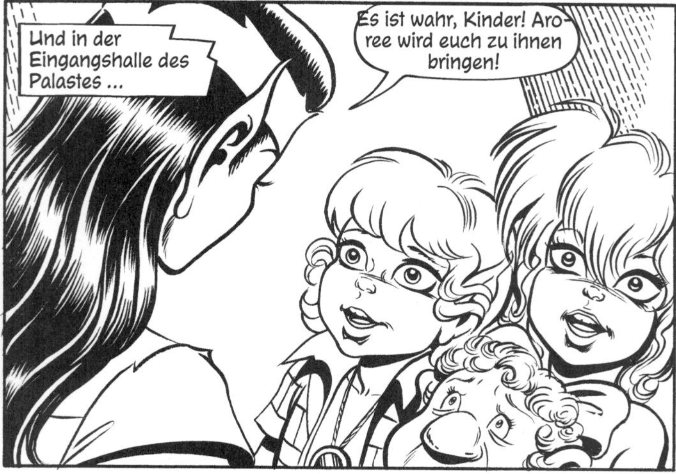
Und in der Eingangshalle des Palastes ...
Es ist wahr, Kinder! Aroree wird euch zu ihnen bringen!

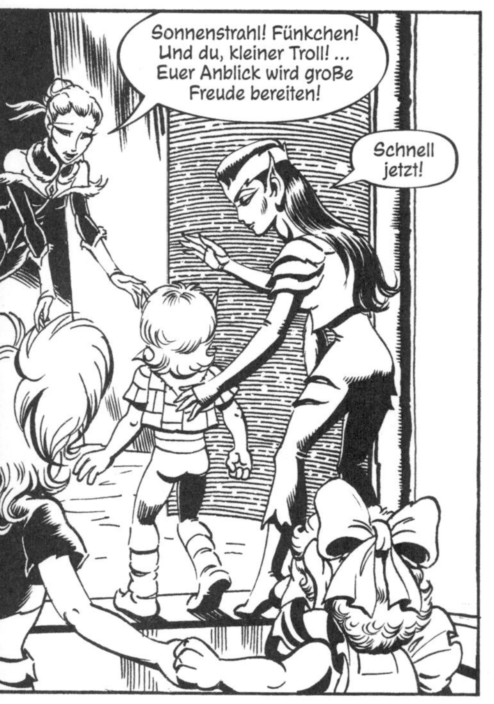
Sonnenstrahl! Fünkchen! Und du, kleiner Troll! ... Euer Anblick wird große Freude bereiten!
Schnell jetzt!

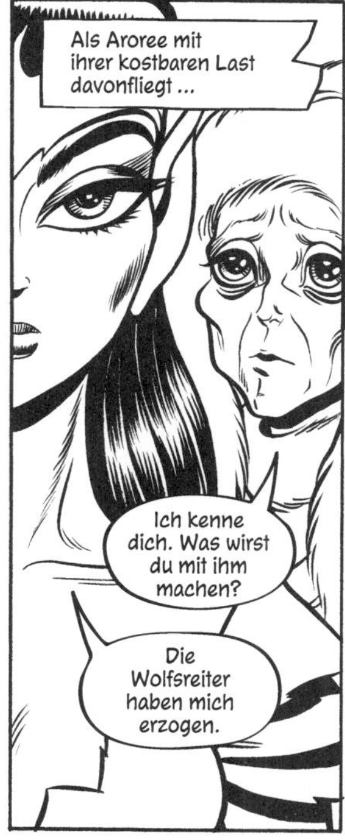
Als Aroree mit ihrer kostbaren Last davonfliegt ...
Ich kenne dich. Was wirst du mit ihm machen?
Die Wolfsreiter haben mich erzogen.

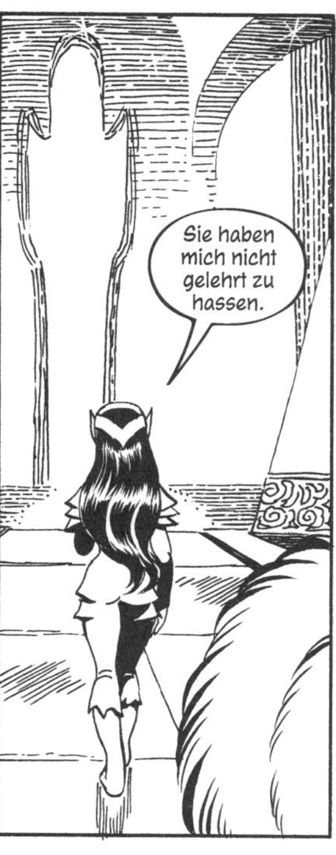
Sie haben mich nicht gelehrt zu hassen.

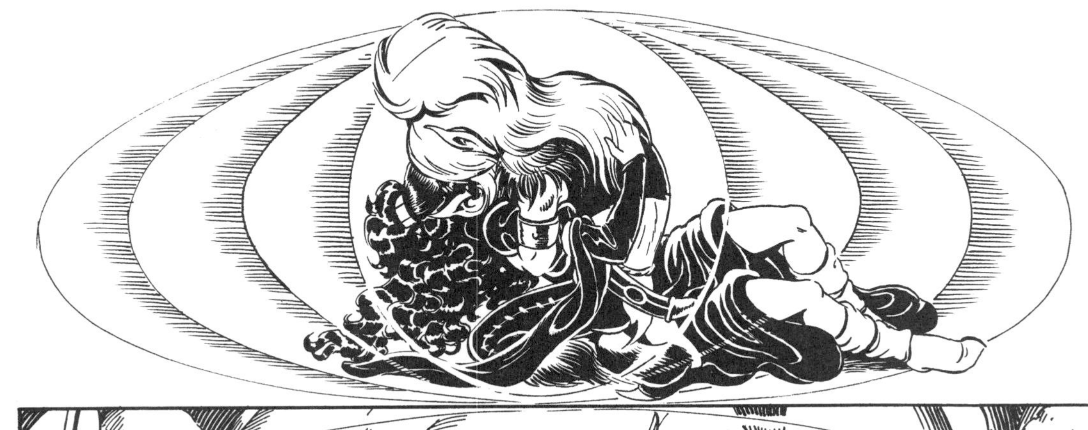

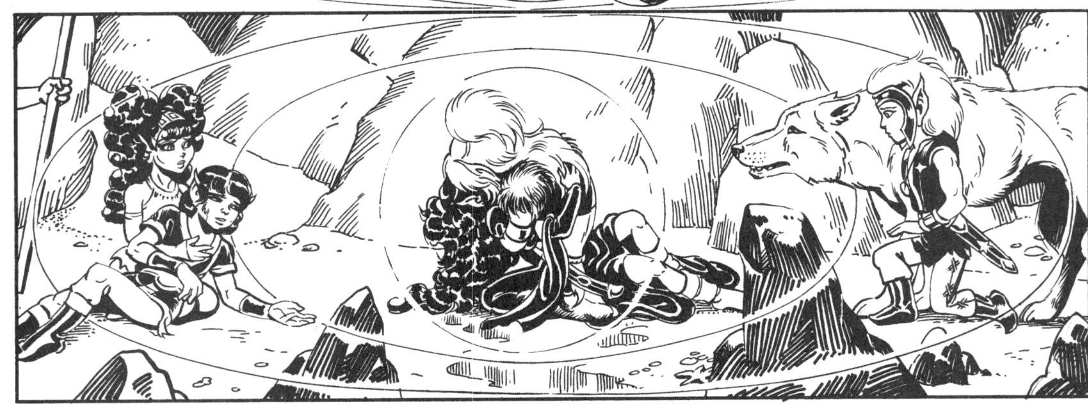

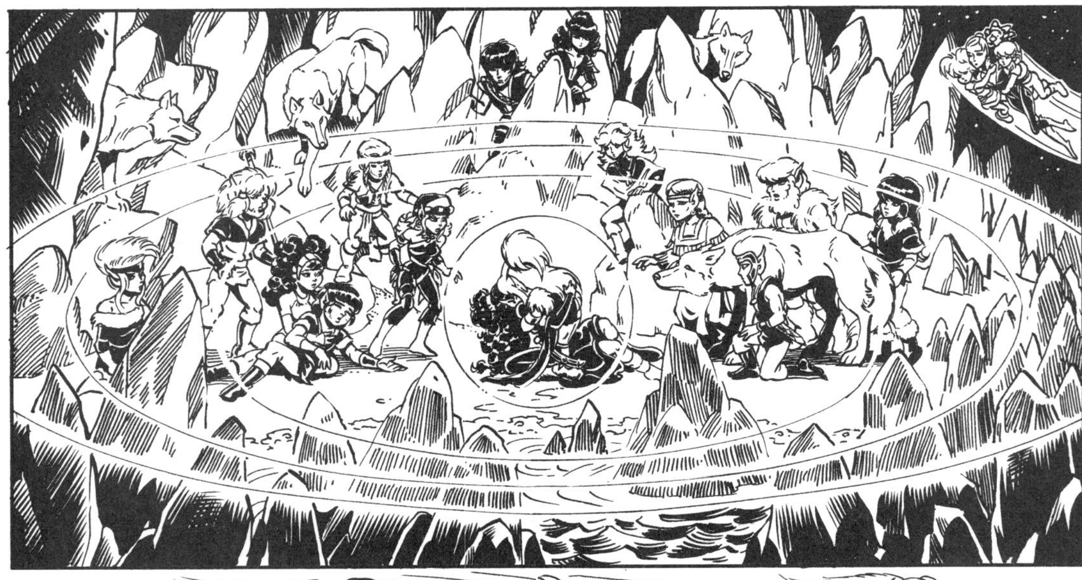

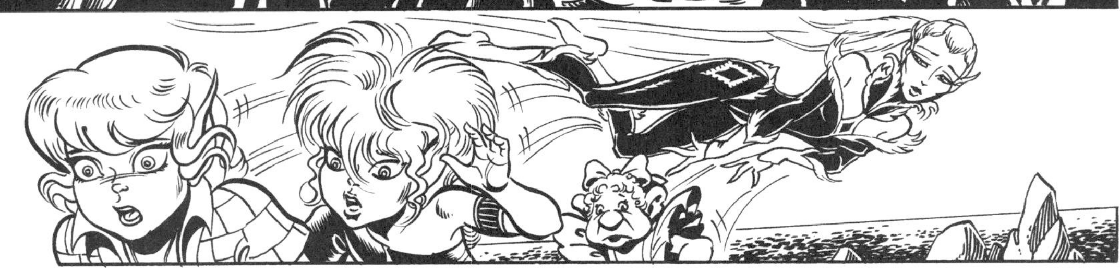

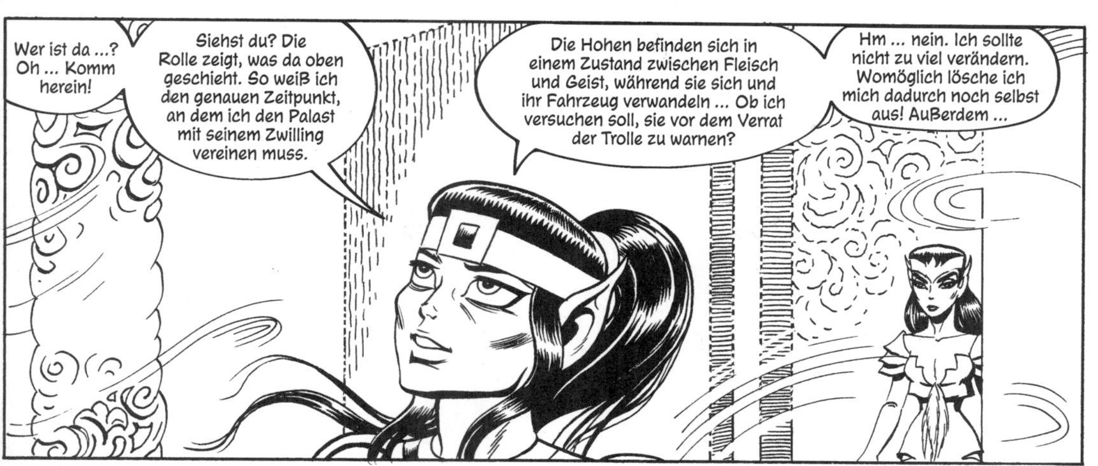
Wer ist da ...? Oh ... Komm herein!
Siehst du? Die Rolle zeigt, was da oben geschieht. So weiß ich den genauen Zeitpunkt, an dem ich den Palast mit seinem Zwilling vereinen muss.
Die Hohen befinden sich in einem Zustand zwischen Fleisch und Geist, während sie sich und ihr Fahrzeug verwandeln ... Ob ich versuchen soll, sie vor dem Verrat der Trolle zu warnen?
Hm ... nein. Ich sollte nicht zu viel verändern. Womöglich lösche ich mich dadurch noch selbst aus! Außerdem ...

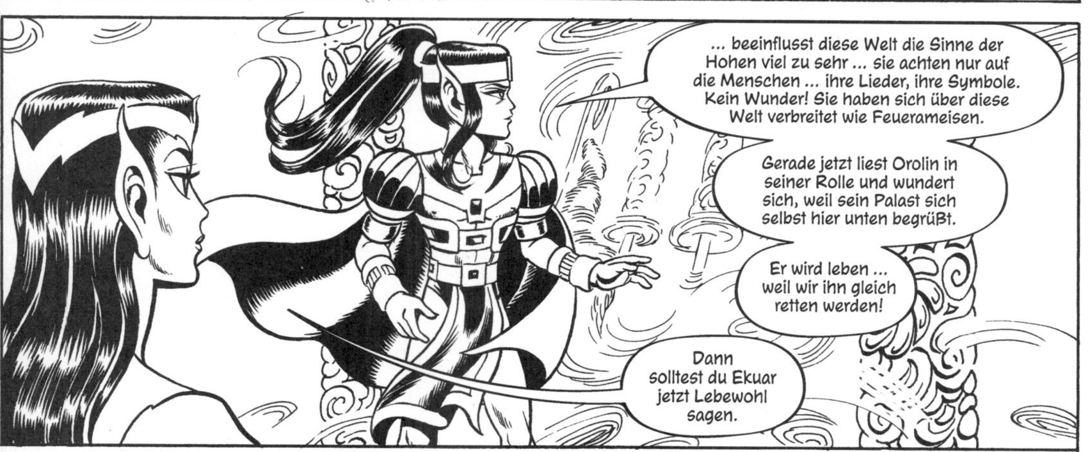
... beeinflusst diese Welt die Sinne der Hohen viel zu sehr ... sie achten nur auf die Menschen ... ihre Lieder, ihre Symbole. Kein Wunder! Sie haben sich über diese Welt verbreitet wie Feuerameisen.
Gerade jetzt liest Orolin in seiner Rolle und wundert sich, weil sein Palast sich selbst hier unten begrüßt.
Er wird leben ... weil wir ihn gleich retten werden!
Dann solltest du Ekuar jetzt Lebewohl sagen.

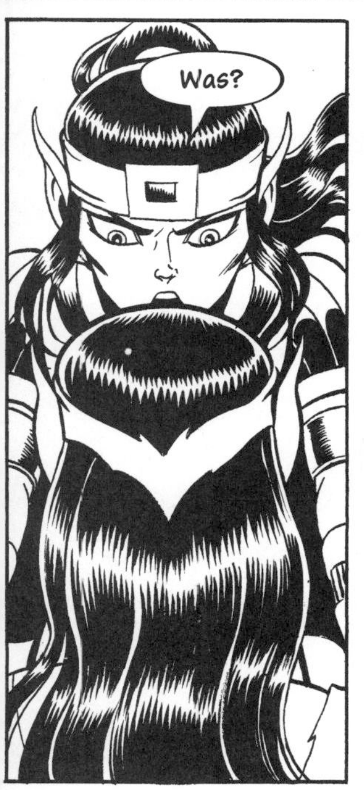
Was?

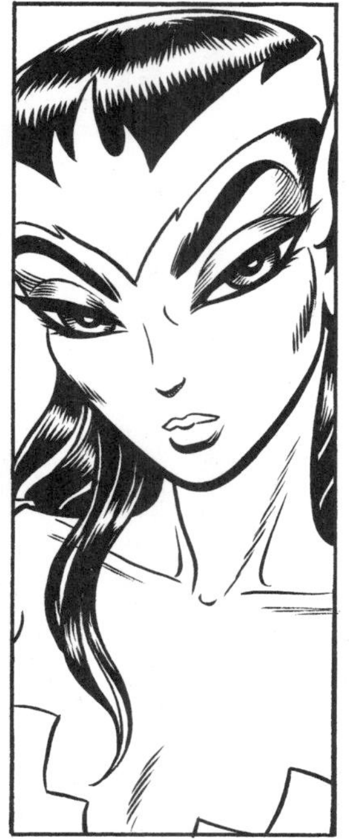

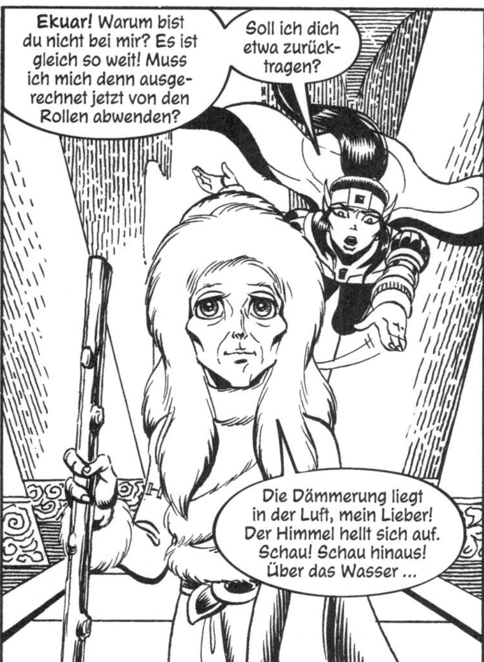
Ekuar! Warum bist du nicht bei mir? Es ist gleich so weit! Muss ich mich denn ausgerechnet jetzt von den Rollen abwenden?
Soll ich dich etwa zurücktragen?
Die Dämmerung liegt in der Luft, mein Lieber! Der Himmel hellt sich auf. Schau! Schau hinaus! Über das Wasser ...

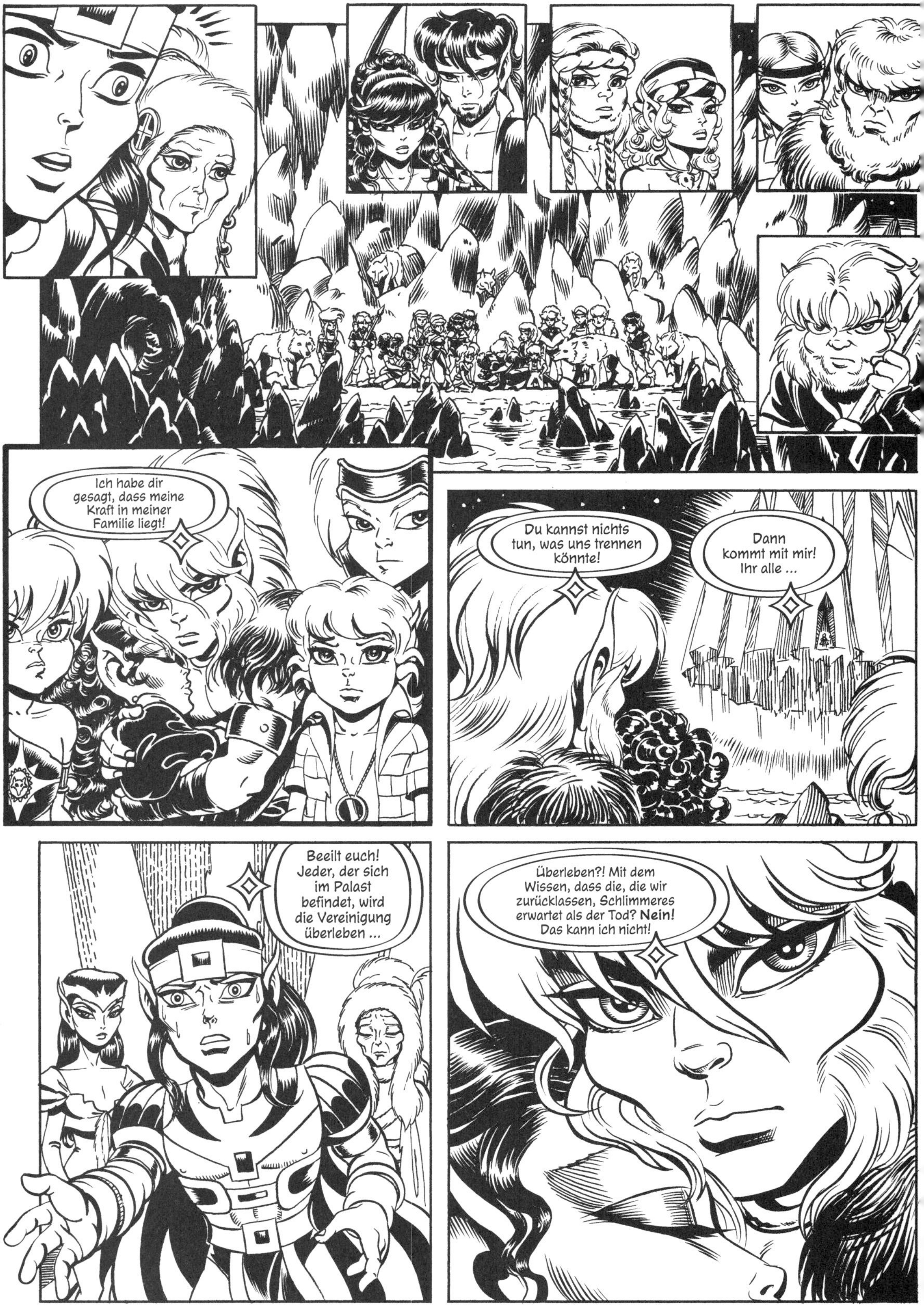

Ich habe dir gesagt, dass meine Kraft in meiner Familie liegt!

Du kannst nichts tun, was uns trennen könnte!

Dann kommt mit mir! Ihr alle …

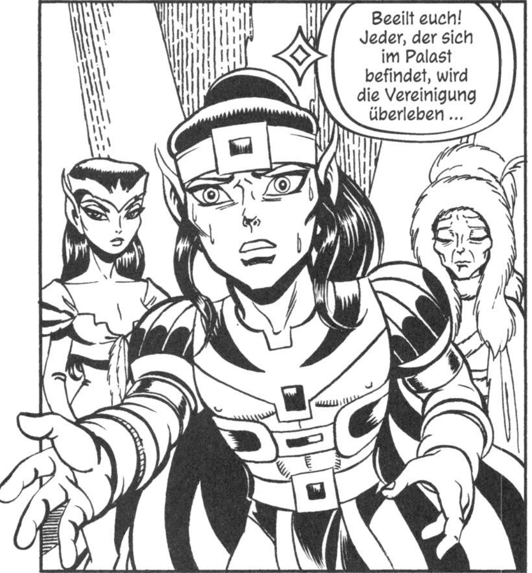

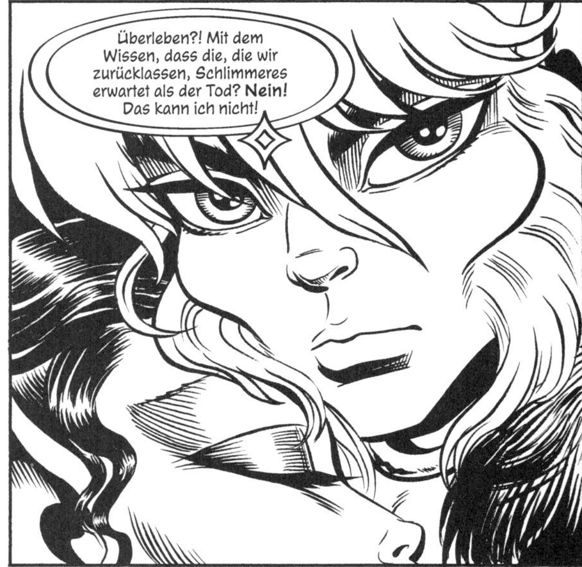

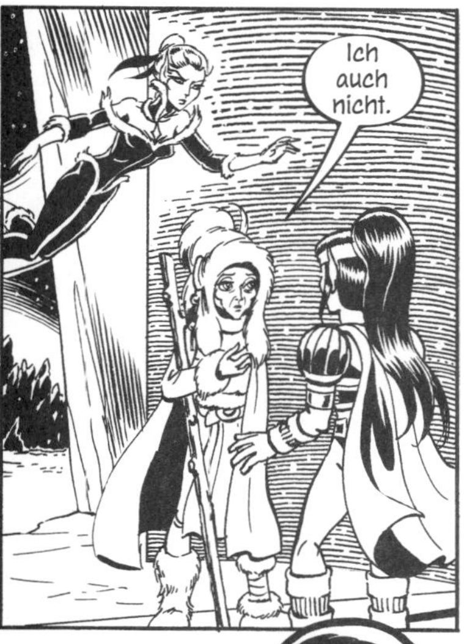
Ich
auch
nicht.

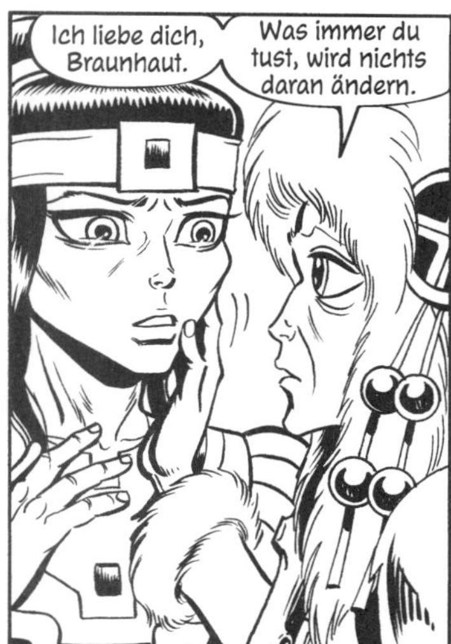
Ich liebe dich,
Braunhaut.
Was immer du
tust, wird nichts
daran ändern.

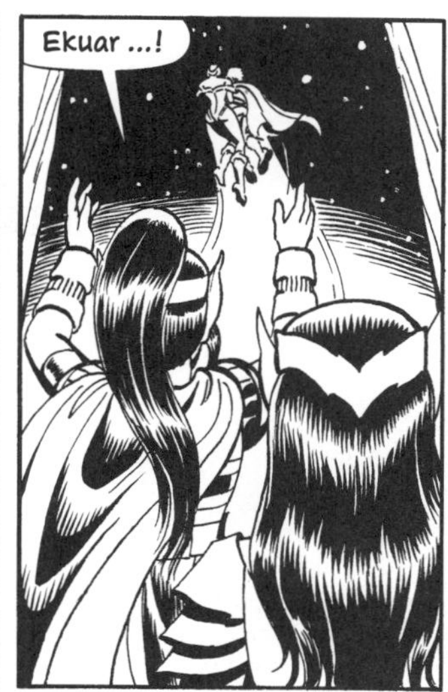
Ekuar ...!

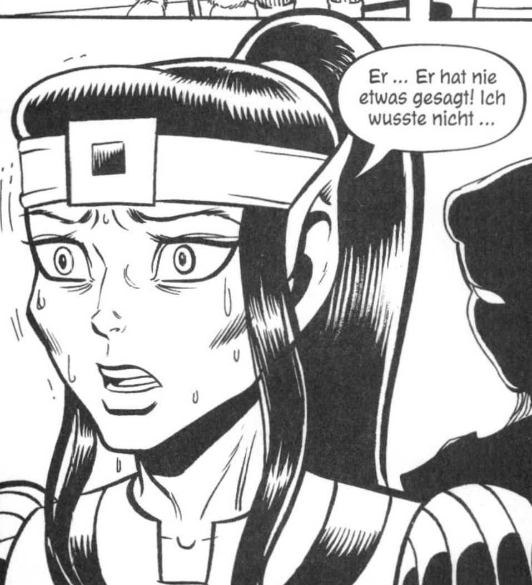
Er ... Er hat nie
etwas gesagt! Ich
wusste nicht ...

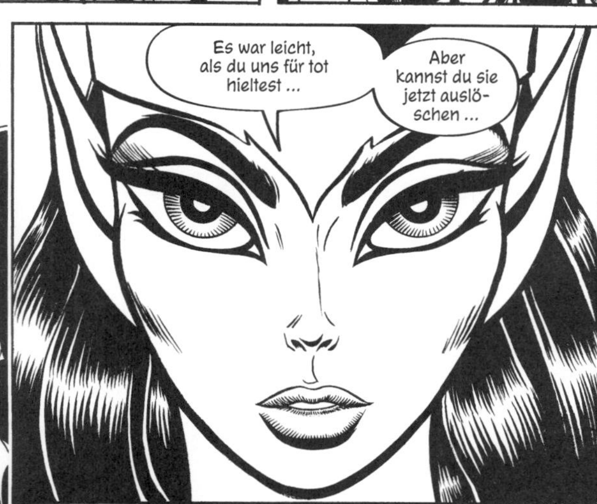
Es war leicht,
als du uns für tot
hieltest ...
Aber
kannst du sie
jetzt auslö-
schen ...

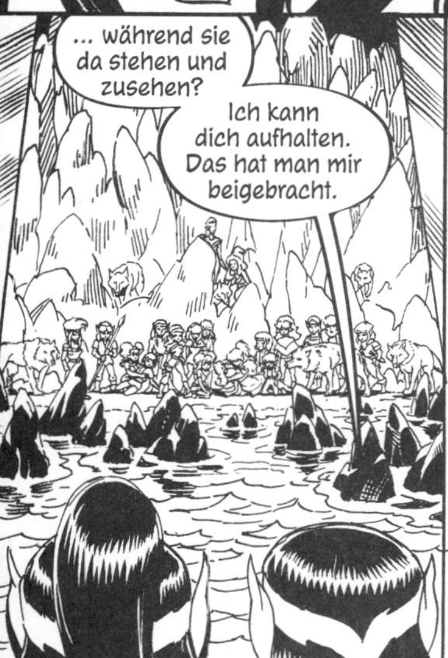
... während sie
da stehen und
zusehen?
Ich kann
dich aufhalten.
Das hat man mir
beigebracht.

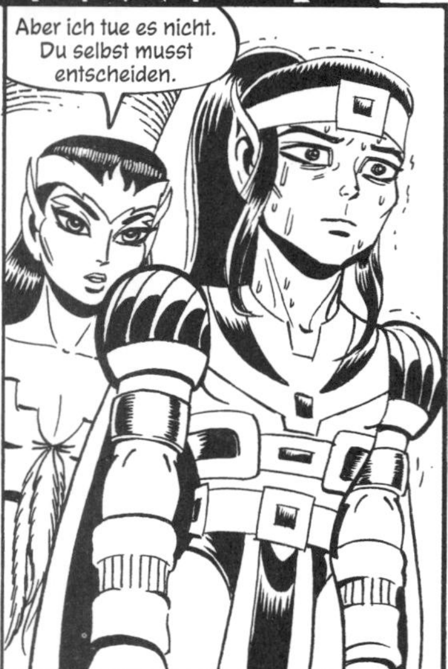
Aber ich tue es nicht.
Du selbst musst
entscheiden.

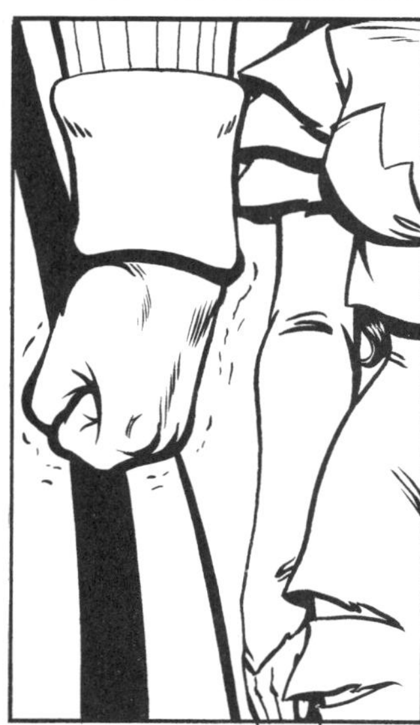

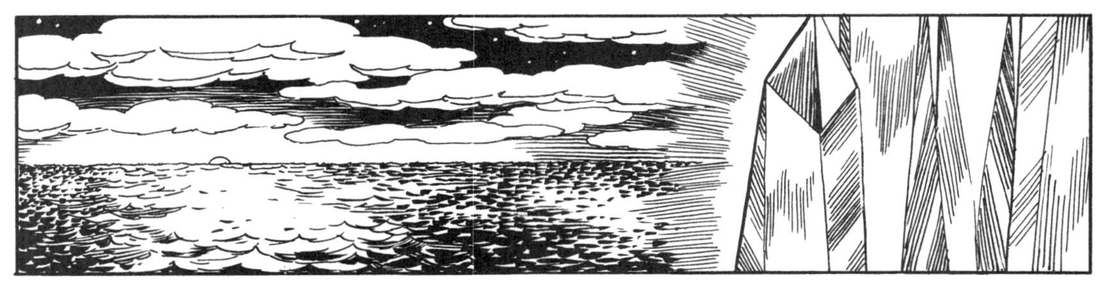

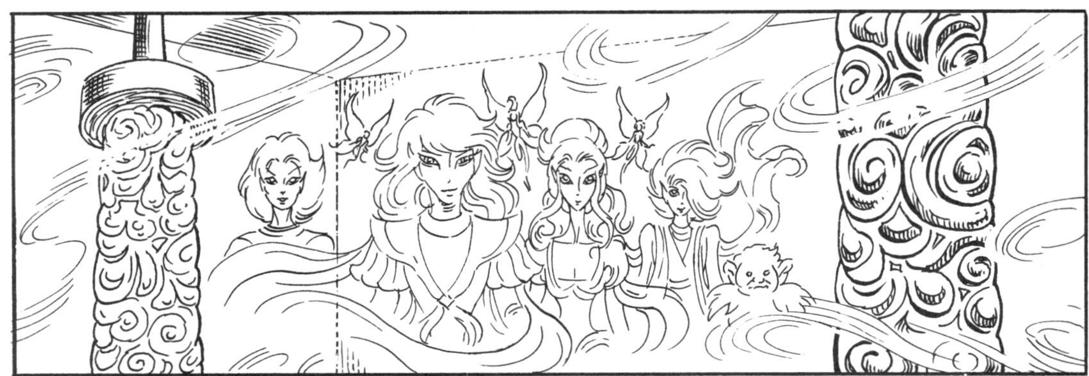

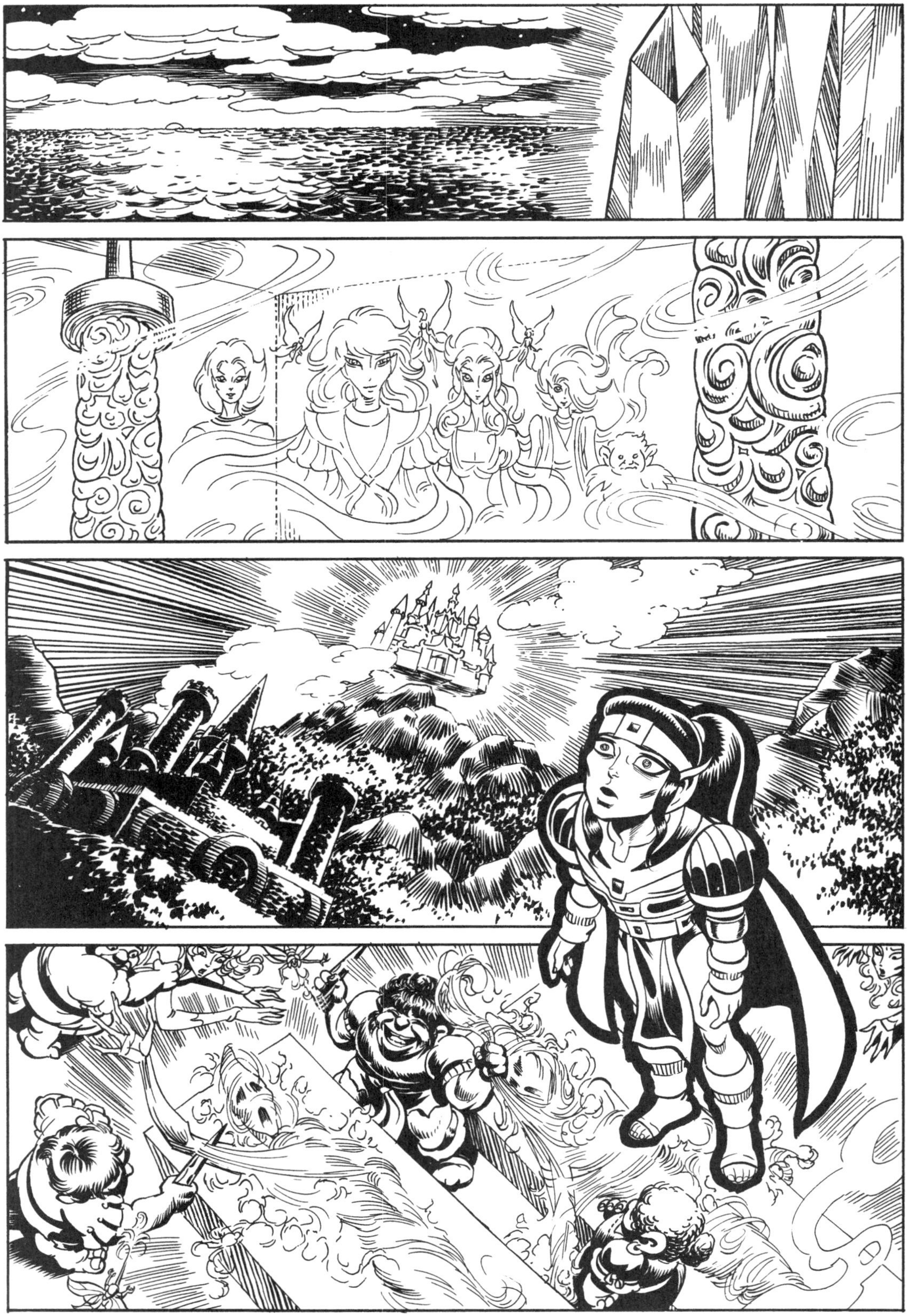

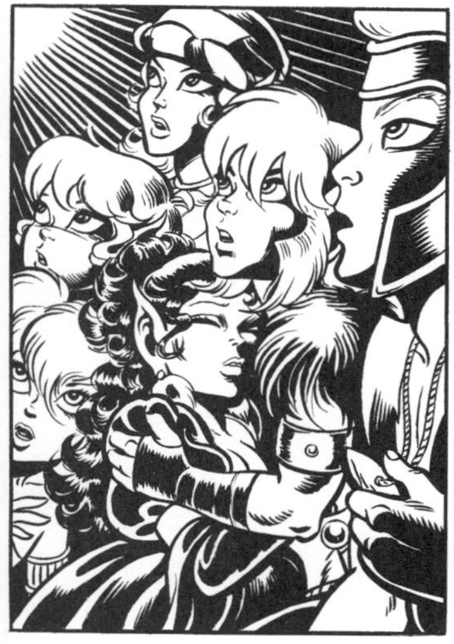
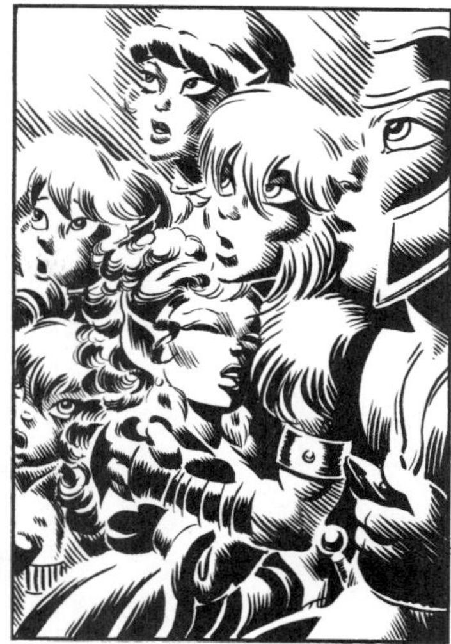
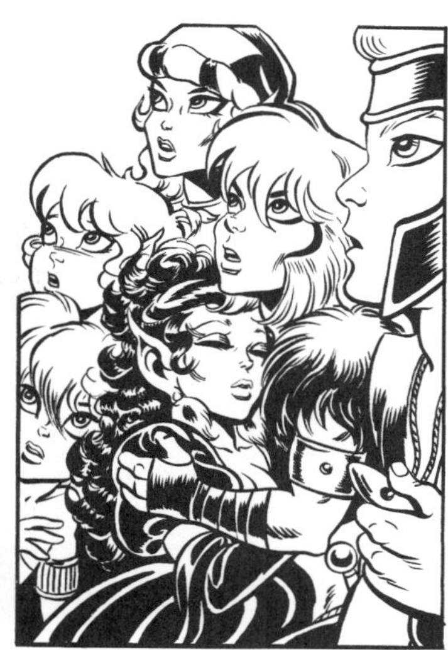
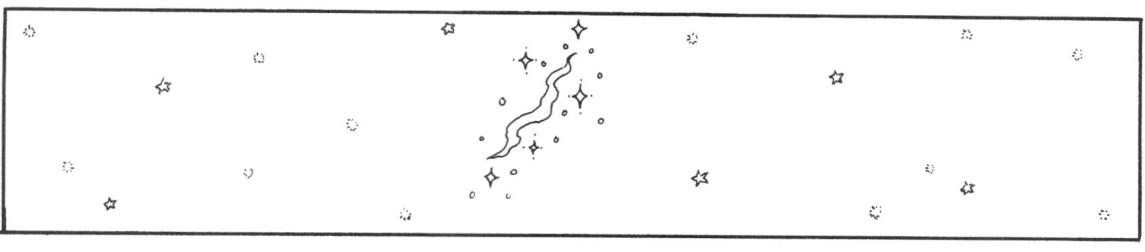
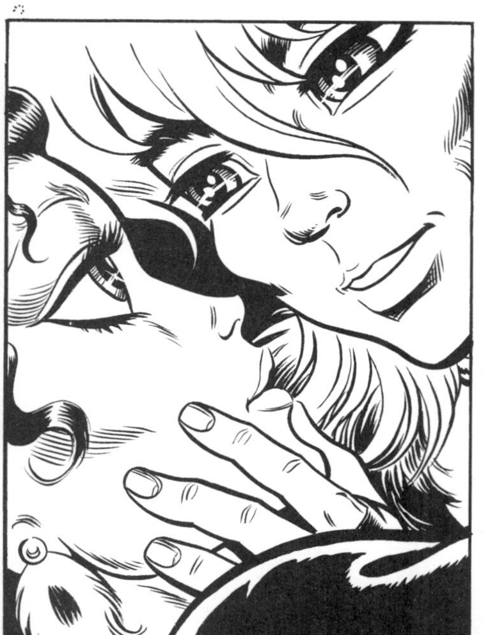
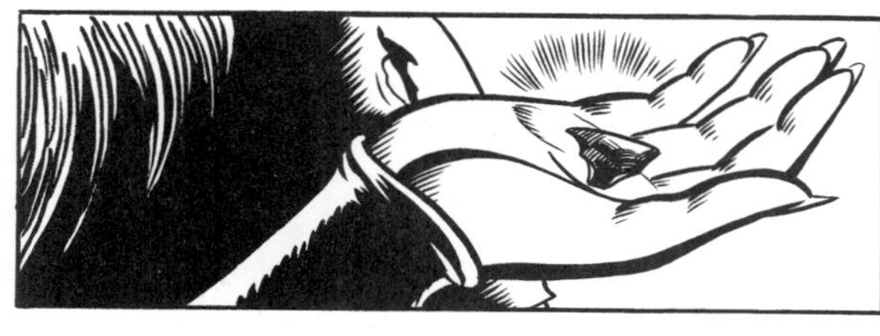
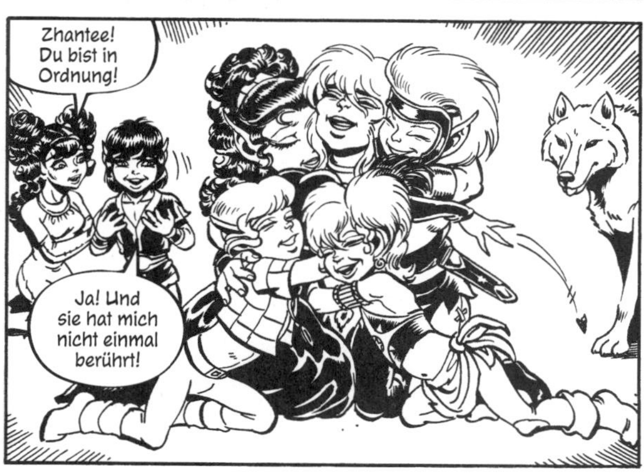
Zhantee! Du bist in Ordnung!
Ja! Und sie hat mich nicht einmal berührt!

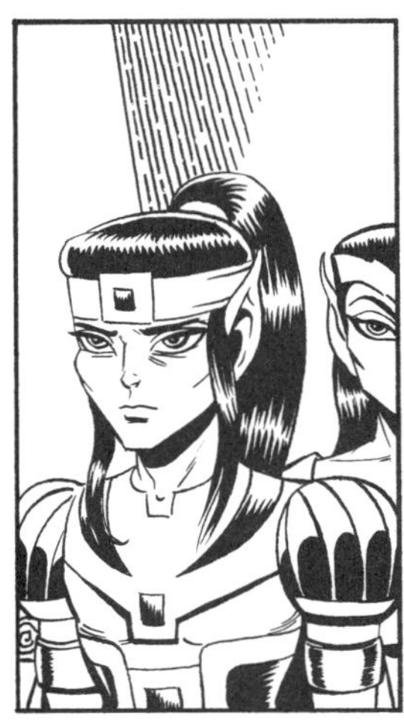

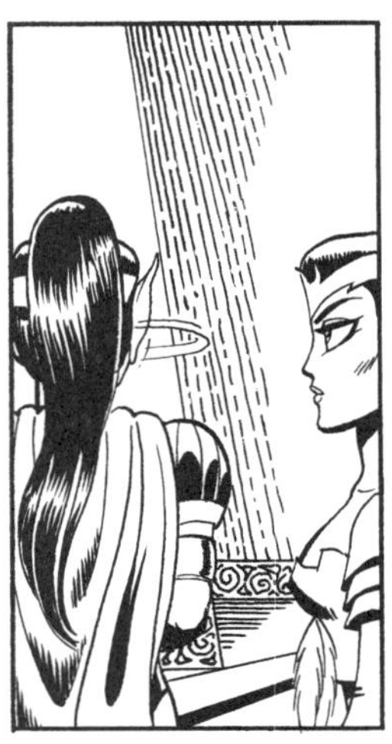

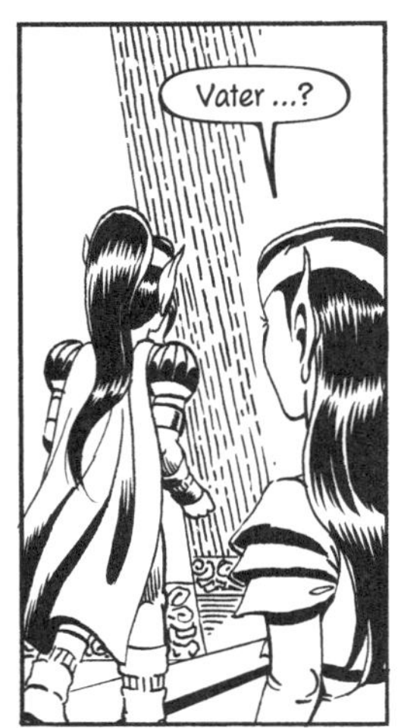
Vater ...?

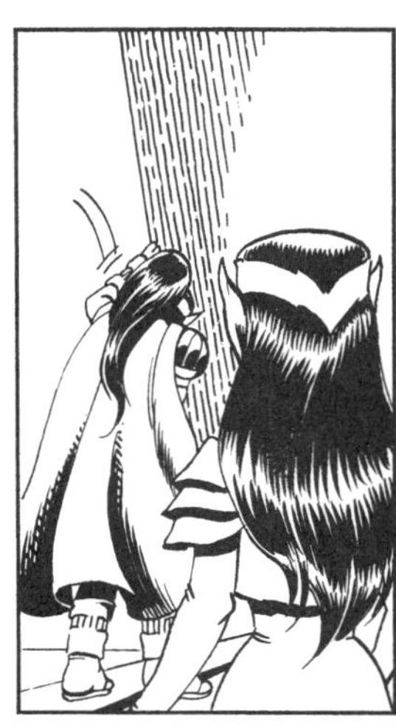

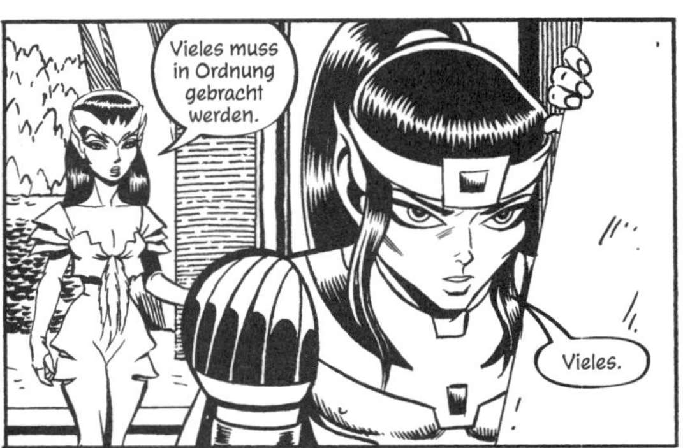
Vieles muss in Ordnung gebracht werden.
Vieles.

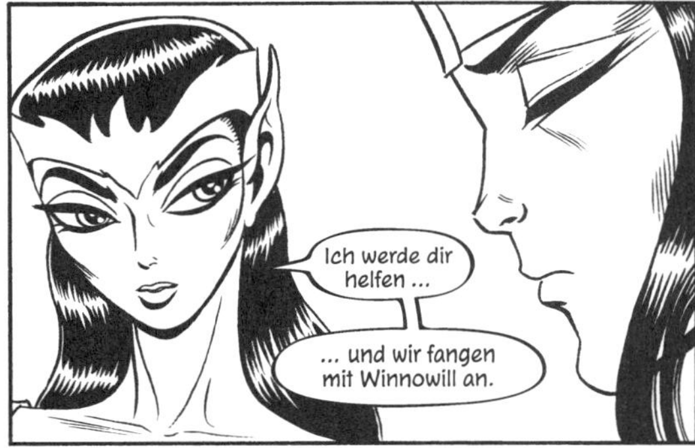
Ich werde dir helfen ...
... und wir fangen mit Winnowill an.

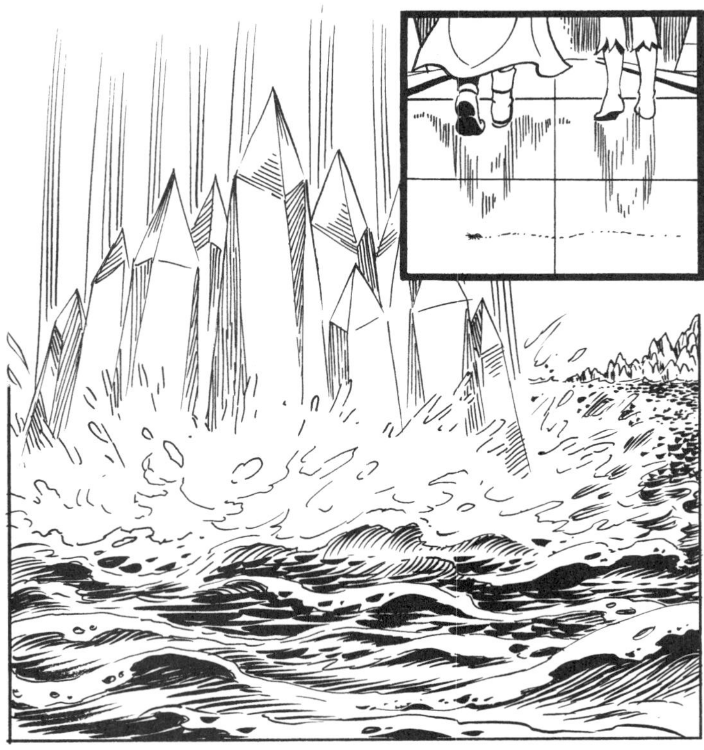

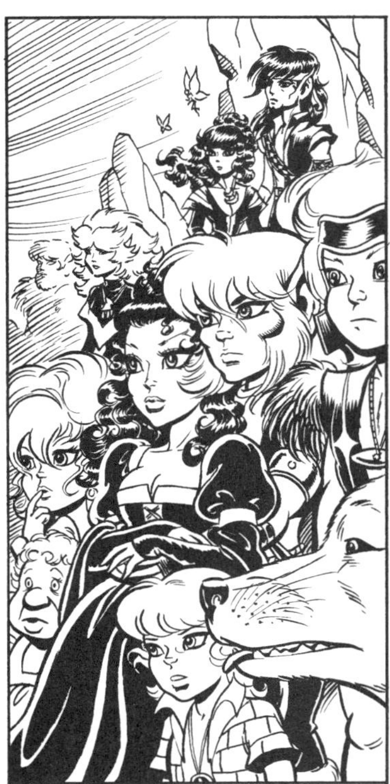

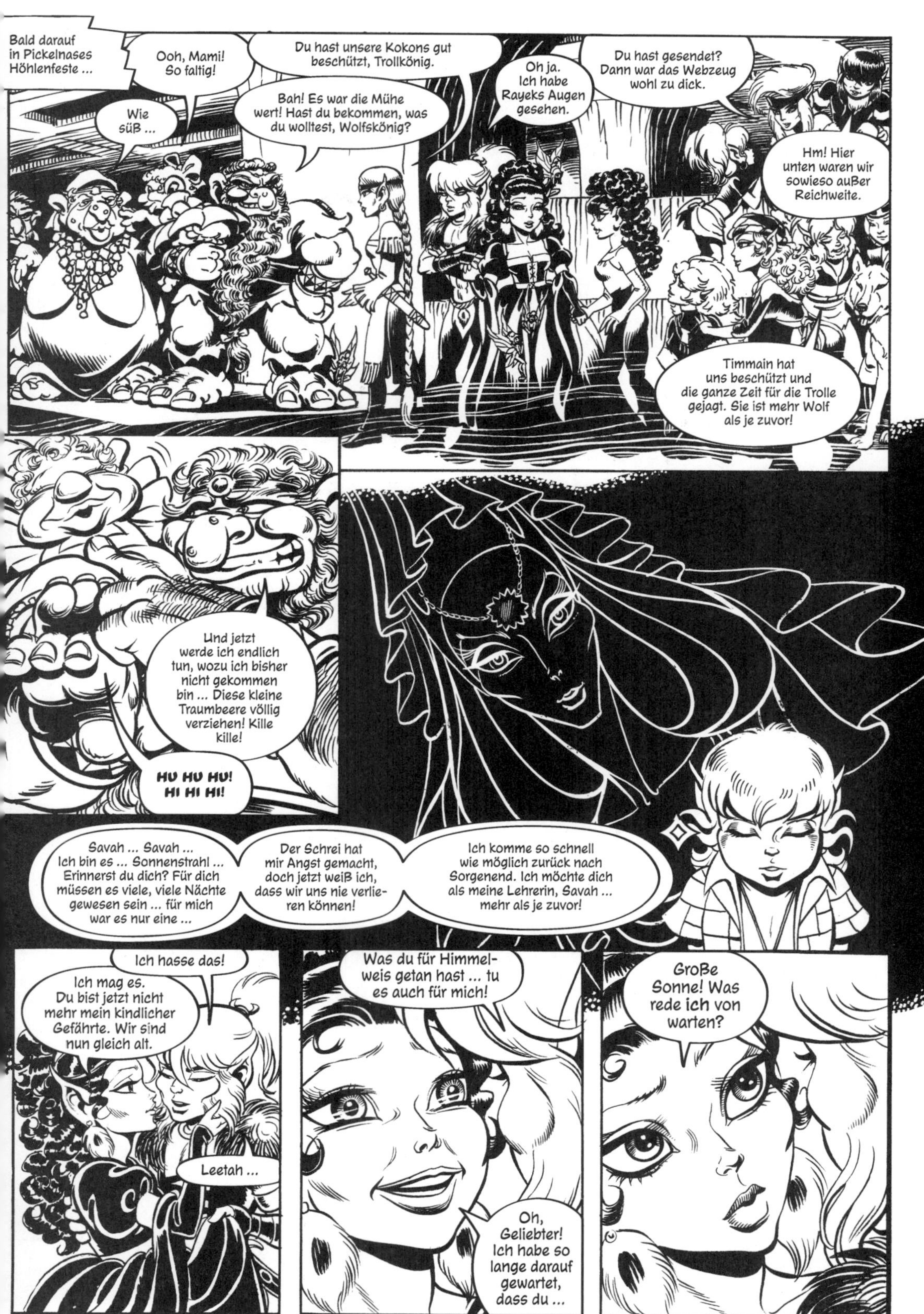
Bald darauf in Pickelnases Höhlenfeste ...
Ooh, Mami! So faltig!
Wie süß ...
Du hast unsere Kokons gut beschützt, Trollkönig.
Bah! Es war die Mühe wert! Hast du bekommen, was du wolltest, Wolfskönig?
Oh ja. Ich habe Rayeks Augen gesehen.
Du hast gesendet? Dann war das Webzeug wohl zu dick.
Hm! Hier unten waren wir sowieso außer Reichweite.
Timmain hat uns beschützt und die ganze Zeit für die Trolle gejagt. Sie ist mehr Wolf als je zuvor!
Und jetzt werde ich endlich tun, wozu ich bisher nicht gekommen bin ... Diese kleine Traumbeere völlig verziehen! Kille kille!
HU HU HU! HI HI HI!
Savah ... Savah ... Ich bin es ... Sonnenstrahl ... Erinnerst du dich? Für dich müssen es viele, viele Nächte gewesen sein ... für mich war es nur eine ...
Der Schrei hat mir Angst gemacht, doch jetzt weiß ich, dass wir uns nie verlieren können!
Ich komme so schnell wie möglich zurück nach Sorgenend. Ich möchte dich als meine Lehrerin, Savah ... mehr als je zuvor!
Ich hasse das!
Ich mag es. Du bist jetzt nicht mehr mein kindlicher Gefährte. Wir sind nun gleich alt.
Leetah ...
Was du für Himmelweis getan hast ... tu es auch für mich!
Oh, Geliebter! Ich habe so lange darauf gewartet, dass du ...
Große Sonne! Was rede ich von warten?

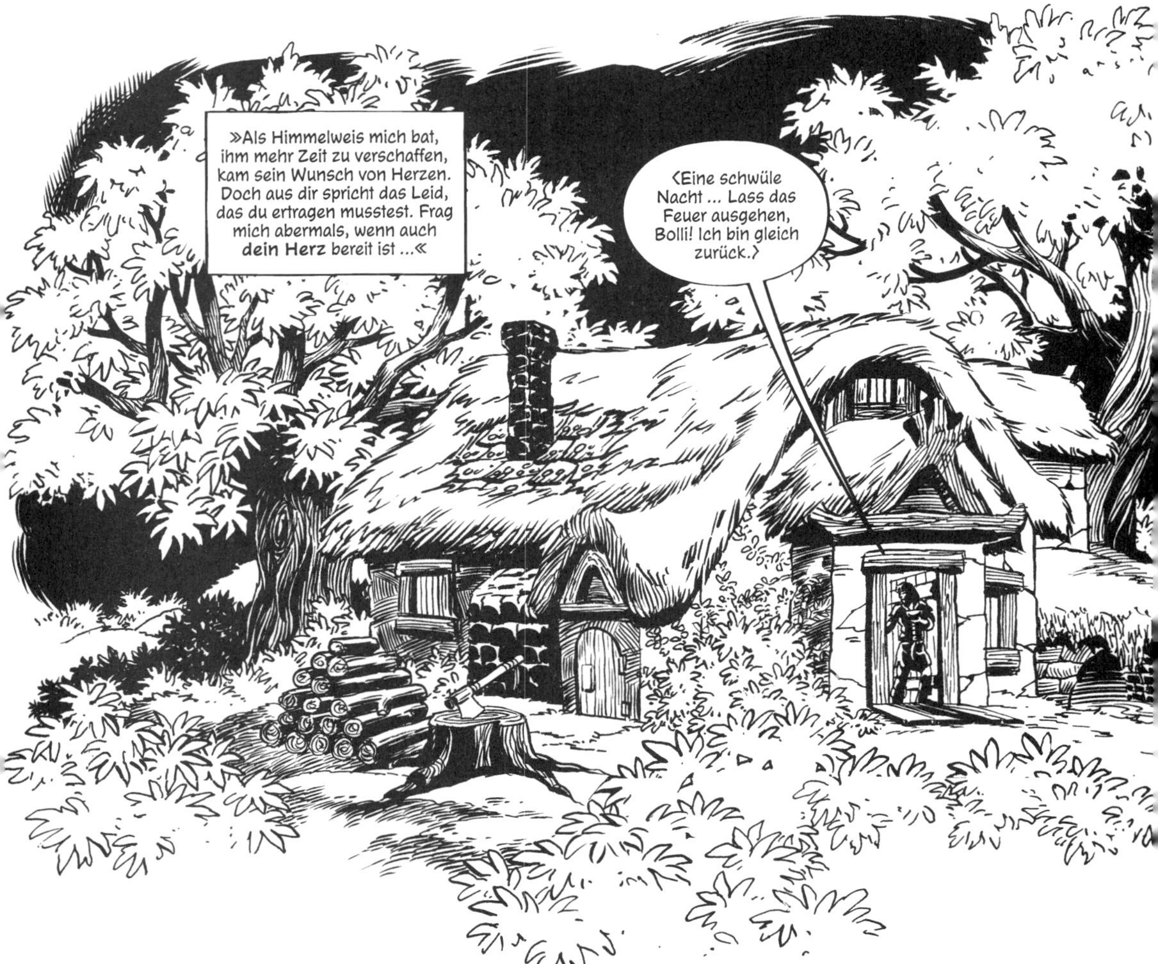

»Als Himmelweis mich bat, ihm mehr Zeit zu verschaffen, kam sein Wunsch von Herzen. Doch aus dir spricht das Leid, das du ertragen musstest. Frag mich abermals, wenn auch **dein Herz** bereit ist ...«

‹Eine schwüle Nacht ... Lass das Feuer ausgehen, Bolli! Ich bin gleich zurück.›

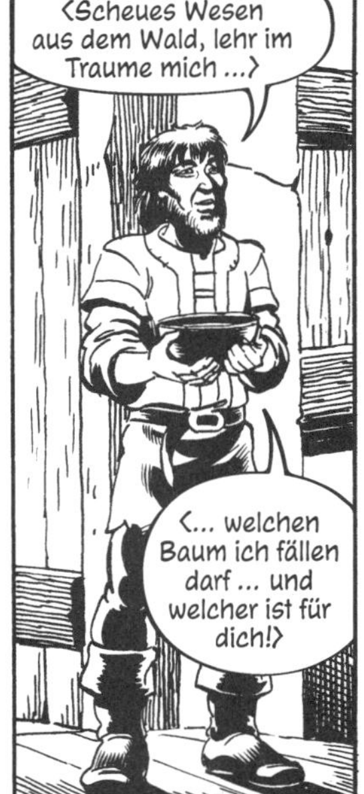

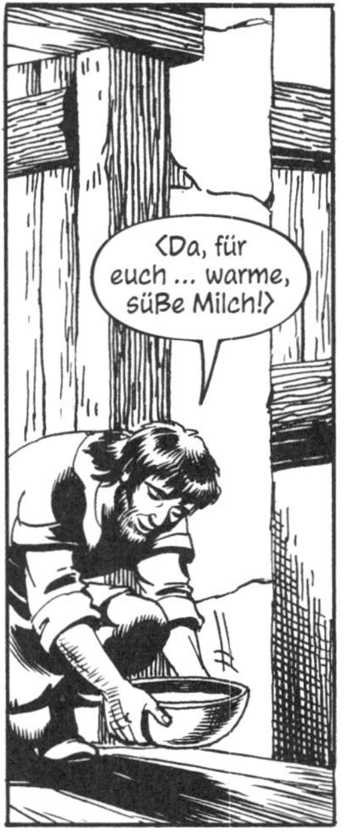

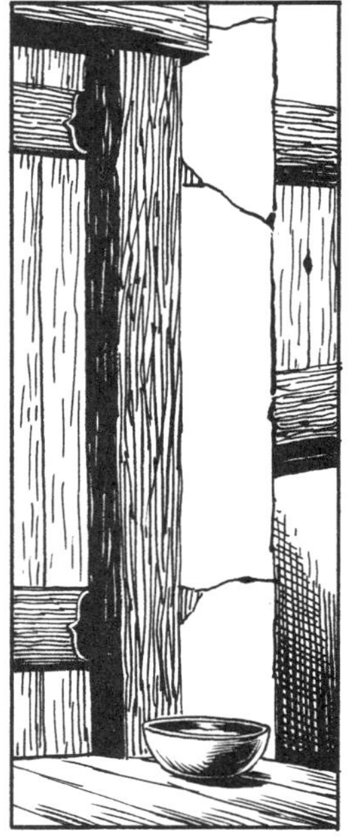

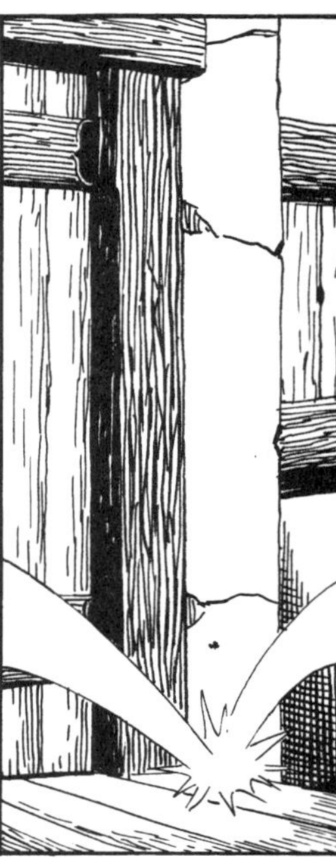

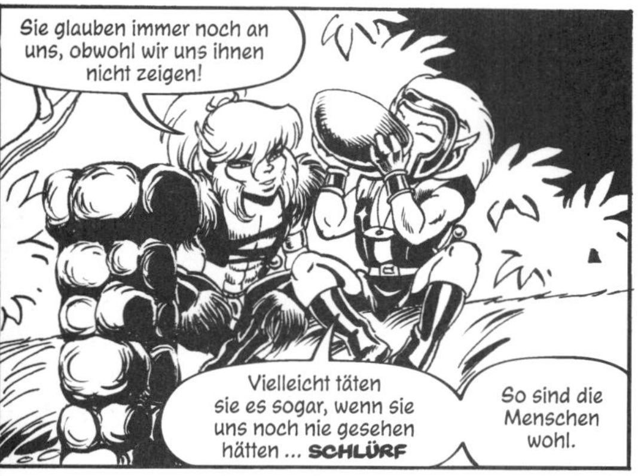
Sie glauben immer noch an uns, obwohl wir uns ihnen nicht zeigen!
Vielleicht täten sie es sogar, wenn sie uns noch nie gesehen hätten ... SCHLÜRF
So sind die Menschen wohl.

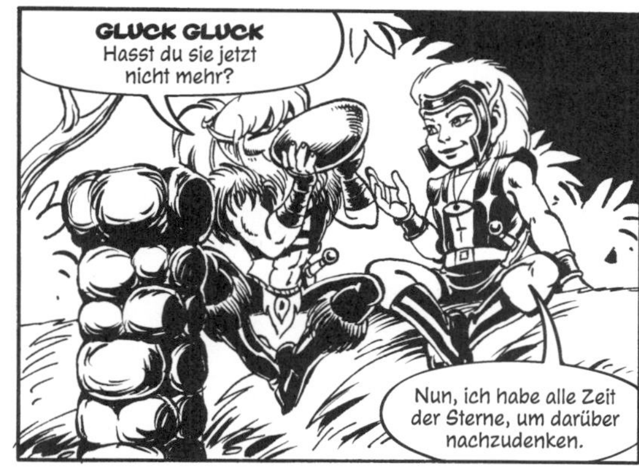
GLUCK GLUCK
Hasst du sie jetzt nicht mehr?
Nun, ich habe alle Zeit der Sterne, um darüber nachzudenken.

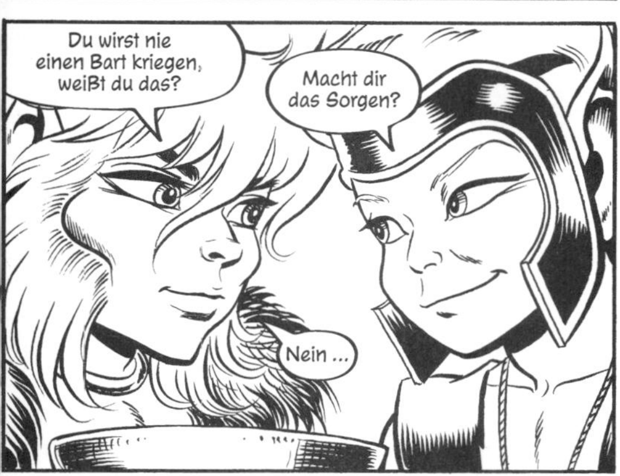
Du wirst nie einen Bart kriegen, weißt du das?
Macht dir das Sorgen?
Nein ...

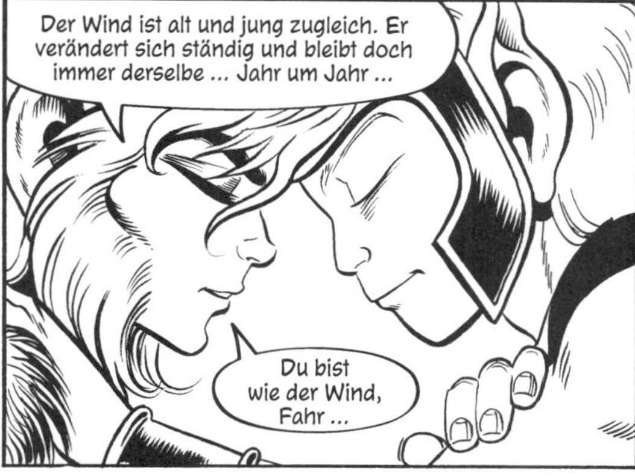
Der Wind ist alt und jung zugleich. Er verändert sich ständig und bleibt doch immer derselbe ... Jahr um Jahr ...
Du bist wie der Wind, Fahr ...

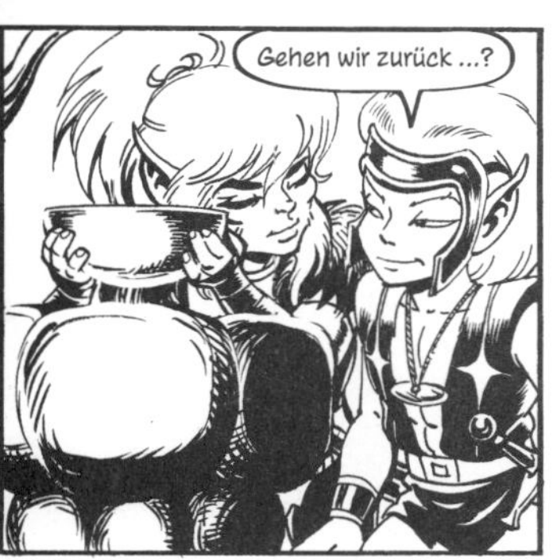
Gehen wir zurück ...?

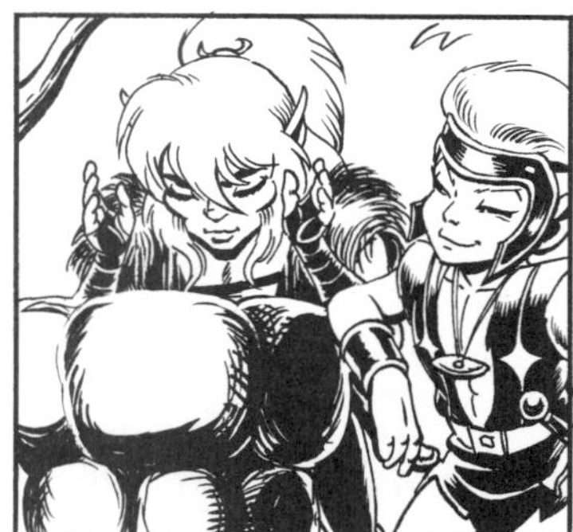

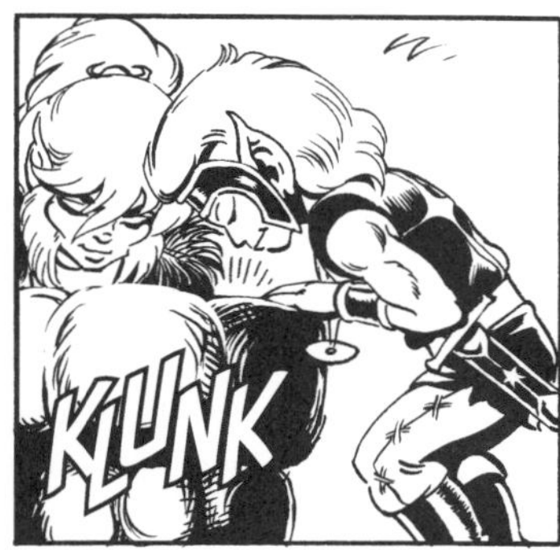
KLUNK

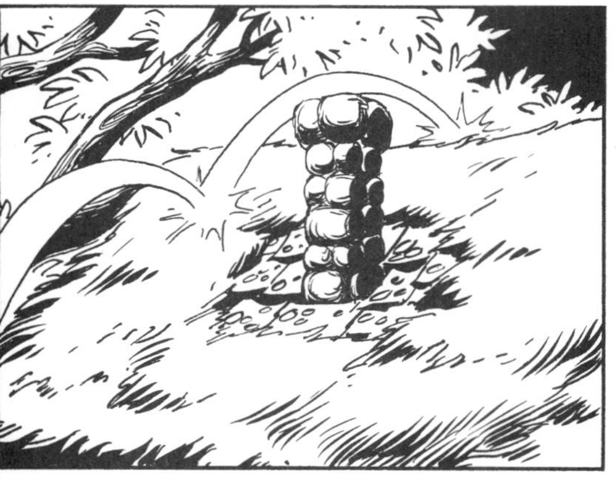

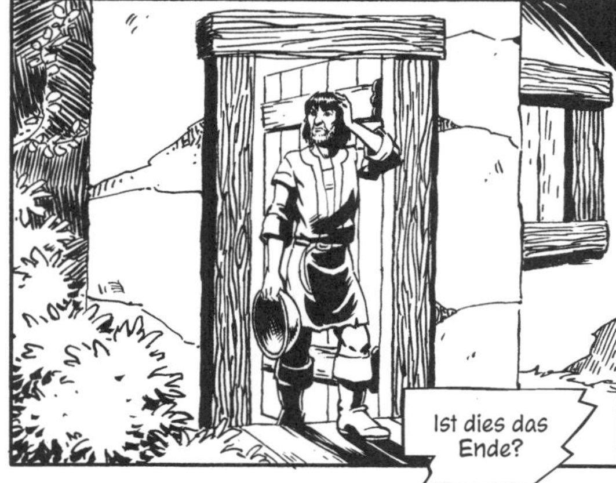
Ist dies das Ende?

August 25, 1986

Some thoughts on the layout of the ELFQUEST book

The story will be 28 pages in each issue, and we will be responsible for 2 more pages (i.e., we will supply you with a 30 page package). This does not include the inside front cover, which I supply for all the books, EQ included.

Whichever two pages we get (in addition to the 28), I want them to be contiguous. It doesn't matter if they are facing pages or if one has to turn the page to get from one to the other, but I do want them to follow. The reason for this is that I intend to use those two pages for whatever Wendy and I think will go best on them; that may be two full pages of letters one issue, a page and a half of letters and a half page of EQ-editorial, a page and a page, or whatever. Maybe a page of sketches one issue. Who knows? But the two pages will be laid out by us to be a continuous "entity."

You will ask "Where will I put the subscription coupon I said I wanted?" and the answer will be: on whatever page you put the "coming next issue" ad for the next EQ issue, just as has been done for all the books from time to time. (I'm assuming that there will be a "coming next issue" thing for EQ.) Point being, if I'm going to be responsible for supplying a 30-page package, then I want 30 full pages.

Which leaves you with three pages for ads (two of newsprint and the inside back cover) -- plus the back cover if we all so choose. I will be responsible for plugging things like the Fan Club and other EQ related things out of our two pages, so you don't have to further shave from your pages.

One thing, however, that I will insist on, which I don't as much for the other books, and that is that I will want to approve every page of EQ before it goes to press. This does not need to become a company-wide thing (as you pointed out, giving us a "personal" editorial on the inside front cover could lead to everyone wanting one) but given the relationship between the two companies, I think I can ask this.

R

Zwei Jahre nach dem Ende der ersten Suche der Wolfsreiter (*ElfQuest*-Bände 1 und 2) begann WaRP Graphics mit dem zweiten Zyklus *Die Schlacht am Blauen Berg* (*ElfQuest*-Band 3). Für den Vertrieb der Hefte in den USA tat sich WaRP damals mit dem Verlag Apple Comics zusammen, sodass Wendy und Richard sich ganz allein auf das Schreiben und Zeichnen von *ElfQuest* konzentrieren konnten.

TREATMENT EQ SIEGE #6

Dart and his Dirty Dozen (Jack-wolf Riders) have been following Savah's directions (the same she gave Suntop three years ago when the child led the Wolfriders to find Cutter on the original quest). The jack-wolves have made good time; less than ten days and already they've arrived at Osek's tomb. Dart wonders about Osek's crumbling bones -- he's never seen an elf die before. Newstar and Dart's other companions, all Sun Villagers, are nervous and humbled at being out in the wide world for the first time. But Dart remembers the story of how Cutter led the Wolfriders across the desert and he tries to be the same kind of confident, purposeful leader to his own band. He has brought them this far to be whatever help to the Wolfriders they can be. But what they're getting into -- they have no idea.

Treestump leads Rayek, Petalwing, Leetah, Suntop, Skywise, Strongbow and Moonshade to Blue Mountain while Redlance, Nightfall, Ember, Pike, Skot, Krim and the remaining preservers stay in the Forbidden Grove. Ember cries at being left behind, thinking it's her punishment for making Suntop "go out" against Cutter's orders. But Redlance explains that if Suntop didn't have his special sending gift -- one that makes him both highly vulnerable and a potent weapon at once -- he would be staying behind in the Grove as well. Redlance adds that Ember should never look at fighting as fun she might be missing out on.

1

Mit dem Erstarken einer Szene kleiner, unabhängiger Comicverlage entwickelte sich auch der Prozess, in dem *Elf-Quest* entstand. Hatte Wendy die Story der ersten Hefte noch von Hand auf liniertem Papier niedergeschrieben (wie einige in Band 2 abgebildete Beispiele zeigen), entwickelten wir das Skript nun am Bildschirm und konnten so auf handschriftliche Korrekturen im Manuskript verzichten.

she to deal with this new intruder, Rayek, whose sending suggests such power and purpose?

Winnowill's memory flashes back to her first encounter with Two-Edge's father -- a troll sent by Greymung to find the escaped rock shaper, Osek (pg.77, EQ Book 4). Since she was able to seduce a troll, she thinks, surely it will be simple enough to use the same witchery on Rayek; all she need do is find out what he wants most and give it to him as she did to the troll, and to Tyldak.

Seated in all her dark splendor, with Windkin cradled in her arms, Winnowill receives Rayek in the throne room. He is absolutely dazzled by her, and though recognition does not occur, Rayek is knocked off balance by the powerful attraction he feels toward her.

Elsewhere, Cutter and his band find their way to Winnowill's quarters, only to learn that she is not there. Adar shatters the cage of Winnowill's human pets and sets them free. Kakuk, their spokesman, promises they will tell the Hoan G'Tay Sho the disillusioning truth about the Gliders -- if they can all escape the mountain. But Dewshine and Scouter refuse to escape without Windkin.

His party now enlarged with more human allies, Cutter determines to confront Winnowill and do psychic battle with her once again. Even if he is hurt or killed, he hopes he may buy the preservers

3

Diese Manuskriptseite zeigt sehr schön, wie Wendy ein paar nüchterne Worte und knappe Sätze schließlich in dramatische Situationen verwandelt. Der vorletzte Absatz beschreibt die Befreiung der von Winnowill in Käfigen gehaltenen Menschen im sechsten Kapitel von *Die Schlacht am Blauen Berg*.

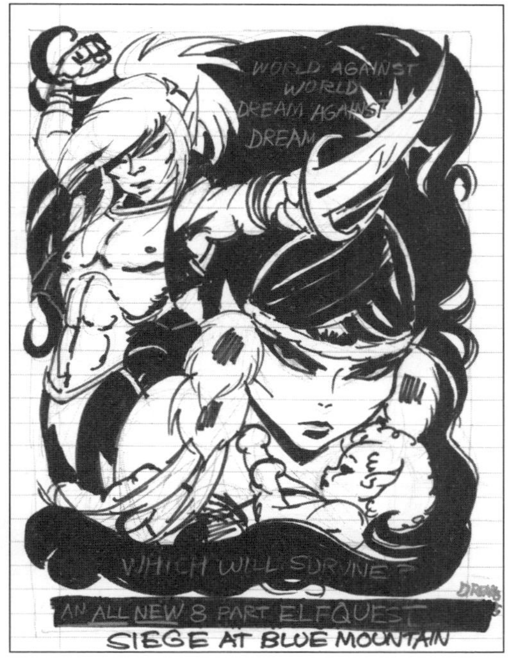

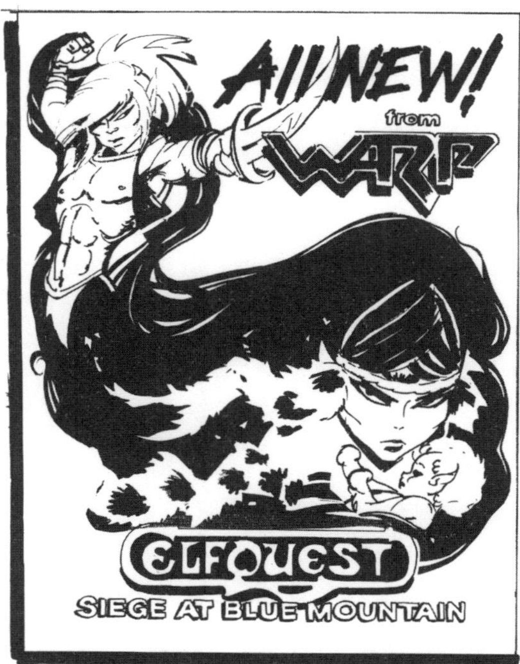

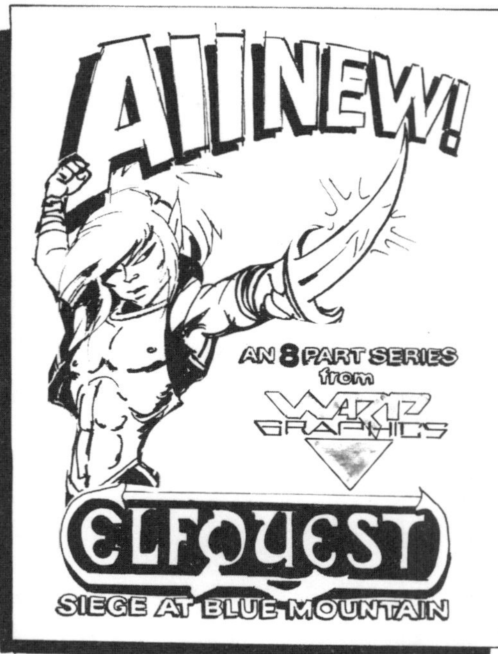

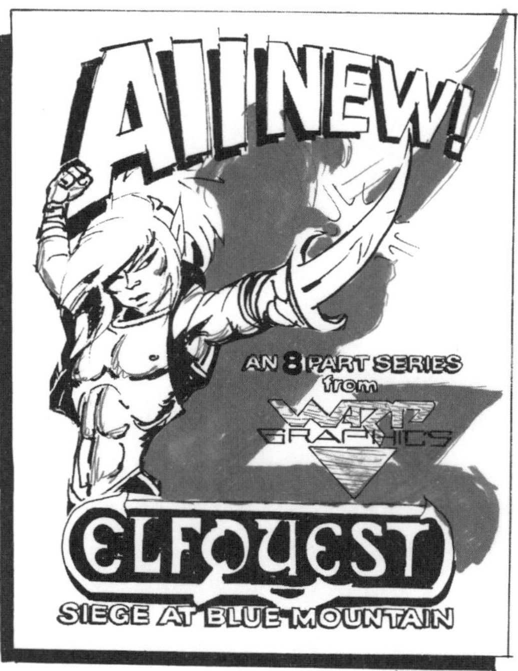

Als *Die Schlacht am Blauen Berg* 1986 erschien, brauchten wir auch Poster, um in den Comicläden für *ElfQuest* zu werben. Von Wendy stammt der erste Entwurf oben links, an dem der Trickfilmzeichner Joe Barruso Schritt für Schritt Schriften ausprobierte und dann die Version unten rechts entwickelte.

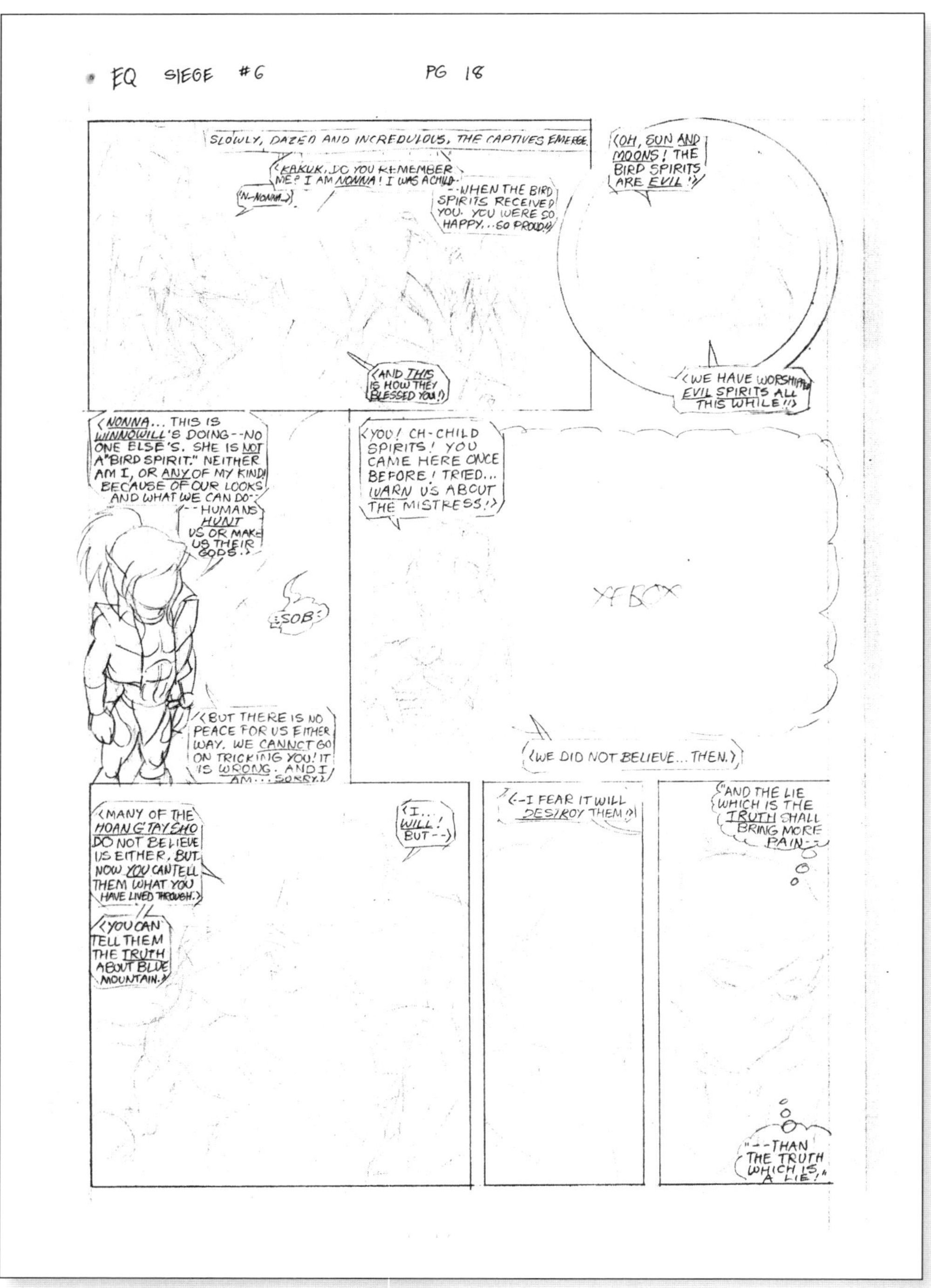

Da Wendy für das Handlettering bald keine Zeit mehr hatte, fand sie Kollegen für diese Arbeit (im Fall der hier abgebildeten Seiten Janice Chiang). Sie lieferte dann grob skizzierte Layouts mit Angaben, wo die Sprechblasen platziert werden könnten. Ein guter Comic zeichnet sich nicht nur durch gute Zeichnungen aus; auch das Verhältnis von Bildern und Worten muss stimmen und der Text muss gut zu lesen sein.

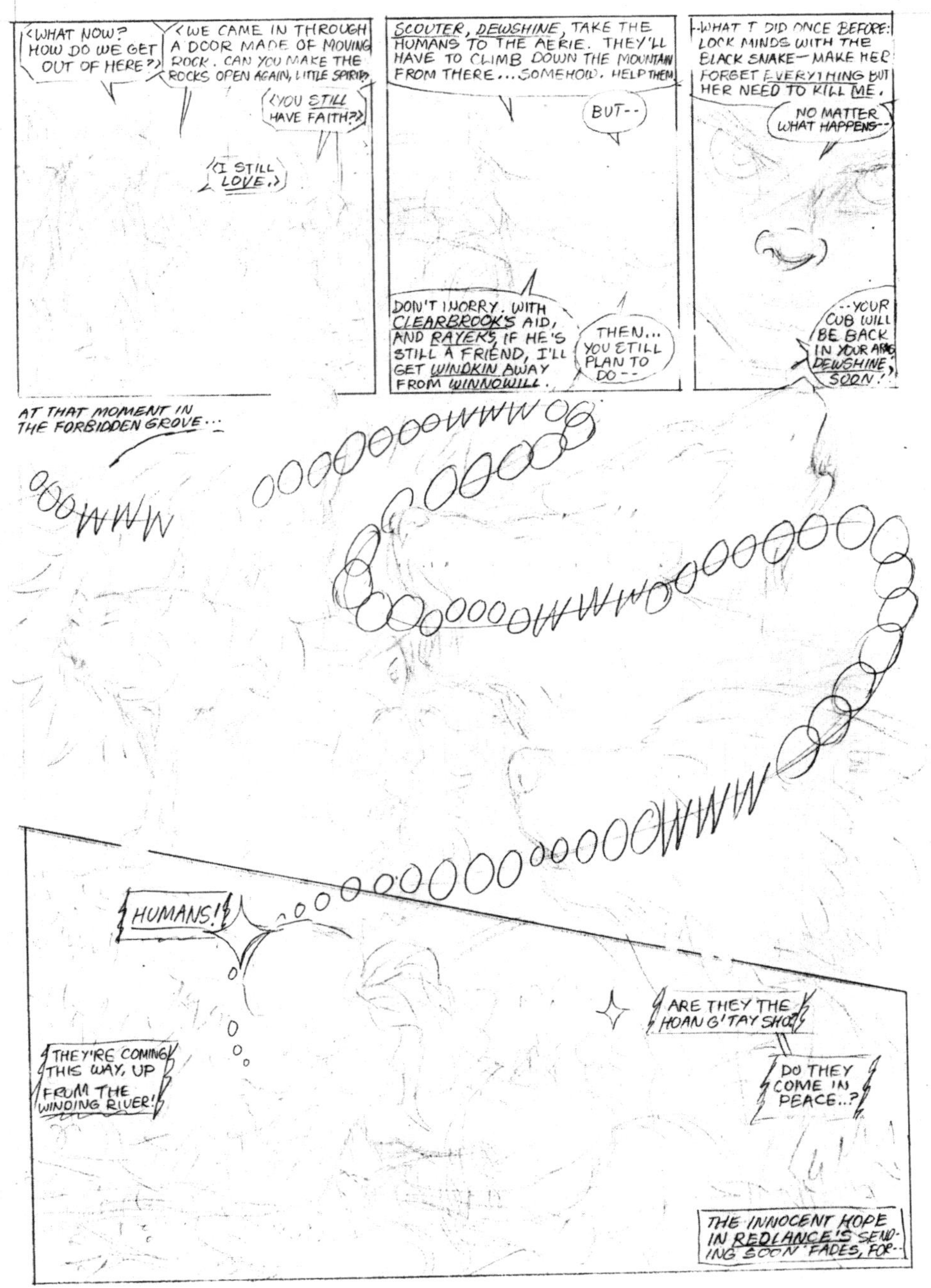
<WHAT NOW? HOW DO WE GET OUT OF HERE?>
<WE CAME IN THROUGH A DOOR MADE OF MOVING ROCK. CAN YOU MAKE THE ROCKS OPEN AGAIN, LITTLE SPIRIT?>
<YOU STILL HAVE FAITH?>
<I STILL LOVE.>
SCOUTER, DEWSHINE, TAKE THE HUMANS TO THE AERIE. THEY'LL HAVE TO CLIMB DOWN THE MOUNTAIN FROM THERE... SOMEHOW. HELP THEM.
BUT--
DON'T WORRY. WITH CLEARBROOK'S AID, AND RAYEK'S, IF HE'S STILL A FRIEND, I'LL GET WINDKIN AWAY FROM WINNOWILL.
THEN... YOU STILL PLAN TO DO--
--WHAT I DID ONCE BEFORE: LOCK MINDS WITH THE BLACK SNAKE—MAKE HER FORGET EVERYTHING BUT HER NEED TO KILL ME.
NO MATTER WHAT HAPPENS--
--YOUR CUB WILL BE BACK IN YOUR ARMS, DEWSHINE, SOON!
AT THAT MOMENT IN THE FORBIDDEN GROVE...
OOOWWW
HUMANS!
THEY'RE COMING THIS WAY, UP FROM THE WINDING RIVER!
ARE THEY THE HOAN G'TAY SHO?
DO THEY COME IN PEACE..?
THE INNOCENT HOPE IN REDLANCE'S SENDING SOON FADES, FOR--

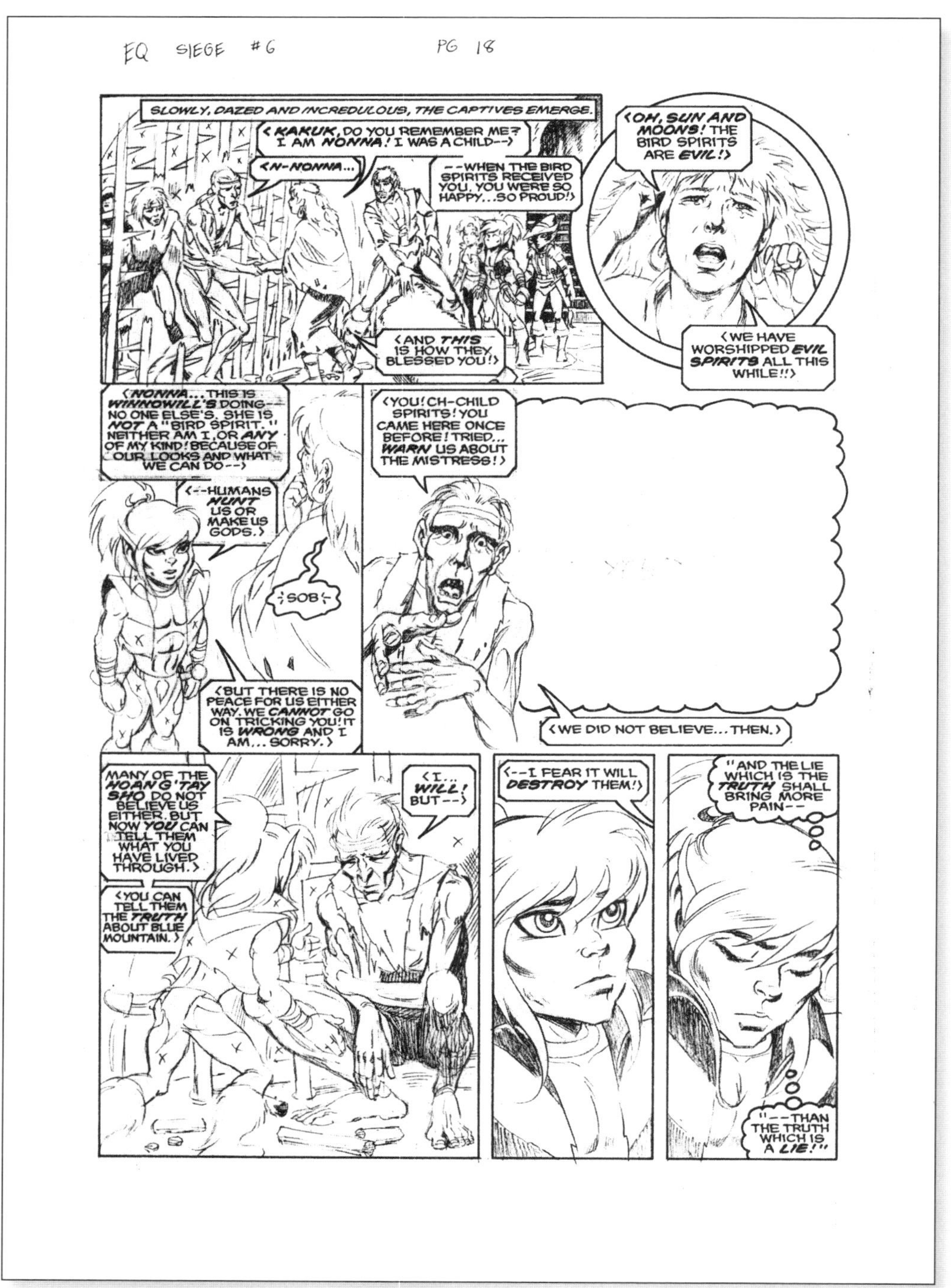

Wenn der Letterer seine Arbeit getan hat, sind währenddessen auch Wendys Bleistiftzeichnungen fertig, die sie dann für die Tuschearbeiten (in diesem Fall Joe Staton) übergibt. Schwarze Flächen, die dramatische Schatten erzeugen sollen, hat sie für den Tuschezeichner mit Kreuzen markiert.

EQ SIEGE #6 PG 19

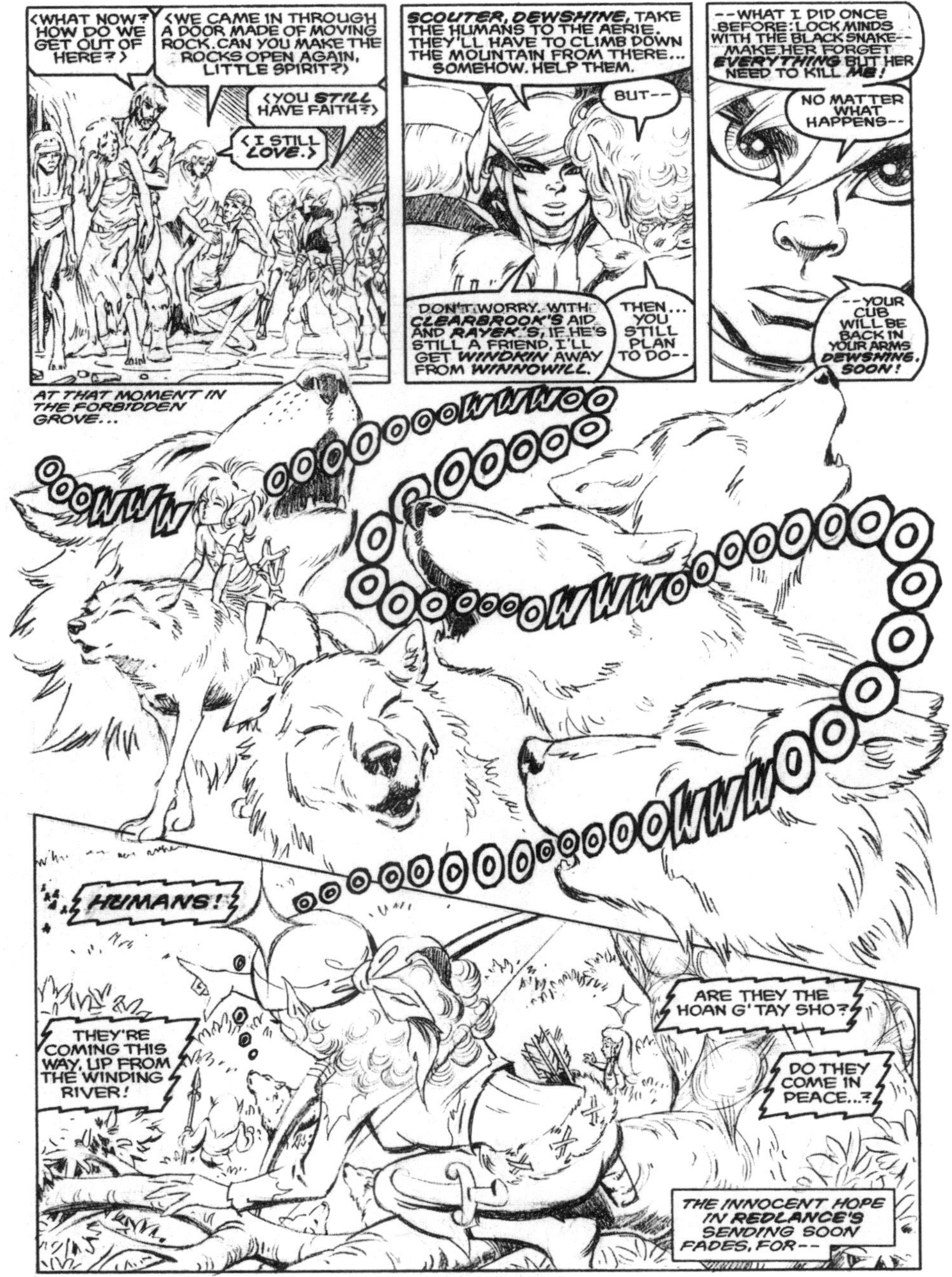

ABENTEUER IN DER ELFENWELT

ElfQuest®

COVERILLUSTRATIONEN

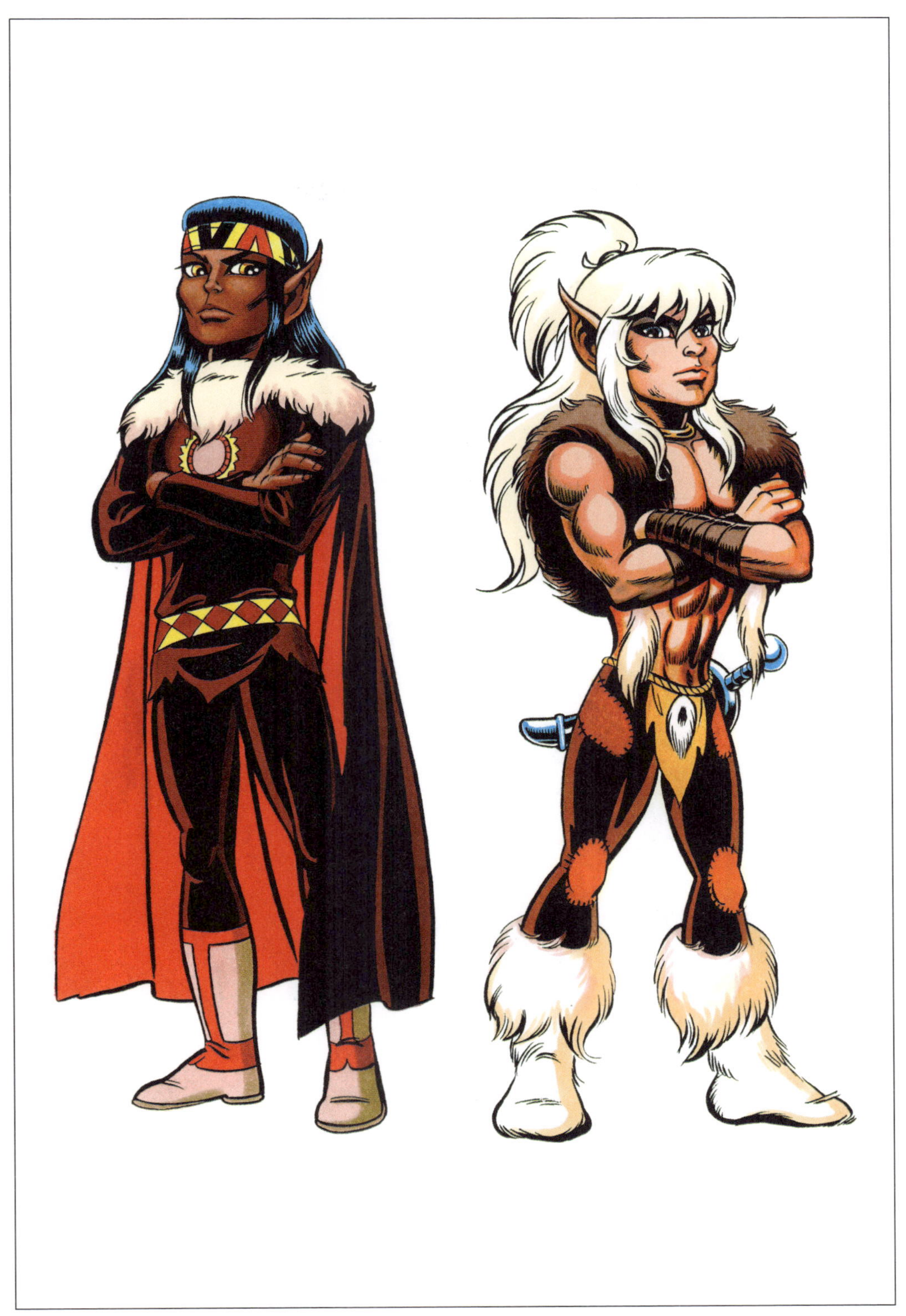

Coverillustrationen der Kapitel 1 - 9, die für die deutsche Erstausgabe von 1989 verwendet wurden.

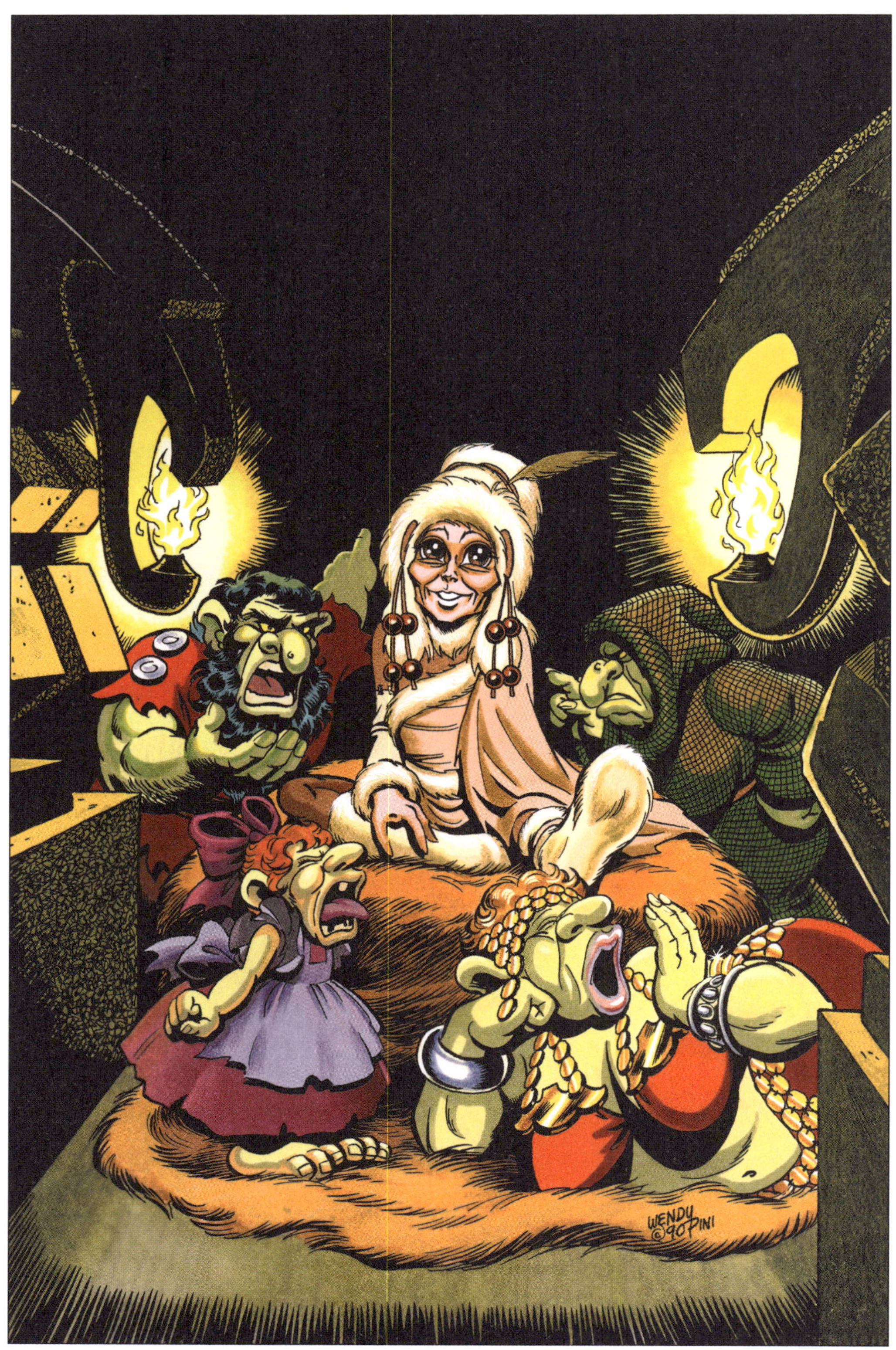
WENDY
©90 PINI

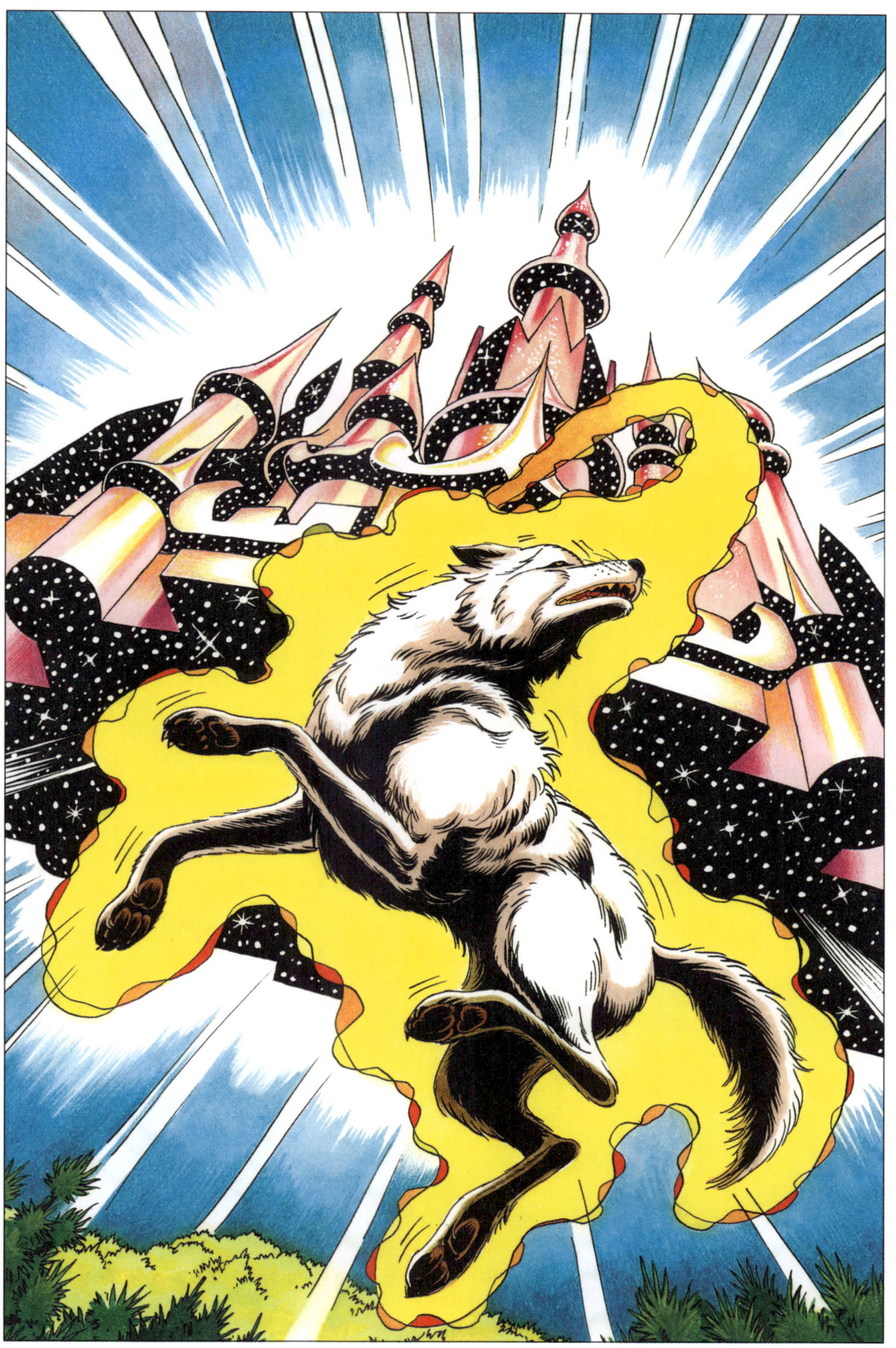

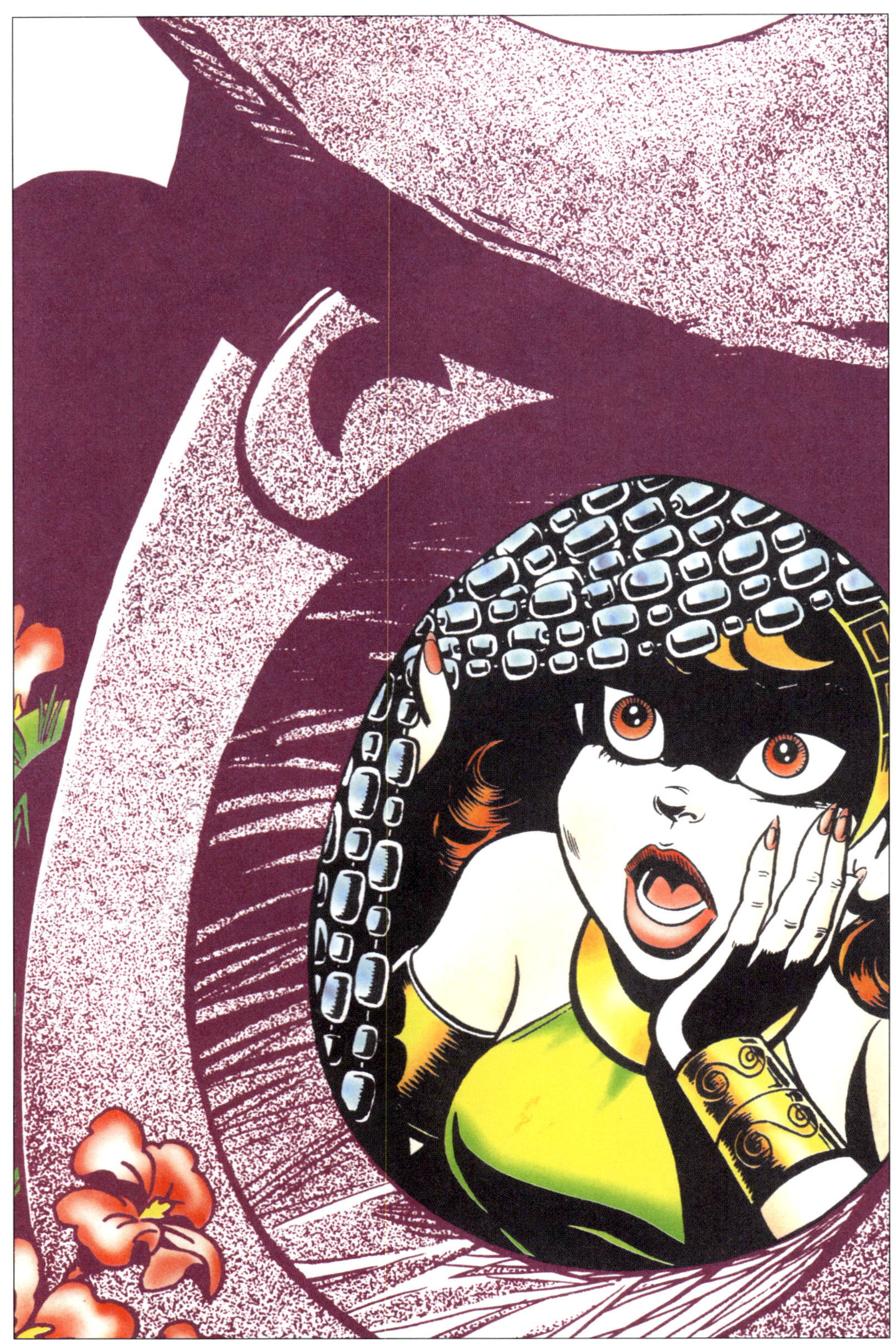

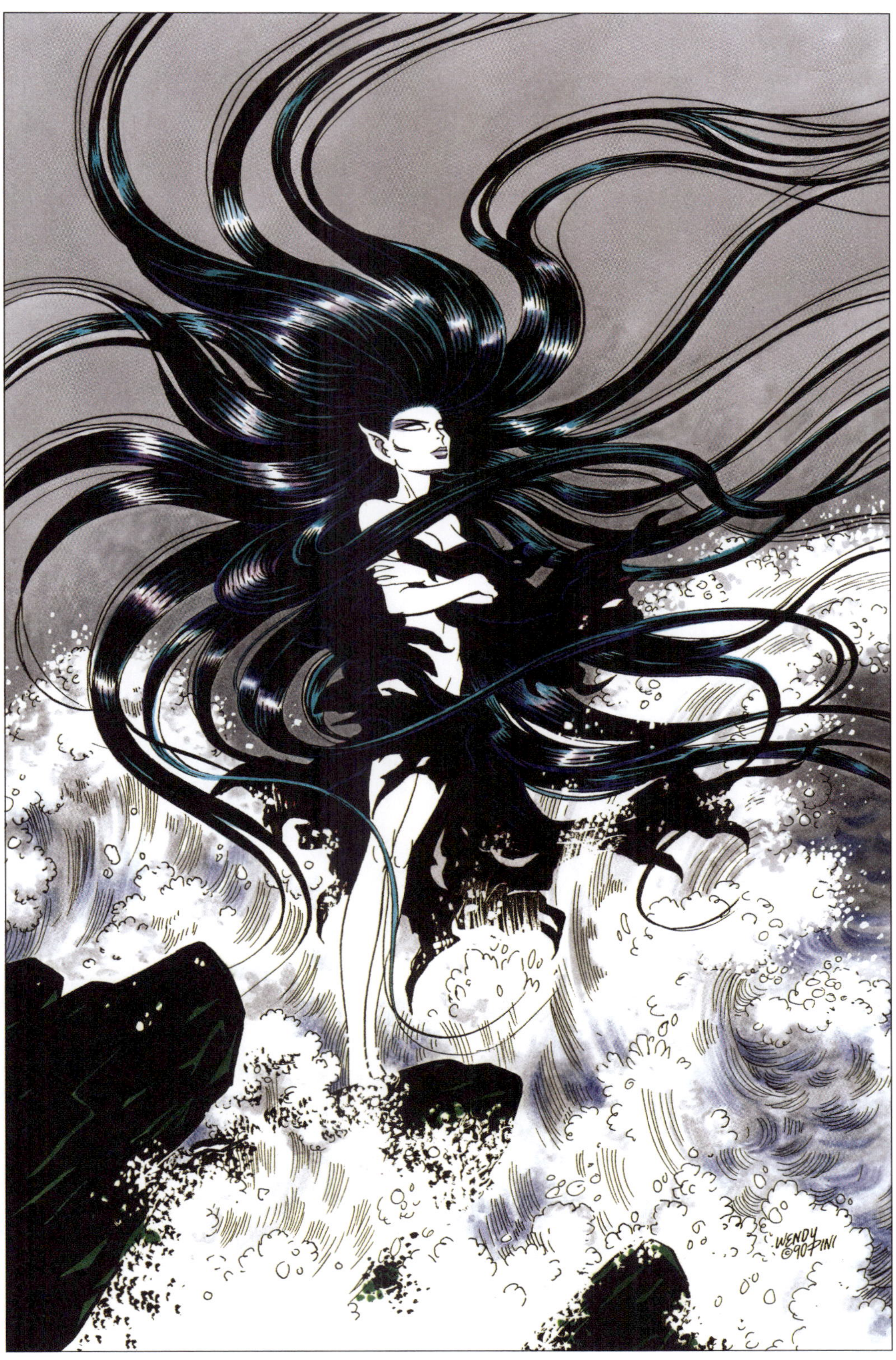
WENDY
©90 PINI

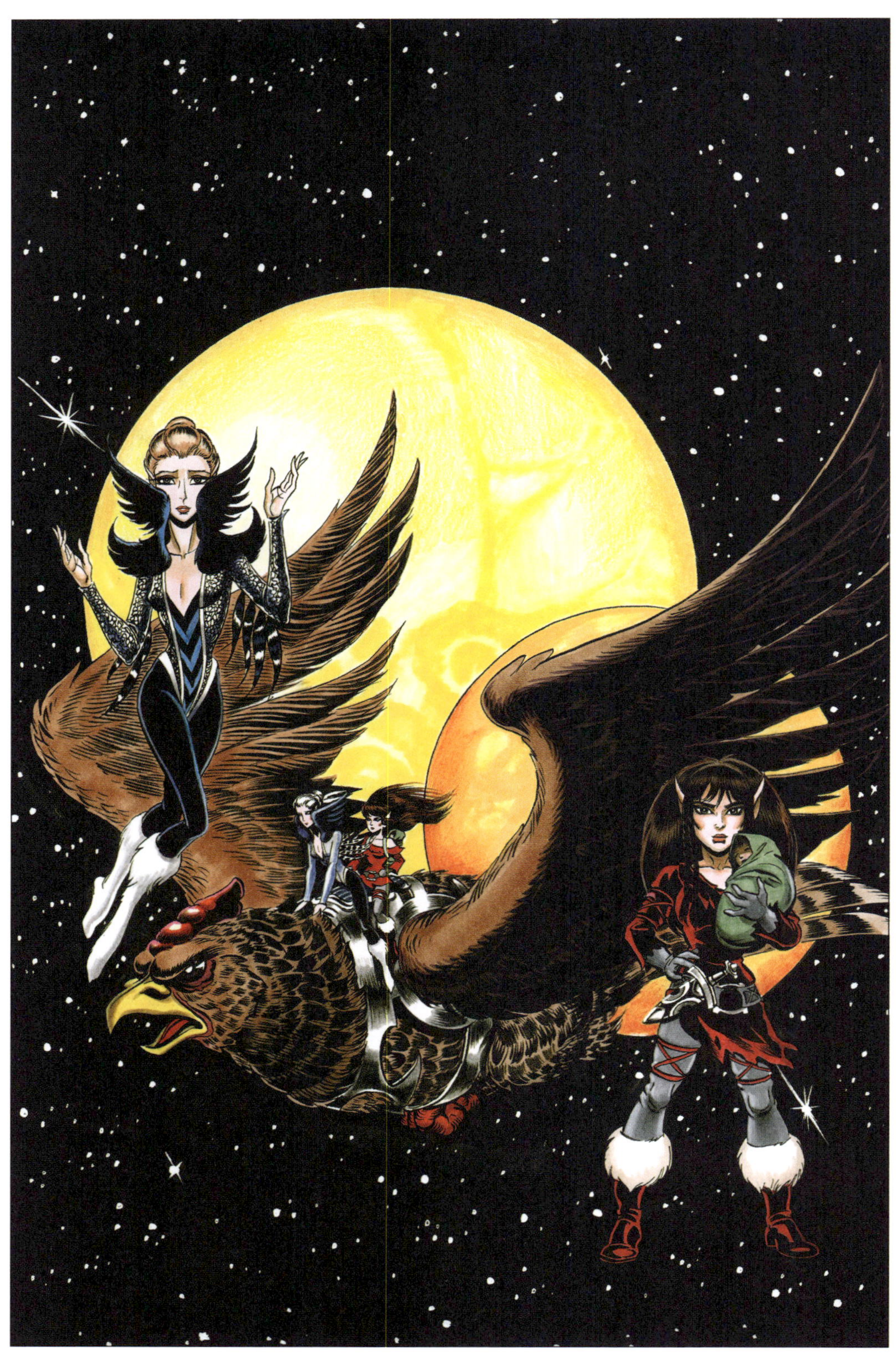

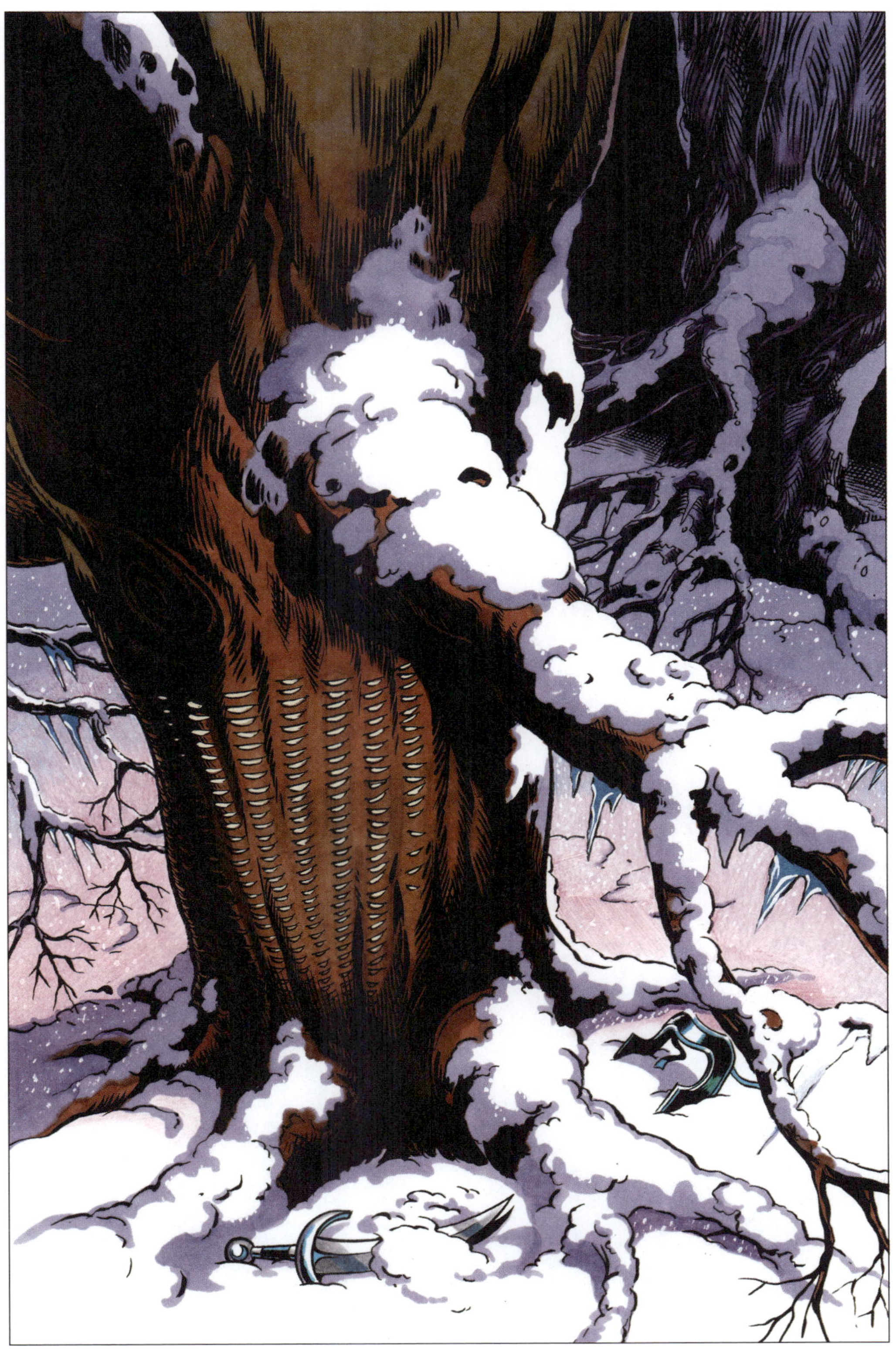

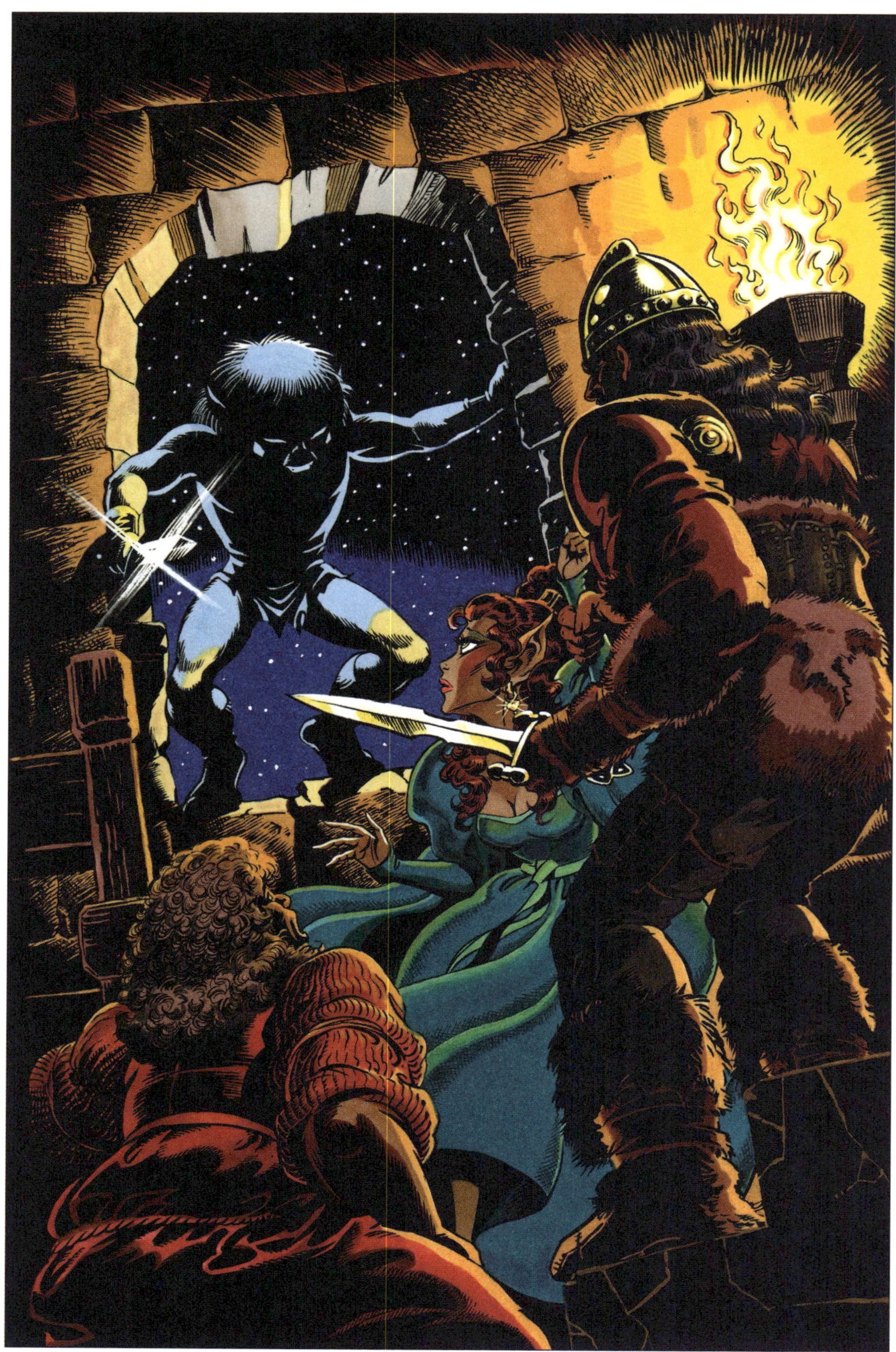

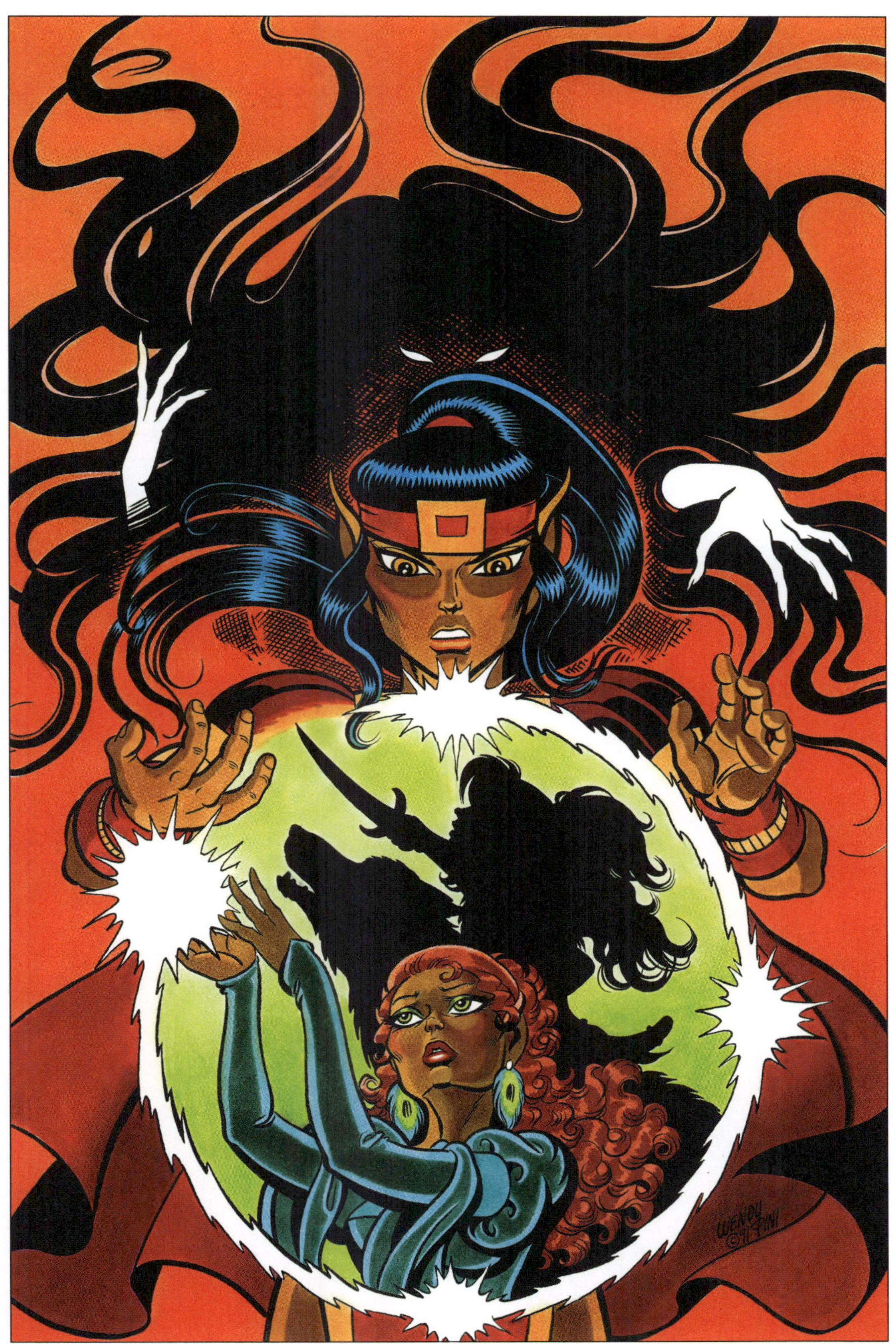
WENDY
©'91 PINI

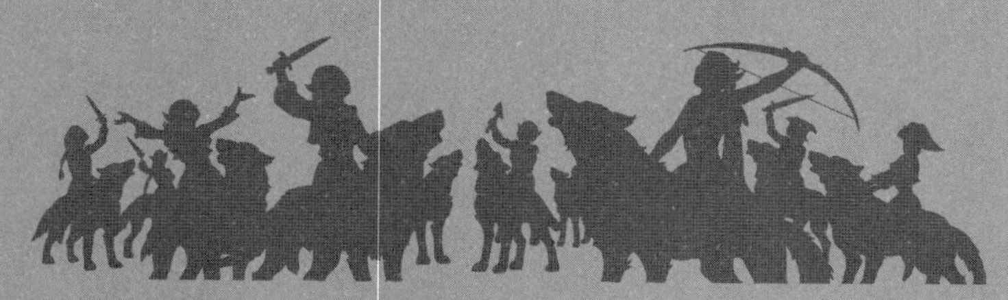